# フラグメンテ

合田正人

Masato Goda : Fragmente

Fragmente

法政大学出版局

フラグメンテ◉目次

序　多島海幻想



第一部　非在の海図を継ぎ接ぐ　11

## 第二部　岸辺の漂流《デリーヴ》



## 第三部　華やぐ干瀬《ひし》

# 序　多島海幻想

# 灯浮標

## H君の個展に寄せて

（二〇〇七年）

久しぶりに夕焼けの多島海《アルシペラグス》を渡る。縮緬《ちりめん》のような海面の一部が黄金色に乱反射している。凪の時刻、海面は静かで平らに見えるが、目を凝らすと、どれひとつとして同じもののない水の渦動、起伏、乱れ、蠢きが次第に識別されてくる。海のマクロな平面はミクロな荒野だ。そしてそれが島々の架橋不能な孤独を際立たせているように感じられる。多島の荒野——もちろん、そんなことをいつも考えていたわけではない。けれども、この島嶼を見ながら生きていた。青年期のさまざまな情念に翻弄され続けた日々だったが、竹馬の友で画家のH君はほとんどいつも、そんな私のかたわらに、寡黙な、それ自身がいつ折れるかもしれない細木のように佇みながら、そっと私を支えてくれた。その友人の最新作が生まれるポイエーシスの過程に立ち会うために、私は多島海を独り渡り、H君たちが主宰する「ものづくり学校」を訪れた。

芸術とは何だろうか。美とは、崇高とは。醜とは、戦慄とは。人間は「白紙」（タブラ・ラサ、何も書かれていない板）で生まれるとの経験論の説をご存じの方は少なくないだろう。そもそも「魂」は、アリストテレスの『魂について』に言うように、何かが書き込まれる「板」だった。そしてたとえば遺伝子の存在が証示しているように、私たちは何らかの音信を刻印されて誕生する。見知らぬ誰かが書いた、見えない「手紙＝文字《レットル》」を刻まれて。ライプニッツの『人間知性新論』でテオフィルが言ったように、見えないけれども、不可視の石目のようにあらかじめ形象が刻まれているのだ。意識の、視野の外が外でありつつ内に記される（インスクリプション、エクスクリプション）。ただし、魂なるものがあってそこに手紙＝文字《レットル》が刻印されるのではない。手紙＝文字《レットル》が刻印される「場所」（非場所）、それが魂なのだ。事実、ギリシャ語で魂を表す「プシケー」は「姿見」「鏡」を意味する語である。「モナド」についてライプニッツが述べたように、私たちは「鏡」である。私たちが鏡であるとは、私たちには鏡を見ることができないということだ。だから、鏡は「驚き」（ミラーリ）であり、「魂＝鏡」は私たちの面前にまさに「板《プレート》」として、「画布」として、さまざまな表面として立てられねばならない。だからこそアリストテレスは『魂について』のなかで、魂を「書版」（グラマテイオス）と呼んだのだった。ただ、「水鏡」と言うように、「板」は流体でもある。

　では、「魂」という「鏡」「書版」にはどのような手紙＝文字《レットル》が刻印されているのだろうか。科学者も文学者も芸術家も、いや、すべての人々がそれぞれの仕方でその判読を試みているのだが、メルヴィルの小説『バートルビー』に登場するいまだ届かざる手紙のように、ジョイスの『フィネガンズ・ウェイク』で発見される謎の手紙（『フィネガンズ・ウェイク』そのもの）のように、それはいまだ判読されてはいない。だから「暗闇」なのである。それを「デッド・レター」にしてはならない。そこにすでにありながらもいまだ届かず、日々それを演じながらもいまだ判読されざる音信の探求、それは例えばフロイトの探求でもあった。フロイトは「無意識的なもの」（エス）を没道徳的《アモラル》と呼んだ。「〜でも〜でもない」という語源的意味で「ニュートラルなもの」であって、逆説を弄するようだが、「暗闇」はここでは、いわゆる「暗闇」でも「光明」でも、「黒」でも「白」でも、「水」でも「大気」でもない曖昧な境界なのである。寒さで時に白く微粒子化する「気息《プネウマ》」。そして、数々の情念は台風の渦のようにこうした境界地帯で生まれ、生成変化していくのだ。

一義的に決定される輪郭の不可能性。その意味では「暗闇」は「アンフォルメル」(無定形)である。私はかつて、拙い書物の表紙に、ある「アンフォルメル」の画家の絵を用いたことがある。ジャン・フォートリエの「銃殺されたもの」(一九四三年)だ。銃弾によって、人間の頭の形を失い、何本も亀裂の入った肉片。その鬱血を表すような肉片の縁が、重層的な褐色の背景と、リアス式海岸のように絡んでいる。文芸批評家のジャン・ポーランや詩人のフランシス・ポンジュによると、フォートリエは、人間が人間を徹底的に変形し、捻じ曲げ、押し潰し、粉砕するその状況からこそ「美」を湧出させようとしているのだ。それはアドルノが「新音楽」に課した「不幸」と呼応する事態だったかもしれない。フォートリエ自身はこの連作に「人質の頭」「ユダヤ女」といった題名を付しているけれども、きわめて印象的なことに、「赤子《ベイビー》」という題名が付された作品もある。拷問され、殺された者たちの「アンフォルメル」は、未来に生きる者——ただしこの者もつねに傷と病と死に曝されているのだが——の「アンフォルメル」でもある。見知らぬ誰かによって書かれた手紙《レットル》=文字は、見知らぬ誰かへと宛てられている。

いつの頃からか、私は境界の不思議に取り憑かれてこんなことを考えてきた。時に顔を合わせ一献傾けることはあっても、H君とそのことを真剣に話し合ったという記憶はほとんどない。にもかかわらず、H君はやはり、その隔たりのなかで、隔たりとして私のそばにいたのだ。「ドゥローイング—冬至」「ドゥロ

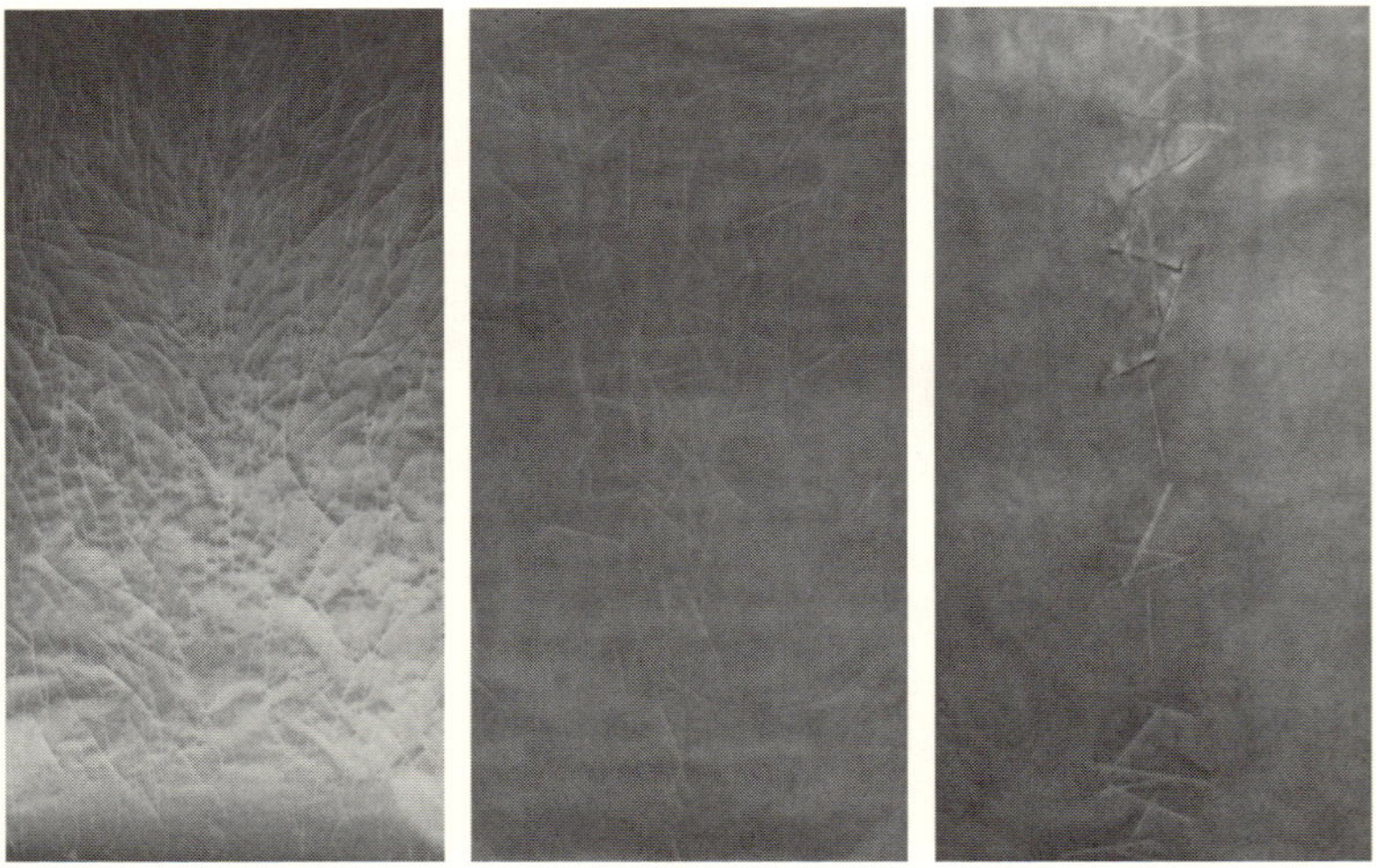

「ドゥローイング」右から「冬至」「梅雨」「夏至」

ーイング―夏至」(二〇〇五年)などを写した私家版の作品アルバムが送られてきたとき、私はそう直感した。先述したように、「魂=鏡」の内面は面前の「板」であった。H君はその板に和紙を選んだ。古来、人間はさまざまな面に何かを刻んできた。私自身は、紙が繊維結合の複雑な化学変化によって生まれることに関心を寄せているのだが、H君は和紙によって、「魂=鏡」の表面のざらつきと起伏とよじれと襞を強調するとともに、それゆえの着色の困難をむしろ進んで選び取っている。私の魂が私自身を試練にかけるのだ。鏡のなかから見ているのが見知らぬ他人であるのと同様に。

地表のような面も、月面のような面も、海面のような面も、木肌のような面もある。が、何より「ドゥローイング―夏至」「ドゥローイング―梅雨」には、こうしたいびつで、ざらつく濃淡の面に何らかの模様が、何らかの文字とも思える線描が刻まれているのではないか。これらは何を表しているのだろうか。それはH君自身にも分からないのかもしれない。ただ、モナドのように、彼の日常的・身体的実践のこの痕跡、この

「海流」

折れ線もまた、世界全体のありようを何らかの仕方で表出しているのだろう。いや、これは亀裂、ひび割れなのかもしれない。世界が壊れては再形成され、また壊れていく際のひび割れ——。海辺の要塞の瓦解を写し取ったフランスの写真家、ジャン＝クロード・ゴートランの作品の凄さもそこに存しているのではないだろうか。

H君の用いる和紙という画布それ自体がこのように大気との複雑な境界ないし「界面《インターフェイス》」なのだが、この「界面」は和紙に描かれたものでもある。「ドゥローイング—水流」「ドゥローイング—海流」やそれに隣接する作品群を見ていただきたい。冬の荒海の水平線のような界面、突き出た岬の海岸線のような界面、川のなかで水と水生植物の群生を分けては結ぶような界面、バーネット・ニューマンの「ジップ」のような界面、雲と雲の縁のような界面、水面の光と翳の界面——どれひとつとして同じものはない。今、このうえもなく見事に接着された界面、一本の極小の線としか見えない界面があるとしよう。そこへと次第に近づいていく、あるいはまた、それを見る装置の倍率、映像の解像度を次第に上げていく。すると、一本のあるかなきかの線と見えていたものが、隙間だらけの異形の亀裂へと変態していく。これと同じ事態を、ウィトゲンシュタインは、一本の糸と思えていたものが無数の繊維へと分かれていくという言葉で表現したのではないだろうか。

ターナーやデュフィの絵が証示しているように、絵画は輪郭との、フィギュアとの闘いである。今回のH君の作品群は、これまでの作品にも増して、界面の複雑性、複雑性としての界面を描き出そうと努めているように思われる。界面は隙間だらけであり、こうした開口をヘルダーリンは「カオス」、セザンヌは「深淵《アビーム》」と呼んだ。重要なのは、この隙間、空虚それ自体が「群島＝列島《アルシペル》」を形成しているということだ。クロード・ロランの描く沖合いとはまた別の仕方で、ここにも遥かなものへの複数の穴、通路が穿たれている。遠近法による奥行きの仮構を徹底的に拒むことで、不可能な深さと彼方が、行き止まりそのものとして出現＝消滅する。ドビュッシーの描く海やさまざまな水のように、H君が今後、この淡く、苦い祈りの無形の形をさらに多様化し繊細化していくことを願わずにはおれない。非線形的な極度の複雑性はそのときあまりにも単純なことと化すのかもしれない。

それにしても、H君の界面探求にはいかなる思想的意味があるのだろうか。界面とはつねに危機的な分界地帯であり、古代ギリシャの思想家ヘラクレイトスがその謎めいた断章に書き記したように、分けては接続すること——ポレモス（戦争とも訳せる）——が万物の根源なのである。「多島海」を意味する「アルシペラグス」は「アルシ・ペラグス」と分節すると、「根源の海」という意味になる（綜合不能で、安易な移行をも禁じた「列島・群島」は現代フランスの思想家ジャン＝フランソワ・リオタールの鍵語である）。

「根源の海」は、生命の源たる「スープ」を思わせる。いまだ私たちは、物質の何たるかを知らないだけでなく、生命の何たるか、生物の何たるかも知らない。例えば水なら水という媒体に対して親水的であると同時に疎水的でもあるような、言い換えるなら半浸透的な「膜」が、先述したような情報の刻印と同様に、生物にとってきわめて重要であることはまちがいないだろう。流れが淀むとき、膜が張られ、膜の出現とともに、濃度や圧力の差異が生まれ、その周辺の状況が激変する。このような「膜」が、危機的な分界地帯とそれを介しての多対多の交通のひとつの形象であること、これはもはや言うまでもない。

小さな亀裂が左右に開かれていく。大地溝帯のように。これはプレートテクトニクスで「発散型境界」という。例えばフッサールの現象学はコペルニクス的転回を再び逆転して、思考にとっての「大地」(Boden)の観念を提起した。それをどう解釈するかは意見の分かれるところだが、少なくともこの「大地」は不動の土台ではまったくない。度重なる地震が明かしているように、「大地」は「無数の板《ミル・プラトー》」のあいだの決して安定し均衡することなき遊動にほかならない。発散する場合もあれば、逆に収束する場合もある。収束にも沈み込みと衝突があり、「トランスフォーム」と呼ばれる「断裂帯」でのさまざまな横ずれ《グリスマン》がそこにさらに加わる。振動も音響も千差万別なのだろうが、今や大陸と島嶼があるのではなく、惑星全体が多島海なのであり、マイケル・ハートとアントニオ・ネグリはそれを、「マルティチュード」(多数性)としての新たな「帝国」と呼んだのかもしれない。地震の時にドーム型天井の要石を不安げに見上げる意識を、かつてデリダは「脱構築的意識」と呼んだことがあるけれども(『エクリチュールと差異』ジャン・ルーセ論、一九六八年)、とりわけ一九六〇年代以降の現代思想の諸潮流とプレートテクトニクスはある意味では併行的に展開されてきたと言ってよいだろう。

地域と地域、国と国、文化と文化、男と女、人と人、私と他人、私と私――すべてのものがこのような分割＝接合によって成り立っている。震えている。だからこそ、確執《コンフリクト》と抗争と暴力が終止することはない。重要なのは、どんな個体も複合体であるとスピノザが言ったように、こうした分割＝接合が一種の入れ子構造を有しているということだ。言い換えるなら、境界ないし界面は至るところにあるということだ。「私」それ自体を「戦場」にすることがいわゆる「戦場」を不可能にする。H君はこのことを明敏に、いや悲しくも察知しているように思える。事実、仮に主要《メジャー》なとも呼べる界面によって分けられ接続された界域では、夥しい数の何かが蠢いているではないか。抽象的な線の群れとも言えるが、草のようでもあれば人間のようでもあるもの、多様な結び目のようなもの、道のようなものが次第にはっきりと、しかし本質的にマイナーなものとして浮かび上がってくるのだ。

　ここでもまた、倍率ないし解像度という先の表現を用いることができるかもしれない。遠くから漠然と見ていると何か黒っぽい流れにしか見えないものが、それぞれかけがえのない生活者たち、いかに無意味に見えてもそこに存在する生物たち、その他さまざまな存在者たちへと分かたれていく。これほど多様な眼、手足は何のためにあるのか、これほど多様な生命が、生命的個体がなぜ必要なのか。いわゆる歴史に名を残すことなく生きて死んでいく無数のものたちへのH君の感性を、私はここに感じる。H君、この探求に終わりはない。安易に交わることなく、横目でお互いの位置を探ることもなく、けれど時に休んでくつろぎつつ、そしてあの音《ノイズ》たちの戦慄を忘れずに、このぬかるんだ袋小路の迷宮、魂風《たまかぜ》の漂う多島の海峡を歩んでいこうではないか。決して祈ることなく。

# 第一部　非在の海図を継ぎ接ぐ

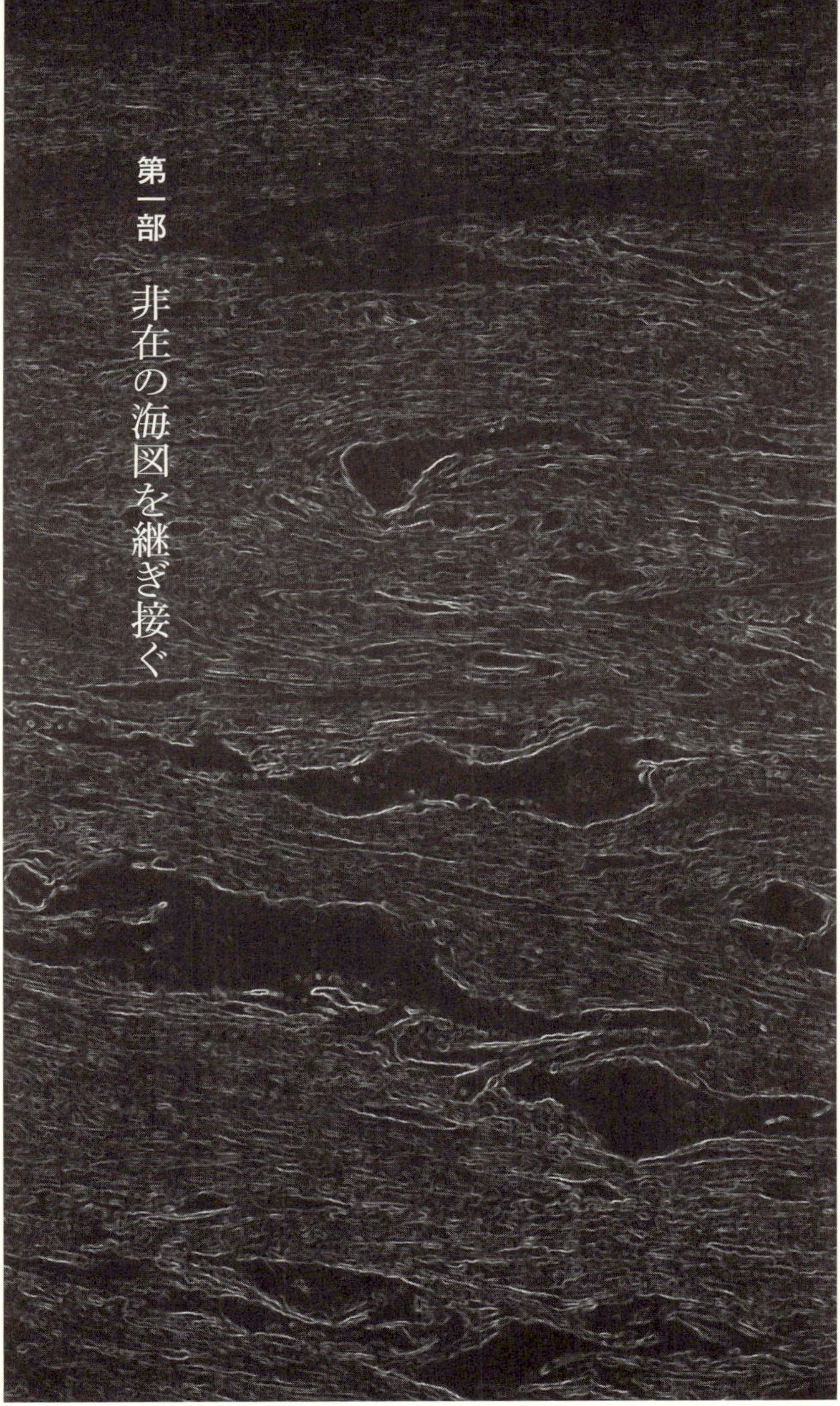

# もの言わぬまなざしの世界戦争

## 横浜美術館「奈良美智展 I DON'T MIND, IF YOU FORGET ME.」に寄せて

（二〇〇一年）

こんにちは、合田です。展覧会は大変な人気だそうですが、講演のお話を頂いたとき、何と僕は奈良さんのことをまったく知りませんでした。「知らないのが味噌です」と言われて引き受けたのですが、それは、ひとつには、奈良さんの仕事から僕のことを思い起こしてくれたひとがいたことの意味を考えてみたいと思ったのと、もうひとつ、そこで手渡された『Slash with a knife』（リトル・モア、一九九八年）のいくつかの作品が、当時自分の考えていたことにごつんと突き当たる、そんな印象があったからです。『Nara Note』（筑摩書房、二〇〇一年。以下、NNと略記）の読解はこの印象をさらに強めてくれました。単なる共感ではない。凄いなという感じもあれば、違和感や物足りなさも含んだ印象なのですが、考えてみると、奈良さんと僕は二つ違いでほぼ同じ時を生きてきた。そういう点から言っても、この「浮遊する世界」「地球星」と奈良さんがどう係わり、その係わりをどう表現しようとしているのか、ということには多少とも関心をもたざるをえない。ドイツ語のDa（そこ、ここ）の響きを意識して、奈良さんはNNに

Walking Alone（2001）

「だ！　だ！　だー！」と書いているけれども、しばしば、円形のプレート、重力場のように歪み、よく見るとつぎはぎだらけの皿によって表現されている「小さな居場所」のようなものに「僕が　いる」ことを、奈良さんはどう捉えているのか。今日はそんな視点から、奈良さんの作品群を解釈してみたい。

「奈良さんの作品群」、と言いましたが、奈良さんは「僕の描いた絵たちが、いろんなとこに行ってがんばってくれる」とも、「作品が作者を忘れてもいい」とも言っている。作品の所有、作者の署名という問題がここに提起されているのでしょう。匿名性へのこの志向は、「どこにでもいる人になりたい、世界のあちこち、中心なんてなくて、どこにでもいる人になりたい」という、現代ストア派のシャイなコスモポリタニズム宣言、ユダヤ的な離散《ディアスポラ》宣言、いや、裏返された難民宣言にも反映されています。周縁的で、つねに他所にあるような存在。「シャイな」と言ったのは、「僕は自分を国でくくりたくはない」と表現された「ナショナルなもの」の解体の困難を、奈良さんが痛感していると推察されるからです。『Nobody knows』（リトル・モア、二〇〇一年。以下、NKと略記）のある箇所には、「親はいるのか？　どこで生まれた？　いつ生まれた？」と記されていて、最初の文が実に微妙な仕方で消されているのですね。

ただ、奈良さんの言葉を単にこのようなやり方で解釈するだけでは不充分だし、それに、「自分の美術をもっともらしい思想と結びつけたりなんかしない」（NN）という奈良さん自身の賢明な戒めに背くことにもなる（糸井重里さんのように、奈良さんの作品を「語りえないもの」に祭り上げるのも同罪でしょう）。奈良さんに逸早く注目された鶴見俊輔さんはかつて、「活字本位」の思索ゆえに「現代の思想家は、ほとんどみな、時代にとりのこされつつあるのではないか。現代の大衆の思想問題ととりくむための訓練を、欠いているのではないか」（「映画と現代思想」一九五〇年）と言っていました。

避けようもなく、何人かの思想家に言及することになるでしょうが、今回配置されたこの「装置」を解読することが、一方では僕の思索の固陋《ころう》を少しでも破壊し、他方で、「自分の美術」なるものを語る際に奈良さんが用いる「言葉を超える共通言語」「文体や言葉を超えたイメージ」などの表現を疑問に付し、そこからもう一度彼の仕事を見直すことにつながればと思います。「こいつ何を言ってるんだ」みたいな部分があればいいかな、ということです。

ここ数年、僕は、カントが「図式《シェーマ》」に与えた規定のことを考えてきました。カントにおいては、「図式」とは感性と知性の中間たる「構想力＝想像力」の謂いですが、それをカントは「人間の心の奥深い処に潜む隠避なクンスト（人為、芸術、技法）」という、印象的な言葉で語っている。これは「アート」の定義そのものですよね。カントはまた「図式」を「モノグラム」とも呼んでいる。頭文字などを組み合わせた図案（花押）のことで、モノは一、グラムは文字、「刻印されたもの」を意味しています。

この「図式」を明るみに出すことをカントは最も難しい課題と考えた。そして「図式」を「未知の共通の根」と呼んでいる。感性と知性があってその中間があるのではなく、想像力という「底無しの深淵」のごとき中間から感性と知性が枝分かれするのです。「中間性」というこのあり方は、奈良さん自身がすごく強く意識しているように思う。会場に設置された「雨漏りのするプレハブ、隙間風吹き込むこの場所」（NN）――犬小屋にして祈りの小屋――にみなさんも入られたと思いますが、入口近くに貼られた紙片に、赤鉛筆で、リアリティ、ファクト、Truthと書かれていたでしょう。この展覧会のタイトルがその下に書かれているから、とても重要な紙切れなんだろうけれど、リアリティは「自分の中　実感できる現実又は空想も含む」、ファクトは「自分の外・実感を伴わない現実も含む」、Truthは「リアリティとファクトの間　信じたいと思う、願望も実は含まれている」とされている。

内と外、自分と自分ならざるものとのこの「間」――信と不信の「間」でもある――こそ奈良さんにとっては決定的である、と僕は思う。奈良さんの先生であるペンクの言葉を使えば、A new situation between（間のある新たなあり方）を引き裂く（slash）こと。二つのことを付け加えておくと、第一に、講演の題にも用いた「まなざし」はどこにあるかというと、どこにもないけれども、この「間」にあるとしか言いようがないということ。それを奈良さんは「wild west」「雲の切れ目」「爪の隙間」などと呼んでいるのかもしれない。第二に、奈良さんは『ブルータス』（二〇〇一年九月一日号）のインタヴューで、「トポロジー」への関心を明かしているんですね。

「いつも似た作品だとかキャラクター」（小山登美夫）との批判に晒されながら、奈良さんは魂に刻印された「図式」を表現しようとしている。「繰り返されるモチーフに宿る魂」（吉本ばなな）を。刻み付けるという意味のドイツ語は実はzeichnenで、これは「ドローイング」に対応した語なのです。アドルノという哲学者がいて、アドルノは「図式」を文化産業に従属した「市場の図式」とみなしています。アウラを喪失した複製芸術の可能性をむしろ肯定的に捉えるベンヤミンやジジェクとは逆の姿勢をそこに見ることができますが、どちらがいいかということではなく、イマゴロジーやキッチュ（ミラン・クンデラ）との不可避的感染を否認することなく、しかも、アドルノ的な批判に晒され続けること、それが「図式」に魂を宿らせるのでしょう。

先に「底無しの深淵」と言いましたが、奈良さんはそれを「深い深い水溜まり」（the deepest puddle）と呼び、水面の波紋で、さらには、厚紙の箱やお椀やカップでそれを描いているかのように見える。ギリシャ哲学にいう「コーラ」（容器、母親、乳母）を思わせます。奈良さん自身、プレート、皿には「穴」が開いていているように見えると言っている。皿が何枚も重ねられて、深淵の多層性と深さを表した作品もありました。のみならず、深淵は地下水がそこから湧き出る「泉」（Ursprung）でもあって、『生命の泉』などいくつもの泉が今回も展示されていますが、時に上下が反転して、泉は涙の谷と化している。そして、喪に服したような犬たちがその縁にいる。

「パドル」は「泥沼」を意味する語で、これまたギリシャ哲学にいう形式なき質料の混沌に対応しています。「多少の混沌」というおもしろい言い方を奈良さんはしているけれども、この意味では、「図式」は質料と形式、混沌《カオス》と調和《コスモス》との「間」なのです。カントはまた「図式」を「先験的・超越論的図式」と呼ぶことで、それを「経験の条件」とみなした。「図式」にもとづいて「僕の経験」がなされる。言い換えるなら、「図式」はある種の共通性と「僕」という特異性との「間」ないし「界面」なのですが、「類型と一回性」という二重の性格を奈良さんの仕事が強く有しているのもそのためでしょう。事実、奈良さんは、Little Pilgrims と題された五十体の人形について、「ひとつの型から造られたものなのに、（…）五十人みんな違うものになっている」（トレッシャーとの対談）と言っている。因みに、タイプ（型、類型）という語も zeichnen と同じく「刻みつけること」を意味しています。

ある時期までに子猫に適当な光の刺激を与えないと、子猫の視覚システムはたとえそれが正常なものであってもその後正常に機能することはない。この期限を「臨界点」と言うのですが、「経験の条件」と「経験」との相互干渉のことを今日は「幼年時代」と呼ぶことにしたい。この臨界点をどうしようもなく通り越しているという意味では、「幼年時代」はもう戻ってこないが、何かを「経験する」たびに経験と経験の条件との界面を生きているという意味では、それは不断に回帰する。その意味では、誰もが不器用なアダルト・チャイルドなのです（リオタール『インファンス読解』参照）。

「いつも無意識にやってる」という表現で、奈良さんはこうした遡行のことを語っています。いわゆる「無意識的想起」なのですね。経験の条件はあくまで経験の条件だから、それが明確に経験されることはない。言い換えるなら、記憶はいつも「記憶障害」に罹っていて、思い出はつねにある程度は虚構なのです。けれども、経験の条件がなければ経験はありえない。だから、忘れられているのだけれども、「忘れている」と言えるということは「忘れていない」ということですよね。本当に忘れていれば、忘れているとさえ言えないでしょう。事実、今回の個展のタイトルは、図録の奥付を見るとわかるように、BECAUSE, YOU NEVER FORGET ME と続いているのです（『I DON'T MIND, IF YOU FORGET ME.』淡交社発行）。

もうひとつ、僕たちのどの経験もつねに死と隣り合わせている。死ぬことは確実だけれど、いつ死ぬかは分からないのですから。その意味では、僕たちの時間はつねに「幼年時代」であると同時に「晩年」なのですね。「晩年」という語を用いたのは、太宰治の処女作を踏まえてのことです。なかでも『晩年』所収の「玩具」のことを。奈良さんは太宰なんか意識しているのかな。そしてもうひとり、動物への変身という点でも、「犬のようだ」とも表現される羞恥の感受の仕方という点でも、「小児性」（バタイユ）という点でも、僕はカフカのことを思い起こす。「フランツ・カフカのように孤独な」カフカのことを。

この講演の話を頂いたとき、僕は二つの仕事を進めていた。ひとつは、ボーヴォワールやM・クラインなど、現代の女性思想家たちの仕事を検証する仕事。もうひとつはベンヤミンについて考えることで、この二つの仕事の蝶番が「子供」という主題であることに気づいたところだったのです。詳細は省きますが、名作『ベルリンの幼年時代』の著者ベンヤミンは、「若さの形而上学」に加えて「子供の形而上学」「玩具の形而上学」を構想していたのではないか。「沈黙して耳を傾ける者のほうが意味の汲めども尽きぬ泉である」とは、「若さの形而上学」の一節ですが、これは「子供＝もの言わぬ者《インファンス》」を語った言葉でもある。奈良さんの描く女の子のほとんどは口をかたく噤んでいるでしょ。耳は隠れている場合も、ウサギ耳が立っている場合も、犬耳が垂れている場合もありますが。

　前出の女性思想家たちも、それぞれの立場から子供を語っている。印象的だったのは、ボーヴォワールが、「人間の不幸とは人間が初め子供であったことに由来する」というデカルトの言葉を引くとともに、「決して生まれないけれども、どこかに実存しているかのような子供たちの呼び声を聞くこと」を、その倫理の根底に据えていたことです。ある論者は「受難した子供のまなざし」という言葉でサルトルの姿勢を形容している。レヴィナスにおいても、「子供」は重要な主題だった。ドゥルーズも中島義道も「子供になること」と哲学者たることを結びつけている。なるほど、ルソーの『エミール』は十八世紀の作品だし、それ以前にも「子供」は特にカルヴァン派など宗教的な観点からさまざまに解釈されてきたから、これはもちろん二十世紀にだけ係わる事態ではないのですが、やはり、二十世紀の哲学思想は「子供」の謎に取り憑かれていたと言えるのではないでしょうか。そして、現在の僕たちもまた。

『Nara Note』によると、奈良さんはアウシュヴィッツを訪れて、コルベ神父の死んだ部屋を見ている。「小さき者として生きた」アッシジのフランチェスコに連なるフランシスコ会の神父で、「無原罪の聖母の騎士」運動を組織したこと、他人の身代わりになって餓死刑に処せられたことで有名です。この箇所を読んだとき、僕はもうひとりの人物を思い起こした。孤児たちとともにトレブリンカ絶滅収容所に赴いたコルチャック先生です。数々の童話の著者で、子供の権利条約の父でもある。これも二十世紀のひとつの特

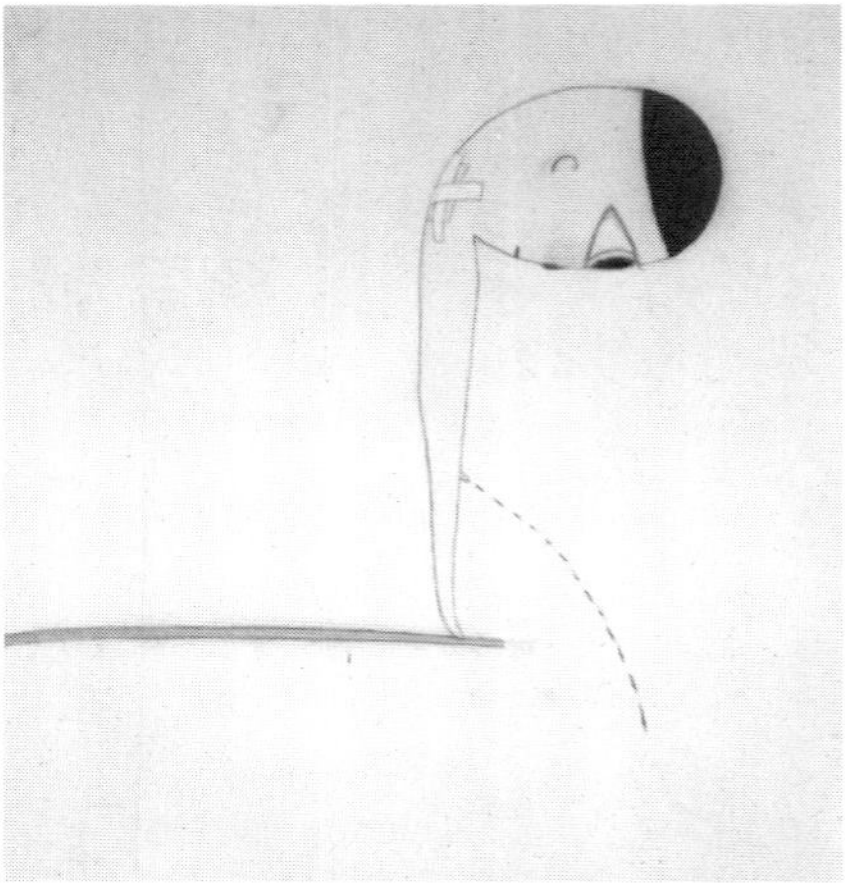

Pee（2001）

徴でしょう。トレブリンカの墓石の群れが、小さな巡礼者たちの群れに似ていることも付言しておきたい。

しかし、子供の権利の認知と併行して、ウルズラ・ヌーバーが『〈傷つきやすい子ども〉という神話』（岩波書店、一九九七年）で指摘したように、子供時代のトラウマによって人生が決定されるという神話化が生じ、それが「子供（らしさ）幻想」とおぞましい結合を遂げることにもなった。これはとても難しい問題を孕んだ現象だけれども、そこに、時間と空間の両面にわたる恣意的な決定論とそれゆえの連鎖《チェーン》構築への誘惑があることは少なくともまちがいない。そうしたリスクを前にした奈良さんの身振りをいくつか挙げておきたい。

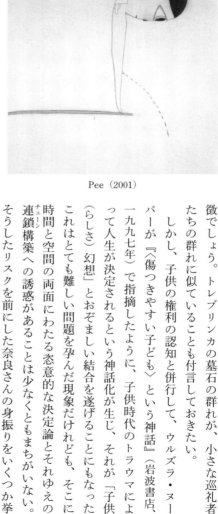

第一は、Peeのまなざし。今回の作品群のなかで最も僕の関心を惹いたのは、「沈む小さな思索者」（Sinking Little thinker）とは逆向きの姿勢を取り、手を横に広げた少女たちと同様に跳び込み台に乗りながらも、餓死寸前の線のようにガリガリに痩せて、尿とともに視線を、それもある作品ではサーチライトのような円錐形の視線を下に下ろすこのPeeの姿でした。ファロスの屹立ならざるこのうなだれには、どこかトラウマ神話の捏造とそこへの逃避とは異質な、自己の深淵との向き合い方があるように思えて仕方がない。

『Nara Note』に収められたDead of Nightという詩のようなものを見ると、疲労を癒すために屋上に登った「僕」が重力を感じながら下を見下ろす場面が出てくる。ここにPeeの原像があるのでしょうが、奈良さんの作品には見下ろす視線がないという鶴見さんの指摘を逆手に取るかのように、Peeが生まれた。『Nobody knows』では、Peeに羽根が生えたり、Peeが犬になったりしていて、今後ともこの生成変化を見守りたいと思います。

もうひとつ、奈良さんは「世代」について語りながら、「今生きているという感覚」(Jetztzeit)を強調している。つまり、先述の「無意識的想起」は単なる回顧、それも事後的に捏造された過去への回顧ではないのですね。もう一度ベンヤミンの言葉を引用しておきましょう。「過去がその光を現在に投射するのでも、また現在が過去にその光を投げかけるのでもない。そうではなく、形象(Bild)のなかでこそ、かつてあったものはこの今と閃光のごとく一瞬に出会い、ひとつの星座=配置(Konstellation)を作りあげる」。――この『パサージュ論』の一節は絵画(Bild)論そのものでもある。後で、「想起」と線、輪郭を結びつけてこの点を論じたいと思います。

第二は、マイナー化とも呼ぶべき現象です。「美には傷以外の根源はない」(ジュネ)と言いますが、奈良さんの作品には、釘など傷を与えるものと傷と血と包帯など傷を覆うものがさまざまに描かれている。「奈良君のおどろおどろしい頃の作品」と、吉本ばななさんは言っているけれども、今回の作品群では、一見すると、絆創膏や傷や血が矮小化されていて、このマイナー化のなかに、トラウマ神話と犠牲者意識の罠、抑圧-解放の構図からの脱却の小道を見ることができる、と僕は思う。

「感謝」――それも意志・意欲に先立つ「感謝」――という言葉が最近の奈良さんのキーワードのようで、「思索」(Denken)と「感謝」(Danke)のあいだにハイデガーが設けた連関を思い起こさずにはおれませんが、「感謝は依存ではない」というあまりにも倫理的な奈良さんの言葉も、このマイナー化から出てくるのだろうし、逆に、傷のマイナー化は「傷がどんだけ開いてっても、僕はまだ生きてるじゃないか」（NN）という感覚と表裏の関係にある。「復讐の精神」からの脱却が探られている、と言ってもいい。

第三に、西洋の天使像がしばしばそうであったように、奈良さんのポートレイトについても、「かわいさと残酷さ」「潔癖さと気弱さ」といった具合に、そのアンビヴァレンツ（両価性）が語られています。両価性という点では、母親の乳房という「部分対象」にパラノイア的に固着しながらも、「善い乳房」と「悪い乳房」に引き裂かれ、この分裂《スキゾ》ゆえに、母親の身体を破壊しようとし、この破壊衝動ゆえに罪の意識を抱いて、身体を修復するという、メラニー・クラインの図式が思い出されます。しかし、この図式は僕たちの欲望のかたちをそれこそ先験的に二元化し、あまりにも単純な仕方で決定しているのではないか。欲望の対象は曖昧で、その何たるかを僕たちは今も知らないのですから。ナイフ（のような羽根）や煙草やマジックハンドなど「物神」の表象もむしろこの不分明さを浮き彫りにしているのです。

奈良さんの作品のなかでは今、こうした二元性には還元できないニュートラリゼーションが進行しているように感じられる。ニュートラルというのは単に静的な中間・中性ではなくて、「〜でも〜でもない」という動的否定性の謂で、逆説的だけど、それを奈良さんは、ベンヤミンが過去と現在の出会いを「静止のなかの弁証法」と呼んだのと同様に、たとえば『Daisy』に関して「静かさ」と呼んでいるのではないでしょうか。ここにいうニュートラリゼーションは、カフカにおけるように、爬虫類などさまざまな動物と子供、子供と嬰児、子供と大人といった範疇の間でも生じている。カフカのいう「雑種」ですね。

最後に第四の論点です。後でも述べますが、最初の展示室（第四展示室）は、両面白の仕切りと、片面が青でもう一方の面が鏡になっている仕切りとで三つの空間に分割されていて、入り口からはどの空間にも直接行けるようになっています。その向かって右側の空間に入って、僕は鏡の前に並べられた人形たち

YOUR CHILDHOOD（2001）

を見下ろしました。鏡の認知が一瞬遅れ、そのことが、自分の肉体の映像へのとまどいを、鏡のなかのYOUR CHILDHOODという反映とともに送り返してきて、慌ててその場を離れたのでしたが、この空間はクラインのいう「パラノイアースキゾ」段階に続く「鏡の段階」に対応しています。「時々鏡を見ては、自分の実体に驚く」とも、「鏡を見るように、自分に向き合うんだ」とも、その一方では、「窓から抜け出し旅立てるだろうか?」とも、「ガラスを突き破って飛び出してやるんだ」ともNNには記されている。

「石の窓」(NK)とも言われているから、鏡と窓、ガラスの間に単純な二分法が設定されているのではないでしょうが、それはともかく、奈良さんは、鏡像との向き合いが自己の存在の確認であるということに疑義を呈しているように思える。ある写真を見てそう思ったのですが、そこで奈良さんは、鏡に背を向けながら上半身をちょっとひねって、たぶん自分の背中を見ようとしている。これはルネ・マグリットという画家の『複製禁止』という作品を意識した姿勢かもしれない。マグリットは鏡と向き合う男の背中に加えて、鏡のなかにも映った背中を描いているけれど、これは不可能な事態ですよね。

「鏡の段階」というのは、生後半年くらいから、子供が鏡に映る自分の像を見て喜ぶという現象なのですが、なぜ子供はその像を自分の顔と認知できるのか。最初から、子供が独りで鏡の前に立つとは考えられない。誰かが彼・彼女を抱き、「これが誰々ちゃんだ」と繰り返したにちがいない。だから子供は、鏡に映っていないがそこにいるはずの親などの他人に向かって微笑んでいるのであって、子供はその他人に見られている顔としてのみ自分の顔を自分の顔として認知する。それと同時に、「寸断された身体」――あの夢遊病の巡礼者《ピルグリム》たちはまさにつぎはぎだらけです――の統合がなされるとも言われているが、自分の顔は他人にそれが奪われることで初めて自分の顔として認知される。しかも、この他人だけが鏡には映らない子供の「背中」を見ることができるのです。

顔をおしつけられ、顔を奪われることでのみ自分の顔を認知する――このあり方を、コルチャックはどこかで、「子供は本当にいくつもの顔をもっている！　多くの仮面を上手に付け替えて、名優さながらの演技、仮面は相手の観客しだい」、と表現していた。「鏡の段階」におけるこの型嵌めの圧力、それをここでは根本的な意味での「ストレス」（歪力）と呼ぶことにしたい。鶴見さんは、奈良さんの描く女の子の顔のかたちを、さまざまな歪力でゆがむゴムマリに譬えています。奈良さんの絵では、たとえば女の子の見ている対象が描かれておらず、僕たち自身が見られているようになっているのですが、これは「鏡の段階」の回路を逆向きに辿っているわけですね。レヴィナスのいう「顔」が僕に見られるものではなく、さながら孤児のように僕を見つめて、そのまなざしの声によって僕を裁くと同時に僕に懇願するのと同様に。

Dog from Your Childhood（2000）

しかも、僕たちは単に正面や横から見られるだけではなく、「自分の背中を見られている」ことを見ることなく「背中」を見られるように仕組まれているのです。

　奈良さんは鏡にもうひとつの細工を施している。みなさんは第四展示室に入ったとき、どう動きましたか。僕はすぐ左の空間に向かった。正面の壁に何も書かれていないことが作用したのかもしれないけれど、そこにはちゃんと「けつ出しの犬」が、それもスケールの違うやつが二匹いるし、右の壁はブルーのコンポジシオンになっている。だけど、この「間」を歩いて突き当たりでどっちに行こうかと悩んだひとは少ないかもしれない。まさにノーマンズランド（無人地帯）なのですね。

　だからこそ、白い壁と鏡の背面たるブルーの壁とのこの空虚な袋小路＝通路、三つの異質な表層によって創られるこの「間」こそ最も重要なのではないかと僕は思うのです。「鏡の背面」

「鏡の裏箔」を、奈良さんは、海（このブルーは第三展示室の女の子のスカートと同質です）、「深い深い水溜まり」たらしめるとともに、犬の頭に相当する部分に鏡を設置している。実際には、鏡の前に置かれた人形たちの先頭に、犬君が置かれているのだけれども、まさしく「犬思う、ゆえに犬あり」（NN）で、僕らが自意識と呼んでいるものは実は、眼を閉じた犬の夢のなかに、尻尾を立ててふんばる犬の思考のなかにあるのかもしれない。たとえばカフカの「ある犬の研究」はそう考えることを要請しているように思える。

僕は犬を「象徴」として使っている、と奈良さんは言っている。おもしろいことに、シンボルという語の元々の意味は二つに割れた陶器の断片のことなのですね。実際、犬は分断されていて、犬については「内破していく現実のかけらでできた犬」と言われている。犬の表面がつるつるであればあるほど、この分断は強調されるように思える。さらに、白い壁の両側に犬小屋があって、そのど

I DON'T MIND, IF YOU FORGET ME.（2001）

ちらからも犬のからだが出ていることは、先に述べた「間」が「内部の外部」のごときものであることを示唆しているのではないでしょうか。

左の部屋に入ってみましょう。後で聞くと、奈良さんのファンたちが人形を送ってきていて、それに奈良さんは手書きの御礼を出したりしているのだけど、この展覧会のタイトルを表すI DON'T MIND, IF YOU FORGET ME. の文字が透明な管で造られていて、そこに人形たちがぎっしり詰め込まれている。満員電車のなかでのようにどの人形も圧力で歪んでいて、窒息しそうな状態にある。それを見て、僕は数々の大量虐殺の映像、山積みにされた死体を思い起こしてしまった。

忘れても構わないというタイトルが、メメント・モリ（死を忘れるな）という格言を、鏡が死神をただちに連想させたということも手伝っていたかもしれない。ところで、みなさんは人形のひとつひとつを認知しましたか。この展覧会の図録に付されたCD－ROMを利用して意図的にそれを試すことはできるでしょうが、一人や二人欠けていても分からないような群衆のあり方がここには見られる。忘れても構わないというタイトルはこのあり方とも無縁ではなく、だからこそ奈良さんは匿名性を強調する一方で、そこにも一対一の関係を築こうとしたのでしょう。ある空間にひとは何人住むことができるか。地球をどのように分割するべきなのか。逆に、僕たち一人一人の居場所はいかなる広さをもつべきなのか。

透明な管でできた文字の下には、単語と同じ幅で棚があって、奈良さんが集めた人形や箱や玩具などが並べられている。二つのことを述べておくと、第一に、黒人などさまざまな地域の人々の人形が並べられているが、亀などの動物や道具類も含めて、ほとんどの展示物が対《カップル》、それもどこかが異なるいびつな対になっているということ。これは女の子の絵ではありえないし、群衆のあり方でもない。円陣を組む犬の配置でもない。第二には、収集と子供との関係については、ベンヤミンが卓抜した分析を展開しているということ。収集は「記憶のカオス」と境を接しており、また、そこには、個々の物への忠実さと分類、一般化のあいだの弁証法が見られるというのですが、いずれも奈良さんの作品と密接に係わる現象でしょう。バラックの内部はベンヤミンの描く「屑家」としての奈良さんを示していて、しかも「屑」のこの空間は「固有名」の空間なのですね。この空間があの白い壁とブルーの壁の化身であることは言うまでもありません。

透明な管のなかの人形たちとは逆に、皿に描かれた者たちはどうしようもなく独りです。手などつながない。実存の本質的孤独、ですね。ただ、そこにも見えない歪力が作用している。共同性↓対↓孤独と話が展開してきたわけですが、この孤独な者たちはどう関係するのでしょうか。絶対的に孤独で、同じ広さの皿に住まう限りでの平等、いや、跳び込み台に乗る女の子のように、決して同じ条件を有することがない特異性である限りでの平等を、奈良さんはとても美しい言葉で語っている。「けっこういい絵も、いま

いちな絵も　その絵の中の子は、みんな同じだ　それが大事だ　自分が産みだしたものは　みんな平等に産みの苦しみとともに」（NN）、と。

　では、これらの平等な者たちはどう関係するのでしょうか。奈良さんは円形の皿に上下左右がないことを指摘している。関係の偶然性と開放性がここに示唆されている、と僕は思う。ただし、これは僕の勝手な推測だけれども、円は、他の円を侵食するのでなければ、他の円と線的には接することができない。逆に言うと接点《タンジェント》でしか接することができない。99.99…パーセントは分離していて、ある一点での微かな接触がある。そのつど、ある一点でだけだが、円周上のどの点でも接触できる。『生命の泉』での、球形の頭部の危うくもろい接合を思い浮かべてもよいでしょう。

　同じ面積の円があって、それらが互いを侵食することなく点的に接触しながら、ある箱のなかに何個入りうるか。簡単なようですが、これは数学の難問です。ましてや、僕たちが互いの「居場所」、互いのDaの限界を見守りながら、ある領域で共存する様を思い描くのは途方もなく困難なことです。必ずやどちらにとっても不当な侵食、歪力が生じるでしょうから。人間関係の衝突のことを、絶えることなき地域紛争のことを思い浮かべてもよいでしょう。

　正当で公平な分割《パルタージュ》もしくは配置、それが「正義」と係わる事態であるのはもちろんですが、そうした分割を意味するギリシャ語の「ポレモス」は「戦争」を意味する語なのです。「キッチン」の哲学者ヘラクレイトスはポレモスを「万物の父」とみなした。分割しつつ結びつけながら万物にその場所を正当にあてがうことで、それが「世界」を「世界」たらしめるからで、その意味で、ポレモスは「世界戦争」なのです。ハイデガーはこのポレモスをいわゆる「戦争《クリーク》」とは異質なものとみなした。しかし、「戦争」がつねに「正義の戦争」を標榜する以上、ポレモスは「戦争」たらざるをえない。奈良さんの描く孤独な者たちのまなざし、奈良さんが記すwarという語、奈良さんが多用する「戦士」「反戦」という語は、この事態への闘争《カンプ》を表しているのではないでしょうか。

そのことが最も見事に表れているのは、奈良さんの描く「戦士」たちの輪郭線です。ある距離からは、迷いのない力強い線に見えるのだけれど、至近距離まで近づくと、「境界地帯」（マルク）が実に繊細に、多層の霧のように仕上げられているのに気づく。「ぜんぜん線が決まってくれんでござる」とは、『Daisy』を描いているときの奈良さんの言葉で、僕の印象では、フランシス・ベーコンという画家が描く歪んだ顔、肉塊のようにつぶれた顔と奈良さんの作品は単に正反対のものではないのです。その点できわめて印象的だったのは、先に話題にしたアウシュヴィッツ訪問の後に、「ふるえるばかりで今日は上手く書けそうにない」（NN）と記されていることです。

このふるえは、限界線を画定することの極度の困難を告げている。ふるえそれ自体がポレモスなのですが、あるものとあるもの、あるひととあるひとが接し、かつ分離されるような「間」、混沌の図式をどう描き、どうそれを破壊し、どうそれを作り上げていくのか。翻訳不能なイディオム（方言）をどう翻訳し、つながらない破片をどうつないでいくのか、奈良さんの仕事の展開をそんな視点からはるかに見守りたいと思いますが、鍵を握るのは「翻訳」と呼ばれるものかもしれない。前出の「接点」という言葉でいわゆる原作と翻訳の関係を語ったベンヤミンは、マントの「襞」といった譬えで、「間」のフラクタル的構造を示唆しているように見える。「言語を超えた共通言語」としての「イメージ」といった奈良さんの表現で、果たしてこの混沌構造を捉えることができるのか。サーフィンする犬に付記された「この犬にだけは自由に触れてください」というメッセージは、諸感覚（の障害）のあいだの翻訳の問題をどこまで配慮したものなのか。奈良さんの作品は、「どこにでもいる人」から向けられる無数のもの言わぬまなざしの錯綜と法外な重みにどこまで拮抗できるのか。これはもちろん奈良さんだけの課題ではない。むしろ、僕たち一人一人にそれぞれ別様に課せられたこの異常な日常の泡のようなささやきなのでしょう。忘れることしかできないこの低周波の振動を忘れてはならないのかもしれない。御清聴ありがとうございました。

（二〇〇一年九月九日　横浜美術館レクチャーホール）

# 歓びの荒野の淵にて

## 宮崎進展「よろこびの歌を唄いたい」に寄せて

（二〇〇二年）

### 橋のない川

ミラボー橋の上ではにかむ宮崎進《しん》の写真を見たことがある。一九七三年、画家は五十一歳。即座にわたしは橋上での幻の出逢いを直観した。そこで三年前に入水自殺した詩人と画家との「出逢いの秘密」を。詩人の名はパウル・ツェラン（一九二〇—七〇）、ルーマニア生まれのユダヤ系詩人で、第二次世界大戦中は強制労働収容所でさまざまな工事に従事させられた。両親は共に収容所で射殺されている。息が結晶してしまうような雪と霜と氷河と氷窟とクレバスの詩人。宮崎の作品群に付された題名を見ながら、わたしは、「シベリア的」「灰白色の荒地」「荒野の小さな花」「凍土層」「黒土」「黄土」「ツンドラ」「カルスト台地」「北の川々」「声たち」「立つこと」「晩い顔」「粗麻地の頭巾」「竪穴の墓」「壁」「無」「漂い」「日付の記憶」など、詩人に親しい語彙を連想していた。それだけではない。「まだ／歌うべき歌があるのだ／人間たちの彼岸で」（「糸の太陽たちが」）というツェランの詩句は、さながら今回の展覧会全体の題名を予言しているかのようではないか。

「出逢いの秘密」というツェラン自身の言葉を引いたが、これは二十世紀を代表する二人の哲学者たちとツェランとの係わりを指す言葉でもあった。ハイデガーとその批判者アドルノである。ナチズムへの加担を悔いることのないハイデガーの態度への失望がきっかけで詩人は自殺したという「伝説」はすでに崩壊したが、そのため逆に、両名の数度にわたる遭遇は、改めてその意味を思考するべき出来事と化したとも言える。一方のアドルノに関しては、彼との架空の出逢いを想定して、ツェランは「山中対話」――二人の「眼のないユダヤ人」の山中での出逢いを描いた散文作品――を書いたとされている。いや、先に引いた「糸の太陽たちが」の一節にしてからが、実は、「アウシュヴィッツ以降、詩を書くことは野蛮だ」(『プリズメン』ちくま学芸文庫)というアドルノの有名な警句へのありうべき応答のひとつだったのだ。

『望郷と海』(ちくま学芸文庫)の詩人、石原吉郎のことをここで思い起こすひともいるのではないだろうか。それ自体が多くの問題をはらんだこのアドルノの警句は、詩作のみならず、少なくとも現代芸術と美学の全幅に係わるものであって、もちろん宮崎の創作活動もそれと無縁ではありえない。それにしても、なぜツェランは、まだ歌うべき歌があると考えたのだろうか。さまざまな喪失のなかで失われずに残ったのが、「恐ろしい沈黙」を潜り抜けた「痛みの」言葉だけだからだ、と彼は言うかもしれない。そしてこうも。詩的ではありえないこの時代こそ、詩的ならざる時代という認識を、詩を書くことに合体させようと欲しているのだ、と(一九七〇年一月二十一日付、クラウス・デームス宛ての書簡)。

極限状況としばしば称されるものと、まさに散文的日常との逆説的連関がここに示唆されていると言ってよい。その意味では、アドルノそのひとが自身の言葉に施した変更は興味深い。「永遠に続く苦悩は、拷問にあっている者が泣き叫ぶ権利をもっているのと同程度には自己を表現する権利を有している。その点では、『アウシュヴィッツの後ではもはや詩は書けない』というのは誤りかもしれない。だが、決して誤っていないのは、アウシュヴィッツの後でまだ生きることができるかという問題である。殺戮を免れた者は悪夢に襲われる。自分はもはや生きておらず、一九四四年にガス室で殺されたのではないかという悪夢に」(『否定弁証法』作品社)。

プリモ・レヴィやブルーノ・ベッテルハイムやロベール・アンテルムなど、生き残りのこのような悪夢を語る者は決して少なくない。そして、それを伝達することの極度の困難を語る者も。散逸した日常の片隅から、私たちはこの深淵——「暗い底知れない淵」(宮崎)——に連れ戻され、深淵の縁で眩暈に捕らわれる。自分自身の思い出に苛まれることもない健全な記憶を有する人間をも、この眩暈のうちに引きずり込まねばならないのか。そもそも彼らにこの混沌と空虚の感覚が分かるのか、と(レヴィナス『固有名』みすず書房)。ただ、このレヴィナスも、そしてアドルノも、トラウマという観念それ自体が、そしてまた、「苦痛に発言権を与えること」自体が物象化と神話化の好餌となることを承知していた。だからこそ、アドルノはサミュエル・ベケットにふれてこう述べたのだろう。

「ベケットは強制収容所という情況に対して、——もっとも彼は偶像禁止の戒律を課せられたかのように強制収容所という名称は挙げていないが——唯一ふさわしい仕方で反応している。つまり、現に存在するものは強制収容所に似ている、というのだ。ある箇所で彼は無期死刑囚という表現を用いている。唯一の希望として淡く光っているのは、もはや何も存在しないということである。しかし、彼はそれをも拒絶する。不整合の裂け目から、無の形象世界が、何かとして立ち現れ、それが彼の詩作を支えているのだ」(『否定弁証法』作品社)。

「無の形象世界」という鋭利な矛盾を、ベケット自身は「すべての時代のすべての死者たちが甦ったとしても満たすことのできない無限の空虚」(「勝負の終わり」)という戦慄的な言葉で表現している。朝の記憶も夕の希望もない空の下で、限りない振動のなかで滑り続ける傾いだ事物ばかりの荒野に、いかなる終末があるというのか……。「茫漠として、天も地もなく広がる風景のなかに吸い込まれていくような無限」(『日々の断片から』)という宮崎の言葉を思い起こさずにはおれない。また、後述するように、ベケットが執拗に登場させる「贋のカップル」は宮崎の描く「並び立つ俘虜たち」を、宮崎のトルソは四肢を欠いたベケット『名づけえぬもの』の「私」を連想させるのだが、偶然の一致とは思えないほどアドルノ－ベケットに酷似した語彙で、宮崎は自身の創作姿勢を語っている。

「重ねる、ちぎる、貼る、削る、塗る、突然何かが見えはじめる。現実とも虚構ともつかない時空を漂う。こうしてものを創り続けるのは己自身の実体に迫ろうとする何かがあるからだ。そこには私自身にも捉えられない得体の知れない自分があって、近づこうとすればする程何もない荒野のような空間が見えてくるのである」(『宮崎進画集　私のシベリア』序文、文藝春秋、一九九八年)。

宮崎はひたすら「日々の断片」にこだわる。『極限に面して』(邦訳法政大学出版局)の著者ツヴェタン・トドロフが、「全体主義体制下の収容所の極限情況はそれが日常的情況の真相を明かしてくれる」と述べたのと同様に。「消費社会での人間を描くことのほうが極限状態の中の人間の存在を描くことよりも難しいのではないか」という野田正彰(『戦争と罪責』の著者)の問いに、「うーん、同じじゃないでしょうか」と宮崎は答えているが、この躊躇いがちな同等性は、「ありふれた日常」のなかにラーゲリへの無期限の捕囚を感じ取り、捕囚のなかに茫漠たる無限の広がりを感じ取る、宮崎の稀有な「弁証法」(ベンヤミン)の実践を示唆している。そうわたしには感じられる。

まさに「今も毎日がシベリアなのだ」(「美術と戦争の物語」、朝日新聞夕刊、二〇〇〇年七月六日)。壁の外は壁の内であり、檻はさまよいであり、逃亡は自己への囚われである。しかも宮崎は、忘却の河に逆らいながらも、記憶の夢のごとき曖昧さを繕うことがない。犠牲者という言葉を用いながらも、「犠牲者化のイデオロギー」（スラヴォイ・ジジェク）を振りかざすこともない。戦争責任を声高に語る多くの者たちの糾弾とはちがって、宮崎が、そしてまた、宮崎の作品が、圧倒的な量感と情念の渦旋にもかかわらず、なぜか息苦しさを感じさせないのもそのためだろう。宮崎にわたしが感じる、傷ついた魂のしなやかさは、戦争責任論のかたちの根本的な変容をわたしたちに促しているのかもしれない。「わたしたちは／本当に知らないのですね、／何が／正しいのか……」（ツェラン、同前）

## 湧現と浸潤

壁の内と外、有限と無限、過去と現在をトポロジカルに接合するのが「麻布袋」（ドンゴロス）である。ドンゴロスという名称が肥料や排泄物から派生したものであることを銘記されたいが、多方向に引き裂かれた数々の麻布袋が板に貼付されて、それが画布＝基底材（subjectile）をいわば解体構築している（デリダ『基底材を猛り狂わせる』みすず書房、参照）。「わたしたち魂（ないし皮膚）は存在のたえまない崩壊の上に張り巡らされている」（ホーフマンスタール）と換言してもよいだろうが、その意味を次に考えてみよう。

ある現象学者は絵画を窓に譬えたことがあるが、宮崎は開口を希求しながらも不断に壁の前に連れ戻される。彼にとって、画布は壁であり、大地であり、天蓋である。壁と染みと顔と声、そして鏡とのつながりについては次節で語るとして、まずは大地について。先述のツェランは地質学書の愛読者で、みずからの詩のなかでも、掘り返す、掘り削る、地形、断層、鏡肌、条線、褶曲といった語彙を使用している。同様に、宮崎にも独特の地質学があると思われるが、「黒い大地（泥土）」（一九九八年）や連作「すべてが沁みる大地」（一九九二年）からも分かるように、宮崎にとっての大地は堅固な支えでは決してない。「夏になればドロドロと底なしになるツンドラ」なのだ。残酷な斑雪に蔽われながら、凍りながら、と同時に至極厄介な泥濘《ぬかるみ》であるもの。固体と流体の混交。平坦なところはどこにもなく、歪み、盛り上がり、折れ曲がり、襞を作り、捲れ、捩れ、抉られ、鍵裂きになり、はみ出し、垂れ下がった地形それ自体が底無し沼であるかのようだ。「ただの土台さえない荒野」（ベケット『モロイ』）。

基底材は無底である。「櫛状に鋳割れた大地」というツェランの表現が想起される。深淵は布と布との隙間からのぞく。露出する。どの隙間も同じ形状ではない。そうした隙間が一種の網状組織を形成している。印象的なのは、麻布袋のほつれた糸が断裂する寸前の状態で、隙間の両岸を危うく繋いでいることだ。どの糸も独特なジョイントの形を作り出している。時に縺れ、時に切断された糸が思いがけない部位との接続を実現している。仮縫い《ラプティン》という語源的意味を込めて、わたし自身が「境界のラプソディー」と呼ぶものを見る思いがする。可憐な野イチゴや黄色い花や白い花がラプソディーを奏でている場合もあるし、

すべてが沁みる大地（1992）

「白い荒地」（一九八六年）でのように、境界地帯が小径ないし畝溝のごときものとして描かれている場合もある。そして、狂ったようにアムール川が大地を引き裂く場合も。

宮崎が創り出す帯状地帯は、パッチワークのように切り貼りされる諸部分の分割《パルタージュ》＝共有という問題を提起している。まさに地域紛争という不断の事態を。実際、一九八〇年頃のステンドグラス製作後に顕著になる、格子による空間分割の作法は、「地の群れ」（一九九七年）のような作品にも受け継がれ、さらには「荒地の花」（二〇〇一年）の削り取られた余白

漂う（1996）

Hole（2000）

にも痕跡をとどめているのだが、特に「地の群れ」は、人格と人体それ自体の分割＝共有、分割＝共有不能なものの分割＝共有というきわめてアクチュアルな問題を提起しているのではないだろうか。

　鋳割れた基底材、そこにはまた別の穴が穿たれてもいた。「Hole」（二〇〇〇年）に見られるいくつかの黒い影のようなかたち――「掘り返し跡と化した影のなかの道」。「Voices」（二〇〇一年）や「漂う」（一九九六年）などの顔影、人影とこれらの穴との連関をあらかじめ指摘しておきたい。黒い穴は、排泄物の穴であるとともに墓穴でもある。「墓場なき死者たち」――、アドルノは、サルトルのこの戯曲に記された「体の中で骨が砕けてしまうまで、他人を殴りつけるひとがいるとすれば、生きていることに意味はあるのか」との疑問を、アウシュヴィッツ以降の詩の不可能性をめぐるみずからの発言の本義とみなしている。「人間《ヒューマン》」という語が「埋葬《フマンド》」から派生したことを思い浮かべるなら、「人でなくなるとき（飢え）」（一九六〇年頃）の描線の重層と同様、宮崎は「人間」の限界――それはまた「人間の彼岸」の限界でもある――の、海岸のごときフラクタルを創り出そうとしている。いや、「囚われ」（一九八七年頃）の石膏の皮膚、至る所に圧迫痕を刻まれたこの皮膚が証示しているように、まさに手探りでそれを探究し続けている。「人間」の限界はいまだ探り当てられてはいない。だからこそ、宮崎は「テントの中」（一九六七年）の犬を除いて、「動物」をほとんど描くことがないのだろう。

アンテルムの『人類』（未來社）のなかで、ガンデルスハイム収容所の囚人たちが強制労働に向かいながら、「すばらしい冬の一日だ」と呟く、その場面が思い出される。「冬の光」（二〇〇〇年）や「五月の空」（二〇〇二年）は、こうした大地とあたかも反射し呼応し合うかのような天蓋のキルトを描き出している。ハイデガーにおいて、樹木の小さな隙間から差し込む光が、ハイデガーのいう「空き間」（Lichtung）を地面に作るのと同様に、冬の光は小さな扉から大地の穴を、墓標なき墓穴を写像する。わたしの考えでは、この穴こそが「ここ」（Da）という居場所にほかならない。ツェランであれば、私は私自身のうちの土を掘る、と言うかもしれない。

宮崎自身ジャコメッティとの相違を強調しているから、反ジャコメッティと言ってもよいかもしれないが、圧倒的な体重と装備を支えて「立つ男」「立つひと」が立ち、歩き、座り、横たわるまさに「ここ」。あたかも「土と粘土から」捏ね上げられるかのように、そこから脚が、胴が「湧現」してくる。それを最も強く印象づけるのは、地に貼りついたかのような靴を呈示した「遺されたもの」（一九九五年）で、そこに、ゴッホの描く百姓靴（この靴については、ハイデガー「芸術作品の根源」を参照）や、ベケット『ゴドーを待ちながら』の末尾で舞台に残されるぼろ靴の化身を見ないわけにはいかない。いみじくも「立つこと」（Stehen）と題されたツェランの詩の一部を引用しておこう。「立つこと、影のなかで／大気のなかの傷口の／誰のためでもなくいかなる拠り所もなく立つこと／人知れず／おまえのためにこそ」

## 壁の背面／顔の深淵

立つことには最後でもう一度立ち戻るつもりだが、ここで「誰のためでもなく」（Für niemand）と言われつつも「おまえのためにこそ」とあるのはなぜだろうか。思うにそれは、「誰でもないもの」（Niemand）という語が「名もなき者」「誰とも知れぬ者」という意味をも含んでいるからだ。宮崎はまさに汚辱にまみれた無名の人々を、小さな性器を垂らして裸に剝かれた人々を繰り返し描いている。それも、「壁（忘れえぬ人）」（一九九三年）でのように、彼らの固有名を、彼らの生と死の日付を、そして番号を襤褸切れのような画布に刻み付けながら。しかし、なぜ壁なのだろうか。

以前、ベケットの『ワット』のなかから、壁が一瞬鏡に変わる場面を取り上げて分析を加えたことがあるが（『レヴィナスを読む』ちくま学芸文庫、参照）、「不安な顔」（二〇〇〇年）など、宮崎の描く肖像のごときものを見ていると、「得体の知れない自分」と宮崎自身言っていたように、画家にとっての壁が、見えないものしか映さない鏡として機能しているのではないかと思えてくる。事実、「不安な顔」における両目の非対称性に気づかれた方は多いだろうが、これは、最初期の自画像においてすでに、見ないために、いや見るために、いや聞くために、聞かないために、いや触れるために、触れないために、一方の眼を斜線で潰そうとした画家自身の顔なのである。何も映さないはずの壁に映るもの、それはまさに先述の「無の形象」であって、「無形象《アンフォルメル》」の不可能性をそこに看取することもできるだろう。

しかし、壁は鏡であるだけではない。「百姓靴の刳り抜かれた内部の暗い穴から労働の辛さがこちらを見つめている」のと同様に、この壁を通して声が漏れてくるのだ。姿の見えない者たちの声が。「Voices」では、顔のようなかたちから絵の具が滴り落ちているが、それは、声が薄紙に垂らしたインクのように壁面を広がっていくからだろう。音がかたちをもつ所以だが、叫びや祈りや呻きや哀願や歓声など、いや無

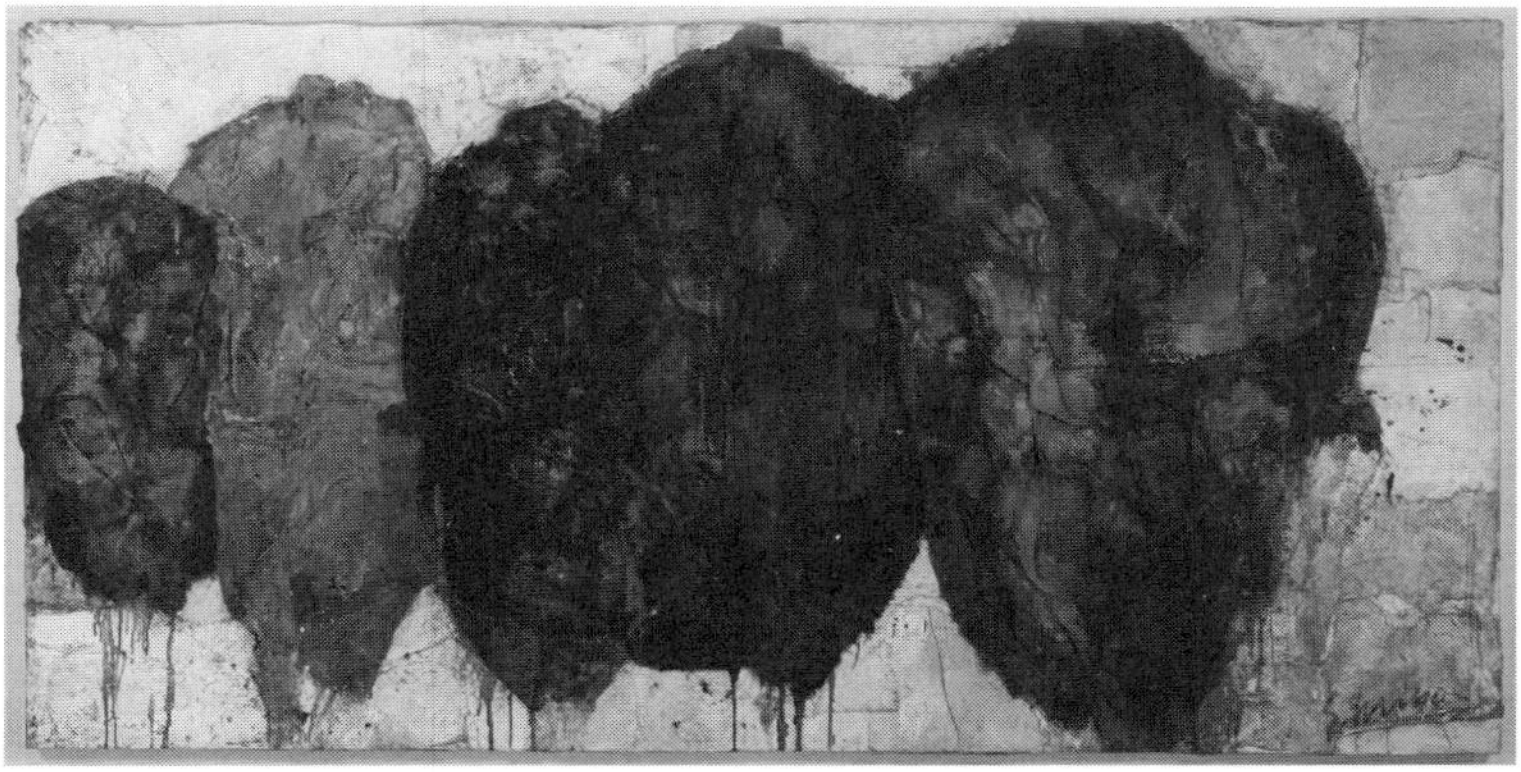

Voices（2001）

言も含めて、声はそれぞれが固有の振動を有していて、壁面にできるかたちも、声の縫い目も振動の様態によって変化する。それをわたしたちは影絵《スキアグラフィア》のように感じ取るのだ。「漂う悲しみの地が／もうひとつの影を書き留める」（ツェラン「夢の原動機によって」）

　声の振動は顔を「生きること」に繋ぎ留める。と同時に、顔は不在の他者たちの顔であり、死者たちの顔、髑髏、幽霊でもある。それは、時に無言を通して何かを語る。画家は壁のこちら側にあって、この声のかたちを聴取し、そこに己の謎を投射する。この相互干渉ゆえに、顔の輪郭はつねに曖昧で、顔－背景・地の二分法はもはや成立しない。また、プルーストが描くバルベック海岸での少女たちの浮動のように、複数の顔がつねに幾分かは重なり合っていて、一と多の対立を崩している。顔の諸「特徴《トレ》」の不在が固有性と匿名性・非人称性との対立を崩しているのと同様に。「Voice of Friends」（一九九〇年）とあるように、このような相互干渉が「いたましきもの」たちの「友情」なのだろうが、それはまた、不在の相手を求めて空を抱きしめたかのような「横たわる人」（二〇〇一年）のエロチシズムとも無縁ではあるまい。

TORSO（2001）

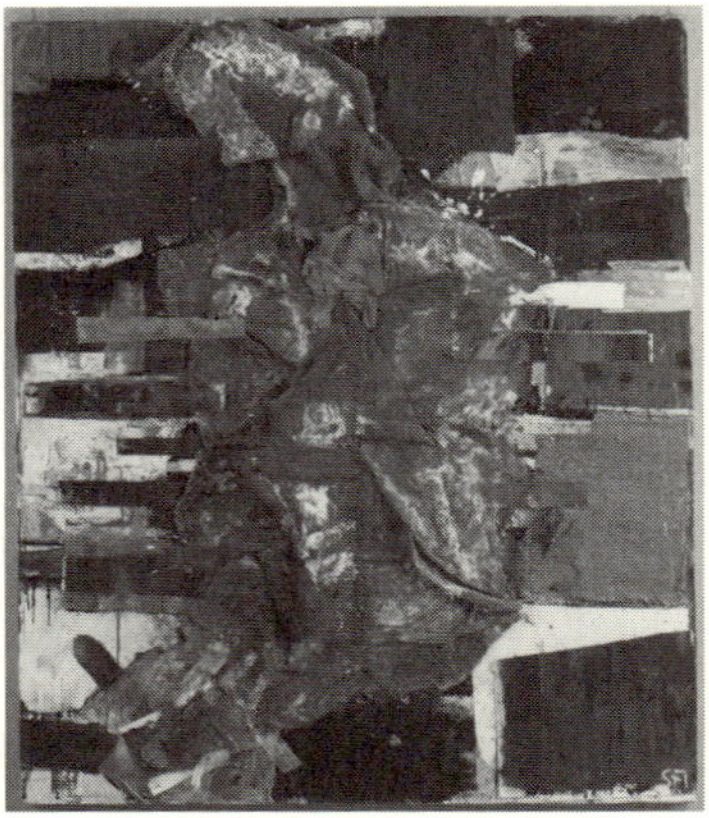

いたましきもの（1992）

レヴィナスの読者であれば、彼の顔の哲学との類縁性をすでに感じ取っているだろう。そして、それとの微妙な相違をも。かつてレヴィナスは、ロダンの手も「顔」であると言いつつも、人気のない砂漠ないし荒野と人間の顔とを正反対のものとして語ったことがあるが（拙著『レヴィナス』参照）、しかし、無人の大地にもたとえば骨という痕跡が撒かれているかもしれない。「地の骨」（一九九二年）はそれを証示した作品だが、宮崎にあっては、「地の群れ」などのミイラのごとき人体が「廃墟」と酷似しているように、壁と荒野それ自体が顔であり、顔が壁と荒野であるように見える。墓穴が顔であるように見える。赤い「TORSO」（二〇〇一年）のように、顔と女性器の裂け目のごときものが共存しているかに感じられる場合もある。

　その意味では、わたしたちはいまひとりの顔の哲学者ジョルジョ・アガンベンの言に耳を傾けるべきかもしれない。曰く、「どんな顔も深淵の上に宙吊りになっている。だから、顔は時として不意に崩れ、顔を脅かす無形の地があらわになる。（…）顔においては、私は私のあらゆる固有性とともにあるが、そのうちのどれも私を同定しないし、私に属してもいない」（『人権の彼方に』以文社）。こうも言っている。「狂宴でサタンの肛門に接吻したと審問官に訴えられた魔女たちは、そこにも顔があると応えた。今日では、人間の意志によって砂漠へと変容させられた大地がまるごとひとつの顔になる、ということもある」（同前）、と。

顔は「顔性」として固定されることがない。見られる客体となったり、見る主体となったりすることもない。廃材、流木、枕木などの基底材から成る「HEAD」（二〇〇一年）では、もはやどの面が正面なのかも分からない。そうかと思うと、頭部を欠いたトルソの全体が顔に見えてくることもある。しかし、「顔に見えてくる」とはどういうことだろうか。

近年の認知科学は、かつてボードレールが「顔の専制」と呼んだものを、顔知覚の特権性として証明したと言えるだろうが、宮崎は一方では、至るところに顔のパターン、パターンとしての顔を捏造する知覚の宿命に刃向かい、他方では、アンテルムが指摘したような強制収容所での「顔の喪失」――「私は」と言う力の喪失――と、それゆえのSSによる囚人たちの混同それ自体を「顔」たらしめようとした、と思われる。

HEAD（2001）

「われわれは肉だ」と語るフランシス・ベーコンとはまた異なる仕方での顔の解体構築を、宮崎の作品のうちに看て取ったとしても、おそらく誤りではあるまい。ただ、この解体構築は、どの解体構築もがそうであるように、輪郭において、先に境界地帯とも帯状地帯とも呼んだものにおいて遂行されるのであって、けだし宮崎はかかる解体構築のことを「漂い」（drift）と呼んだのだろう。輪郭線の内的限界と外的限界のほとんど無の隙間で繰り広げられる果てなき彷徨。それを固定することなきものを、たとえば現代フランスの哲学者ジャン＝リュック・ナンシーは「フィギュール」（figure）という宗教的含意の強い措辞で語っているが、きわめて興味深いことに、宮崎には「Power Figure」（一九九三年）という作品が存在するのだ。それにしても、なぜ「パワー」なのだろうか。

## 経験としてのトルソ

解体構築はディオニュソス（バッカス）の業である。いや、ニーチェが示唆しているように、ディオニュソス自身が「寸断された身体」にほかならない。事実、ディオニュソス（バッカス）の秘祭で用いられる、蔓を巻いた松明（テュルソス）こそ、トルソの語源なのである。曰く、「曲線と螺旋とが沈黙の愛情を注ぎながら直線に言い寄り、その廻りで踊りを踊っている」（ボードレール「バッカスの杖」、『パリの憂愁』）。宮崎は顔と頭部の作家であると同時に、本質的な意味でトルソの作家である、とわたしは思う。そして、宮崎の歩みは、プラトンが『パイドン』で述べたように、「真のバッカスの徒」たることの極度の困難を告げているのだ。

労働を免れるために、故意に凍傷による壊疽を選択する捕虜たち、戦場で四肢のいずれかを喪失した捕虜たち。宮崎は彼らのシルエットを描くとともに、「捕虜とは手足と頭部を奪われた者をいう」との定義を記している。指や脚や腕や頭部など、剝奪された部位の切断面が実に生々しい。また、木片を基底材としたレリーフでは、黄や白の包帯を巻かれたかに見える木々が義足や義腕に見えてくる。義足と言ったが、時にこれらのレリーフは、幹それ自体が接木ないし添木の集合であるような逆説を感じさせもする。それだけではない。宮崎の描く裸婦たち（たとえば一九六〇年の「裸」）を見ていると、手足を不自然にねじられた死体を見ているような気がしてくるが、レリーフもまた白い布で包まれた死体を思わせはしないか。

宮崎の作品は、ラーゲリの俘虜たちや旅芸人たちだけではなく、数限りない地雷によって脚を吹き飛ばされ、体を粉々にされた世界各地の者たち、『五体不満足』の著者や村上龍『イビサ』の主人公のようにさまざまな理由でさまざまな障害を抱えた者たち、そして、たとえば山谷地区の路上生活者のように囚われながらも漂う者たちをも映し出し、彼ら、彼女らに何かを囁きかけているのではないだろうか。球形のボールのごときものへと還元されながらも、『名づけえぬもの』の「私」が決して語りやめなかったのと同様に、剝奪はむしろ「何も持ち合わせていない、本当に素っ裸の人間の存在」をあらわにしていく。衣服のみならず皮膚をも剝ぎ取りながら、「存在することの意味」(ハイデガー)をめぐる問いをわたしたちに鋭くつきつける。

宮崎が「パワー」という語彙を用いるのは、この文脈においてである。「〔シベリアで〕とりわけ私が眼の前にしたのは、生きる意志と力を失わない人間のもつパワーである」(「五十年の残影」第一回、『新美術新聞』一九九五年一月一・十二日合併号)、と。ここにいう「生きる意志」が死への衝動を含み込んだものであるのは言うまでもないが、ニーチェにとっては、それこそがディオニュソス的なものの本質であって、後にニーチェはかかる意志を「力への意志」と呼ぶことになる。「ベートーヴェンの「歓喜」の頌歌を一個の画と化せしめよ、(…)しからば、ディオニュソス的なものに近づきえるのである」とは、『悲劇の誕生』でのニーチェの言だが、伝え聞くところでは、宮崎もまた、何とベートーヴェンの『歓喜の歌』から今回の展示会の題名を思いついたのだった。「世界の痛みは深い――、/歓び――それは心の悩みよりも深い」(『ツァラトゥストラはかく語りき』)。

「力への意志」はいわゆる権力を渇望することでは決してない。ニーチェ自身は「力への意志」を一種の「むず痒さ」とみなしていた。「むず痒さ」なるものは身体的表面の動揺であって、本論の語彙で言い換えるなら、「力への意志」とは、たとえば私と私ならざるものとの境界地帯の揺らぎなのである。この点で印象的だったのは、宮崎がさまざまな境界地帯の創出に関して、「ほとんど偶然はない」とわたしに語ったことである。自然科学の分野であれば「統計学的」と言われるところだろうが、単なる無秩序でもないし、単なる必然でもないあり方をここに見ることができる。「あらゆる必然の境界線上での微細な無限の慄え」（ナンシー『自由の経験』未來社）――自由。

ニーチェにおける「力への意志」の先駆と考えられるものが、スピノザのなかにある。「自己保存のコナトゥス（努力）」と称されているものがそれだ。「自己保存」という訳語が災いしてだろうか、この観念もしばしば、「力への意志」と同様、利己主義的で保守主義的な悪徳の原理とみなされることがある。しかし、スピノザはそれをこそ徳の唯一の基礎とみなした。なぜだろうか。

未完の『国家論』のなかで、スピノザは「私は人間の諸行動を笑わず、嘆かず、呪いもせず、ただ理解することにひたすら努めた」と記している。そこに氷のような冷たさを感じ取った者も決して少なくはない。事実、もしスピノザがアウシュヴィッツの生き残りなら、果たして彼はこれほど冷徹な態度を維持できただろうか、との問いが提起されたことがある。同じく、「軽やかな舞踏者」ツァラトゥストラに対しても、ツァラトゥストラは絶滅収容所の廃墟でも軽やかに踊れるのか、との問いが提起された。悲しみや苦しみなどの情緒によってひとを支配し、正しき「重力の精神」によって自分と他人を圧殺する者がいる限り、アウシュヴィッツといった言葉が発せられる場面でこそ、スピノザとツァラトゥストラの姿勢は貫かれるべきだ、とわたしは思っている。

たしかに宮崎は、「抑留という事実には、不条理などという言葉では言い表せないほど煮えくり返るものがある」(「美術と戦争の物語」)と言っている。まさにそうだろう。しかし、重要なのは、トルソが本質的に未完のものであるのと同様に、「あれは何だったのか」という問いに、宮崎が既成のいかなる解答を与えることもなく、今もなお探究を続けていることであって、そこに、スピノザの言葉の真意があったのではないだろうか。一度だけバルフ・スピノザの名を挙げたツェランは歌っている。「バルフが、あの決して／泣かない者が／お前のまわりの／角張った、／涙を　しかるべく／研磨するために」(「ポー、後に」)。

経験されたものに関して、「それは何か」と問うことは、一方では、先述したように、「存在することの意味」をめぐる問いへと、他方では、そもそも「経験とは何か」という問いへと深化されていく。言い換えるなら、いかなる経験も「経験とは何か」という問いを伴っているのだ。その意味で、経験には「私は経験した」という完了形はない。経験はつねに未完了である。ということは、何が「先天的なもの」であり「宿命」であるのかも完全には分からないということだ。そうでなければ、ツェランのいう「絶望した対話」の可能性すらないことになろう。重力と量感の作家である宮崎が、「漂い」や「鳥」の主題を通じて、「翼をもて合図する身軽き者ツァラトゥストラ、すべての鳥に合図を送りつつ、満を持して飛翔を待てる者」と結びつくこと、この点も忘れてはなるまい。

それにしても、なぜ「自己保存」なのだろうか。「自己」とはいかなるものなのだろうか。

スピノザは個体を無限に無限なる実体の「ある一定の」表出とみなした。けれども、無限に無限なものの一部分とは何だろうか。それもまた無限なのだろうか。しかし、個体は有限であると明記されている。とすると、個体は無限を含んだ有限なのだろうか。いずれにしても、無限に無限なものの表出である限り、ある個体の限界を固定することはできない。言い換えるなら、どこまでが「自己」で、どこからが「非自己」なのかをア・プリオリに、そして一義的に決定することはできないのだ。だから、「力」について述

沈黙（2001）

沈黙（1960頃）

べたのと同様に、自己と非自己との界面について、両者の分割の公正さについて不断に思考すること、ひいては「非同一性」（アドルノ）を還元しないこと、それが「自己保存のコナトゥス」の本義なのであって、宮崎の作品はいずれもこのような意味でのコナトゥスを証示しているように思われる。

今回の展示会には、「沈黙」（二〇〇一年）と題された頭部の彫像が出品されている。その雰囲気は明らかに他の顔や頭のそれと大きく異なる。しかも興味深いことに、一九六〇年代にも、宮崎は、大きさこそ異なるが表情は瓜二つの彫像を作製し、それにも「沈黙」という題をつけている。戦争末期の大陸、泣けば敵に所在が知れるので、子供は黙ることを強いられ、黙らないと時に殺された。その意味では、これらの彫像、これらの「沈黙」はまさに「インファンス」（もの言わぬもの）すなわち「子供」そのものなのだ。子供を決して描くことのない宮崎のなかに、「わたしの子供たちは近い」というツァラトゥストラの最後の呟きを聴き取ることはできないだろうか。それだけではない。宮崎の教え子、奈良美智の小さな巡礼者たちとの類似を感じたのはひとりわたしだけだろうか。

わたしは以前、「もの言わぬまなざしの世界戦争」（『みすず』二〇〇一年十月号）という拙い奈良美智論を書いたことがあるが、今、宮崎と奈良の交錯と隔たりと近さを考えることの重要性を痛感している。この点についてはいずれ私見を述べるとして、最後に「沈黙」に触れたのは、宮崎進という名の未完の経験の本質的孤独が、たとえば『生き地獄天国』（講談社）の著者、雨宮処凛のように、自分の居場所を求めて自傷をくりかえす者たち、そしてまた、柳美里のいう「世界の隅で震えている子供たち」、「狂気のように自分を脅迫する日常」を生きている子供たちにあるいは届くのかもしれない、という思いをどうしても記しておきたかったからである。

# PERSONA

鬼海弘雄と福田定良

（二〇〇三年）

どんな小さな波にも海全体が係わっている、とアランは言う。そんな海の話を、新宿二丁目のとあるバーで、初対面の鬼海弘雄と交わしたことがある。彼はマグロ漁船に乗ったときの凄惨なイジメの話をし、私は小さな漁船で単身オーストラリアへ行こうとしていまだに実現できずにいる老父の話をした。何の目的もないのに遥かな町まで歩こうとするユダヤ人の小噺と同様、老父の戯言は死への欲動の表出に他ならない、と私は考えているが、そのとき、鬼海が真面目な口調で、「お父さんはいつ出発するのか」と訊ねてきたのがとても印象的だった。「反－実現」に注がれる眼差し。いや、珠玉の『印度や月山』（白水社）に描かれているように、鬼海がいつも、湾の浜辺、大河のほとり、沼縁のような「旅の始まり」に在ることを思えば、これは当然の反応だったかもしれない。

鬼海は路上の経済学者である。『印度や月山』の随所で写真家が焦点を合わせた、海辺での魚の商い、多種の行商人、喜捨、路上賭博、法外な料金の吹っ掛け、値引き交渉、物乞いの男の奇妙な両替、集金袋の紛失、米の供出、卵による物々交換、「女たちの「値段」」——インドのさまざまな場所でも、昭和二十・三十年代における月山の麓の故郷でも、鬼海は、高度資本主義経済の歪力とそれへの抵抗が日常生活にもたらす変容の細部を敏感に読み取っていく。資本主義経済の余白へと追いやられながらも、実はその中核に巣くうブラック・マーケットでの交換・贈与（盗み）・分配。これは彼の最新写真集『PERSONA』（草思社、二〇〇三年）に登場する数々の被写体の選択とも決して無縁ではあるまい。

それだけではない。私は、ベンガルという場所が、「サバルタン」の思想家ガヤトリ・スピヴァックの故郷であるのみならず、『飢餓と貧困』（岩波書店）などの著者で、ノーベル経済学賞受賞者アマルティア・センの故郷であり、ムハマド・ユヌスによる「マイクロクレジット」システム発祥の地であるのを思い起こさずにはおれない。なぜ、マルサスの預言に反して、二〇世紀は相継ぐ飢饉の世紀になったのか、とセンは問いかける。『しあわせ――インドの子供たち』（福音館書店）の「あとがき」に記された鬼海の問いかけは、思うに、センの問いかけと別のことを語っているのでは決してない。「ひとの暮らしのなかには、貧しいけれど、自然にすべてをまかせる生き方でしか育まれない、「しあわせ」があるのだろうか。それとも、便利なものが豊かにあふれる暮らしには、べつの貧しさが生まれているのだろうか……」。

ジャンケレヴィッチをめぐる拙い論考をある雑誌に連載していたときのことである。連載も終盤に差しかかった頃、その雑誌の表紙写真に鬼海の『アナトリア紀行』の諸作品が用いられ始め、私は密かにこの呼応を歓んでいた。連載の最終回の表紙写真は「谷間の親子」。私の最も好きな写真のひとつであるが、そう言えば、鬼海は母親に抱かれた子供の写真を多く撮っている。『PERSONA』にも、人形を抱いた女性が登場する。私の考えでは、この構図の反復回帰は偶然の産物ではない。というのは、「鏡像段階」に先立って、子供は誰かに抱かれて鏡の前に立ち、何らかの仕方で、これがあなたの顔だと教え込まれるからである。私に固有のものとされながらも、他人には見えて自分には見えない「公然たる秘密」（サルト

『アナトリア』（クレヴィス，2011年）より
谷間の赤子と若い母親（2000）

ル）であるがゆえに、私は「他人によって見られた顔」を自分の顔とみなすほかない。デカルトの言うように、仮面を被ることで素顔という仮面を仮構する。これがペルソナの逆説であり、「顔」が写真の特権的な、それゆえに恐るべき対象と化すのも、この逆説のゆえである。だからこそ鬼海は、『PERSONA』の冒頭に、仮面を被った役者の「背中」の写真を配置したのだろう。傷口のような顔の深淵のなかで顔を背け、遠ざかり続ける者の痕跡。

もうひとつ、鬼海は『PERSONA』の冒頭にある仕掛けを設置している。「昨年の暮れに亡くなられた、恩師で哲学者の福田定良先生に深い感謝を込めて」との謝辞が記されているのである。『民衆と演芸』『女の哲学』などの著者（一九一七―二〇〇二）で、「学校を出ると、私はあてもなしに浅草寺の境内や、当時は映画館や演芸場が集まっていた六区をうろつくようになった」（『ひとりよがりの哲学』）とあるように、福田は『PERSONA』の舞台――鬼海はもはや何も判読できない「街区案内図」を写真集の最後に置くことで、この場所が「非－場所」（ユートピア）であることを示唆しているのかもしれない――と濃密に係わった哲学者であったが、矛盾を抱え込み、複数の次元に引き裂かれた人間のありかたを「ドラマ」と名づけ、ストリップや安木節や映画やテレビなどの「大衆文化」「マスメディア」、ひいては私たちの日常生活のなかに読み取られる、従来のそれとは異なる「哲学」のありようを、狭義の知識人たちだけのドラマたる「悲劇」とは区別して「喜劇」「おかしみ」と呼んだ。「哲学史を私たちの生活のなかによみこむということは、悲劇によって私たちのドラマを喜劇として見ぬくことである」（『哲学のすすめ』）。

フモールに近いものを福田は考えているのだろうが、『PERSONA』には、一筋縄ではいかないがどこかおかしく、おいそれと居そうにないがどこにでもいて誰かに似ている匿名の、誰でもない異形の者たちが映し出されている。異形と言ったけれども、それらの写真は、ラ・ボルド精神病院の住人たちの写真と同じく、「正常異常者」（normopathe）という逆説を観る者たち自身につきつけている。たしかに一見すると「堅気」とは見えない。しかし、私はここで、福田定良が、国民・臣民という概念にも、庶民という概念にも組み込まれず、国籍や性別にも縛られることなく「社会生活を直接支えている人たち」を「堅気」と呼んだことを思い出した。これはまさに「堅気」の写真集なのだ。「堅気」はしかしながら、固定的な輪郭をもたず、歪み、割け、褶曲し、たるみ、引き攣り、淀んでは、流れ、こわばっては、はじける。

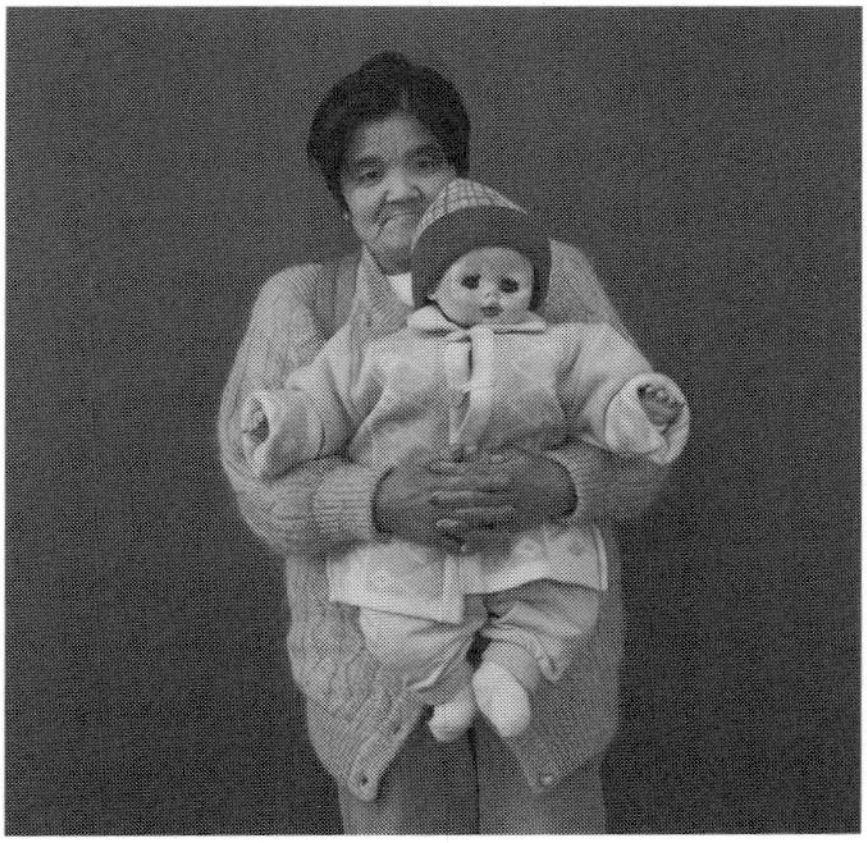

『PERSONA』より
二十八年間，人形を育てているというひと（2001）

顔による偶像破壊……。

『PERSONA』の作品群は私に奇妙な距離感を伝えてくる。近さとも遠さとも言えないような。時に眼差しが茫漠としていて瞳を知覚できないことが、そしてまた、背景が無地の壁であることがこの感覚をさらに強めている。顔はそれが依拠する内的地平も外的地平ももたない。いや、被写体はそのさまざまな属性と帰属を写真によって暴力的に奪われて無縁化され、極小の、それも不確実な情報だけを付与されて、新たな諸関係へとこれまた暴力的に晒されるのである。写真における死と再生。写真家が「善きサマリア人の寓話」(『ルカによる福音書』一〇章)の試練をつねに生きているのと同様、写真そのものが「隣人」という謎なのだ。「遠近法の歪んだふしぎな光景」、と『印度や月山』にあるが、鬼海の作品には遠近の序列が感じられないものが多い。平面のなかに近景と遠景が奇妙な仕方で共存しているように思えるのだ。鬼海は、私たちが逃れることのできない遠近法を壊しては、「パラタックス」(並列)とも呼ばれる意想外な接続を作り上げ、それを私たちに感知させる卓越した手法を行使している。『PERSONA』での時間差をもつ写真の配置もその所産であろうし、『印度や月山』の文章でも、過去と現在が同じく共存しているかの印象を抱かされる。鬼海の写真が作品「跳ぶ男」のように時に圧倒的な静止感、不動感をもつのは、過去と現在、遠きものと近きものが優劣を作ることなく衝突するがゆえに静止の印象を与えるのと同様であって、それを「静止の弁証法」(ベンヤミン、アドルノ)と呼ぶこともできるかもしれない。「世界史とは、クニを異にしてきた堅気の人びとをむすびつけてゆく歴史のことである」(『現代かたぎ考』)とは、福田の至言であるが、『PERSONA』の人々の顔をインドの人々の顔と、さらには、前出のラ・ボルドの住人たちの顔と、私たちの周囲にある顔と並列させてみるといい、同一性を不可能ならしめるような「類似」の創出者たる鬼海の写真術が、イデオロギー的類型化の危険とつねに隣り合わせながら、世界というイマージュそのもの、その認識＝実践の革命を静かに促しているのが分かるだろう。

# 僭域／ロクス・ソルス

## 未知の荒川／ギンズに

（一九九六年）

### 盗まれた文字

荒川修作／マドリン・ギンズの『意味のメカニズム』に接した物理学者のハイゼンベルクは、現代物理学が果たすべき仕事に着手したものとして荒川／ギンズの仕事を称えたという。一九八〇年の中村雄二郎との対談では、この逸話に続いて、ある哲学者の名が挙げられている。しばしばハイゼンベルクに言及する哲学者で、『技術への問い』と題された彼の講演をめぐっては、ハイゼンベルクとこの哲学者のあいだで文通がなされた。[1] クレーの絵とトラークルの詩とハイゼンベルクの宇宙方程式に同時に言及する哲学者。

中村　今ハイゼンベルクの話が出たわけだけれども、もう一つ、あなたの作品をめぐって、哲学者のハイデッガーが、何か自分のやっている哲学の方法に対して晩年に疑問を表明したとかいう話がありましたね？

荒川　自分の哲学は自分だけしか使えない、といったのです。彼にしたら爆弾発言です。

中村　そうすると、どういうことになるんだろうか。

荒川　彼のメタフィジカルの世界というのは、意外にフィジカルでもメタフィジカルでもどちらでもいいことなんです。だから一つのランゲージ・ゲームにあれほど真剣になっていて、もう一つのゲームを使ったらどちらでもないんだということに気がついたんじゃないですか、最後に。

中村　それは、必ずしも彼のランゲージ・ゲームが他人と共有されうるものではなかったということじゃないでしょう。

荒川　いや、他人と共有できる言葉で綴り上げていたわけです。それで相当な時間を置いて、同じ自分で書いてきた言葉を、違う言葉で考えてみようとしたわけです。そうすると自分が長い間信じていたメタフィジカルな世界なんていうのはフィジカルの世界にもあるわけです。ただ、それをそのように呼ばなかったというだけで……。ただどのように見分けたりするかということは一つの言葉ではあまり完璧にはできなかったということですね。そう思いませんか、一つの言葉では全うできないって。(2)

中村が荒川に疑問を呈したのはおそらく、「私的言語」批判を必然的に想起させる「言語ゲーム」という用語で、荒川がハイデガー哲学の私秘性を指弾しているかに見えたからだろうが、中村の疑問に答えて荒川は、自分のいう私秘性はある言語ゲームを共有する共同性の謂であると説明を加えている。ひとつの言語ゲームを共有することは「これ」や「あれ」といった指示詞による分類を共有することである、と荒川はいう。この点については後述するが、中村との対談の一五年後、藤井博巳とのあいだで交わされたやりとりは、フィジカル、メタフィジカルという措辞でかつて語られた区別を、ハイデガーのいう存在者と存在、存在的と存在論的の区別に対応したものとみなしても決して誤りではないことを示唆している。

藤井　しかし空間といっても物理的なフィジカルな空間と、存在の問題と密接に関係する空間と、区別しないといけない。

荒川　そこなんですよ、倫理の問題が出てくるのは。つまり、「もの」より「こと」の問題ですね。私たちが《養老天命反転地》で発生させようとしている時間とか空間というのは、ここでは一つのイヴェント、出来事を起こさせる条件なんです。その条件をまとめている環境、[3]……

荒川が意識しているかどうかはともかく、「出来事を起こさせる条件」という彼の表現は、「経験を可能にする条件」というカントの表現を連想させずにはおかない。カントにあっては、「経験を可能にする条件」という表現は「超越論的なもの」(transzendental)という境位を指示していた。実は、この点についてはハイデガー自身、「「超越論的なもの」はカントにとって「存在的」と区別される「存在論的」と同じことを意味している[4]」と明言するとともに、時に「もの－性」(Was-sein)と「こと－存在」(Dass-sein)というシェリング的な措辞でこれら二つの次元を形容している。しかし、経験的－超越論的、存在的－存在論的、もの的－こと的といった二つの領域の分界線が固定されるのは、荒川によると、たとえばドイツ語のような「一つの言語ゲーム」――「一つの」とは何か――の内部においてでしかなく、別の言語ゲームのなかでは、この分界線それ自体が別様に引かれる。このような観点から、荒川は、ハイデガーに対して疑義を呈していると考えられる。荒川が「一つの言葉」という語彙で表現しようとしたものを、アドルノのハイデガー論にいう「隠語」(Jargon)のごときものと解釈することも不可能ではあるまい。だが、それだけではない。「一つの言葉」という荒川の表現には、少なくともいまひとつ別の意味が込められていた。「一つの言葉」に対する「他の言葉」は、「線とか面とか形とか、そういうもの」、「言葉のような線」を指してもいるのだ。『言説《ディスクール》、形象《フィギュール》』（一九七一年）の哲学者リオタールが荒川に関心を抱く根本的動機のひとつがここにあるのだろう。リオタールだけではない、「ふたたびドゥルーズの余白に――荒川修作によせて」のなかで、宮川淳も「命題と形象的な要素への画面の二重化(5)」という言葉でそれを語っている。このエセーはドゥルーズの『意味の論理学』からの引用で織られたエセーなのだが、「すべては事象と命題の境界（la frontière des choses et des propositions）で起こる」という、『意味の論理学』でのストア派的言明を、宮川が念頭に置いていたというのは想像に難くない。ドゥルーズ自身はかかる境界を「超越論的表面」（surface transcendantale）と名づけた。

ハイデガーに抗して荒川は、以上のごとき二重の意味での「言語ゲーム」の「複数性」を要請する。ただし、ここにいう「複数性」は、それぞれの要素の同一性を想定してはいない。荒川が「眼を閉じて」凝視しているのはむしろ、「家族的類似性」とも称される「繊維の間断なき重なり合い」ではあるまいか。繊維が限界・境界の譬えであり、「私の言語の限界が私の世界の限界である」とするなら、この不可思議な「共通部分」もまた、私にとっての「超越論的次元」であることになる。そうした場所を「倫理《エシックス》」という言葉で語ったとき、荒川は、ウィトゲンシュタインが論理と倫理双方を「超越論的なもの」と形容したことの理由を遥かに望見していたのかもしれない。

「多くのアラカワ論には必ずウィトゲンシュタインが引用される」という瀧口修造の皮肉が聞こえるようだが、ただ付言しておくなら、私はかねてより、『日常的なものの創出』（邦訳『日常的実践のポイエティーク』国文社）で展開されたような、ミシェル・ド・セルトー（一九二五―八六）の「空間的実践」（pratiques d'espace）と、荒川の都市計画《アーバニズム》とを連結できるだろうし、また、連結しなければならないと考えてきた。

この点についてここで卑見を述べる余裕はないけれども、セルトーはマルセル・デュシャンのすぐれた解釈者であるのみならず、空間編制と物語・言説・説話との絆という視点からウィトゲンシュタインの日常的言語論をヘラクレス的偉業とみなす思想家で、一口で言うなら、彼の試みは「地図においてさまざまな機能をもっている線（境界線、道路、子午線、等高線など）を、文におけるさまざまな品詞と比べてみよ」という、ウィトゲンシュタインの『哲学的文法』の言葉の実践に他ならない。

「超越論的なものという摩訶不思議な次元を発見したのはカントである」（ドゥルーズ『カントの批判哲学』）とするなら、荒川の先の発言がこのように、カント的な「超越論的なもの」を、その「超越論的感性論」と「超越論的演繹論」とを、相異なる三様の仕方で脱構築しようとする試みへと私たちを導いたのは決して偶然ではないと、私は確信している。私の考えでは、荒川の仕事それ自体が「超越論的経験論・実験論」(empirisme transcendental)の可能性の追求であるからだ。「むしろ虚心にその作品と相対して、素直に驚くことができさえすればいい、と私は思う。驚いたうえで、みずから思考する労をいといさえしなければそれでいい[6]」という渋沢孝輔の勧告に背く比較妄想の愚行となることを覚悟しつつ、以下、そのような荒川の営為の困難と危険性について若干の考察を加えてみたい。

それにしてもハイデガーは、「自分の哲学は自分だけしか使えない」という日本語に翻訳されうるような言葉を、いかなるドイツ語で語ったのだろうか。この言葉が語られたのは一九六〇年代前半のことで、荒川は画商シュメラからハイデガーの言葉を伝え聞いた。けれども、その真意は荒川自身にも明かされることはなかった。何語でシュメラがハイデガーの言葉を荒川に語ったのかさえ分からない。ただ、気になるのは、「ある仏教僧」との一九六四年の対談でハイデガーが語ったとされる言葉との類似である。『シュピーゲル』紙のインタヴューによると[7]、ハイデガーはそこで、「思考のまったく新しい方法はさしあたり少数の人間によってのみ遂行可能だ」と言ったというのである。もちろん、荒川に伝えられた言葉の趣意が同様のものであったという確証はどこにもない。

文字《レットル》は失われたままだ。ハイデガーが語ったとされる言葉は果たして、荒川のいうように自己批判の言葉だったのだろうか。荒川は今もハイデガーの言葉を一種の挫折の表現と解釈しているようだが、荒川の仕事とハイデガーの言説とのあいだに、それとは別様の回路を見出すことはできないだろうか。もしできるとするなら、そのとき荒川の仕事はいかなる陰翳を見せるだろうか。

ハイデガーの「言葉をめぐる対話」——「問う人」と「日本の人」との対話——は、九鬼周造の法然寺の墓を喚起することで書き出されている。まさに「一つの言葉では全うできない」ことを示唆したこのハイデガーの対話篇への言及こそ見られないが、荒川/ギンズの『スペース・アズ・インテンション』には、『存在と時間』の一節に加えて、『放下の場所究明に向けて』の一部が引用されてもいる。

師と学者と研究者との鼎談として展開される論考で、自然科学者、認知科学者たちとの共同作業に従事する荒川自身の構えがそこに暗示されているようにも思えるのだが、それはともかく、注目すべきことに、荒川/ギンズがそこで引用しているのは、「僧域」(Gegnet)と称される「場所」をめぐる三者の対話なのである。「僧域は、すべてのものを出会わしめることにおいて、すべてのものを相互連関のなかに集める(…)」。

「降りることとは、場として呼び集められることである。呼び集められた場は、できつつある世界の縁〔brink〕のように、そのみぎわ〔rim〕で震えている」(8)——『建築-宿命反転の場』(水声社)に記された実に印象的な言葉である。ただ私は、この言葉がそのままハイデガーの口から発せられたとしても決して意外ではないと考えている。荒川/ギンズは「降り立つ場」を「此処性」(hereness)という語彙で語っているが、まったく同様に、ハイデガー（「此者性」haecceitas と「存在の一義性」の思想家ドゥンス・スコトゥスを論じた）も「此処性」（Hiersein）という語彙で語っている。後でふれるが、ハイデガーは「思考」を「不可思議な道路工事」に譬えてもいる。「死なないために」を語る者と「死に臨む存在」を語る者とが同じ問いを発していること、それが重要なのだ。

リオタールの指摘が思い出される。「二人（デュシャンと荒川）はともに、限界の試練に、切断 coupure（デュシャン）と「切り閉じ」cleaving（AG）の試練に取り憑かれている。けれども、限界の逆説が二人の仕事のなかで同じ位置を占めているわけではない。デュシャンにおいては、限界はその典型的なトポスを性的差異のうちに見いだすが、一方のAGのいう切り閉じは存在論的差異がまとうもうひとつの名である。死と生、とアラカワ／ギンズはいうが、私はそれを非存在と存在と解する」[9]。デデキント的な「切断」をも意識した見解であるが[10]、あえて「存在論的差異」という術語を用いることで、リオタールは、ハイデガーそのひとが「限界の試練」（épreuve de la limite）に憑依された思想家であったことを示唆しているのではあるまいか。

このような反対の一致の悲喜劇的なこだまを、私はガダマーが荒川に送る賛辞[11]のなかにも聞き取ることができる。パウル・ツェランの詩集『息の転回』の註解者ガダマーはそこで、「まだ／歌われるべき歌があるのだ／人間たちの彼岸で」（es sind/noch Lieder zu singen jenseits/der Menschen）という、ツェランの「糸の太陽たちが」の一節を引用している。「彼岸で歌われるべき人間の歌がまだある」と訳せなくもない。どちらに訳しても荒川の仕事にふさわしい詩句であろうが、「糸の太陽」冒頭に置かれているのは「黒灰色の荒蕪地」（grauschwarze ödnis）という言葉で、この言葉は「アウシュヴィッツ」のアナグラムでもある。しかし、そのガダマーが「シラクーザのプラトンのように」（邦訳『現代思想』一九九八年五月号）と題された小論で、ハイデガーと国民社会主義について述べたこと、ハイデガーの加担を一時的過誤として捉える解釈を、果たして荒川／ギンズは受け容れることができるのだろうか(12)。

## 死の図式論

メメント・モリ。田辺元の一九五八年の論考の題名である。田辺は、デデキント的切断の重要性と「無の界壁」——荒川なら「開かれた容器」(open container) と言うだろう——の逆説を語りつづけた。一九六一年には『マラルメ覚書』を発表し、『イジチュール』と『賽の一振り』における虚無不在の観念を考察し、死即復活という死の弁証法を説いた。初期の荒川の仕事を考えようとするとき、なぜか私は、田辺の晩年の営みを思い浮かべてしまう。「一九六〇年ごろの作品といえば、『作品(三点)』の強烈な印象を忘れることはできない。無名のセメントの塊りや、のっぺらぼうの塊りに化してゆくマスクらしきもの、といった名づけがたいものが、お棺のような三つの箱に布か綿に埋もれてつめられている。(…) 荒川の渡米(一九六二)後、一九六二、六三年頃から、荒川の作品に文字や図式《ダイアグラム》が頻繁に現れるようになる(13)」。市川浩の言葉であるが、この推移をどう捉えるか。そこに荒川読解の鍵を握る大きな問題があるのは言うまでもない。

墓、墓(Tumuli, tumuli)。最初で最後の建築。「そこに避けがたい一貫性を感じる(14)」と瀧口修造が看破したように、私は以前から、「連作、もうひとつの墓場より」を初めとした以前の作品群と、「無題の形成」「無題性」といった以降の作品群とはまったく同じ作品であると感じてきた。「無題の耐久性」(Untitled endurance) という題名を前者の系列の作品に与えることで、荒川自身そのことを暗示しているのだろう。いずれの系列の作品も、たとえば「無の厨子」(Schrein der Nichts) というハイデガーの言葉を具現してい

無題の形成（1962）

るように思える。ハイデガーにとっては、思考とは中空の小箱を作る手仕事にも譬えられる営為だったのだ。

セメントのこの形象（Bild）は何かに似ている。死に、だろうか。しかし、死は形象をもたない。だから、死に類似することは、何物にも類似しないことである。逆にいうと、ブランショのいう死骸が類似としてのイマージュそのものであったのと同様に、この塊は絶対的な類似なのである。棺が四隅あるいは三隅の枠《フレーム》と化し、棺のなかの塊が、枠に囲まれた無地の部分と化していく過程は、ハイデガーなら「無の無化」と呼ぶであろう過程に他ならない。無の無化はまた、存在が「交差十字」(Durchkreuzung)によって消去されていく過程でもある。言い換えるなら、ベルクソンが見抜いていたように、無は形成されていくものなのだ。

限りなく色を重ね合わせることで、マラルメのいう「中心なる無」(central rien)が、無の中心紋(mise en abîme)が、絶対的空白・無色透明の不可能性として形成されていく。一九六九年の「無題」は、I HAVE DECIDED TO / LEAVE THIS CANVAS / COMPLETELY BLANK（私はこのカンバスをまったく空白なままにしておくことを決心した）という命題を画布の中心に記すことで、それを証示しているのだが、零集合

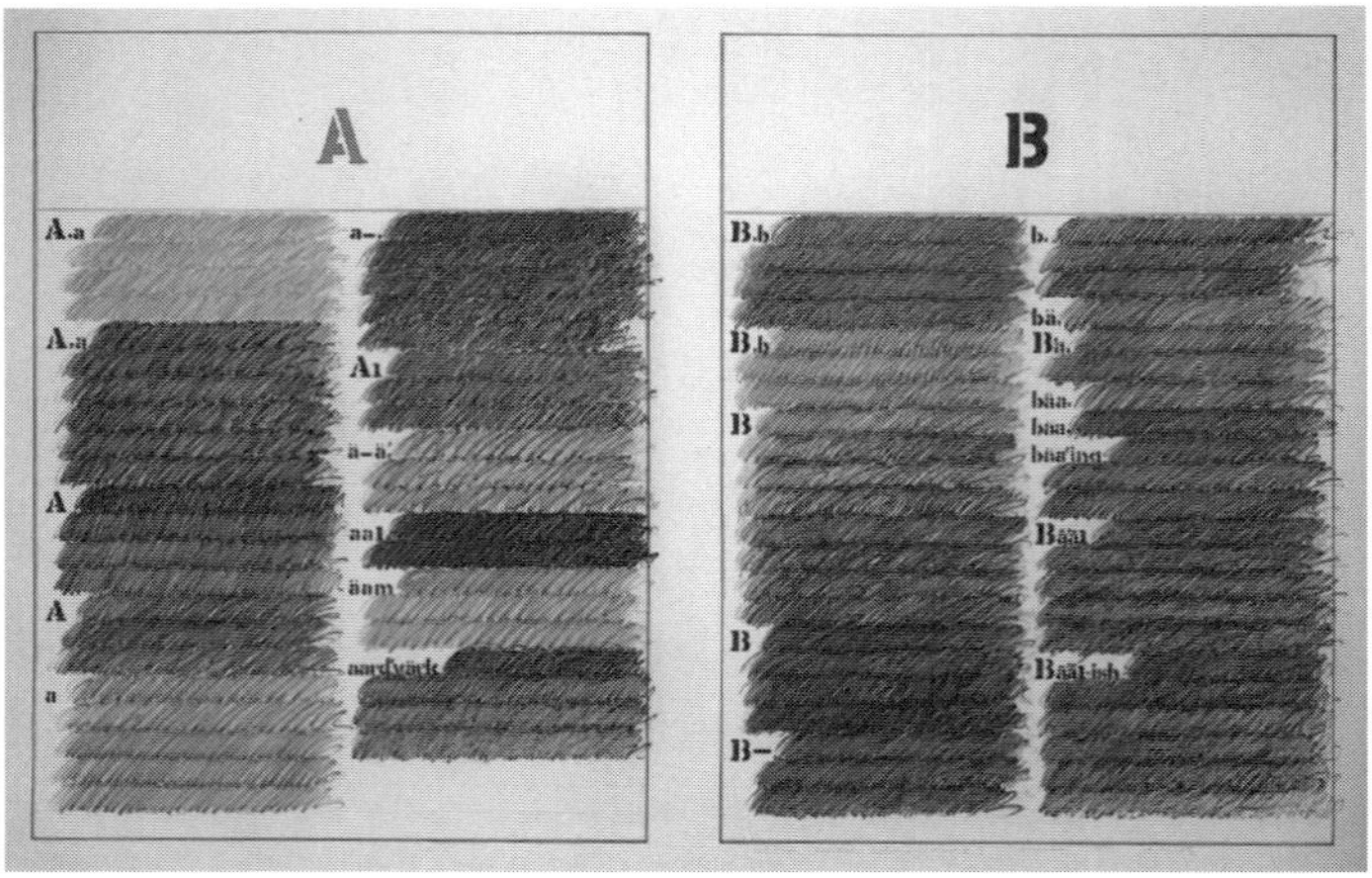


無題（ウェブスター20世紀辞典 AとB）（1965–66）

（zero set）のこのような逆説を、荒川がクレーと同様[15]、マラルメ的な「書物」の逆説として捉えていたことは、「無題（ウェブスター20世紀辞典 AとB）」からも窺える。

しかし、荒川はいう。自分のいう「ブランク体」（Blank Body）は、マラルメのいうブランクとはちがって、「体とか位置とか、場所が設定されている」[16]、と。荒川が「無の場所」という西田幾多郎の観念から着想を得ているのは明らかだが、「無の場所」もしくは荒川のいう「無の容器」とはいかなるものなのか。「場所」というと、「場所《トポス》とは、包む物体の限界面、即ちこの限界《ペラス》で、包む物体がこれに包まれている物体と接触するところの接触面・表面である」というアリストテレスの定義が思い出される。古代ストア派の哲学者たちに続いて、デカルトが、そして現代ではハイデガーとベルクソンがこの定義と深く係わったのだが、それにしても、包まれているものが無であるとき、包まれるものがないとき、限界は、場所はいかなるものと化すのだろうか。

私の見るところ、荒川はこの「無の容器」を、ある場合には「辺なき角や隅」の「再記入」によって、ある場合には逆に、頂点の欠けた辺によって示そうとしている。綻びであり、開口である。ギンズはこの事態を分析して、「周辺はふちどりすると同時に、何であれ「入り込む」ものを調整できるようにえがかれている」[17]と指摘した。迎え入れんとする歓待性（ギンズ）――、たしかにそうなのだが、私は少しちがった考えを抱いている。頂点もしくは辺の不在はむしろ「閉域性」（clôture）を際立たせているのではないか。それこそが隅《コーナー》の論理であり、縁《エッジ》の論理なのではないか。けれども、虚無を、存在しないものを定位することはできない。つまり、縁と隅の（不在の）論理は、「閉域性」が「非局所性」と矛盾しないこと、虚無の「非局所的局所性」を告げているのであり、この「非局所的局所性」を、荒川は、縁の位置の微妙な変動や、画布の中心への縁の定位によって表現しようとしている。「無に中心（Mitte）はない」――ハイデガーによって引用されたレオナルド・ダ・ヴィンチの言葉である。

平行線と見える線が何本も水平方向に描かれ、下端の線が途中で切れている、そのような一連の作品が、「無題」、「一九六二年二月三日早朝」、「無題の形成」といった題で、一九六一年から六二年にかけて発表された。どの線の長さも画布の幅よりは短く、だから、すべての線がその両端を有している。だが、なぜか線の限界・境界の所在は判然としない。一本一本の線の長さの相違がさらにこの感覚を強める。「限界No.1」（Limite No.1）は、方眼・格子の下部を横線によって閉じずに、そこに長さの異なる縦線を残すことで、不安定な振動を孕んだ端（terminus）の論理を私たちに印象づける。線の末端が、毛筆の先のように実際により微細な複数の線に分かれているケースもある。

ここでデカルトの『精神指導の規則』に言及したのは他でもない、「三角形は三つの辺で限界づけられている」という規則三の言葉を、頂点不在の三角形に具現された荒川の隅の（不在の）論理と対比することができると考えたからだ。ただ、『精神指導の規則』が「次元」（dimension）――端の画定――という観

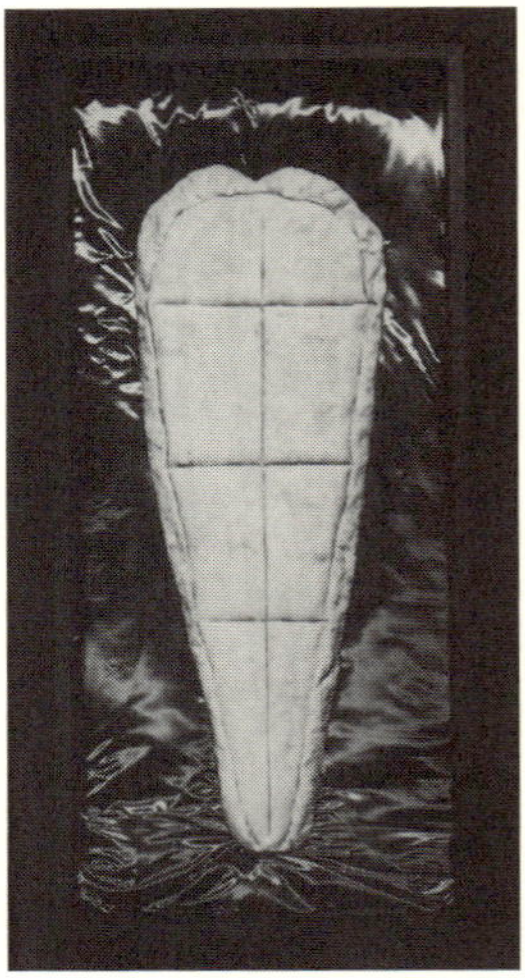

眠りの断片1（1959）

念の含意を画期的な仕方で拡大した論考であること、この点を忘れてはなるまい。私の知る限り、「デカルトの格子」という言葉を荒川論で用いているのはギンズだけであるが、荒川の営為は安易に反デカルト的と形容されるべきではない、と私は思う。たとえば、「ともかく知覚者は、自分自身、柔らかなろうのようなものになり（…）」という『意味のメカニズム』の言葉自体、「蠟が印章から形を受け取ること」という規則一二の言葉を継承したものなのだから。

端は終端（Ende）である。ハイデガーの語彙のなかでは終端は限界（Grenze）ならびに死（Tod）の同義語であった。とするなら、棺に入ったセメントの塊や、縁によって囲まれた空白と同様に、線だけを描いた作品群も、死という終端＝限界を表現していたことになる。それを今、「死の図式（Schema）」と呼ぶことにする。既述したように、どの線も不連続な線分・切片（ségment）である。にもかかわらず、私たちは連続した線が上下に連なり、その一本の線が突然切断されているような印象を受ける。慣性の法則に逆らうかのようなこの印象が逆に、線分同士の不連続性を連続性に変える効果を倍加しているのかもしれないが、一連の作品を辿っていくと、下端の線の末端部が下方に折れ曲がっていき、しかも、その角度が次第に大きくなっていくのが分かる。この傾きはやがて、「伸縮自在の迷路」で描かれるような半開のドアと化していくのだが、[18] ここでもまた、開けと歓待性を指摘するよりも前に、開くことへの大いなる逡巡が線の震えに顕著に表れている。窓辺というポジション。いや、ポジションとはつねに窓辺であるのだが、その意味では、「窓辺」と題された作品が、直線と曲線との微妙な重なりとずれを描いているのは実に意味深長である。

荒川の仕事に孕まれた隅と縁と端の論理の逆説を、以上のように、死の形象と図式という語彙で語ろうとしたのは、実のところ、『純粋理性批判』での図式論と、『カントと形而上学の問題』(一九二九年)での図式論をめぐるハイデガーの解釈を意識してのことだった。図式論をもっとも困難な問題とみなしていたカントは、それを「人間の心の奥深い処に潜む隠微な芸術=技法(Kunst)」と呼んでいる。芸術全般にとって画期的意義を有するカントの図式論であるが、あらかじめ述べておくなら、私は、「図式」をめぐるカントのこのような言葉の「応用」を眼にしたことがあると考えている。「私たちの深奥で蠢くアジャンスマン(agencement)[19]」、「隠れた芸術」(art caché)というドゥルーズ/ガタリの言葉がそれである。「形象は産出的構想力の経験的能力による所産であり、(…)図式(Schema)は純粋構想力のいわばモノグラム(Monogramme)である」とカントは言っているけれども、ここにいう「モノグラム」は「組み合わせ文字」「花押」「落款」などの意で、文字を組み合わせた形象的デザインを表すもので、すでにお気づきのように、ドゥルーズ/ガタリのみならず、荒川/ギンズもが援用する「ダイアグラム」と対をなしている。「アナログ」と「ディジタル」との区別もそれと無関係ではない。

構想力(想像力)のうちにカントは感性と知性に「共通な根」を見ていた。ただし、この根はあくまでして「未知の根」である。ハイデガーが根づきとしてよりもむしろ「地盤の陥没」(Einbrechen des Bodens)としてこの根を捉えるのもそのためだろう。とするなら、「形而上学の定義」そのものを可能にしてくれるはずの構想力と図式論が逆に「形而上学の深淵(Abgrund)」へと私たちを導くことになる。感性と知性の架橋、両者の「中間」(Mitte)としての構想力は今や底無しの裂け目である。根のない幹たる構想力の二つの枝としての感性と知性。人間、否、現存在にあっては、超越への問いは有限性・限界性(Endlichkeit)

への問い、即ち死という時間性への問いと必然的に連動しており、限界——超越論的なもの——それ自体が深淵であるからこそ、私は、私の死であるにもかかわらずその死を経験することができない。思うに、『カントと形而上学の問題』でハイデガーがカントに加えた解釈は、荒川における線描とまったく同じ問いを提起している。複数の平行線から成る荒川の作品はまさに、有限的時間性ないし死という図式なのだ。死という終端は限界であり、限界は「感性と知性の限界」であるという意味で、図式論はつねに有限的時間性の図式論、死の図式論であり、死の図式論は必然的に超越論的図式論である、あたかもこの事態を暗示するかのように、ハイデガーは形象の例として幾度も「デスマスク」を挙げている。「死に臨む存在」は「終端に臨む存在」であり、「終端に臨む存在」は「限界に臨む存在」である。円弧の曲線に向かう一本の矢印を黒板に描くことで、かつてハイデガーは「企投」の方位を表現したことがある（『ツォリコーン・ゼミナール』参照）。それに対して、荒川の「無題」（六三）では、どれひとつとして同じ方向に向かうことなき複数の矢印が画布の縁へ——縁へはそこでは外へではない——殺到している。

## 線の場所論

「批判は単に制限（Schranke）を設けるのではなく、むしろ理性をその限界（Grenze）のうちにもたらすのだ」[20]——カントの『プロレゴメーナ』を踏まえたハイデガーの指摘である。「限界の積極性」というカントの見地は、何よりもまず、「存在論の歴史の解体」というハイデガーの課題にとって不可欠なものだった。『存在と時間』六節にはこうある。

この解体（Destruktion）は存在論の伝統を払い落とすという消極的・否定的な意味をもつものではない。

逆に、解体は伝統をその積極的な可能性において、そしてとりもなおさず、その限界（Grenze）において標示しようとするものである。[21]

「標示する」と訳したのは abstecken という語で、「限界を画定する、ピンで留める」といった意味をもつと同時に、「ピンを外す」という逆の意味をも有している。相反する意味を併せ持つという点では、「超越論的なもの」を標示するためにカントが用いた De-markation ――フランス語では dé-marcation ――という措辞についても同様のことが言えるだろう。

「場所」（place）と「徴し」（mark）との不可思議な連関を示唆した作品としては、例えば「知性の意味」（『意味のメカニズム』所収）第三の作品がある。「導き、巻き込む棒は此処のかたちを画定する〔demarcate〕」と『建築』にあるように、[22] De-markation はデリダやドゥルーズにとってのみならず、荒川／ギンズにとっても重要な意味をもつ語であった。「不可識別者同一の原理」と「連続律」との両立可能性を示すに際して、ドゥルーズは、他ならぬデデキント的切断の逆説を援用することで、「限界設定」が「限界除去」でもあることを論証している。「不可識別者同一の原理は数々の切断を確立するが、切断は連続性の欠損や断絶ではない。逆に切断は、欠損がありえないような仕方で連続的なものを分割するのだ[23]」。荒川が切断と連続体との逆説――特異点からなる連続体――を表現しようとしていたことは、作品「分離された連続体」（一九六六年）からも明らかだろう。

Abstecken という語彙は、『存在と時間』と、ハイデガーの一九五一―五二年度の講義『思考とは何の謂か』とを思いがけない仕方で結びつける。この講義では、stecken の名詞形 Stich（刺すこと、縫い目、結び目）を含むヘルダーリンの詩句が分析されているからだ。「しかし岩は刺し跡（Stiche）を用い、台地は鋤溝（Furchen）を用いる。滞留の間（Weile）なくしては、もてなしが悪かろう」――『イスター』と題されたヘルダーリンの詩の一部であるが、ここにいう刺し跡は針の刺し跡で、岩を砕いて水流に道を開くために針は刺される。一方の鋤の先端も針の一種であって、トラークル論の冒頭では、「「場所」（Ort）という名辞は根源的には槍の穂先（Spitze）を意味していた」と言われている。荒川なら「彫刻すること」（Sculpting）と言うだろう。しかもハイデガーにおいても、ギンズの解釈する荒川においてと同様、鋤の先端、槍の穂先で描かれる閉じた輪郭それ自体が、異邦の客人を迎接する時空的な合間（Weile）として捉えられているのだ。[24]

鋤溝をめぐる考察は、いみじくも「線について」（「線を超えて＝線の上で」）（Über die Linie）と題された一九六五年のエルンスト・ユンガー論へと繋がっていく。「ニヒリズムの線」というユンガーの言葉を踏まえて、ハイデガーは「無としての線」（Null-Linie）という表現を用いているが、この表現は、線が「存在者」ならざるものであることを示唆している。それにもかかわらず、線は「領域を分ける」。線は「危機的な分界線」（kritische Linie）以外のものではありえないのだ。ニヒリズムを克服するために線を横断しようとするユンガーの試みを、「線ヲ越エテノ地勢判断」（Lagebeurteilung *trans lineam*）と呼ぶ一方で、ハイデガーは、存在者の次元では無であるような「線の場所」（Ort der Linie）それ自体を究明しようとする自分自身の試みを「線の場所究明」（Erörterung der Linie）と命名している。「線の場所究明」は「線の場所論《トポロギー》」とも言い換えられている。「存在の場所論《トポロギー》」といういまひとつのハイデガーの表現をここで勘案するなら、線は「存在者ならざる存在」、あるいはまた「存在論的差異」と密接に連動していることになる。この観点からすると、「存在忘却」とは「危機的な分界線」の忘却であろう。荒川はこのことを次のように表現している。「灰色の（可動的な）縞によって分離された二つの領域は決してひとつの知覚に統合されるべきではない」（THE TWO AREAS SEPARATED BY THE GRAY STRIP (MOUVABLE) / SHOULD NEVER BE UNITED IN ONE PERCEPTION）、「終端を視界に収めつづけよ」（KEEP THE END IN SIGHT）、と。しかし、ONE という文字それ自体を分界線として用いることで、荒川が示そうとしたように、分界線は集めるものでもある。切断と連続体の逆説に続く「切り閉じ」の逆説であり、「分裂」（split）と「組立直し」（reassembling）の逆説であるが、ハイデガーもこのような事態を、「区別」（Unterschied）と「共属」（Zusammengehören）、「集摂」（Versammlung）との同一性として語っている。

無であるにもかかわらず、線は場所であり、その意味では線は「地帯」（Zone）である。「危機的な分界線」は「危機的な分界地帯」（kritische Zone）である。荒川なら「曖昧な地帯」（ambiguous zone）と言うだろうが、ハイデガーはそのような線ないし地帯そのものとして「人間」を捉えている。

> 人間は危機的な分界地帯のなかに立っているだけでない。人間はそれ自体がかかる地帯であり、したがってかかる線である〔線を存在する〕のだ。(25)

線という語が「引く」（ziehen）という身振りと結びついているのはもちろんだが、ハイデガーは、Grundzug, Bezug, Entzug など、ziehen の名詞形 Zug を含んだ語群を多用している。例えば、「住むこと（Wohnen）は存在の根本的特徴（*Grundzug*）である。それに従って、死すべき者は存在する」と、論考「建てること、住むこと、思考すること」にあるけれども、「住むことは存在という根底的な線であり、この線に沿って、死すべき者は存在する(26)」という意味をそこに読む込むこともできるだろう。住むことは「危機的な分界線・地帯」と係わる事態であり、それゆえ、「住むこと」はつねに「危機＝苦境」（Not）なのである。

Zugを含む語群だけではない。先に「輪郭」（Umriss）という措辞を挙げたが、『芸術作品の起源』では、「引き裂く」という意味の動詞reissenの名詞形Rissを含む措辞が併置されて、線ないし裂け目の走る方向の差異が表現されている。Aufriss, Grundriss, Durchriss, Umrissがそれらの措辞であるが、立面図、基底図（平面図）、断面図、輪郭と訳すことのできるこれらの語は、「上へと向かう裂け目」、「根底の裂け目」、「貫く裂け目」、「囲む裂け目」を意味してもいるのだ[27]。今や、荒川が「風景」（一九六七年）や「意味の分裂」に記したように、「線は裂け目である」（A LINE IS A CRACK）。

それだけではない。ハイデガーがプラトン的「コーラ」（母胎）の振動に注目していたことを勘案するなら、線と裂け目は絶えず蠢動し、揺らいでいることになろう。ハイデガーによる「解体」は、「建築術」（Architektonik）ないし「システム」の土台の掘り崩しであって、その意味では、「プレートテクトニクス」（plate tectonics）とも本質的な連関を有していたと考えられる。

鑿岩によって道を見いだした水は、土と岩を削りながら流れていく。『思考とは何の謂か』でのハイデガーが「峡谷・クレバスの縁」（Rand der Kluft）に注目する所以であろう。『哲学への寄与』では、Kluftを含んだZerklüftung, Erklüftungといった語群が、「現存在」の「現」（Da）や「転回」（Kehre）と連動したものとして多用されている。ここで連想されるのは、「突発事」を意味するものとして『形而上学入門』で用いられたZwischenfallという語彙である。「間を転落すること」の意で、「転回」とはまさに現存在という線の底無しの裂け目を、竪坑を落ちていくことなのだ。アリスのように、そして荒川／ギンズの言う「落下する肉体」のように。

「墨の濃淡のみで描きわけられるおびただしい線が入りまじって網状をなす。いったいそれぞれの線はどこから始まってどこで終わるのか、見ているといつまでも見飽きない」[28]——日本画家・村上華岳の「秋柳図」を論じた持田季未子の文であるが、ここでアリスに言及したのは他でもない、持田のこの指摘を介して「秋柳図」をドゥルーズ／ガタリのいう「リゾーム」（根茎）に近づけることができるのと同様に、アリスという『意味の論理学』の登場人物を介して、線をめぐるハイデガーの考えをドゥルーズ（／ガタリ）のそれに近づけることができるからだ。ドゥルーズによると、「すべては線の問題であり[29]」、「私たち人間を成すのは複数の線である[30]」。線はつねに途上であり、中間＝環境（milieu）である。しかもドゥルーズは、フィッツジェラルドの作品『崩壊』を註解しながら、ハイデガーと同様、線を「亀裂」（fêlure）として、それも、気づかれざるミクロの亀裂として捉えている。

亀裂は内部にも外部にもなく、非感性的で、非物体的で、理念的な境界線上にある。したがって、内部および外部に到来するものとのあいだに、亀裂は複雑な干渉と交錯の関係をもつことになる[31]。

『差異と反復』では、「亀裂」は、諸能力の一致としての「コモン・センス」（共通感覚）を、そしてまた、方位の同一性としての「ボン・サンス」（良識）を引き裂く「超越」の亀裂とみなされている。この分裂が「パラ・サンス」（逆感覚）と呼ばれるものなのだが、諸感覚の方位のこの組織的錯乱＝逸脱（délire）は、荒川の数々の実験が目指すものでもあろう。荒川がよく口にする「フランケンシュタイン」は、「パラ・サンス」の哀しくも愉快な別名ではあるまいか。「器官なき身体」との対比で、否定的な意味がそこに込められているとはいえ、ドゥルーズ／ガタリも「部分対象」のでたらめな縫い合わせとしてフランケンシュタインの身体に言及している。

荒川／ギンズは「脱出路」(escape route) といい、ドゥルーズ／ガタリは「逃走線」(ligne de fuite) という。それにしても、アリスはどこに落ちていくのだろうか。深層への転落と見える少女の冒険は、ドゥルーズによると、実は深層の表層への上昇に他ならない。「もっとも深いのは人間の皮膚である」というヴァレリーの言葉に象徴されるようなこのストア派的発見を「倫理的発見」とみなす一方で、ドゥルーズは「表層の破壊」といういまひとつの動きをアルトーに即して語っている。「底なし」と題された荒川の一連の作品も、「深層の表層化」と「表層の破壊」を同時に表現した作品に他ならない。「意味のテクスチャー」のなかのある作品では、縁 (EDGE) と表面 (SURFACE) と書かれた矢印が画布上の複数の染みのようなものを指し示しているのだが、この作品は、一方では画布という表面が垂直の崖であり深さであることを、他方では、その深さが表面であることを示唆している。「窪みという存在」(die Delle Dasein) ――パウル・ツェランの言葉であるが、窪みないし斜面は落下・上昇と表面・贋の深層との戯れを象徴する形状ではあるまいか。

## ナンセンスの度量衡

意味とは何か。『青色本』と題されたウィトゲンシュタインの手稿の冒頭に置かれたこの問い、それは『心理学主義における判断論』で若きハイデガーが提起した問いでもある。ウィトゲンシュタインは実は、「言語の限界 (Grenze) に向けて突進する」思想家として、この突進ゆえに根本的に「倫理的な」思想家として、ハイデガーを捉えていた。ウィトゲンシュタインと同様、ハイデガーもまた生涯にわたって「意味 (Sinn) とは何か」という問いを思考しつづけたのだ。すでに見たように、現存在の「現」は危機的な線であり、線は亀裂であり、亀裂は深淵であった。とするなら、「現存在が意味をもつ」という言葉は、意味がこの限界線ないし限界地帯であるという事態を告げていることになる。ハイデガーの『哲学の根本諸概念』では、「明け広げられた場所（Gelichtete）が意味である」といわれているが、「場所」がそうであったように、「意味」は限界であり終端であって、いわゆる有意味‐無意味の区別は、この底なしの深淵の上に宙づりになっている。

これに対してウィトゲンシュタインの『哲学的文法』には、「私はこういいたい。「私は意味と無意味との区別から始めるのでなければならない。それ以前には何もできない。その区別を基礎づけることはできない」[32]」とある。一見すると逆のことが記されているようだが、それ自体は基礎なき深淵であるような境界として、意味と無意味が捉えられているという点では、ウィトゲンシュタインは決してハイデガーと別のことを語っているのではない。ドゥルーズであれば、「意味とは反意味（パラ・サンス）の亀裂である」というだろう。いや、ドゥルーズ自身『意味の論理学』のなかで、「意味と無意味」（sens et non-sens）について独特な見地を呈示しているのだが、例えば次の一節は荒川／ギンズの『意味のメカニズム』の試みを鮮やかに照射していると言えるだろう。

> 意味と無意味とは、真と偽の連関には重ね合わされることのありえない独特な連関を有している。つまり、意味と無意味との連関を単に排除の連関とみなすことはできないのだ。これが意味の論理学のもっとも一般的な問題である。（…）意味の論理学は必然的に、意味と無意味とのあいだのある独特な型の内在的連関、共現前の連関を立てるべく定められている。[33]

「共現前」（coprésence）とここでいわれている事態は、「最小の実在的単位は語ではないし、概念でもシニフィアンでもなく、アジャンスマンである[34]」という事態と決して無縁ではない。「アジャンスマン」については後述するが、「アジャンスマン」のなかで意味は無意味によって「生産」（produit）されるとも、無意味は「意味を与える」（donation de sens）ともいわれる、その際の「意味」とは、「無意味」とは何なのか。

一方ではストア派にいう「非物体的なもの」の観念を、他方では、フレーゲ、マイノンク、フッサール、ラッセルらの意味論を踏まえつつ、ドゥルーズは、「指示」（designation, indication）とも「表示」（manifestation）とも「意味作用」（signification）とも異質な、「命題」（proposition）——「命題」（Satz）、この不可思議なもの」——の第四の次元として「意味」を析出していく。少なくとも私は、ドゥルーズにおいて「意味」が析出されていくこの過程を、「検証理論」や「文法」の思想などさまざまな段階を経て「言語ゲーム」という底なし沼」に至るウィトゲンシュタインの歩みと重ね合わせることができると思っている。

ドゥルーズが指摘しているように、「指示」とは一般に、個別化された事象の外的状態ないし所与（datum）と命題との関係で、指示的直観は「これだ」（c'est cela）、「これではない」（ce n'est pas cela）という形式をまとうとみなされている。「これ」「あれ」「それ」「今」「ここ」などの指示詞がこの形式を可能にする。しかし、「直示的定義」における「これ」「それ」等の語についてウィトゲンシュタインの『哲学探究』三八で述べられたように、「意味」はというと、所与の個別的同一性を不当に前提としたかかる「指示」連関ではない。逆に言うなら、指差すこと、ひいてはいわゆる「事実確認文」はしばしば、いや本質的に、快不快、善悪の価値評価を伴った投影であって、その意味では、荒川／ギンズのいうように、「与えられたもの（the Given）とは錯誤（mistaken）である」のだ。事実、彼らの『意味のメカニズム』では、「指示」「直示」の観念がさまざまな仕方で解体されているが、この解体を促した要因は、逆説的ながら、ウィトゲンシュタインが『哲学探究』に記した次のような状況であったかもしれない。

異国にやってくる者は、しばしばその土地の人々の言葉を、彼らが与えてくれる直示的な説明（hinweisende Erklärung）によって学ぶだろう。そして、そうした説明の解釈をしばしば推量しなくてはならず、時には正しく、時には誤って推量するだろう。

異邦の者のみならず、荒川／ギンズが「ヘレン・ケラー問題」と呼ぶところの感覚の斬新性をめぐる問題も提起される場面だろう。「指示」「直示」の解体の果てで、荒川／ギンズが「われわれはついに、直示性《オステンシヴィリティ》（言葉によらずに行為によって直接明示すること）と問いかける、その由因もかかる状況のうちにあるように思われる。

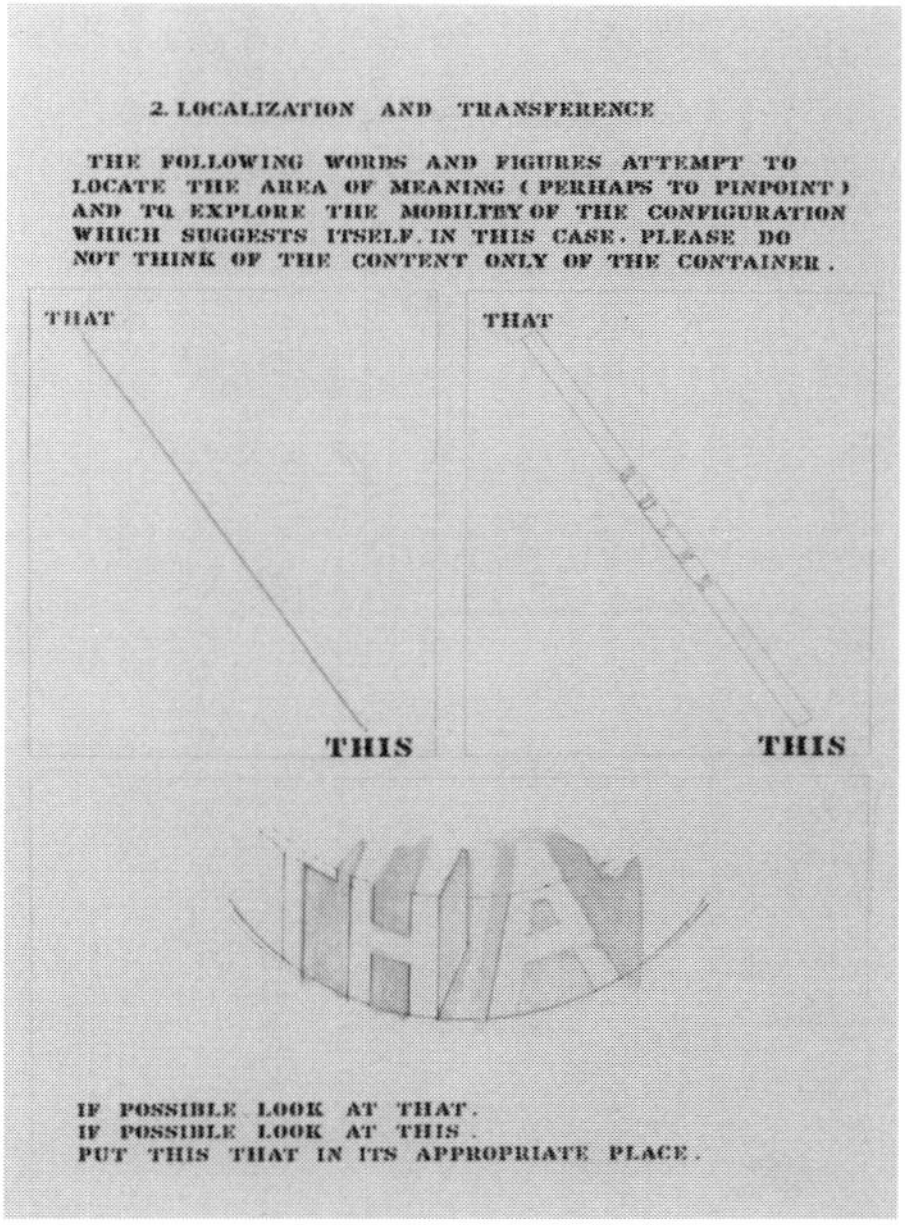

位置づけと移動

『意味のメカニズム』所収の作品群「位置づけと移動〔転移〕」のひとつでは、併置された四角い枠の右下の隅にはTHISという語が、左上の隅にはTHATという語が置かれている。THATがTHISよりも小さく書かれていることにまず気づく。これは、二次元的平面での上下関係で三次元的遠近の関係を偽造するための操作で、この異質な次元のあいだの闘争を示唆するために、荒川は、二つの枠の下に描かれたTHAの三文字に立体的な陰翳を付与したのだろう。それぞれの枠のなかで、THISとTHATという二つの文字は、相異なる媒体——右枠ではRULER（定規）と書かれた長方形——で結ばれている。「これ」と「あれ」の区別は、「間」である規則・定規に依存しており、「布置の動性」（mobility of configuration）という言葉で荒川はこの状況を示している。

それにしても、なぜ左上から右下への対角線なのだろうか。「これ」と「あれ」は遠近の区別だけではなく左右の区別をも表している。まずは、それら二つの区別を同時に表現しうるものとして、対角線が援用されているのかもしれない。「意味の諸段階」第六の作品では、二本の対角線の交差が描かれているが、対角線がきっと鏡として機能しているのだろう、RIGHT, LEFTという文字とそのデュシャン的な鏡文字がそれぞれの対角線の両側に記されている。メルロ＝ポンティであれば「キアスム」（十字交差配列）と言うだろうが（メルロ＝ポンティのいまひとつの鍵語、entrelacsはモノグラムと同様、組み合わせ文字＝模様、キリスト教会のガラス窓に見られる紐の結ぼれを意味する）、メルロ＝ポンティ自身おそらく、ハイデガーの用いる「交差十字」を意識してこの措辞を援用したのであって、ここにいう「交差十字」は、〈存在〉（Sein）を抹消するものであるのみならず、天と地と神的なものと死すべきものという「四大」（Geviert）の四つの方位とその交点での「場所」の、「場所」としての「集約」をも表している。

それだけではない。かつてロジェ・カイヨワは「対角線の科学」なるものを構想した。フーコーも「対角線的・斜次元的次元」の発見者としてブーレーズによって称えられたことがあるのだが、この指摘を引きつつ、「歴史‐記憶の点状システム」に対する「多線状、斜線状のアジャンスマン」を語ったのは他ならぬドゥルーズそのひとであり、荒川もまた、いみじくも「意味の記憶の構築」と題された作品（第二、第四）で、「多線状、斜線状のアジャンスマン」と呼ぶにふさわしい多対多対応のもつれを、「分散効果」

「分解」の名のもとに描いている。

「可能ならあれを見よ」(IF POSSIBLE LOOK AT THAT)、「可能ならこれを見よ」(IF POSSIBLE LOOK AT THIS) という「指示語・合言葉」(mot d'ordre) が記された作品がある。けれども、ここにいう「これ」や「あれ」が画布に描かれた三種の形象のどれかを指しているのか、それとも、二つの枠内に記された THIS, THAT という文字それ自体を指しているのか、いずれか一方に決定することはできない。第三の「指示語」に含まれた THIS THAT という表現についても、それが、二つの、いや三つの THAT のどれかを指しているのか、それとも、THIS THAT の THAT を指しているのかを決定することはできない。

いまひとつの作品では、「このシンボルはこれである」(THIS SYMBOLE IS THIS) という命題が下部に記され、この命題と、THIS を構成する四文字を重ね合わせた組み合わせ文字のシンボルとが両方向の矢印で結ばれている。「このシンボル」という表現と「これである」の「これ」は共に組み合わせ文字を指しているのだが、「このシンボル」を「これである」の「これ」——「これ」と同じ THIS ——と同定することもできるだろうし、そうなると、「このシンボル」はいわば「この」と同定されてしまう。このような仕方で、指示詞による同一的対象の指示の可能性が崩されていく。荒川は、指示詞の自己言及的パラドクスを利用することで、それを示そうとしているといってよい。$n^1 \to n^2 \to n^3$という仕方で他の語によって指示されることなく「自身で自身の意味を語る語」、それがドゥルーズによる「無意味《ナンセンス》」の第一の定義である。

「無意味《ナンセンス》」の第二の定義として、ドゥルーズはいわゆる「鞄語《かばんご》」(mot-valise) を挙げる。たとえば、fru-mieux という フランス語は fumant と furieux という部分に分かたれるけれども、「鞄語」の場合、各部分が独立して別々にひとつの意味（この場合には「湯気が立つ」と「怒った」）を持つのではない。潜在的に分離を孕みつつも、二者択一を禁じるような仕方で、各部分はその片割れとのあいだに無際限な反射関係を有する。「離接的綜合」（synthèse disjonctive）であるが、逆にいうと、「鞄語」はそれ自身で意味を持つ。だから「無意味」（ナンセンス）なのだ。THIS, THATという指示詞に関して、荒川はTHAS, THITという語を造り出しているが、「これ」でも「あれ」でもなく、と同時に、その双方であるような曖昧な地帯を開くこの語も、FAMILIONNAIREやCARTHAGINOISと同様、「鞄語」の一種なのである。

「意味の分裂」第四の作品では、THIS ISという文字に続いて、ボタン装置のような事物が画布に貼付され、この装置とその下の二箇所にPUSHという語が記されている。「事実確認命題」と「押す、押せ」という「行為遂行命題」とが直交するような配置が形成されているのみならず、「SはPである」という命題の述語部に命題とは異質な「事物」が置かれているわけで、マグリットの「これはパイプではない」におけるように、パイプの絵があって、その下にCe n'est pas une pipeと書かれているのではなく、いうなれば、Ce n'est pas（THIS ISN'T）に続いてパイプの絵が描かれているのだ。指示対象たる事物を呈示することで逆に、述定命題はシニフィアン－シニフィエの対応関係（シニフィカシオン）たることを禁じられる。その点でここにも「無意味《ナンセンス》」がある。

のみならず、命題と事物とのこの取り違えは、「これはボタンである」すなわち「これ（この個体）はボタン（という一般観念、普通名詞のひとつ）である」という、個別－一般の包摂関係と解することをも不可能にしてしまう。そしてこのことは、押される側のボタン装置に関してのみならず、押しなさいと言われている主体にも係わる事態だった。「人格的で意識的な主体」に対して、ドゥルーズは「前個体的で非人称的な特異性」を「超越論的領野」とみなしているが、『意味のメカニズム』では「主観性の中性化」

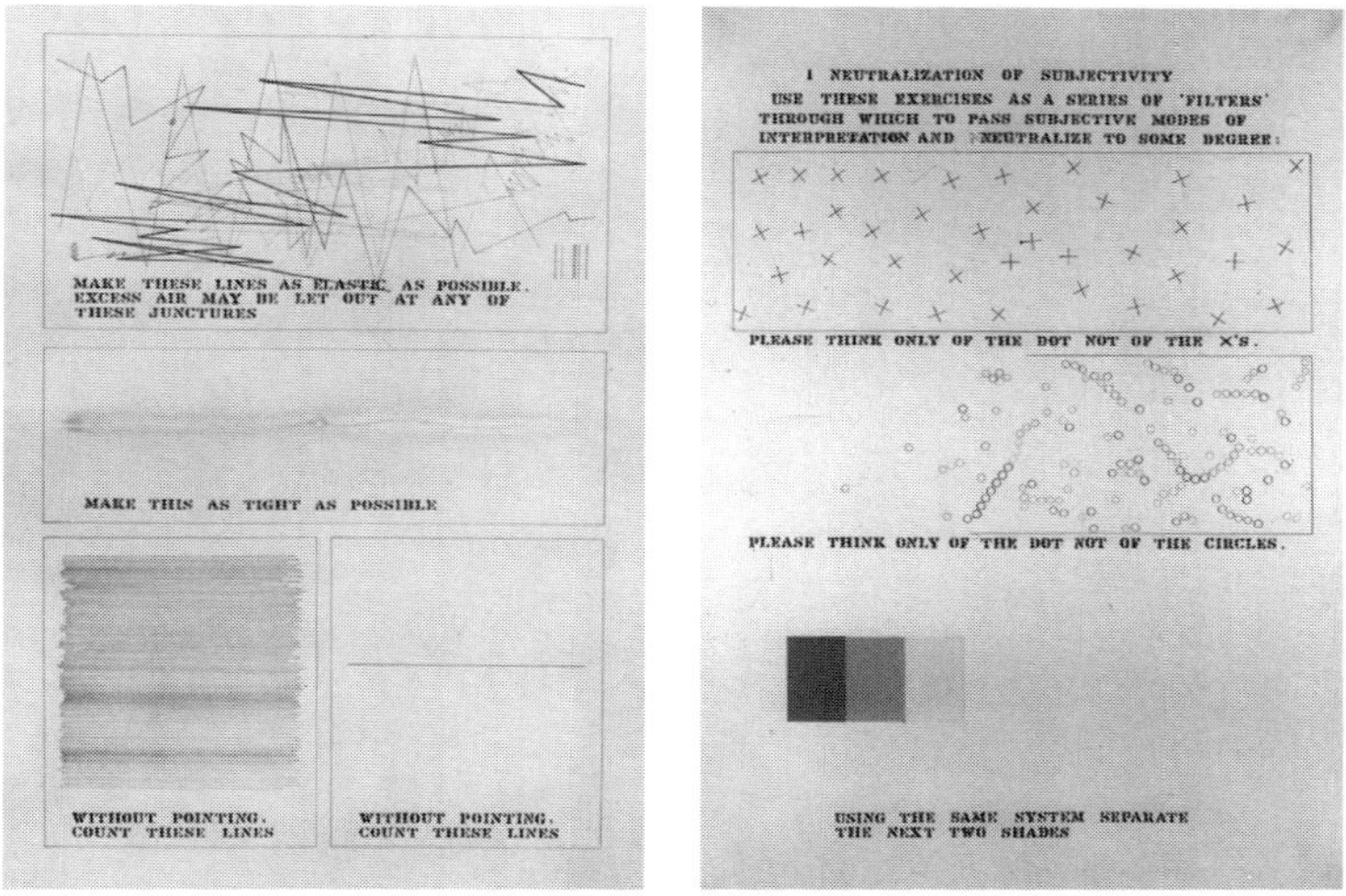


主観性の中性化

(neutralization of subjectivity) の名のもとにこの領野が探求されているように見える。荒川／ギンズはさながら蠟に型を押し付けるように、私たちの主観性を変形させる装置として、それぞれの作品の指令語を機能させる。

　ほかでもない「主観性の中性化」と題された二つの作品のうち第一の作品には、「×印のことを考えずに点についてだけ考えよ」「円のことを考えずに点についてだけ考えよ」という演習の指示が記されている。不可分なものの一方だけを捨象せよというのだ。一方、第二の作品の下半分には二つの枠が描かれている。右枠には一見すると一本の線と見える横線が引かれているのに対して、左枠には数多の横線が引かれていて、稠密な部分では線と線とを区別することがほとんどできない。そして、それら二つの枠の下に、「指すことなく、これらの線を数えよ」という同じ命令が記されているのである。

　左枠に描かれた線に関しては、私たちは実際には、複数存在する線を一本の線と過って数えかねない。そうした誤認の可能性があるとするなら、右枠の線も一本の線ではなく、さらに細分化可能なのではないかとの仮定が成立するはずだ。この第二の演習は第一の作品が私たちに課すところの第一の演習と密接に関係している。なぜなら、第一の演習もまた、いわば頭のなかでしか空想することしかできない区別、区別不能なものの区別を私たちに強いるものだからだ。哲学の伝承のなかでは、「思惟的区別」（distinction rationis）と呼ばれている区別であるが、ドゥルーズは初期のヒューム論以降、「思惟的区別」をそのひとつの様態とする区別の理論を語りつづけた。ここでさらに、区別不能な線の「思惟的区別」と、「アイオーン」（永遠の瞬間）に関する『意味の論理学』の考察を連動できるとするなら、「瞬間」の無際限分割の可能性としての「アイオーンの線」を語るドゥルーズは、荒川と同じ演習を提出していることになるのではないか。そこにドゥルーズは「行為者・俳優」（acteur）の論理を、そのフモールとマラルメ的な「擬態」（Mime）を看取しているのだが、荒川ならそれを「インスタントな歴史」の実践と呼ぶのではないだろうか。

フモール、それは意味と無意味《ナンセンス》とが拡がりを同じくしているという事態である。拡がりという言い方は不適切かもしれないが、意味と無意味《ナンセンス》はいずれも、命題と事象との限りなく細分化可能な境界線――『芸術作品の起源』でのハイデガーはこの境界線を「文の構造」と「物の構造」とに共通な根源的源泉と呼んでいる――の、メビウスの環のごとき（両）面なのだ。この点についてドゥルーズは、doublure（裏地＝二重体）という語を用いて、「意味は二重体であり、意味の中性は分身（*double*）としてのその位格と不可分である」[35]と指摘する。実をいうと「ダブル」「ツイン」は荒川／ギンズが好む表現であり、ドゥルーズも、結局は「類似」（ressemblance）という語彙を放棄したとはいえ、「擬態」への着眼からも推察されるように、「意味」を「ダブル」「ツイン」として、さらには、荒川の好む「幽霊」（fantôme）として捉えていたと考えられる。「意味」が危機的な分界線である限り、それは荒川のいうように「分界的な類似」

(Critical Resemblance) でもある。荒川はまた「雰囲気的類似」(Atmospheric Resemblance) という言い方もしているけれども、これは、意味は「雰囲気」(Dunstkreis) のごときものであるというウィトゲンシュタイン『哲学探究』の主張を想起させる。

「裏地＝二重体」という語に加えて、ドゥルーズは「可逆性」(réversibilité) というメルロ＝ポンティの措辞をも使用している。リヴァーシブルな裏と表でありつつも、二つの系列《セリー》は、それぞれがそれぞれの文法を持つものとして、ひとつに統一されることはない。荒川の作品にはそのような系列がいくつもの次元で配置されている。先にも取り上げたシニフィアンとシニフィエも統一されることなき二つの系列を成すのだが、それに関してドゥルーズは、論理学者のマイノンクに依拠しつつ、シニフィエは「もしも」であり、それゆえ「超越論的シニフィエ」は不可能だと述べている。統一を妨げる亀裂＝空白、多くの繊維が重なり合う共通性の深淵。不断に動き続けているという意味で、それはまさに荒川のいう「内的緊張としての間」(Space as Intention) であろう。

極小の亀裂を介した複数の系列の不協和な共鳴。例えばA＋B＝Cという方程式はそれ固有の文法を有しているが、同じ方程式が別の色で、あるいは別のタッチで描かれるとき、方程式の文法と色の文法、肌理の文法とのあいだで何が生起し、何が生産されるのか。「ケルヴィン効果」「ゼーベック効果」というのと同様に、「意味」とはかかる力動的「間」での「出来事＝事件」であり「効果＝帰結」(effet) である。「新たな機械装置 (machinerie)」によって生産され実験される「効果＝帰結」。限界に関する「実験・経験」(experience) として、「意味」そのものが「超越論的経験論」なのである。

荒川の「知性の意味」第二の作品を見てみよう。ある装置が画布に取り外し可能なものとして取り付けられていて、その下に「二、三の異なる仕方で使え」(USE TWO OR THREE DIFFERENT WAYS) という指示語が記されている。これと同様に、『意味のメカニズム』の全作品が、「出来事・事件」ないし「効果=帰結」としての「意味」を実験しているといっても決して過言ではない。もうひとつ、「意味の分裂」第七の作品を例に取ってみよう。

画布の中央に貼付された、ATTRIBUTIONという項目の辞書の記載の上部に、それ自体がATTRIBUTIONという文字を刻印されたロールペーパーが装着され、鑑賞者がそのペーパーを引っ張ることができるように、この作品は組み立てられている。ここで荒川が「帰属、属性」を意味するATTRIBUTIONという語を選んだのはおそらく偶然ではあるまい。

彼は事物の「属性」が不動のものとして先在するのではなく、動作によって生まれることを示そうとしたのであって、これは、ストア派の論理学についてのエミール・ブレイエの註解を参照してドゥルーズが言ったことと連関している。つまり、例えばメスで肉を切るとき「メスで切られる」という新しい「動詞的属性」が生産されるのだが、これと同様に、荒川の装置にあっても、「そのつどある仕方で使用されること」、というよりもむしろ、指示と使用（不能）との溝が、各装置の新たな動詞的属性を捏造するのである。

先述したように、荒川やドゥルーズがハイデガーについてどのような評価をくだそうとも、ハイデガーは「意味」を危機的な分界地帯での「出来事・事件」（Ereignis）として捉え、しかも、ドゥルーズにあって「無意味《ナンセンス》」が「意味」の裏地であったように、Ereignisの裏地としてEnteignis（退去・脱底）を語っているのだ。それに加えて、「意味」を動詞的属性ないし使用として定義したとき、ドゥルーズは、ウィトゲンシュタインの名を挙げることなく、「言葉の意味とは原語におけるその使用である」という『哲学探究』の定義を想起していたのではあるまいか。フランシス・ベーコン論のなかでドゥルーズは、例外的な挙措といってよいだろうが、ウィトゲンシュタインに言及し、興味深いことに、『論理哲学論考』二・〇三にいう「鎖の環」(Glieder der Kette)を、ベーコンにおける「ダイヤグラム」に比している。[36]

## 迷宮の仮縫術

日本の人に向かって、ハイデガーは「思考とは不可思議な道路工事である」と呟く(「言葉をめぐる対話」)。この言葉ひとつを取っても、哲学が構築されるのは、大きな森や小道においてではなく、最も人工的なものも含めて、都市や街路においてである」[37]というドゥルーズの発言の、ハイデガー批判としての妥当性は揺るがざるをえない。加えて、言語を一種の「迷宮」とみなしていたウィトゲンシュタインと同様、ハイデガーが「樵道」(Holzweg)を一種の「迷宮」とみなしていたことはあまり知られていない。「樵道は迷宮(Irre)になっている。/しかしながらそれは道を誤ることはない」[38]――ハイデガーのいう「不可思議な道路工事」はこのように「迷宮」の建設工事だったのだが、荒川/ギンズも、明らかにヘーゲルの建築論を念頭に置きつつ、「養老天命反転地」の建設を「迷宮」の建設に譬えていたのだ。

エジプト人やギリシア人の迷宮やピラミッドは遍在的立地を測定するための型を作り上げる試みだった。

それにしても、ハイデガーのいう「迷宮」はなぜ道を誤らせないのだろうか。それはこの「迷宮」が「単純なもの」(das Einfach)だからかもしれない。そしてそこに、「リゾーム」を語るドゥルーズ/ガタリ、「マルチレヴェルの迷宮」を構築しようとする荒川/ギンズとハイデガーとの相違を見出す者もいるだろう。しかしここで忘れてはならないのは、ドゥルーズ自身、最も恐ろしい「迷宮」を「直線の迷宮」(ボルヘス）とみなしていることであり、それゆえ、単純と錯綜との対立をここで簡単に想定することはできないということだ。果てしなく直進しなければならないこと——迷えないこと——の恐怖。しかし、それ以前に「直線」とは何だろうか。「直線」であることはある意味では不可能な事態であるし、私たちはデカルトの勧告に従って真っ直ぐに進んでいると思って迷ってしまう。迷わないことで迷ってしまう。逆に、迷いのなかにあるとき、私たちは迷うことができない。

　思考は道路工事であるだけではない。それは治水工事でもある。ヘルダーリンの詩『イスター』をめぐるハイデガーの考察では、道路は河の「流れ」（Strom）とみなされ、「流れとしての場所」（Ortschaft als Strom）、「彷徨としての場所」（Ortschaft als Wanderschaft）という「場所」（集落）の定義が提出されている。大河の思想家ハイデガー。おそらくはそれを意識してだろう、ドゥルーズ／ガタリは自分たちのことを「小川」になぞらえているのだが、河という「場所」の興味深いところは、それが両岸の「内的緊張」を造り出すのみならず、上流・下流双方の他所へとここを運び、ここを他所へと運ぶことで、たとえひとつの地域を囲い込みつつも、その囲い込みそれ自体が開けであるということだ。

　「橋渡り問題」で知られるケーニヒスベルクのような河口の町にいると、旅をせずとも世界を知ることができる、とカントは言った。そのカントは「形而上学とは多くの国境を有した小国である」（『視霊者の夢』）とも言っているけれども、ドイツのいわば中華性を強調する危険な言葉としてヴィクトール・ファリアスなどによってしばしば糾弾されてきた、『形而上学入門』でのハイデガーの次のような発言もカントのこの言葉を踏まえたものではないだろうか。「私たちは万力に挟まれている。私たちの民族は中心（Mitte）におり、（…）最も隣人の多い民族であり、それゆえ最も形而上学的な民族である[39]」。

　ハイデガーは、両岸を創出する流れを、流れという裂け目に架かる「橋」を語りつづけた。端切れと端切れ、皮膚と皮膚を縫い合わせる縫い目――。

師　人間の内にいる小児にとっては、夜はいつになっても星の群れを縫う縫女です。

学　その縫女すなわち夜は、縫い目も縁も糸も使わずに接ぎ合わせます。

『放下の場所究明に向けて』の美しい一節である。『形而上学入門』では、この奇妙な継ぎ合わせは Fuge という措辞で語られている。「このディケー（正義）という語を、私たちは秩序（Fug）と翻訳する。ここにいう秩序を、私たちはまず、接合（Fuge）、結構（Gefüge）の意味に解する」[40]。これは「技術《テクネー》」と「正義」との連関を論じた箇所に記された言葉で、その翌年度に講じられたシェリング講義では、「存在」(Seyn) そのものが「接合」「結構」とみなされている。「接合」「結構」はまた「摂理」(Fugung) でもある。「運命」(Geschick) と言い換えてもよい。「接合としての存在」という見地から、ハイデガーがシェリング的な「自由のシステム」という一見すると矛盾を孕んだ事態（構造と自由と言ってもよい）の可能性を追求している。それと同様に、ドゥルーズもまた、ストア派の偉大な功績として、「運命 (destin) は必然性 (nécessité) にあらず」という事態を挙げてそれを論証しているのだが――「死なないために」と「自殺」との連関（決して相容れないわけではない）など問題になるべき点はあるとしても――、「運命の逆転可能性」という荒川／ギンズの言葉も同様の事態を指し示しているのではないだろうか。

「システムとは建築術的技法である」と、カントは『純粋理性批判』で言っている。しかし、ハイデガーによると、カントはかかる「システム」の土台を示さなかった。だから、「システムの根拠は闇に包まれている」。先述の「接合」「結構」がこの闇の部分なのだろうが、ハイデガーのいう「縫合」「接合」「結構」は、プレートテクトニクスにいうプレート（プラトー）とプレートの継ぎ目を、そこでの「抗争《ポレモス》」と「遊戯」を思わせる。「立て組」（Ge-stell）としての建築がいかにこの暗部に蓋をしようとも、「接合」の震動によって「立て組」は罅割れ、傾き、倒壊し、炎上せざるをえない。私たちはこのような現象の圧倒的な破壊力を日々見せつけられているのだが、かつてショーペンハウアーが述べたのとはちがって、建築は重力と剛力の闘いであるだけではないのだ。

ハイデガーが「解体」という語に込めた意味において、「立て組」（建築）を「解体」するような「建築」、それを荒川は「アーキテクチュア・ウィズアウト・ビルディング」（建物なき建築）と呼んでいる。思えば、「ザラザラした大地に戻れ」と言うことで、ウィトゲンシュタインもまた、隠蔽された「荒蕪地」（rauber Boden）を露出させる作業として、建築という脱構築を捉えていたのだ。

「アーキテクチュア・ウィズアウト・ビルディング」という表現を用いたのとほぼ同時に、荒川は藤井博巳との対談で、他でもない「プラトー」という語彙を用いている。「プラトーと地形」「プラトーと地形と身体」といった言い方をしている。グレゴリー・ベイトソンのこの措辞を荒川がどのような意味に解しているかは必ずしも明確ではないけれども、知られているように、ドゥルーズ／ガタリもまた、同じベイトソンから「プラトー」という措辞を借用したのだった。

プラトーはつねに真中、中心に（au milieu）ある。始めでも終わりでもない。グレゴリー・ベイトソンは、実に特殊な事態を指すために「プラトー」という語をもちいている。すなわち、それはさまざまな強度を有するある連続的な帯域、自分で自分を振動させながら、絶頂点や外的目標へと向かう一切の動きを回避しつつ発展していく帯域なのである。（…）脳においてそうであるように、ミクロの裂け目を介して交流

するプラトー。(41)

ここにも連続／不連続の問題が現れているが、カフカの『万里の長城が造られるとき』を論じつつドゥルーズ／ガタリが「不連続なブロック」(blocs discontinues) と言っているように、プレートとプレート同士は不連続な関係にある。超越的な塔――バベルの塔のごとき――の構築に抗う破片たる「ブロック」は、ドゥルーズ／ガタリにおいては、「分節＝切片」(segment) の同義語であって、この点では、荒川／ギンズも「切片 (segment) は切り離されていると同時に接合している」という表現で「切り閉じ」という事態を語っているのだが、養老天命反転地の「宿命の家／降り立つ場の群れ」は、まさに「不連続なブロック」による試作ではないだろうか。

ブロック、切片――ドゥルーズ／ガタリは「アジャンスマンとは何か」という問いをめぐる省察のなかで、この観念を練り上げていったのだが、かねてより私は、「アジャンスマン」はハイデガー的な「接合」「結構」の訳語ではないかと考えてきた。誤解を恐れずにいうなら、それはウィトゲンシュタインのいう「家族的類似性」とも無縁ではない。では、「アジャンスマン」とは、「地図」(carte) とは、「ダイヤグラム」とは何か。本論の射程をはるかに超える問いではあるけれども、最後に、荒川の仕事の展開との係わりで問題となる点に限って、この問いに若干の考察を加えてみたい。

「書くことは意味すること (signigfier) とは何の関係もなく、来たるべき土地さえも測量士、地図化することに係わっている」とドゥルーズ／ガタリはいう。「最小の実在的単位は (…) シニフィアンではなく、アジャンスマンである」という先の言明をここに重ね合わせることができるとするなら、「アジャンスマン」と「地図」は同義語であることになろう。「言語は一つの地図である」と、ウィトゲンシュタインを彷彿させる言葉を記しつつ、ドゥルーズ／ガタリは『リゾーム』で、「地図」と「複写」（calque）との本質的相違をくり返し強調している。「複写」が「表象的モデル（modèle représentatif）の「模倣」にとどまるのに対して、「地図は開かれたもので、そのあらゆる次元で接続可能、分解可能で、可逆的」[42]であるからだ。「モデル」という観念については後述するとして、ここでは、「複写された一切の宿命性」（toute fatalité décalquée）を拒絶するものとして、ドゥルーズ／ガタリが「地図」の観念を提起していること、この点をまず銘記されたい。

「地図」という観念を提起するにあたって、ドゥルーズ／ガタリは、「地図（map）は土地・領地（territory）ではない」というベイトソンの主張を参照していると推察される。ただ、ドゥルーズ／ガタリにおいては、「地層」（strate）、「領地」と「アジャンスマン」「地図」との関係は単に「〜ではない」という関係ではなかった。「アジャンスマン」「地図」と「地層」は、いずれも「線の複合」（complexe de lignes）であるという点では共通している。いや、そもそも「アジャンスマン」は「地層」のなかで形成されるのだ。しかるに、「すでにしてアジャンスマンは地層とは別物である」。なぜだろうか。ここで鍵を握るのはおそらく「間層」（interstrate）という観念であろう。

「地層」とは、変動を続ける線と線、帯と帯の重なり合いであって、それらの線と線、帯と帯に挟まれた領域がここにいう「間層」なのだが、まさに両側から圧されるダブル・バインドの「間」（inter, milieu）を「領土」たらしめるもの、それが最初の「アジャンスマン」である。しかし、かかる「領土化」は同時に「脱領土化」でもあって、それは「コード化」が同時に「脱コード化」でもあるのと同様である。

アジャンスマンの領土性は間のある種の脱コード化に起因するものだが、この領土性は同じく必然的に脱

領土化の線へと延長されていく。コードが脱コード化と不可分であるように、領土も脱領土化と不可分なのである。(43)

「アジャンスマン」は「間層」を「領土化」すると同時に「領土」を「脱領土化」して、みずからは「抽象的機械」(machines abstraites) と化していく。「脱領土化すること、新しい機能、ダイヤグラム的機能へと開かれること」(44) とあるように、この過程は「領土的アジャンスマン」から「地図」ないし「ダイヤグラム」への移行であり、この移行は「共存平面」(plan de consistence) の成立過程に他ならない。「共存平面」については、それは「すべての次元を交錯させ、任意の次元数をもつ多様体すべてを共存させる」(45) と言われている。どのようにして交錯させるのだろうか。線からアナログ的表象機能を剝奪するとともに、線それ自体を「次元」とみなして、それらの線＝次元の交差と分岐をかかる「共存」とみなすことによってではないだろうか。そしてそれこそが「ダイヤグラム」なのだが、ドゥルーズ／ガタリはさらに、本論冒頭ですでに示唆したような「縁取りの現象」(phénomène de bordure)、「アジャンスマンの変換器」(convertisseur d'agencement) などの表現を用いながら、「アジャンスマン」と「アジャンスマン」との相互嵌入——それもまた「アジャンスマン」である——を語るに至っている。

荒川／ギンズの『建築』を開く者は、「アジャンスマン」と「アジャンスマン」とのさまざまな相互嵌入の様式を、「相互に関連した複数の迷宮」として見出すことになるだろう。因みに、agencement は agencer という動詞から派生した語で、agencer は「飾る」という意味の動詞である。先の bordure という語も「縁飾り」の意であったし、ここに、カントの『判断力批判』にいう、「額縁」等の「装飾物《パレルゴン》」——デリダの『絵画のなかの真理』をも参照——との連関を見ることができるとするなら、「次元」「ダイヤグラム」「アジャンスマン」は、限界＝終端それ自体が再帰的に限りなく次数を上げていく過程であるといえるのではないだろうか。

## アンチ・バベルの神学?

荒地片々――久方ぶりにベケットの『モロイ』をひもとく。奈義の美術館へは老いた父とともに行った。その頃、父は多島海に面した丘――硯が丘――に塔を建てるといって、周囲の人々を困惑させていた。荒川の描く倒立した五重塔の図面を見て狂喜したのは父のほうだった。養老天命反転地に一緒に行った四歳の子供が「また岐阜の迷路に行こう」と時折語りかけてくる。なぜだろうか。

『カフカ』のなかで、ドゥルーズ／ガタリは『城』第一五章で語られたある逸話を紹介している。バルナバスが出入りする部屋は官房の一部にすぎず、そこから先は柵がしてあって、その向こうに別の部屋がある。しかし、この柵を乗り越えることが禁じられているわけではない。それに、この柵を固定された境界線と考えてもならない。なぜなら、バルナバスが出入りする部屋のなかにも柵があって、彼が乗り越えている柵と乗り越えることなき柵とのあいだには何の相違もないからである。

この官房において柵が遍在しているのと同様に、ハイデガーにおける「線の接合」の思想も、さながらマスクメロンの表面を覆うネットのような、接合部の遍在を告げるものだった。たとえ極小の隙間によって隔てられているとしても、すべての線が何らかの仕方で繋がっているのだから、河についてすでに述べたように、「ここ」は「他所」であり、「家郷にあること」(heimlich) は「異郷にあること」(unheimlich) である。ハイデガーがそうした異郷との「対話」を語りつづけた限界＝開放系の思想家であること、この点を忘れてはならない。だがそこには、「ここ」と「他所」との関係を、ある「ここ」――例えば「ドイツ」という「場所」――における存在論的差異の「二重襞」（Zwiefalt）に縮減する、そのような身振りもまた見られる。荒川によるハイデガー批判の要点はまさにここにあると思われるが、では荒川自身はどうなのだろうか。

荒川には「あるマッピングの報告」と題された一九六一―六二年の作品がある。どこで線は地図と化し、地図は線と化すのか、その識別不能性を示そうとする彼の試みは、「一本の線と五つの地図」という言葉とともに五本の線を記した「意味のマッピング」第一の作品にも見られる。「論理的な抽象的な線」（Logical abstract line）という言葉や、「この線をより抽象的にしろ」（Make this line more abstract）という指示語が示唆しているように、荒川もまた、ドゥルーズ／ガタリにおける「領土的アジャンスマン」から「抽象機械」への道を辿っているといえるだろう。けれども、一九六〇年代以降の荒川の「マッピング」は、線の脱アナログ化、脱表象化だけをめざしていたのではもちろんない。むしろ逆に、「伸縮自在の迷宮」（一九六二年）や「想像力のダイヤグラム」（一九六五年）あたりから、荒川はおそらく意図的に、名辞と相俟って住居や街路をアナログ的に表象するものとして線を使用し始める。これら二つの動きを媒介するのが「矢印」だろうが、「矢印」について、建築家の磯崎新は、養老天命反転地開園鼎談でこう発言している。

その矢印を荒川さんは使いながら、恐らく十数年前までは、ドラムの中に閉じ込めてあったんですけれども、ある日その矢印がパーッと分散し始めた。（…）矢印の一人ひとりが短銃にデュシャン的な閉鎖構造じゃなくて、要するに開放系として集団の、あるいは都市の広がりをもった空間のなかに分散し始めているという、そういう状態を彼は考えたんじゃないか。それを共同観念なり、共同化というようなことを彼は言うけれど、要するにそれを表現できる場をつくりたい。そういうことがあったんじゃないか。

磯崎の発言は荒川の仕事の展開を的確に通覧したものであろうが、ただ、私の知る限り荒川が初めて「矢印」を使用した作品「肖像№1」(一九六一―六二年)では、「矢印」は、枠のなかに閉じ込められた矢印とも、伸縮自在な空白枠による指示を司る矢印とも、ドゥルーズ的な「平滑空間」に肉薄していく多方向的な矢印の乱舞とも異なる仕方で機能しているように思われる。この点に着目した数少ない論者の一人に、詩人の建畠晢がいる。

荒川さんの『portrait No.1』という作品で平面上の一つの点を矢印によって「MOTHER」と呼び、それを同時に「MISTAKE」という言葉でキャンセルする。「MISTAKE」はそのときカラーで描かれているんです。その場合ただの論理的なキャンセルとは違うと思うのですね。(46)

この対談で荒川は珍しくベケットとドゥルーズの名を口にしているが、荒川は建畠の問いに明確に答えてはいない。ただ、「あの頃は、スピノザの倫理に非常に魅かれていました」「フロイトの無意識の発見なんか私には全然必要ないんだ」というきわめて興味深い発言がそこでなされているのだが。「肖像№1」の格子の上に記されているのは、点というよりもむしろ黒い染みのごときものだが、荒川による「矢印」の使用法としては例外的なことに、四つの「矢印」がすべてこの染みを指している。と同時に、画面の右上の端にも同様の染みがあって、次第に大きくなる枠を伴った六つの「矢印」のすべてがそれを指している。四番目の枠にはMOTHERの文字が記されているのだが、五番目と六番目の枠は同じ高さに併置されていて、MOTHERの文字が二つの枠のあいだで引き裂かれている。MOTHERという文字と矢印で染みを指示し、それをMISTAKEとして訂正すること。つまり、前節ですでに論じたように、「所与」と「指示」、予めシニフィアンに対応させられた「超越論的シニフィアン」、その「錯誤」を明かした作品なのだが、なぜMOTHERなのかについて、荒川は一九九三年の三浦雅士との対談で、その謎解きを行っている。

> ボードレールがこんなことを言っているでしょう。町で女の人を見て自分の母親だと思い声をかけた。私はあなたの母親じゃないとその人は言う。でも自分は母親のことをものすごく知っているはずだ、しかし逆に知っているからこそ間違えた、つまり懐かしさが間違えさせたのだ。（…）どうしてその間違いを犯したかっていうと、俺ぐらい知っている男はいないからっていうのが答えなんだよ。[47]

もしかすると、荒川はここで、実に意味深長な言い間違いをしているのかもしれない。『パリの憂愁』に収められた「外科刀《メス》嬢」を荒川が念頭に置いているとするなら、そこでは、娘のほうが通りすがりの男に

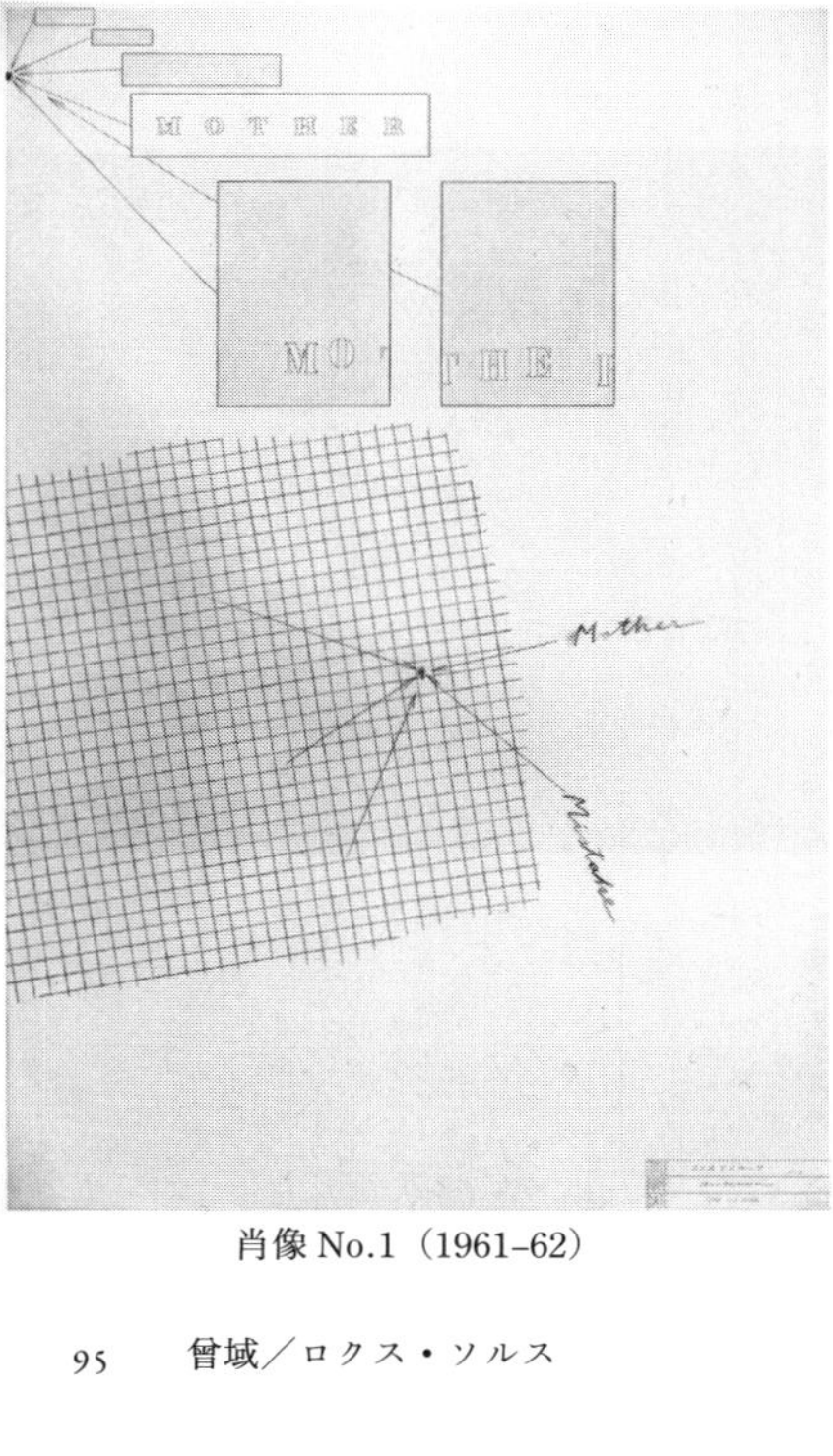

肖像 No.1（1961–62）

「あなた、お医者さんでしょう」と問いかけ、「いや、僕は医者じゃありません」「あら、そうよ、お医者さんですわ」と会話が進んでいく。

線が隅や枠と化し、設計図や街路図と化し、矢印と化し、裂け目と化すのと併行して、母と名指しされたこの染みもまた、荒川の仕事のなかで数奇な展開を見ることになる、と私は考えている。例えば「固有名詞」と題された一九八三―八四年の作品では、画面の向かって右半分には、多方向の矢印を記入された街路図、「交通空間」が描かれているのだが、左半分は無地で、その中心に黒い円が記されている。同年の作品「無重力の存在」では、黒い円が市街図のなかに位置づけ直されているのだが、矢印の消失が「固有名詞」という題名と密接に係わっているのは言うまでもない。さらに「見つめている他者」（一九八四―八五年）では、クリーム色の歪んだ円のようなものが市街図の中心に重ね合わされている。何か降りてくるものの影だろうか。それとも、透かし見える地下的なものの影だろうか。

私の見るところ、「見つめている他者」の構図は、養老天命反転地での、最も大きな日本地図と世界諸都市の街路図との関係と構造的にはまったく同型である。矢印や通りをもたない輪郭が日本、輪郭をもたない通りや矢印が海外の諸都市という、共同体と交通空間とのこの振り分けを是非と銘記されたい。しかも、養老天命反転地での「日本地図」の使用についても実は、「既知の母は母ではない」という「肖像№.1」での論理――フロイトなら「否定」（Verneinung）と言うだろう――がそのまま援用されているのだ。「なぜ日本地図と岐阜地図を使ったのか、そこが問題だな」という磯崎新の至極もっともな問いに対して、荒川は、「どんな人間も、生まれたところで一番最初に親しみを覚えるのは、永いあいだ見たり聞いたり触ったりするものなんだから、まず直截に関係をもたせるためにはオリジナルなものを使ったらダメなわけ」と切り返しているが、ここにいう「オリジナル」が「レディメイド」の対義語であるのは、「ここ（奈義）にもってくるものは日本的なものであればどんなレディメイドなものでもよかった」[48]という発言からも明らかである。「平凡陳腐な歌語」とみなされた「もののあはれ」も「レディメイド」の一種なのだろう。「領土の徴し（marques territoriales）はレディメイドである」[49]とドゥルーズ／ガタリも言っている。「レ

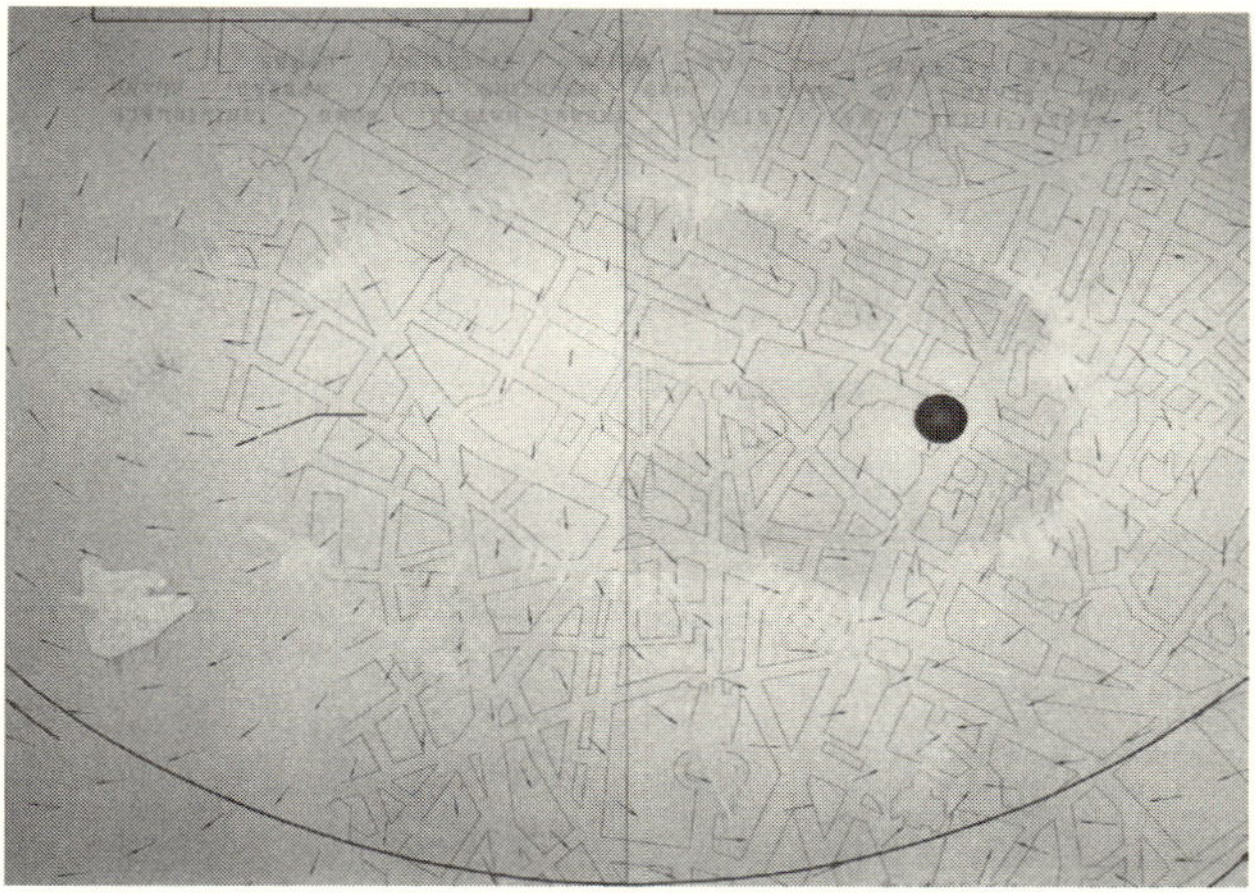

無重力の存在（1983–84）

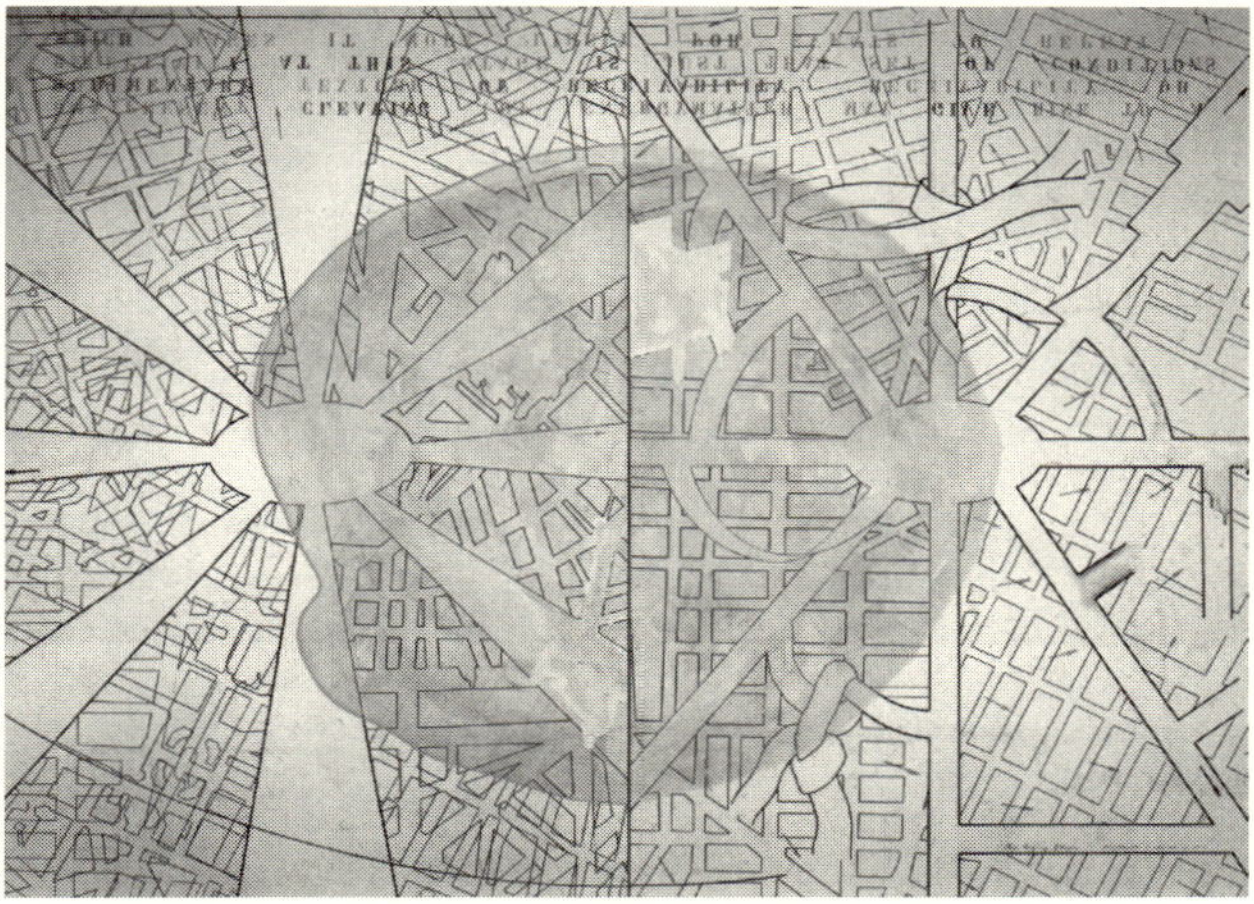

見つめている他者（1984–85）

ディメイド」は「アジャンスマン」が有する「領土化」の動きを表しているわけだが、先に見たように「領土化」は「脱領土化」と不可分で、それゆえ「レディメイド」も「脱領土化」と不可分であることになる。そうだとすると、「レディメイド」としての枯山水、日本地図、岐阜地図を差し出すことで、荒川は私たちに、自分の母を取り違える者と同様の誤認を経験させ、例えば竜安寺の石庭をめぐる坂口安吾の『日本文化私観』での叙述と同様の効果を引き起こそうとしているのではないだろうか。既知の母が母でないように、既知の日本は日本ではない。逆にいうなら、なぜこの地図を私たちは日本地図とみなすことができるのだろうか。家郷はこうして異郷と化す。荒川はハイデガーの、安吾の問いと出会っているのだが、私たちは自分自身が他なるものと化すことで、他なるものへと開かれていく。「いかにして他者(other)は日本のなかに自分を見いだすのか。降り立とう(landing site)とすることで、他者は自分を日本のうちに置くのだ」。

「見つめている他者」の構図と養老天命反転地の配置との連関は今や明白であろうが、荒川はここで、実に困難で危険な地点に立っているように私には思える。「ヒュポスタシス」というギンズの好む新プラトン主義的な観念にしろ、「降臨」(Landing)や「遍在」の観念にしろ、荒川/ギンズは意図的に神学的観念をパロディ化しているのであって、「レディメイド」に関して彼らが述べていることは、キリスト教神学における、葡萄酒-パンとキリストの肉-血のあいだの「実体変化」、臨在《パルーシア》と受肉の構図を構造的にはいささかも破るものではない。たしかに荒川/ギンズは、「多元的決定」(決定を超えたもの)(overdetermination)というフロイトの考えを踏まえつつ、大小五つの「日本地図」――伸縮自在の十字架と国旗――のあいだの反復とずれをつうじて「日本」を引き裂こうとしてはいる。藤井博巳との対談では「散らばり」という表現が用いられているけれども、ただ、この「散らばり」はすぐさま、「日本で生まれた人すべてが持っているけれども、忘れてしまったものがたくさんあるんですよ。ここはそれをもう一度経験させられる場所なんですね[50]」という言葉で打ち消され、かくして「反復」は再認的表象の実験に従属させられてしまうように見える。黒い染みが交通空間と重ね合わされつつも、ネガとしての「プンクトゥム」がこれらの線の錯綜を収斂させるように。

「存在忘却」――忘却されたものの、忘却されたものとしての、それゆえ未知のものとしての想起。既知の日本が日本ではないのは、真の日本が忘れられているからであり、既知の母が母でないのは、真の母が忘れられているからである。『否定』のなかで、フロイトは「夢のなかの人物は私の母ではありません」という患者の言明を「それはまさしく私の母です」という意味に解しているが、それと同様に、「超越論的シニフィエ」としての「母」をキャンセルする荒川の操作は、否定されることを本義とした「超越論的シニフィエ」の様態に即してそれを肯定する操作なのではないか。一九一五年一月四日の日付をもつ、あの裏返された母への手紙。取り置かれた手紙(purloined letter)。ガラスの遅延。ガラスの向こうからこちらを狙うカメラ。「意味の記憶の構築」第一の作品ほど見事に、ラカンの「シェーマL」での「想像的関係」を描き出した作品も少ないだろうし、神学

意味の記憶の構築

的構図に触れたときにすでに示唆したように、そこに「大他者」、死せる父との「象徴的関係」が重ね合わされる可能性も否定されてはいない。その点に荒川のフモールはそこまで自覚的なのだろうか。

奈義の「太陽」を訪れたとき、私はこれはモナドだと直覚した。ドゥルーズの『襞』に描かれたような二階建ての館の素描を思い浮かべた。その素描どおり、下階は開口部のある部屋で、そこに貼付された数多の写真は、それが共同部屋であることを暗示している。そして、上階は窓のない鏡像的シンメトリーの部屋。「降臨」という出来事との関係がどうなるのか、そこがおもしろいところだが、「極限で似るものの家」の構造から判断して、養老天命反転地もドーム状の構造をもつものとして構想された段階があったかもしれない。いずれにしても、荒川／ギンズの試みは、「開かれた容器＝母胎《コーラ》」の逆説としての新たなモナドロジーの試みであり、「遍在性」や「モデル」という観念も、「あらゆる可能性の接続・離接的集合」(conjunctive and disjunctive set of all possibilities) という『建築』の表現にも、ライプニッツと荒川／ギンズとの係わりを感じ取ることができる。

養老天命反転地での最も大きな日本地図について、荒川はそれは薬草でできていて、「薬草を見る庭がイコール日本列島になっている」と発言しているが、これは部分が、どんな細部もが全体を映し出すという「表出」の理論を示唆した発言ともとれる。とすると、大小さまざまな日本列島、家々の襞、そこに重ね合わされた諸都市の街路や数々の通路の網状組織、いや、養老天命反転地全体が世界を、宇宙全体を「表出」していることになろう。西田幾多郎や田辺元がジョサイア・ロイスを踏まえていう「自己表出的体系」である。

拡大と縮減(換喩と隠喩)という、ハイデガーの場所論に孕まれた二つの動きを、こうして私たちは荒川のうちにも見いだすことになる。「民族的なもの」や「民族的ものさし」をめぐる荒川の発言ならびに仕事は、荒川がどれほど「否定」しようとも、本質的にハイデガーのそれと類似せざるをえないのではないか。もはやこの点に考察を加える余裕はないけれども、「ここ」を「表出」が「遍在」たらしめるとき、「ここ」と数々の「他所」との関係をどのように考えるのか。ここで問われることになるのは例えば、初期のハイデガーがドゥンス・スコトゥスをつうじて検討しようとした「存在」の「一義性・類比性・多義性」であろう。

　震えながら折れ曲がっていく線の微妙な角度。それを私たちは初期の荒川の作品をとおして先に語った。その荒川は今、モナドロジーの新たな空間を構想しつつも、「オートポイエーシス」の理論については、「関係」を無視したものとしてそれを簡単に一蹴してしまう。そして「終わりなき力強い生」(*a vigorous life without end*) を語る。「家を建てる能力と同様、自殺は不敬虔なものではなく、それは自然の命令のひとつを果たすことである」という、ヒュームの言葉が思い出されるが、それにしても、「終わりなき力強い生」という表現はスピノザ的な自由人の生き方を語ったものだろうか。それとも、「不死のワンダーランド」の恐怖を語ったものだろうか。それとも、私の死は未来形でしかないという意味での死の不可能性を語ったものだろうか。それとも、死を完全に生に内在化(超越者を体内化)してしまったという意味なのだろうか。それとも、死という「限界」は「限界」をもたない、有限性は無限定であるという「閉鎖」の逆説を語ったものだろうか。それとも、荒川/ギンズの多くの注釈者たちが述べているように、端的に「限界」なき開放系を語っているのだろうか。そして、それによって開放性を結局は打ち消しているのだろうか。死の図式論が、いや線と隅の論理が、汀を語る『建築』の先の一節がそれをまさに禁じているはずなのに、限界・境界地帯の思想家、荒川/ギンズは、この最後の解釈の可能性を否定しきれないような地点に立っているように思える。

## 註

(1) ハイデッガー『ツォリコーン・ゼミナール』みすず書房、一九九一年、三四三頁を参照。
(2) 対談「新しい創造を求めて」『アール・ヴィヴァン』一号、西武美術館、一九八〇年、三一―三二頁。
(3) 対談「意識が発生する場」『養老天命反転地』毎日新聞社、一九九五年、二八頁。
(4) 『ツォリコーン・ゼミナール』、一六四頁。
(5) 『宮川淳著作集』第一巻、美術出版社、一九八〇年、五二〇頁。
(6) 渋沢孝輔「宇宙的郷愁」『アール・ヴィヴァン』前掲号、四一頁。
(7) 「シュピーゲル対談」『形而上学入門』平凡社ライブラリー所収、一九九四年、三九四―三九五頁。
(8) 『建築―宿命反転の場』水声社、一九九五年、二〇頁。
(9) J. F. Lyotard, «Réserve d'événements spatiaux». 『荒川修作の実験展』東京国立近代美術館、一九九一年、三二九頁。
(10) Cf. Lyotard, *Les Transformateurs Duchamp*, Galilée, 1977, p. 71.
(11) 『養老天命反転地』前掲書、九二―九三頁。
(12) 『現代思想』一九八八年五月号、二〇五―二〇八頁を参照。
(13) 市川浩「ブランクへ／ブランクから」『〈私さがし〉と〈世界さがし〉』岩波書店、一七八―一七九頁。
(14) 瀧口修造「荒川修作への小序」『アール・ヴィヴァン』前掲号、一七頁。
(15) この点については、R・クローン／J・L・ケーナー『パウル・クレー――記号をめぐる伝説』(岩波書店、一九九四年)を参照。
(16) 鼎談「虚無の闇の中で苦闘したマラルメのあとで」『ユリイカ』一九八六年九月臨時増刊号、二三九頁。
(17) マドリン・H・ギンズ「アラカワ・図形からモデルへ」『アール・ヴィヴァン』前掲号、五一頁。
(18) C・W・ハクストハウゼン「アラカワを見る」『荒川修作の実験展』前掲書、三八頁。
(19) *Mille plateaux*, Minuit, 1980, p. 296.

(20) *Der Satz von Grund*, Neske, 1978, S. 125.

(21) *Sein und Zeit*, Max Niemeyer, 1977, S. 22.

(22) 『建築』前掲書、二二頁。

(23) *Le Pli*, Minuit, 1988, p. 88.

(24) *Unterwegs zur Sprache*, Neske, 1982, S. 37.

(25) *Wegmarken*, *Gesamtausgabe*, Bd. 9, 1976, S. 432.

(26) *Vorträge und Aufsätze*, Neske, 1978, S. 155.

(27) 茅野良男『ハイデッガー』（講談社、人類の知的遺産75、一九八三年）、一五七頁で用いられている訳語を使わせていただいた。

(28) 持田季未子『絵画の思考』岩波書店、一九九二年、一〇〇―一〇一頁。

(29) *Dialogues*, Flammarion, 1977, p. 89.

(30) *Mille plateaux*, *op. cit.*, p. 247.

(31) *Logique du sens*, Minuit, p. 181.

(32) *Ibid.*, p. 85.

(33) *Werkausgabe*, Bd. 4, Suhrkamp, 1989, S. 126–127.

(34) *Dialogues*, *op. cit.*, 1977, p. 65.

(35) *Logique du sens*, *op. cit.*, p. 151.

(36) Cf. *Logique de la sensation*, Editions de la différence, 1984, p. 66.

(37) *Logique du sens*, *op. cit.*, p. 306.

(38) *Holzwege*, *Gesamtausgabe*, Bd. 13, 1983, S. 91.

(39) *Einführung in die Metaphysik*, *Gesamtausgabe*, Bd. 40, 1983, S. 41.

(40) *a.a.O.*, S. 169.

(41) *Mille plateaux*, *op. cit.*, p. 32–33.

(42) *Ibid.*, p. 20.

(43) *Ibid.*, p. 630.
(44) *Ibid.*, p. 167.
(45) *Ibid.*, p. 403
(46) 対談「言葉による建築は可能か」『現代詩手帖』一九九五年七月号、一五頁。
(47) 対談「建築、哲学そしてダンス」『アートエクスプレス』一九九三年冬号。
(48) 工藤順一『なつかしい未来の世界――荒川修作の仕事』新曜社、一九九五年、一二〇頁。
(49) *Mille plateaux, op. cit.*, p. 389.
(50) 「意識が発生する場」前掲書、三〇頁。

# アラカワとの対話

## 『建築する身体』の余白に　（二〇〇五年）

三〇年ぶりにバットを握ったのになぜかノックがうまくできたんだ。外野にもちゃんとフライが上がった。どうしてだろう。そんな話をしていると、荒川さん担当の編集者K君が「合田さん、荒川さんと対談しませんか」と言った。K君がなぜそう思ったのか、まだ答えは見つからない。

お会いするのは初めて。ただ、一〇年前にニューヨークから一度電話を頂いたことがある。養老天命反転地が完成した年、某誌が荒川さんの特集号を出すということで、K君から、荒川さんについて何かを書いてくれと頼まれ、膨大な資料を手渡された。そこに含まれたある対談で、荒川さんはハイデガーとその弟子たちが自分の作品に強い関心を示していたことを語るとともに、ハイデガーを批判する姿勢をも示しておられたので、その経緯をニューヨークの荒川さんにファックスで問い質したところ、即座にその返事を下さったのである。話の内容は失念してしまったが、私に語りかけるその声の肌理《きめ》のようなものは覚えている。「電話的経験」が距離を攪乱するのはもちろんだが、遠近の判然しないところ、局在化不能なところから語りかけてくるその声に、私は、世界を股にかける豪快な革命家というイメージとはちがって、とてもシャイなお人柄と果てしない孤独・孤立のようなものを感じた。F・ガタリにも私はよく似た雰囲気を感じたことがある。優れた思想家にはこうした孤立無援の感じが不可欠なのかもしれない。

それから十年。荒川さんたちの新著『建築する身体』の邦訳（河本英夫訳、春秋社、二〇〇四年）が出版され、M・デュシャン展が開催されるなか、トイレットブックなる消費財も売り出された。K君から『建築する身体』を手渡されたのは、閉鎖病棟と二〇年近くも係わってきたある看護師の方に、ガタリの勤務地でもあったラ・ボルド精神病院について話をしていただいた日だった。ここ数年、私は身近な人物たちが心身の不調に陥るのを目にしながら何もできず、いやそれどころか、悪化と更なる感染を促すような言動しかできず、仕事の上でも、そんなことをして何になるとの思いを抱きつつも、精神医療と哲学のあわいをうろつき始めていた。

その私に、モンテーニュのいう「日常の雨垂れ」に蝕まれて廃墟になりかけていた私にK君はまたしてもこの建築家とぶつかることを促したのだ。初対面の荒川さんは、しばしば目を閉じ、頭を四方に傾け、生まれたばかりの赤子のように空《くう》を手探りしながら、ぶつ切りの言葉を投げかけてくる。さながら瞼の裏側の「内部観測」がトポロジカルに世界造形につながっているかのようだ。ほとんど視線は合わさないが、それでもこちらの緊張を解いてやろうとの配慮が伝わってくる。対談はデカルト的直進の教えとは裏腹に、逸脱に逸脱を重ね、荒れ果てた地帯をあてどなく彷徨するかの様相を呈した。磁石の使えない界域にいるかのような、しかしどこか愉快な感覚……。

『建築する身体』にいう「危機の倫理」（Crisis Ethics）とは何なのか——それが今回荒川さんに最もお尋ねしたかったことだ。それを十全に語っていただけるような問いを提起できたかどうかははなはだ怪しいが、荒川さんの息継ぎの間に侵入するかのような仕方で、私なりにこんなことを申し上げた。「人間を場所として考える哲学者は、人間建築工学を発展させる責務がある。哲学者たちは、自分でこの種の建築家にならねばならないだろう」と、『建築する身体』(一一頁)には記されているが、この言葉は、荒川さんの意図に反するとしても、「思考」を「不可思議な道路工事」に譬え、樵の道を「迷宮」と呼んだハイデガーの「存在(について)の思考」と無縁では決してありえない。そもそもハイデガーは「エシックス」(倫理)を「場所」ないし「居場所」の問題に結びつけ、この「場所」を「危機的な分界地帯」とみなした哲学者だった。

この点について私自身は次のような問いの複合体をいつも念頭に置いている。たとえば私たちは「居場所がある」とか「ない」とか言う。これは究極的には「充足理由律」というライプニッツ的問題と係わっている。極度に単純化すると、存在するものはそれが存在するに足る十分な理由を有しているとの考えである。これは存在の「偶然性」——荒川さんたちの鍵語——と相反する事態ではない。ある存在者が存在することは偶然で、その存在者は別様でもありえたのだが、それが存在する限り、その存在者がそのように存在することには十分な理由をもつのだ。どんな社会も「有用性」の名のもとに屑を生み出すが、そういう者たちや存在者にも十分な存在の理由がある。もっとも、それが絶対的占拠の原理になってはならない。そのとき「偶然性」が介入するのである。このことは、「存在する」という動詞は主語である存在者の如何によって価値の序列を持つのかという問い——存在(すること)の一義性・類比性・多義性——と不可分だし、「居場所」をどう分かち合うのかという「配分・分配」(ネモー、ノモス)の問題(後述)とも切実に絡み合っている。

私はこのような問いの複合体をハイデガーの読み直しを通じて摑んだ。そのハイデガーは「死に臨む存在」の思想家と呼ばれ、それに対して、荒川さんたちは「死なないために」の思想家を自任し、そうすることで、「死」という「人間の条件」——超越論的なもの——を揺るがそうとしている。ただ、ここには単なる対立があるのでは決してない。まず「死」は「限界・境界」の根源的メタファーであって、荒川さんはまさに「限界・境界」の細密職人であり続けたからだ。今回の本でも、「集められた場所は、それじたい縁として、縁の上で震える」（九九頁）とある。しかも、一九六〇年頃の荒川さんの作品は「墓の建築」とも言うべきもので、その後も空《ブランク》という形で形象化不能な死が呈示され続けたのだ。

『存在と時間』七四節でハイデガーは、死に臨む人間の無力がむしろだからこそ共同存在の超力に転じるプロセスを語り、そこで「民族《フォルク》」という言葉を用いている。また、ニーチェ論のある箇所でも、個々の身体を貫く生命の大河が語られている。その視点から見ると、今回の書物では「私たちの種」という言葉が頻出する。どうしても私は田辺元の「種の論理」を想起してしまうが、荒川さんたちは「種」と「共同性」との接合をあまりにも強調してはいないか。この点について尋ねたとき、荒川さんは「個‐種‐類」という三副対ならびに狭隘な「部族的」ナショナリズムと自分の考えとの相違を強調されたが、この点についてては更なる対話が必要だろう。ヘーゲル的「民族建築」の問題を正面から荒川さんにぶつけてみなければならない。

「人間の条件」を予め固定してそれによって経験・実験の可能性を狭めていく悪循環のことを、荒川さんたちは「敗北主義」と呼んでいる。これは私自身がずっと問題にしてきたことでもある。ただ、「人間の条件」と呼ばれるものの流動性、一時性・暫定性、分散、つまりは「クライシス」を語ることでこの循環を回避できるかどうかこれは想像以上に難しいように思われる。これは多分「アフォーダンス」と呼ばれるものが孕む問題でもあり、また、ある美術史家は、六〇―七〇年代の site-specificity の芸術、ロバート・モリスやリチャード・セラの仕事について、結局、環境と知覚の相関的変化を演出するかに見えて、予め設定されたプログラムに被験者たちを従属させることになりはしないかと言っている。

経験と経験の条件との接合、その臨界の問題は一方では先端科学の問題であり、他方では「子供」という問題に、第三には（カント＝ハイデガーが言うように）「構想力」「図式論」——心の暗闇に潜むアート——の問題に係わっている。いずれも荒川さんにとって本質的な問題である。先述したように、荒川さんは手袋を裏返すように内部観測を反転しているのではないか。今回の書物でも、盲目の数学者におけるイメージの問題が詳細に取り上げられ、そしてまた幼児の精神分析家ウィニコットへの言及が見られるが、ウィニコットへの言及は母子問題、母 Mother（一二四頁）という荒川さんの根本問題——否認による肯定——とつながっているように思える。これがナショナリズムをめぐる問いと不可分なのは言うまでもない。ただ、きわめて刺激的だったのは、荒川さんが「鏡の段階」を経ての人間の発達を貧困化として捉えていることだ。精神分析と荒川さんとの対決。学校という「制度」とも今後係わっていくと言っておられた。

先にも示唆したが、「人間の条件」を固定するという操作はそれに外れる異常者たちをまさに生産する。その者たちを抹殺するにせよ、逆に「バイオ－ポリティックス」と呼ばれるように「生かし」「管理する」にせよ。たとえば断種の対象となる者たち、それをギリシャ語で「ゾーエー」と呼ぶことができる。それに対して「人間の条件」なるものを備えた生命が「ビオス」と呼ばれる。両者の関係をどう捉えるかは、脳死や重篤な障害や身体的畸形などを通じて今きわめて重要な問題と化している。荒川さんたちは「ビオス」（七六頁）という言葉を用いているが、荒川さんたちがスピノザを踏まえて言う「終わりなき力強い生」はこの問題系とどう係わるのか。寝たきりの老人は寝たきりではない、という荒川さんの言葉はとても印象的だ。「ビオス」と「ゾーエー」との分割を揺るがす可能性がある。

今回の書物では、「配分」「割り当てる」「分配」「配置・再配置」「分画」等の語彙が駆使されている。何をどう分配するのか。負の価値をもつとされているものをどう分配するのか。何が分配可能で、何は分配できないのか。たとえば喜びや悲しみは分かつことができるのか。身体は分割できるのか。実存することはどうか。その権利は。こうした問題は再び境界・限界の複雑さをどう考えるかに帰着する。実際、今回の書物には、「柔軟で一時的な建築の縁」（一〇五頁）、「臨界を占めることの総和・多様性」（一〇四頁）、「多層的迷宮」（一二五頁）、「形のないものを区切る」（一二六頁）といった印象的な言葉が鏤められている。皮膚のような境界（貝殻）。「システム」「システム境界」に対する荒川さんたちの応対の特徴がここに明かされているはずだ。

ただ、境界の一時性としなやかさは、一種の関所としての境界の無残な選別性の抹消には必ずしもつながらない。以前、荒川さんは「オートポイエーシス」について、関係を無視していると批判していたが、今回それを肯定的に評価し直したのはなぜだろうか。閉じていることが強調されているのはなぜだろうか。自同性と他者性についての考えに微妙な変化が生じたのか。今回の書物では意図的に「他者」という語彙を避けているように見えるが、自他関係なるものそれ自体が脱構築されているのか。こうした私の問いに、荒川さんは、「混沌の王国」とさえ呼べる免疫システムを踏まえて自分は「社会的免疫システム」を建設したいのだと答えてくれた。この点を伺えたのは対談の最大の収穫で、今秋パリ第十大学で開催されるアラカワ・シンポジウムの参加者も半数は分子生物学者であるという。「また話そう」との言葉に甘えて、今度は、金子邦彦さんの『生命とは何か――複雑系生命論序説』（東京大学出版会）のような書物との対話の道を開くとともに、今回の書物で多用されている「協調」「こだま」といった言葉と「暴力」――まさに「ここ」と「そこ」、戦争と虐待と平和をトポロジカルに結ぶ架橋――との悲しい連関についてもお伺いできればと思う。

# 現代「音楽哲学」の展開をめぐって

## ジャンケレヴィッチとその後

（二〇〇八年）

今日はお招きいただきまして誠にありがとうございます。私は単なる音楽愛好者のひとりにすぎませんが、そのような者がなぜ本格的な音楽家の方々を前にお話しさせていただくことになったのか。それはきっと、私が二人のフランスのユダヤ系哲学者と係わってきたからでしょう。

ひとりはエマニュエル・レヴィナスです。哲学者レヴィナスの息子さんであるミカエル・レヴィナス氏はみなさまもご存じのパリのコンセルヴァトワール音楽分析の教授を務めています。エマニュエルは一九三二年に、リトアニアはカウナスの隣家の娘ライッサ（マルグリット）・レヴィと結婚しました。ライッサの父親は音楽の才能溢れる人物で、娘をウィーンに長期留学させ音楽を学ばせました。結婚後パリに移り住んだライッサはコンセルヴァトワールで、ラザール・レヴィ（一八八二—一九六四）の指導を受けることになる。そのライッサとのあいだに一九四九年に誕生したのがミカエルで、ミカエルは幼少期よりパリ音楽院でレヴィ、イヴォンヌ・ロリオ、オリヴィエ・メシアンらの指導を受けました。父親もメシアンやクセナキスと面識があったようです。レヴィナスがその名前を挙げた唯一の音楽家はクセナキスで、一九七四年刊の第二の主著『存在するとは別の仕方で　あるいは存在することの彼方へ』では、クセナキスの一九六六年のチェロ独奏曲「ノモス・アルファ」に言及しています。

「色や鉛筆のタッチ、言葉の神秘、音の音響性、こうした様相的概念のすべてが、存在することの響きとしての「いかにして」（副詞）である。現代芸術の探究――探究の段階にある芸術といったほうがおそらくより正確な表現であろうが――は、その美学全体をつうじて、存在することの響きないしその産出を、芸術作品として探索し、理解し聴取しているように思われる。（…）たとえばクセナキスのチェロ独奏曲『ノモス・アルファ』での音楽は、発せられた音を副詞に転じるものであり、その結果、そんな実体性も様態と化し、弦と木さえ音響性と化して消え去ってしまう。（…）総体の調和に資する自同性として継起していた調べは、もはや連続的な旋律に溶解したりはしない。音は砕け散る」。

いまひとりの哲学者はウラジーミル・ジャンケレヴィッチです。私は一九九五年から足掛け七年間、つたないジャンケレヴィッチ論を雑誌『みすず』に連載し、二〇〇四年にその成果を『ジャンケレヴィッチ――境界のラプソディー』として上梓いたしました。ご存じのように、ジャンケレヴィッチは、レヴィナスとはちがって、フォーレ、ドビュッシー、ラヴェル、サティ、リスト、バルトーク、アルベニス、ファリャなど多くの音楽家たちを縦横に論じておりますので、この本のなかでも、「小鳥の歌」という章を設けて、彼の音楽論を少し論じざるをえませんでした。

一九九五年から連載を開始できたのは、九二年から一年間パリの国立図書館でジャンケレヴィッチ関連の文献調査を行ったからでした。そのとき私はジャンケレヴィッチ夫人と会うこともできました。未亡人は、哲学者の死後も「花の河岸《ケ・オ・フルール》」一番地のアパルトマンの二階に独りお住まいになっていましたが、帰国前に私たち家族を夕食に招いて下さいました。アパルトマンには二台のピアノが置いてあり、ピアノの上にはデスハンド、書架には多くの楽譜が詰め込まれていました。それから五、六年が経ち、連載も中盤に差し掛かった頃、息子の先輩がわが家を訪ねて来ました。芸大の指揮科を受けるとのことで、私の部屋から、ウィトゲンシュタインの『論理哲学論考』やサイードの『音楽のエラボレーション』などを持って行きました。その彼が高校を卒業するとき、「音楽の駆流」という大論文を文集に発表しました。その後、彼は芸大の指揮科に入り、今はフランスで学んでいるのですが、私は彼に、スピノザの『エチカ』を音楽として表現するとどうなるかと問うたことがあります。今日の話はこの問いかけの延長線上に位置するものです。

多くの者が、ジャンケレヴィッチの音楽論の無類の美しさと魅惑を語っています。私自身、初めて彼のドビュッシー論を読んだときには、その言語のヴィルトゥオーゾに魅了されたのを覚えています。しかし、その一方で、稀少ではありますが、こんな意見もあるのです。ルイ・アルチュセールというマルクス主義の哲学者は、一九三七年「夜の音楽」をめぐるジャンケレヴィッチの講演を聴いてその日記にこう書き記しています。「驚くべき離れ業だ。音楽家、特に知的な音楽家としては凄い才能だ。しかし、哲学の教授としては凡庸な人物にちがいない。彼の思考は情緒に還元されている。（…）それはあまりにも神秘的すぎるので、生と化すことがない」。

サイードも、あまりにも情緒的なものとしてジャンケレヴィッチを批判しています。ここで私は未亡人のある言葉を思い起こします。未亡人はミカエル・レヴィナスの音楽に触れて、「主人は、これは私向きの音楽ではない」と言ったことがあると私に打ち明けてくれたのです。これはジャンケレヴィッチの単に個人的な嗜好や傾向の問題でしょうか。決してそうではない、と私は考えています。連続と不連続、持続と瞬間、協和と不協和、秩序と混沌、「えも言われぬもの」(ineffable)、「表現しえないもの」(inexprimable)

と「語りえないもの」(indicible)、音楽と「沈黙」、アイロニーとフモールといった、ジャンケレヴィッチ自身の諸観念とそれらの対連関そのものに、さらには彼の倫理学そのものの問題点がそこであらわになっているのではないでしょうか。今日はその点を、エルンスト・ブロッホ、テオドーア・アドルノによる「音楽の哲学」(Philsophie der Musik)の系譜をも勘案しながら少し考えてみたいのです。問いを予め粗描しておきましょう。

シュトックハウゼンは「ひとつの音とは何だろうか」と問うています。哲学者のデリダが「ひとつの語」とは何かとジョイスの『フィネガンズ・ウェイク』について問うたように。いや、「瞬間」とは、「現在」とは何かという問いは古代ギリシャから——たとえば「カイロス」(切断)の問題として——論じられてきたのでした。「無限小のもの」「微分」といった問題もここに係わってきます。一とは何か、という問いは当然のことながら「一」が「一」ではない可能性を前提としています。プリズムが光をスペクトルに分散させるように、ひとつの音と思われていたものもスペクトルに分散されるとすれば、その音は多の「共存」もしくは「共可能性」が問われることになります。そこで、合うか合わないかという問いが提起される。「ひとつの音」なるものそれ自体が何らかの「集合」「構造」「システム」、あるいはまた何らかの「分散」「分布」「配置」、あるいはまた何らかの「結び目」「網目」を表している、それも音色や強度などさまざまな次元で表していることになります。スピノザの言うように、「個」はつねに極度に複雑な「複合体」なのです。

和音について言われる「協和音」「不協和音」の問いがここですでに提起されることになるわけですが、「不協和音」はジャンケレヴィッチとアドルノが共に用いる言葉なのですね。いや、この世界を「不協和音」として捉えていく姿勢はすでに十六世紀フランスの思想家モンテーニュに見られるもので、のみならず、ベルクソンと並んでジャンケレヴィッチに多大な影響を与えたアランも、この点では興味深いことを言っています。ノイズに不断に脅かされていない歌とは一体何なのか、というのです。ノイズとの微妙な境界、それをジャンケレヴィッチは、ホラティウスのいわゆる「不調和の調和《コンコルディア・ディスコルス》」として、さらにはポール・ヴェルレーヌに倣って、「グリ」「グリザイユ」（グリは灰色のことで、グリザイユは灰色の濃淡のみで立体感を出す画法）として捉えたのでしょう。

「協和音」「不協和音」は「快原理」の問題ともつながっており、シェーンベルクは「私の音楽は気持ちのよいものではない」と言い、リゲティのような作曲家も「悲しげなもの」といった言葉を用いています。私たちがそれぞれ気に入る他人、気に入らない他人――さまざまなレヴェルでの他人（国民、民族、人種）――と非常に厄介な関係を有していて、時に「あいつとは一緒にいられない」とか「あいつなんかいないほうがいい」と思う、また、誰かと一緒にいたいと激しく願う、しかも、この二つの相反する情念がしばしば混在している。「協和音」と「不協和音」、ノイズと音楽との識別不能な境界地帯を探究する音楽家たちは、合わないと言われるモノを組み合わせるアーティストたちと同様に、ラカンという精神分析家が「憎しみの時代」――それも大気のように至る所に拡散蔓延した「憎しみの時代」――のきわめて切実な倫理的課題を実験しているのではないでしょうか。

このような問題系は、まさにピタゴラス以来、今日に至るまで、哲学と音楽、文学と音楽との数々の対話を惹起してきました。その歴史は中村雄二郎さんの『精神のフーガ』などですでにまとめられておりますが、ドゥルーズ／ガタリの『千のプラトー』がメシアン、グレン・グルド、ブーレーズに幾度も言及しているように、ジャンケレヴィッチとアドルノ以降もこの対話は豊かに継続されています。いや、実を言うと、ドゥルーズ／ガタリは『アンチ・オイディプス』でジャンケレヴィッチの『ラヴェル』に言及していたのでした。
「哲学を鼓膜化すること」とデリダは言っています。彼は少年時代耳が悪く難聴だったのですが、その彼がこう言っている。プルーストのいう「ヴァントゥイユのソナタの小楽節」のごとき音響イマージュが、呻きやため息や叫びや悲鳴や阿鼻叫喚やなどさまざまなノイズとともに聞こえる、というか振動を伝えてくる。哲学者ならずとも、誰もが何らかの仕方で世界の軋みを感覚しているのでしょう。「べてるの家」の人たちが「幻聴さん」といった言い方をするのも、まさにそれが「幻聴」ではないからでしょう。

では、以上の導入を踏まえて、また、ブロッホ、アドルノとの比較をも介して、ジャンケレヴィッチの音楽論の特徴を挙げていきましょう。ブロッホとジャンケレヴィッチ――実はブロッホを師と仰ぐのはレヴィナスの方なのですが――は、評価の仕方は異なるとはいえ、ショーペンハウアーを近代の音楽哲学の祖とみなしています（因みにプルーストもそうでした）。「現象《フェノメン》」と「本体《ヌーメノン》」ないし「物自体《ディング・アン・ジッヒ》」とのカント的区別が、ショーペンハウアーにおいて、「表象」と「意志」と言い換えられて、「造形芸術」と「非造形芸術」に振り分けられるわけで、この区別はニーチェにおける「アポロン的」「ディオニュソス的」の区別にもつながっていくのですが、「音楽は無意識的な形而上学の修練である。その際、精神は自分が今哲学しているのを知らないでいる」というショーペンハウアーの言葉（『意志と表象としての世界』）はジャンケレヴィッチを導く根本的な指針であったでしょう。実は、ショーペンハウアーのこの言葉は、「音楽は無意識的な算術の修練である。その際、精神は自分が計算しているのを知らないでいる」というライプニッツの書簡一五四の言葉のいわばパロディでした。そして、微分法の創始者のひとりライプニッツも、ジャンケレヴィッチの音楽論の原理的支柱となった人物にほかならないのです。

ブロッホとジャンケレヴィッチは第二に、共に、音の「非局所性」に注目しています。音はある一定の

「いま・ここ」に位置づけることができません。私の声はどこにあるのでしょう。「どこにもない」という意味で、二人は音楽と「ユートピア」(ウ・トポス)を結び付けます。二人が異口同音に、かつて住んだことのない「故郷《ハイマート》」といった言い方をしているのも興味深いですね。「ユートピア」への「希望」は、この逆説的な「故郷」への「ノスタルジー」でもあるのです。

次にアドルノとの対比を試みてみましょう。音の「非局在性」はその「非物質性」でもあります。プルーストは sine materia(物質なきもの)と言いました。物理的現象であるにもかかわらず、「モノ」(quid)とは言えない。かつてアウグスティヌスは「時間」について「私はそれが何か知らない」(nescioquid)と言いましたが、これをフランス語にしますと、je-ne-sais-quoi(何だか分からないもの)となります。西欧の神秘主義的伝統のなかで使用され続け、パスカルやラ・ロシュフーコーを経てジャンケレヴィッチに遺贈された鍵語です。スラヴォイ・ジジェクというスロベニアの思想家は、ラカンのいう「小さな他なる対象(対象a)」の源泉はこの「何だか分からないもの」だと言っています。「何だか分からないもの」が世界を動かし、われわれの欲望をドライブしていると言えるでしょうか。

アドルノは『否定弁証法』の最終章で、「ほとんど無」(presque rien)という、もうひとつのジャンケレヴィッチの鍵語——アリストテレスに由来する——を、ジャンケレヴィッチに言及することなく挙げています。「ほとんど無」と「無」の差異は識別不能であるとともに無限であるというのがジャンケレヴィッチの見地なのですが、まず、この観念は音が無音へと漸近していくことを表しています。「沈黙は音楽の揺籃である」という義兄ジャン・カスーの言葉や、「沈黙から沈黙へ、沈黙を介して」というドビュッシーの言葉で示される事態です。一方のアドルノもベルクなどを語りながら、この漸次的消音、デクレシェンドの過程を重視しています。しかし、「沈黙」は「ほとんど沈黙」でしかありえません。これは後にジョン・ケージが証言することでもありますが、レヴィナスやハイデガーも異口同音に、「黙したざわめき」「静寂の響き」と言っていますね。

存在の最小へ、極小のものへ、無限小のものへの無際限な過程、これは、それ自体では把捉できず、$dx/dy$ という比のかたちでしか表すことのできない「微分」にほかなりません。ジャンケレヴィッチは「連続性は無限である」として無限分割が果てのない過程であることを語る一方で、ガストン・バシュラールやジャン・ヴァールの見地を援用して、時間の量子的不連続性をも強調し、「連続性は無限の不連続性である」と述べることになります。その場合、「持続」と「瞬間」の観念は共存することになる、言い換えるなら、「瞬間」は単に不可分で固定的な原子ではないことになります。ジャンケレヴィッチは「出現‐消滅」とも表現しています。「瞬間は不可分なのか」――これはレヴィナスが自問していたことでもありますが、アドルノはというと、ベルクとドビュッシーが極小のものへの志向を共有すると言いつつも、ドビュッシーの作曲法が根本的に「静態的」であり、そのため、不可分な点のごとき「瞬間」という偶像の破壊が結局はなされていないと主張している。ここがジャンケレヴィッチとアドルノの根本的な相違ではないかと思われます。

「不協和音」がアドルノとジャンケレヴィッチが共通に用いる語彙であることは先に申し上げたとおりです。ジャンケレヴィッチにとって「不協和音」は誰よりもベーラ・バルトークと結びついた観念でした。ただしジャンケレヴィッチは、「不協和音」は単なる無秩序ではなく、それなりの法則性を有した「コスモス」であると述べています。アドルノも、シェーンベルクを論じながらではありますが、そして、ジャンケレヴィッチはアドルノとはちがってシェーンベルクをほとんど評価することがなかったのですが、「カオスはコスモスの関数である」と言っています。ここにはライプニッツの考えが反映されていると思われます。事実、ジャンケレヴィッチはこう言っています。

「ライプニッツが気づいていたことだが、「無秩序」に並べられた点をひとつの曲線で結んで伏在する規則性を強調することができる。塵のような星々のうちに、天文学者は星座を描き出してきた。未規定な気紛れからなる混沌《カオス》のうちにも、われわれは精神の星座を見分ける」(『ベルクソン』)。

この言葉は『ベルクソン』のなかに記されているのですが、ベルクソン自身も『創造的進化』のなかで「無秩序はいまひとつの秩序である」と言っています。そしてそこには、超越的で先行的な規則なしにはわれわれの認識は「諸知覚のラプソディー」にしかならないというカントの指摘への暗黙の批判を読み取ることができます。事実、ジャンケレヴィッチは「ラプソディー」という語彙を、「バロック」と同様、むしろ肯定的に援用することになります。ラプソードスというと「吟遊詩人」の意味ですが、元々は「仮縫いする」という意味のギリシャ語「ラプテイン」に由来します。一種のパッチワーク、キルトなのですが、ジャンケレヴィッチは、バルトーク自身の民謡蒐集、亡命に加えて、ナポレオンの帝国解体後の流浪民たちのさまよいにも思いを馳せながら、シンフォニー的帝国主義にラプソディー的多元性を対置することになります。

ところが、アドルノはどうかと申しますと、「無調」を斥けるバルトークの発言にも「民族主義」回帰の危険を嗅ぎ分けています。また、ジャンケレヴィッチとはちがって、「ラプソディー」という語彙をほとんど用いることなく、シンフォニー的統一の破壊と見えるものが逆に全体主義的支配を容易なものにすることに警鐘を鳴らしています。いかに「ラプソディー」を語ろうとも、仮縫いされる「つなぎ」の部分を単なる「パテ」もしくは単なる「空虚」のようなものと考える限り、それは「諸要素の原子論的配列を無媒介的に肯定すること」でしかないのです。これは、その当否はともかくアドルノが先にドビュッシー的作曲の静態を批判していたのと同じ身振りではないかと思われます。

ここで何が問われているのでしょうか。私は専門家ではありませんから的外れな意見かもしれませんが、ここにこそ、ジャンケレヴィッチやアドルノ以降の音楽哲学の課題があるのではないでしょうか。かつてニーチェは、永劫回帰の教説を呈示しながら、不動とも見える瞬間の門を、二頭の牛が角を突き合わせる際の互角の衝突として描きました。二とは限らない多方向の力がそこで衝突して、不動の概観を作り出している。モンテーニュの言うように、不動も振動のひとつの様相なのですね。このような衝突のことを、ラテン語でcon-tangereと言うのですが、そこからできたのがcontingence、すなわち「偶然性」という語で、これもライプニッツの鍵概念でした。

ラプソディーの縫合部、言い換えるなら「あいだ」の問題は、連続的持続に対する「瞬間」の問題と同一の位相を有していますが、このような「あいだ」——ミカエルは「ミクロな合間」と書いています——をモノ化することも空無化することもなく、その力動的で雑種的《ハイブリッド》な構造——ダニエル・シャルルのいう「微小構造」——をまさに、無数の繊維からなる糸のように解体的に構築すること、けだし、「スペクトル学派」と呼ばれる運動がめざすのはそういった作業でしょう。その場合、顕微鏡で接着界面を眺めたときのように、いびつな「あいだ」の姿が見えてきます。多島海・群島のような光景が。アルシペラグスは多島海と同時に元海を意味する語ですが、これは実は『ポストモダンの条件』で有名なフランスの哲学者ジャン＝フランソワ・リオタールの語彙なのですね。

ジャンケレヴィッチはというと、「情念の荒れ狂う境界地帯」という表現を用いるとともに、極小のあいだに、無限分割の逆説を読み取り、「出現‐消滅」という確率分布をも思わせる語彙でそれを語ってもいました。しかし、たとえばドビュッシーにおける「雲」という主題について彼はこう言っています。

「拡散し、溶解し、衰退したこの実在、明確な境界をもたないこの実在、形ある内実をもたず、ほとんど塊とさえいえないこの実在、それは「構造」とは正反対のものではないだろうか」。

しかし、まさにジャンケレヴィッチ自身にとっても、無秩序がいまひとつの秩序であったように、「構造とは正反対のもの」の構造（化）―― Gestaltung ――を思考し続けなければならないのではないでしょうか。デリダに倣って、この「構造」を stricture と名づけることもできるでしょう。Strie, Striure は細溝、細縞を意味する語です。構造を思考し続けるとは、何らかの仕方で不可知論に安住してはならないということにほかなりません。スピノザはそれを「神（即自然）への知的愛」と名づけました。極小のもののなかに表出された無限に無限なものを認識しようとすることは、それ自体が錯綜体にほかならない個体という「特異なもの」の存在を認識しようとすることであり、音楽的探究もまたそれと無縁では決してありえないのでしょう。スピノザにおいては、「神即自然」であることも、メシアンやクセナキスによる現代音楽の探究と密接に連動しています。

ジャンケレヴィッチはあるいは、「神への知的愛」を「フモール」と呼んだのかもしれません。アドルノは『新音楽の哲学』のなかで、「新音楽はこの世界のあらゆる暗闇と罪をみずからに引き受けた。新音楽の幸せのすべては、不幸を認識することにあり、新音楽の美のすべては、美の仮象を断念することにある」と言いました。すでに引きましたように、リゲティも「迷いの時代の絶望」を語っていました。そしてジャンケレヴィッチは、フォーレに言及しつつ、「絶望的なほど潤いのない今日において」「友人のように」「テロリストや恐怖に震える人」にも戻るべき小道を指し示す音楽の力を感動的な筆致で書き記しています。ただ、彼は「聴く者が、人の心をもっていればの話だが」と留保を付す。「人の心」ないし「人間の条件」を有さない、とされる者たちは聴くことができないのか。誰が「人の心」「人間の条件」を持たないのか、逆に、誰がそれを持っているのか。聞くことのできない者たちとは誰なのか、誰が聞くことができるのか。拙いジャンケレヴィッチ論の表紙に私はジャン・フォートリエの「銃殺されし者」という絵を使わせていただきましたが、フォートリエの絵を論じた詩人フランシス・ポンジュは、「人間の条件」の喪失によってではなく、「人間の条件」によって、このような頭部の変形・歪曲が生じたと言っていることをどのように考えるのか。それもまた、ジャンケレヴィッチがわれわれに投げかけた問いなのかもしれません。ご清聴ありがとうございました。

（二〇〇八年五月三十一日、日本フォーレ協会研究会にて）

# 第二部　岸辺の漂流《デリーヴ》

# 幸福な場所

## ベルクソンと「祖国」　（一九九四年）

言葉にも煉獄がある。それはむしろ地獄への門であるかもしれない。天国と地獄の中間地帯で仮死を装いながら蠢く言葉の影たち。私にとっては祖国もまたそうした言葉のひとつであろうか。その祖国という「場所」から、ベルクソンの思想を逆照してみたい。

### 1

ベルクソンの国籍がフランスと定められたのは、ジュネーヴからベルクソン家がパリに帰還した一八六六年のことである。父ミシェルは、ハシディズムの地ポーランド東部に生まれたユダヤ人。母カトリーヌはドンカスターの生まれであるが、この婦人も「ユダヤ教の戒律」にきわめて忠実であったという。コンドルセ高等中学校に入学したベルクソンを残して、家族はイギリスに移住する。あるユダヤ人機関の寄宿舎で暮らす少年ベルクソンは、休みになるとドーヴァー海峡を渡って帰省した。旅費は六二フラン五〇サンチーム。海を渡る少年ベルクソンの姿を何度思い描いたことだろう。

この定期的な帰省がちょうど始まった頃であったかもしれない。「それは一八七一年のことで、私はまだ子供だったが、普仏戦争の直後、同輩の誰彼と違わず、私も、つづく一二年か一五年くらいの間近に、次の戦争が迫っていると思っていた。その後、戦争は起こりそうでもあるが絶対に起こるはずがない、そのような気がしていた。実に混乱し矛盾した思いだったが、それはあの運命の日〔第一次大戦勃発の日〕まで続いた」(*Œ*, 1110)。『道徳と宗教の二源泉』のこの一節は、*祖国ノ不幸ノ只中デ詩人ハ自分ノ仕事ヲ静カニ追求デキナイダロウ――運命の日はもう一度くり返され、そのとき既視感は二重のものとなるのだが、初期のルクレティウス論(一八八三年)のあの美しく静かな悲愴感と同様、「平和の百年」と呼ばれる時期の瓦解の過程を見事に表現した一節ではなかろうか。

カール・ポランニーの言葉を援用したのは、フランスが金本位制を採用していた期間とベルクソンの著述活動とがほとんど一致していることをあらかじめ強調しておきたかったからである。「純金」と「小銭」の比喩は一八九五年の講演『良識と古典学習』にすでに見られる。『変化の知覚』や『形而上学入門』では「金」と「銀行紙幣」、「金」と「小銭」が対比され、『道徳と宗教の二源泉』(以下『二源泉』と略記)では「社会的知性」が「資本」、「有価証券」という比喩で形容されている。そのベルクソンは、ウイリアム・ジェームズに宛てた書簡で「エコール・ノルマル卒業につづく二年間、一八八一年から一八八三年にかけて私の思考の仕方に起きた大きな変化 (*M*, 765) を示唆している。すでにさまざまな解釈が提出されているが、ある思想家との再会をあえてこの変化に読み込むことにしたい。ルソーである。アルベール・アデスにこう打ち明けている。「最初にルソーを読んだときは無意味なものに思えた。そのとき私は二十歳だった。三年後に私は驚愕した。論じるものすべてをルソーは刷新していたからだ……」(Romeo

Arbour, *Henri Bergson et les Lettre Française*, José Corti, 1955, p. 46)。

　ルソーがベルクソンにとっていかに敬重するべき存在であったかは、『フランス哲学概観』の叙述からも推し測ることができるだろう（cf. *M*, 1164-1165）。ルソーはデカルト以降人間の精神にもっとも大きな影響を与えた思想家であり、彼が「実践的領域」で敢行した改革は、デカルトが「純粋思弁の領域」でおこなった改革に匹敵する。そう断言しつつ、ベルクソンは、「感情、直観、深い意識」に根ざす反‐体系的なルソーの思考方法を一方ではパスカルに送り返し、他方では逆説的にも「十九世紀の形而上学的体系」、特にカント主義とロマン主義哲学に結びつけている。晩年のある講演では、ルソーは翻訳不能な「創造的音楽」（musique créatrice）に譬えられている（cf. *ibid.*, 1516）が、翻訳不能とは「記号」によって媒介されていないということであり、それはベルクソンにとっては「形而上学」の定義そのものである。『二源泉』での個人の自然状態をめぐる記述はルソー的な自然状態と必ずしも一致しているわけではない。しかし、『意識に直接与えられたものについての試論』（以下『試論』と略記）での「社会的なもの」の捉え方は『人間不平等起源論』なしに成立しえたであろうか。

　すでに幾度か指摘された絆ではあるが、両者の連関は依然として深い謎に包まれている（作田啓一『ルソー――市民と個人』筑摩書房参照）。「ベルクソンはルソーと一七八九年の民主主義の信奉者であり、彼に

---

＊ベルクソンからの引用の出典については以下のように略記し、頁数のみを示す。
*B*: Henri Hude, *Bergson*, II, Editions Universitaires, 1989.
*C*: Henri Bergson, *Cours*, I, II, PUF, 1990, 1992.
*Œ*: Henri Bergson, *Œuvre*, PUF, 1959.
*M*: Henri Bergson, *Mélanges*, PUF, 1972.

とってはあたかもヘーゲルもマルクスも存在しないかのようだ」(Madelaine Barthélemy-Madaule, *Bergson*, Seuil, 1967, p. 170) ——『ベルクソン、カントの敵対者』の著者マドレーヌ・バルテレミ＝マドールの言葉であるが、一八九〇年代のベルクソンがすでになんらかの仕方でヘーゲルの法哲学と接していたことは別にしても、民主主義とフランス革命に言及するのであれば、もうひとつの固有名を挙げないわけにはいくまい。民主主義について、こう『二源泉』は語っているのだから。「〔民主主義の〕感情的起源はルソーの魂のうちに、その哲学的原理はカントの著作のうちに、そしてその宗教的根底はルソー、カント両者のうちに見いだされる」(*Œ*, 1215) と。

民主主義とルソー、カントとの繋がりそれ自体が複雑な問題を孕んでいるが、ここではベルクソンの主張を受け入れて議論を進める。「閉じた社会」を乗り越えうる唯一の政治形態としての民主主義は、人間 (homme) の権利の不可侵性ならびに「立法者にして臣民」であるような「公民」(citoyen) の観念によって可能になる。『人間と公民の諸権利についての宣言』である。カントの「超越論的感性論」や定言命法の観念をあれほど批判していたベルクソンはここで、特に『人倫の形而上学の基礎づけ』(以下『基礎』と略記) 第二章を踏まえつつ、カントとカントにとっての第二のニュートンたるルソーを連係させている。『基礎』が一八九〇年代のベルクソンの講義の重要な参照軸であったことも指摘しておかなければならないが、いずれにせよ「哲学の全領域にわたって互いに同調することのかくも少ない二つの精神」(ピーター・ゲイ) は二人のフランス革命の哲学者でもあったのだ。

ただここには、ベルクソンがあるいは意識することのなかった結び目が潜んでいたかもしれない。ひとつは、二人の思想家が共に常識《コモン・センス》あるいは良識《ボン・サンス》の思想家であったということ (この点についても『基礎』がベルクソンの隠れた源泉のひとつだったのではないかと私は推測しているのだが)。いまひとつは、「富の記号」、

「貨幣という価値標章の媒介」（ルソー）に対して、三者がいずれも否定的な態度をとっていることである。メルロ＝ポンティなら、「われわれの周囲にあらかじめ存在する数々の象徴とそれによって運搬される奥深い交通」の看過、と言うだろう。貨幣がしばしば「共通分母」と呼ばれることを考えると、これら二つの問題はいずれも「共通なもの」という観念と係わっていることになる。ルソーの場合、貨幣ないし金銭に対する糾弾は枚挙に暇のないほど多数見られるが、『コルシカ憲法草案』では、「徳」（vertu）をお金で買うことが拝金主義への「祖国愛」の転落の原因とみなされている。ルソーには、モンテスキューのように「温和な商業」（doux commerce）が「徳」とは言わないまでも「礼節」（politesse）――ベルクソンの一八八五年の講演を想起されたい――を向上させるという発想はない（ポーコック『徳、商業、歴史』みすず書房参照）。『基礎』でのカントも、等価物を有する「価格」（Preis）、「市場価格」とあらゆる価格を超えた「尊厳」（Würde）との「目的の王国」での区別を語っている。いや、「高利の精神」ゆえに「公民」としての栄誉をもたず、詐欺と商いに終始するあの民族をめぐる『人間学』の叙述をむしろ思い起こすべきだろうか。

ゲイの言葉をさきに引いたが、ゲイがこの言葉を記したのはカッシーラーの『ルソー、カント、ゲーテ』に寄せた序文においてである。新カント主義の哲学者と新カント主義に対抗しつづけた哲学者がその晩年に共にカントとルソーに眼を向けたのは、はたして偶然の一致であろうか。彼らをそこに導いた不安と希望をこう翻訳することもできるのではないか、と私は思う。それはまた少年ベルクソンの漠たる不安の根であったかもしれない。「公民という新しい革命的観念ほど破壊されやすいものはないということが十九世紀の展開にとって決定的であったように、カント以降の哲学にとって決定的だったのは、そこで芽生えた人間という新しい観念以上に破壊されやすいものはないということだった。いずれも偶然ではない」(H. Arendt, *Was ist Existenz-Philosophie*, Anton Hain, 1990, S. 17)。アーレントにとってもまたこの崩壊は「コモン・センス」の崩壊であったのだが、彼女がここで、「人間」たることと「公民」たることとの、ルソーにおける両立不能性を暗に踏まえていることはまちがいない。

こうした瓦解をもたらした元凶はアーレントにとっては「国民国家」(Etat-nation)という装置であった。アベ・シェイエースの言葉を使えば、「共通意志」(volonté commune)の謎である。事実、一七八九年は利子付き貸付け自由化の年であると同時に、「国民国家」の最たるものの到来をしるす年でもある。三つの点を指摘するにとどめるが、『二源泉』にいう民主主義がいくつかの補足的な装置を伴っていたのもそのためであろう。第一は、ベルクソンにとっての民主主義が「福音的本質」(essence évangélique)を有するものであったこと。神秘主義、特にキリスト教神秘主義の「人類愛」と言い換えてもよい。第二は、『人間と公民の諸権利についての宣言』とアメリカ合衆国の独立宣言との連鎖のうちに、ベルクソンが、フランスをアメリカ合衆国へと向かわしめた「偉大な跳躍」を看取していること。合衆国へのフランスのこの「深い共感」(sympathie profonde)は、第一次大戦への合衆国の「没利害の」参戦を要請した際のベルクソンの論拠でもある。「連合国同盟」(Fédération des Alliés)の構想がウィルソン大統領の腹心ハウス大佐とベルクソンのあいだに芽生えたのもこのときであるが、ベルクソンは、ドイツのような国をも加盟国とせざるをえない「国際連盟」構想を時期尚早なものと考えていた。『わが使節行』(一九三六年)では、こうした国家連合の企図も「国際関係に福音の精神(esprit évangélique)を適用する」試みとみなされている。第三は、近代の「大国家ないし国民」(grandes nations)を勃興させる新たな統一原理として、ベルクソンが、「地域」(région)ないし「基礎的社会」(sociétés élémentaires)の内発的連合に根ざしつつも「部族的利己心」の対蹠点に位置するような近代の「祖国愛」(patriotisme)を挙げていること。どの身振りもルソー、カントとベルクソンとの関係に反映されることになる。

まず、「世界公民」(cosmopolite, Weltbürger)について、『人間不平等起源論』第二部の叙述は「人類全体を善意(bienveillance)のなかに抱擁する(embrassent)ような偉大な世界公民の魂」を称えている。「分かつことのできぬ唯一の愛のなかに抱擁する(embrasser)神秘家」(*Œ*, 1174)というベルクソンの表現にルソーの谺を聞き取るのはさして困難ではあるまい。こうした近接を踏まえてベルクソンのいう「動的宗教」とルソーの「倫理的神秘主義」を直結する論者もいるが(桑原武夫編『ルソー研究』岩波書店、九二頁参照)、やはり「世界公民」と「神秘家」、「実践理性の批判主義にもとづく真の宗教説」(『学部の争い』)と「神秘主義」との相違が問題となるだろう。そもそも、民主主義や共和制を「福音的本質」を有したものとみなすこと自体、たとえば『社会契約論』第四部第八章での「福音のキリスト教」をめぐる議論と抵触せざるをえない。

第二の点は、アンリ四世とその側近シュリーから、『ヨーロッパにおける永遠平和のための草案』(一七一二年)の著者サン・ピエール師から延びる系譜にルソー、カント、ベルクソンを位置づけることになる。知られているように、ルソーはサン・ピエール師の著述を『永遠平和論抜粋』として要約するとともに、「永遠平和論批判」でサン・ピエール師の構想の意義とこのうえもない危険を指摘し、カントは『世界公民的意図における普遍史の理念』でサン・ピエール師とルソーの名を挙げつつ、同論ならびに『永遠平和のために』に世界連邦のプランを綴った。ただし、二人の思想家が描く国家連邦の夢あるいは悪夢にはやはり通商貿易という視点が欠落しているように見える。この点で興味深いのは、国家連合や訪問権の構想を含んだカントの『永遠平和のために』である。戦争と経済との結びつきをカントが強く意識していたことは永遠平和のための予備条項の二条と四条からも明らかであるが、国債の発行による負債クレジットの増大と通商貿易の拡大との悪循環を戦争遂行のメカニズムとして捉えていたカントは、しかしながら、自然状態と戦争との連関を論じた箇所では、遠隔地の人々との通商による一時的な平和の確立を認めてもいるからだ。ただ、たとえば関税の問題は永遠平和のための条項には姿を現さない。

「世界公民の偉大な魂」を称え、『エミール』第四篇では外国人に対する「愛国者」の無情冷淡さを指摘していたルソーは、同書第一篇では、遠き者を、人類全体を愛すると称して利己心を増幅させる啓蒙の時代の「自称世界公民たち」を痛烈に糾弾してもいる。『政治経済論』では、「世界全体を祖国とする」賢者ソクラテスよりも、祖国のためにのみ生き、死んだカトーを育てることのほうが有徳な公民の育成にはふさわしい教育であると述べられており、そこにはまた、「祖国が公民の共通の母（mère commune）として現れるようにせよ」というきわめて重要な言葉が記されてもいた。母の生と引換えに生まれたルソーはここで、父の土地を母と呼んでいるのだ。この点については、『百科全書』の「祖国」の項目も「祖国」を「母」、「授乳者」と形容しており、さらに『理論と実践』でのカントもまた、「国内法」については「家父長的支配」（imperium paternale）に代えて「祖国的支配」（imperium patriorum）を語り、しかも「祖国的支配」を「母の懐」という比喩で規定している。

こうしてわれわれは再び「人間」と「公民」とのあの確執に、「祖国愛」と世界公民の「人類愛」との確執に送り返される。モンテスキューの『省察』にも、いやデカルトの『情念論』にもすでに見られるこの種の確執が、今もなお開かれた問いでありつづけていることは、トドロフの『儚い幸福――ルソー試論』やクリステヴァの『外国人』が証示しているところである。いや、開かれた問い、などと言うべきではないのかもしれない。このアポリア、第三の解けぬ結び目はわれわれがわれわれ自身に仕掛けた幸福な罠であるのだから。

『二源泉』でのベルクソンも家族愛、祖国愛と人類愛との断絶を語っていた。「祖国」は閉じた自然的社会でしかなく、祖国愛と人類愛との差異は有限と無限の差異にも等しい。しかし、すでに示唆したように、「祖国愛」を語るベルクソンの言葉はあまりにも美しい。「平時と戦時を問わぬ徳（vertu）である祖国愛は神秘性（mysticité）を帯びていることもありえようが、その宗教にはいかなる打算も混在していない。祖国愛は広大な土地を覆って一個の国民（nation）を興しうるものであり、また、人々の魂の最良の部分を自分のうちに吸い込んでいる。要するに、かかる祖国愛は思い出と希望を孕み、詩と愛を宿し、天が下のすべての道徳的な美を少量ずつ調合して――あたかも花々の蜜のように――徐々に、そして敬虔のうちに成ったものである。部族的利己心のように根深い感情に打ち克つためには、神秘的状態の模倣者（imitateur）たるかくも気高い感情が必要だったのである」（*ibid.*, 1210–1211）。

「祖国愛」は「神秘的状態の模倣者」である。とすれば、「祖国愛」もまた国際連盟構想と同様に「福音の精神」に裏打ちされたものとなろう。「国民国家」の成立とともに実現された近代民主主義の理念はこのように、ベルクソンにあっては、「福音の精神」とそれを戴く「祖国愛」と国家連合というトリアーデを構成することになる。超越と内在、私的と公的、部分と全体といった問題群を巻き込んだ結合法の表徴である。ルソーとカントは「国民国家」システムの形成期に、ベルクソンは「国民国家」システムの軋みのなかでこのトリアーデを見つめていたわけだが、「共通市場」――私はこの複雑系をかつて《同じもの》という語で呼んだことがある（本書所収「同じものの錬金術」参照）――をいわば排除することによって成立したこのトリアーデの中心に位置しているのもやはり「共通なもの」である。なぜベルクソンはかくも美しい言葉で「祖国愛」を語りえたのか――『講義』（*Cours*, I, II, PUF, 1990, 1992）はベルクソン自身によって書かれたものではなく、それゆえ『講義』の資料的価値については意見が分かれるだろうが、「祖国」の観念をめぐる『講義』の記述を検討することでまずこの問題を考え、そのうえで一歩、いや半歩「共通なもの」の謎に接近してみたい。

## 2

「祖国」という語がその激しい振幅のなかで乱舞するような時代をベルクソンは生きた。ヴェルダンの英雄ペタン元帥がヴィシーにあって「労働、家族、祖国」をモットーに「国民革命」を遂行する、そのような情景に行き着く時代である。ヴィシーとは目と鼻の先の町クレルモン＝フェラン、このパスカルの町をベルクソンはこよなく愛した。いまひとりの生の哲学者ジンメルが大都市の、首都の社会学者であったことが思い出されるが、そうしたルソー的な地方嗜好もまたベルクソンにおける「祖国」を考えるうえでは本質的な現象であろう。その町で、一八八七年の夏ベルクソンはある男の歓迎式典に出席している。ブーランジェ将軍である。愛国者同盟（Ligue des patriotes）の結成が一八八二年、そうした国粋主義者の団体のみならず左翼の急進主義をも取り込んだ混淆状態のなかで、ブーランジスムは普仏戦争敗北のルサンチマンを梃子として擡頭していった。「祖国愛」という措辞がフランスの文壇に論争を引き起こしさえした時期である。こうした情勢はやがて、ドレフュス事件を核として愛国者同盟、アクシオン・フランセーズと人権連合との対峙の構図として結晶していくことになる。

ドレフュス擁護派のひとりジャン・ジョレスはベルクソンの同級生であるが、あるルソー研究家は、「自分は愛国者であり国際主義者である」というジョレスの言葉のうちにルソーの影を看取している（ジャン＝ルイ・ルセルクル『ルソーの世界』法政大学出版局参照）。ベルクソンのもうひとりの同級生デュルケムもまた、ドレーフュス事件に際して「個人主義と知識人」（一八九八年）を発表し、『人間と公民の諸権利についての宣言』と調和した非功利主義的な「個人主義」の提唱者としてルソーとカントを捉え、後年のシンポジウムでも、ルソーを彷彿させる口調で「祖国」を度外視する国際主義の危険を説いている（『社会科学と行動』恒星社厚生閣所収の「国際主義と愛国心」ならびに、『ルソーとモンテスキュー』法政大学出版局を参照）。

それだけではない。「祖国」ならびに「祖国愛」は、「国」（pays）という言葉同様、アクシオン・フランセーズの総帥シャルル・モーラスの「総体的ナショナリズム」の鍵語でもあった。そして、契約にも選択にも先立つ「生誕の偶然にもとづく自然的・歴史的社会」として「祖国」を捉えるモーラスがもっとも敵視した哲学者、それがカントとルソーだったのである。ベルクソンがアカデミー・フランセーズの会員に選出されるにあたって、過激な反ベルクソン・キャンペーンを展開したのは他ならぬモーラス率いるアクシオン・フランセーズのメンバーたちであった。モーラスは、余所者（métèque）やユダヤ人がフランス人よりも優遇される差別の現況を証示するものとして、アカデミー・フランセーズの選挙を糾弾している。

「人間は人間にとって狼である」という格言は相手が外国人である場合に正しい——やがてこう記すことになるベルクソンであるが、アンリ・ユードによると、一八八七年から八八年にかけてブレーズ・パスカル高等中学校で講じられた道徳講義（以下『道徳講義』と略記）では、まさにそうした余所者、外国人と「祖国」の関係が論じられていたのである。「外国に生まれたとしても、優れたフランス人となることができる。成文法（loi écrite）もこの点を宣明している。単に公言する場合も帰化する場合もあろうが、外国に生まれた者はそうすることで、なんらかの形でフランス人に同化する（assimiler）ことができる」（*B*,

II, 177–178)。どのような口調で、ベルクソンは「同化」という語を発したのだろうか。「成文法」――書かれた律法と口頭の律法、文字と霊の対立を想起されたい――という以下の考察での鍵概念がすでに登場していることも見逃せないが、ベルクソンにとっては、「祖国」を形づくるのは地理的・生物学的共通性でも、宗教の共通性でも、言語の共通性でもなかった。「共通の意志」というシェイエースを思わせる言葉を使用しつつこう言っている。「国境や人種や宗教や伝承の共通性はなるほど、本質的に結合や連帯を強化するものであり、かかる共通性が共通の意志 volonté commune によって現出すると、この結合や連帯は愛国主義と化す。けれども、これらの条件それ自体はいずれも必要条件ではないし十分条件でもない」(*ibid.*, 178)。「祖国」という共通性の条件はむしろ「精神的・道徳的な条件」(condition morale) なのである。

「外国に生まれ、異なる人種に属し、フランス語も話せないが、その歴史と気高い企てと寛大な思想ゆえにフランスを愛し、フランスが攻撃されたときには武器をとる、そのような人々がいたとしよう。彼らもまた他の人々と同等の資格でフランス人であるのではなかろうか。民族学的な条件よりも精神的・道徳的な存在のほうが優位にあることを認めなければならないのではなかろうか。国の他の成員たちが考え望むことを彼らもまた考え望むがゆえに、彼らも自由意志 (volonté libre) によってある祖国を選び取ることができる、この点を認めなければならないのではなかろうか」(*id.*)。「国民」(nation) を「合法的な、言い換えるなら意志にもとづく自由な結合」と規定したのもシェイエースであり、これに対して、自由な結合だけでは「国民」は形成されないと述べたのはジョゼフ・ド・メーストルである。「帝国のなかの帝国」というシェイエースの表現がいわば無害な比喩として『試論』や『物質と記憶』で使用されていることは、少なくとも私にとっては無意味な現象ではないし、また、アンリ四世高等中学校での一八九二―九三年度の政治哲学講義（以下「政治哲学講義」と略記）に、エルヴェシウス（実は「祖国」は『精神について』の鍵語である）の名とともにド・メーストルの名が登場するのも興味深いのだが、ともあれ、「自由意志」による選択は「努力の共通性」（communauté d'efforts）と相俟って「祖国」を形成することになる。

「同じ欲望と同じ希望によって賦活され、喜びと苦しみ（souffrance）を共に味わった諸個人の集団。生命に係わる問題、言い換えるなら未来がそこに懸かっているような問題を同じ仕方で考える諸個人の集団。そのような集団に出会うところ、同じ点に収斂するような努力の総体が確認されるところ、そこには祖国がある、と言うことができる。祖国を成しているのは努力の共通性である。（…）観念や感情や欲望が細部においていかに異なろうとも、それらは共通の努力（effort commun）の只中では同一のものと化すのだ」（*ibid.*, 177）。ここで銘記しておくべきは、「努力」にしろ「自由意志」にしろ、「祖国」を規定するベルクソンの観念が、当時のベルクソンの心理学講義の主題と重なり合っていることである。事実、『政治哲学講義』第一七回では、「祖国は心理学的な存在（existence psychologique）を有している」（C, II, 200）と明言されている。では、「祖国」はいかなる「心理学的存在」なのか。この点を検討するに先立って、ひとつどうしても指摘しておきたいことがある。

それは、「祖国」を規定するベルクソンの用語と「国民とは何か」（一八八二年二月）でのエルネスト・ルナンの用語がとても偶然の一致とは思えないほど酷似していることである。ルナンはベルクソンと同様に、民族学的・人種的特徴、言語、宗教、共通の利害、地理的国境を「国民」の定義としては斥けて「国民」を「精神的原理」（principe spirituel）とみなし、この原理を、「豊穣な思い出の遺産の共同所有」（possession commune d'un riche legs de souvenirs）と、「共通の生活を継続しようとする現下の同意」（consentement actuel de continuer la vie commune）によって定義していく。そしてその際、「共通の努力」（effort en commun)、「共通の意志」(volonté commune)、「共通の苦しみと喜びと希望」(avoir souffert, joui, espéré ensemble) といった表現を用いているのである。後述するように、ベルクソンもまた「共通の思い出」(souvenirs communs) を「祖国」の要因とみなしている。ルナンは「忘却」(oubli) にも言及しており、「忘却」と「共通の思い出」は明らかに「神話」の問題を暗示しているのだが、後に「仮構作用」に言及するベルクソンもルナンも「共通の思い出」が捏造されたものである可能性については語ってはいない。

ルナンにしばしば言及し、『二源泉』ではルナンの名を出すことなく彼のキリスト論を批判したベルクソンであるが、ベルクソンがルナンの講演からなんらかの影響を受けたという確証はまったくないし、ピエール・ラセールのようなアクション・フランセーズの活動家がルナンを「君主政体」の思想家として称えていることを思うと、安易に類似を語ることは慎むべきなのだろう。しかし、ルナンの『言語の起源について』がベルクソンの重要な参考文献であったことが判明した今、ひとつは比較言語学の観点から、いまひとつは宗教と政治思想の観点から、ルナンとベルクソンの関係を考え直してみるべきであろうし、ヴィクトール・クーザンの「地勢‐哲学」をも視野に入れつつ、ルナンにおけるドイツ‐フランス連合の夢と挫折の波紋のなかに、普仏戦争以降のベルクソンの対独感を位置づけることは決して無意味な作業ではあるまい。ちなみに、『二源泉』で語られる「例外的な神秘家」は『政治哲学講義』での「天才と偉人」の重視にまで遡るものであり、実はそこからさらにクーザンの『哲学講義——哲学史入門』(一八二八年) への道が延びているのである (飯塚勝久『歴史哲学としての倫理学』未來社参照)。

さて、「祖国」と「祖国愛」は、一八八七—一八八八年度のブレーズ・パスカル高等中学校での心理学講義 (以下『心理学講義一』と略記) でも、一八九二—一八九三年度のアンリ四世高等中学校の講義 (以下『心理学講義二』と略記) でも、しばしば心理学的事象の例として登場する。「想像力」についての講義では、具体的なイメージと抽象的観念の連関を示す例として、「国旗」と「祖国の観念」が挙げられている（cf. C, I, 184）。「意向」（inclination）としての利己主義と愛他主義が論じられる際にも「祖国愛」が登場する。「いかなる説明に与するにせよ、疑う余地のないことがひとつある。以下の例だけを挙げるにとどめるが、感謝や祖国愛や父母の愛は、感情として、また魂の状態として、利己主義的感情とは絶対的に異なるものなのだ」（C, II, 231-232）。「情念」をめぐる考察では逆に、「祖国愛」の危険が語られている。「祖国愛は盲目的愛国主義と呼ばれる情念を引き起こす。このうえもなく明白な同国人たちの欠陥に対してさえわれわれを盲目たらしめるような情念を」（C, I, 85）。

しかし、なによりも眼を引くのは、『心理学講義一』の第一三回講義が「共感的あるいは愛他的な数々の意向」の例として、「人類愛」（amour de l'humanité）、「祖国愛」（amour de la patrie）、「家族愛」（amour de la famille）を取り上げていることである。心理学は道徳の問題を論じることなく事実だけを観察するという留保が付されてはいるが、『二源泉』の根幹的問題が同書の出版のおよそ半世紀前からベルクソンに取り憑いていたことの証左であろう。ここでベルクソンがつきあたった問題は二つある。ひとつはこれら二つの愛は矛盾なく調和しうるかどうかという問題であり、いまひとつはこれらの愛他的意向と「自己愛」との関係をめぐる問題である。この時点でのベルクソンは、『二源泉』とはちがって、家族、祖国、人類を次第に直径を大きくするような同心円として捉え、三つの愛が矛盾を来すことなく階層的秩序を形づくっていることを指摘していた。

まず、「家族愛」と「祖国愛」についてはこう言われる。『ニコマコス倫理学』を踏まえた言葉である。「愛するべき家族をすでに有しているのでなければどうして祖国を愛することができよう――アリストテレスはこう言っている。われわれは家庭のなかで他人たちのことを慮る術を学び、小さな犠牲（sacrifice）

をなす術を学ぶのではなかろうか。そしてこの小さな犠牲が後に大きな犠牲となるのではなかろうか。愛国主義の学校、公民的徳（vertus civiques）の修養は家庭のなかにあるのではなかろうか」（C, I, 73)。つぎに「祖国愛」と「人類愛」との関係はこうなる。「自分の祖国や同国人を愛さない者たちは犠牲をなす術を知らない者たちである。どうして、その彼らに人類全体を愛することを要求できるだろう。同国人の方を好みつつ公民的徳を培う者は、場合によっては、自分以外の他人たちのことを慮ることができる。――だからこそ、誰彼の区別なく万人を愛することをあたかも生業とする者たちは自分自身しか愛していないのである。博愛という語に、誤って好ましからぎる意味が付与されるのもそのためである」（*id.*）。

自称博愛主義者たちを糾弾するベルクソンの言葉はほとんどルソーのそれであろう。家族、祖国、人類という序列は「教育」の視点を表している。ちなみに、デカルトのいう「良識」についても、ベルクソンは、それを生得的かつ普遍的なものとみなすにとどまらず「教育」を頻繁に介入させることの必要を説いていた（中村雄二郎『共通感覚論』岩波書店参照)。魂についての経験を無視した主知主義的理解として、『二源泉』はこの同心円的序列を批判することになるのだが、この時点では、家族→祖国→人類という序列は人類→祖国→家族という序列と相容れないものではなかった。その証拠に、『道徳哲学講義』にはフェヌロンのつぎのような言葉がすでに引かれている。「私はわが祖国よりも人類に、わが家族よりもわが祖国に、わが友人たちよりもわが家族に、私自身よりもわが友人たちに多くを負うている」（C, II, 144)

第二の問題については、ベルクソンは、たとえ共感（sympathie）に自己愛的な快楽が混在しているとしても、その快楽は効果ないし帰結であって目的ではないと述べることで、共感と自己愛とを区別している。ただし『政治哲学講義』でのベルクソンは、自殺の是非を論じつつ、「自己自身に対する義務」（『実践理性批判』第二部参照）を肯定しており、また『礼節』でも、隣人から愛されたいという「自己愛の領域での慈愛」として、もっとも高尚な礼儀たる「心情の礼節」が捉えられている。したがって共感と自己愛の区別は両者の両立不能性を必ずしも意味してはいないのだが、ここでもまたベルクソンがルソーを意識していたことは、「自己愛」(amour de soi-même)、「自尊心」(amour-propre)、「憐れみ」(pitié)といったルソー的な用語が議論の過程で援用されていることからも明らかであろう。さらに注目するべきは、愛他主義を自己愛に還元する思想家の代表として、ベルクソンがラ・ロシュフーコーを大きく取り上げていることである。ラ・ロシュフーコーの名は「憐れみ」をめぐる『試論』での考察にも登場するが(cf. *Œ*, 16)、さながらこの名を通して『試論』の書かれざる広大な背景を垣間見るかのようではないか。しかも、この背景は後に『二源泉』で主題化される問題群とぴったり重なり合っているのである。

つぎに、『試論』出版後の『政治哲学講義』での「祖国」の規定を見てみよう。「祖国は一個の精神的・道徳的人格であり、どの人格もそうであるように、祖国は感受性であり知性であり意志である」(*ibid*., 201)。ただし「祖国」を規定するベルクソンの用語は必ずしも一貫しているわけではない。たとえば『心理学講義一』では「祖国愛は深く根を張った本能(instinct)である」(C, I, 72)と言われているのだ。しかし、このような用語の不斉一にもかかわらず、やはりここでも、『道徳講義一』と同様に、「祖国はなによりも一個の意志である」、「意志の統一が祖国を形づくるのだ(*id*.)と言われている。ちなみに『二源泉』では、「共通の意志」は「人類全体を包摂するような神秘的社会」を規定するものであった(cf. *Œ*, 1046)。「祖国」と「人類社会」との質的相違が指摘される一方で、かつては「祖国」を規定していた「共通の意志」が「人類社会」の定義に援用されているのである。偽装された断絶、がここに証示されているのだろうか。

『良識と古典学習』(一八九五年)と題された講演のなかで、ベルクソンは知性と意志、思考と行動、認識と道徳の「共通の源泉」として「良識」を定義している。「祖国」はまさにそのような「良識」の場であると言えよう。「常識」についてはその誤謬を指摘する記述と常識への帰還を説く記述とが併存しているが（本稿3節参照）、ベルクソンにおける「良識」、「常識」という語の一貫した使用は偉大な神秘家と結びつくに先立って、「祖国」という「共通なもの」と本質的に結びついていたのであり、その意味では、『良識と古典学習』が「良識の古典的国フランス」を語り、『礼節』が「祖国の偉大さ」という言葉で締め括られ、『政治哲学講義』が「祖国フランスの騎士道的な感情」に言及しているのは決して偶然ではない。人格と同様、「祖国」にも発展の度合いがあり、フランスはそのいわば頂点に位置している。ある意味では例外的な「祖国」である。例外的な「祖国」を、閉じた社会にとっての例外たる「祖国」に転じたからこそ、ベルクソンは「祖国」を閉じた社会とみなしつつもなお「祖国愛」を称揚しえたのであろう。

「国家」（Etat）と「祖国」の区別については後述するが、「共通な意志」という語はシェイエースのみならず、『社会契約論』にいう「一般意志」（volonté générale）をも想起させる。ただ、ベルクソンはむしろ、「政治体」（corps politique）を人間の身体に類似した組織として捉え、それを「一つの意志をもつ一個の精神的存在」と表現した『政治経済論』でのルソーを意識していたのではないかと思われる。それというのも、『政治哲学講義』でのベルクソン自身、「自然主義者とはほど遠い人物であるルソーでさえ、『社会契約論』ではなく『百科全書』の『政治経済論』では社会を一個の有機体に比している」（C, II, 105）と述べているからだ。そうだとすれば、「意志」によって統一された一個の「人格」としての「祖国」は、この段階では、社会契約説と社会有機体説の、ノモスとピュシスの中間地帯を示すものであることになろう（社会有機体説を検討するためにベルクソンが参照しているドイツの経済学者・社会学者アルベルト・シェフレは若きデュルケムに多大な影響を与えた学者でもある）。

「意志の統一性」は「努力の共通性」である。が、そうした意志の統一性を現出させるのは「自由行為」(action libre)である。「人格の統一性を形づくるもの、それは、思い出や感情や本能や習慣など心理学的事象の無際限な多様性(multiplicité indéfinie)が、同じ対象に向かう同じ運動によって賦活されているということであり、この統一性は自由行為のなかで姿を現す。そのようなものが祖国の統一なのである」(*ibid*., 201)。実に重要な一節ではないか。「多様性」、「自由な行為」(acte libre)という『試論』の措辞で「祖国」が定義され、しかも、「自由意志」による「選択」というさきの「祖国」の規定からこの一節への移行は、ミル的な「自由意志」論の批判という『試論』の中心的課題と対応しているからである。しかし、そうだとすれば、ここには大きな矛盾が姿を現してもいることになる。というのは、「祖国」についての以上の言葉はあくまで「公民的義務」(devoir civique)、言い換えるなら「社会化された自我」をめぐる考察に記されたものであり、それゆえ『試論』での議論を受け入れるなら、ベルクソンはここで、「深層の自我」を語る術語で「表層の自我」を語っていることになるからである。

この点を考えるためには、「公民的義務」としての「祖国愛」がある二つの次元の中間地帯に位置していたことを勘案しなければならない。ひとつは「人類に対する一般的な義務」としての「慈愛」(charité)と「正義」(justice)であり、いまひとつは「国家」である。『二源泉』の中核に位置する「慈愛」と「正義」の観念がこの時点ですでにベルクソンの思索の重要な課題であったことについては後述するが、ここでのベルクソンは、「家族」や「国家」や「祖国」への義務と「人類に対する一般的な義務」との関係を「内容」(matière)と「形式」(forme)の関係として捉えている。「形式」が「内容」に付加されるように、前者の義務は後者の義務に付加される。「一般的な正義を実践していないのなら、権利の観念に対して眼を開かないのなら、慈愛を実践していないのなら、国家の諸権利や祖国への愛が知られることもないだろう」(C, II, 200)。語られていることはさきに引いたフェヌロンの言葉と同じであるが、今や家族、祖国、国家と人類は単なる同心円とはみなされず、「形式」と「内容」という質的相違が両者のあいだに導入され、「形式」に対する「内容」の先行性が指摘されている。

「内容」と「形式」という観点からすると、「国家」と「祖国」は共に「形式」の側に置かれる。しかも、「物理的な力が決して権利を抑圧しないとすれば、祖国と国家という二つの措辞は事実上同一のものと化す」(*ibid.*, 201)とも言われている。けれども、他方では「国家」と「祖国」は峻別される。「国家とは何か。それは同じ法(loi)のもとに生きる人間たちの総体である。だから国家の観念は祖国の観念と同じではない。国家を形づくるのは法の共通性である。が、祖国を形づくるのは、複数の意志を結びつける歴史的過去や感情や思い出や希望の共通性なのである」(*ibid.*, 200)。

「法」について、この講義でのベルクソンは「成文法」(loi écrite)と「道徳的法」(loi morale)を区別している。ここでの「国家」の規定にも『道徳的法』という措辞にもカントの『基礎』の影響を読み取ることができる。「慈愛」と「正義」は「道徳的法」に属する観念であり、「国家」は「慈愛」や「正義」といった「道徳的法」に形式として付加されるものなのだから、「国家」を成す「法」は「成文法」であることになる。この点は、「祖国」を「成文法」ならざるものに結びつけるつぎの記述からも明らかであろう。「われわれは単に成文法を尊重するだけであってはならない。それにとどまらず、われわれはわれわれの祖国を愛さなければならない。慈愛(カリタス=愛)にもとづく義務は他の義務と同様に回避不能なものなのだ。祖国への愛はしたがって一個の義務である」(*ibid.*, 201)。そのために自分の命をも投げ出さなければならない、そのような義務なのである。

この一節からはベルクソンの複数の身振りが読み取れる。ひとつは「成文法」が必然的に言語記号と結びついたものであるということ。とすれば、言語記号によって空間化された「社会性」として『試論』が提示するものは、「祖国」ではなく「国家」と係わることになる（「祖国」と「国家」との関係を、部族的利己主義を打ち破る「地域」の自発的連帯の統一性と首都との関係として考えることもできるかもしれない）。「正義にもとづく義務と慈愛等々にもとづく義務は不適切にも社会的な義務と呼ばれている」（*ibid.*, 19. 強調引用者）という言葉を記しつつ、ベルクソンが「祖国」を「慈愛」と連動したことからも、この点を窺い知ることができるだろう。しかし、この引き寄せはいまひとつの逆方向の引き寄せを伴っていた。「家族」と「国家」に挟まれた「祖国」だけが「慈愛」と直結され、「公民的徳」としての「祖国愛」が「人類一般に対する義務」に近づけられていくのである。しかも、「祖国」は「正義」ではなく「慈愛」とのみ運動される。こうした一連の身振りはなにを物語っているのだろうか。

まず確認されたのは、「祖国」という「人格」が必ずしも『試論』にいう「社会」を意味しているのではないという点である。したがって、「祖国」は「等質空間」の数的多様性ではない。このことは、『試論』にいう「深層の自我」と「祖国愛」や「人類愛」といった『二源泉』の主題との不可視の絆を示唆していると言えるだろう。では、「祖国」という「人格」の「無際限な多様性」は「持続」の融合的多様性なのだろうか。しかし、一個の「人格」に比されているとはいえ、「祖国への愛」はあくまで「公民的徳」であり「公民同士の共感」である。それは「持続」の多様性と完全に一致するわけでもない。いわば第二の多様性であろうか。

ところが、『道徳哲学講義』でのベルクソン自身、「精神主義道徳」を論じるにあたって、数的多様性とも融合的多様性とも異なる「第三の多様性」を語っていたのである。「どんな多様性も空間への散らばりを前提としているが、われわれの心理的状態はこれとは異質である。こうわれわれは言った。というのも、相互の浸透があるからだ。／今、思考するすべての主体、すべての人格を同時に考察していると仮定してみよう。かかる多様性を、空間における多様性でも持続における多様性でもない第三の形態として思い描くことはできないだろうか。また、そうするべきではなかろうか。というのも、この多様性はもはや意識の状態ではないが、かといってわれわれはそれについてのいかなる像《イマージュ》も抱くことができず――しかし、にもかかわらず共感のなかで、憐れみのなかで、そしておそらくは美的観照のなかでその具体的現出(manifestation concrète)を捉えることができるからだ」(*ibid.*, 118)。

なるほど、ここで描かれているのは無制限なn人を含みうるような多様性であって「祖国」ではないが、このような「第三の多様性」の観念が提起される過程を見てみよう。「功利主義的道徳」(morales dites utilitaires)から「感情の道徳」(morales du sentiment)を経て「精神主義的道徳」(morales spiritualistes)へ、という道徳理論の進化の極限に、「第二の多様性」は現れる。極限、と言ったのは、ベルクソン自身が数学的極限の観念を用いて三つの道徳理論の関係を説明しているからである。「功利的道徳は、あたかも数学的な極限に接近するかのように、感情の道徳へと無際限に接近(*ibid.*, 58)し、「感情の道徳」もまた極限としての「精神主義道徳」へと漸近していくのだ。こうした進化に応じて、「有用性」(utilité)と「利己心」は逓減し、逆に、そこで語られる道徳の射程は拡大する。ここには、知覚や記憶を「有用性」による「縮減」(contraction)として捉える『物質と記憶』での発想の隠れた源泉があるのではなかろうか。「〔絶対的〕正義は数学者たちの言葉を借りて言えば「極限で」しか完全には思い浮かべられない」(*Œ*, 1037)――『二源泉』の一節であるが、すでにこの種の発想もここに芽生えている。相違は、漸近を肯定的に捉えるか、それとも、必ずや残存する隔たりを質的断絶として捉えるかであるが、根本的な図式は同じである。

「第三の多様体」は到達不能な極限である。具体的に現出せしめることの不可能なものである。そうした極限を社会的な表象としての「像」に、「成文法」ないし国家に還元することなく、言い換えるなら「有用性」にもとづく「縮減」にさらすことなく「具体的に現出」せしめるもの——極限への漸近という表象不能な動きの、像ならざる逆説的な「イマージュ」、それが「祖国」ではなかったか、と私は思う。さきの一節には「共感」という語が見られるが、「共感」という語をベルクソンが採用するにあたって特に重要であったのはアダム・スミスの『道徳感情論』であり、スミスはハチソンやシャフツベリーら一八世紀英国のモラル・フィロソフィーの系譜に属している。ベルクソンがこの系譜に通暁していたことは『道徳哲学講義』の証示するところであるが、「感情の道徳」とここで呼ばれているのもスミスらのいうモラル・センチメントのことであり、したがって、さきの一文での「共感」という語の残存は、「第三の多様体」の「具体的現出」がこの極限への「感情の道徳」の漸近のうちにあることを示唆している。

しかし、「第三の多様性」については「いかなる像も抱けない」と言われているように、ここにいう「具体的現出」は「第三の多様性」の空間化であってはならない。一方、「精神主義的道徳」の典型として取り上げられているのはカントの道徳理論であり、その視点からすると、さきの一節は「可能的な目的の王国の成員」同士の関係を表していることになる。『基礎』にしるされたハチソンの名と「道徳感情」という措辞がカントと英国のモラル・フィロソフィーを結ぶ絆であろうか。ベルクソンは「君の格律が普遍的法則となることを、当の格律によって同時に欲し得るような格律に従ってのみ行為せよ」という『基礎』での定言命法の規定を検討しつつ、このような定言命法が行為を時間から、持続から引き剝がすものであることを指摘している。とすると、「第三の多様性」の「具体的現出」は意識の持続そのものではないが、かといって非時間的なものであってもならないことになる。その意味では、「祖国」についてのべルクソンの規定はつねに、「共通の過去」と「共通の未来」の関数として「祖国」を捉えている。

社会性すなわち空間性にも一個の意識の持続にも、さらには非時間的永遠にも還元しえず、しかも「共感」によって可能となる、そのような「第三の多様性」(への漸近)の「具体的現出」、それが「祖国」である。潜在的全体性とその「功利的縮減」の中間地帯に「祖国」は位置づけられ、この中間地帯はまた「地域」の非功利的な拡張を表してもいる。第一節で「ミメーシス」と呼んだのもこの中間地帯のことである。「第三の多様性」たる「祖国」は、まさに『試論』の最後で語られる「第三の道」を示したのであり、自由をめぐるこの「第三の道」を『試論』が「民族」(peuple) の歴史にとっての決定的瞬間に比していたのも決して偶然ではなかったのである。二つの多様体をめぐるベルクソンの議論がこうした「第三の多様性」に支えられていたこと、この点はどれほど強調しても強調しすぎということはないだろう。しかしなぜ、「第三の多様性」を司る「慈愛」と「正義」のうち、「慈愛」だけが「祖国」と直結されていたのだろうか。『礼節』にも『良識と古典学習』にもすでに「慈愛」と「正義」をめぐる考察が記されているが、『道徳哲学講義』ならびに『政治哲学講義』は、ベルクソンを貫通するこの問題系にある新たな光を投げかけてくれる。

「慈愛」と「正義」というこの古来の問題についても、ベルクソンは、ルソーともヒュームとも因縁浅からぬスミスの『道徳感情論』第二篇「正義と慈愛について」に大きく依拠している。「慈愛」は寛大(概算的)で積極的・肯定的な義務 (devoirs larges ou positifs) であるが、それに対して、「正義」は厳正(必要最小限)で消極的・否定的な義務 (devoirs stricts ou négatifs) である。「慈愛」には行き過ぎはないが、行き過ぎは「正義」の視点からすると公平の破壊である。このように正反対の特徴を有するとはいえ、両者は裁然と分かたれるわけではない。「慈愛」は「正義」に比べて任意のものであるわけでもない。両者の差異はむしろ、その対象が「規定されたもの」であるか「未規定なもの」であるかという差異に求められるべきであるが、この相違も絶対的なものではなく、われわれは知らず知らずのうちに「慈愛」から「正義」へ、「正義」から「慈愛」へと移行している。公正の正義と、隣人愛にもとづく犠牲、善意とのあいだには、いわば互換的な関係があるのである。

しかし、単に両者の同等性が語られているのではない。ある箇所では、正義のほうが慈愛よりも実行困難で希有な徳であると述べられている（cf. *ibid*., 172–173）。が、他方では、「成文法は正義しか命じない」という言葉で「正義」と「成文法」が連結され、五感で把握可能な対象と係わる「正義」に対して、「慈愛」のほうは「非物質的な努力」（effort immatériel）であるとされている。のみならず、「正義」の商業的起源をめぐる『二源泉』の記述を先取りするような箇所がすでに『道徳哲学講義』にはある。「政治経済学の大いなる法則（loi）は需要と供給の法則であり、この法則は価格と給与の変動を定める。しかし、この法則は事物に係わるものであって人格に係わるものではない。それは物理的力のような仕方で働く。相当な努力であったとしても、それが時宜を得たものである場合にのみ努力は報われる。（…）有用なものであることをやめると、努力にまったく報酬が与えられない場合もある。だからといって、この努力が道徳的、精神的でないわけではない」（*ibid*., 176）。「経済人」の理論家というスミスのもうひとつの顔を意識した一節であろう。というのも、「政治経済学」という表現はルソーの論考の題名であると同時に『国富論』序文に登場する言葉（ポリティカル・エコノミー）でもあるからだ。「正義」という言葉こそ使われてはいないが、「道徳的、精神的努力」という表現と「非物質的な努力」たる「慈愛」の繋がりから、「政治経済学の法則」、有用性にもとづく等価交換の法則と「正義」との連繫を推し量ることができるだろう。

ベルクソンが「慈愛」と「正義」との互換性を指摘していることは銘記しなければならないが、この時点ですでに「正義」は一方では「成文法」と「国家」に、他方では有用性に依拠した「政治経済学」の等価交換の法則に結びつけられている。さきに「犠牲」ないし「贈与」としての「祖国愛」が「慈愛」とだけ関係づけられていたのもそのためではなかろうか。『二源泉』はさらにこの傾向を強め、商業的起源を有する「相対的正義」から交換も労役も含まぬ「絶対的正義」への飛躍を示すとともに、「絶対的正義」を「慈愛」と結びつけ、そのうえで「正義は慈愛によって絶えず拡大されるが、慈愛は次第次第に単なる正義の形をまとう（Œ, 1047）という相互の往還を語っている。「絶対的正義」と「慈愛」は神秘的人類愛の二つの相貌であり、その二つの相貌のミメーシスとして、第一節で語った「連合国同盟」と「祖国」を捉えることができるかもしれない。

『講義』の進行のなかでこのようにある意味では特権的な位置を占める「祖国」の観念は、ベルクソンの生きた時代の陰影と、ベルクソンが必ずしも明確に自覚することなく受容していた巨大な「背後カラノ力」を映し出す鏡であると同時に、彼の哲学の組み立てには欠かすことのできない先行的な装置、その準拠枠であったように思われる。しかしながら、それはまた、時間や物質や記憶や生命をめぐるベルクソンの哲学の全体がこの装置のこのうえもない脆さと強か《したた》さに懸かっていることを意味してもいる。はたしてこれはベルクソンにだけ妥当する事態なのだろうか。

## 3

それにしてもなぜ、ベルクソンは「祖国」についてのほとんどすべての定義で「共通な」(commun)という言葉を使用できたのだろうか。これらの定義では「共通なもの」はむしろベルクソンの前提であって、

「共通なもの」がなぜ共通であるのかは必ずしも説明されてはいない。けれども、「共通なもの」はいつ、どこで「共通ならざるもの」に転じるのだろうか。「共通なもの」の境界が示されない限りにおいて、「共通なもの」を「共通なもの」として語ることはできない。「共通なもの」はつねに「共通ならざるもの」であるかもしれない。が、二つの集合の交わりを思い浮かべてみれば分かるように、「共通なもの」は集合の共通部分に、その境界地帯に現れる。とすると、「共通なもの」と「共通ならざるもの」との境界地帯もまた「共通なもの」である。この「共通なもの」の境界――境界は境界線であり境界線は境界地帯であり、それゆえ境界線でも境界でもない――についても同様のことが言えるとすれば、ここには、いつ、どこでという問いを翻弄するような逆説があることになろう。

しかし、ベルクソンは「共通なもの」という観念をいわば不当な前提として援用しつづけていたわけではないし、「共通なもの」のこのような逆説を看過していたわけでもない。逆に、「共通なもの」は『試論』や『物質と記憶』のもっとも重要な主題のひとつでさえあった。『試論』ではむしろ、「共通なもの」は「社会的なもの」と連動されて、たとえば「非人称的なものの残り滓」(résidu impersonnel)、「生きた自我の共通の領域への転落」といった言葉でその否定的な側面が強調されている。「われわれの意識生活のもっとも共通な側面 aspect le plus commun」だけしか見ないことが「カント主義者たち」の欠陥として挙げられているのも興味深い(cf. *Œ*, 88, 154–155)。ところが『物質と記憶』では、たとえば異質な性質のあいだに「共通なもの」を認めないことが実在論と観念論双方の謬見とされ、そのような「共通なもの」の認知が、意識と物質の関係を考察するための不可欠な原理として捉えられてさえいる(cf. *ibid*., 346–347)。「常識」への帰還を説く一方で、ベルクソンがしばしば「常識」の誤謬を糾弾するのも、「共通なもの」の二面性を彼が押さえていたからだろう。ただこの点でもっとも眼を引くのは、「一般観念」と

「類似」をめぐる考察である。

一般化は共通な性質の抽出によってなされるが、これらの性質が共通なものとして現れるためにはすでに一般化がなされていなければならない。そうした悪循環を指摘しつつ、ベルクソンは「中間的認識」としての「類似の漠たる感じ」(sentiment confus de ressemblance) を語っているのだが、この漠たる類似は「共通の基布」(canevas commun) とも呼ばれている (cf. *ibid.*, 304)。このときベルクソンは、「共通なもの」の境界を一義的に定めることの不可能性それ自体を、われわれの知覚の様態として捉え返したと言ってよい。おそらく「第二の多様性」たる「祖国」もこのような「中間性」の問題と密接に結びついているのだが、思い起こしてみると、ベルクソンは、この「類似の漠たる感じ」についても、身体についても、イマージュについても、純粋記憶－記憶心象－純粋知覚の連繫についても、感情についても、切断が連接であるような曖昧な境界地帯を描き出してきたのだった。ベルクソン自身の言葉を使うなら「動きつつある境界」(limite mouvante) を、である。境界それ自体が運動する、というか、運動が境界であるとするなら、運動体 (mobile) について言われたのと同様に、境界の運動の基軸や原点をここで語ることはできないだろう。しかも、『物質と記憶』はそうした境界地帯を、「選別」(discernement) という名のもとに、「複雑性」(complexité) と「不確定性」(indétermination) の「縮減」――「縮減」はまた知覚野の「拡張」(expansion) でもある――の問題と連動している (「秩序」、「無秩序」をめぐる『創造的進化』の議論をも参照)。ベルクソンは思いのほか『信頼』の著者ニクラス・ルーマンに近い場所にいるのではないか。

『物質と記憶』では、有用性というそれ自体曖昧な観念が「縮減」の法、そのルールを定めていたのだが、二節で見たように『講義』では「道徳的法」、「成文法」、「政治経済学の法則」という三つの法が語られ、これらの法と有用性が連動されていた。「法」は「共通なもの」であり、「共通なもの」は「法」である。「共通なもの」の逆説は「法」の逆説であり、「共通なもの」が「共通なもの」の境界であったように、「法」は「法」の境界、それも動きつつある境界である。そのような「法」について、ベルクソンはどのように考えていたのだろうか。

「共通なもの」、「法」の動きつつある境界に、ベルクソンはある名前を与えている。アルザス＝ロレーヌである。「われわれがもっとも出喰わす機会の多い連中こそ、われわれがもっとも知りたくない連中である（*Œ*, 1218）——もっとも近きものをもっとも遠きものに転じるようなこの境界地帯の逆説を語ったあとで、ベルクソンは第一次大戦におけるあるドイツ語教師の逡巡を描写している。彼は他のフランス人たちに劣らぬ立派な愛国者で、フランスのために命を投げ出す覚悟でさえあったが、ドイツ語とドイツの文化とドイツの精神に通じていたため、ドイツを真の敵とみなすことができなかった。『わが使節行』には、いまひとつの逡巡が描かれている。カントのいう「道徳的政治家」にウィルソンを譬えつつ、ベルクソンは参戦に踏み切れないでいるウィルソンの逡巡をこう表現している。相敵対する交戦国には、双方とも互いに他を押さえようとする国家的利己心（egoismes nationaux）以外の理由がはたしてあるのかと彼は疑っていたのだ、と（cf. *M*, 1561）。このような逡巡の原因として、ベルクソンはアルザス＝ロレーヌ問題についてのウィルソンの無知を挙げているが、逡巡の場としての境界地帯はまた、「悪の天才」ビスマルク以降「物質主義」と「権力崇拝」に走ったドイツとフランス、「物質的な力」と「精神的な力」との分断をベルクソンに促したものでもあったのだ。

『二源泉』はある意味ではウィルソンの躊躇に対する回答の試みであるが、思うに、ここでもまた問題は、「道徳的法」、「成文法」、「政治経済学の法則」という三つの法である。『二源泉』では「成文法」という表現が姿を消し、「社会的法」（loi sociale）という語がそれに代わって登場する。ベルクソンの第一の身振りは、自然的法則と道徳的法則とを区別するカントに抗して、「常識」の立場から両者の極度の類似を指摘することであった。『基礎』に対するベルクソンのアンビヴァレントな対応をここに見ることができるだろう。「道徳的法」も「社会的法」も「自然的法則」に酷似している。「法」のかかる自然化がなければ、「自然的社会」という表現それ自体が不可能であろうし、また、「自然的社会」の特徴たる「圧迫」と「防衛」を生命的な本能として語ることもできなかったであろう。「祖国」をもふくむ「自然的社会」は周知のように「閉じた社会」とみなされるが、この開鎖性は必然的に「自然が設定した境界」(frontières naturelles) によってもたらされる (cf. Œ, 1172)。しかし、「自然が設定した境界」とは何だろう。たとえば河がそうなのだろうか。ライン河を国境にせよという「自然国境論」が戦勝国フランスの隠れた政治的野心であったことを思い出さずにはいられないが、「法」一般の自然化はむしろ、「法」の境界、境界の「法」を、思考するべき問題から除外することではないのか。

「法」をこのように自然化したうえで、ベルクソンは商業的交換の法則、すなわち「相対的正義」をそこに重ね合わせる。「比較の第三項」によって可能となる等価交換の法則が人間関係における「相対的正義」の基礎なのだが、極度に単純化されたこの市場の均衡もまた自然という「見えざる手」に、「自然が設定した境界」に司られるものになってしまう。自然の衝動を規制する相互性の観念も、自然な等価交換にもとづいているのである。その限りにおいて、「物々交換」から信用貨幣の流通を前提とした高度な産業社会に至るまで、すべての市場を貫くこの等価交換の幻想そのもの、このまさに「仮構作用」(fabulation) が問題となることもないし、それ自体が境界地帯の逆説を学んだ交換という現象の境界が問題となることもない。戦争の原因として、たとえば良港や植民地の欠如を、販路の喪失、燃料および第一次原料の不足を挙げるベルクソンは、しかしながら一節で指摘したように、通商貿易の問題に触れることはない。ケインズをして『平和の経済的帰結』や『条約の改正』を書かしめた、そのような動機もベルクソンには見当たらない（いずれ、ジンメルの貨幣論をここに挿入して論じてみたい。ジンメルとケインズとの関係については、*A propos de Philosophie de l'argent de Georg Simmel*, L'Harmattan, 1993 を参照）。曖昧な境界地帯の哲学者ベルクソンはここでもまた、曖昧な境界地帯としての市場の複雑系を取り逃がしているように見える。

「道徳的法」、「成文法」、「政治経済学の法則」すべての自然化は、神秘主義的「人類愛」の超自然化を語るために不可欠な梃子となる。『講義』に見られた同心円的な拡大の視点を放棄したベルクソンは、無際限な多様性を「単純さ」（simplicité）たらしめるような根底的転換としてこの跳躍を捉えている。なるほど、「単純さ」は──《同じもの》と同様に──分離不能な無数の境界の凝縮であり、また無際限な複合体であるかもしれない。しかし、それがたとえば「種」であるような「個人」としての神秘家の、「超人」への跳躍をモデルとしている限りにおいて、このような「単純さ」への直観的縮減 - 拡張を語ることもまた、問題としての境界地帯をやりすごすことにならざるをえない。カントなら公共性を私的な神秘性にすりかえることとの危険を語るだろうが、自然な境界を有した平衡系とそのような境界の矛盾すべてを凝縮した「単純なもの」との関係は、金の絶対性と超越性に支えられた自己調節的で内在的な市場の幻想を端的に表している。

しかし、これではウィルソンの逡巡に答えたことにはならない。ここで重要な役割を演じるのが『講義』で語られた「国家」と「祖国」の差異である。宗教の機能について『二源泉』が設けた「国家的機能」（fonction nationale）と「道徳的機能」（fonction morale）との区別を援用して言うなら（cf. *ibid.*, 1151）、閉じた社会でしかない「祖国」の「国家的機能」と「道徳的機能」のほとんど無のずれ、「第三の多様性」を可能ならしめたこのずれが「祖国」の閉鎖性を単なる閉鎖性とは異質なものたらしめ、閉じた社会には還元不能な「祖国」とそれに類似した「祖国」との連結部分とみなされるのであり、それは、部族的利己主義には還元不能な「地域」の要素が「地域」と「地域」との連結部分とみなされるのと同様なのである。「祖国」と「国家」との曖昧な境界地帯こそがこのように「連合国同盟」の発想を支えているわけだが、一方では「単純さ」あるいは「福音の精神」に、他方では「共通の基布」に裏打ちされているがゆえに、「祖国」と「祖国」との曖昧な境界地帯が論じられることはない。「観念連合」の謎を「類似の漠たる感じ」によって克服しようとしたがゆえに、この点が語られることはないのだ。しかし、コンセンサスの可能性としてのこの境界地帯はまた絶えざる抗争の地帯でもある。抗争がコンセンサスの相貌だけをまとうと、抗争としての境界地帯は今度は「連合国同盟」とたとえばドイツのあいだに現れることになる。境界地帯の曖昧さによって可能になった「祖国」が逆に境界地帯の曖昧さを二元論的に切断し、しかも境界地帯の問題を手つかずのまま残してしまうのである。

現代のある情景がここには描かれている。が、このアクチュアリティは深い既視感を伴ってもいる。アルベール・ソレルは『ヨーロッパとフランス革命』で「祖国」の変身をこう描き出している。旧体制では国王と同一のものだった「祖国」は大革命とともに「国民」ないし「法」と同一視された。のみならず、大革命は全人類のためになされたという理由で、「祖国」は「人類愛」と同一視され、今や「愛国者」は「世界公民」と化した、と。この変身にはしかし前史がある。ベルクソンと同じ戦争を見つめながらカントローヴィッチが述べたことを援用するなら、「祖国」の観念が王国に拡大されていくためには、「天上の祖国」――キリストの「神秘的な体」もしくは「見えない教会」――の降臨が必要だったのである（『祖国のために死ぬこと』みすず書房参照）。数世紀をかけておこなわれた「祖国」の二重の変身はおもしろいことに、「福音の精神」と「祖国フランス」と「連合国同盟」というベルクソンの図式、このトリアーデとぴったり重なり合っている。それは「国家」と「祖国」という同じもののずれによって可能になったのだが、「祖国」にこのような変身を強いたものもまた、「国民国家」の理念それ自体に孕まれた「国民」の「場所」（status）の不確定性であったように思われる。

「共通な意志」という『講義』の用語はシェイエースの『第三身分とは何か』の鍵語であった。『第三身分とは何か』でのシェイエースは、「全体」（tout）か「無」（rien）かの二分法によって、それまで「無」であった「第三身分」を、「法そのもの」であり「全体の起源」（origine de tout）であるような「国民」に一挙に転じている。逆説的にも「全体の起源」に先立つものとして神聖な「自然権」（droit naturel）が挙げられてはいるが、「自然権」を保全しかつ制限しうるのは、「公民」の「一般意志」たる「国民」を措いて他にはない。「人間」と「公民」とのルソー的な分裂はこうして解消されるかに見える。が、その一方で「国民」は内的にも外的にもその境界を喪失し、「国民」の「場所」は本質的に不確定なものとなる。「国民」の境界が不確定である限りにおいて、「国民」と「世界公民」との境界も、「国民」と「人種」との境界も、「国民」と「天上の祖国」との境界も、「国民」と家族、階級、地域などのサブ・システムとの境界も画定されない。このように境界が画定されないからこそ、「国民」の観念はこれらの隣接的な諸観念と共犯的な関係を結んで、一方では境界を捏造し、他方では境界の曖昧さを増幅していく。「国民国家は、その内部に母／父／子供という家族的な関係の強さとその尊重を組み込んだ神話的共同体へと変貌した」（『ヨーロッパを考える』法政大学出版局）——エドガー・モランの指摘であるが、「祖国の子供たち」という『ラ・マルセイエーズ』の歌詞からも、さらには「家政」（エコノミー・ポリティック）という言葉からも読み取れるこの縮減の動きもその一例であろう。

「国民」の観念のそうした揺動にアーレントは「人間」と「公民」の観念の崩壊の由因を見、この崩壊の予感のなかで、ベルクソンはかかる揺動そのものを梃子として希望の構図を語ったのだが、アーレントもまた、一方ではアトム的な個人を語り、他方では「共通世界」の潜在的な「無制限性」（boundlessness）を語ることで、「共通なもの」の謎を去勢してしまったように思える。「共通なもの」と「共通ならざるもの」との境界地帯はまた「共通なもの」である。だから、この「共通なもの」と「共通ならざるもの」との境界地帯がまた問題となり、同じ現象が際限なく反復されていく。境界地帯が「共通なもの」であるとするなら、集合の共通部分を捨象した残りの部分もまた「共通なもの」を表している限りにおいて境界地帯であることになり、そのような現象も際限なく反復されていかざるをえない。

ベルクソン哲学の鍵を握る論考『アリストテレスの場所の観念』はある意味では、すぐれた境界論であり国境論であった。結合法の書であった。「場所とは包むものの内側の境界（terminus）であり面である」、「それも不動の、第一の境界」である――アリストテレスのこのような「場所」の定義が物体の「運動」と「部分」の問題を前に引き起こす困難に言及したとき、実はベルクソンもまた、「共通なもの」の遍在がその解体であるようなさきの現象を予見していたのではなかろうか。こう言っている。「物体のうちに位置された物体のある部分を考察してみよう。物体全体が包むものの表面を場所としてもつのと同様に、その部分は自己の場所、すなわちそれによって部分が物体の内部に包まれ囲まれるところの表面をもつであろう。ところでこれと同じことが部分の部分についても言われうるから、物体の全体は境界の連続となり、その境界のおのおのは他の表面を取り囲む表面であるだろう。しかし、表面そのものは線に分割され、部分がまた他の部分に包まれるから、線は線の部分に分割されるであろう」（M, 55）。動きつつある境界は「場所」を、「共通の場所」（locus communis）を解体する。ライプニッツが「予定調和」の理論によって解決したこの困難をアリストテレスは部分の潜在性と円環的回転の理論によって解決した、とベルクソンは述べているが、「共通なもの」として「祖国」を語るベルクソンをつき動かしていたもの、それはこのような「場所」の崩壊感覚だったのではないか。それこそがベルクソンの哲学全体の「祖国」であったのかもしれない。いや、そうではない。考えるべき問題はむしろ、千のプラトーへのこのようなカタストロフと、金本位制に支えられた自己調節的な市場の幻想、これら二つの、いや二つの超越と内在の病いのまさに「共通性」なのだろう。

# 廃墟の造形

ベルクソン／レヴィナス／ベンヤミン

（二〇〇八年）

今日「われわれ」は『創造的進化』（*L'évolution créatrice*）と題されたテクストの周囲に集っている。けれども、「われわれ」を集め、この問いと探求の一過的な共同体を構成しているのは、固い核のようなもの、安定的な土台のようなものでは決してない。そもそも「創造的進化」とは何だろう。いや、「進化」とは、「創造」とは――。これらの基本的で前提的な問いはすでに十全な答えを与えられているわけではまったくない。事実、ベルクソン自身、一九三五年二月、つまり『二源泉』出版以後にも、たとえば義理の甥のフロリス・ドラットルに宛てた書簡のなかで、きわめて興味深いことに、『エレフォン』（*Erewhon*, 1872）の著者サミュエル・バトラー（一八三五―一九〇二）をラマルク主義者と規定し、その life-force の観念を単に「生気論的」なものとして斥けながら、その一方で、「創造的進化」「生の飛躍」の観念の説明を改めて試みているのだ。引用しておこう。

「創造的進化は何よりも、獲得された習慣は遺伝的に伝達されないということ、変異は個人的努力には起因しないということ、これらの変異は突然、ひとつの種を代表するものすべてにおいて、あるいは少なくともその多数において生じるということ、最後に、進化のなかに目的性があるとしても、それは哲学的伝統が「目的論《テレオロジー》」に与えてきた意味でではまったくなく、それとは異なる意味においてであって、旧き概念のいずれもそれを定義できないがゆえに、生物学と哲学はその意味を創造しなければならないだろうということ、これを含意している」（*M*, 1524）*。

「これら二つの概念〔機械論と生気論〕のあいだのどこかに身を置かねばならない。（…）生の跳躍のイメージはこの方位でしかない。それ自体ではこのイメージはいかなる価値ももたない」（*M*, 1526）。

とりわけ「生の飛躍」についてベルクソンは、「〜でも〜でもない」という意味での本質的ニュートラル性ないし非決定性を強調している。つまり、ここには哲学者自身にとっても永遠に未解決な問いがあるのだが、このことは、苦痛の哲学者たるベルクソンがある意味では能力の「喪失」の、無能力、非能力（アントナン・アルトーならそう言うであろうように）でもあるだけに、なおさら印象深い。

「創造的進化」とはいかなる事態なのか、「進化」とは、「創造」とは何なのかという基礎的な問いについて、大きく言って、二つの不可分なアプローチを呈示してみたい。どのような通路《パサージュ》だろうか。ひとつは、「創造的進化」の観念を、現代思想のさまざまな潮流に内包されたメシアニズムもしくは終末論的なもののコンテクストに位置づけ直すこと。この点について本論では、主にエマニュエル・レヴィナスとヴァルター・ベンヤミンを取り上げる。その際、連続／不連続、閉鎖／開放、偶然／必然、持続／瞬間、創造／破壊、フランス的／ドイツ的などの二分法が捉え直されることになるだろう。

＊ベルクソンからの引用の出典については以下のように略記し、頁数のみを示す。
*M*: Henri Bergson, *Mélanges*, PUF, 1972.
*Œ*: Henri Bergson, *Œuvre*, PUF, 1959.

レヴィナスにとってもベンヤミンにとっても、メシアニズムはそれがいかなるものであれ、「主体性」の観念と係わり、さらにはそれを変容するものだった。同じく『進化』でも、「創造的進化」の観念は「個体性」(ならびに/あるいは種の)観念と密接に結びついている。ここでは、「個体」と「システム」という視点を設定し、「モザイク」「断片」などの観念にも言及するが、「バロック」という視点からスピノザ、ライプニッツが再検討されることにもなる。結論を先取りしておくなら、「創造的進化」とは、「バイオホロニックス」の理論家が言うように、カオス的でフラクタル的な「個体」(スピノザを参照)の縁で生じる極度に複雑で錯綜した出来事、偶然的ではあるが「必然的な」(*M*, 435)出来事であって、この場合、「個体」(という錯綜体)は本質的に揺らぎを伴うとともに自己組織的なものなのだが、その意味では、「自己」(autos, ipse)は決して「同」(idem)として同一化されることがない。

ハイデガーにおける線のトポロギー、ホワイトヘッドのいう出来事、アドルノのいう否定弁証法、メルロ=ポンティにおける形態化、シモンドンにおける個体化、デリダのいう余白、ドゥルーズのいう近傍、ラカンにおける対象a——これらはいずれも上記の危機的分界地帯で(として)生起するのであって、まさにこの意味でベルクソンは、ジェームズと同様、現代思想の多様な潮流の汲み尽せぬ源泉のひとつであると言えるだろう。

＊＊＊

総じて、レヴィナスはベルクソンに対してアンビヴァレントな反応を示している。『進化』に関して言うと、レヴィナスは、《ある》(il y a)の観念を、同書第四章「存在と無」での考察——全面的無の不可能性の論証——から引き出す一方で、《アナーキー》(an-archie)の観念を提起するに際しては、同じ章でのベルクソンが「無秩序」(désordre) を「いまひとつの秩序」とみなしているのを批判し、さらに、一九五一年の「自我と全体性」以降、『進化』での「知性」と「本能」をめぐる考察を援用し続けている。しかし、それだけではない。一九四六年の連続講演「時間と他なるもの」で、レヴィナスは、ベルクソンの哲学を「死なき哲学」(philosophie sans mort) と規定し、すでに「創造」(création) の観念に批判を加えている。

「ベルクソンの考えは、未来に対する権能を現在に持たせたままである。この死なき哲学を批判するためには、創造を、被造物の第一義的な属性たらしめる近代哲学の潮流全体のなかにそれを位置づけるだけでは足りない。創造ということそれ自体が〔死という〕神秘への開けを前提としているのを示さねばならない。(…)とはいえ、持続についてのベルクソン的記述がわれわれにとって親しいものならしめた予期という事実に異議を唱えることが問題ではなく、その存在論的諸条件を示さねばならない。これらの条件は、神秘と係わる主体の営み、いやむしろ主体が神秘と係わるという事実である。(…)時間の営みは単に創造による刷新 (renouvellement par la création) ではない、その限りでは時間の営みは現在へと固着したままにとどまり、創造者にピュグマリオーンの悲しみしか与えない。時間とは、われわれの魂の諸状態、われわれの諸性質の刷新であるより以上に、本質的にある新たな誕生 (naissance) なのである」、と。

ベルクソンの哲学は「死の神秘」の他者性を看過しており、そのため、「予見不能性」をベルクソン自身がいかに強調しようとも、彼のいう「創造」は現在と過去に縛られた未来しか描くことができず、「誕生」とは似て非なるもので、主体の同一性は維持されたままである。

まずベルクソンの哲学が「死なき哲学」であるという規定の根拠であるが、少なくとも『進化』では、同書第三章末尾の次の一節を挙げることができるだろう。「人類全体は時間と空間のなかを大軍となってわれわれ各人の横を、われわれの前後を疾駆するのだが、この見事な襲撃はあらゆる抵抗を排し、数多の障害を乗り越え、おそらくは死をも乗り越えるだろう」(*Œ*, 725)。

次に、ベルクソンは『進化』で、自分のいう「創造」が「ものの絶対的創造」ではないことをくりかえし強調するとともに、「創造」は「自己による自己の創造」(création de soi par soi) であり、あくまで「形態」(forme) の創造と変容であり、「物質」という逆行するものに憑依されていると指摘している。全面的無、無秩序の不可能性という主張もこのような「創造」の観念と不可分であって、本論の後半部では、「オートポイエーシス」の境界論——カオスの縁——とこれを結びつけるつもりだが、レヴィナスはというと、一方で全面的無の不可能性には同意しながらも、また「老い」(vieillissement) の観念を『進化』から引き出しながらも、単なる形態の生成と変化ならざる「誕生」、たとえば「子供の誕生」を対置することになる。

この考えは『全体性と無限』へと引き継がれていくのだが、「死」と「誕生」は連続的持続に「断絶」を刻むもので、そこからレヴィナスは、「時間はベルクソンの言うような連続的持続を成就するのではない。(…) 時間の営みは、時間の連続性ゆえに生じた既決事のそのまた彼方に向かう。そのためには、連続性の断絶が、そしてまた断絶を介した連続性が必要である。時間の本質的側面、それは時間が複数の幕からなるドラマだということだ。(…) 言い換えるなら、父と息子を分離する死の時間を介した複数の時間のなかで、無限の存在が生起するのである」(邦訳国文社版、四三八—四三九頁)。

このようにベルクソン的持続を「繁殖性」の時間へと転じたうえで、レヴィナスは一九七五—七六年度の最終講義「死と時間」で初めて先の『進化』第三章末尾の一節を引用し、さらにそれを『二源泉』と結びつけて、「私の－死の－彼方への－存在」(être-au-delà-de-ma-mort)、「他のために」(pour-autre)、死をも辞さない「身代わり」（substitution）、「犠牲」（sacrifice）としてベルクソンの思想の本義を捉え直すことになる。おそらくここにはジャンケレヴィッチのベルクソン論の影響があったのだろう。「生の跳躍がベルクソン的持続としての時間の究極的意味なのではない。『進化』において生の跳躍とみなされていた持続は、『二源泉』では人間同士の関係と化す。持続はいまや、ひとりの人間が他の人間の内面性に呼びかけを発しうるという事態である。これが物質の役割を超えた聖人や英雄の役割であり、彼らは死がもはや意味を持たないような開かれた宗教へと導いていくのだ」。

では、ベルクソン自身は、「連続性／不連続性」についてどのように述べていたのだろうか。「心理学的生の見かけの不連続性は、私たちの注意が不連続な一連の行為によってこの生に目を留めるからである。なだらかな斜面しかないところに、私たちは注意の行為の折線をたどって階段が見えるように思い込むのである。たしかに私たちの心理学的生は予見されざるものに満ちている。無数の出来事が湧出し、それらは先立つものとは際立った対照をなし、後続するものには決して結びついていないように思える。けれども、これらの出来事の不連続性は地の連続性の上に浮き出たものなのだ。この地のうえにそれらの出来事は描かれ、それらを分離する隙間（intervalle）そのものも地に由来するものなのである」（*Œ*, 496）。

ゲシュタルト理論にいう「図／地」構造と「連続性／不連続性」を重ね合わせることができるのは明らかで、ここにはすでに時間の「連続性／不連続性」を「個体」、「固体」と「流体」の観念と結びつける可能性が示唆されている。ここで確認しておきたいのは、「存在論的条件」という語彙が示しているように、レヴィナスが、ベルクソンのいう不連続性と連続性のあいだを単に往復しているのではなく、離散数的な不連続性に対する連続性そのものが、さらに別様の不連続性であるのを彼が語っているのではないかということだ。

ある意味では、数的ならざる「不可分で、分割されておらず、純粋に内的強度的で質的な多様体」(multiplicité indistincte, indivisée, purement intensive ou qualitative)(*Œ*, 1268)の観念を提起したとき、ベルクソンもまた連続性／不連続性の二項対立には収まらない連続性の不連続性を暗示していたとも言えるのだが、「瞬間」の不可分な単一性を否定して「核分裂」(dénucléation)なる語彙を援用するレヴィナスにとっては、「瞬間」は「シナプス間隙」、いやデデキント的切断面(Schnitt)のごときもので、だからこそそれは繋ぎかつ切るのだが、かくして「瞬間」は連続／不連続の対立を超えるもので、それにもとづく彼の終末論は、『全体性と無限』の序文が示すように、逆説的ながらも、歴史の終末での最後の裁きではなく、時間のあらゆる瞬間に可能な裁きを本質的特徴とするものとなる。

次の瞬間へと単に推移する瞬間ではなく、「永遠への跳躍台」であるような瞬間。『歴史の天使』の著者ステファヌ・モーゼスはフランツ・ローゼンツヴァイクの時間論を分析しながらこのような二重性を摘出しているが、後者の「瞬間」の観念は、ローゼンツヴァイク、レヴィナスだけではない、もうひとりの思想家のうちにも見出すことのできるものだった。

＊　＊　＊

ベルクソンが一九四一年一月三日にパリで逝去するその約九〇日前、一人の男がスペインとフランスの国境地帯で服毒自殺をした。一九四〇年九月二十六日のことで、「歴史のあらゆる瞬間での裁きが重要である」というレヴィナスの言葉を、そしてまた、『進化』第三章を締め括る上記の一節を書き写していると、この男のことが、そしてまた、この男の絶筆となった文章のことが想起されるのを抑えることができない。

その男の名はヴァルター・ベンヤミン、その絶筆となった文章とは「歴史哲学テーゼ」もしくは「歴史の概念について」である。その第一八テーゼBと、パウル・クレーの「新しい天使」をめぐるその第九テーゼをここに引いておこう。

「ユダヤ人にとって、未来は均質で空虚な時間でもなかった。未来のあらゆる瞬間は、そこを通ってメシアが出現する可能性のある、小さな門だったのである」(野村修訳)。

「彼は顔を過去に向けている。われわれであれば事件の連鎖を眺めるところで、彼はただカタストロフのみを見る。そのカタストロフは、休みなく廃墟の上に廃墟を積み重ねて、それを彼の鼻先へつきつけてくるのだ。多分彼はそこに滞留して、死者たちを目覚めさせ、破壊されたものを寄せ集めて組み立てたいのだろうが、しかし楽園から吹いてくる強風が彼の翼に孕まれるばかりか、風の勢いが烈しいので、彼はもう翼を閉じることができない。強風は天使を、彼が背を向けている未来の方へ、不可抗的に運んでゆく。その一方で彼の眼前の廃墟の山が、天に届くばかりに高くなる。われわれが進歩と呼ぶのはこの強風なのだ」(同前)。

ベンヤミンが『創造的進化』第三章の先の一節を読み、何らかの影響を受けたかどうかは分からない。ただ、ボードレール論のなかで何度かベンヤミンがベルクソンの『物質と記憶』に言及していることを考えると、『創造的進化』を読むベンヤミンという図はまったく成立しないわけではあるまい。いずれにしても、ここには驚くほどの相似と対照がある。どちらでも、背後から強風が吹いて人類と天使を否応なしに推している。人類がどちらに顔を向けているのかは分からないが、『創造的進化』の人類が前方へと侵攻するのに対して、新しい天使は後ろ向きであると明言されており、しかも、新しい天使は人類とはちがって、できるなら未来の方へと進まず留まっていたい。一方の人類は障害を破壊し、天使は「破壊されたものを寄せ集めて組み立て」ることを望む。

ただ、これは単に対照ではなく、破壊から廃墟へ、廃墟から再建へという連鎖でもあるかもしれず、ベルクソンが「創造」の思想家で、ベンヤミンが「破壊」の思想家であることを思うとき、この点はより興味深い論点と化していく。なぜなら、「破壊するのは道を開くためである」といったベンヤミンの言葉を勘案するとき、ベンヤミン的「破壊」は「創造」、すなわち「創造的破壊」であり、一方、物質に取りつかれたベルクソン的「創造」は、「自己解体しながらの創造の身振り」(geste créateur qui se défait)、「解体される現実を通して形成される現実」(une réalité qui se fait à travers celle qui se défait)(*Œ*, 705)といった表現で語られることになる。例えばわれわれの手をこのような形に形成する「細胞死《アポトーシス》」のことを考えてもよい。また、「無秩序」がいまひとつの「秩序」であるという考えも、この「破壊的創造」と無関係ではないだろう。

さらに、人類が死を乗り越えんとするのに対して、新しい天使は死に、死者にこだわり続けるのだが、この点についても、新しい天使はあくまで死者を目覚めさせようとしているのだから、その意味では、ベルクソンのいう「軍団」と同様、新しい天使も死を乗り越えようとしているのかもしれない。

このように、ベンヤミンとの比較は、「創造的進化」なるものについて、また、「ベルクソン的オプティミズム」なるものについてわれわれが抱いているイメージを大きく変えてくれたのではないだろうか。ただ、両名ともに過去からの強風を「進歩」と呼び、ベンヤミンは「創造的破壊」、ベルクソンは「破壊的創造」を語っているとはいえ、勇猛な進軍の表象と、廃墟と死者たちの果てのない堆積——不可思議なバベル——という表象とのあいだにはやはり大きな隔たりがあるようにも感じられる。カタストロフゆえの「廃墟」は、ベンヤミンにあっては、「破片」「断片」「屑」といった事象と密接に結びついていて、この連関は彼の博士号請求論文『ドイツ哀悼劇の根源』ですでに見出されるものだった。

実際、『根源』の第三章には「廃墟」と題された節があって、そこでは、「瓦礫の中に破壊されて残っているものは、きわめて意味のある破片、断片である。それはバロックにおける創作の最も高貴な素材である」と記されている。「ドイツのバロック悲劇は当初から廃墟として、断片として構想されたものであるとも言われており、「ドイツ」という重要なテーマをも得ることができるのだが、ここで「断片」「破片」と言われているものは、同書の「認識批判的序論」で「モザイク」と呼ばれているものに対応している。「ドイツ」という論点にここで触れておく。ベルクソンにとって、「断片」「モザイク」と「有機的全体」との関係は、一九一四年十一月四日の講演にいう「消耗される力」と「消耗されざる力」との関係に等しいと言ってよい。この講演ならびに一九一六年の書評（ポール・ゴルチエ『ドイツ的心性と戦争』）で、ベルクソンは『人種不平等論』の著者ゴビノーの名を挙げている。ただ、「われわれが読むことのなかった作家」（M, 1113）、言い換えるなら、「ドイツの作家」として。しかし、「創造的進化」とゴビノーのいう「堕落」「退化」との連関を問うことは今後の重要な課題となるだろう。また、「有機的全体」がジンメルのような哲学者だけではなく、エルンスト・ユンガーのような作家の鍵語であったことも忘れてはなるまい。

さて、ベンヤミンは周知のように、この博士論文を「トラクタート」（Tractatus）として構想した。Tractatus という語彙が、ある「地帯」（Zone）を指し、「トレース」（tracer）という語も同じ語源に由来するものであることをぜひとも銘記されたい。いや、それだけではなく、「トラクタート」はスピノザの『神学・政治論』（*Tractatus theologico-politicus*, 1670）——後にはウィトゲンシュタインの『論理哲学論考』（*Tractatus Logico-Philosophicus*）——を連想させる語彙でもあるが、ベンヤミンは、「トラクタート」と「モザイク」を結び付けて、「モザイクは、どのように勝手気ままなやり方でそれを細分しようとしても、その尊厳が失われるということはない。（…）モザイクも省察も、個々のもの、一つ一つの違ったものが寄り集まってできている」と記している。

では、これに対してベルクソンは「断片」「モザイク」についてどう述べているのだろうか。

「スペンサーの贋の進化論は、すでに進化をとげた現在の現実を、同じく進化をとげた細片に裁断して、そのうえでこれらの断片（fragments）から現実を再構成しようとする」（*Œ*, 495）。

「われわれの知性のできかたが、画布の像はモザイク効果によって現れるものとしか理解できないようになっているとしよう。その場合、われわれは小さな四角形の寄せ集めについてだけ語りうるようになり、機械論的仮説に与することになろう。寄せ集めの物質性のほかに、モザイク師が仕事をするための計画が必要だったと付け加えることもできるだろう。その場合には、われわれは目的論者として物を言っていることになろう。しかし、どちらの場合にも、われわれは現実の過程には行き着けないだろう。なぜなら、そもそも寄せ集められた四角形などなかったからである」（*Œ*, 572）。

ベンヤミンが「断片」「モザイク」の自存的重要性を強調したのは、「要素還元論的発想」に立脚しているからではまったくなく、それらが一個の「全体」――「有機的全体」――には統合不能なものだからで、これに対して、『創造的進化』では、所与となることなき「全体」への「再統合」、「全体化」が鍵語となっていて、「全体化」の反対語として「孤立した系」（système isolé）という表現が用いられている。ベンヤミンは統合不能なものを統合不能なものとして拾い上げることでその事象を救済し、ベルクソンは再統合することで救済しようとしている、と言ってよいかもしれない。

もちろん、完全に「孤立し、閉鎖した系」はありえない。事実ベルクソンは、「個体」というものが厳密な意味ではいかに成立しがたいかを『進化』のなかでくりかえし指摘している。「やがて分かるように、個体性は無数の度合いを許容するもので、それは、どこにおいても、人間においてさえも、完全には実現されえない。しかし、これはそこに生命の特徴を見るのを拒むことの理由にはならない」(*Œ*, 505)。

個体化への傾向は生命の特徴ではあるが、それが完全に実現されることはなく、生殖ひとつをとっても、それは個体の分裂であって、個体化への傾向はそれに逆行する動きを伴っている。「実際、生殖とはほかでもない、新しい有機体を、旧い有機体から出た断片で再構成すること以外の何だろうか。そうであるなら個体性はおのが敵に宿を貸しているわけである」(*Œ*, 505)。このような分裂も含めて、個体は、ヒドラやミミズの断片がまた個体であるように、幼児の多形性が示すように複数性であり、一種の「社会」である。だからこそベルクソンは、「種の発生」の機構についての回答を留保しつつも、「新たな種の産出について言えることは新たな個体の産出についても言える」(ce qui est vrai de la production d'une nouvelle espèce l'est aussi de celle d'un nouvel individu)(*Œ*, 518)とあるように、「個」と「種」を併置したり、本論冒頭で引用したように、「種」を大多数の「個」の代理表象(représentation)たらしめたりしている。しかし、このような調和は不当な前提ではないだろうか(『はじめての進化論』講談社現代新書、など河田雅圭の仕事を参照)。

先にベンヤミンにおける「バロック的なもの」とベルクソンの「有機的全体」とを対比したのもそのためだが、ただ、「個体」についての『進化』の上記のような考えは、「個体はそれ自体がきわめて複雑な複合体である」(『エチカ』第二部定理一三要請一)という事態を表しているのではないだろうか。ライプニッツであれば、「物質のそれぞれの部分は、ちょうど、たくさんの草木の茂る庭とか、魚のうようよしている池のようなものと考えることができる。しかも、草木の一つ一つの枝や、動物のそれぞれの肢体や、さらに、その樹液や体液の一滴一滴の雫が、またそのような庭であり池である」(『モナドロジー』六七)と言うだろう。すでにモンテーニュが記していたように、「個体」は無数の「襞」から成っているのだ（『エセー』二―六、参照）。

ベルクソンにおける「個体」の本質的不完全性は、その「輪郭」の揺らぎによって示される。「トラクタート」の語源を改めて想起されたいが、この揺らぎは、「動く地帯」（une zone mouvante）、「捉え難いニュアンスの流動性」（fluidité de nuances fuyantes）（*Œ*, 497）とも言われており、不連続的「固体」と連続的「流体」とのいわば中間的あり方をそこに見ることができるだろう。この「縁」のいわばフラクタル的な構造（決定論的カオス）を、ベンヤミンはきっと「断片」という語彙で表現しようとしたのだろうが、ベルクソンもまた、少なくともこの点ではライプニッツと同様、「無秩序」と見えるものの「秩序」を、予見不能で偶然的な変化の「必然性」（一九〇〇年のインタヴュー）を語ることで、また、「生の跳躍」の語源的意味での「ニュートラル性」を改めて告げることで、この「界面」の複雑さを示唆しているのではないだろうか。ここで先端的な「バイオホロニクス」の言葉を引いてみよう。

「生物らしいフレキシビリティの真の原因はその創造性にあると考えられる。創造的な行為は既存の内在的情報をその一部にせよ解体し、新しく生まれた情報の下でこれを再統合する過程を含む。しかし自己組織過程それのみでは既存の体系を解体する働きを生み出すことはできない。既に免疫的なネットワークの場合について説明したように、創造はカオスの発生によって既存の枠を緩め不確定性を与えると同時に、既存の体系の枠内には納まらないさまざまな新しい情報源を積極的に創り出すことから始まる。そしてこのように新しい素情報〔情報構造の解体によって意味を失った部分的な情報や、信号が分解されてできた単位要素のこと〕によって拡大した情報空間における不確定性を自己組織によって収束させるのである。この意味で生物は情報的な安定性と同時に不安定性を、あるいは自己組織能力と同時にカオス生成能力を合わせ持つものなのである」(清水博「バイオホロニクスの哲学」、『哲学』三八号、日本哲学会編、一九八八年五月、六〇頁)。

この一節はおそらくベルクソンが「創造的進化」という言葉で表現しようとした事態をそれなりの仕方で「言い表して」(traduire) いるのではないだろうか。しかし、この方位でわれわれが読解と解釈を続けていくためには、言うまでもなく、諸科学との困難な協働が不可欠であろう。この点については二つの点を示唆するにとどめる。まず、閉鎖(孤立)と開放の二分法について、人為と自然といった二分法で単にそれを置換することなく、むしろ、一方では閉鎖/開放の二分法を解体しつつも、相対的閉鎖性によって産み出される「自己組織化」の過程が、このシステムの非線形性をより高めることを銘記し(村瀬雅俊『歴史としての生命』京都大学学術出版会、二〇〇〇年、参照)、第二に、まさに最新の免疫理論が示しているように、「縁」の高度にランダムな配列＝配置(Constellation)を思い描かねばならないだろう。このような未来への要請もまた『創造的進化』出版百年という「記念」にふさわしい応待のひとつではないだろうか。

最後にもう一度、冒頭で引用した一九三五年の手紙の言葉を挙げておく。「本気で哲学するとはここでは問いを創造し、かつ回答を創造することだろう」(*M*, 1528)。そうだとすれば、『創造的進化』は未完成な、途上にある書物、「来たるべき書物」であると言えるだろう。

# 同じものの錬金術

## コモン・センス論に向けて

（一九九四年）

多島海 Archiperagos ——この言葉の響きに憑かれてから久しい。境界線は島々のあいだを縫うように蛇行しているはずなのだが、きっと眼が悪いのだろう、よくは見えない。近視眼を戒める『華やぐ知慧』の教えを、アドルノが「思考のモラル」と呼んだものを不幸にも破らなければならないのか。

かつてパウロとヨセフスが、数限りない密航者たちがこの海を渡っていった。「アジアの門のほとり波風さわぐ海原を縦横に走る道々」、その結び目のひとつがパトモスと呼ばれる島である。ヨハネの黙示録がそこで綴られたという。その余韻のなかで、ふたりの詩人がパトモスに思いを馳せた。アジアであった、とひとりの詩人は吟う。『コロンブスの書』を仕上げたばかりのいまひとりの詩人は、「果てなき大海のなかで凝固した一群の雲」のごとき日本を離れてアメリカに向かう船上で、「カトリックの大海原」に黙示録の幻影をかいま見ていた。こうして『黙示録の絵ガラスに囲まれて』が書かれるのだが、クローデルのパトモスはやがて「タルムードの大海原」を渡る密航者によって天才的詩人の「詩的放縦」と断じられ、ヘルダーリンのパトモスはラインとイスター、ゲルマーニエンと結びつけられることになる。

河は土地と土地のあいだに拡がる海であろうか。海は島と島のあいだを流れる河であろうか。アブラハムはユーフラテス河の向こうに住んでいた。トラークルの吟う「かのひと」(Jener, ener)のように。イブリット(ユダヤ人)の語源はそうした河向こうであり河の横断である。『申命記』でも『エゼキエル書』でも、ヨルダン河が、ユーフラテス河が聖地の境界となる。クローデルの聖書釈義が水の流れの魅惑と危険を語りつづけたのもそのためだろう。河は分け開き、繋ぐ。繋ぎつつも、境界地帯の横断を垂直に遡上し、境界の設定を翻弄しつづける。流れは運び、堆積させる。忘れ、蓄え、迷う。故郷を異郷に運ぶとともに異郷を故郷へと運ぶ。支流はまた数限りない細流に別れ、源泉はまたその源泉へと遡りつづける。河が土地になり、土地が河になる。河は「所在」(Ortschaft)であり「遍歴」(Wanderschaft)である、とハイデガーは言う。河は同じものではない。しかし、だからこそ河は、流れの謎は、間断なく思考を襲い玩弄するあの《同じもの》(das Selbe)の謎であり、線のトポロギー(Topologie *de linea*)あるいは場所の究明(Erörterung)にとって特権的な表徴なのだろう。

《同じもの》(ト・アウト)は「同等のもの」(das Gleiche)ではない。The Same is Different. それは「差別」(Unterschied)である。いや、「差別」とさえ呼べない「いまだ思考されざる差別」である。《同じもの》がときに反復と呼ばれるのもそのためだが、その限りにおいて《同じもの》は抗争(Streit)の場でありつづける。抗争はまた共属(Zusammengehören, con-fins)でもある。そうした曖昧な境界地帯、ベルト地帯(『全体主義の起源』)はドイツ語ではMark、フランス語ではmarcheという。いずれもmarkaというフランク語、高地ドイツ語に由来する語だ。markaは歩くこと、足跡をしるすことmarkônであり、markônはまた市場でもある。いわゆる換金や翻訳や越境だけではない、私たちの発語や身振りや皮膚や遺伝子、私のここ(Da)もまたそうしたマルクの闘争であろうか。ノーマンズランドが人々の集う市場と化す。市場と境界地帯との結びつきについてはすでに多くのことが語られてきたが、しかし依然として、そこでの交換は《同じもの》の謎に包まれている。刻々と市場の法（Recht）――「法は闘争である」――を生きながらも、この法は河の流動と同様にいまだ明らかにされてはいない。アレア（偶然性）という未知の係数を無際限に付加するとしても、等価交換と称されるものに、無からの創造であるような贈与の痕跡を見るとしても、さらに、贈与を異なる価値体系のあいだでの不等交換に送り返すとしても、市場は、同等性と不等性との設定それ自体を覆すようなブラックマーケット――「借金常習者」レオン・ブロワはその登場人物のひとりをMarchenoir（マルシュノワール、闇市場の意）と名づけた――でありつづける。

マルクの法は閉じた演算ルールとしての法が機能しなくなくような臨界面を記している。あらかじめこのルールに即して翻訳されることなしにはインプットがインプットたりえないような領域にパラドクスを懐胎させるのもこのマルクである。いずれもが正しく、いずれも正しくない。法（Ge-setz）をシステム（sys-stem）の訳語と見なすことができるとするなら、それはアウトポイエーシスとヘテロポイエーシスとが交錯する場であろう。法の境界――境界の法――は、時にはパラドクシカルな種々の超越（起源、外部）の次元の設定によって脱パラドクス化され、時には内在の平面での法外な異種カップリングの機会と見なされるが、いずれのアナーキズムも境界の法をやりすごしてしまう。だからといって、境界の法を措定することができるというのではない。境界は「消失する現出」であり、その意味において脱構築に他ならないからだ。割礼や黄色い星といった徴し（マルク）は曖昧な境界地帯（マルク）を抹消するために記され、「同化」は徴しを剝奪することで境界地帯を抹消しようとする。

しかし、マルクは消えない。逆に、『百科全書』の「ユダヤ人」の項目に言うように、境界地帯を「釘」、「ボルト」として措定すると、今度は境界地帯が一個の実体と化してそのまた境界地帯が問題とならざるをえない。境界を記す（dé-marquer）ことはそれを脱措定することでしかなく、境界を脱措定することはそれを記すことでしかない。たとえばアーレントの『全体主義の起源』。その分析は別の機会に譲るが、そこでは、第三身分を指すと同時に「万物の起源」を意味するものと見なされたネイションの境界の措定＝脱措定の変動が、原子的個人と《共通なもの》との危険な二分法を前提としつつも描き出されている。その意味では、国民社会主義も、ナショナルとインターナショナル、階級とネイション、人種とネイション、自己と他者との境界の脱構築の企てであったのだが、dé-marquer という語の両義性に集約される脱構築の「介入」（*inter*-vention）は、私見によると、システム境界をめぐるルーマンの議論と表裏一体の試みである（興味深いことに、ルーマンはリオタールの言う文 phrase とみずからのシステム論との類縁性を示唆している）。それはまた、ドゥルーズにおけるコモン・センスとパラ・サンスとの連繫を問うことでもあろう。以下の小論はそこに踏み入るための近視眼的な予備作業にすぎない。

なぜ三なのだろうか。さしあたりボロメオの連鎖のもっとも基本的な形として三つの輪を想定し、それぞれの輪にレヴィナス、ハイデガー、クローデルという名をつけることにしよう（メルロ＝ポンティの死の直後、ラカンがクローデルのクーフォンテーヌ三部作の読解に着手したことの意味を考えなければならない）。思うに、三つの名はいずれも、境界地帯に、貨幣と市場に取り憑かれ、この「思考されるべき思考されざるもの」に翻弄されつづけた。《同じもの》は、《同じもの》とは境界を接することなきものとみなされた《絶対的に他なるもの》についての思考のみならず、《同じもの》についての思考（Gedank）をも揺るがす。貨幣は共通の尺度であり《同じもの》であるが、しかし、あくまでバベルの破片である。そのような貨幣が三つの輪の交わるところにいわばデッドセンターとして置かれる。どの輪も他の輪によってのみ輪たりえているのだが、いずれの輪も他の輪を斥け固有性を仮構するとともに起源（あるいは起源に先立つもの）

を奪い合い、起源とそこから派生したものとの序列をそこに導入することで普遍性を詐称する。多島の海はこのとき母なる海（Archi-peragus）と化し、ギリシャ的なもの、ドイツ的なもの、ユダヤ的なもの、キリスト教的なものが語られることになる。画定不能な境界地帯への忍耐の放棄であろうか。贈与と交換、慈愛と正義、「精神の商い」と「信用貨幣、紙幣の取引き」を区別し、さらには流通の正義から国境を排除して同等性の平面を捏造することによって、あるいはこの国境そのものを起源（Ursprung）たらしめることによって、彼らは境界地帯を手なずけようとした。しかし、その挙措それ自体がおそらくは境界地帯の法、ルールに搦め捕られているのであり、それにもかかわらず境界地帯のパラドクスを去勢しようとするとき、境界地帯の闘争はむしろ倍加されて至るところに飛び散っていく。三つの輪は《同じもの》に操られることで逆に鏡像関係の殺戮と平和と化す。しかし、「同じでしかないもの」にとっての他なるものをただちに語るためにこう言うのではもちろんない。さもなければ、ボロメオの連鎖は内と外に向けて増殖し、多島海を覆い尽くすことになろう。

＊　＊　＊

飛び交う銃弾をかいくぐりながら、その日彼はイスラエル軍とともにエルサレム旧市に入っていった。エルサレムはようやく自分を取り戻したのだ。そう呟きながら、この男アンドレ・シュラキ――『ヨハネの黙示録』の訳者――はキリストの聖墳墓を初めて訪ね、今は亡きクローデルの予言の実現を称えた。第二次中東戦争の最中のことである。それにしてもなぜクローデルなのだろう。たとえばレヴィナスは、ユダヤ人をかつてないほど断定的な仕方で神殺しの民に擬した書物として、クローデルの『エマオ』を捉えていたのではなかったか。

シュラキの幻視は、一九五二年四月三日の『ル・モンド』に掲載されたインタヴュー「イスラエルの神秘」に淵源を有していた。シュラキに向かってクローデルは言う、イスラエルは率先してキリストの聖墳墓を再建し、「聖なる場所の番人」(gardien des Lieux saints)とならなければならない。それにつづいて、紙面には痕跡を残すことのなかった言葉が発せられたようだ。イスラエルはパレスチナ全土を所有しなければならないとお考えですか。もちろんです。私はイスラエルが聖地全体を所有することを望みます。それはイスラエルの当然の権利なのです。しかし、この抹消された声を紙面から聞き取ることはさして困難ではなかったのだろう、聖地管理委員会議長ド・ラ・ボームの名ですぐさま反論が『ル・モンド』に送られた。クローデル氏の提案は、ユダ王国の再建と人類全体の救済につながるメシアの到来との混同という、イスラエルが犯しつづけてきた過ちを永続化するものでしかない。シュラキは、そんな言葉を綴った書簡の背後に、当時反イスラエルのキャンペーンを展開していたルイ・マシニョンの影を見ている。かつてはクローデルと往復書簡で結ばれていたイスラム学者のマシニョンである。しかし、「三つの一神教」(ダニエル・シボニー)の交差点をめぐるクローデルの発言は反イスラエルの立場に立つ者からのみ非難されたのではなかった。イスラエルの側からも相次いで非難の声があがった。いや、「イスラエルの神秘」それ自体がすでに一種の釈明の場であったのだ。

『エマオ』を上梓したその年、クローデルは『イスラエルへのひとつの提言』(*VI*)*と題された小冊子を出版している。翌年、この文章は大著『イザヤの福音』(Evangile d'Isaïe)に「イスラエル再建」と題を改

＊以下の著作の引用の出典については以下のように略記し、頁数のみを示す。
クローデル
*VI*: *Une voix sur Israël*, Gallimard, 1950.

めて収められることになるのだが、『イスラエルへのひとつの提言』は出版されるや否やフランス内外にすさまじい論争を引き起こした。いずれの反論も、クローデルがユダヤの民を「金銭の民」に譬えた点に批判を加えているのだが、ジャニーヌ・オシェなる女性が『フィガロ・リテレール』誌に寄せたクローデル宛の公開書簡を受けて、クローデルは一九五一年二月十日の『フィガロ・リテレール』誌に「選ばれた民は金銭の民か」と題された返信を発表、さらにシュラキを相手に選んで誤解を解こうとした。いみじくも「シャイロック」と題された文章が書かれたのもこの頃である。なんの躊躇もなく言うが、シェイクスピアの有名な寓話については私はヴェニスのユダヤ人の味方である……。

レヴィナスもまた貨幣をめぐるこの論争に介入した論客のひとりだった。「イスラエルへのひとつの提言」と題された論考を『エヴィダンス』誌（一九五一年四月）に寄せている。その半年後に「自我と全体性」を発表したレヴィナスは同論の第六節で初めて貨幣を論じたのだったが、その余白には「一九五一年二月十日の『フィガロ・リテレール』でクローデルが貨幣についておこなった実に見事な考察を参照されたい」という言葉が記されていた。クローデルの旧約釈義にはらまれた反ユダヤ的歪曲をかぎ分けたレヴィナスはここで、貨幣とユダヤ性を結びつけるクローデルの考えを貨幣の形而上学の見事な例証として称えているのである。

貨幣はカトリック詩人クローデルに対するレヴィナスのアンビヴァレンツを証示している、と言えるかもしれない。それはまた、レヴィナスにおける拒絶の挙措の分裂をも示していた。というのも彼は、「ハイデガーが現象学的考察をおこなわなかった唯一のもの」として貨幣を挙げ、この看過の理由を「貨幣による交換とユダヤ人との結びつき」に求めているからだ。貨幣は、共にランボーの詩集『イリュミナシオン』に引き寄せられたクローデルとハイデガーを引き離す。『イリュミナシオン』は、il y a と Es ist（Es hat）とEs gibtとの翻訳の境界線でもあり、この線は言うまでもなくレヴィナスとハイデガーとのあいだにも引かれている。

それだけではない。貨幣は、ハイデガーに対するレヴィナスのアンビヴァレンツをも示唆している。「「存在の思考」に関して教えようとしたすべてのことに反して、ハイデガーはここで倫理の根源的な意味性と出会ったのではないだろうか」（*EN*, 187. 傍点引用者）――レヴィナスがハイデガーの「アナクシマンドロスの箴言」について述べた言葉であるが、この例外的な言葉をレヴィナスが語ったのは、思うに、アナクシマンドロスの箴言を翻訳する過程で、ハイデガーが公正と不正、罰と償い、贖いと支払いに言及していたからだ。ギリシャの早朝から立ち昇るこの存在の「黙した声」（Läute der Stille）、レヴィナスはあるときはそこに「反‐聖書」を聞き取り、あるときは「聖書に、特にキリスト教に近い考え方」を聞き取り、さらにあるときは、地震と火ののちにエリヤに聞こえた「静かな囁き」を聴取している。「知らず知らずのうちに、ハイデガーはギリシャ人をユダヤ化しているのかもしれない」（*DMT*, 173. 傍点引用者）。この混乱は、貨幣が三つの輪の交わる部分に位置していることを鮮やかに示していると言えるだろう。

＊　＊　＊

『イスラエルへのひとつの提言』でのクローデルの貨幣論は、彼の聖書釈義の総体と結びついていたの

---

レヴィナス

*EN*: *Entre nous*, Grasset, 1991.
*DMT*: *Dieu, la Mort et le Temps*, Grasset, 1993.
*QL*: *Quatre lectures talmudiques*, Minuit, 1968.

みならず、『交換』やクーフォンテーヌ三部作などの戯曲、『流謫の詩』を初めとする詩作品とも連動していた。『リーブル・パロール』誌を購読し、ドリュモンを称える家庭に育ち、みずから後に悔いているようにドレーフュス事件に際しては密かに反ドレーフュスの立場に身を置いたクローデル。作曲家ダリユス・ミヨーとの出会いがあり、「ユダヤの首都」フランクフルトでのロスチャイルド男爵夫人やユダヤ人銀行家たちとの交際があった。後に、ユダヤ人迫害に抗議した書簡が世界ユダヤ人会議ならびにフランスの首長ラビに宛てて書かれた。首長ラビ宛のこの書簡は密かにユダヤ人たちに配付され、そのためクローデルは家宅捜索を受けている。そのクローデルがユダヤ人と貨幣との結びつきを初めて語ったのは、アンドレ・シュアレスに宛てた一九〇六年一月の書簡であろうか。「キリスト教徒は信を有しているが、ユダヤ教徒は債権・信任状（créance）、為替手形（lettre de change）、この殺す文字（lettre）を手放さない」。

『ローマの信徒への手紙』一一章が踏まえられている。その罪と躓きゆえにイスラエルという枝は切り落とされ、代わりにキリストの信徒が「接ぎ木」されたが、神がイスラエルに与えた「恩寵《カリスマ》」と「招き《クレーシス》」は取消し不能のものであり、イスラエルが信仰をもてば彼らもまた接ぎ木されるであろう。パウロのこの言葉は、イスラエルに対するキリスト教会の応対の核のごときものを提供しつづけてきたと言ってよい。すでにクローデルは、「恩寵」と「招き」を「証券」（titre）と訳すことでこの図式を貨幣経済の問題として捉え直していた。この方位に関しては、レオン・ブロワとクローデルとの近接を語ることができるだろう。クローデルがブロワの『ユダヤ人による救い』をどこまで読み込んでいたかはともかく、彼はブロワの『ユダヤ人による救い』を「象徴的釈義の大道を再び開くもの」として高く評価するとともに、「思うに、私はレオン・ブロワにつづいて初めてイスラエルの真の偉大さを思い起こさせた者である」とも述べている。ブロワにとっては、貨幣は「神の生きた言葉の同義語であり譬喩 figuratif」であったが、クローデルも同様の認識を示している。「聖典の至るところで、売買のことが、貸借と会計のことが問題となっているのではなかろうか。メシアの約束は購いの約束ではなかろうか。貸付け、交易、利子 intérêt、価値、お金 monnaie といった語群は神秘的な語彙を形づくっているのではなかろうか」(Réponse à Mme Janine Auchher, in *Cahiers Paul Claudel*, 7, Gallimard, 1968, p. 352)。

貨幣は神の言葉の表徴であり影であり幻影 (simulacre) でしかない。霊にとっての文字でしかない。これは金貨あるいは金を信用貨幣の表徴と見なす図式のひとつの源泉であろう（岩井克人『貨幣論』一一〇—一一一頁参照）。したがって、同じクローデルの口から貨幣を糾弾する言葉が吐かれたとしてもなんら不思議はない。「すべては価格の次元で、諸々の等価な量同士の交換の次元で進行している。信はもはや足を地につけてはおらず、今やクレジットと呼ばれ、お金に組み込まれてしまった。切り落とされた獣の頭はラテン語で caput というが、この頭が資本 capital と化したのだ」(*Au milieu des vitraux de l'Apocalypse*, Gallimard, 1966, p. 135)。とはいえ、貨幣が神の言葉を表徴するものであることに変わりはない。このディレンマがクローデルをして「銀行家も要らぬと言い、市場にも立たず、手形にもならぬ (…) 奇怪な貨幣」(『流謫の詩』) を語らしめたのだった。慈愛ならざるものはすべて表徴である、というパスカルの言葉が想起されるが、マラルメ的な詩的言語の譬えとして語られたこの奇怪な貨幣は究極的には、絶対的価値としての慈愛 (charité) であり、キリストによる血の贖いもしくは犠牲である。キリストの遺体がプローテウスのように土地、労働、リビドーへと変身していく。奇怪な貨幣は流通の正義の絶対的な源泉でありつつも、みずからは交換には巻き込まれることがない。イスラエルとキリストとの関係も、慈愛と流通の正義とのこの関係に重ね合わされることになる。

イスラエルが債権者であるのは、イスラエルに神がその署名入りの手形を渡したからである。贈与者たる神は、誰にも借りていないのにイスラエルに債務を負うている。債権者が債務者となり、債務者が債権者となる。イスラエルがその手形を汲々として手放さないのは、神による返済、つまりはキリストによる支払いをいまだ承認していないからである。究極的な支払いを受けないこと、時間の終末を承認しないことで逆に、イスラエルは利子という時間を一方的に徴収していくのだが、その限りにおいてイスラエルは神の生きた言葉を手にすることはない。ところが、今やイスラエルは聖地に帰還した。クローデルにとって、聖地とはキリストの墓であり、人と化した神のこの墓である。犠牲に捧げられた獣の頭部を「資本」という「呪われた錬金術」の所産と見なしたクローデルであったが、キリストという頭石の遺骸（caput, corpus）はここで逆説的にも、イスラエルにおける文字の蓄財の、そしてまた霊的な絶対的貧困の最終的な源泉と化す（資本と頭部、身体との連関についてはブローデルの『交換の働き』を参照されたい）。キリストは精神的、政治的な「資本」（capital）である、とクローデルが語る所以であろう。蓄えることなく血を流しつづける「資本」である。

イスラエルよ、キリストの墓の、この資本の「主計」（intendant）たれ、とクローデルは言う。それが、キリストという資本を承認しないことで利子を汲み上げつづけてきたイスラエルの使命である。しかし、この資本は赤字を増やしつづけることで豊かになるような資本であるから、主計の任務はマンモンの徒よろしくただ保存し蓄積することではない。むしろそのような資本（の否認）によって得たものを使うことが主計の役目である。クローデルは、第二次世界大戦が経済システムの調和と均衡を破壊したと考えていた。流通の正義の確立が焦眉の問題である。パレスチナはまさにアジアとアフリカとヨーロッパの「十字路」であり、イスラエルがキリスト教ともイスラム教とも出会う場ではないか。利子という徴しによってイスラエルとイスラエルならざるものとを区別しつつ、イスラエルは境界地帯を、市場――「すべての市場は聖なるものである」——を仲買人として歩みつづけてきた。

しかし、貨幣は「結合の要因」でもある。それは特殊な富を「万人にとっての証券」たらしめるような善行の可能性でもある。今こそイスラエルは利子という徴しを消去することによって諸国民を直接的対峙から救い出し、彼らを結びつける絆とならなければならない。利子という徴しの消去が割礼に対するパウロの姿勢と平行関係にあることは明らかだが、イスラエルの散財はイスラエルがみずからの債務を思い起こすことであり、また、イスラエルから贈与を受ける貧者は単なる債務者となるのではなく、イスラエルに返済しうる者となるために贈与を受ける。互いに債務者であり債権者であるような相互的責任の連関がこうして流通の正義として形成されていく。それがクローデルによるイスラエルの「カトリック的な使命」(*VI*, p. 76) なのである。

「貨幣は復讐と赦しの循環あるいは悪循環を断つ贖いの正義の可能性をかいま見させてくれた」、レヴィナスのこの言葉のうちにクローデルの谺を聴取するのは決して困難ではあるまい。けれども、それは手放しの賛同を意味するものではなかった。「経済 Economie の別名は慈愛 Charite である」(*ibid.*, p. 64) と書き、また、イスラエルが物質的領域で確立する流通の正義は精神的領域でのキリストの慈愛の等価物であると述べつつも、クローデルはやはり、慈愛と正義、信と貨幣、キリスト教とユダヤ教との序列を放棄してはいないからだ。「利子は愛に似たものと化し始める何かではなかろうか」(*ibid.*, p. 51)、「無償性を引き起こすために不可欠な膨大な基金」(*ibid.*, p. 75) といった言葉からもそれを読み取ることができるのだが、レヴィナスはこの点を見逃さない。「物質的財の交換によって制定される社会は (…) クローデルにとっては譬喩 figures と寓意 paraboles の社会にとどまっている」(*Difficile Liberté*, Albin Michel, 1976, p. 168)。クローデルの言う「われわれ (ユダヤ人) の物質的本性は存在のなかの連帯の成就そのものであり、何かを予示する譬喩ではまったくない」(*ibid*., p. 169)。

クローデルもレヴィナスも慈愛と正義との境界地帯の曖昧さを解消しようとしている。しかし、いや、だからこそこのマーキングは共通の挙措をはらまざるをえない。第一に、たとえそれがまったく異質な戦略のもとに構想されたのだとしても、クローデルもレヴィナスも共に、「民族的正義」の実現のためではなく「普遍的正義」の実現のためにイスラエルは聖地へと帰還したのだという点を肯定している。換金も変換レートも不要な世界市場と統一貨幣へのバベルの夢がその背景にある。第二に、クローデルのみならずレヴィナスもまた、帰還と墓を結びつけている。というのは、タルムードのある記述によると、カナンの地を探るよう派遣された探索者のひとりカレブは、キリストの墓ではなく、ヘブロンにあるアブラハム、イサク、ヤコブら族長たちの墓の上に身を横たえるからである。「カレブが採った方法は、父祖伝来の伝承を固守すること、イスラエルの厳密な意味での民族的な歴史と受け継がれてきた慣習に連なること、父祖たちが埋葬されている土地、善のみが生まれいかなる悪もそこからは発生することのない土地に身を委ねること、これです」(*QL*, 127)。墓は民族を、信徒を普遍的なものに転じる魔法の箱なのだろうか。墓(ケベル)という資本は伝承(カバラ)である。貯蓄することなき善の、財(bien)の銀行ではある。が、ネイションをめぐるエルネスト・ルナンやモーリス・バレスの考えとの近接がここにはある。

墓はさらに埋葬に送り返される。「屍体の現前」への留意は「もっとも古く、もっとも一般的な人類の伝承」である、とクローデルは言う(humando=humanitas)。事実、『モーセ五書』も被服に始まりモーセの埋葬で終わっている。レヴィナスが着付けと墓堀りの挙措のうちに神性の、倫理のアルファとオメガを読み取るのもそのためである。しかし、伝承に連ならない者にとっては、墓は墓ではない。「幾世紀にもわたる無知・無能 impéritie」(*Cahiers Paul Claudel*, 7, p. 188)が聖地を不毛な土地に変えたのだ、とクローデルはいう。レヴィナスにとっては、カナンの住人たちは「建てる、住まう、存在する、耕す」といったハイデガー的範疇を具現する人々であったが、この存在論的な力強さも、ヘブロンというもっとも不毛な地の「精神的優位」を開発するものではまったくない。クローデルはキリスト教的慈愛とユダヤ教的正義のあいだに境界線を引くと同時にユダヤ－キリスト教的な慈愛－正義と無知・無能（誰の無能だろうか。異教にかくも引きつけられた詩人であるが、やはりある異教のと言わざるをえまい）とのあいだに境界線を引き、レヴィナスはユダヤ教的正義とキリスト教的慈愛のあいだに境界線を引くと同時に、ユダヤ－キリスト教的な正義－慈愛と異教的な「強さ」（force qui va）のあいだに境界線を引いている。その線引きによって、墓は墓なき死者に埋もれていくのだが……。

それだけではない。クローデル的な慈愛への従属から正義を解き放って倫理的事象の総体を正義と呼んだレヴィナスもやがて正義と慈愛を再び二肢化し、起源にさえ先立つ慈愛を無償の贈与として、同等な市民同士の共存たる正義を比較と交換の秩序として捉えることになるからだ（拙論「時のノーマンズランド」、『現代思想』一九九三年二、三月号参照）。クローデルにとっては慈愛はイスラエルの長子権それ自体を贈与するものであり、レヴィナスにとっては慈愛はケリュグマという音信に先立つものであるという鏡像的転倒をはらみつつも、二人は同じ身振りをくりかえしている。まず普遍救済という大前提に立ちつつ贈与と交換、没利害ないし無償性と利害という二つの次元を設定する。その際、クローデルにあっては交換のための貨幣と奇怪な貨幣が、レヴィナスにあっては交換のための貨幣と身体という身代わりの生きた貨幣、担保（otage）が区別される（付言しておくなら、『悲しき熱帯』の末尾で、西欧をイスラムとの関係によって規定したレヴィ＝ストロースの言う人類学者もまた、贖いそのものとしての生きた貨幣とみなされている）。クローデルにとってもレヴィナスにとっても、この区別は「語られたこと」と「語ること」の区別に対応しているのだが、ついで、いずれにも同等の重要性を付与しながらも、前者を論理的に先行したものとして捉える。しかし、この図式をこそ問いたださなければならないのではないか。

おそらく、宗教と貨幣は同時に誕生する。今私たちが倫理と正義の復権の名のもとに眼にしているのは、一方では超越的な価値の絶対的源泉が喪失し、いま一方では自己調整的市場の均衡への幻想が崩れさったなかで、それを蜃気楼のように復活させながら、実はこの図式が生み出してきたマルクの悲劇に、たとえば無償の贈与によって、たとえば正義の制裁によって立ち向かい、それによってさらにこのマルクの悲劇を反復させる、そのような動きである。たとえば難民という範疇の誕生とネイションの連合の成立とは本質的に同じ事態である。一方では普遍的な流通の正義がネイションの連合によって占有され、他方では裸の人間とその権利の擁護が無償の贈与として称揚されるのもそのためである。

しかし、アブラハムがサラを埋葬するときにも、墓所の売買がなされていた。アブラハムは墓所の贈与をくりかえし拒む。銀を払い買い取ることで、墓所という源泉——たとえそれが無償の贈与の源泉であれ——の固有化が借りを残すことなくなされる。贈与の伝承、伝承の贈与は再び密かな交換に送り返される。そもそも、信用の無からの創造、贈与の最初の一撃は単数形で語られるものなのか。それとも、複数のそのつど異なる無からの創造があり最初の贈与があるのか。等価交換から贈与へ、贈与から不等交換へという図式も、等価交換と不等交換との二元性を不当な前提としている。その二元性が揺らぐような《同じもの》の境界地帯に、そのつど贈与と創造を差し戻さなければならない。さもなければ、無償の贈与なるものは、それが突破口を開くと称する売買の利害関係を追認するカリカチュア以外のものたりえないだろう。課税体系が慈愛と正義との共犯関係を証示しているのと同様に、代理母、臓器の移植、長期のローンなどの現象とレヴィナスのいう倫理的主体の様態が酷似しているのも決して偶然ではないのである。

＊　＊　＊

ふたつの輪の戯れはいまひとつの輪にも作用せざるをえない。レヴィナスにあっては、没利害（dés-inter-essement）と利害（inter-essement）の区別は「存在すること」と「存在するとは別の仕方で」の区別としても考えられているが、一方では両者を忘却から引き出すことが同等の重要性をもつものとみなされ、他方では前者に対する後者の絶対的先行性が語られる。このように、先行する「存在するとは別の仕方で」が慈愛とみなされると、今度は正義と「存在すること」との近接が必然的に生じ、そのため、かつてはユダヤ的と称されていた正義は、正義による存在の基礎づけの名のもとに、西欧の諸法、ポリスと存在の諸法と連動される。のみならず、ケリュグマもまた慈愛に対しては「存在すること」と同じ位置を占めざるをえず、その結果、ケリュグマとトーラーとの類似を一方で維持しつつも、ケリュグマを、命題として集約される「存在すること」に還元せざるをえなくなる。さながらパズルの組み替えのようではないか。

帰還と墓と埋葬の連鎖はこうして私たちをヘルダーリンの帰郷者に、アンティゴネーに導くことになる。これほど対照的な帰郷もあるまい。シュヴァーベンへの帰郷。帰る間もなく「出発せよ」と命じられる大使クローデルの帰郷。そして、生まれた国には戻ることなき者の帰郷。けれども、ここにも蓄えられた宝(der Fund)の比喩が現れる。墓であり金庫である。ハイデガーなら（Schrein)、壺と言うだろう。いずれの場合にも、そこには「固有なもの」(das Eigene)が、「最善のもの」(das Beste)が眠っており、それは閉ざされ「貯えられている」。土地に帰還するだけでは、この宝に触れることはできない。近づけば近づくほど遠ざかるような「近さ」(Nähe)。ノマドほど土地に執着する者はいない、とはレヴィナスの言であるが、ここでも、土地を渡り歩く「冒険」はむしろこのような「近さ」を逸してしまう。貯蔵庫の近さ、近さの貯蔵を保護する探索者の「犠牲」(Opfer)がなければならない。そうして初めて、宝は場所(Ort)を、ポリスを与える。自分の土地と呼ばれるものに居住するためにも、「故郷の息子たち」の犠牲が不可欠なのである。故郷、そして息子。エルンスト・ブロッホのユートピア思想をハイデガーと対立させつつ、このユートピアを予見不能な未来の「故郷」(Heimat, foyer)と呼んだとき、レヴィナスは目眩に捕らわれはしなかったか。foyer――それはハイデガーの言う「竈」であり「炉」(Herd)でもあるのだから。

墓なき死者に墓を築く者は時に、生きたまま岩屋の空洞に閉じ込められる。彼、彼女は人格なき土地を踏み固めていたのではない。野犬や大禽に晒された剝き出しの遺骸に土をかけ埋めようとしたのだ。人間と国の法に背いて神の法に従ったのだ。エディプス王の娘アンティゴネー、この墓堀りの名はレヴィナスの書いたもののなかにはまったく登場しない。それは神話という文明のガラクタに属するものでしかない。だが、実はその名はいわば黙説法で彼の言説のなかに書き込まれていた。ヘーゲルの『精神現象学』を註解した箇所である。「家族特有の美徳が存在する。死者たちに対する義務は彼らを埋葬する義務であり、それが家族特有の美徳を成しているのだ」(*DMT*, p. 98)。

レヴィナスがここで註解しているのは「人倫的世界、人間の掟と神々の掟、男と女」の叙述であり、そこでヘーゲルは国家共同体と家族との対立をアンティゴネーによる埋葬の行為に即して考察している。家族は死せる血縁者を死による破壊から奪い返して、彼、彼女を大地の懐に入れ、不滅の個人として共同体の一員に迎え入れる。これが家族の倫理(Sittlichkeit)の本義なのだが、レヴィナスは、死ぬことがヘブライ語聖書では「祖先と一緒に寝る」と表現されることを指摘するとともに、この地下の場所を「現象学的領野の下に位置する次元」と呼んでいる。

なるほど死者が葬られる大地はレヴィナスにとっては元基であって、無限定な元基は無限を遮る閉じ蓋である。そうした観点から死をめぐるヘーゲルの考えに批判が加えられる一方で、アンティゴネーの倫理がヘブライ的倫理へと、現象学に先立つ領域へと引き寄せられている。もちろん、『キリスト教の運命と精神』に対するレヴィナスの解釈を考えても、この引き寄せは多分に屈折したものであろうが、いずれにせよ、レヴィナスの言う慈愛のアナーキズムと正義の諸法との区別が、ヘーゲルにおける国家共同体と家族、人間の法と神々の法との区別をその隠された源泉のひとつとしていたことは明らかであろう。あの人のお葬いは私がするんだから、それで死ぬなら本望だわ。エステルである。アンティゴネーのこの言葉は、いまひとりの女の言葉と互いに呼応し合っているように思われる。エステルである。ユダヤ人の皆殺しを諮る陰謀の存在を知らされたエステルは法律を破って、夫であるクセルクセス王に直訴しようとする。そのために死ななければならないのでしたら、死ぬ覚悟でおります。かつてエステルの物語の註解を試みたレヴィナスは、そこにイスラエルの没利害の防衛の闘いを読み取るとともに、エステルのこの言葉から、「他の人間の死のほうが自分の死よりも優先するということ、かくして倫理が到来することになる」（*A l'heure des nations*, Minuit, 1988, p. 40）との結論を引き出している。

しかし、『ヘルダーリンの讃歌《イスター》』でのハイデガーのアンティゴネー解釈は、国法と神の法、国家と宗教、国家と家族といった対立の図式それ自体を覆すものであった。そうした図式は、人間と世界についての通俗的諸観念に近代の「人間学」と「実存主義」で色をつけたものにすぎず、その限りで、「ギリシャ的に経験された存在の深淵、奥深さ、多義性」を取り逃がしてしまう。アンティゴネーは死せる兄と係わっているのでもない。レヴィナスであれば、そこに存在者の、人格の軽視を見て取るだろう。ただしレヴィナスもまた、ヘーゲル的な埋葬の解釈はユダヤ的な無限の、「存在するとは別の仕方で」の証しを取り逃がしてしまう、と言えば言えたであろうが。

ハイデガーは、ここでもまたアンティゴネーの死を「故郷に至る道」(Heimischwerden)、「存在に帰属すること」(Zugehörichkeit)として捉える。その際、「キリスト教的な誤解」、「プラトン－キリスト教的引下げ」、「ローマ世界」が斥けられ、複数の切断がなされていることも忘れてはなるまい。「近代」との切断線は空間的にはアメリカ主義との切断でもある。この地勢学はまたロシアとの、アジアとの切断をも含意している。ローマ世界を経由したキリスト教とギリシャ的なものとのあいだにも、ギリシャ的なものとギリシャ的なものとのあいだにも切断が施される。そこにもレーテが流れている。故郷に至る道、存在に帰属すること、レヴィナスにとってはそれは堅固な大地に根づいた人間の「存在することへの固執」であろう。けれども、ハイデガーはデイノン、ペレインというギリシャ語をdas Umheimlicheと翻訳する。不気味なものと訳されるのが普通だが、不気味なものは「休らいなきもの」(das Nicht-Geheure)である。あの帰郷者と同様に、故郷に至る道は「故郷にあらざること」(das Umheimische)の近接なのだ。だからこそアンティゴネーは、そして人間は「休らいなきもの」なのだが、「休らいなきもの」の不気味さは「カタストロフ」であり、「カタストロフ」は、「存在するもの」のなかには故郷をもたぬことが故郷に至る道であるという方位の逆転(Umkehrung, subversion)を意味している。存在への帰属は「存在するもの」を転覆する破局である。いや、「ある」とも「存在する」とも訳されるペレインという語の翻訳をつうじてハイデガーが示しているように、存在への帰属は、絶えざる不在と現前の隠れなき交替のなかにある間近な「隣人」(der Nachbar)へと曝露されることなのだ。人間は海からも大地からも、つまりは元基から疎遠なものとして拒まれる。『形而上学入門』では、この拒絶が元基ならざる「海」への出帆と見なされている。

すでに意味深い寡黙さをつうじて幾度も示唆されているように、「存在すること」の内在性と安定を転覆する「存在するとは別の仕方で」の「動揺」(in-quiétude) に類似した何かがここに描かれている。いや、ここに言う「隣人」は「顔」としての、唯一なる人格としての「隣人」ではない、のっぺらぼうな、中性的な非人称態にすぎない、との声が聞こえる。マルレーヌ・ザラデルの『ハイデガーと起源の言葉』(Marlène Zarader, *Heidegger et les paroles de l'origine*, Vrin, 1986) に寄せた序文のなかで、レヴィナス自身この点を明確に語っている。「人間は同伴者である。けれども、その十全な意味を握っているのは四大 (Geviert) のほうである。いわゆるギリシャ的な源泉 (sources) へ、さらにはこの源泉を超えての遡行のうちには、人間的なもののいかなる優位も存在しない。人間の主体性に、それ自体が目的であるような人格に準拠するものはなにひとつとしてない。(…) われわれのささやかな疑問はこうである。土地や事柄 (Sache) に対して、匿名の存在に対して、あるいは匿名の名 (noms anonymes) を有するがゆえに〈中性的なもの (Neutre)〉に対して、人間、その顔、その悲惨が優位を占めることはないということ、それは今世紀の数々の悲痛な出来事に呼応しているのではなかろうか。人間の優位のかかる不在ゆえに、アナクシマンドロスよりも古き声を、これらの声が西欧の〈筆記〉に記録として参入しているにもかかわらず追い払うことも正当化されるのではなかろうか」(p. 12)。つづいてこう言われている。「人格は土地よりも聖潔なものである。たとえこの土地が聖地であるとしても。傷つけられた人格に比すなら、土地——聖潔なる土地にして約束されたこの土地——は剝き出し (nudité) の砂漠にすぎず、木と石の集塊にすぎない」(pp. 12–13)。

揚げ足をとるようだが、「顔」を形容する「裸出」という語が「砂漠」にも用いられている。砂漠の顔——砂漠の顔は木と石と砂の顔 (Gesicht) であるだけではない (これはハイデガーのふたりの教え子ハンス・

ヨナスとレヴィナスが出会う場であろうが)。墓がそこに埋もれているだけでもない。砂漠には無数の通過と宿営の痕跡(trace)が刻まれてもいる。刻まれては砂に埋もれていく。顔の声を聞くことが、顔のうちなる記憶を絶した痕跡を聞くことであるとするなら、顔ならざる砂漠に顔を見ることもまた人格の尊重であろう。そうでなければ、レヴィナスのこの崇高な言葉は、「律法すなわち人間の人間性」に加わらないものを任意の他者から砂漠として放逐する危険をはらまざるをえない。

砂漠が広がる(Die Wüste Wächst)。ニーチェのこの言葉に考察を加えたのが、ハイデガーの『思考とは何の謂か』第一部である。砂漠化とは表象(Vorstellung, représentation)の支配であり、ハイデガーはそれを「復讐」(Rache)の問題と結びつけている。復讐は追い立て、追い詰め、前に立たせる。時間に、再現不能なものに敵対して現前させる。レヴィナスなら「隔時性」を共時化すると言うであろう。顔は、その無力によってまさにそのような共時化と掌握から逃れ、それに抵抗する。ハイデガーによると、ニーチェもまた、砂漠化の極点で、「形而上学」と「存在 - 神 - 学」の極点で「復讐の精神」からの解放を最重要の課題として望見していた。「復讐の精神」から解放された空間は「自由」の空間であるが、「自由」の空間はまた「正義」(Gerechtigkeit)の空間であり「利害の新たな空間」でもある。

『全体性と無限』の出版直後にハイデガーの『ニーチェ』を読んだとき、レヴィナスは「正義が真理の条件である」という言葉と出会ったはずだ。『全体性と無限』では正義と慈愛は同義語であったが、それでもなお、利害と没利害の対立が残るだろう。また、シェリングにおける善悪の問題やプラトンにおける善のイデアを分析したとき同様、ハイデガーにとっては、「自由」も「正義」もいわゆる道徳的な、倫理的な観念ではなかった。「復讐の精神」から解放された空間が、あらゆる平和主義(Pazifismus)とあらゆる「権力政治」(Gewaltpolitik)の手前にあるものとして、と同時に、犠牲の回避(Sichdrücken um das

Opfer）といかなる犠牲も辞さない盲目の行動の手前にあるものとして捉えられるのもそのためであろう。しかし、こうして「故郷の息子たち」の犠牲は「排除された第二項」と化すのであり、少なくともこの身振りには、「有限な自由」（liberté finie）を自由と非－自由の極限（fin）として捉え、さらに自由と非－自由の手前に無限の（in-fini）責任を位置づける、そのようなレヴィナスの身振りを彷彿させるなにかがはらまれている。ハイデガーはニーチェが望見した「自由」と「正義」の空間をたとえばアナクシマンドロスの箴言に読み取っていくのだが、レヴィナスがそこに「倫理の根源的意味」を看取したのは決して偶然ではないのだ。ただしそれは、ハイデガーが「存在の思考」に関して教えようとしたことすべてに反して、ではまったくない。

砂漠の隙間に、密着した砂粒と砂粒の間に開かれるもの、この場所ならざるものが「それ」（Es）であろう。なるほど、「それ」は「非人称」（Impersonale）であり「中性」（Neutrum）である。けれども、人称や性の区別（Verschiedenheit des Geschlechter）を前提としつつ否定的に「それ」を捉えることは、あまりにも粗雑に「それ」を問うことである、とハイデガーが言っていることを忘れてはなるまい（『思考とは何の謂か』第二部Ⅷ）。逆に言うと、「それ」を非人称性、中性として捉えることは、人格の固有性と区別をすでに確定されたものと見なすことなのだ。「それ」はマルクである。アロスとアウトス、単数と複数との奇妙な境界地帯の痕跡である。このこともまたハイデガーがまさに*in-fini*の哲学者であることを証示しているのであろうが、「それ」は限界（Ende）が中間としての無－限（un-endlich）であるような境界地帯の痕跡であり（「ヘルダーリンの天と地」参照）、その限りで《同じもの》である。だからこそ「それ」はEr selberとも書かれるのだが（『ニーチェ』参照）、ジャンケレヴィッチとレヴィナスが異口同音に語るLui-même, illéitéの訳語をそこに見てはならないのだろうか。顔と向き合うことが、顔のうちなる「彼性」

の痕跡を果てなく追い求めることであるとすれば、顔という「固有名」は「それ」でもあるのではなかろうか。事実、『存在するとは別の仕方で』の最後の部分では、「ある」が、さながら「彼性」と表裏一体のものであるかのように、「他性の全重量」として回帰することになる。『アッシャー家の崩壊』の妹のみならず、生きて空洞に遺棄されたアンティゴネーも「ある」。クレオンは言う、この咎は決して他のどんな人間にも着せることはできない、私以外の誰にも、と。

しかし、ハイデガーはやはり「聖なるもの」(das Heilige, le sacré) の呪縛を顕揚しており、「聖なるもの」は異教の複数の神々を神々たらしめるのではないか。ただし、一九五二年のある対談ではこうも言われている。「私の考えでは、存在は神の本質でも根拠でもありえません。ただ逆に、(神の顕現が人間と出会う限りにおいて) 神の経験とその顕現は存在のなかで生起するのです。だからといって、存在(する)が神のありうべき述語としての価値をもつわけではまったくありません」(cf. *Heidegger et la question de Dieu*, Grasset, 1980, p. 334)。さまざまな解釈が可能な一節であろうが、この言葉は、「詩人の神」と「啓示の神」とを区別し、さらに信と思考とを区別するためにだけ語られたのだろうか。「観念に到来する」神の啓示の逆説を、「存在するとは別の仕方で」たる神を暗示するものとして、この言葉を捉えることはまったくできないのだろうか。

「それ」は「存在」と「時間」を与える。記憶を絶したこの「呼びかけ」(Heißen) と贈与 (Gabe) に耳を傾け、それを懐想 (Gedächtnis) し、感謝すること (Danke)、そこにハイデガーは「思考」(Denken) を読み取る。知られているように、かかる「思考」をハイデガーは Gedanc という中高ドイツ語で表現した。レヴィナスなら「感謝できることに感謝すること」というだろうが、レヴィナスにとっては、「それ」への、「彼」へのこの感謝 (reconnaissance) はユダヤ教の、ヘブライ語の祈りからの翻訳であった。セム語族をめぐるルナンの仕事がまたしても脳裏をよぎる。インド－ヨーロッパ語族の「発見」以降の比較言語学の問題がここで問われているのだろうか。

＊　＊　＊

ヨセフスの『アピオーンを駁す』以来、ある単調な操作がくりかえされているように見える。なぜ、より古きものへの遡行を競うのか。なぜ遡行の深度が来たるべきものの遥かさとその希望の本源性を定めるのか。レヴィナスはハイデガーの遡行が「ギリシャの源泉」をさらに超えた遡行であることを認めつつも、ギリシャの源泉の彼方のそのまた彼方に聖典を置く。「ハイデガーの言う存在はもはやギリシャ人たちのいう存在、プラトン的な存在ではない」(*DMT*, p. 155) という言葉から推察するに、「ギリシャの源泉」を超えた場所はここではソクラテス以前の思想家たちの文書を指していると考えられる。けれども彼は、この場所を反－聖書的なものとしてのみならず、キリスト教的なものとしても、さらにはユダヤ的なものとしても捉えざるをえなかった。「ギリシャの源泉」を超えた場所が三つの輪の交わるマルクであることの証左であろう。

「ギリシャ人が知らずにいた始原 principes をギリシャ語で語ること」(*L'Au-delà du verset*, Minuit, 1982, pp. 233–234)、ハイデガーにとってもそうであったように、レヴィナスの使命は「翻訳」(Übersetzung) である。ここでは「誰々が知っていた始原」とは言われずに、あくまで「ギリシャ人が知らずにいた始原」と言われているが、やはりこの「翻訳」が、ヘブライ語聖書ならびに、ある意味ではその「翻訳」たるタルムードの「翻訳」を指すことに変わりはない。「ユダヤ人」(より正確にはパリサイ人と言うべきか) でありかつ「ギリシャ人」であるような翻訳者が必要である。パウロ的なミメーシスのことが思い起こされる。レヴィナスとパウロは同じ『ホセア書』の聖句を援用して普遍救済を語り、すべての戒律を隣人愛あるいは殺人の禁止に収斂させる。ただここでは、「タルムードは、新約が旧約を完成し、また延長すると言い張るのと同じ方向で聖書を「完成する」のではない」(*QL*, p. 19) という言葉からも分かるように、ヘブライ語聖書とタルムードのギリシャ語への翻訳の方位はパウロ的なギリシャ語への翻訳の方位とは区別され、そのうえで「ユダヤ人でありかつギリシャ人であるような西欧のユダヤ人」(*ibid*., p. 24) の両義性が語られている。

逆に言うと、この曖昧な境界地帯は「ギリシャの源泉」を超えた場所の曖昧さでもある。この曖昧な境界地帯の両岸に「ユダヤ的なもの」と「ギリシャ的なもの」を位置づけるとしても、この境界地帯は消えない。かつてハイデガーが「それ」の呼び声を「私から、しかし私を超えて」(aus mich und doch über mich) と表現したことと密接に結びついた事態であろう。《同のなかの他》という観念を提出しているとはいえ、レヴィナスはこの呼び声を「他者」からの呼び声とみなす。そのとき、他者と私とを切り離すために、「私を超えて」の部分を私に押し込めることになる。言い換えるなら、「ギリシャの源泉」を超えた場所を認めつつも、それを「ギリシャの源泉」に押し込めることになる。ギリシャ語はヘブライ的な謎を解明する言語としてのみ規定される。一方では「存在の思考はもはや存在論ならざるものと化す」(*DMT*, p. 165) と述べつつも、存在論批判としてハイデガー批判が展開されるのもそのためであろう。

事実、レヴィナスがハイデガーの思想として挙げる諸特徴はほとんど、ハイデガー自身によって批判された存在‐神‐学、形而上学の諸特徴と重なり合っている。たとえば『同一性と差異』を参考文献のひとつとした講義で、レヴィナスは、「同等なもの égal との関係はギリシャ的なものである」(*ibid*., p. 171) と言っている。『同一性と差異』でのハイデガーが同等性 (Gleichheit) と同一性 (Identität)、さらには「同じもの」との差異を描き出していることを考えれば、この言葉はハイデガーにはあてはまらないはずなのだが、やはり、志向的な相関関係に結局は支えられたものとして「存在の思考」が捉えられることになる。「無底」は堅固な大地に、「住むことの危機」は根づきに、「隠遁」(Entzug) は「現前」に、「語ること」(Sagen) は「語られたこと」に、「放下」、「放念」(Gelassenheit) という根源的受動性は「存在しようとする努力」に転じられる。ハイデガーにおける「断片」への眼差しも看過される (cf. Jean Lévêque, *Le Fragment*, Osiris, 1989)。レヴィナスは、ハイデガーの思想とみずからの倫理学との類似を感じ取りつつも、一方では「ギリシャの源泉」と「ギリシャの源泉を超えたもの」との境界の曖昧さを逆用して対立を維持し、どうしてもこの類似を認めざるをえないときには、いまひとつの輪であるキリスト教にこの類似を転嫁したのではないか。ハイデガーは知らず知らずのうちにギリシャ人たちをユダヤ化したのかもしれない――単なる皮肉であったのかもしれないが、この呟きを聞き取った聴講者の一人マルレーヌ・ザラデルは、『ハイデガーと起源の言葉』につづく著書『思考されざる債務』(*La dette impensée. Heidegger et l'héritage hébraïque*, Le Seuil, 1990. 邦訳『ハイデガーとヘブライの遺産』法政大学出版局) で、レヴィナスのこのような操作を「奇妙な錬金術」と呼んだ。

では、境界地帯の逆説に対しては、レヴィナスよりもハイデガーのほうがより自覚的であったのだろうか。そう言わざるをえない。けれども、ハイデガーもまたこの逆説に耐えることができなかったのではないだろうか。連結符《ハイフン》、この帯 (trait) は結びつけ切り離す。『存在と時間』第四三節では、アウグスチヌスに関して「ギリシャ－キリスト教的」(Griechisch-christlich) という表現が用いられている。連結符《ハイフン》の鍵を握るのはおそらくパウロであり、パウロの書簡をめぐるハイデガーの一九二〇年代初頭の講義であろうが、いずれにせよこの連結と分離についてはすでに多くの論考が書かれている。

一方、『論理学——ロゴスをめぐるヘラクレイトスの教説』では、「ユダヤ－キリスト教的」（jüdisch-christlich）という表現が見られる。ここでもパウロが、そしてまたフィロンが鍵を握るのだろうが、ヘラクレイトス論ではこの表現は末期のギリシャならびにローマ的概念性と結びつけられており、このことは必然的に、初期ギリシャとキリスト教との分離を意味する。しかし、「ユダヤ－キリスト教的」という表現における連結符《ハイフン》が分離をも意味するとするなら、これでは初期ギリシャと「ユダヤ的なもの」との分離がなされたことにはならない。もちろん結びつけられたことにもならない。『七十人訳聖書』はまさにそのような曖昧な場所であるが、『七十人訳聖書』の読者ハイデガーにあっては、場所のこの不確定性は言及の不在として現象する。かくして、「ハイデガーにおいて私をしばしば驚かせること、それは彼がヘブライ的思想との対峙を一貫して回避しているように見えることだ」（*Heidegger et la question de Dieu*, p. 17）というポール・リクールの言葉が発せられることになる。

この回避は単なる回避ではない、とザラデルはいう。というのも、「感謝」としての「思考」にしても、予言者と詩人との関係にしても、存在させるものとしての「言葉」にしても、釈義の方法にしても、無についての考え方にしても、ハイデガーの思想のうちにはヘブライ的釈義ミドラッシュの方法やイサック・ルーリアの言う神の退却ないし収縮（ツィムツム）といったユダヤ的な思考との類似が確実に見られるからだ。ハイデガーは、このいまひとつの伝承の遺産によって西欧形而上学の解体を図りながらも、この遺産については口を閉ざす。ザラデルはフロイト的な「否認」（Verneinung）としてこの身振りを捉える。リオタールなら「忘却の忘却」というだろうが、重要なのは、ハイデガーの思想にユダヤ的なものとの類似を感じつつもそれを否定するレヴィナスによる「決意としての忘却」（oubli comme décision）と、ハイデガーによる「否認」とがまさに対面の関係にあるということだ。そこで何が起こるのだろうか。

西欧形而上学はプラトンに始まりニーチェで完成される、とハイデガーは言う。が、『形而上学とは何か』(一九二九年)にはすでに、「アナクシマンドロスからニーチェに至る形而上学の歴史」という表現が見られる。とすると、レヴィナスが倫理の根源的問題を見て取ったアナクシマンドロスの箴言もまた、ハイデガー自身の手によって形而上学の圏内に押し込められていることになる。ある意味では、レヴィナスの挙措をハイデガー自身がおこなっているわけである。ギリシャ語で語られながらもギリシャ人たちが十全に思考することのなかったもの、そのような「思考されざること」はここでは、ギリシャ語では語られざること」でもある。「感謝」という観念についてすでに指摘したように、この「語られざること」はレヴィナスにとってはヘブライ語で語られたことであり、ハイデガーにとってはドイツ語で語られたことである。なるほど、思考の可能性に関してギリシャ語はドイツ語と並んでもっとも強力でありもっとも精神的である(『形而上学入門』)と言われ、またあるときには、「詩作する」という語に関して古高ドイツ語とラテン語とギリシャ語の同語源性が指摘されるのだが、その一方でラチオともロゴスとも異なるものとしてGedancあるいは古高ドイツ語のgidancが選ばれ、ヴェリタスともアレーテイアとも異なるものとしてWahrnisが選ばれ、「ルアッハruahの忘却(の振り)」(デリダ『精神について』、邦訳一八三頁を参照)のなかで、スピリトゥスともプネウマとも異なるものとしてGeistが回帰する。

しかしながら、これは「ドイツ的なもの」への単なる回帰、その単なる固有化(appropriation. ちなみにレヴィナスはEreignisをこう訳している)ではない。たとえば「時間と存在」ではこう言われている。Esというドイツ語は「ドイツ語以外のインド-ゲルマン語系の言語」では不在であるが、しかし、この不在のなかでも「それ」は思考されている、と。つまり、ドイツ語はギリシャ語に貯えられた思考されざるもの、思考するべきものを語ると同時に、ギリシャ語としては存在しないがその不在のなかで思考されるべきものを迎え入れる「言葉の場所」（Wortort）なのである。ヘラクレイトスを、「ギリシャの早朝」を客人として迎え入れるイスターの流れと同じ流れの謎がここにある。異郷の客人を迎え入れるためには、イスターはあたかも東から流れるかのように逆流しなければならない。ドーナウ下流を指すギリシャ語「イステル」でドーナウ上流を呼ぶことによって、ヘルダーリンはこの逆流を語った。もはやそこに戻ることのできない源泉たるギリシャから、来たるべき源泉たるドイツへと、イスターは流れる。この逆流ゆえに、源泉の近くでは渦と躊躇が生じる。渦はギリシャとドイツとの闘いの場であり、異郷とのこの対決（Auseinandersetzung）、「異化」（Befremdung）の場はまた「共通の精神」（der gemeine Geist）の場でもある。「共通の精神」は「終わりつつ」（endend）ある。いや、この「限界」（Ende）が「共通の精神」の「差異」（ディアポーラ）の場であり、端的に「場所」（Ort）、「性起」（Ereignis）そのものなのだ。もちろん、東はギリシャを遥かに超えてつづいている。が、いまひとつの河、ラインは東へ向かうかに見せかけてドイツへと屈折する。

「ドイツ的なもの」はつねに異郷との不可思議な境界地帯として語られる。死という限界（Ende）を語ってから「哲学の限界」（Ende der Philosophie）を語るまで、ハイデガーは一貫して境界地帯を見つめつづけてきた。そこ（Da）も空き地（Lichtung）も「ポリス」も「集めること」（Versammlung）も、いやフォルク（Volk）や「存在」（Sein）もまたそのような境界地帯を指す語である。ドイツはもっとも多くの隣人をもつ「中心」（Mitte）であると言われるとき、ややもすれば私たちは中心を黒く塗りつぶしたような実体的イメージを抱きがちだが、このMitteという語もまた境界地帯を意味している。境界地帯はそれが「存在するもの」と化すや否や、境界地帯であることをやめる。したがって、それは「無」である。境界地帯はニヒリズムの場である。が、ニヒリズムの限界点でニヒリズムを超克しうる、そのような「危機《クリネイン》」

の唯一の場でもあるのだ。

「政治的なもの」（das Politische）の徹底的な脱構築をつうじて示されるハイデガーの政治性に、ハイデガーと国民社会主義との、いまだ明かされざる関わりに踏み込むためには、一方では彼の思考がこのように境界地帯の脱構築の試みであることを、他方では国民社会主義ドイツ労働者党という呼称に端的に表された境界地帯の逆説の重層をまず直視しなければならない。「祖国の真ん中を貫く分裂」（Riß durch seinen Mitte）については黙するとしても、「第二次世界大戦は何も決定しはしなかった」（dieser Weltkrieg hat nichts entscheiden）。この破廉恥ともいえる一九五一年の言葉でも、ハイデガーは周到にも《Mitte》、《Riß》、《entscheiden》という語群を選択している。

河の流れと同様、境界地帯の蛇行と分岐をどこまでも辿っていくと、境界地帯としての「ドイツ的なもの」は「ヨーロッパ的なもの」となり、さらには「地球規模のもの」へと繋がっていく。この無際限な連鎖が逆にこの場（槍の穂先）へのすべての帯の集結を可能にする。ここに、一対残りの全てという図式が成立する。さらに、「存在するもの」のなかでは「無」でしかないような境界地帯が、「存在するもの」とは次元を異にするものに転じられる。境界地帯の逆説が逆説としての「存在」に、「二重襞」（Zwiefalt）に転じられる。「二重襞」は格別な境界地帯である。贈与し、存在させる境界地帯である。かくして起源神話が形成される（こうして、アーレントの言う「汎ゲルマン主義」の特徴が回帰することになる）。この原‐境界地帯の忘却という観点から見るなら、境界地帯をめぐる「存在するもの」の次元での抗争と交通はまさに無意味で取るに足らないものでしかないのだ。世界大戦も、そこで流された血も、そこで捻出された「民族」の見分け方も、この特異な原‐境界地帯を見分ける（entscheiden）ことはできなかったのだから。

線のトポロギーを語った論考の最後の部分で、ゲーテを引用しつつ、ハイデガーが「信用貨幣」

(Scheidemünze) や「紙幣」(Papiergeld) の素早い「取引き」(Verkehr) を「精神的な商い」(geistige Handel) から区別しなければならなかったのもそのためである。同様に、リルケ論でも、「両替」(Wechsel) という「媒体」(Medium)、「市場」(Markt) のなかで、「貨幣と諸価値の妥当の振動」(Vibration des Geldes und des Geltens der Werte) のなかで動く「商人」の秤が「天使」のもとに移される。だが、「天使」に秤を渡してはならない。《同じもの》は同一性と差異の思考のみならず、《同じもの》についての思考をも翻弄する。商人をハイデガーは分析していないというレヴィナスの非難が再び谺するところだが、すでに示したように、この指摘はレヴィナスにもクローデルにも跳ね返っていく。《他なるもの》が《同じもの》と相補的な関係を結ばないよう、レヴィナスは、《他なるもの》は《同じもの》と境界を共有しないと述べた。しかし、ハイデガーの言う《同じもの》はむしろこの境界地帯に挿入され、錯視図形のように地と図が入れ替わるなかで《同じもの》の輪郭だけが薄暗のなかにとどまっていると言えようか。

　クローデル描く盲目のユダヤ人少女パンセ (pensée, Gedanc) ――盲目はシナゴーグの象徴であるがクローデルは彼女を「聖体的愛の象徴」と呼ぶ――はジシェル (ジシェルはシケル即ち貨幣である) の腹から生まれた。たぶん声で聞き分けたのだろう、彼女の盲目だけが瓜二つの兄弟たるキリスト教徒を見分けることができたのだが、もはや音か光かが問題なのではない。《同じもの》を虐殺と平和の最大のイデオロギーたらしめないためには、いかなるコモン・センスが必要なのだろうか。

# 翻訳と裏切り

## フランスのハイデガー

（二〇〇八年）

### 1　銃後の哲学者

その男のことを二十世紀最大の哲学者と呼ぶ者もいる。が、その一方で、戦犯としてその男を死刑にすべきだったと糾弾する者もいる。男の名はマルティン・ハイデガー。狭義の哲学と疎遠な方々もきっとこの名を耳にしたことがあるだろう。どんな人生だったのか、初めに簡単に紹介しておこう。

一八八九年　九月二十六日、ドイツ南西部バーデン＝ヴュルテンベルク州のメスキルヒに生まれる。父は教会の堂守のフリードリヒ、母はヨハンナ。
一九〇三年　ハインリッヒ・ズーゾ・ギムナジウムに中途編入学。
一九〇六年　フライブルクのベルトルト・ギムナジウムに転校。
一九〇九年　ギムナジウムを卒業後、イエズス会修道院に入るが、心臓疾患のため二週間で退院。フライブルク大学神学部に入学。

一九一二年　二月、休学してメスキルヒに戻る。理学部に復学し、その後、哲学部に移る。
一九一三年　学位論文「心理学主義における判断論」で博士号取得。
一九一四年　第一次世界大戦で従軍するが、心臓疾患のため数日で除隊。
一九一五年　教授資格論文「ドゥンス・スコトゥスの範疇論と意味論」を提出。試験講義を行い、教授資格を取得。再び応召し、フライブルクの郵便局で検閲に従事。私講師として教授活動を開始。
一九一七年　エトムント・フッサールとの交流。エルフリーデ・ペトリと結婚。
一九一八年　西部戦線で気象観測に従事。十一月、第一次世界大戦終結後、フライブルクに戻る。
一九二〇年　カール・ヤスパースを知る。
一九二三年　マールブルク大学に正教授の地位と権利をもつ員外教授として着任。ハンナ・アーレントを知る
一九二七年　『存在と時間』の前半部を刊行。マールブルク大学正教授に就任。
一九二八年　フッサールの後任としてフライブルク大学正教授に就任。
一九二九年　スイスのダヴォスでエルンスト・カッシーラーと討論。
一九三三年　四月、フライブルク大学総長に選出される。五月、ナチに入党。五月二十七日、総長就任式で講演「ドイツ大学の自己主張」。
一九三四年　総長を辞任。講演と執筆に専念。三五年、講義『形而上学入門』。
一九三九年　『哲学への寄与』。四三年、『ヘルダーリンの詩作の解明』。
一九四五年　連合軍により一九五一年まで教授活動を禁じられる。四七年、『思索の経験から』。五〇年、『樵の道』。

一九五一年　復職を許される。五二―五三年、ゼミナール『思考とは何の謂か』。
一九五九年『言葉への途上』。六一年、『ニーチェ』。六七年、『道標』。
一九七三年　みずから全集を企画（一〇〇巻を超える）。七五年に刊行開始。
一九七六年　五月二十六日、自宅で死去。

第一次世界大戦は「塹壕」と「前線」の戦いであったと云われる。ドイツ側ではエルンスト・ユンガー（一八九五―一九九八）のような作家、フランス側ではピエール・テイヤール・ド・シャルダン（一八六一―一九五五）のようなイエズス会士の古生物学・地質学者やアラン（一八六八―一九五一）のような哲学者がそこで戦い傷つきつつ優れた文学的・思想的著述を物したのだったが、三度応召しながら心臓病のせいで「前線」の兵士としてフランス軍と戦うことのできなかったハイデガーの姿がきわめて印象的である。第二次世界大戦に際して東部戦線に送られたのはハイデガーの息子たちだった。戦後、彼自身はフランス軍司令部によって教壇から追放された。

普仏戦争を小学六年生で経験した哲学者のアンリ・ベルクソン（一八五九―一九四一）は、いつ次の戦争が起こるのかという不安のなかで自分は成長したと打ち明けている。第一次世界大戦においては、彼は特使として大西洋を渡り、米国大統領ウィルソンの側近たちと面会して、米国の参戦を促すとともに戦後の国際連盟構想を呈示した。彼が一九三二年に出版した『道徳と宗教の二源泉』は、戦争がまた起こるかもしれないという予言で締め括られている。ユダヤ人ベルクソンの葬儀は占領下のパリでひっそりと執り行われた。ゲシュタポに目をつけられるのを恐れて人々は参列を控えた。

「戦争と革命の世紀」は当然のことながら、このように哲学者たちの人生をも大きく揺るがした。『現象学運動』（邦訳世界書院）の著者スピーゲルバーグは、両大戦間に「敵国」から「現象学」という哲学の学派がフランスに移入し、瞬く間にそこに根づき、そこで拡大していったことに素朴な驚きを表明している。例えば「現象学」の父フッサールについては、すでに一九一〇年代初頭にヴィクトール・デルボスによって『論理学研究』の書評が書かれているとはいえ、その本格的な紹介は、ロシアのノヴォロシスク生まれのユダヤ系社会学者ジョルジュ・ギュルヴィッチ（一八九四—一九六五）によって一九二八年からソルボンヌで講じられた講義でなされた。この一九二八年という年はもうひとつ重要な出会いのあった年だった。清岡卓行『マロニエの花が言った』（新潮社）からの引用である。

四十歳の九鬼周造が一九二八年六月からパリに滞在したとき、いくらか研究していたフランス哲学についてさらに個人教授を受けたく、ソルボンヌのエミール・ブレイエ教授に依頼して紹介してもらった先生が、なんと、まだ二十三歳ではあったが、エコル・ノルマル・シュペリウールでも特別の秀才学生ジャン＝ポール・サルトルであった。（…）サルトルは周造に聞いたマルティン・ハイデガーの哲学に強い関心をもち、彼に紹介状を書いてもらって、二年後のドイツ留学のとき、このフライブルク大学教授に教えを受けるために会いに行く。そして深い影響を受けた。

サルトルの留学については事実誤認があるとはいえ、九鬼からサルトルへとハイデガーの名が伝わったというのは何とも興味深い。二八年から続けられていたギュルヴィッチの講義は三〇年には『ドイツ哲学の現下の諸潮流』（*Les Tendances actuelles de la philosophie allemande*, J.Vrin）として出版された。四つの論文が収められているが、第一論文でフッサール、第四論文でハイデガーが論じられている。この年は、フッサール自身がソルボンヌに招かれて「デカルト的省察」と題する講演を行った年、レヴィナスの『フッサール現象学における直観の理論』が出版された年、さらには、ハイデガーの「形而上学とは何か」のアンリ・コルバン（一九〇三―一九七八）――イスラーム学者として著名な人物――によるフランス語訳が雑誌『ビフュール』に掲載された年でもあった。ハイデガーの論考がフランス語に訳されたのはこれをもって嚆矢とする。レヴィナスの著書に加えて、この翻訳をも読んだ若きサルトルはこう手帳に記している。

一九四〇年一月一日。たしかに、コルバンが「形而上学とは何か」(*Was ist Metaphysik*)の翻訳を発表しなかったら、ぼくはこの論文を読まなかっただろう。そして、もしそれを読まなかったら、ぼくはこの前の復活祭の折に『存在と時間』(*Sein und Zeit*)の読書を企てたりしなかっただろう。たしかに最初は、翻訳『形而上学とは何か』(*Qu'est-ce que la métaphysique ?*)の出版はぼくとはまったく無関係で、ぼくにとってまさしく出会いであったと見えるかもしれない。しかし実際には、これはぼくとハイデガーとの最初の出会いではない。〔一九三三年に〕ベルリンへ旅立つはるか以前に、ぼくはハイデガーのうわさを耳にしていた（すでにぼくは雑誌『ビフュール』で一九三〇年に「形而上学とは何か」の翻訳を、理解することなく読んでいた）。一般にはハイデガーは「現象学者」に分類される。それゆえ、現象学者たちを研究しようとの意図で、ぼくは彼のことも研究する決心をした。『存在と時間』は十二月にベルリンで購入し、復活祭後にそれを読み始めようと決意していた。前期はフッサールの研究に充てることとして。しかし、四月頃にハイデガーに近づいたときには、フッサールで飽和状態になっていた。

(*Les Carnets de la drôle de la guerre*, Gallimard, 1983, p. 225)

この引用文からも、雑誌に一九三〇年に掲載された翻訳に加えて、同名の翻訳がもうひとつ出版されていることが分かるだろう。サルトルが最初に挙げているのは一九三八年に全二五四頁の単行本としてガリマール書店から出版されたもので、後述するように、そこには「形而上学とは何か」以外にも幾篇かのハイデガーの論考のフランス語訳が収められている。コルバンは、例えばハイデガーの用いるDa-sein（現存在）というドイツ語を、réalité-humaine（人間的現実）と訳しており、この「誤訳」のミスリードによって、サルトルらの世代のハイデガー読解の方向が決定されたとの非難がしばしばなされてきた。しかし、その際、この三八年版『形而上学とは何か』がいかなる著作であったのかが検討されたことはほとんどなかったように思われる。そこで小論では、フランスへのハイデガーの移入と翻訳という巨大な問題へ接近するためのひとつの足場を築くために、今や稀覯本となったコルバンの初期の訳業を検討することにしたい。それにしても、なぜ「フランスとハイデガー」「フランスのハイデガー」なのか。

## 2　農夫の陥穽

二百年以上前に、天文学者たちは、十分な大きさを持つ恒星がその重力に従って、光を放つよりもむしろ吸収し、それゆえ文字どおり不可視のまま巨大な影響力を及ぼすということを推測した。今日、それはフランスにおけるハイデガー哲学の役割である。巨大ではあるが滅多に見ることのできない暗い恒星のように、ハイデガーは、フランスの哲学的議論の性質と軌道を形づくり決定してきた。マイケル・ロスは、「フランス哲学へのハイデガーの影響が過大評価されたということはほとんどない」と述べている。（一頁）

一冊の書物をこう書き起こした人物はドゥケーン大学教授のトム・ロックモアで、書物の題名は『ハイデガーとフランス哲学』（一九九五年、邦訳法政大学出版局）、彼は前作『ハイデガー哲学とナチズム』（一九九二年、邦訳北海道大学図書刊行会）ですでに、「現在ハイデガーだけがフランス哲学の巨匠的な思想家〔思想のマイスター〕であり、彼の思想はフランス哲学が形成される文脈であり、その範囲を限定する文脈であると言っても過言ではない」（三二九頁）と記していたのだが、ロックモア自身強調しているように、この影響関係は双方向的なものではまったくなく、しかも、「実存主義」「構造主義」「ポスト構造主義」などと称される多様な潮流すべてを貫いて持続するものだった。ミシェル・フーコーの『狂気の歴史』がハイデガーなしには成立しえなかった書物であると言えば、きっと反論が寄せられるだろうが、少なくとも筆者はそう確信している。ドゥルーズ／ガタリの信奉者たちはハイデガーから彼らへの影響が云々されるのを極度に嫌っているけれども、ドゥンス・スコトゥスと存在の一義性に関しても、図式論から時空の力動的ドラマへの展開に関しても、さらには「カオスモーズ」といった観念に関しても、ハイデガーとの係わりが語られてしかるべきだろう。

と同時に、ハイデガーを思想の巨匠と仰ぐフランスは、一九四五年にはサルトル主宰の『レ・タン・モデルヌ』誌で、一九八七年にはヴィクトール・ファリアスの『ハイデガーとナチズム』の仏訳で、二〇〇五年にはエマニュエル・ファイユの『哲学におけるナチズム入門』で、ハイデガーを一度ならず糾弾した国であり、また、レヴィナスやジャンケレヴィッチのようなユダヤ系の哲学者によって、ハイデガーの思想が「不正の哲学」「ナチ国防省のコミュニケにも似たちんぷんかんぷんな文章」と断じられた国でもあった。

それだけではない。ジャン・ボフレ（一九〇七―八二）という人物がこのすでに複雑な関係のなかに介入してくる。アンリ四世高校やコンドルセ高校で教鞭を執った人物だが、ハイデガーの『ヒューマニズム書簡』は、ボフレが一九四六年フライブルクに旅立つ友に託した手紙への応答の体裁を取っているのである。ボフレはその後毎年のようにフライブルク詣でを続け、一九五五年にはハイデガーをフランスに招聘することに成功する。画家のジョルジュ・ブラック、詩人のルネ・シャール、精神分析医のジャック・ラカンたちがハイデガーを迎えた。ハイデガーのスリジー・ラ・サール訪問(一九五五年八月二十七日から九月四日)——参加者のなかにジル・ドゥルーズの名がある——は、例えばジャンケレヴィッチのスリジーからの離反を引き起こしもしたのだが、ここでも、ジャンケレヴィッチと同じくレジスタンとして闘ったシャールがハイデガーと親密な関係を結び、その後、南仏のトールに毎年のようにハイデガーを招くことになるのである。セザンヌをこよなく愛したハイデガーがサン・ヴィクトール山を眺める写真が残されている。

ボフレは一九四〇年にメルロ＝ポンティに出会い、その後一九四二年にハイデガーの『存在と時間』を読み始めた。彼はまた、同性の愛人がラカンの患者であったがために、一九五一年にみずからラカンの患者となり、分析は一九五三年五月まで続けられた。フーコーやデリダやロジェ・ラポルトなど錚々たるメンバーがボフレの教えを受けている。しかし、一九六七年、ボフレの記念論文集が企画されたとき、ボフレが口にしたとされる「反ユダヤ的」発言をめぐって「ボフレ事件」が生じ、デリダ、ブランショ、レヴィナスらを捲き込むことになる。さらに一九七三年には、ボフレとその「一味」がハイデガーの翻訳や紹介に関してきわめて閉鎖的な姿勢をとっていることが告発され、七六年にハイデガーの翻訳『問い』第四巻が出版されると、ヴァルター・ビーメルを初めとするフランスのハイデガー関係者たちが、ボフレの翻訳の「数多の不正確さと見落とし」を糾弾する文書が最晩年のハイデガー自身に送られた。

ボフレの力はハイデガーの『存在と時間』のフランス語訳にも及ぼされていた。『存在と時間』は、後述するようにその一部がコルバンによって一九三八年に翻訳され、一九四二年にボフレの友人ジョゼフ・ロヴァンによって私家版として部分訳され、一九六四年にアルフォンス・ド・ヴェーレンスとロドルフ・ベームによって抄訳され（四四章まで）、ジャン・ローヌロワとクロード・ロエルズによってまた抄訳され（第二部）、そして一九八六年には、ボフレの教え子フランソワ・ヴザンによって『存在と時間』のフランス語全訳がガリマール書店からようやく出版される。原著が出てから何と五九年後のことである。しかし、その一年前、異例の出来事が生じていた。

『存在と時間』（一九二七年）という二十世紀の書物の新しい全訳が五八年遅れで今ここにある。この私家版のうちの一部をあなたにお届けできて私は幸せだ（一部も販売されていないし、販売されてはならない）。印刷部数が少ないので、長年抑圧されてきた、そして、ご承知のように次第に大きくなっている要請をこの版で満足させることはできないので、できるだけ多くの同国人ならびにフランス語使用の仲間たちにこの翻訳の存在だけでも報せていただきたい。／これは単に私の名誉の問題ではなく、われわれの国の名誉の問題でもある、いや、何よりもそれが問題なのだ。私は、『存在と時間』の版権を有しているガリマール書店が近日中にこの翻訳を改めて出版してくれるのではないかとの希望を捨ててはいない。どのていど、あなたがガリマール書店にそう決意させるのに貢献できるか、それはみなさん自身がお決めになることだ。哲学を愛する者たちよ、私を助けたまえ。

これはヴザン訳の出版一年前に私費で訳を印刷したエティエンヌ・マルティノーの訴えであって、実を言うと、レヴィナスやジャン＝リュック・マリオンなど著名な哲学者たちが、訳語に多くの造語を用い、翻訳不能との理由でDaseinといったドイツ語を訳出せずそのまま使用するヴザン訳よりもマルティノー訳のほうを推薦している。そしてヴザンに翻訳させることにこだわったのもボフレだったのである。いずれこれら二つの翻訳、さらにはそこに他の翻訳も加えて比較検討を試みたいと考えているが、二、三例を挙げておくと、「隠蔽されてないこと」を意味するUnverborgenheitに、ジャン・ヴァールはdécouverture、ジルベール・カーンはnon-latence、ド・ヴェーレンスはnon-dissimulation、マルティノーはhors-retrait、ヴザンはnon-retrait、ジャン＝フランソワ・クルティーヌはdécouvertetéという訳語をあてている。「手に対してあること」（用具性）を意味するZuhandenheitについてはどうだろうか。ヴァルター・ビーメルはêtre-sous-la-main、ド・ヴェーレンスはdisponibilité、マルティノーはà-portée-de-la-main、ヴザンはutilisabilitéと訳している。

このように、幾重もの意味で、ハイデガーの言語をどのように解読するかが現代のフランス哲学のあり方を左右してきたし、今もなお左右しているのであって、ロックモアのような論者の問いに対抗しようとしたドミニック・ジャニコー（一九三七―二〇〇二）の仕事――『フランスのハイデガー』（*Heidegger en France*, Albin Michel, 2001）全二巻（『物語』と『証言』）――も、結局はジャニコー自身の歴史的記述とコスタス・アクセロスなど十数人の証言によって、ロックモアの仮説を裏付けることになったと言わざるをえない。

ハイデガーに関しては、彼は、半世紀以上ものあいだ、知性と文化の首都パリで、流行哲学者にして思想上の師という特権的な位置を占めることができた。最近、アメリカ人たちはもっとあけすけに問いを立てている。サルトルからラカンに至る最も偉大なフランスの知識人たちのようにきわめて繊細で知的な精神の持ち主たちがどうして、ひとりのシュヴァーヴェンの農夫、おそらく悪賢く、根っからのナチである農夫の隠語的罠に易々と引っかかってしまったのか。（七頁）

そして、このようなドラマの始まりに位置していたのがコルバンの翻訳だったのである。

### 3　一九三八年版『形而上学とは何か』

フランスでの精神分析史をめぐる研究などで著名なエリザベート・ルディネスコは伝記『ジャック・ラカン』のなかで、アンリ・コルバンに触れて、ベルリン留学からの帰途彼が「ハイデガーを読んだ」（Lu Heidegger）と書き記していることを紹介している。(1) 何を読んだのかは分からないけれども、その直後にコルバンが訳出した「形而上学とは何か」は一九二九年のハイデガーの講演で、その後、四三年と四九年に後語と序が付されることになる。翻訳には科学哲学史家のアレクサンドル・コイレの序文が付されているが、パリを訪れたフッサールは、ヤコブ・ベーメに関するコイレの博士論文の審査に立会っており、フッサールの『デカルト的省察』の仏訳をレヴィナスたちに斡旋したのもコイレであった。ただ、掲載雑誌について一言しておくと、『ビフュール』はシュルレアリスム系の文学雑誌で、実は『新フランス評論』など権威ある雑誌が掲載を拒んだがために、(2) コルバンの訳は同誌に発表されたのである。コイレの序文についても、翻訳がサルトルの『嘔吐』（一九三八年）に与えたかもしれない影響についても、筆者はすでに論じたことがあるので、関心のある方はそちらを参照していただきたい（『レヴィナス』ちくま学芸文庫、『サルトル『むかつき』ニートという冒険』みすず書房、参照）。

では、この翻訳を核として編まれた一九三八年版『形而上学とは何か』はどのような内容の訳書だったのだろうか。まずその目次を紹介しておこう。

　著者序文（Prologue de l'auteur）
　訳者前書き（Avant-propos du traducteur）
形而上学とは何か（Qu'est-ce que la métaphysique ? Was ist Metaphysik）
土台ないし「根拠」の本質＝存在をなすもの（Ce qui fait l'être-essence d'un fondement ou «raison», Vom Wesen des Grundes）
『存在と時間』についての書物からの抜粋（Extraits du livre sur «l'être et le temps», Sein und Zeit）
　第二部：人間的現実と時間性（Réalité humaine et Temporalité）、四六―五三節
第五章：時間性と歴史性（Temporalité et Historicité）、七二―七六節
『カントと形而上学の問題』についての書物からの抜粋（Extraits du livre sur «Kant et le problème de la métaphysique», Kant und das Problem der Metaphysik）
第四章：反復における形而上学の基礎づけの作業（L'œuvre de fondation de la métaphysique dans une répétition）
C部：基礎存在論としての人間的現実の形而上学（La Métaphysique de la réalité humaine comme Ontologie fondamentale）、四二―四五節
ヘルダーリンと詩の本質（Hölderlin et l'essence de la poésie, Hölderlin und Wesen der Dichtung）

何よりもまず注目すべきは、ハイデガー自身の序文が付されていることである。のみならず、「訳者前書き」のなかにもハイデガーからの書簡が引用されている。だからといって、ハイデガー自身がコルバンのフランス語訳に目を通したとは言えないのだが、以下に訳出するように、「著者序文」が「翻訳」そのものを問題にしていること、これはぜひとも銘記されるべき事実であろう。

この翻訳を通じて伝達されるために選ばれた諸考察はいずれも、〈存在〉の本質と真理に関する根本的問いにもっぱら捧げられている。（…）／翻訳によって、思考の作業は別の言語の精神のなかに移し変えられ、不可避的変容（transformation）を蒙る。けれども、この変容は豊穣なものになりうる。なぜなら、この変容は問いの根本的構えを新たな光のなかで現れさせるからだ。それは自分自身より洞察的になり、問いの限界をよりはっきりと見分ける機会を与えてくれる。／だからこそ、ひとつの翻訳は他の言語の世界との疎通を単に容易にするだけではなく、それ自体が共同で提起された問いの開発なのである。それはより高度な意味での相互理解に役立つ。そして、この道を歩む一歩一歩が諸民族（peuples）にとっての祝福なのである。／本書の場合に翻訳者が乗り越えねばならなかった数々の困難、〈哲学〉の大義のために彼がなした自己犠牲に満ちた作業、おそらくその真価が分かるのはわずかな者たちだけだろう。しかし、各々の読者が知らねばならないのは、著者がここで翻訳者に心からの親愛なる感謝の念を表明したく思っていることだ。M・H・フライブルク＝イン＝フライスガウ、一九三七年三月十日

単に社交辞令で翻訳者の労をねぎらうのでも、「翻訳」による歪曲への危惧を表明するのでもなく、ハイデガーがむしろ、「翻訳」による「不可避的変容」を「思考」にとって本質的な事態と捉え、それを創造

的なものとさえみなしているのはきわめて印象的である。民族関係にまで話が及んでいるが、次にコルバンの「訳者前書き」の一部を紹介したうえで、この点に考察を加えてみたい。コルバンは書いている。

> ひとつの言語から他の言語へのこの危険な移行（passage）のなかで、翻訳者は姿を消し、ひとつの思考の忠実な奉仕者（ministre）であることというただひとつの課題しか有してはならない。
> しかし、一歩歩むたびに裏切り（trahison）の危険に脅かされるような道に踏み込んだこの奉仕者は、移行を遂行するために彼を導いてくれた語彙の対応にしばし注意を喚起することも無駄ではないと信じている。この移行については、いずれ読者が最終的に、それが元の思考を支障なく解釈できているかどうかを判断することになるだろう。
> まずは、ハイデガーの分析論の根本的概念を支えているDaseinという語彙。しばしばこの語彙はそのままドイツ語で引用される。あるいは、しばしばそれは《existence》と訳されている。これは明らかにこの語の通常の意味である。けれども、この等価性で満足するなら、その結果、実存的（existentiel）という観念と実存論的（existential）という観念とのこのうえもなく欺瞞的な混同へと導かれてしまう。この混同がハイデガーに向けられた数々の批判の大部分のまさに根源にあるということ、これは「本質」（essence）と「実存」（existence）との古来の論争を再燃させることではまったくない。Daseinという語彙によって指し示される実存者（existant）は、他の数ある実存者のなかのひとつの実存者として、その存在（l'être）を分析されるべきものではない。かかる実存者の存在は人間の存在（*l'être* de l'homme）である。それは人間のなかの人間的－現実（réalité-humaine）である。そこでわれわれはフランス語でこの複合語に頼ることにするが、それもDa-seinという合成を踏まえてのことである。
> （pp. 12–13）

続いてコルバンは他の鍵語についてもその対応を示しているので、そのなかからいくつかを呈示しておこう。

Eksistenz → ex-sistance（実存） Ent-wurf → pro-jet（投企） Seinkönnen → Pouvoir-être（存在可能） Vorhandenhait → la réalité-des-choses subsistantes（手前存在、客体性） Zuhandenhait → La réalité-ustensile（手に対してあること、用具性） Entschlossenheit → décision-résolue（覚悟性） Erschlossenheit → réalité révélée（開示性） Historie → science historique（歴史学） Geschichte → réalité-historique（歴史）

ハイデガーの序文と同様、コルバンのこの前書きも多くのことをわれわれに教えてくれる。かつて筆者は一九三〇年代のフランスでは、ハイデガーのいう「存在的」（ontisch）と「存在論的」（ontologique）の区別、「実存的」と「実存論的」の区別がいかに理解されなかったかを検証したことがあるが（前掲書『レヴィナス』参照）、コルバンにおける訳語の選択を促したのは、これらの区別に対する当時としては例外的な理解を示していたのである。また、「人間的-現実」という訳語について、ハイデガーが「人間」ならびに「人間学」の概念を解体しようとしているときに、その意図をまったく無視しているとの批判がしばしばつきつけられているが、「人間の存在、人間のなかの人間的-現実」という微妙な言い方をコルバンがしていること、この点も看過してはならないだろう。Da-sein が être-là, être-le là といった訳語を経て、結局、先述したように、翻訳不能として原語がそのまま用いられるに至ったことを考えるなら、むしろこの「忠誠」こそがハイデガーへの「裏切り」なのではないかと思えてくる。

ハイデガーはコルバンに宛てて書簡を出した一九三七年、短くはあるがきわめて重要な論考を書いている。現在は全集の第一三巻『思考の経験から』(*Aus der Erfahrung des Denkens*)に収められている。「対話への道」(Wege zur Aussprache)と題された論考で、その末尾でハイデガーは、隣り合う二つの民族(Völker)——例えばフランスとドイツ——のあいだの「対話」の可能性を追求している。「対話」は「対決＝対峙」(Auseinandersetzung)とも言い換えられているが、無人地帯のようなある「空間」(Raum)を介してのみそれは可能で、かかる「対話」は「相互に聴き合うことへの忍耐強い意志と自己決定への控え目な勇気」(der lange Wille zum Aufeinanderhören und der verhaltene Mut zur eigenen Bestimmung)(GA13, S. 21)を必要としているというのだ。デカルト的「高邁」(générosité)が、スピノザ的「自己保存」がそうであったように、盲目的利他主義に陥ることなく、自己の限界を探るという困難な営為を通じて自己ならざるものとの係わりを模索すること。分離しながらのこの接続を、ハイデガーはヘラクレイトスにならって「ポレモス」(戦争)と名づけ、それを人間が行う戦争と峻別したのだった。

このような思想が「翻訳」論としてハイデガーからコルバンに書き送られたわけである。一九三七年の時点で、とりわけ隣国フランスとの「対話」を通じて、「西洋的存在の根本システムの刷新」(eine Erneuerung des Grundgefüges abendländischen Seins)を図ろうとするハイデガーの姿がそこにあるのだが、それこそが彼にとってはナチズムという運動の偉大さと真理であり、ニーチェのいう「ヨーロッパ」であるとするなら、われわれはナチズムを、ヨーロッパをどう考えればよいのか。一冊のものはやほとんど顧みられることもない訳書からわれわれはこのようなアポリアへと再び導かれたことになる。

## 註

（1）本書の校正中に、ダリュシュ・シェイエガンによるアンリ・コルバンの伝記（Daryush Shayegan, *Henry Corbin. Penseur de l'Islam spirituel*, Albin Michel, 2011）を読むことができた。それによると、エチエンヌ・ジルソンの中世哲学講義を通じてイスラム哲学に目覚めたコルバンは、一九二八年にはフランス国立図書館に東洋研究者として職を得ることになる。だがその一方で、コルバンはドイツにも並々ならぬ関心を示し、一九三〇年から三六年にかけて幾度もドイツを訪れ、ルドルフ・オット、カール・バルト、エルンスト・カッシーラーたちと広く交流し、ゲオルク・ハーマン、シュライアーマッハーにも興味を示した。そのコルバンがフライブルクに初めてハイデガーを訪ねたのは一九三四年のことで、『形而上学とは何か』という論集の構想はその頃芽生えたという。一九三五年から三六年にかけてベルリンに長期滞在したコルバンは、一九三六年七月に再びハイデガーを訪ね、翻訳が困難な箇所について問い尋ねた。その点について、コルバン自身は「ハイデガーは全面的に私を信頼してくれて、私がひねり出した造語すべてに同意してくれた。それで私の責任は少々重くなった」と回想している。その後、イスタンブールでスフラワルディー関連の文書を蒐集する間も、コルバンはハイデガーの『存在と時間』のフランス語訳を進めていた、とコルバン夫人は証言している。コルバン自身はハイデガーについてこう言っている。「私がハイデガーのうちで探求し、ハイデガーのお蔭で理解したこと、それは私がイラン－イスラム形而上学のなかで探求し、そこで見出したものにほかならない」。きわめて重要な言葉ではないだろうか。誤訳の元凶としかみなされなかった者から大きな問いが私たちにすでに投げられていたのである。

（2）『新フランス評論』の編集部でコルバンの翻訳を最初に読み、そこに感じられる「ゲルマン的全体性」ゆえに掲載に反対したのは、カミュの師として知られるジャン・グルニエであった。この点については拙著『思想史の名脇役たち』（河出ブックス、二〇一四年）を参照していただきたい。

# ブランショの幼年《インファンス》

## 「文学空間」とは何か

（二〇〇七年）

——子供は人間ではない。（パスカル『愛の情念論』）

### 1　文学空間と母の顔

「文学空間」とはいかなる空間なのだろうか。それを考えてみたい。何年ぶりだろう、本当に久しぶりに『文学空間』をひもとく。読書の時間、そのダイヤグラムはおもしろいものだ。ちょうどピエール・ジャネのことを書いていたのだが、『文学空間』の二五三頁にはジャネの名が思いがけず記されている。また、ここ数年の「制度論的心理療法」との係わりのなかで度々、ヘルダーリンのいう「リズム」、セザンヌのいう「深淵」、リルケのいう「開け」、クレーのいう「カオス」に注目してきたけれども、そうした想念がいずれも『文学空間』で取り上げられていたことさえ、なかば忘れていた。そして、こんな箇所が眼に飛び込んでくる。ほとんど、いや、まったくこれまで注目しなかった箇所、注目したかもしれないがそれも忘れてしまった箇所——

われわれの幼年（enfance）がわれわれを魅惑するということ、それが起こるのは、幼年が魅惑（fascination）の時期であり、それ自体が魅惑されているからだ。そしてこの黄金時代は、啓示されないがゆえに輝く光のなかに浸されている。なぜ啓示されないかというと、それが啓示とは無縁で、啓示すべきものを何ももたず、純然たる反映であるからで、この光線はいまだひとつのイマージュの光輝でしかないのだ。母的表徴（figure maternelle）の力能はその眩い輝きを、魅惑の力能そのものから借りているのであって、〈母〉がこの魅惑する牽引力を発揮するのは、魅惑の眼差しのもとで子供（enfant）が全面的に生きるそのときに現出して、ついに〈母〉が虜にするその力のすべてを凝集するからだ。子供が魅惑されるから、母は魅惑するものなのであり、だからこそまた、幼児期の数々の印象はすべて、魅惑に依拠する何か固定的なものを有しているのだ。

それが誰であれ、誰もが魅惑される。この者が見るもの、それをこの者は本当の意味では見ていない。それは無媒介的な近さのなかでこの者に触れる。それはこの者を絶対的に隔たったところに置きつつも、この者を摑み、占領する。魅惑は、中性的で非人称的な現前、未規定な〈ひと〉、表徴（figure）なき広大無辺な〈誰か〉に根本的に結びつけられている。（*EL*, 27）*

---

＊以下の著作の引用の出典については以下のように略記し、頁数のみを示す。
ブランショ
*TO*: *Thomas l'obscur*, Première version 1941, Gallimard, 2005.
*PF*: *La part du feu*, Gallimard, 1949.
*EL*: *L'Espace littéraire*, Gallimard, 1955.

「中性的」、「非人称的」、「ひと」などブランショの読者にはおなじみの語彙で語られているものが、「母」という語彙でも語られているのはなぜだろうか。後述するように、「母性(maternité)」、「子供(enfant)」という語彙はもう一箇所『文学空間』の一五九頁にも登場するのだが、母性への、母子関係への、幼年へのこれらの言及は何を表しているのだろうか。

あらかじめfascinationという語について述べておくと、この語はfascinaというラテン語に由来し、木の枝などの「束」を意味する。特に、積み上げて陣地を防衛するための壁となるような「束」を。「ファイアーウォール(la part du feu)」――防火壁、焼尽の後に燃え残るもの――というブランショの鍵語とも無関係ではないだろう。それはまた「ファスケス」または「ファケーズ」(儀鉞《ぎえつ》)と呼ばれるローマ執政官の権力の象徴を表してもいる。一本の斧の周りに棒を束ねて縛ったもので、そこから団結の象徴とみなされ、ファシズムの語源ともなった。その形から「陰茎」の隠喩と解されることもある。つまり、「魅惑」は「陰茎」すなわち「子供」という母の欲望の対象を含意している。ファルスなのだ。

このような視点を設定して、ブランショの仕事を辿ってみると、いくつかのことが分かってくる。それらを核として連想のネットワークを拡大してみよう。

まず、母、母子関係、幼年といった主題に、予想していたよりはるかに多くの箇所でブランショは言及している。『謎の人トマ』では、病に冒されたアンヌと母親との関係――「母親のなかのアンヌ」、「母親と化したアンヌ」、「アンヌの顔に似た母親の顔」――についての描写が長々と続いているし、後述するように、初版(一九四一年)と第二版(一九五〇年)のあいだで、「幼年(enfance)」をめぐる叙述の大きな変化が生じている。『ロートレアモンとサド』(一九四九年)では、まず『マルドロールの歌』の「「第二の歌」の大部分が幼年という主題をめぐって旋回しているということを見ざるをえない」とあり、次いでサドに関してはこう記されている。

われわれはまた、精神の作業が再び本能と化して昼の道徳を免れるような、夢についてのサドの考え——あるいはまた、たとえば次の例のように、サドがフロイトに先んじている省察のすべてを報告するべきだっただろう。「これこれの幻想（fantasme）をわれわれに可能にしてくれるはずの数々の器官が製造されるのは母親の胎内〔母親の懐〕に（au sein de la mère）おいてであり、現前する最初の対象、聴取された最初の話が発条を完全に決定してしまうのだ。どれほど教育がなされようとも、それはもはや何も変えることはできない」。（*SR*, 62）

---

*LV*: *Le Livre à venir*, Gallimard, 1959.
*EI*: *L'Entretien infini*, Gallimard, 1969.
*A*: *L'Amitié*, Gallimard, 1971.
*PA*: *Le Pas au-delà*, Gallimard, 1973.
*ED*: *L'Écriture du désastre*, Gallimard, 1980.
*SR*: *Sade et Restif de la Bretonne*, Editions complexe, 1983.
ラカン
*E*: *Ecrits*, Seuil, 1966.
ルクレール
*TE*: *On tue un enfant*, Seuil, 1975.

『マルドロールの歌』について付け加えておくと、その「第一の歌」冒頭の言葉こそ、『文学空間』の先の言葉の源泉のひとつではないかと思えるほどである。「内気なる魂よ、かくのごとき未踏査の荒地にこれ以上奥深く踏み込まないうちに、踝を前にではなくうしろへ向けるがよい、私の言っていることをよく聴くのだ――踝を前にではなくうしろへ向けるがよい、あたかも母の顔（face maternelle）をおごそかに仰いでいたのがうやうやしくそらされる息子の眼のように」（『ロートレアモン伯爵　イジドール・デュカス全集』豊崎光一訳、白水社、七―八頁）。

サドと母親という主題は『わが隣人サド』（一九四七年）の補遺でクロソウスキーによっても取り上げられているし（加えて、秋吉良人の秀作『サドにおける言葉と物』風間書房、をも参照）、もうひとつ、『文学空間』に記された「私ヲ読ムナ（*Noli me legere*）」との関連で引いておくと、ラカンの「カント、サドと共に」（一九六三年）の末尾では、サドの『閨房哲学』を踏まえて、「「母に触れるな」（*Noli tangere matrem*）。V……ée〔Violée 強姦されし〕、縫い合わされた母親は禁じられたままである」と記されている。

ラカン、そしてブランショ自身が言及しているフロイトは、もうひとつの「幼年、幼年時代（Kindheit）」といういまひとつの主題についても、重要な指針をこの考察に与えてくれる。すでに多くの者が関心を向けた箇所だが、「レオナルド・ダ・ヴィンチの幼年期の思い出」の著者はまた、『夢解釈』第五章で「最も古い幼年はそのものとしてはもうありません。それは分析してみると、「転移」と夢によって取って代わられています」と、アウグスティヌスの『告白』に続いて述べた人物でもあった。

主よ、このように幼年時代に自分が生きていたことを記憶しておらず、それについてはただ他人の言葉を信じるばかり、他の幼児から自分もそういう生を送ったであろうと推量するばかりですから、たとえその推量がいかに信頼度の高いものであるにせよ、この世に生きている生涯に数えるにはためらいを感じます。（『告白』渡辺義雄訳、『世界古典文学全集』第二六巻、筑摩書房、一一頁）

後でこの点に考察を加える予定だが、ラカンはというと、自力では生き続けることのできない嬰児と、この無力で依存的だが本質的に「孤立無縁な」存在に逆説的にも救いの手を差し伸べる経験豊かな個人との連関のなかに「人倫に係わる問題のすべて」を看取したフロイトの「心理学草案」の再読を試みたセミナー『精神分析の倫理』（邦訳岩波書店）のなかで、「われわれ分析家は子供の思考を大人の思考の引き立て役としてではなく、いまだ到達されていないものとして利用する」とも、「大人であるという言い方がされるとき、何を参照しているのでしょうか。大人のモデルなどというものはどこにあるのでしょうか」（邦訳上、三五頁）とも言っている。この点については、『死の哲学』（河出書房新社）で江川隆男が語った「幼児期の身体」、谷徹がフッサールを踏まえて提起した「超越論的な子供存在」の観念をもぜひ参照されたい（谷徹「間（柄）の可能性の条件」、日本哲学史フォーラム編『日本の哲学』第六号、所収）。

フロイトの著述としてすでに「心理学草案」、「レオナルド・ダ・ヴィンチの幼年期の思い出」、『夢判断』に言及したけれども、ブランショとの関連では、「「子供がぶたれる」——性的倒錯の成立に関する付記への貢献」（一九一九年）を付け加えねばならないだろう。なぜかというと、『災厄のエクリチュール』（一九八〇年）のなかで、ブランショは精神分析家のセルジュ・ルクレールとドナルド・ウィニコットに何度か触れていて、その際、特に話題になっているのが、ルクレールの一九七五年の著作『子供が殺される』であり、このOn tue un enfantという題名はフロイトの論考の題名の仏訳On bat un enfant——ドイツ語ではEin Kind wird geschlagenと受身形で、この態の相違が重要な意味を持ってくる——を明らかに踏まえたものだからだ。

小論の冒頭に掲げた『文学空間』の一節では、「幼年」が「黄金時代」と呼ばれていた。この表現は、サドに対抗して『アンチ・ジュスティーヌ』を著したレチフ・ド・ラ・ブルトンヌを論じた一九四九年の考察のなかでも用いられたもので、かくしてロートレアモンとサドとレチフという三つ組みが形成されたことになる。「幼年」（ならびに「家庭教師」）を主題としたものとしてはさらに、ヘンリー・ジェイムズの『ねじの廻転』を論じた一九五四年の評論（『来るべき書物』所収）があるのだが、ここで、いまひとつの方位に歩を向けてみよう。ブランショの「文学空間」という観念が、「空間」(Raum)、「場所」(Ort)などをめぐる、そしてまた、ヘルダーリン、トラークル、リルケら詩人についてのハイデガーの考察に触発されたものであることは明らかで、そこでもまた、ヘルダーリンにおける「母」、トラークルにおける「幼年」が問題とされているのだ。ここに、「子供」と「遊戯」に関するヘラクレイトスの断片を添えてもよいだろう。そして最後に、このような「遊戯」と「庭」――この庭に入るべからず――を描いた『彼方へ一歩も』のニーチェ的ともヘラクレイトス的とも言える二つのアフォリズムを掲げておこう。

この呼び声が押し殺された仕方で響いたかのようだ。押し殺されているとはいえ、これは楽しげな呼び声であり、庭で遊ぶ子供たちの叫びである。「今日のぼくは誰だ?」「誰がぼくの代わりだ?」そして答えは楽しげで終わりがない。あいつだ(lui)、あいつだ、あいつだ。(*PA*, 16)

あらゆる語は成年である。ただそれらの語が響く空間、子供たちが消えた後になってもその楽しげな叫びが聞こえ続ける庭のように限りなく空虚な空間のみが、語を永続的な死へと再び導くのであり、そこで

語はつねに生れているようだ。（*PA*, 31）

## 2　文学空間と物

見ることは隔たりを前提としているが、「魅惑」とはこの隔たりが消滅することである。しかし、隔たりが消滅して接触と化すと「魅惑」もまた消滅してしまう。「目に焼きつく」と言うように、それは「遠隔接触」（contact à distance）の逆説である。かつて「遠隔作用」と呼ばれたものと同様の事態で、サドは振動の伝播と衝突の理論によってそれを解決した。「音」とその「聴取」が「隔たりある接触」の特権的な現象であるのもそのためだが、「魅惑」するものが一方で、「表徴なき（sans figure）」、「広大無辺な（immense）」、さらには「輪郭なき（sans contour）」といった表現で形容されていることは、それがカント的「崇高」に近いものであることを告げているように思われる。主体を触発しはするが、触発するものが主体の圏域に組み込まれることは決してなく、逆に、主体がどんなにそれに近づいても、いわば無の隔壁がつねに挟まっていて向こう側に行くことはできない。ロートレアモンやサドはかかる「崇高」をしばしば「聖母」として語った。そしてそれを「隠喩」として、ブランショは「文学空間という閉ざされ分離され聖化された空間」を描いた。「近親相姦の禁止」と言い換えてもよい。

しかし、一本の（と見える）輪郭線の二つの縁のように「美」と「崇高」が不可分であるのと同様に（ミシェル・ドゥギー編『崇高とは何か』梅木達郎訳、法政大学出版局、参照）、表徴、イマージュなき「崇高」は、まさに「聖母像」のように表徴、イマージュでもある。「イマージュの受難《パシオン》＝情熱」という「魅惑」の規定は二つの縁のあいだの二方向の移行を表している。このように「イマージュ」である限りで、「母の顔」は、ウィニコットの言うように、「鏡の先駆を成している」。後に、鏡面のイマージュ、すなわち他者（この場合は母親）に見られ作られたイマージュを自己の顔として不可避的に引き受けさせられるに先立って、「嬰児は母親を見ている。しかし、それだけではない。母親の眼差しに映っている自分を見ている」。しかし、鏡としてのこの「眼差し」は「眼差しなき深さ＝奥行き（profondeur sans regard）」、それも偽の深さ＝奥行きであって、「文学空間」が「深さなき深さ」「深さなき表面」などと形容されるのもそのためである。

ブランショ自身、「魅惑」を「催眠」や「強迫観念」、さらにはフロイトのいう「転移」と結びつけていた。「母」のかかる両面性は、フロイトが「心理学草案」に書き記していた次のような事態に対応していると思われる。嬰児に手を差し伸べる経験豊かな個人が、ここでは「傍らの人間（Nebenmensch）」と命名されている。思えば、「草案」が執筆されたのは新カント派の時代で、当時ヘルマン・コーエンは「共にある人間（Mitmensch）」の観念を提起し、「物自体」を人間の「無限の課題」のごときものとみなす解釈を呈示していた。

> 知覚が提供する対象が主体に似ている、つまり傍らの人間であると仮定しよう。その場合には、このような対象は、同時に〔主体たる嬰児にとって〕最初の充足対象であり、更には最初の敵対的対象であり、しかも唯一の助けてくれる力である。人間が認識するのを学ぶのは、ひとり傍らの人間との関係においてである。（…）この傍らの人間の知覚複合体は二つに分けられる。そのひとつは、恒常的な組織によって印象づけられ、物（Ding）として現にそこにある構成要素であり、他のひとつは、回想活動を通して理解されるもの、すなわち〔主体自身の〕自己の身体からの情報に跡づけられる構成要素である。（…）われわれが物と呼んでいるのは、判断をまぬかれた残滓である。

（小此木啓吾訳、『フロイト著作集』第九巻、人文書院）

「心理学草案」はフロイトの死後一九五〇年に公刊され、それをひとつの契機として、「物」をめぐる磁場のようなものが形成されていった。一九五四年には「物」という論考を含んだハイデガーの『講演論文集』が出版され、その五年後、『精神分析の倫理』でラカンが「物の導入」を企てている。いや、ハイデガーについては一九三五—三六年の時点ですでに「作品と物」という主題を取り上げている。一九五六年には、ラカンの「精神分析における発語と言語の機能」への言及を含んだ論考「フロイト」をブランショは発表しているのだが、「物」に関してはむしろブランショが先頭を走っていたと言えるかもしれない。というのは、『防火地帯』（一九四九年）に収められた「文学と死への権利」で、批評家はすでに〈物そのもの（Chose même）〉という語彙——さらにはその類義語たるCause（原因、大義、訴訟）という語——を用いているからだ（加えて「ロートレアモンからミラーへ」などでも、「物chose」という語彙が使用されている）。「ヘーゲルが〈物そのもの〉と呼ぶところの新しい観念は、文学的企図のなかで最重要の役割を果たしている」（*PF*, 300）と。それにしても、この箇所の解釈は決して容易ではない。

邦訳では〈物自体〉、「物自体」となっているけれど、「物自体」であればChose en soiかもしれない。ブランショが『大論理学』を読んでいたかどうかは分からないが、同書の次のような箇所を参照したとの推測は成り立たないわけではない。「物自体とは、対象が意識にたいしてあるあり方の一切を、つまり、感覚的な規定をも思想規定をもふくむ一切を、捨象した対象をあらわす。容易にわかるように、あとに残るのは完全な抽象体、まったくの空虚なものであって、それはもう彼岸としか定義できない。イメージも感情も特定の思考もとどかない否定体である。この残骸が（…）」（『論理学』長谷川宏訳、作品社、一五二頁）

——このような箇所を暗に踏まえてブランショは「沈黙（silence）と虚無（néant）、それこそが文学の本質、〈物そのもの〉である」（*PF*, 300）と記したということも、まったく考えられないわけではない。

しかし、それだけではない。「文学と死への権利」での「恐怖（テロル）」への言及などから推察するに、〈物そのもの〉は、『精神現象学』から抽出された観念であると考えるほうが妥当であろう。けれども、『精神現象学』における「物」または「物性（Dingheit）」の観念は、マルクスなどのいう「物化的錯視」やフーコーの「言葉と物」という発想の源となったものであるとはいえ、ブランショ自身「このうえもなく多義的」と言っているように、それが何を意味しているかは決して明らかではない。ただ、『精神現象学』の「感性的確信——目の前のこれと思い込み」での叙述をブランショが最重要視していたことは少なくとも間違いない。「真夜中である。雨が窓ガラスを叩いていた。真夜中ではなかった。雨も降っていなかった」——これはベケット『モロイ』の末尾であるが、ヘーゲルは、唯一かつ一回的な感性的現実の真実性を確信する者たちに対して、「今は夜である」という命題にせよ「この紙片」という言い方にせよ、言語表現はすべからく一般的なもので、感性的なものの個別性を裏切ってしまう、かといって、それを「言い得ないもの」とすることは、感性的なものを単なる想念にとどめることになると指摘している。

この事態は「幼年」の想起、その記述とも決して無関係ではないし、ブランショがヘーゲルの意図とは別に、この箇所から〈物そのもの〉と「沈黙」とのつながりを導き出したということも、もしかするとありうるかもしれない。けれども、ブランショのいう〈物そのもの〉は「感性的確信」での叙述だけには収まらない含意を有しているように感じられる。先の引用箇所の前後には、「作品の真理（vérité de l'œuvre）」、「書かれたものの真理（vérité de la chose écrite）」が〈物そのもの〉と同格的に併置されている箇所（*PF*, 300, 304）があるのだが、では、〈物そのもの〉＝「沈黙、虚無」＝「作品の真理」＝「文学の本質」というこの連鎖をどのように解釈すればよいだろうか。この連鎖を見ていると、「物」、「作品」、「真理」がハイデガーの『芸術作品の根源』(一九三五—三六年)の主題であることを思い起こさないわけにはいかない。たしかに、この講演が『樵の道』に収められて出版されるのは一九五〇年である。ただ、クリストフ・ビダンは三六年の講演がなされた直後にハイデガーの主張がブランショの知るところとなったと述べている。しかし、どのようにしてだろうか。

ご存じの方も多いだろうが、一九三五年の講演の手稿をタイプで打ち直したもののコピーがハイデガー自身からジャン・ボフレに手渡され、それが一九八七年に独仏対訳で出版されたり、このタイプ原稿以前の手稿がハイデガーの息子によって一九八九年に公にされたりと、きわめて複雑な成立と公刊の経緯をもつ講演であったのだが(この点については『芸術作品の根源』(平凡社)に付された訳者関口浩の「訳者後記」を参照)、残念ながら、「文学と死への権利」執筆時のブランショがこの講演の内容を知っていたのかどうか、知っていたとして何をどのように知っていたのかは分からない。もし何らかの形で知っていたとすれば、ヘーゲルのいう〈物そのもの〉にハイデガーが何らかの作用を及ぼしたということもありうるだろう。ただ、たとえブランショがハイデガーの講演のことをこの時点で知らなかったとしても、彼はそれと知らずにハイデガーの考察に接近していたのかもしれない。次の一節をご覧いただきたい。

物《ディング》

このことを口に出すと、ある静寂が生まれます。物の周りにある静寂が。あらゆる運動は止み、輪郭になり、過去と未来の時から一つの永続するものがその輪を閉ざします。すなわち空間が、無へと追いつめられた「物」の大きな安静が。

(『筑摩世界文学大系』第六〇巻、筑摩書房、二七三頁)

これはリルケの『オーギュスト・ロダン』第二部（一九〇七年）の一節である。ブランショがこの講演を意識していたかどうかは知る由もないけれど、「沈黙」「無」と〈物そのもの〉という連鎖をここから引き出すのは難しくはないだろう。そして、「輪郭」（Umriss）への言及一つを取っても、ハイデガー自身、リルケのロダン論に触発されたのではないかとの思いを禁じえない。

「ウィトゲンシュタイン問題」（一九六三年）と題された論考で明示されているように、ブランショは、「タイプ理論」を生み出した「全体」の逆説とでもいったものに早くから注目していた。「文学と死への権利」にもこんな箇所がある。「非現実性は（現実性の）全体とともに始まる。想像的なもの（*imaginaire*）は世界の彼方に位置づけられた奇妙な領域ではない。想像的なものは世界そのものであるが、それは総体としての、全体としての世界である。だからこそ、想像的なものは世界のなかにはないのだ」（*PF*, 307）。「文学空間」は「想像的空間（espace imaginaire）」とも呼ばれているが、それが「現実性」の全体そのものであって、その「彼方」でも「内部」でもないとはどういう意味だろうか。

「最も広い周辺（das Umkreisen）」、「球状のもの（das Sphärische）」——ブランショもこうした語を用いて「文学空間」を語っている——といったリルケの語彙を用いてハイデガーが示そうとしたように、「想像的なもの」は「現実性」の「全体」を確定する「輪郭線・限界線」であり、先に「美と崇高」について示唆したごとく、この「線」の「無」の幅、この「線」の内的縁と外的縁の「間」に他ならない。お気づきのように、ここで問われているのは、「包むものの内側の境界であり表面」という、アリストテレスによる「場所」（トポス）の定義であり、また、「アウラ」と呼ばれる事態なのだが、〈物そのもの〉に話を戻すと、〈物そのもの〉は〈物〉の「全体（tout）」を確定する「輪郭線・限界線」であって、〈物〉という「存在者」(Seiendes) からするとそれは「無 (rien)」でしかない。だが、〈物〉によって隠され忘れられていた〈物〉の「真理」(ア・レーテイア) はそこであらわになるのだ。

そこ、とはどこだろうか。「無」であるとはいえ、この「無」は〈物〉と〈物ならざるもの〉との「中間 (Mitte)」であり、この「中間」は輪郭線・限界線の二つの縁の「間」であって、ハイデガーはそれを「空け開け (Offenheit)」、「カオス」、「聖なるもの」と呼び、ブランショは「空虚 (vide)」と呼んでいる。線がこうして切開されるのだ。そもそも輪郭線には幅がないから、その内的限界に到達することはその外的限界に到達することでもあって、輪郭線が「空け開け」、「空隙」としてあるためには、輪郭線の内的限界それ自体が到達不能なもの、無際限に接近するしかないものでなければならない。「私」と「(私の) 死」との関係がそうであるように。「接近」、それが「文学空間」であり、ハイデガーもまた「物」を「近さ (Nähe)」と呼んでいる。おそらく、円周を含まない円の内部という「近傍」の定義を踏まえているのだろう。この位相については次節でさらに考える。

漸近すること。何へと? 火へと、炎へと。「雷の偽りの閃光が一瞬、大気を美しく飾るのは、それに目がくらんだ不幸な者を死の淵に突き落とすためでしかないのです」(『ジュスティーヌまたは美徳の不幸』)。秋吉のサド論は興味深いことに、サドが「火の魂」論の系譜に連なる作家であることを指摘しているが、ラカンはというと、先述のセミナーのなかで、エックハルト師のような思想家が「魂」をDingという語彙で語っていたことを告げている。この二重の意味で、「文学空間」とは「魂」なのであって、それをフロイトは「存在の核」と呼んだのではないだろうか。フロイトは最も親密なものが最も疎遠であるという感覚を持ち続けた人物であったが、「傍らの人」という経験のなかで「疎遠なもの (Fremde)」として分離されるもの、それが「物」である。

「疎遠なもの」として、「物」は絶対的な「他者（Autre）」である。とはいえ、象徴的な「父の名」としての「他者」ではなく、むしろ逆に、象徴化（言語化）できないもの、象徴化に抗う残滓であり、そうした「物」（語源的には「審議、論争」を意味する）＝「沈黙」をラカンは、ブランショと同じく、「母親」とみなし、そこに近親相姦という問題系を読み取っている。のみならず、ラカンはそこに「至高善」の表徴なき表徴を見てもいる。「〈至高善〉とは das Ding であり、母であり、近親相姦の対象であり、それは禁止された善であるということ、そしてそれ以外には善はないということを示したのです」（『精神分析の倫理』邦訳上、一〇四頁）。因みに、手許の辞書を引くと、Ding には「子供、ちび」、「女の子」、「男女の性器」の意があると記されている。Ding が少女の意であるのを指摘したのはハイデガーだった。「われわれは、大きすぎる課題に遭遇している年若い少女のことを、まだ若すぎる物（ein noch zu junges Ding）と呼ぶ」（『芸術作品の根源』邦訳一六頁）。

## 3　文学空間と位相

ブランショはハイデガーと同様、「世界内面空間（Weltinnenraum）」というリルケの想念に注目していた。まさに「世界」という包むものの内側の表面を指す言葉で、外的延長にとっては「無」であるような輪郭線の開けがこの空間に他ならない。リルケはミュゾットに宛てた書簡で、この空間のいわば垂直構造を、まさに「ピラミッドと竪坑」として語り、それを死者たちと生れざる者たちの滞在の場所とみなしている。墓にして子宮・母胎。死にして存在。「底のない深さ」と「無であるような至高性」（バタイユ）。「文学と死への権利」でのブランショは existence sans être（小文字の être は「存在」と訳すが、ここでは、存在者、特に人間存在を指し、「死」の対義語として用いられている）という語でこの場所を指し示すとともに、かかる「実存すること」について、「みずからのうちで死と存在を結合し、かつ存在でも死でもないような実存することの呪い」(*PF*, 331)と記し、この場所の、「……でも……でもない」(ne-uter)という意味で「ヌートル」(ニュートラル)な、「どっちつかず・未決定(ambigere)」という意味で「両義的」なあり方を強調している。内部でも外部でもないが、「内部と外部が唯一の連続的空間に集められるような」このあり方を、ブランショは生涯にわたって語り続けた。「危機的分界《クリティック》」への/からの要請として。Entre/ne(u)tre.

「ヌートル」という語は、時に「中性」とも訳されて静止と一様性の印象を与えるけれども、相矛盾するものが衝突する不断の「出会い」、「動揺」、「緊張」、相反するもののあいだの「移行」、「横滑り」、そこでの「変容」、「変貌」、外への眼差しが反転して内にめくれ込むような「反転」、「回心」を表している。『マルドロールの歌』での変身を思い浮かべる者もいるかもしれないが、これは後論にとってきわめて重要な点であろう。運動し続ける「空間」。齢ふる海原よ! この「空間」は持続の無際限な「切断」であり、しかも、不可分な現在、原子的瞬間の不可能性を証示している。「文学空間」は時間の新たな経験であり、この経験が「文体」なのだ。「プルーストの書物全体、彼の言葉遣い、ゆるやかな屈曲と流動的な重さと透明な稠密さをそなえ、つねに動き続け、巨大な旋回運動の限りなく多様なリズムを表現するのに不思議なほどぴったりとしたあの文体、こういったものは球体の神秘と厚みを、その回転運動を表している」(*LV*, 33)。

しかし、それと同様に重要なのは、この「空間」そのものがその様相《アスペクト》を変えていったということだ。『文学空間』では、「それを超えるとすべてがそこで逆転するような限界点(point limite)」(*EL*, 192)とあったのが、『彼方へ一歩も』になると、このような「特異点」が複数化し、それらのあいだを横断する数限りない経路と網目が語られるに至っている。「書くことの空間は数々の標または特異点（points de singularité）に場所を与え、そこを多様な（不規則な）経路（parcours）が通過していくのだが、これらの経路は、特異であるというこれらの点の位置は維持しつつも、唯一無二のものとしてはそれらを消滅させ、その結果、ほとんど無限な横道（travers）がこの空間で反復されうることになるのだが、この反復は特異性の標を抹消することも、この標を同一性に解消することもない」（*PA*, 73）。

「複数性」「多様性」といっても、il〔彼・それ〕に複数のsをつけてils（彼ら・それら）とすることでは得られない質的「多様性」であるのをブランショが強調していること、この点は忘れてはならないけれども、『来るべき書物』（一九五九年）あたりから、ブランショは、外部と内部、無と全体といった二項を想定したうえで、ヌートルで両義的な「文学空間」を語ることとそれ自体に不可避的に付着した「止揚」と「総合」の危険を回避するために、「散乱（dispersion）」、「限りなく複雑な関係性」が強調するようになる。「マラルメは、言語とは、通常の幾何学的空間も実生活の空間も決してその独自性を捉えさせてくれないような限りなく複雑な空間的諸関係の一体系であるという事実を、つねに意識していた」（*LV*, 320）。その兆しは『文学空間』にもあった。たとえば次のようなソネットを註解して、ブランショは、「見知らぬ運命〔人々〕が交差するような無限の関係の交差点、開かれかつ無であるような場所」（*EL*, 201）とすでに言っていたのだ。

だが、いつ、あらゆる生のいつの日に、
私たちは遂に開いて、受け容れる者となるのか。
〔リルケ「オルフォイスに寄せるソネット」第二部五、前掲書、一五一頁〕

こうして「無」の「空間」それ自体が無数にひび割れ、砕け、散逸し、断片化していく。「複数形」の場合と同様、ここでもまたブランショが「断片的なもの（fragmentaire）」は「断片（fragment）」ではないと強調していることを忘れてはならない。だから、ブランショが『マルドロールの歌』について言うような「割れ目のない全体」、「塊」と「断片的なもの」とは相要れないわけではない。加えて、空間のこのような変容は、おそらくは唯一の「根源」からの発生ないし派生という図式を回避するためであろうが、「深さ」と「表面」とのかつての対立の解消を伴っていた。ガタリにおけるように、垂直的超越の係数と「横断的経路の多様性」はいわば反比例の関係にあるのだ。こうして「魅惑」は、先に示したその語源的意味どおり、「多様なものの魅惑（fascination du multiple）」（*PA*, 93）と化し、繰り返しになるけれども、二項対立的構えそれ自体が解体される。「断片的なものに即して書くことは、表面と深さ、現実的なものと可能的なもの、上と下、あらわなものと隠されたものとを不可避的に破壊する」（*PA*, 72）。

変容はこれだけではなかった。ひとつの特異点との距離を前提としている限りでは、「接近」や「近さ」という観念も崩壊せざるをえない。『彼方へ一歩も』（*PA*, 98–100）でブランショが「近さ」「遠さ」、「接近」「遠ざかり」の観念を改鋳して、「多様な遠きもの（lointain multiple）」、さらには「間歇的な星雲（nuage d'intermittences）」、「群島（archipel）」といった言い方をしているのもそのためである。「非－同一性」としての「分身（double）」、「類似（ressemblance）」、「似たもの（semblable）」についても、「限界（limite）」についてもその無際限な増殖分裂が語られるようになる。「数々の限界の戯れ（jeu de limites）」、と。一刀両断されながらも、「結び目（nœud）」であり続ける「結び目」といった表現が見られるのも興味深いが（*E*, 274）、これらの変容は結局のところ、「物」の炸裂という事態にほかならず、事実、ブランショは「複数的事物（chose pluraliste）」（*PA*, 102）、さらには「消えゆく対象（objet évanouissant）」（*EI*, 370）という言い方をしており、ここには、ラカンが「物」から「対象a」へ向かったのと同様の道筋が見られる。ブランショがサンタンヌ病院で神経学と精神医学を学んでいたことは知られている。クリストフ・ビダンは、共にアクシオン・フランセーズの信奉者だったブランショとラカンがサンタンヌ病院ですれ違った可能性を示唆しているが、二人のあいだにはこのように、より本質的な思考の近接が存在していたのである。

多島の荒野——「文学空間」のこのような変容を辿っていると、レチフ・ド・ラ・ブルトンヌの小説に描かれたある情景が思い起こされる。

> 記憶に残っている幼い頃の最初に特筆すべき出来事は、二歳の終わりのことである。裸のまま放っておかれたことから癇癪を起こし、紐でつながれていなかったのを幸い、私は鏡台に八つ当たりした。姉のマルゴが鏡の中で私のしかめ面を指さしていたからだ。私はテーブルナイフの柄で鏡を叩き割った。ひび割れた鏡はいっそう私を醜く見せたばかりか、砕けた面がいくつにも見せたので、鏡の背後にもう一つの世界を垣間見る思いがした。そんな現象が私の涙を止めた。私は生れてはじめての驚き、はじめての驚嘆を味わったのだった。
>
> （『ムッシュー・ニコラ』の一節で植田祐次訳。『ユートピア旅行記叢書』第一五巻（岩波書店）所収の『ポルノグラフ』「解説」より）

この一節は、「これが私の物心のつきそめだ……お仕置きは喰わなかった。母は掛替えのない鏡台に涙をそそぐだけだった」と続くのだが、レチフが描く鏡像のこの断片化は、いまひとつの小説における、鏡像のいわば自動的変形に対応していると考えられる。「テレーズ、おまえはいろんな形の鏡を見たことがないか。対象を小さく映す鏡もあれば、大きく映す鏡もある。対象を醜くする鏡もあれば、それに魅力を添える鏡もある。してみると、仮にどの鏡も客観的な能力と想像的な能力とを併せ持つとすれば、鏡はそれをのぞいて自分の顔を見た当の人間とまったく異なる像を映し出すと思わないか。その像は、鏡が対象をどう知覚したかに比例するのではあるまいか。(…)鏡は、自分に見えたものに感情を抱くことがあるかもしれない。美しいと思ったら鏡はその人間を愛するだろうし、醜いと思ったら憎むだろう。けれども、対象はつねに同一人物なのだ」(『ジュスチーヌまたは美徳の不幸』植田祐次訳、岩波文庫、二八八―二八九頁)。

ロートレアモンにとってと同様、「変形」の観念はサドにとっても決定的なものだった。

拷問はフランシス・ベーコンやジャン・フォートリエの絵画が示しているように「変形」の最たるものであって、序に言っておくと、ジャン・ポーランのような人物が戦後、「アンフォルメル」の絵画とサドをほぼ同時に語ったのは決して偶然ではなかったのだ。「鏡」に関しては、ブランショの『謎の男トマ』にも、不可思議な「鏡それ自体を映す鏡」や「拡大鏡」が登場する。鏡像(母の顔)を通じてしか自分の顔を見られないとすれば、「屍体」についてと同様、クレマン神父のように「対象はつねに同一人物なのだ」とさえ言えないのだが、サドの描写は、いわゆる「鏡の段階」での自己の顔の認知が、母親の気まぐれな嗜好にもとづく投影の不可避的な引き受けであることを見事に明かしている。同一化の過程には「残虐のシステム」(ニーチェ)が秘められている。マルドロールはみずからの鏡像が「人間」に似ていないのを看取した。先述したような「物」の炸裂は、この文脈では、「鏡の段階」に先立つ幼児の「寸断された身体」――例えばサドにおける身体の切断――に対応しているのだが、なぜ作家たちは、統合失調症患者の多くがそうするように、避けることのできない「鏡の段階」を避け、破壊しようとするのだろうか。『謎の男トマ』にも、燃えて「粉末に帰した鏡の全身」「みずからを虚無化する鏡」が出てくるし、ブランショがくりかえし語る「私」から「彼」への移行にしても、それは（自己の）鏡像を見知らぬ者の顔とみなすことだろう。

あなたは鏡のなかに何を見ているの？
私はあなたなんか見ていない！
あなたは鏡のなかに何を見ているの？
私は私なんて見ていない！
あなたは鏡のなかに何を見ているの？
私はあなたが決して見ることのできないものを見ている。

（ジャン・ウリ『創造と統合失調症』）

ただ、注意しなければならないのは、ここで取り上げている作家たち――サド、レチフ、ロートレアモン――がみな「鏡の段階」に抵抗しているとしても、その抵抗の仕方はさまざまに異なるということだ。実際ブランショは、これら三人の作家たちの根本的相違、時には背反性を強調している。「サドに較べればレチフは偏見の塊だ」、「ロートレアモンはサドからはるかに遠い。ロートレアモンのなかには、不正に対する自然な反抗、善良さへの生来の傾向、またいかなる背徳的な性格も邪悪な計画も有していない（心の）昂揚が存在している」。レチフにおける「繁殖性」とサドにおける「種の伝播法則への打撃」との対比を加えることもできるだろうが、鏡像的同一化への抵抗は、ほかならぬ「文学的経験」の同一化への抵抗でもあって、早くからブランショは「文学の本質とは一切の本質的限定を逃れ去る点にある」と言っていた。「……は何か、……は誰か」の問いに「……である」命題で答える「本質（Wesen）」問答に、「経験（Erfahrung）」を対置したのはフランツ・ローゼンツヴァイクの「新しい思考」（一九二五年）だった。

## 4　文学空間とこの戦場

子供とその子供の鏡像との関係は子供と母の顔との関係でもあった。「これがお前だ」という不可避的指示から「私はこれである」への逆転はこれまた避けることのできない飛躍を孕んでいて、それが主体の「分裂（Spaltung）」をもたらすのだが、われわれは鏡像の最初の引き受けの瞬間を本質的に忘却することで、この「分裂」をいわばやり過ごして、自分がすでに同一的主体であったかのように振舞う。後でも立ち戻るが、これはラカンがアウグスティヌスやメラニー・クラインに思いを馳せながら「言語の出現（apparition du langage）」（*E*, 115, 136）と呼んだ現象と重なり合った事態であり、「私はもの言わぬ幼児ではなくて、もう話すことのできる子供になった」（『告白』）のだ。では、「言語」とは何だろうか。

「諸記号とそれが意味する現実との相関関係」、「意味素の語彙的分割ならびに形態素の固定的、さらには屈折的使用のなかでの、諸記号相互の価値の維持」（*E*, 297）——しかしわれわれは、ソシュールによる「記号」の表示に変更を施すことで、分子たる「シニフィアン」と分母たる「シニフィエ」のあいだの「横棒（barre）」がいかにしても——隠喩によっても——踏み越えることのできない深淵であり、また、楕円的枠組みで囲むことのできる「記号」の統一性とそれを前提とした差異があるのではなく、ひとつの「記号」なるものそれ自体が分割されているのを、ラカンが示したことを知っている。ここでもまた、問題は「分裂」であって、この裂け目を塞ぐと、「言語の壁（mur du langage）」となる。「鏡面」と「言語の壁」が同じ面であることは言うまでもない。

ハイデガーの「おしゃべり（Gerede）」論とも無縁ではないだろうし、それゆえ、これは単に否定的な事態ではないのだが、この「壁」は、自己表現とか、自己および他者たちとの意思疎通とわれわれが信じているものが「空虚な話（parole vide）」でしかないことを示している。興味深いことに、ラカンの「精神分析における発語と言語の機能と領野」（一九五六年）――『文学空間』出版の一年後に雑誌に掲載――に接したブランショが注目したのもこの「言語の壁」だった。「ジャック・ラカンは鮮やかに次のことを示した。「言語の壁の向こうに主体の現実を探し求めるようわれわれを促す錯覚は、主体の真理がわれわれのうちですでに与えられており、あらかじめわれわれがそれを知っていると主体に信じさせるところの錯覚と同じである……」」（*EI*, 349）。

「言語の壁」が障害となるからといって、それに邪魔されないような「生まの」「裸の」「直接的・無媒介的」現実や真理があると思い込むこともまた錯覚でしかない。まず、「鏡」すなわち「言語の壁」を作家たちが壊したことは、この壁が不在であるような状況への信仰では決してないのだ。ラカンの考えでは、「言語の壁」の一方には、母子の想像的関係に割って入って「近親相姦」を禁じる「掟（Loi）」としての〈他者〉の象徴的「言葉（Parole）」――「父の名における」言葉――があり、他方には、「無意識」として痕跡化した「個人横断的な言説（discours transindividuel）」がある。「社会性」という意味では、「言葉」と「言説」は、「超自我」と「エス」のように連動している。ここにさらに、象徴化不能な「物」としての「母」が加わる。

「エクリチュールは鏡であることをやめる」（*EI*, 387）とブランショは記している。では、そこから、この配置のなかでどのように動くのか。善と悪が絶えずその所を入れ替えるようなこの構図のなかで。「サドの作品における父と母」において、クロソウスキーは、サドの動きを、専制的善の偶像にしてエゴイスムの塊で鉄面皮な売女であるような「母」――「美徳のテロリズム」(ハナ・アーレント)の隠れた先導者――への攻撃とみなしている。禁じられた「物」の粉砕は、「身体の切断・細分化」とそれを語る「細部の詳述」によって示されている(前掲秋吉のサド論参照)。その際、偶像破壊者は父親という超自我の権力と連合し、攻撃性のすべてを母親に振り向けると、クロソウスキーは言う。これとは逆に、というより、この権力それ自体の根源が、しばしば母の息子たちによる父殺しに求められることはよく知られている。そして、「十戒」のような掟とサドにおける「反十戒」とがある意味では同じ事態であること、それを見出したのがフロイトだった。また、そのフロイトによる「一次的マゾヒズム」の発見に導かれて、このようなサディズムから派生したものとしてではなく、逆に、自存的な、まさに「物」としての「母」の領域へ退行することで父的権力を愚弄する、そのような構えとしての「マゾヒズム」が、ドゥルーズによって描かれてもいる。

ミシェル・シュネデールのプルースト論(『プルースト 母親殺し』吉田城訳、白水社)にいう「母親殺し」やバタイユの『わが母』など、さらに例を追加することができるだろうが、では、ブランショ自身はどう動こうとしたのだろうか。そもそも「文学空間」は母子の「遠隔的接触」として描かれていたのだが、鏡ならびに物の破壊、それらの廃墟からどう動こうとしたかというと、ブランショは「ヌートル」という語で、あるいはまた、「どちらの岸にも属さない」(*EI*, 268)といった言い回しで、母の側にも父の側にも、いずれの〈他者〉の側にも赴くことなき、二つのもののあいだでの振動を示唆しているように思われる。一見すると、動かず、不動であるかのように映るかもしれないが、「敷居(seuil)」のうえでのこの危ういあり方こそブランショにとっては「狂気（folie）」にほかならない。「狂気とは次のことを意味している。誰も、狂気によってでなければ敷居を超えることはないが、狂気は、この敷居にすぎないような外部なのである」（*PA*, 166）。「狂気」とは「侵犯」の逆説であって、「ヌートル」と呼ばれる「間」から、父の方にも母の方にも外へ出ることなく、この「間」の内在性それ自体を外ならしめる。『ラカン』の著者マルセル・マリーニは、「言語の壁」ないし「空虚な話」について、「（苦しみも含めて）自分をうっとりさせてくれる伝説のような幼年時代の思い出を映し出すスクリーン（幼年期を隠蔽する遮蔽幕としての記憶）」（『ラカン』榎本譲訳、新曜社、六七頁）と言っており、トラウマ療法によって誘導された記憶の危険を説くウルズラ・ヌーバーの仕事をここに並べてもよいのだが（『〈傷つきやすい子供〉という神話』丘沢静也訳、岩波書店）、とするなら、「言語の壁」の破壊は、「投影」、「転移」による「事実」の捏造（虚構）としての「幼年」を映し出す「スクリーン」の破壊であるとともに、この破壊はある「幼年」の露出でもあることになる。

とはいえ、二つの「幼年」があるわけではない。マルグリット・デュラスの『子供部屋』を論じた文章のなかで、ブランショは「幼年、すなわち話すことの不可能性」（*A*, 148）として、「物言わぬもの」というinfansの語源的意味にふれている。その際、「欲望が人間化する瞬間は子供が言語へと誕生する瞬間でもある」（*E*, 319）とするなら、「インファンス」が話し、「インファンス」について話すに至るためには、「インファンス」は乗り越えられねばならず、この点についてブランショは、「誰にとってもつねに殺すべき幼児がいる」（*TE*, 12）というセルジュ・ルクレールの言葉を踏まえて、「ひとは自分のうちの「インファンス」を殺すことでのみ生き、話す」（*ED*, 110）と記している。単に受動的に「殺される」のではないのだ。「インファンス」と二重の意味でのその記述とのあいだには、「夢」の記述においてと同様（*A*,

106)、深淵が口を開けている。しかし、では殺される以前に幼児が、「インファンス」が生きていたのかというと、決してそうではない。「リルケが何度も用いている比喩だが、子供がその母親の子供であるように、死は私から、そしておそらくは私に対して成っている。われわれはわれわれの死を生む、あるいはまた、われわれはわれわれの死の死産児を世界にもたらす」（*EL*, 159）。

セルジュ・ルクレールのいう子供、輝かしく、怖ろしく、暴君のようなインファンスは、それを死へと不断に追いやることでのみ生き、話すことができる限りで、それを殺すことはできないのだが、このような子供はまさに、ウィニコットのいう子供、生きるに先立って死ぬことのなかに埋没した子供、どんな知、どんな経験もその歴史のある決定的な過去のなかに固定しえないような子供ではないだろうか。（…）だから、われわれが殺そうと努めているのは、まさに死んだ子供なのである。（*ED*, 112）

「インファンス」が語り、語られるためには、「インファンス」が乗り越えられ殺されねばならないが、単に跨ぎ越すべき溝がそこにあるだけではなく、そもそも、乗り越え殺されるべき「インファンス」なるものは存在しない。忘れることさえできない忘却（ブランショはシュペルヴィエルの「沖の子供」に言及している）。したがって、それを乗り越えることはできないし（ダニエル・スタンの仕事をめぐるガタリの発言を参照）、それについて何らかの仕方で語ることもできない。ラカンがメラニー・クラインについて何度も述べているように、ここで問われているのは「言語の出現の限界そのもの」（à la limite même de l'apparition du langage）（*E*, 115）なのである。「ヌートル」、「狂気」、「侵犯」について先に述べたように、また、ハイデガーのエルンスト・ユンガー論の題名を意識して「線の通過（passage de la ligne）」なる論考でブランショ自身述べているように、言語の出現の限界に至ること、それを踏み越えることは、この限界に至らず、それを踏み越えないことでもあって、このような「限界‐経験」としての「インファンス」は、「話すことの不可能性」は、「ある」とも「あった」とも言えないもの、すでに「死したもの」だが、「死」である限り「到達不能な」不在として不断に回帰するのだ。

しかし、それだけではない。ブランショは「幼年」を「死」として捉えただけではなく、そのような把握が「幼年」を「無」として実体化し同一化することをも回避しようと努めることになる。「私のなかで死んだ子供」、「生存のなかの無」、「現前のなかの不在」と言うことさえできないのだ。曰く、「統一性なき根底的な外部、外在性、みずからを散乱させるところの無なき散乱、何ものの不在でもないような不在、それが何よりもまず子供の唯一の現存である」(*EI*, 346)。「インファンス」はブランショにとって絶えざる「強迫」であり、「文学」、「文学空間」をめぐる問いとその変容を導いていたのも、不断の「強迫」としてのこの「インファンス」という観念であった。因みに、『インファンス読解』(小林康夫ほか訳、未來社)の冒頭でブランショに言及したとき、リオタールはこのことに気づいていたと思われる。最後に二つのことを記しておこう。

かつて『謎の男トマ』の第一版と第二版との異同が研究者たちの関心を惹いたことがある。そして「幼年」はこの点でも重要な論点をなすものだった。第二版では削除された箇所のうち、きわめて重要なものとして、トマの「父」の病と死をめぐる箇所がある。そして、この二十数ページ(二〇〇五年版で一〇七―一二九頁)のあいだで、「幼年(enfance)」をめぐるさまざまな叙述が展開されているのである。「あなたは子供だったとき泣いた」とアンヌが問い、それに、「かつてトマ以上に誰が泣いただろうか」との言葉が続く、そんな問答から始まる場面である。いくつか印象的な叙述を挙げておこう。十五、六歳のトマは父の最期を自分自身の、その「幼年」の死のように感じ取る。

——音を立てないで、あなたのお父様は病気なのよ、と母がトマに言う。トマは独り残った。未知の感情が彼を怯えさせた。これは悲しみだろうか。それは静謐と沈黙から始まった。(…)生ける者たちの世界に委ねられて、トマは、本当に瀕死なのは自分であるとの感情を抱き、自分自身の幼年の死として死を知ることになった。彼も目を閉じた。医師も母もいないところで、彼は、あたかもひとが死と闘うかのように、自分が子供であることへの嫉妬、忌々しさ、悔恨と闘った。すべすべした彼の顔のうえには、望むなら死の想念と呼ぶこともできるそのような生の観念が屍体の刻印を刻んでいた。(TO, 110)

「幼年」と「死」との結びつきも、「屍体」の観念もすでにここに萌芽している。続く箇所には、「屍体的類似」の観念を思わせる興味深い叙述が見られる。

トマの代わりに〔トマの場所で〕生きたのかもしれない子供(…)は、トマではなく、他の者たちすべてと同じくらいトマとは違っているとはいえ、しかしながら、人間たちの目には、トマと同一であるかに見えたかもしれず、また、この識別不能なモデルとは区別されえず、深淵によってトマと隔てられつつも、どの点でも同一である。(TO, 118)

そして今度は、トマが奇妙な「孤児」として描かれる。「トマは自分の家族を奪われていたが、それは、父母のイマージュをそこに裏返しに見ることができるような孤児のようにではなく、家族が欠けているという事実そのものによって家族とうまく折り合うように思われる、そうした存在としてであった」(*TO*, 124)。このようなトマが、「自分の母には見つけてもらえずに泣いていた幼い子供」(*TO*, 129)――トマではあるがトマならざる子供――の手を引いて家を出るところで、この場面は終わるのだが、ブランショは第二版でこの箇所を「削除」したのみならず、それを「削除」ですらない営為とみなす説明を付してさえいる。その動機が分かるというわけでは決してない。けれども、「文学空間」とその変容にむしろひっそりと淡い影のように寄り添い、決して基軸のごとき外観を呈することのなかった「幼年(infans)」という主題が、「文学空間」の練成過程で出現してはまさに消滅していたというのは、かかる主題のあり方そのものから考えてもきわめて意味深い。

このような消滅とあるいは無関係ではないかもしれないが、第二は、「幼年」という主題の本質的散乱についてである。「翻訳」を論じた初期の論考のなかで、ブランショは、翻訳家がある言語に課する「変形(transmutation)」によって、ひとつの言語が、「直接に読まれて迂路なく理解される言語」と、「いつまでも知られず、黙っていて近づき難く、われわれに捉えうるものとしてはその不在しかないようなもうひとつの言語」(*PF*, 187)に分かたれると述べているが、この後者を「言語」のなかの「インファンス」として捉え直すことができるかもしれない。そしてそこには、「反実現」としての「喃語」、異邦の、未知の言語を話す「外国人」とのやり取り、老衰、失語、緘黙や錯乱せる言説や痴呆などの病理学的現象を、さらには聾唖などさまざまな障害、動物の言葉をどう捉えるかというきわめて切実な問題系が密接に絡んでくる。「叫び」、「呟き」、「ざわめき」、「声」といった現象を重視することで、ブランショはそうした問題系を指し示し続けた。「語なしに、黙ったまま、叫びの沈黙によって話す声、それがこのうえもなく内面的なものであれ、誰の声でもなくなろうとする声」(*EI*, 386)。「おれはもう話すことができぬ」(ランボー「朝」)。

思えば、すぐれたブランショ論の著者でもある作家のピエール・パシェは、「インファンス」のこのような諸相を描き続けた作家だった。「子供たちが話し始めるとき、彼らはかたわらに現前する人物に向けて話しかけるわけでは必ずしもない。子供たちは、語の、自分が発する言葉の力を感じ取っているように思われる。(…)子供たちの言葉は現実の誰かにはっきりと宛てられているわけではない。子供は飛び交う言葉たちの本質と戯れているのだ。(…)私の痴呆の母親はロシア語、フランス語、イディッシュ語を話すと言えるとしても、真の意味で彼女は「話して」いないということを指摘するのを忘れてはならない。大抵、彼女は会話していないし、情勢や話し相手の言葉に合わせるために必要な言葉の可動性をまったく示すことがない」(Pierre Pachet, «Parler tout seul», in *Critique*, novembre 2005, pp. 824, 827)。

このように「話」ならざる「叫び」、「呟き」、「ざわめき」、「声」はわれわれの「異常な日常」のなかで日々続けられている言語行為そのものであるとともに、路上の群集のなかでまさに群島のようにあがる叫びであり、「書かれた叫び、壁のグラフィティ」(*EI*, 392)でもある。さらには、ロベール・アンテルムの『人類』で描かれたような収容所のなかの生存についても、それがブランショにとって、「私は」と発語する力能を奪われた者たちの「匿名の共同体」(*EI*, 197)である限り、「インファンス」と無縁ではなく、しかもブランショはこのような共同体を「未知の者ならびに外国人の迎え入れ」という問題と連動させていた。リルケは先に挙げたロダン論のなかで、自分が語るつもりの「幼年」は、「かつて幼年であったすべてのもの」、「あなたがたよりもさらに過去に遡る追憶」という言い方をしているけれども、「物」の粉砕としての「インファンス」は、(ありもしない)「物」の共有——死者たちの言葉の聴取と称するもの——

という「超越論的幻想」を暴くことで、ナショナル・イデオロギーの問題とも深く係わっていたのだ。ただ、注意しなければならない。たとえばミシェル・フーコーは、「狂気の歴史」を「沈黙」の、言い換えるなら「インファンス」の「考古学」として構想したのだが、とするなら、「狂人たちの不幸、彼らの終わりなき沈黙の不幸は、彼らの最良の代弁者が彼らを最も裏切る者であることだ」(「コギトと狂気の歴史」)というデリダの指摘を、ここでも銘記しなければならないだろうからだ。

かつて宮崎進という画家・彫刻家の仕事を論じたとき、「沈黙」と題された彼の作品に出会った。静かな赤子の頭部の彫刻で、頭部の全体が白い雪、霜のようなもので覆われている。それを論者は、ジャン・フォートリエが銃殺された者の頭部を「赤子」とも名づけたことを連想しながら、奈良美智のような作家の作り上げる子供たちと結びつけたのだが、宮崎の作品がなぜ「沈黙」と題されているかというと、それは敵に囲まれた状況にあって赤子の泣き声が自分たちの所在を明かしてしまうからであり、泣く子を殺してしまうこともあったからだ。今、いわゆる戦場だけではない、戦後と呼ばれる時代と国におけるさまざまな路地《ストリート》だけではない、平和と形容されもする地域のさまざまな場所で「インファンス」は無残に虐待され、無残に虐待している。その身体は変形され、蝕まれ、切り刻まれている。「インファンス」に刻印され、「インファンス」が刻印する傷や痣などのさまざまな筆記。そしてまた、サドの『ソドムの一二〇日』で描かれたようなハレムとそれを通じての売買が、「インファンス」とその解体された諸部位をめぐって営まれ続けてもいる。そのような戦場と廃墟の網の目、局所化不能な「文学空間」の振動と強迫から、われわれは誰も逃れることは決してできないのだろう。

# 第三部　華やぐ干瀬《ひし》

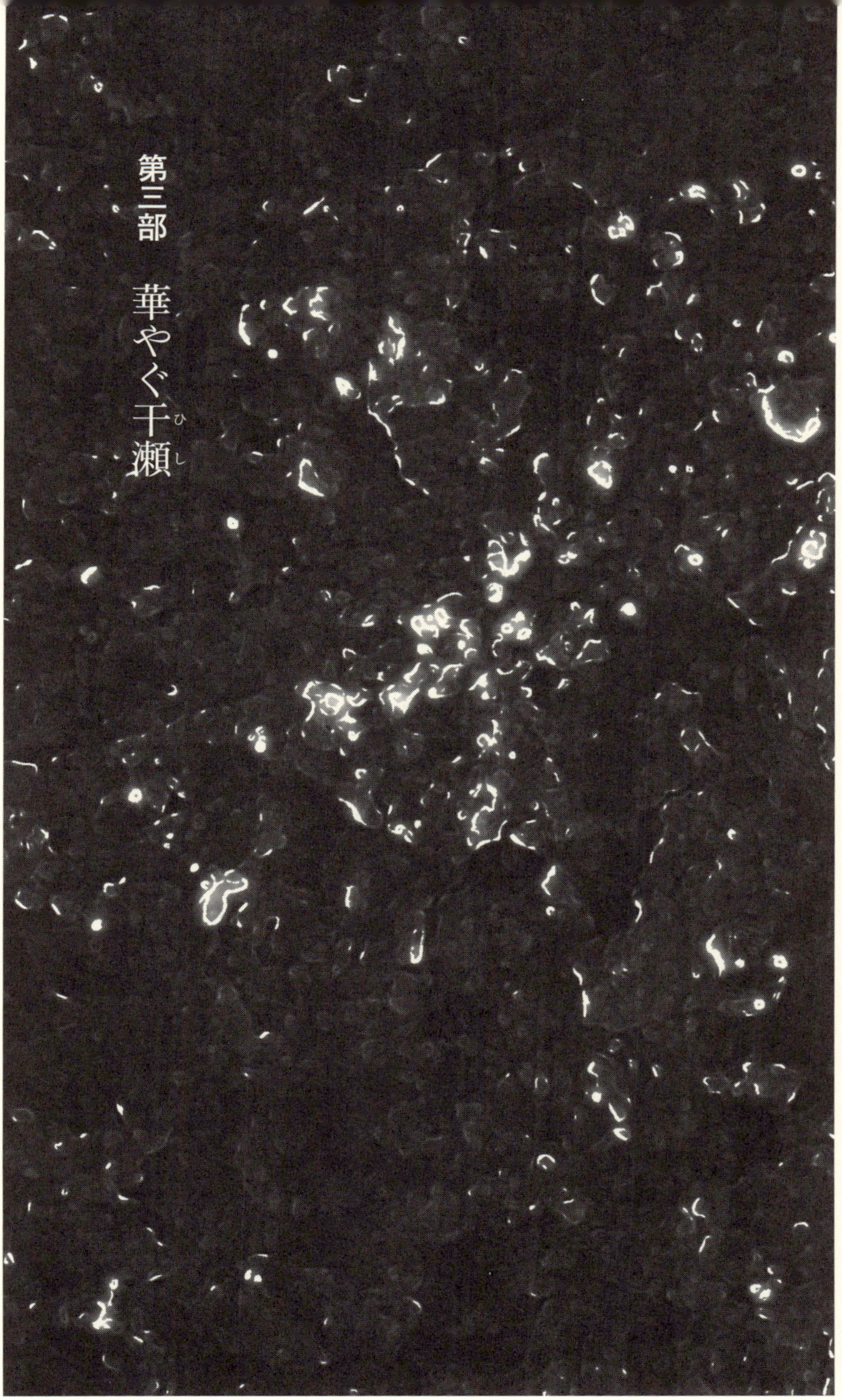

# パトチカと戦争の存在論

## テクネー・前線・犠牲

（二〇〇七年）

ヤン・パトチカの遺稿となった『歴史哲学についての異端的論考』（石川達夫訳、みすず書房、二〇〇七年。以下『異端』と略記）について、ポール・リクールはメルロ＝ポンティの名を挙げながら、こんなことを言っている。「私がここでメルロ＝ポンティの思い出に触れるのは、フッサールとハイデガーの後継のなかで、『異端』が『見えるものと見えないもの』と同じ位置を占めるように私には思えるからだ。すなわち、現象学の二つの周知のバージョンにもたらされた、忠実であると同時に離反的な続編なのである。しかし、それだけではない。これらの『異端』は、メルロ＝ポンティの遺稿と同様、レンブラントのいくつかの肖像画にも似た濃密な厚塗りの美しさを有してもいる。深部の揺動せる暗闇から湧出するような美しさを」（Préface, in *Essais hérétiques sur la philosophie de l'histoire*, Verdier, 1999, p. 7）。

ここでリクールが光と影の魔術師の名を挙げたのは決して偶然ではあるまい。あとで見るように、『異端』それ自体が、光と影の、図と地の、「生活に押し潰されて戦きつつも、最も深い根底に己を頼むところを常に保持している」（ゲオルク・ジンメル『レンブラント』高橋義孝訳、岩波書店、一六九頁）者たちの、固有名と無名、顔なしと顔とのドラマを描き出しているのだ。「今日の人間は単に驚くことを起点として哲学するに至るのではない。精神に内在した数々の困難、魂全体の状態を起点としても、今日の人間は哲学するに至る。このような仕方で、また、現代生活の悲惨とのこうした係わりのなかで、われわれは現代哲学の数々の傾向のひとつ〔現象学〕がいかにして生まれたかを再発見しようとした」(*Le monde naturel comme problème philosophique*, Martinus Nijhoff, 1976, p. 6) と処女作に書き記したパトチカであってみれば、まさに「生活世界」の陰翳そのものが哲学であり哲学史であったとしても、驚くにはあたらないかもしれない。パトチカは己が方法を「否定的プラトニスム」と名づけているけれども、「イデア」はその批判力を有したまま、アランの言うように、「生活世界」の生地にいわば縫い込まれているのだ。

そんなパトチカの生涯と思想について調査を進める過程で、私は、パトチカとともに「憲章七七」のスポークスマンを務め、ビロード革命後共和国の大統領となる劇作家のバツラフ・ハヴェルが獄中で熱心にレヴィナスを読んでいたこと、そしてまた、ハヴェルの言葉が今度は東南アジアの狭き場所へと響いていることを知った。

それでも(とりわけ)ぼくは(もしよく理解しているなら)、レヴィナスの考えと完全に共通している。すなわち、ぼくらは自分の責任を、みずから考えださず、前提ともせず、予期もしなかった情況の中でそれを示すべきときに、その快適ならざるきびしさのすべての中で、ふつうは把握しはじめる。(…)ぼくはつねに感じてきたが、(前イデオロギー的または前言語的展開における)、若者たちの反抗は、非常に重要な現象である(その中には、結局「実存的革命」、人間自身への回帰の最初の兆しも見られた)、——レヴィナスはぼくの印象を確認してくれるばかりか、同時に説明してくれる。

（『プラハ獄中記』飯島周訳、恒文社、一九九五年、四八三―四九六頁）

チェコスロヴァキアについて私が最も感銘を受けたものは、最良の人々が保ち続けた知性の正直さです。彼らは、大学や政府に入って知性の健全さを妥協させるより、配管工、道路工夫、レンガ工になることを選びました。そしてこれは、自分の精神と知性の健全さを維持しようとするとき、私たちに何が達成できるかを示す素晴らしいお手本だと思います。

（アウンサンスーチー『希望の声』大石幹夫訳、岩波書店、二〇〇〇年、二三〇―二三一頁）

そのパトチカの『異端』第六章は「二十世紀の戦争、戦争としての二十世紀」と題されている。レーニンを引くまでもなくこうした表現は消して目新しいものではないだろうが、しかし、「戦争としての二十世紀」をめぐるパトチカ晩年の思索からわれわれは何を引き出すことができるのだろうか。何を学ぶことができるのだろうか。以下はそのささやかな試みである。

## 1　ボヘミアン・ラプソディー

一九三五年のクリスマス休暇。二八歳の青年ヤン・パトチカはフライブルクのフッサール（一八五九―一九三八）宅で、同郷の恩師から木製の書見台を贈られた。この書見台は一八七八年、ライプツィヒでフッサールにある同郷の先輩が贈ったもので、フッサールは六〇年近くもこの贈物を大事に保存していたのだ。この先輩の名はトマーシュ・マサリク（一八五〇―一九三七）、一八八二年にプラハ大学の哲学教授に就任しているが、何よりもチェコスロヴァキア共和国初代大統領を一九一八年から三五年まで務めたことで著名である。マサリクがフッサールのことを、フッサールがマサリクのことを回想した文章を引用しておこう。

ウィーンの学生時代に、教師としてまた人間として、私〔マサリク〕に最も大きな影響を与えたのは、哲学者のフランツ・ブレンターノ〔一八三八―一九一七〕である。(…)その他の哲学者たちの中では、私はライプツィヒでヴント、アヴェナリウス(…)と知り合いになりました。いくつかの講義にはフッサールと一緒に出ました。後に彼はブレンターノの門下に入りました。
(カレル・チャペック『マサリクとの対話』石川達夫訳、成文社、一九九三年、五八頁)

結局のところ、マサリクが私〔フッサール〕の最初の師であり、世界と生についての論理的な考え方を私のうちに呼び覚ました最初の人物であり、それがすべての点で私の哲学を決定づけたのです。
(Alexandra Laignel-Lavasti, *Jan Patočka*, Michalon, 1998, p. 13)

フッサールがマサリクの弟的存在たることを明確に自覚するとともにそれを誇りに思っていたということは、もしかすると「現象学」とそれがめざすものにとって肝要な事態だったかもしれない。パトチカへと受け継がれていった彼らの精神のリレーは、「現象学」という思想革命が、後年偶々そうなるのでは決してなく、助走段階においてすでに、「ヨーロッパ」における/という倫理的共同体の創出と統治という問題意識に本質的に貫かれていたことを告げているように思えるのだ。到る所に陥穽を仕掛けられた道――。

ボヘミア論のなかでパトチカは「チェコは小民族である」と言い、マサリクは「小民族の問題は私にとっていつも世界的な問題である」と言い、ミラン・クンデラは「小民族とはその存在がいつでも疑問に付されうる民族である」と言う。しかし、たとえばハイデガーと「第三帝国」との関係に、これらの思想家たちと「小民族」との関係を対置してことが済むわけではまったくない。事実、マサリクについてはこんなことが言われている。「マサリクが「民主主義者」であったことは多くの人が認めるところである。しかし、民族意識、とくにチェコ人とスロヴァキア人の関係についてみると、マサリクは両者が「チェコスロヴァキア民族」であると主張し、これが両大戦間期のこの国の公式の立場となっていた。チェコ人中心の政治に不満をもつスロヴァキア人から見ると、マサリクはプラハによるスロヴァキアの支配の象徴であった」(林忠行『中欧の分裂と統合』中公新書、一九九三年、五頁)。

実際、マサリクは「ボヘミア」における「チェコ人」と「スロヴァキア人」とのこのうえもない「混交状態」を認めながらも、「スロヴァキア人は方言を話すチェコ人である」(『マサリクの講義録——チェコ・スロヴァキア小史』栄田卓弘・家田裕子訳、恒文社、一九九四年、一八〇頁参照)と断じている。「スロヴァキア人たちは十九世紀以降自分たちの文学的言語を持ったけれども、彼らは決してそれをチェコ語の方言とはみなさかった」(*Idée de l'Europe en Bohême*, Jérôme Millon, 1991, p. 105)というパトチカの言葉は、彼がマサリクを師のひとりと認めつつも、マサリクのチェコ至上主義を批判的に捉えていたことを告げている。「マサリクにおける民族哲学の挫折」とパトチカが言うのもそのためだろうが、それに加えてパトチカは、オーギュスト・コント的な「三状態の法則」(神学→形而上学→実証主義、人類宗教)を、そしてまた、未来の予測可能性を信じて、マサリクが第一次世界大戦を、「旧体制」から「ヨーロッパ民主主義の到来」への移行として楽観的に捉えていたことをも、この挫折に数え入れている。

このことはパトチカを二つの世界大戦論へと導いていくひとつの動機なのだが、ひとりの「哲人王」を待ち受けていた陥穽にこのように留意しながらも、パトチカは、「責任ある行為への呼びかけとしての国家、どんな状況にあっても自由に行為するようわれわれを不断に促す呼びかけ、チェコ社会の道徳的力への信頼」を唱え、ヴァルター・ビーメルが「ヤン・パトチカ——民族の良心としての哲学者」(Jan Patočka: le philosophe en tant que conscience de son peuple [Der Philosophe als Gewissen seines Volk], in *Phénoménologie et politique*, Editions Ousia, 1989) で詳述しているように、チェコの歴史のなかにこのような「道徳的政治」の先駆を見出している。

特にそこで重要視されるのは、ヤン・フス(一三七二—一四一五)の宗教改革と、それに続くチェコ兄弟教団(ボヘミア同胞教団)の活動である。教会の腐敗に対するフスの糾弾は、ルターによる改革の一世紀も前になされたのだが、この糾弾はボヘミアが「西洋キリスト教全体にとって有する特別な使命と責任」を証示するもので、実際フスはラテン語ではなくチェコ語で説教を行うことによって、移民ドイツ人支配者層に対する民族意識を、「個」の道徳意識とともに覚醒させようとした。しかも、このような動きはフスの火刑後も途絶えることなく拡大を続け、「貴族と教会のキリスト教」に反対する新たな組織を産み出すことになった。「自分たちのキリスト教徒としての生活を模範として示すことで、おのが選びを目に見えるようにする、そうした選ばれた団体」として「教会」は改めて定義され、それに属する者たちは、ヨーロッパのその他の地域がユマニスムとルネサンスの実現に向けて努力していた時に、現世での禁欲と信心深い犠牲の精神をもって、「キリスト教についての絶対的に道徳的で精神的な考えに専心し、それに身を捧げた」のだ。

再びビーメルによると、フスの教会批判はある意味では相矛盾した二つの動きを生み出すことになる。ひとつはターボル派と呼ばれるもので、彼らは力ずくで神の国を現世に確立しようとしたが、後にカール・カウツキーが指摘しているように、これは私有財産を全廃した一種の共産主義共同体へ向けての運動にほかならない。いまひとつはヘルチッキー（一三九〇―一四六〇）の信奉者たちの集団で、これが「ボヘミア同胞団」なのだが、彼らは平和主義者として一切の暴力を拒絶し、貧者たち、圧迫された者たち、不幸な者たちへの憐憫と献身と犠牲を、宗教生活においてのみならず公的生活においても貫徹したのだった。「ボヘミア同胞団」最後の司祭が教育学者として著名なコメニウス（一五九二―一六七〇）で、石川達夫氏が好著『マサリクとチェコの精神』（成文社、一九九五年）で指摘しているように、彼らは「隣人」および「隣人愛」の観念を、同一宗派という制限から解き放ったとされているが、『自由と犠牲』（*Liberté et sacrifice*, Jérôme Millon, 1990）と題されたパトチカの政治論集を見ると、「ボヘミア同胞団」の精神をパトチカが現代に甦らせようとしているのが分かる。

まずはシモーヌ・ヴェーユを彷彿させる他者の「苦痛」への知覚。「苦痛の切迫――それはつまり、現下の苦痛が絶対的命法にわれわれを直面させるということだ。定言命法は抽象的理性の声ではなく、人間的苦痛の声である。苦痛は駆け引きを受けつけず、その本性によって課せられる論理以外のいかなる論理も理解しない。ところで、苦痛の本性はというと、偽りの満足で我慢するのを拒むことであり、現実的成就を要請しているということだ。苦痛の論理、それは現実の論理である。同じ理由で、苦痛の論理は単なる企画を超えて実効性の論理であり、行動の論理である。／苦痛の論理に耳を貸す者はしたがって、当然のことながら、唯物論に客観的に与する。彼は演説をしたり企画を立てたりすることではなく、具体的に行為することを欲する」（*ibid.*, p. 170）。

このような行為のひとつが「犠牲」であって、自身の決意を語るかのように、「精神的人間とは自分を犠牲にしうる人間であり、犠牲の意味を見ることのできる人間、何も恐れないでいられる人間である」（*ibid.*, p. 256）とパトチカは言っている。だが彼は、深い闇の中の一筋の稲妻のような「犠牲」の困難のみならず、それを語ることの危険性をも看過していたわけでは決してない。たとえばヒトラーは、周知のように、『わが闘争』のなかで、まさに自分を「犠牲」にしうる人種として「アーリア人種」を規定しているのだから。パトチカはというと、特に「技術」との関連においてこの危険性を論じている。次にその点を見てみよう。

## 2　技術と犠牲

その見地に賛同するかどうかはともかく、ジャン・ボフレは「技術への問い」を「ハイデガーの道程の究極的段階」とみなし、こう言っている。「ハイデガーはここで、プラトンの使っている意味でのテクネーは厳密にはエピステーメーと同義語で、この語彙は手仕事のようなもの、今日技術的と言われているもののいかなる優位も示すことなく、知の厳密な等価物であることを強調している。結局のところ、何かの「テクニック」とは、あらわに（à découvert）現出するような事物を前にすることなのである」（*Entretiens*, PUF, 1984, p. 72)。

ボフレの発言の根拠となっているのは、一九五三年の講演で翌年に出版されたハイデガーの「技術への問い」（Die Frage nach Technik）であろう。ギリシャ語の「テクネー」とは「あらわにすること」（Entbergen）であり、「あらわにすること」は「前に・外に－もたらすこと」「生み出すこと」（Her-vor-bringen）とも言い換えられているが、「前に・外に－もたらすこと」「生み出すこと」は「ピュシス」（自然）の本義としての「ポイエーシス」（制作）に連なるもので、また、「非隠蔽性」（Unverborgenheit）という意味では「真理」（ア・レーテイア）ともつながっているのだ。

では、「近代技術」（die moderne Technik）とはいかなるものだろうか。「近代技術」もまた「あらわにすること」ではある。けれども、その「あらわにすること」はもはや「ポイエーシス」の意味での「あらわにすること」ではなく、もっぱら「エネルギー」として強引に「供出させること」(Stellen)であり、その「催促」(Stellen)のあり方を指す語が、骨組み、台座などの意味をもつGe-stell(立ち‐組み)なのである。Ge-stellは「供出させられたもの」を意味すると同時に、いわゆる技術的なネットワーク、コンビナートなどを指してもいる。因みに、これを「抽象機械」(machines abstraites)のあり方とみなし、「アジャンスマン」(結構、配置)という語でそれを訳したのがドゥルーズ/ガタリであった。

では、このようなハイデガーの思考からパトチカはどんなことを引き出しているのだろうか。以下、この節では少々引用が長くなるけれども、まず「技術時代についてのセミナー」から、パトチカ自身がGe-stellについて説明している箇所を見ておこう。「われわれはもはや、直観されうる対象、われわれがそれと対峙し、視線の自立的な対象としてわれわれと対立するような事物を前にしているのではない。われわれの前にあるのはもはや挑発的な召喚に応えるものでしかなく、それはエネルギーであれ材料であれ人力であれ資本・資源である。このような召喚の根本的性格がstellen——それによってわれわれが部署につき収益をもたらすよう要請されるところの催促——である。山々の連なりがGebirgeと言われ、無駄な話の一群がGeredeと言われるのと同様に、ハイデガーはこれらの督促の総体をGestellと名づける。だから、それはあらゆる事物の集まりであり、この総体の了解であり、Gestellとしての現実の了解である。Gestellはいかなる事物もありのままには置かず、各々の事物から自分の望むものを引き出す。だから、Gestellは召喚されたもの(gestellt)よりも大きい。自然、人間、社会はGestellの構成要素であるが、Gestellはいかなる社会、いかなるエネルギー資本・資源などでもない。Gestellは存在するものについての了解のひとつの様態であり、諸事物と世界が今日われわれに現れる際の仕方なのである」(*Liberté et sacrifice*, p. 279)。

Gestell は普遍性、匿名性、恣意性、閉鎖性、機能性を特徴としているが、計画的なものであるかというと逆に気まぐれ理不尽で、目的を欠いているとも、それ自体が目的であるとも言える。このようなGestell は、われわれ人間を生に縛りつける諸連関を介してわれわれを支配し、われわれをマルクーゼのいうような「一元的人間」として平均化する。

Gestell に従属した生活では、誰もがどんなものとも交換されうる。もはや誰も特殊なものであるとの感情は持たない。この大衆時代にあっては誰も何者でもない。生活は空虚化するけれども、ひとは頑迷な執着をもってかつてないほど生活にしがみついているし、この執着はその片割れとして無意識的な濫費——二度の大戦についてはさておくとしても、交通事故が要求する何千人もの死者たちによって例示される生命の濫費——を伴っている。ところで、疎外はもはや今では物化でもない。なぜなら、物がその物性を失い——もはや資本・資源しかないからだ。まさにその点に、Gestell がわれわれを縛る際の過酷さ、残忍さが最終的に由来する。この均された平均性を生み出し、われわれを交換可能、操作可能なものならしめる Gestell は語の二つの意味で無感覚の文化である。それは全面的感覚麻痺と冷淡さの文化なのである。

(*ibid.*, pp. 297–298)

ここでパトチカは、「技術への問い」で引用されたある詩句に注目する。ヘルダーリンの『パトモス』の、「しかし危険のあるところ、救うものもまた育つ」(Wo aber Gefahr ist, wächst/Das Rettende auch) である。Gestell の支配が、それへの従属が頂点に達するとき、むしろ逆に「技術」は「テクネー」としてのその本質へと遡上する。パトチカによれば、ハイデガーにおいては「芸術」(テクネー) がこの遡上の鍵を握っており、パトチカ自身『芸術と時間』(*Kunst und Zeit*) なる芸術論集を出版している。実はそこでも、この「ミュトス」の哲学者はソフォクレスの『アンティゴネー』を幾度も論じているのだが、「救うもの」は何よりもパトチカにとっては「犠牲」という行為にほかならなかった。しかし、その点で言うなら、Gestell によって収奪されること、それもまた「犠牲」ではないだろうか。ここでパトチカは「技術時代における犠牲」についてこんなことを言っている。

犠牲の観念は神話的‐宗教的起源を有している。この起源がすでに隠されているところでも、自己の卑下と下降によって、より高きものに係ろうとする意志がそこに表明されている(…)。逆説的なこと、それは意志的な損失によって何かを得るということだ。それゆえ、両親は子供のために、それを通して己が家系の永続のために自己を犠牲にし、戦士たちは民族や国家の存続のために自己を犠牲にする、等々。しかるに、技術的な世界観はより高きものを、存在者のなかでの地位の区別を認めない。この見地では、どんな階層も主観的恣意の事績である。実際には、力の多寡のあいだの量的差異しか存在しない。そうであるなら、技術的世界においてもやはり犠牲を語ることは、つじつまの合わないこと、そして先入見として現れる。

(*Liberté et sacrifice*, p. 271)

このような似非「犠牲」に抗して、パトチカは「近代技術」の対極にあるような「犠牲」のあり方を語る。「犠牲はこうして並外れて根底的で逆説的な性格をまとう。それは、ある意味ではすべてのための、万人のための犠牲であるが、何かのための、誰かのための犠牲ではない。本質的な意味では、それは何でもないものに対する犠牲である。「何でもないもの」を、ひとつの存在者ならざるものと解するのであれば」(*ibid*., p. 275)。

「犠牲」という事態そのものを根本的に問題視することなく、そこに真の「犠牲」と似非「犠牲」との区別を設けるこの姿勢には大いに疑問を感じるけれども、今回はそれは措いて、いま少しパトチカの議論を辿ってみたい。Gestell の支配が救いに転じるその転回点はパトチカにとっては、先の引用文にも示唆されていたように、まず、第一次世界大戦だった。塹壕の戦争とも呼ばれるこの戦争について、いや、すでに「近代技術」についても、ハイデガーとその批判者パトチカは、エルンスト・ユンガーという特異な作家から多大なインスピレーションを得ていた。

### 3　前線の魅惑

Stellen, Gestell の支配はユンガーにとっては「総動員」(die totale Mobilmachung) において頂点を極めた。第一次世界大戦において、「これほどの規模のエネルギーを展開するためには、剣を持つ腕を動員するだけでは十分ではなく、骨の髄までの動員、最も精妙な自律神経にまで至る動員が必要である。それを可能にすることが、総動員の任務である。この行為を通じて、広く分岐しさまざまに特殊化された現代生活の電力網が、配電盤の独占的な制御により、戦争エネルギーの大きな流れへと引き込まれるのである」(ユンガー『追悼の政治』川合全弘編訳、月曜社、二〇〇五年、四四頁)。

こうしたユンガーの考えにも触発されて、ハイデガーは「惑星規模の技術」「近代技術の惑星規模の運動」(シュピーゲル誌によるインタヴュー) といった言葉で特に一九三〇年以降の世界の動きを語ることになる。ユンガー的志向を「戦争の審美化」として糾弾するベンヤミンのような著者も、少なくとも同様の語彙を使用しているのは興味深い。「あの戦争は、宇宙のもろもろの力との新たな前代未聞の婚姻の試みだった。人間の大集団が、ガスが、電力が、平原に投入され、高周波電流が風景を走りぬけ、新しい星が空に昇り、空中と深海にはプロペラとスクリューの轟音が響き、あらゆるところで犠牲者を埋める穴が、母なる大地に掘られたのだった。宇宙に対するこの大々的な求愛は、史上はじめて惑星的な規模で、すなわち技術の精神において行われるものであった。だが、支配階級の利潤追求欲が、技術を相手に自分の望みを満足させようとしたために、技術は人間を裏切り、初夜の寝床は一転して血の海となった」(「一方通行路」久保哲司訳、『ベンヤミン・コレクション3』ちくま学芸文庫、一九九七年、一三九頁)。

けれども、当時事態をこのように理解するのは決して容易なことではなかった。第一次世界大戦という現象に関してさまざまな説明が試みられたのだが、パトチカはマサリクによる説明を例に挙げながら戦争論へと接近していく。一八七九年にマサリクは博士論文「現代の社会的大衆現象としての自殺」(*Der Selbstmord als soziale Massenerscheinung der Gegenwart*)を提出しているが、パトチカにとってマサリクは、一方ではこの自殺論に象徴される「危機の哲学者」であり、他方ではオーギュスト・コント的な十九世紀進歩主義の継承者だった。「マサリクは危機である限りでの危機の意味を考えた哲学者ではなく、危機を一過的なものとみなしてそこから脱出できると考えた哲学者だった」し、「彼はまったく実存を思考しなかった」(*Crise du sens*, tome 2, Ousia, 1986, p. 19–20)と言われる所以であろう。

そのマサリクは第一次世界大戦を民主主義革命へと至るひとつの段階とみなしている。一九〇七年から第一次世界大戦勃発までオーストリア・ハンガリー帝国からの独立運動に加わり、大戦中は逮捕を避けるためにアメリカ合衆国に亡命、一九二〇年、オーストリア・ハンガリー帝国崩壊の二年後、新生チェコスロヴァキア共和国の初代大統領に就任したマサリクであってみれば、このような大戦解釈も至極当然であったかもしれないけれども、この「解放」がたちまちのうちに再度の大戦につながっていくのを目の当たりにした者たちのひとりとして、パトチカはそのような解釈に賛同するわけには決していかなかった。曰く、「一九一四―一八年の戦争の解釈は、常に十九世紀の理念の助けを借りて生まれたのだが、しかし、それは昼の理念、昼の利害である。それらが非常に異なる二十世紀の基本的現象を説明できなかったというのは、不思議ではない」(『異端』一八八頁)。

十九世紀思想にもとづく説明とは、進歩主義的で予見可能な決定論的世界観を前提としつつ、備蓄された余剰エネルギーを最も効率的に解放しようとする産業的利害によって戦争を説明するもので、この観点からすると、破壊ないしカタストロフと見えるものも無駄なものの除去にすぎず、その限りで、何らかの建設と刷新の序曲となる。けれども、ある者たちにとっては、第一次世界大戦の「経験」はそうした説明にはまったく収まらないものだった。ここでパトチカは二人のこのうえもなく勇猛な兵士の筆記を取り上げる。ひとつはユンガーの『内的経験としての戦争』(*Der Kampf als inneres Erlebnis*, 1922)、いまひとつはイエズス会士にして古生物学者のピエール・テイヤール・ド・シャルダンの『戦時の筆記』(*Ecrits du temps de la guerre*, 1963)である。

第一次大戦勃発時すでに四五歳を超えていたアランがむしろ銃後の堕落と危険を恐れて志願兵として前線に向かったことはよく知られているが、ユンガーは西部戦線の前線にあって幾度もの重傷を負いながらも戦い抜き兵士として最高の勲章を授与され、一方のテイヤール・ド・シャルダンも一九一四年に応召して以降、担架兵としてフランス各地の前線に赴き、何度も表彰されている。それにしても、なぜひとは「前線」(Front)に引き寄せられるのだろうか。なぜひとはテイヤール・ド・シャルダンのいう「前線へのノスタルジー」を抱くのだろうか。

まず確認しておきたいのは、ユンガーが「戦争」を単なる偶発事とはまったく異質なものとみなしていることだ。「戦争の真の源泉はわれわれの胸の最も深いところから湧き出している。世界を周期的に満水にするところのありとあらゆる恐怖は、人間の魂の鏡であり、そのような魂が事件・出来事のなかであらわになるのだ」(*La guerre comme expérience intérieure*, Christian Bourgois, 1997, p. 79–80)。そして、ユンガーもテイヤール・ド・シャルダンも、「戦争」を民族の「出会い」として、「波頭の衝突」として捉えている。ただ、どちらかというとユンガーには、戦争を「自然の法則」とみなす傾向が強く、「前線」での「個体」の消滅、「脱個体化」とでもいった現象を強調している。「前線では、人間はもはや不安の集合体でしかない」(*ibid.*, p. 145)。

「前線」とは「線」(Linie) であり、そこに掘られた「塹壕」(tranchée) は「帯域」(zone) である。それを彼らはどのように描いているのだろうか。『内的経験』には、「前線の生き残りたちは、いかなる見えるものによっても満たすことのできない、きわめて巨大で恒常的な空虚を心のなかに抱えている」(*ibid.*, p. 183) とあるが、そこでは「塹壕」の恐るべき静寂と空漠のようなものがきわめて印象的に描かれている。「私はこの塹壕のなかに永遠にいるかのようだった。その永遠のなかで、私は自分のなかで感覚がひとつずつ消えていくのを感じ、自分が自然の一片になるのを感じた。そしてこの一片も夜の海のなかに失われていった。間歇的に思考が私の脳のなかで光の束をともし、わずかなあいだ、私を意識的存在にするのだった」(*ibid.*, p. 126)。

テイヤール・ド・シャルダンはというと、「前線」の何たるかがいかに名状しがたいかを記すとともに、——これはパトチカが着目した箇所であるが——「広大無辺な自由」という言葉で「前線」の、この細き線の感覚を表現している。「前線」とは何か。それは新しい砂漠か、火山のようなものか。「おそらくそうだろう。しかし、それは何よりも別のもの、より精妙でより奥深いもので、それに比すとこの仕掛け全体が表皮、疑似餌にすぎない。この別のものを、私は、独特で刺激的で濃密な雰囲気によってしか定義することができない。(…) 前線での忘れ難い経験、それは私の考えでは、広大無辺な自由の観念である。(…) 私は解放され、荷を降ろした。自己自身からも解放された。私は説明しえない軽さを与えられたように感じた」(Pierre Teilhard de Chardin, *Ecrits du temps de la guerre*, Bernard Grasset, 1963, p. 178)。

この自由の感覚については後述するとして、ユンガーやテイヤール・ド・シャルダンは「前線」と「塹壕」について、興味深いトポグラフィックな描写を残している。「塹壕は平原で警戒する青白く長い蛇のように伸び、ちょっとでも危険が迫ると、火を吐く怪物に変容するのだった」(E. Jünger, *Chronique des combats de tranchées*, Payot, 1932, p. 50)。「前線は、この広大な戦場のなかで、湯気の長く波打つ線のように描かれていた」(E. Jünger, *Orages d'acier*, Payot, 1930, p. 60)。こうして「前線」「塹壕」が複雑な曲線であることが幾度も強調されるのに加えて、それが単に一本の線、一筋の帯ではないことが描き出される。テイヤール・ド・シャルダンは双方の「塹壕」を挟んでノーマンズランドが広がっていること、逆に言うと、ノーマンズランドの縁飾り (bordure) のごときものとして「塹壕」があることを指摘し、ユンガーは「塹壕」に沿って幾つもの溝が走っており、それらが多様な線と網の錯綜であるさまを描いている。「塹壕の前には、しばしばいくつもの深い溝が掘られていて、それに沿って有刺鉄線の複雑な網が張られているのだった」(*ibid.*, p. 70)。

第一次世界大戦を歴史的進歩の過程のなかに位置づけようとする者たちは、このような「前線」「塹壕」での体験を未曾有の事態として捉えることがなかった。そこでパトチカは言う。

ユンガーもテイヤールも、二人とも前線による震撼を強調しており、その震撼は瞬間的なトラウマではなく、人間の実存における根本的な変化である。即ち、前線としての戦争は、永遠に痕跡を残すものである。共通の特徴は更に、前線は恐ろしく、塹壕の中で誰もが確かに交替を待望するが（…）、しかしその体験の底には何か深く謎めいた積極的なものがある、ということである。それは深淵の魅力や冒険のロマンではなく、そこには自然な感情のいかなる倒錯もない。公式化しがたい圧倒的な有意味性の感覚が、ついに前線の人間を捉えるのである。それは、長年にわたって持続しうる感覚である。ユンガーにあっては、問題は解決されず、しかし沈黙させられもせずに、その感覚は平和や分権や民族主義・排外主義のメンタリティーの回帰を越えて持続する。（『異端』一九五頁）

パトチカによって「昼」と名づけられた平和と生がまずあって、そこに、偶然にせよ必然にせよ、戦争という「夜」が到来する、言い換えるなら、大地と呼ばれる平面の延長がまずあってそこに「前線」「塹壕」という亀裂がうがたれるのではなく、「昼」はこの亀裂、この「夜」、そこでの死闘によって可能になり、また維持されているのだ。「ここで生の意味は無に躓き、すべてが変化する越えられない境界に躓いて、変容する」（『異端』二〇一頁）――かかる反転を指摘したうえで、すでに示唆したように、パトチカは前出の「積極性」がテイヤール・ド・シャルダンによって「完全な自由」とみなされるその由因を呈示している。

前線の大きくて深い経験は、夜とその切迫感や打ち消しがたさを呼び起こすということにある。平和と昼は、進歩や、自由で加速する発展や、今日存在しない可能性というかたちでの未来の昼を、他の者たちに確保するために、人々を死に送るというやり方で支配しなければならない。これら犠牲になる者たちからは、逆に、死に直面した忍耐が要求される。それが意味するのは、生がすべてではなく、生は自らを放棄しうるということが暗に知られている、ということである。まさにこの放棄、この犠牲が要求されるのである。それは、平和と昼に関係する相対的なものとして要求される。しかしながら、前線の経験は絶対的なものである。テイヤールが示しているように、前線の参加者を突如として襲うのは、完全な自由、平和と生と昼のあらゆる関心からの自由である。即ち、これらの犠牲者たちの犠牲が持つのは相対的意味ではなくなり、それは、建設、進歩、生の可能性の向上と拡大といった綱領への要求された道ではなくて、ただそれ自体で意味を持つのである。

（『異端』一九九頁）

このような「前線」と「前線」論のなかで、「救うもの」とは何か、そしてそれはどのように育っていくのか。また、「前線」と第二次世界大戦との連関はどのようなものなのか。その点を考えるに先立って、パトチカの「前線」「塹壕」論を支えているある言葉に触れておきたい。

## 4　ポレモスの昼と夜

パトチカとほぼ同時期に、一種の「前線」の思想を呈示したもうひとりの哲学者、それもパトチカとほぼ同年の哲学者がいる。一九七四年の論考のなかでこう言っている。「戦争とは存在することの我執を描く武勲詩ないし劇である。相争うがゆえに、戦争するエゴイズム同士は一つにまとまって存在する。いかなる存在者も自分の出番を待って楽屋で待機することはできない。相異なる管区に属することが可能であるにもかかわらず、相争う項すべてがじかに相対峙している。つまり、存在することは戦争という極度の共時性《サンクロニスム》なのだ。諸項の限界を定める境界線も、引かれるや否や、諸項の衝突によって破棄されてしまう。

諸項が入り乱れて蠢くなかで、諸項を規定する境界線は引かれ、と同時に抹消される。極度の同時間性《コンタンポラネイテ》ないし内在性なのだ」。

レヴィナスの『存在するとは別の仕方で　あるいは存在することの彼方へ』（一九七四年）の一節である（邦訳講談社学術文庫版、一九九九年、二三―二四頁）。このレヴィナスは『全体性と無限』（一九六一年）でも、決して単純ではない戦争論を展開している。しかも彼は同書の冒頭に戦争をめぐる言説を配置しているのだ。「哲学的思考にとって存在は戦争として顕示されるということ、戦争は最も明白な事実としてではなく、現実の明白さそのもの——真理——として哲学を傷づけうるということ——このことは、何もヘラクレイトスの謎めいた断片によって改めて証明される必要はない」。

ここに「ヘラクレイトスの謎めいた断片」とあるのはおそらく、いわゆる「断片五三」のことで、「ポレモス〔戦争〕は万物の生産者〔父〕であるが、しかし、万物の支配的保護者でもある。すなわち、それは一方のものどもを神々とし、他のものどもを人間として現前せしめる。一方のものどもを奴隷として、他方のものどもを自由民として設置する」。引用する必要のないものとして言及するというレヴィナスの身振りは、あるいは、この断片がハイデガーの一九三五年夏学期の講義『形而上学入門』〔単行本としての出版は一九五二年〕でこのうえもなく重要な役割を果たしていることに動機づけられたものかもしれない。

ここでポレモスと言われているのは、神的なものと人間的なもののすべてに先立って支配している争い（Streit）であって、人間的な仕方による戦争（Krieg）ではない。ヘラクレイトスによって思考された闘争（Kampf）は、生成するものを、まずは対抗において相互に分離したり、それに現存のなかでの位置と存立と等級とを初めてあてがう。このような相互分離のなかで、裂け目と隔たりと遠さと接続（Fuge）

とが開示される。相互－抗争（Auseinander-setzung）において世界が生じる。（相互抗争は統一を引き裂いたり、破壊したりはしない。ポレモスはロゴスと同じである）。

（『形而上学入門』川原栄峰訳、平凡社ライブラリー、一九九四年、一〇七頁参照）

このきわめて重要な一節にもきっと触発されたのだろうが、パトチカもまた『異端』の随所で「ポレモス」に言及し、実は先の「前線」「塹壕」論も「ポレモス」の視点から展開されていたのだが、ユンガーとハイデガーとの親密な関係を勘案するなら、「ポレモス」は、ユンガーをパトチカとハイデガーが分かち合うという事態を示唆していたことになろう。「前線」の作家ユンガーはその後、ハイデガーの六十歳を記念して、「線を超えて」（Über die Linie）という試論を書き、ハイデガーはというと、今度はユンガーの六十歳を記念して、ユンガーの論考に対する応答を一九五五年に発表することになる。

ユンガーがこの論考で語っている「線」とは「無の線」「零度の線」で、「線を超える」ことはユンガーにとってはニヒリズムの克服の意味なのだが、それに対してハイデガーはというと、「線」――「限界」（Grenze）――を「危機的分界」（Krisis）とみなし、その「線の場所」（Ort der Linie）という表現を用いながら、ユンガーの営為を「線ヲ超エテという名のもとでの地勢判断」（Lageberurteilung unter dem Namen trans lineam）、それに対して自身の営為を「線ノ／ニツイテノという名のもとでの場所究明」（Erörterung unter dem Namen de linea）と特徴づけている。もっとも、ユンガー自身、「前線」「塹壕」の描写に関しては、「線を超えて」というよりはむしろ「線について」「線のうえで」の描写を展開しており、しかも、「限界」としての「線」という――芸術論にも見られる――ハイデガーの発想自体、「労働者の形象」（Gestalt der Arbeiter）というユンガー『労働者』（一九三二年）の鍵語を踏まえてのものだった。もうひとつ、『存在と時間』以来、「限界」という語が「死」の同義語であることを勘案するなら、「前線」「塹壕」は、いや「線の場所究明」は「死に臨む存在」の分析論そのものであることになろう。

「線」は延長としては幅をもたない。しかし、それは「場所」をもつ。その限りで、「線」は「地帯」(Zone)であり、「危機的分界地帯」(kritische Zone)である。無理数を析出する際のデデキント的「切断(面)」(Schnitt)のことを思えばいいだろうか、「地帯」は存在的には無であるが、この無の亀裂こそが「存在」である。しかし、「存在」はあくまで無であるから、×によって消去されたものとしてしか「存在」はない。消されながらも読みうる「痕跡」(Spur)。tracer が語源的に zone を意味することをここで想起してもよいだろう。このような「危機的分界地帯」は「住むことの窮乏」(Not des Wohnens)そのものであるが、ハイデガーは「危機的分界地帯」に存する者として「人間」を捉えるのではなく、かかる「地帯」そのものを存在する者として「人間」を、その「現」(Da)を捉えている。

では、パトチカは「ポレモス」についてどのようなことを言っているのだろうか。少々長くなるけれど、『異端』第二章「歴史の始まり」と第六章での記述を見てみよう。

ポレモスは、その共通のものである。ポレモスは争い合う諸党派を結びつけ、単にそれが諸党派の上にあるからだけではなく、その中で諸党派が一つであるからである。その中で一つの権力と意志が形成され、その中からのみ、いかに異なるものであろうとも、あらゆる法と憲法が成長するのである。／(…)ポレモスは野蛮な侵略者の破壊的な激情ではなくて、一体性の創造者である。それによって築かれた一体性は、個々の束の間の共感や利害連携よりも深いものである。所与の意味の震撼の中で対立者たちが出会い、それによって人間の新しい存在様式を創造する――恐らく、世界の嵐の中で希望を提供する唯一のもの、即ち、震撼させられた者たち、しかしひるまない者たちの一体性である。

（『異端』八九―九〇頁）

歴史の初めにおいて、エフェソスのヘラクレイトスは、すべての人間的なものを養う神的な法則としての戦争についての自らの思想を公式化した。（…）この戦争は、共同体の法則の父であり、概して万物の法則の父である。この戦争は、ある者たちには彼らが奴隷であることを示し、他の者たちには彼らが自由であることを示す。しかし、人間の自由な生にもまた、更にその上に頂点がある。戦争が示しうるのは、自由な者たちの中で、ある者たちは神になることができ、神的なものに、即ち存在の神秘と最終的な統一を成すものに触れることができるということである。しかしながら、ポレモスがまったく一面的なものではないこと、分離せずに結合すること、敵同士がそれぞれ一丸となっているのは見かけ上だけであって、実際には共に日常を震撼させられることにおいて同類であることを、理解する者たちである。かくして彼らが、あらゆる存在者の源泉であるが故にあらゆるものにおいてあらゆる所で永久に続くもの、つまり神的なものに触れたということを、理解する者たちである。これは、テイヤールが前線において超人的で神的なものを経験する時に持つのと同じ感覚であり、同じヴィジョンである。そしてユンガーはある所で、戦う者たちは攻撃において一つの体に融合しつつ一つの力の二つの部分になる、ということを述べている。（…）前線経験の最も深い考察者のうちの二人が、ほかの点では非常に異なるにもかかわらず、それぞれ、ポレモスとしての存在というヘラクレイトスのヴィジョンを復興するような比喩に至っているのは、偶然であろうか？　そこには、今日人間の歴史一般の意味になりつつある西洋人の歴史の不屈な意味のうちの何かが、開かれているのであろうか？

（『異端』二〇七―二〇八頁）

## 5　中心《ミッテ》に刻印されたもの

一九七六年にパトチカはハイデガーについてこう発言している。最大級の賛辞と言ってもいいだろう。「われわれの時代にあって、ハイデガーほど執拗に、またハイデガーほど洞察力をもって、妥協することなく問いかけることができた者は誰もいない。しかも彼は、問いの根拠そのものならびに問いの出発点をつねに問題化し、自分自身をつねに問題化した……。真理をめぐる問いが、揺るがし、責任へと目覚めさせるその可能性をも含むような仕方で、いかにしてこの問いを不毛さから解き放つのか。そして彼は、これこそが真理の最も古き形象であり、またその来るべき形象であることを示した……。真理は遥かなところから到来するということ、真理はまさに人間のうちにその場所を有しているけれども、それを人間の仕事としてだけ捉えるのは見当違いであることを示したのだ」(cf. Odile Gandon, Jan Patocka, le «sacrifice» et la vérité, in *Magazine littéraire*, mars-avril 2006, p. 88)。

とはいえ、処女作『哲学的問題としての自然的世界』仏訳の「後語」を見ても分かるように、パトチカは、とりわけフッサールのいう「生活世界」の構造に関して、必ずしもハイデガーの見地に付き従っているわけではなかった。パトチカによると、ハイデガーは、「存在者」の次元から「存在（すること）」の次元、それも「すべての存在者が存在することの意味」の次元へと問いを深化させたがゆえに逆に、「共存在」の観念を提起しつつも、「存在者」同士の連関にほかならない「生活世界」での対他関係をいわば跨ぎ越してしまった。事実、彼のいう「ひと」は複数の多様な人間たちの連関をいわば一色で塗りつぶした代物で、この点でパトチカは、ハイデガーにおける「ニュートラルなもの」――～でも～でもないという語源的な意味でではなく一様でのっぺらぼうなという意味で――の優位を、少なくともここではサルトルやレヴィナスと同様に批判している。「身体の現象学は最も重要である」(『フッサール現象学入門』一九六四―六五年）とメルロ＝ポンティを彷彿させる指摘を遺したパトチカが、「空間性」を重視したその背景にもハイデガーとの「疎隔」（と彼が考えるもの）が存していたかもしれない。さらに、ハイデガーの死後発表された『シュピーゲル』紙とのインタヴューについて、カレル・コシークを援用しながら、「存在」の神格化、逆に言うと、最高存在者の「存在」化を指摘したのもパトチカだった。

しかし、いかに批判しようとも、そのパトチカの思想的集大成ともいうべき『異端』の中心線が、ハイデガーによって現代に甦り、ハイデガー自身の思想の中心線をも成すところの「ポレモス」の観念であったということ、まずはこの点を銘記しなければならない。パトチカだけではない、湾岸戦争の勃発を受けてジャン＝リュック・ナンシーが書いた「戦争・権利・主権――テクネー」（『複数にして単数の存在』加藤恵介訳、松籟社、二〇〇五年所収）も、『友愛のポリティクス』を初めとするデリダの諸論考も、ハイデガーによる「ポレモス」解釈に大きく依拠している。事実デリダは、「フィレインとポレモスは、ハイデガーの思考の辿る道において互いに排除したり互いに対立したりすることは決してない」（『友愛のポリティックス』1、鵜飼哲・大西雅一郎・松葉祥一訳、みすず書房、二〇〇三年、二一三頁）として、「フィロポレモロジー」なる呼称を提出してさえいる。

ひとつここで触れておくと、これは、まさに人間の行う「戦争」礼賛とも言えるイデオロギーを、根源的分割＝接続としての「ポレモス」によって隠蔽しようとする詐術ではないのかとの糾弾が、エマニュエル・ファイユ――ジャン＝ピエール・ファイユの息子――によって近頃なされ、ハイデガーとナチズムという問題が再燃した。エマニュエル・ファイユは言っている。

カール・シュミットとハイデガーの思想の惑星的流布に不幸にも大いに貢献した『友愛のポリティク

ス』のような著作のなかで、その著者はこれら二人のナチの仕掛けたすべての罠に嵌ってしまっている。そのためジャック・デリダは、「ハイデガーは決して敵を名指ししていない」と肯定するのだが、それに対して、敵としてハイデガーが「アジア人」、言い換えるなら、当時のナチの言語のなかでは第一義的に「ユダヤ人」を指し示しているテクストはまさに多数に上る。それに著者デリダは、何度も、ハイデガー的ポレモスは「人間的戦争」では「もちろんない」と宣言し、「起源的闘争」(Kampf originaire)を賛美してさえいる。たしかにデリダは、ハイデガーが「口を開くと闘争と言う輩」に口実を与えうることを垣間見てはいるけれども、この口実は「最も立派で最も思慮深い」と主張している。ところで、たとえデリダがいわゆる「全集」版で出版されたテクストを使用できなかったとしても、ヘルダーリンの頌歌をめぐる一九三四―三五年度の講義のようにすでに出版されたテクストは、ハイデガーの教説の危険性とその真の狙いについてデリダに警告を発したはずだ。これらのテクストの人種的内容(contenu racial)は明快で、「アジア人」の敵としての指し示しも明白であるのだから。民族の数々のルーツ(racines du peuple)から敵を狩り出し、敵を完全に絶滅すること、これこそ間違いなく、人間の尊厳全体とその思考全体の破壊へと向かうことだ。これは実際、シュミットによってと同様ハイデガーによって民族の人種的「本質」と無縁なものと同一視された敵の肉体的、道徳的、精神的無化への呼びかけ以外の何ものでもない。

(Emmanuel Faye, *Heidegger, l'introduction du nazisme dans la philosophie. Autour des séminaires inédits 1933–1935*, Albin Michel, 2005, pp. 390–391)

たとえそれがトム・ロックモアの言うように不毛で中途半端な繰り返しであるとしても、この激越な非難については、いずれ稿を改めて論じなければならないと思う。ただ、「ポレモス」は「人間的戦争」でないというハイデガーの言明は隠蔽の効果を狙ったものであるだけではなく、「ポレモス」（戦争）を「人間」が偶々陥る「悪」ではなく、先述したように、「現存在」の「現」それ自体を「危機的分界地帯」（kritische Zone）とみなし、「現存在はポレモスである」（ポレモスを存在する）とするハイデガーの思考と深く係わっていたこと、この点だけは押さえておかねばならないだろう。そのうえで、矛盾した表現になるのを覚悟して言うなら、パトチカは「ポレモス」を「人間的戦争」としても捉えていた。というか、惨たらしくおぞましい「人間的戦争」だからこそ、テイヤール・ド・シャルダンが「神的」という語彙を用いたように、「人間的戦争」には還元不能であることを覚知していた。うまく言い表せたかどうかはなはだ心もとないけれども、ここに「ポレモス」をめぐるハイデガーとパトチカとの微妙な差異があるように感じられる。しかし、それはいずれかの解釈を優位に置くということではない。「ポレモス」について言及した『形而上学入門』には、次のような一節が記されている。

> 限界（ペラス）とは決して存在者に後から付加されたものではない。いわんや、それは不利な制限という意味でもない。限界によって自己を制御する保持、存続的なものが自己を保っているその自己−所持、これが存在者の存在である。したがって、存立へ至るとは自己に限界を得させること、限界−獲得のことである。それゆえ、存在者のひとつの根本的性格はト・テロスである、もっとも、これは目標とか目的とかを意味するのではなく、終わり（Ende）を意味する。「終わり」は決して、そこで何かがもはや進まなくなってしまい、やんでしまうといった否定的な意味で言われているのではない。終わりとは完結（Vollendung）の意味での終了である。
>
> （『形而上学入門』一〇四頁参照）

たとえば前出のナンシーは、『複数にして単数の存在』のなかで、「ポレモス」を、「混成、雑多、争い、渦中、スクラム」といった意味をもつ mêlée という語に「翻訳」することで、「主権性」(souveraineté)の観念そのものを疑義に付しているが、この一節はハイデガーにおいて、「自己」の成就であるような一方向的な限界設定の主権性が維持されていることを示してはいないだろうか。もう一点、「惑星的」というハイデガーの語彙は、「流れとしての場所、場所としての流れ」といった表現が表しているように、地表全体に刻まれた錯綜せる水路と流域のネットワークを示しうる。「ポレモス」としての分割＝接続が流れでもあるということ、そのような流れとしての限界は「閉域」を作りつつも、そのこと自体によって「閉域」の限界地帯を他所から他所への動きならしめる。同じく『形而上学入門』のなかで、ハイデガーは、カントの『視霊者の夢』での「形而上学」と「多くの国境をもつ小国」との対比を反復しながら、ドイツを「最も多くの境界」で画された「間・中心」(Mitte)と呼んでいる。これはかつてヴィクトール・ファリアスが指摘したのとはちがって、単にドイツの「中華性」を顕揚した箇所ではまったくなく、それどころか、マイナー民族や国家をマイナーなものとして世界的問題ならしめる新たな視点を含んでさえいるのだが、しかし、極度に複雑なネットワークのパラタクシス的な繁茂がドイツの境界としていわば隠喩的に圧縮・還元される可能性はおそらく否めない。ラクー＝ラバルトは「早朝的ギリシャ」の「ミメーシス」——下流への遡上——としてこの圧縮を捉えていたと思われるし、デリダの「存在論的差異」解釈もこの圧縮・還元の危険性をあばくものだった。

ではパトチカの場合はどうだろうか。前線で、塹壕の「深淵」で死に曝された者たちは、Gestell(徴用)の果てで、何かならざるもの、存在者ならざるものに曝されている。これが何らかの存在者の交換と化すことなき逆説的「犠牲」＝「自由」であった。この点でも、パトチカの思想はハイデガーの思想との明白な類似を有していると言わなければならない。「犠牲（Opfer）の／という自由」を語った『形而上学とは何か』の後語」を見てみよう。「犠牲とは自由の深淵から立ち上がってくるがゆえにすべての強制を免れた仕方で人間的本質を惜しみなく費やすことであり、存在者のために存在の真理を護ることのうちへと人間的本質を惜しみなく費やすことである」（『道標』辻村公一／H・ブフナー訳、創文社、一九八五年、三九一頁参照）。

ただパトチカはというと、このような「犠牲」を「実存」の自己成就と捉えようとは決してしない。それはむしろ、先の引用文にあったように、実存が根底から震撼させられ揺るがされることであって、そこにパトチカは、敵と味方が共に「震撼させられたがひるまない者」として連帯する「救い」の可能性を看取する。中欧、東欧と称される地帯の歴史に思いを馳せてもよいだろう。ともあれ、少なくともここで、ハイデガーが語っていた限界の一方向的自己決定のあり方が揺るがされているのは間違いない。ファン・ゴイティソーロは敵と味方がどうしようもなく似てしまい、時に識別不能になることとしてそれを描いていた。ただ、ユンガーがしばしば敵味方の「一体化」、その「融合」を描いているように、また、テイヤール・ド・シャルダンが「神的なもの」への高揚を指摘していたように、パトチカのいう「連帯」は、先ほどハイデガーについて記したのとは逆に、ポレモスを「止揚」の場所たらしめる危険をはらんでいるのかもしれない。もっとも、ユンガー自身「神の指のあいだで綯られる色とりどりの綯糸」（『異端』二〇八頁参照）と言っているように、一体化、融合は複雑な糸の絡み合いであって、「止揚」しようとすると、その動きによって解けほつれて宙づりに垂れ下がる糸が必ず数多あるのかもしれないのだが。

パトチカはまた、本質的に空中戦と化した第二次世界大戦の特徴として「前線」の喪失を挙げていた。「第二次大戦においては前線と銃後との区別は取り払われた。飛行機を用いた戦争によって、どこでも同じように過酷に攻撃することが可能となった」(『異端』二〇二頁)し、また、核兵器による激越な衝撃は、双方向的な「連帯」どころか、たとえばアメリカ合衆国への日本の「潜在的に永続的な」一方的従属という「コンプレックス」(複合的感情)を生み出す。しかし、これは「前線」の、ひいては「ポレモス」の消滅なのだろうか。

かつてスラヴォイ・ジジェクは、「バルカン」なら「バルカン」の境界線の不断の移動を、「セルビア人にとってはバルカンはコソヴォやボスニアから始まり、クロアチア人にとってはバルカンはセルビアから始まり、スロヴェニア人にとってはバルカンはクロアチアから始まり、多くのイタリア人とオーストリア人にとってはバルカンはスロヴェニアから始まる」(『脆弱なる絶対』中山徹訳、青土社、二〇〇一年、一一頁)と記し、「前線」の想像的・投影的移動、かかる移動としての「前線」について語ったことがある。これは「共苦」の「連禱」とも「隣接の荒々しい軋み」(ナンシー)と呼ばれる事態でもあるのだが、かかる移動、転移、感染、共振を描く一方で、二〇世紀後半の遠隔操縦的戦争について、「戦争から死が消去されればされるほど兵士は敵と直接的に対峙して彼を刺し殺す場面を想像する」(同書、一一一頁)として、生々しい隣人の現存と遠き異邦人との、たとえば画面上での同一視のなかで、前者のトラウマをもたらすような現存が回帰するという遠近の逆説をあらわにしている。

そして、パトチカもまた、以下の言葉が証示しているように、単に「前線」「塹壕」の消滅を語っていたのではなかったのだ。「ある時期、広島コンプレックスについて語られていた。――それは、戦争の経験、前線の経験が、世界の破壊的な終末の壮烈なヴィジョンに切実に凝縮したものにほかならなかった。(…)あらゆる出来事が世界の至る所で反響するという仕方で〈力〉と科学技術が世界全体をその作用にさらし、閉じられた領域が存在しない以上、自分の領域に閉じこもろうとしても無駄である。(…)それは、常に新たな形態において同じものとして生まれる、果てしない紛争の観点である」(『異端』二〇二―二〇三頁)。

先に「ドイツ」の「間 - 性」について指摘したように、数々の「前線」「塹壕」は単に消失したのではなく、一方では米ソの冷戦のように、世界を分割する闘争の象徴として圧縮、凝縮され、他方では反復・変形しながら拡散し、活断層が至る所にあるのと同様に、いわば遍在化していく。戦場は、タル＝コアットのような画家が描くその線の震えと歪みのなかに、正常異常者たちの幻視、幻聴のなかに、暴行や引きこもりなどさまざまな行為と感情の応酬が繰り返されているあなた方の小さな部屋のなかに、この音にならない叫びと呟きのなかに、この気分のなかに「反響」していく。単に拡散するのではもちろんない。分岐を多様化するだけでもない。すでに毛細血管のごときものと化した線は、どんな微視化も粗視化であるような複雑な沿岸地帯のようなもの、不定形な藻屑のようなもの、さらには不連続な列島・群島のようなものへと現成していく。ガタリにならってそれを「フラクタル存在論」と名づけることができるだろうが、思うに、問題はこの複雑性、錯綜性のロマン主義、その不可知論を唱えることでも、逆に、分かりやすさ、明晰・判明を詐称してクリアカットな断面を呈示することでもなく、むしろ、たとえばモンテーニュ、パスカル、ライプニッツ、スピノザのように互いに異質ではあるが「ミクロコスモス」モチーフに取り憑かれたバロック的思想家たちの襞論、不協和論、浮遊論、無限大・無限小論、確率論、個体(モナド)論を、一方では「システム」の観点から、いま一方では「充足理由律」「偶然性」の観点から改めて取り上げながら、その新たな「エチカ」を練成しようとすることであって、「ポレモス」をめぐるハイデガー、パトチカの思想はそれを強く促しているように思われる。

# 非同一性の非同一性

## 途上の「アドルノとデリダ」

（二〇〇四年）

### 二〇〇四年度の講義ノートより

『ユリシーズ グラモフォン』を翻訳していたときの疑問。デリダは「本来性の隠語」「フランクフルト大学」というアドルノを明らかに意識した語彙を用いながら、なぜ、リオタール（「悪魔としてのアドルノ」）やナンシーとはちがって、「アドルノ」という名前を記すことがないのか？「非同一性」（non-identique）、「ミメーシス」など、アドルノとの連関を感じざるをえないキーワードを使用しているにもかかわらず。もうひとつ、アドルノはベケットを、なかでも彼の『勝負の終わり』（一九五六年完成）を高く評価していたが、デリダは、ジョイスを論じる際にも、ジョイスの継承者のひとりでありまた卓越したジョイス論の執筆者であるベケットにはまったく言及しない（二言語併用への退歩？）。ドゥルーズ／ガタリ、フーコー、ラカン（「大他者から小他者へ」一九六八年）との相違。二つの言及の不在について……。

ウィーンでアドルノが『勝負の終わり』を観たのは一九五八年。六一年にはフランクフルトでベケットを歓迎するパーティーに参加し、『勝負の終わり』について講演。「お前が目を開いたとき、無限の空虚がお前の周りにあるだろう。すべての時代のすべての死者たちが甦ったとしても満たすことのできないような空虚が」(『勝負の終わり』)。

その後、必ずしも「二つの言及の不在」のことを考え続けていたわけではない。二〇〇一年十月、『現代思想』臨時増刊号「これは戦争か」に掲載されたデリダのインタヴューを目にする。

「――今回アドルノ賞を受賞されましたが、ご著書ではめったにアドルノの名前をあげておられません。ひそかにアドルノの著作に親しんでおられたのですか?

デリダ　アドルノとは、全体主義のあらゆる形式や全体性に対する抵抗、ヘーゲルへの問いに満ちた関心、芸術、文学、音楽への関心を共有しています。ただ私がアドルノの名前を公に語ることを留保し、それに不安を感じていたとすれば、私が違いを感じていることに関連しています。すなわち、ヘーゲル、もちろんハイデガーに対するわれわれの関心そのものが非常に異なっています。ですから、アドルノに対してはつねに控え目な注意を払ってきました」(八頁)。

フランクフルト市がアドルノ賞を制定したのは一九七六年。ハーバマス、ゴダール、ピエール・ブーレーズなどがすでに受賞している。授賞式はアドルノの誕生日にちなんで九月十一日に行われることになっていたが、中国訪問を理由にデリダは延期を申し出た。二〇〇一年九月二十二日に受賞。「言及の不在」の理由の一端がこうして明かされた。それにしても、同様のことをデリダはレヴィナスについても言えたはずだ。だから、この発言は言及しないことの理由にはならないかもしれない。父親殺しの二つの型?

デリダによる授賞式での講演の全文は『ル・モンド・ディプロマティック』紙二〇〇二年二月号に掲載、その後、『フィシュ』という題で単行本として出版された(邦訳白水社)。

『フィシュ』(*Fichus*)を読む——数回にわたって。数多くの疑問点。しかし、なぜアドルノを論じるために、デリダはベンヤミンがアドルノ夫人に送った書簡のなかの「夢の言語」、それもフランス語の言葉を選んだのか。結局私は、il s'agissait de changer en fichu une poésie(詩をフィシュに変えなければならなかった)というベンヤミンの言葉の意味が理解できないままだ。fichu:名詞では女性が大急ぎで首にまくスカーフ。形容詞では「忌まわしい」「絶望的な、手の施しようのない」。この「イディオム」は、絶望の意でありながら能力・可能性を示すことがあり、ひどい状態を示すものでありながらも、bienという副詞を伴って身なりのよさを表すこともできる。同義語のfoutuは愚弄、性的暴力の意味ももつ。このようなfichuと夢のなかの美しい女とグレーテルはどのような関係にあるのか。この織物と筆記との関係は。なぜデリダは「もう私はだめだ」(Je suis fichu)という言葉を、一月後に自殺するベンヤミンの言葉としてのみならず、自分の「父親」の言葉としても引用したのか。それも、不十分な日付の表示とともに。「父親」の連鎖——「しばしばアドルノが(ベンヤミンに対して)見せるいささか権威的で父親的な批判」、「母語または父語(langue paternelle)」、「母語と父なる故郷(Vaterstadt)」。ただし、アドルノは本質的に「テディー坊や」ともみなされている。

「アウシュヴィッツ以降、詩を書くことは野蛮だ」(「文化批判と社会」)というアドルノの言葉との関係は。fichuはコロンブ競輪場内の収容所から始まるベンヤミンの強制収容の経験とつながっているのか。それはたとえばベケットの戯曲に登場する、襤褸《ぼろ》をまとった「乞食」とも、「無力」(Ohnmächtigkeit)というアドルノの観念とも無縁ではあるまい。デリダは「無力」について、「それは夢、言語、無意識であるとともに、動物や子供、ユダヤ人、異邦人、女性でもある」と言っているが、ベンヤミンとアドルノが共にそうであったような「移民」「難民」の姿がそこに重ね合わされてもいる。『フィシュ』の冒頭から、ナンシーの措辞を援用してそのことが語られている。カフカ『失踪者』（アメリカ）に描かれた「オクラホマ劇場」（そこで雇用される移民労働者）へのアドルノの関心。とすれば、fichu は「イスラム・スカーフ」事件などとも無関係ではないかもしれない。

いつものように、デリダは迂回し、先送りし続ける。そして、アドルノをめぐる巨大な「潜在的書物」の計画を語り、ツェランの詩句で話を終える。この計画によると、「潜在的書物」は七つの章から成るのだが、それを勘案しながら、フッサール、ヘーゲル、ハイデガーをめぐる両者の解釈、精神分析、文学に対する両者の応対、ナショナリズムの回帰とグローバリゼーションの進行を前にしての両者の姿勢、これらの点について話していく。

システム論者として両者を捉えつつ。パラタックス（抽象機械）と差延。その前にひとこと。デリダは子供のころ耳がとても悪かった。彼の哲学は「自分が話すのを聞くこと」「哲学を鼓膜化すること」「耳を差し出すこと」など、耳と密接に係わっている。アドルノはよく「耳のひと」と言われる。「聴覚の退化」を説くアドルノの鋭敏な耳に聞こえなかったのは何か。デリダはそれを聞くことができたのか。「俺は境の壁だ、両面があるが厚みはない、俺は振動しているような気がする。おれは鼓膜だ」（『名づけえぬもの』）。――この声のなかに今は沈黙してしまった声が、かつてありし人々の雰囲気が混じってはいないだろうか（ベンヤミン）？

アドルノは「フッサールにおける物的なものとノエマ的なものの超越」で一九二四年に博士号を取得し、一九三四年にオクスフォードで第二のフッサール論『認識論のメタ批判』（邦訳法政大学出版局）を書き始め（三七年にその第一部をベンヤミンが読んだ）、それを一九五六年に出版した。一方のデリダは一九五三年から五四年にかけて、ガンディアック教授の指導の下、高等教育修了論文「フッサール哲学における発生の問題」を書き上げた。一九九〇年に単行本として出版。松本浩治『デリダ・感染する哲学』（青弓社）、荒金直人の論文。「「発生と構造」と現象学」（一九五九年）、『声と現象』（一九六七年、邦訳理想社）も取り上げる。

父子ともに同じ姓名をもつフランドルの画家、ダーフィト・テニールス。息子（一六一〇—九〇）の描いた「レオポルド・ヴィルヘルム大公の画廊」シリーズのいずれかではないかと思われるが、フッサールは一幅の絵をドレスデンの美術館の画廊で目にする。きわめて複雑な諸表象の段階的複合を語るための比喩として、彼は『イデーン』第一〇〇節でこのときの経験を語っている。「〔テニールスの〕その絵は、たくさんの絵を展示した画廊の中のたくさんの絵にはこれまたたくさんの絵が描かれていて、後者のたくさんの絵の方にはそれぞれ読み取れる題銘が描かれている等々、と」。

興味深い符号。『メタ批判』——一方ではローゼンツヴァイクのいう「メタ自然学」「メタ論理学」「メタ倫理学」、他方ではガタリのいう「メタ・モデル化」を思わせる題名——では、この一節が引用された後、こう記されている。「この事例は悪無限を記述しているが、（…）現象学それ自体、幾枚もの絵の不条理な消尽線・逃走線（Fluchtlinie）の上で、志向から志向へとみずからの対象を空しく追い求めている」、と。一方のデリダも『声と現象』の末尾で、「すべてはおそらく次のようにして始まった」という言葉に続いてこの箇所を引用して、註解を加えている。きわめて重要な註解だが、まだ理解できていない。

おそらく、何ものもこの状況には先行しなかったのである。きっと、何ものもこの状況を中断させることはできないだろう。この状況は、数々の直観と現前化のあいだで了解・内包されることはない。画廊の外なる現前の真昼については、いかなる知覚もわれわれに与えられていないし、いずれそれが与えられることが確実にわれわれに約束されているのでもない。画廊は、その数々の出口を内包した迷宮である。当時フッサールは経験の特殊な一事例を自分は記述していると思っていたのだが、われわれはたまたまそのような迷宮に落ち込んだのでは決してない。

そこで残された方途は、現前の輝きの代わりとして、話し、数々の廊下に声を響かせることである。音素、聴素は迷宮の現象である……。

対象（現前）を追い求めながらもそれを得ることが決してできず、世界はもしかすると「覗き穴」(Guckloch) から覗かれる「覗き舞台」(Guckkastenbühne) の連続でしかないのではないかと猜疑させるこの事態に共に着目しながらも、それに対する反応が微妙に、しかし決定的に相違するように感じられる。それに、アドルノはこの響きを聴取したのだろうか。局所化不能な音、内耳の迷宮。デリダにおける judas（覗き穴）の主題、アドルノのキルケゴール論における「インテリア」（室内）ならびに「反射鏡」（「外部」の様子を「内部」に映し出す）の主題をも勘案すること。

『メタ批判』の冒頭にアドルノは、「フッサールの純粋現象学を弁証法の精神で解明しようとする試みは、さしあたり恣意的という嫌疑にみずからを曝すことになる」という言葉を記しているが、「弁証法」はデリダの高等教育修了論文にも頻出する語彙であった。ヴェトナムの哲学者チャン・デュック・タオやジャン・カヴァイエスからの影響。デリダはカヴァイエスを通じてゲーデルを学んだのでは？　一方のアドルノが「弁証法」という語彙を決して手放さなかったのに対して、デリダはというと、彼自身回想しているように、この論文以降、「弁証法」という語彙を放棄するにいたる。この若き日の論考——ドゥルーズのヒューム論執筆とほぼ同時期——で、自分がすでに「感染」(contamination)という語彙を使用していたことを確認して、この「起源の起源的「感染」は当時ある哲学的名称を授けられていたが、私はそれを放棄しなければならなかった。弁証法、「根源的弁証法」という名称である」と述べたうえで、「弁証法」という語彙から、「差延(différance)、起源の代補(supplément d'origine)、痕跡(trace)」といった語彙が生まれてくる過程を描き出している。では、フッサールの現象学を「弁証法」という観点から検討するとき、どのようなことが明らかになるのか?

「超越論的発生は「起源」に係わるものだから、それによって構成される産物のなかでしか弁証法的ではない。けれども、「非-弁証法」が「弁証法」を構成し、しかも、この構成が純然たる無からの創造や単なる連合的構築でないとするなら、「非-弁証法」は「すでにして」弁証法的でなければならない。これは、フッサールによって思い描かれた超越論的発生に関して、われわれがみずからに提起するつもりの問いである。「起源」が弁証法的であるなら、起源は「始原性」(primordialité)に対して第二義的なものではないだろうか。その場合、哲学にとっての一切の根底的土台の可能性とともに、超越論的と内世界的との区別も潰えるだろう」。

異口同音、と言いたくなるような言葉が『メタ批判』にも記されている。「フッサールの哲学に登場する起源的(originär)と称されている概念、とりわけ認識論上の諸概念は、ことごとくそして必然的にそれ自体において媒介されている、あるいは——学問上の決まり文句を用いれば——「前提負荷的」(voraussetzungsvoll)であるのだ」。

フーコーのいう「起源の無限退行」。アドルノはベンヤミンの『ドイツ哀悼劇の起源』から、「起源に内在する弁証法」という事態を学んだのかもしれない。その帰結。「前提負荷的」であるにもかかわらず、フッサールの現象学はあくまで「起源哲学」たらんとして、「起源」にとっての「前提」を排除し、みずからの無矛盾性と同一性を仮構しようとする。この過程を描写する際、アドルノは「暴力」「一種の超論的他者憎悪」といった激しい語彙を使用している。「未知の事象に絶えず暴力（Gewalt）をふるい、他なるもの（das andere）を自分に合わせて変容せざるをえない。これこそ、無矛盾的であろうとする起源哲学がもつ原理的矛盾そのものなのだ」。

ここでもすでに「他なるもの」という語が用いられているが、『デカルト的省察』でのように、「私に固有の第一次領野」をまず構築することを、アドルノは「フッサールのデカルト主義は垣根（Zäune）をめぐらす」と表現するとともに、意識が絶対的なものたりうるのは、他者性が存在しない場合のことだし、私の「自我」から「自我」一般への移行においても他者の領域は跨ぎ越されてしまうから、「「絶対的他者」は主観の能作以外のものではない。正統的な現象学においては、他者に関する思想はタブーなのである」。この点については後でまた触れる。「垣根」という語彙はデリダのいうclôtureを思わせる。では、デリダはclôtureをどう捉えていたのか？　アドルノのいうように単なる閉鎖性ではない。有限ではあるが無際限なもの、コンパクト性……。

アドルノは一九二七年に教授資格論文「超越論的心理学における無意識の概念」を書いている。『メタ批判』でも、フッサールとフロイトという二人の対照的な思想家の同時代性と同郷性を強調している。そして、「どんな抽象的な領域といえども無意識のうちに社会の全体的傾向によって支配されている」との大前提に立っている。この前提からアドルノは、「ファシズムがめざしていたもの、それは起源哲学の実現」であると断じてさえいる。いずれも「同一性の強制」（Identitätszwang）を本義としているというのだ。「非同一的なものの殺戮」（『否定弁証法』、邦訳作品社）。

もちろん、フッサールの「起源哲学」とて非同一的なものを欠いているわけではない。ただし、それは敵、危険なもの、既知なものとみなされる。あるいはまた、鏡像的「幻影」でしかないものを「外部」と錯覚することで、同一性を維持しつつも同一性からの脱出路が捏造される。「超越論的現象学において主観に固有でないものが現出するのは、幻影的に（phantasmagorisch）、つまり（主観の）鏡像としてであるが、その一方で現象学は、「それ自身としてみずからを与えうるもの」というまさに自分の鏡像のうちで幻影空間から脱出できると思い込んでいる」。しかし、だからこそ「フッサールは鏡のシステムのうちに閉じ込められてしまう」。

それだけではない。無矛盾であることが「起源哲学」の原理的矛盾であったように、「起源哲学の完成〔同一性の成就〕それ自体が裂け目（Bruch）である」。アドルノのテクストには、Bruch のみならず、Graben, Lücke（溝、隙間）といった語彙が鏤められている。デリダ的筆記、尖筆による刻印、鋤溝とも無縁ではないだろう。「隠れていた割れ目や裂け目が露呈されるような遠近法を作り出さねばならない」（『ミニマ・モラリア』、邦訳法政大学出版局）。穴を埋めようとすればするほど穴が開いていく。「主観が見境なく同一性に固執すればするほど、そしてみずからの支配をより純粋に強固なものにしようとすればするほど、いっそう非同一性の影は大きくなっていく」。いや、「非同一性」は「影」ではなく、むしろ「同一性」のほうが「幻影」なのかもしれない。なぜなら、「純粋な同一性は死であるという哲学命題の正しさをアウシュヴィッツは証明している」からだ。

余談――アウシュヴィッツを生き抜いたある男は、「もしベケットがアウシュヴィッツにいたらおそらく別様に書いていただろう」と言ったという（『否定弁証法』）。スピノザに対しても同様のことが論議された。

フッサールを批判する際のアドルノの身振りは彼にきわめて特徴的なもので、詳細は後で述べるとして、ヘーゲルに対しても、ハイデガーに対しても、アドルノはほとんど同じ論法で批判をつきつけている。

たとえ否定性、分裂、非同一性といったもののうえにいかにアクセントが置かれようとも、ヘーゲルはこれらの次元をただ同一性のために知っているにすぎない」。(『三つのヘーゲル研究』、邦訳河出書房新社)

ハイデガーは、同一性のうちに非同一性を弁証法的に洞察するぎりぎりの線にまで達している。だが彼は、存在概念のうちに矛盾があることには我慢ができない。彼はその矛盾を押さえつけてしまうのだ。それが何であれ、存在ということで思考されている当のものが、概念と概念によって意味されたものとの同一性を嘲弄の種にしてしまう。それにもかかわらずハイデガーは、その当のものを同一性として、つまり他者性を欠いた純粋な存在そのものとして扱っている。彼は絶対的同一性のうちに存する非同一性を、まるで家族のスキャンダルのようにもみ消すのだ。

(『否定弁証法』)

このような言葉に接して、デリダはどのように反応するのだろうか? たとえばレヴィナスを論じた「暴力と形而上学」(一九六四年)のなかで、デリダは、アドルノが取り上げたのと同じ『デカルト的省察』の箇所についてこう言っている。「レヴィナスによると、とりわけ『デカルト的省察』のなかで、(…)フッサールは他者の無限の他性を取り逃し、それを同に還元してしまったとされる。(…)/しかるに、特に同書のなかで、フッサールが他人の他性をその意味においていかに尊重しようと気を配っているかを示すのは容易だろう。フッサールにとっての課題は、他者としての他者が、その還元不能な他性において、いかにして私にみずからを現前させるかを記述することである」（『エクリチュールと差異』、邦訳法政大学出版局）。

ここでもまた、デリダはこれと同じことをアドルノに対しても言えたのだろうか？　おそらくそうだろう。デリダのこのレヴィナス論は、「現象学的暴力」「存在論的暴力」を指弾するレヴィナス自身が、「同と他」の分離を説くことで、その「絶対的他者」論によって、ある他性の還元という暴力をふるっていることを指摘した論考である。無としか呼びようのない「分離の間」をどう捉えるか。レヴィナスとアドルノは共に「ミクロ論理学」を語りながらも、この「間」に埃のように付着し寄生した他性――大他者たりえない小さな他性――を見誤ったのではないか？　そうかもしれない。ただ、「顕微鏡の視野」についてのアドルノの描写（後述）が告げているように、レヴィナスもアドルノも、そのような他性への小径を見出そうとしてはいたのだが。

特にアドルノは、「同じではない」という微妙な揺らぎを伴った表現を用いるとともに、「ミメーシス」という「類似」を含意した「異化」を語っており、その点でデリダに肉薄している。事実、「ミメーシス」は「ほとんど同じ」（ジャンケレヴィッチ）という事態として、デリダの『グラマトロジーについて』でも主題化されているし、フッサールを論じる次の言葉は、アドルノのフッサール論と、一枚の薄紙の表と裏のような関係にあるのではないだろうか？　「自己－触発（auto-affection）はすでにして自己（autos）であるような存在者を特徴づける経験の様態ではない。それは自己との差異における〈自己への関係〉としての同一者を、非同一的なものとしての同一者を生み出すのである」（『声と現象』）。

さらにレヴィナスとの連関で。「「暗い人」――またはヘーゲルをどう読むか」でアドルノは、「「語ることのできないものについては沈黙するべきである」というウィトゲンシュタインのモットーはまったく反哲学的である。(…)だが、哲学というものは——語りえないものを何とか語ろうと努力する努力であると定義できないだろうか」と言っている。語りえない非同一性の断絶がヘーゲルの体系の随所に穿たれているがゆえにこう言われているのだが、それにしても、「語りえないものの秘密を漏洩すること、おそらくはそれが哲学の使命にほかならない」(『存在するとは別の仕方で』)というレヴィナスの言葉と酷似しているではないか。果たしてデリダはアドルノのような批判をウィトゲンシュタインに対して提起するだろうか? おそらく否。

ここでアドルノは、「私の考えではヘーゲルのテクストには必然的に亀裂が生じている」(『ポジシオン』)というデリダの指摘と同様の事態を語ってもいるのだが、アドルノのいう「断絶」はカント的アンチノミーの傷跡であり、それゆえ、「止揚」(Aufhebung, relève)が生じるべきだが挫折してしまうような場所を表している。逆に言うと、弁証法は「頭のない永続的緊張」(ジャン・ヴァール)と化す。パリ在住のベンヤミンにロジェ・カイヨワやヴァール(キルケゴール論、ヘーゲル論)が及ぼした影響はもっと強調されるべきだが、このような弁証法をベンヤミンは「静止状態の弁証法」と呼び、アドルノはそれを実に巧みに描写している。「ベンヤミンが「静止状態の弁証法」と名づけたものは、その微細構造からいって、水滴を顕微鏡で覗く経験に譬えることができる。水滴は、顕微鏡の視野のなかで、ぴくぴくと動き始める。そして、いくら心を鎮めてじっと眺めてみても、その目の行く先は対象的にはっきりと区切られない、それはいわば周辺がぼうっと霞んでいるだけである」(『ヘーゲル研究』)。

別の言い方をすると、二つのものがまったく同じ力でぶつかり合い、さながら静止しているかに見える。静止して見えるが、接着界面は振動し続ける戦場にほかならないのだ。この接着界面は「真ん中」にほかならない。デリダはこの「真ん中」とそのパサージュを、カント的感性と悟性の「中間」である「構想力」と「図式《シェーマ》」の場として捉え、さらに、それをヘーゲルが『哲学的諸学のエンチュクロペディー』で「記号」(Zeichen)の深淵(竪坑)とみなしたことから、「ヘーゲルの記号論」を構想している。なぜ、「記号」の深淵なのか? それはカントが構想力を「感性と悟性に共通な未知の根」とみなしたからである。虚数の次元をしるすかのような垂直のクレヴァス。そのフラクタル的な絶壁(差異を固定することの不可能性)。「止揚」はこの破断線で起こる。ただ、デリダが relève と訳したのはおそらくこの語に「刻印」の意があるからだろう。つまり、「止揚」によってこの破断線が抹消されることはないのだ。「脱構築」は「止揚」が起こるところに「介入する」(intervenir)という言葉も、[間](inter)の維持ないし創出を示唆している。壊すのは道をみつけるためである……。廃墟のほうが建物の構造を浮き彫りにする。

『フィシュ』で引用された「幼年期の深淵」というアドルノの言葉(「ドイツ的ということ」)もこの次元を指し示している。つまり、言語やナショナリズムの問題もこの奈落に潜んでいるということだ。もっとも、ホルクハイマーとの共著『啓蒙の弁証法』(邦訳岩波書店)を見ると、アドルノが「図式論」の一面しか見ていなかったことが分かる。「計算的思考は、自己保存という目的に合わせて世界を調整し、対象を単なる感覚の素材から隷従の素材へとしつらえる以外にはいかなる機能も知らない。一般的なものと特殊なもの、概念と個別的事例とを外側から一致させる図式論の本性は、つまるところ現行の科学のうちでは産業社会の利害にほかならないことが証明される」。

「図式」は魂の暗闇に潜む「芸術《クンスト》」でもあるから、このことはアドルノの美学にとって決定的な制限であろう。一方のデリダに「図式」の重要性を知らしめた考察のひとつは、ハイデガーの『カントと形而上学の問題』だったと推察されるが、図式が底なしであるがゆえに「起源の代補」が要請され、図式がモノグラムであるがゆえに、「パロールの内奥にエクリチュールの可能性が宿る」のであって、感性と悟性にとっての第三項であるという点では図式は後年の「コーラ」論とも結びついていた。

図式は二つの相容れないものをつなぐが、この接合はそれ自体が複雑な分離をはらんでいる。そして、図式の深淵は、実数に対する虚数のように、それまで経験不能であった次元を穿つ。それは、「文学」「文字・手紙」をめぐるラカンの言葉を思い起こさせる。「文字（letter）とは沿岸地帯（littoral）である。（…）沿岸地帯とは、他の地域と国境を接する一地域を設定するものだが、しかし、それを挟む両地域のあいだにはまったく共通性がなく、相互関係さえない」（「リチュラテール」一九七二年）。クリスタル的破断線……フロイトの言うように、クリスタルは弱い線に沿って壊れるがその線はクリスタルの構造を支える線でもある（ダニエル・ルロ）。地が揺らぐときに丸天井の「要石」（clef de voûte）を不安げに見上げる脱構築的眼差し（『エクリチュールと差異』）。深淵と源泉（Ursprung）。分割線、分配の正義。紛争の帯状地帯。その決死の横断。このようなマルシュ（辺境・市場）と死。

いくども繰り返してきたことだが。「存在者の存在は経験である」——思えば、ハイデガーにおいて、「存在者」ならざる「存在（について）の思考」という「経験」（Erfahrung）を可能にしたのも図式の深淵だったのだが、ハイデガーはこのとき、経験不能なもの（超越的なもの）の経験という意味でフッサールが造語した「超越論的経験（論）」（『デカルト的省察』『イデーン』後語）なるものを思い浮かべていたに相違ない（ドゥルーズもまた）。アドルノはそれを「パラドクシカルな呼称」と形容し、デリダは「カントなら奇形学（テラトロジー）に属するとみなすであろうもの」と言っている。高等教育修了論文で、「超越論的なもの」と「経験的なもの」との区別の消滅を指摘したデリダは、フッサールのヨーロッパ論を取り上げて両者の共犯関係を暴くとともに、この癒着そのもののうちに見えない亀裂を見出していく。

もしかするとデリダの思考のすべてが懸かっているかもしれない言葉。「可能的経験」を語るカントの言葉遣いを意識しているのだろう。「原－領野としての超越論的意識に対する純粋に心理的なものの依存はまったく独特なものだ。実際、心理学的経験の領域は、フッサールが超越論的経験と呼ぶものの全体を覆っている。しかし、このような完璧な被覆にもかかわらず、根底的な差異が残る。他のいかなる差異とも何ら共通なものをもたないような差異が。この差異は事実的には何も区別しないし、それはいかなる存在者も、いかなる体験も、いかなる意味作用も分離しはしない。それは何も変質させないが、すべての記号を変質させてしまうような差異であって、そこにのみ、超越論的な問いの可能性が存している。言い換えるなら、自由そのものの可能性が。このようにそれは根本的な差異なのだが、それなくしては、他の内世界的ないかなる差異も意味をもたないし、差異として現れる機会を得ることもないだろう」（『声と現象』）。

真の光線も、垂直のものも、ただの土台さえもなかったこれらの荒野、朝の記憶も夕方の希望もない空の下で、限りない振動のなかで滑り続ける傾いだ事物ばかりの荒野に、いかなる終末があるというのか（『モロイ』）？

# 鏡のなかの迷宮

## ドゥルーズの方法序説

（一九九六年）

ドゥルーズは私にとってますます重要な思想家になりつつある。重要なというのは、問題をはらんだという意味でもある。君はその糸で私たちを救うつもりか、お願いだからその糸で首を吊ってくれ——ラビュリントスのなかで、エトナの火口でこのような言葉が囁かれる以上、方法（meta hodos）などという措辞は用いるべきではないのかもしれないが、「運命と必然」という題のもとにドゥルーズ論を構想してからほぼ一年、私が考えあぐねているのは、「超越論的経験論」（empirisme transcendantal）とも「高次の経験論」（empirisme supérieur）とも呼ばれるドゥルーズの方法が生成してきたその過程である。ジャン＝クレ・マルタンによって先鞭をつけられた作業ではある。しかし、まだまだ不明な点が多い。以下はそのラフスケッチにすぎない。「異質生成」（hétérogenèse）としての「システム」をめぐる考察への序説のごときものとお考えいただければと思う。

「超越論的なものという驚異的な領野を発見したのはカントである」（*DR*, 176）*という言葉どおり、ここが何よりもドゥルーズのカント解釈のかたちが問われるべき場所であるのは言うまでもない。一方の

「高次の経験論」は『ベルクソニズム』で誕生した呼称で、シェリングの『哲学的経験論叙説』に由来するが、経験の「決定的な曲がり角」（*tournant* décisif）という『物質と記憶』の言葉をめぐって同書で展開された考察も、ベルクソンが「高次の直観の努力」と呼ぶものとカントの「超越論的方法」との異同を探っている。思い返してみると、「経験論的批判」と「超越論的批判」との区別はヒューム論の核心に位置する主題であったし、『ニーチェと哲学』も、「超越論的原理は条件づけの原理ではあるが、内的発生（genèse interne）ではない」（*NP*, 104）という言葉で、「超越論的原理」から「内的発生の原理」への転換を告知していたのだ。「発生」という語は、「属性」（attribut）ならびに「実質的定義」に関する二つのスピノザ論の叙述でも援用される術語であり、私たちの問いの射程は、スピノザのいわゆる「自己保存の努力」に対するニーチェの執拗な批判のいわば裏面で指摘された、両者のこの絆をつうじて著しく拡大されることになる。

---

＊本稿で使用したドゥルーズ（とガタリ）の著作については、次のような略記号を用いて略記した。

*ES*: *Empirisme et subjectivité*, PUF, 1953.
*NP*: *Nietzsche et la philosophie*, PUF, 1962.
*B*: *Bergsonisme*, PUF, 1966.
*DR*: *Différence et répétition*, PUF, 1968.
*SPE*: *Spinoza et le problème de l'expression*, Minuit, 1968.
*LS*: *Logique du sens*, Minuit, 1969.
*AŒ*: *Anti-Œdipe*, Minuit, 1972.
*K*: *Kafka*, Minuit, 1975.
*MP*: *Mille plateaux*, Minuit, 1980.

『デカルトの哲学原理』とその附論『形而上学思想』に見られる、スピノザのデカルト解釈。神の実在証明には触れないが、スピノザとデカルトとの対決の論点として、『哲学原理』第一部五一に記された「一義性」（univocus）なる観念、実体‐属性と「触発」（affection）との連関（五二）、「実在的区別」（distinctio realis）、「様態的区別」（distinctio modalis）、「思惟的区別」（distinctio rationis）の三者への区別の分類（六〇―六三）を挙げることができる。「実在的区別」は「数的区別」ではない。ドゥルーズのスピノザ解釈、そしてまた、『スピノザと表現の問題』でのライプニッツ解釈のすべてがこの一点に掛かっているといっても過言ではあるまい。かかる区別の理論は、一方では「抽象観念」についてのヒュームの考えに、他方では、「エンスの一義性」という言葉とともに、ドゥンス・スコトゥスのいう「形相的区別」（distinctio formalis）、「虚の差異」（differentia virtualis）に送り返される。「内包的指向」（intentio）、「超越論的範疇」（transcendentaux）、「此者性」（haecceitas）の観念が問われる場面でもあるが、「〔欲望する機械にあっては〕実在的に区別された部品の総体が実在的に区別されたものとして（*en tant que réellement dinstincte*）まとまって機能する（*AŒ*, 475–476）とあるように、この区別の理論は、「欲望する機械」や「充実身体」や、脱領土化された資本と労働者との「遭遇」をめぐる『アンチ・エディプス』の議論にも適用されているのだ。

「私たちはまだ思考していないとハイデガーがいうとき、この主題の起源はニーチェにある」（*NP*, 123）。『思考とは何の謂か』の言葉を踏まえたドゥルーズの発言であるが、スコトゥス的な「エンス」を「対象認識一般の可能性の制約」という言葉でカント的に解釈したハイデガー自身、『存在と時間』二〇節では『哲学原理』にふれて、「類比の諸相」（versciedene Weisen der Analogie）については「デカルトはスコラ学よりも遥かに遅れている」と述べている。ハイデガーによる永劫回帰解釈には留保を付しているとはいえ、同一性（Identität）とも相等性（Gleichheit）とも異質なものとしてハイデガーが語る「同じもの」（das Selbe）の意義を、「根拠律」をめぐるハイデガーの解釈の意義を深く理解していたドゥルーズである。スコトゥス論の著者ハイデガーが、ここで暗黙のうちに「類比の諸相」に「一義性」を組み込んでいるのを見逃すはずはなかった（cf. *DR*, 52）。「一義性」は「類比」を補完するだけのものなのか。個体化、もしくは前‐個体的な特異化をめぐる古来の大問題が一重にここに掛かっているのはもちろんだが、私たちは刻々と「一義性」と「類比」の問題を生きているのでもある。「ちょっと気晴らしをすること」（マルセル・デュシャン）を、ドゥルーズがニーチェのいう「偉大な政治」、偉大なミクロ政治の要件に数え上げたのもそのためであろう（この政治の「アジア」という掛金については『人間的な、余りにも人間的な』のきわめて重要な断章四七五を参照）。「一般にスコトゥスの思考はトポロジー、射影幾何学などの数学的構造からよりよく理解される」と花井一典は示唆しているが、ハイデガーが「近傍」、「裂け目」、「縁」、「中間」（Mitte, Zwischen）といった術語を駆使しつつ「線のトポロギー」を語ろうとしたのと同様に、ドゥルーズという「中間」（milieu）の哲学者もまた、「近傍と識別不能性のゾーン（zone de voisinage et d'indiscernabilité）、ノーマンズランド」（*MP*, 360）として「生成変化の線」と「此者性」を捉えているのはなぜか。少なくとも、ドゥルーズ的な「生成変化」とハイデガー的な「存在」を混同してはならないといった論証ぬきの防衛には用心しなければなるまい。

「突発事」（Zwischenfall）、とハイデガーはいう。それはアリスのように裂け目を落ちていくことだ。ひび割れた壺。「裂け目（fêlure）は内側にも外側にもない。それは境界に（à la frontière）あり、非感性的で非物体的（incorporel）で理念的（idéelle）である」（*LS*, 181）。「裂け目」という語は、カントのいう「共通感覚」（sens commun）と「理念」（Idées）に関する『差異と反復』での実に重要な考察にも登場するが（cf.

*DR*, 220)、ここでは、ドゥルーズのいう「表面」(surface)の観念がそうした裂け目としての境界に他ならず、「非物体的なもの」という措辞が証示しているように、「表面」の観念が「意味」(レクトン)の観念とともに、ストア派にいう「アソーマトン」をそのひとつの源泉としていること、この点を改めて確認しておきたい。詳細は略するが、境界としての「意味」(sens)、「命題」(proposition)、「表現」(expression)は、「指示」(désignation)とも「表明」(manifestation)とも「意味作用」(signification)とも異質な「出来事」であって、ドゥルーズは、こちら側とはまったく類似せざる鏡の向こう側に侵入するアリス的侵犯として、後者から前者への移行を捉えている。

『差異と反復』では、「理念」を形容する「問題」(problème、problématique)という措辞が「意味」にも適用されているが、スピノザ論の言葉を援用するなら、「意味は原因と結果よりも深く、表象(représentation)よりも深いものなのだ」(*SPE*, 311)。「関係の外在性」という視点から「ヒュームの哲学は表象に対する鋭利な批判である」(*ES*, 13)と語った若きドゥルーズの姿勢は、「触発」や「因果性-目的性」へのその眼差しと同様に、彼の生涯にわたる思考を貫いている。その表象についても実は、「表象、それは超越論的錯覚(illusion transcendentale)の場である」(*DR*, 341)と、カントの用語で定義されているのだが、ヒュームとカントのあいだに横たわる、一方の因果性という問題については、ドゥルーズは、二つの原因の区別による「因果関係の切断」をストア派の最大の功績に数え上げている。「因果関係の切断」は、アイオーン的な不定詞として「属性」(カテゴレーマ)を捉えるストア派の運動の論理学と密接に結びついており、その痕跡は「連接的総合」、「離接的総合」、「結合的総合」という『アンチ・エディプス』の装置にも、「準-原因」(quasi-cause)という措辞のうちにも見分けられる。

私の運命とお前との遭遇のなかで私が転がしている骰子の姿よ、お前は何なのだろう。デュパンは盗まれた手紙（後にラカンはこの手紙を対象aとみなしている）にこう問いかける。「運命愛」（amor fati）とは「運命（destin）は必然（nécessité）ではない」という「肯定」に他ならない。「機械」という語の本義もそこにある。「自由」というナンセンスの本義も。もしドゥルーズの思考を、いや思考という実践をひとことで語れと命じられたら、私は「運命とは必然ではない」というこの言葉をスピノザ的「必然性」とともに挙げるだろう。哲学的対話篇の傑作『自然宗教についての対話』を論じて以来、ドゥルーズはこの言葉を反芻しつづけている。翻っていうなら、「無限の忍耐」（patience infinie）という言葉がドゥルーズの口から発せられることの意味を考えなければならないのだ。

「超越論的経験論」もしくは「超越論的トポロジー」とは「運命は必然ではない」という事態に付与された別名であり、事実ドゥルーズは、ストア派的な「形而上学的表面」を「超越論的領野」（champs transcendental）として規定しているのだが（cf. *LS*, 150）、一方では「超越論的原理」と「超越論的錯覚」を峻拒し、他方では新たな「超越論的領野」の創出を語る、この身振りひとつを取っても、ドゥルーズにおける「超越論的」という語の使用が大きな問いをはらんでいるのは明らかであろう。そもそもカント自身にあってもこの語は微妙な揺らぎをはらんでいたのだが、たとえそれがドゥルーズ自身によって語られたとしても、また、その言明が決して誤りではないとしても、私たちは、超越論的なものは内在とほとんど同じであるといった断定を鵜呑みにすることはできない。ほとんど同じであるのに、なぜ超越的‐内在的に対する第二者として「超越論的なもの」が斥けられると同時に肯定されなければならなかったのか。いや、事態はもっと複雑なのだ。

『アンチ・エディプス』の著者は他の諸論考ではどのようにエディプスを捉えていたのか、私たちはいまだこの点すら十分には解明していないのだが、『差異と反復』では、バランシュの『社会転成論』に加えてヘルダーリンの『エディプス註解』が援用され、カント自身も気づかなかった分裂症的カントの唯一の継承者としてヘルダーリンが捉えられている。『エディプス註解』にいう「定言的転回」(kategorische Umkehr)に注目しつつ、ドゥルーズは、諸能力(faculté)が「共通感覚」と化すのを阻止する「理念」の裂け目への転落・帰向としてこの言葉を解釈していく。このときドゥルーズは、ハイデガーのいう「転回(Kehre)もまた「定言的転回」(祖国的転回 vaterländische Umkehr)と密接に結びついていたことに気づいていたのだろうか(虚焦点をめぐる後の考察を参照)。ともあれ、ドゥルーズにとっては、カント自身は「理念」を「一切の可能的経験」の彼方として語りながらも、この裂け目の手前で立ち止まったのだった。「妥協の政治」としての批判。その意味で『純粋理性批判』には経験論があり余っている」(*DR*, 221)。

そのカントを、諸能力を裂け目の縁に導き、突き落とすこと。ここでドゥルーズは、崇高なものの分析論を例に挙げながら、超越論的-内在的に対する第二者として諸能力の「超越的使用」(usage transcendant)を語ることになる。「諸能力の超越的使用は、共通感覚の規則のもとでの諸能力の行使と対立するような、真に逆説的な使用である」(*DR*, 190)。しかも、能力の「超越的使用」は「ある能力の超越論的形態」(forme transcendentale d'une faculté)と同じものとして捉えられているのだ。「ある能力の超越論的形態は、その離接的で、より高次の超越的行使(son exercice disjoint, supérieur ou transcendant)と一体をなしている。超越的ということが意味しているのは、その能力が世界の外にある諸対象へと向けられるということではまったくない。逆である。ある能力がもっぱらこの能力とのみ係わってそれを世界に生ぜしめるところのものを世界のなかで把持すること、それが超越的ということの意味である。超越的行使が経験的行使に複写(décalquer)されてはならないのは他でもない、共通感覚の視点からは把持不能なものを超越的行使が覚知するからである。(…)超越論的なものそれ自体が高次の経験論の管轄に属しているのもそのためだが、超越論的なものという領野とその諸地方を探索することができるのは、この高次の経験論だけなのである」（*DR*, 186）。カント自身は悟性の「超越論的使用」を不注意による不可避的な境界侵犯とみなしているが、ドゥルーズにとっては、それは「一切の可能な経験」の限界のいわば内側の縁をなしている。能力の「超越的行使」はそれを外側の縁にまで連れ出し、そうすることで、『純粋理性批判』に残存している「経験論的なもの」と「超越論的なもの」との「複写」の関係を断つこと。

「複写」（décalquer）という鍵語はたとえばトレース紙で地図を写し取る、そうした身振りを指す語で、dé-marquer といういまひとつの鍵語と同様、否定（と強調）の接頭辞を冠されている。羊皮紙のように、「記憶」を刻印すること（marquer）が「純粋過去」という「反-記憶」（anti-mémoire）の鋤溝を逆に塞いでしまうような事態を指しているのだ。紙数の都合で、ドゥルーズにおける「記憶」のパラドクスについては語ることができないが、『道徳の系譜学』を受け継いだドゥルーズの「反-記憶」論は今まさに警鐘としての意味を獲得していると言えよう。「超越論的領野から類似（ressemblance）を一掃すること（*LS*, 149）とあるように、「複写」、コピーの拒否は類似の拒否でもある。『純粋理性批判』の第一版と第二版の異同にきわめて敏感であったドゥルーズは、同書第一版「純粋悟性概念の演繹」で語られる「三つの超越論的総合」——「表象の覚知」、「表象の再生」、「概念による表象の再認」——に、そしてまた、「超越論的演繹」の詐術を漏洩する「経験の類比」（Analogien der Erfahrung）なる発想に眼を向けつつこう言っている。「〔人格としての形式を保った〕超越論的主体は、経験論的なものの諸特徴を超越論的なものに複写することで事足れりとする。それは、三つの超越論的総合をそれに対応する心理学的総合から直ちに導出〔帰納〕したとき、カントにおいて明白に見られた事態である（…）」（*LS*, 119）。

表象ならびに類似という語の接頭辞（re）と同様、「再生」（Re-produktion）、「再認」（Re-kognition）という語の接頭辞も「複写」の機制を証示するものであり、そこから、「認識ノ理由に反映された概念の同一性（identité de conception）、生成ノ原理において展開される述語の対立（opposition du prédicat）、存在ノ理由のうちに配分される判断の類比（analogie du jugement）、行為ノ理由を規定する知覚の類似（ressemblance de la perception）」（*DR*, 337）という四重の拘束が生じる。思いもよらなかった、思ったとおりだ――おそらく私たちは誰もが「超越論的なもの」と「経験論的なもの」との、影と影とのこの共犯関係を巧みに案配しながら生きている。「経験論的－超越論的二重体」として。「超越論的なもの」の名において「経験」を制限し、そのようにして去勢された「経験」の名において「超越論的なもの」を制限する。「反復」を極度の、完璧な類似に還元し、「差異」を同一性の否定、個体的差異（différence individuelle）へと飼い馴らす。私たちに課せられた四重の拘束は、拘束する者が自分自身であるがゆえに私たちの自律でもある。しかし、私たちはなぜみずからの隷属をかくも誇りに思うのか。

カント的悟性とその範疇は鏡面に映る自分を見ているにすぎないと断じたのは『創造的進化』のベルクソンであり『曙光』のニーチェであったが、能力の「超越的行使」によってこの共犯関係は断たれ、経験論的－超越論的の循環は「理念」という裂け目、境界としての「超越論的表面」と化す。それはまた経験論が「このうえもなく狂った概念の捏造」としての「高次の経験論」と化すことでもある。ただし、ここにいう「概念」は「人間学的述語」（prédicats anthropologique）ではない。それはつねに新たなものとして、別の仕方で分配し直される「もの」（chose）に他ならない、とドゥルーズはいう。もの、スコトゥス的なエンス。「理念」という裂け目は人間学的地図にとっては「エレフォン」（erewhon. サミュエル・バトラーの造語で nowhere〔どこにもない〕を反転したもの）であり、そこでは、カントのいう「超越論的対象＝X」が彷徨し、諸系列の分岐と交叉を、布置の変動を引き起こしつづける。鞄語やファルスの尖筆（der große

Stil）のように。メビウスの帯を這う対象aのように。フロイトのいう欲望の運命。「正義（justice）、それは絶えずずらされる動く諸限界を伴った欲望の連続体である」（K, 93）。しかし、「絶えず」という常套句はいかなる事態を指しているのだろう。

「人間学的述語」の彼方とは、そこを過ぎると、「経験」が「真に人間的で有用な経験」に転じるような「決定的な曲がり角」の向こう側でもある。「分配」という視点がすでにヒューム論での「情勢」（circonstance）をめぐる考察で萌芽していたのと同様に、諸系列の分岐と交叉という視点も、『物質と記憶』の「従うべき方法」をめぐる『ベルクソニズム』の考察のなかで萌芽していた。ただ、その点を考えるに先立って、どうしても指摘しておかなければならないことがある。『差異と反復』で、能力の「超越論的使用」をその「超越的使用」へと逸脱させたドゥルーズが、『アンチ・エディプス』では、「誤謬推理」というカントの表現を用いつつ、エディプス・コンプレクス批判それ自体を、「超越論的批判」の無意識への適用として定義し、今度は「超越論的」と「内在的」を併置しているのである。「カントは、形而上学に見られるような諸総合の超越的使用を、超越論的哲学（諸基準の内在）の名において糾弾した。（…）己が諸基準の内在によって定義されるような超越論的無意識と、それに対応する分裂症－分析としての実践を取り戻すためには、エディプス的精神分析に見られる無意識の諸総合の不当な使用を糾弾する他ないのだ」（AŒ, p. 89）。なぜこのような逆転が生じたのか。私はこう推察している。『差異と反復』での操作によって、能力の「超越論的使用」はその「超越的使用」へと、「理念」の裂け目へと導かれたが、いったんこの裂け目のなかに転落してしまうと、今度はこの裂け目の超越を「無制限な内在」として捉え直す可能性が生まれる。「内存立、超越（insistance, transcendance）」（DR, 142）。その結果、一方では超越的－超越論的次元と内在的次元が連動され、他方では、諸総合の「超越的行使」が、この裂け目を不当に飛び越す独断論として規定し直されたのではないか、と。

このように考えてくるなら、諸能力の「網状組織」を語るために『カントと批判哲学』で用いられた表現を借りて、ドゥルーズにあっては、超越的－超越論的－内在的の三副対が「置換の体系」(système de permutation) をなしていると言えるのではないだろうか。しかし、「高次の経験論」という言葉が提起されるその文脈には、少なくとも私には不明な点がまだいくつも残されている。「直観は経験の状態を経験の条件へと乗り越えるよう私たちを導く。が、これらの条件は一般的なものでも抽象的なものでもなく、また、条件づけられるものより大きいわけでもない。それらは現実的経験の条件 (conditions de l'expérience réelle) なのである」(*B*, 17)。「高次の経験論」なる表現が、批判哲学とは別の方向へのこの「経験の状態の乗り越え」と連動しているのは言うまでもないが、いったい「現実的経験」とはいかなるものなのか。「現実原則」(Realitätsprinzip) を超えたものとしてフロイトやラカンが語る「現実的経験」(wirkliche Erlebnisse)、「現実的なもの」(réel)。イデオロギーによる現実的、物質的なものの逆転を、暗箱 (camera obscura) のなかでの倒立像に譬えたマルクス。さまざまな連鎖が想定されるが、ヒュームとベルクソンを例に取って最後にその点を考えてみたい。

経験ないし所与を「乗り越える」(dépasser) という表現は、ヒューム論にもカント論にも見いだされる。ヒュームにあっては、経験の乗り越えは、束 (collection) がシステムと化し、精神が主体、人間的自然 (nature humaine) と化す過程と同一の事態を指している。主体についても客体についても「SはPである」、「Sがある」と言いうるためには、与えられることなき関係がそこに付加されなければならないが、この関係ないし「一般規則」(general rule) が「習慣」という経験的反復に依拠している限り、経験の「乗り越え自体が所与として与えられる」。経験の乗り越えが語られるという意味では、ヒュームは「心理学的なもの」を超えているが、この乗り越えもまた所与と化すという意味では、彼はカント的な「超越論的なもの」からも隔たっている。いずれの次元にも属さないという点に、若きドゥルーズは経験論の本義を認めているのだが、習慣による一般規則の形成、印象の束からの主－客の自己組織化は実は、想像力という「もっとも自由な能力」による虚構にすぎず、他のありうべきさまざまな連合との軋轢をつねにはらんでいる。この状態をドゥルーズは「痴呆」（démence）と名づける。一方、この齟齬の解消に努める想像力の自乗された営為は「錯乱・妄想」（délire）である。つまり、「システムとは錯乱・妄想の狂気なのだ」（*ES*. 86）。ノマド的配分が「錯乱・狂気の配分」と換言されるなど、「痴呆」、「錯乱・妄想」がその後もドゥルーズの重要な術語として維持されたことは周知の通りだが、おそらくここに、超越論的ならざる経験論が、能力の超越的使用によって逸脱させられた超越論的経験論と結びつくに至るその端緒があったのだろう。

習慣による一般規則の形成は数ある虚構のうちのひとつにすぎない。その点にドゥルーズは、ベルクソンやフロイトの連合説批判とヒュームの連合説とが必ずしも相容れないものではないことの証左を読み取っているのだが、『物質と記憶』での連合説批判は、実に重要な視点をドゥルーズにもたらすものだった。類似と一般性との循環を断つために、そこでベルクソンは、類似した個体を想定することなき漠たる類似の領野を語っているのである。ベルクソンはあくまで「類似」という観念を維持しているが、「差異」（différence）であるような「潜在的な全体」（Tout virtuel）として、それも所与と化すことなき「全体」としてこの領野を捉え直すことで、ドゥルーズは前－個体的な超越論的領野への道を切り開いたのではないか。「潜在的な全体」は「決定的な曲がり角」の向こう側にある。そのこちら側にあって私たちが通常「事実」、「現実」とみなしているのは、恣意的に分断された断片にすぎず、断片はまた「不純な混合体」でもある。断片をこれまた恣意的に再構成する「可能性」（possibilité）ではなく、「潜在性」（virtualité）がかくして「現実」と連結される。ヴァーチャル・リアリティー。ベルクソンが「意識と生命」で語った「事実の線」(ligne de fait) なる観念をここで勘案するなら、断片のなかで絡み合った線をほぐして、それらを「本性の差異」に従って分岐させること、それが直観の第一の作業であろう。ベルクソンはこの作業を、曲がり角で光る極小の点から曲線を求めて、曲がり角の向こうの間のなかに侵入していく質的微分の作業とみなしている。しかし、ベルクソンはいう。哲学の最後の歩みは「積分」(intégration) である、と。

批判主義を克服する方法として『創造的進化』でのベルクソンが語った「成全的経験」(expérience intégrale) と、ここにいう「積分」が互いに呼応し合っており、それがさらに「高次の経験論」と連動しているのは明らかであろう。『差異と反復』で語られる、「微分」(différentiation) と「積分」(différenciation) との非対称的な複合概念のひとつの源泉がここにあるのだ。「積分」をベルクソンのいう「交叉の方法」と重ね合わせつつ、ドゥルーズはこう言っている。「曲がり角の向こうまで分岐線を辿ったあとで、今度は線は交叉しなければならない。ただし、私たちが出発した点においてではなく、むしろ潜在的な点 (point virtuel)、出発点の潜在的なイマージュ (image virtuelle) においてであり、この点も経験の曲がり角の向こう側にあるのだ (*B*, 20)。潜在的な収斂点は出発点の「充足理由」(raison suffisante) とも「理念的な点」(point idéal) とも呼ばれているのだが、果してそれはいかなる点なのか。

ここでドゥルーズはベルクソンのうちなるカントの残像を見ている、というのが私の仮説である。つまり、「純粋理性の理念の統制的原理」で語られた「方向線」(Richtungslinie) と「事実の線」を結びつけてみたいのだ。複数の方向線は悟性を可能な経験の外にまで拡大しつつ「理念」という一点に収斂する。「虚焦点」(focus imaginarius) に、である。そのため、私は鏡に映った対象が鏡の背後に実在するかのように錯覚する。そのような「虚焦点」として、ドゥルーズのいう「出発点の潜在的で理念的なイマージュ」

を捉えることはできないだろうか。事実、『差異と反復』第二章では「虚焦点」(foyer virtuel)、ただし複数の「虚焦点」に関する考察が展開されている(foyer ――竈、火の部分、家庭、源泉、故郷)。「まるでルイス・キャロルの鏡のようだ。表面では反対であり逆であるが、深さ(épaisseur)においては「異なっている」(différent)」(*DR*, 72)という言葉も記されている。「機構学的点(punctum Mecanicum)と呼ばれる小空間(spatiolum)」をめぐるライプニッツとスピノザの往復書簡のことが、『エクリ』に登場する鏡の装置のことが、このときドゥルーズの脳裏を過ったのではあるまいか。もちろん、「虚焦点」は今や近傍であり霧であり、のたうつ線である。

こうして、方法の糸、逃走線は私たちを再び迷宮に連れ戻すことになる。糸のない迷宮、直線の迷宮、首を吊るアリアドネ……。しかし、私たちは迷宮あるいはカオスモスといった常套句で事足れりとするわけにはいかない。ミシェル・トゥルニエ論ならびに『差異と反復』第四章の末尾では、「可能的」という語が「包摂するものとの異質性を維持しつつ包摂されたもの」として捉え直され、「可能世界の表現」(expression d'un monde possible)として、知覚野の総体を条件づける絶対的構造、システムとして「ア・プリオリな他者」(Autrui a priori)が定義されているからだ。ア・プリオリ-条件づけと超越論的-内的発生の差異を勘案しつつ、超越論的・潜在的現実とア・プリオリな可能世界の「構造」との接合関係を考えてみなければならない。今回はこの点を論じる余裕はないが、ここにドゥルーズにおけるもっとも重大な問題があるといっても過言ではあるまい。

私には追悼の言葉などない。数限りない通過と交通にもかかわらず、未踏の街路のようにざわめくこの言葉の波動をただ解釈するだけである。それは「私は自分を実に古典的な哲学者とみなしている」というドゥルーズの言葉の合意を極限にまで拡大するという愚行であるかもしれない。ただ、それもまた「今、私たちは何をしているか」を知るためのひとつの迂路ではあるだろうし、この愚行はいずれ、「古典的」という語にドゥルーズ自身が込めた諧謔を超えて、その意味を批判的に問い質すことへとつながっていくはずである。「開放性」の陥穽を探り出すとともに、その一方では、ドゥルーズの思考を支える「相対的限界」と「絶対的限界」の観念がマルクスとヘーゲルを経由してカントに由来するものであることの意味を考えてみなければならない。「交換が一般性の基準であるとすれば、盗みと贈与が反復の基準である」(*DR*, 7) という言葉もまた、たとえそこに盗みが付加されているとはいえ、二つの限界に対応する交換と贈与の二元性の足枷の重さを私たちに告げているのではないだろうか。

# 超越論的経験論とは何か

## ドゥルーズのヒューム論がひらく地平

（二〇〇四年）

経験論――ドゥルーズの始まりにして終わりの領域

安藤礼二（聞き手）――『情況』では、昨年から何度かジル・ドゥルーズについて特集を組んできました。今回は、ドゥルーズの起源、ドゥルーズにとって経験論とは何かということについて、お話をうかがえればと思っています。ドゥルーズのなかでも、現在に至るまで、それほど注目されていませんが、ヒュームの占める位置は非常に大きいのではないかと思います。最近ようやく『感覚の論理』の邦訳（法政大学出版局）が刊行されましたが、これがまさに、『千のプラトー』の直後にドゥルーズが螺旋を描いてヒュームの感覚一元論の地平に舞い戻ってきたとさえいってもいいものなのです。さらにそれは晩年の『フーコー』にも直結します。ドゥルーズがヒューム論で提出した経験論的＝一元論的な地平が、襞として折りたたまれ、そこにまったく新しい「主体」が成立してくる。おそらく自らの処女作にヒュームを取り上げたことが後のドゥルーズの思索をすべて決定した。そういってもいいくらいに、ヒュームの経験論を考察すると、ドゥルーズの哲学的な営為を統一的に考えられるのです。ドゥルーズにとっての起源であり、またその一つの帰結でもある経験論の地平、それをドゥルーズのヒューム論にテーマを絞っていろいろお聞きしたいと思っています。合田さんはこの辺りの事情について非常にクリアな「超越論的経験論とは何か」という論文をお書きになっており（下記『ヒューム』に解説として収録）、さらにはドゥルーズが『経験論と主体性』を刊行する以前にアンドレ・クレソンとの共著というかたちで出版した『ヒューム』（ちくま学芸文庫、原著刊行一九五二年）を翻訳なさっています。そこで提起された「超越論的経験論」という概念を、できるだけわかりやすく解きほぐしていただければと思っています。

合田――まずはじめに、なぜドゥルーズのヒューム論を問題にしたのかという個人的なところからお話をしたいと思います。ご存じのように、私は必ずしもドゥルーズの熱心な読者ではありませんし、ましてやヒュームの専門家でもありません。ただ、ある時エマニュエル・レヴィナスのことを考える上で、ドゥルーズのような思想家を読んでみたいという気持ちを強く抱いたことがあります。その際、ドゥルーズを論じる人たちは、いい意味でも悪い意味でも、ドゥルーズに対する思い入れがとても強くて、ある種の主題的、分析的読解を回避してきたのではないかと感じていました。そのような読解が生みだしたものを評価しなければならないのはもちろんですが、何かそこで失われたものがあるのではないか。生意気ながらドゥルーズ研究におけるそうした欠如を自分なりに埋めてみたいという思いで、新たなドゥルーズの読み直しを始めたわけです。そんな時に、昨年『存在と差異』（知泉書館）を出した江川隆男や平井靖史をはじめ、さまざまな若手研究者たちがまわりに集まってきて、彼らから、経験論を軸とした、ドゥルーズについての非常に興味深い読み方を教わりました。そのとき彼らと一緒に読み解こうとしたのが、内外のドゥルーズ研究のなかでもヒューム研究のなかでもほとんど言及されることのない書物であり、ドゥルーズの処女作でもあったヒューム論『経験論と主体性』だったのです。私自身は大学院生時代に、この本の邦訳が出てすぐ読んだ記憶があるのですけれども、その時非常に困惑したのを覚えています。たとえばベルクソニズム論やニーチェ論ものに較べるとここでドゥルーズがいったい何を言いたいのかまったく見当がつかない。最初に読んだときにはほとんど理解できなかった。そのような印象も逆に作用して、初期のヒューム論、実際には二つのヒューム論が存在していたわけですが、それらを取り上げてみたいと思いました。いまから五、六年前のことです。一九九二年の共著『哲学とは何か』の「カオスから脳へ」という章にもヒュームを意識した一節があることを思うと、ヒュームはまさにドゥルーズの始まりであり終わりであった。そして「中間《ミリュー》」でもあった。経験論についての言及はドゥルーズのすべての著作で問題になっていますからね。

## ヒュームとは何者か——その多様性と影響関係

合田——これから、そのヒューム論を取り上げて、どのような読解が可能であるかを改めて考えてみたいのですが、ヒューム自身は実にスケールの大きな哲学者で、哲学者であると同時に、歴史家、経済学者、政治学者、美学者、神学者、文学者でもあった。非常に多様な相貌をもっている。その全貌を捉えるための環境はお世辞にも整っているとは言えませんが、私自身は非常に不思議な雰囲気を持った哲学者と考えています。静かな狂気というのか、憂鬱さと陽気さが奇妙に混在していて、捉えどころがないところがある。『人間本性論』の最後のところをよく反芻するのですが、そこで浮き彫りにされた大きなテーマは「日常性」です。日常いろいろな仕事に就いている人たちを話題にしながら、ヒュームは彼らの存在そのものを「粗野で土臭い混ざり薬」として哲学者に飲ませてやりたいという言い方をするんですね。しかも自分は「呑気な仕方で」（careless way）哲学をするんだ、と。もっとも、このcareless wayという構えは、よく読んでみますと、徹底的にすべてを疑っていく態度すらも疑っていくところに成立する「グッド・ヒューモア」を意味している。この陽気な気分をヒュームは、「穏やかな」「不注意な」と形容するのですが、それと同時に、時々刻々変化する「情勢」(circumstances)を磁針計のように計測し、その時々の傾きに寄り添って生きていくきわめて困難な生き方を語ってもいるわけです。そのような事態を「呑気さ」と表現しているのは、逆にいうと、我々をつき動かしている衝動あるいは欲望は意識的には制御できないということをヒュームが熟知していたことの証左ではないか、そんな気がするんです。たしかドゥルーズは、悪しき出会いにも身をさらし、かつそれを悲しみに変えないことといった意味のことをいっていたと記憶していますが、ヒュームもそうあろうとした哲学者のひとりだったのではないでしょうか。

さきほど、ヒュームの全貌を把握するための環境が整っていないというようなことを言いましたが、それは決してヒュームの重要性が認知されていないということではありません。ヨーロッパではカントやラッセルをはじめとして、少なからずヒュームの重要性を強調した人がいます。イギリスが生んだ哲学者のなかでもっとも偉大な哲学者だという人もいます。カッシーラーも、ヒュームこそ哲学にとっての新しいはじまりなんだと、『啓蒙哲学』のなかで力説しています。そしてフッサール。フッサールは、『厳密な学としての現象学』や『イデーン』などで、「超越論的現象学」にもっとも接近した人物としてヒュームのことを称えている。たとえばデリダは、『フッサール哲学における発生の問題』(一九五四年)のなかで、「フッサールにとってヒュームはもっとも革命的なヨーロッパの哲学者であり続けた」といっています。日本では、おもしろいことに廣松渉が、五木寛之との対談のなかで、エルンスト・マッハもウィリアム・ジェイムズもアンリ・ベルクソンもヒュームの焼き直しだ、さらには西田幾多郎さえもがヒュームの焼き直しだということを言っています。これは廣松哲学そのものを考える上でも非常に重要な発言だと思います。さらに、経済学者のケインズやスラッファもヒュームに関心を向けていた。ヒュームという哲学者は、依然としてその全貌を知るのが困難な状況に変わりはないとはいえ、このように多種多様な分野の人たちに評価されてきたわけです。

ドゥルーズがヒュームになぜ注目したのか、その正確な理由は分かりませんが、やはりフッサールは隠れた経路のひとつでしょうね。いまジェイムズの名前を挙げましたが、ジェイムズやホワイトヘッドやパースといった英米の哲学者をフランスに紹介したのは、哲学者のジャン・ヴァールです。ドゥルーズはヴァールをきわめて高く評価していますよね。それに、これは『ヒューム』（ちくま学芸文庫）の解説にも書いたことですが、フランスで十九世紀末から活躍した哲学者たち、ヴァールやレオン・ブランシュヴィックなどのなかで、ヒュームの提起した経験論という問題は大きく取り上げられているんですよね。ですから、五〇年代初頭に論文の主題としてドゥルーズがヒュームを選んだのはそれほど例外的な出来事ではなかったのかもしれない。そもそも二十世紀フランス哲学の本義は、サルトルなどもそうですが、乱暴ないいかたをすれば、経験論の新たな可能性の追求にあったのですから。その端緒をしるす書物『人間的経験と物理的因果性』（一九二二年）のなかで、ブランシュヴィックはまさに、マルブランシュの機会原因論と、ヒュームによる因果性の切断に続いて、メーヌ・ド・ビランが内的感覚、内的努力の観念をもっていま一度因果性を考え直そうとする、この場面に注目しています。

### 想像力の問題――サルトルからヒュームへ

安藤――今のお話にひきつけさせていただくと、たとえばサルトルとドゥルーズという関係をつなげて考える人がこれまでほとんどいなかったと思うんです（平井啓之にはそのような視線がありましたが）。ただドゥルーズ自身は、自らの唯一の師はサルトルだったと、大変なオマージュをささげていますよね。ヒュームからフッサール現象学に展開しサルトルに至るという、現在まであまり表立っていない系譜が、それがドゥルーズ哲学の主流だというわけではないですけれども、あらためて見えてくるのかなという気がしているんですけれども。合田さんは、サルトルの「自我《エゴ》の超越」と「想像力の問題」というのがドゥルーズにとって非常に大きな影響を与えたのではないかとずっと主張されていますよね。そのエゴの超越や想像力の問題というところから、やはりドゥルーズの『経験論と主体性』や、クレソンとの共著『ヒューム』というものをどう読み解いていけるのか、具体的にお話をうかがってみたいのですが。合田さんが読み解くドゥルーズのヒューム論の骨格、その可能性の中心はどういったものでしょうか。

合田――もっとも重要なのはシステムの問題です。システム論としてヒューム論を捉えるというのが私の立場です。その点をまずお話しした上で、正義の問題、いまサルトルと絡めておっしゃった想像力やエゴの問題、さらにはそれと密接に関わる狂気の問題など、そうした諸問題に踏み込んでいければと思います。さきほど、ヒュームは非常に多様な相貌をもっているといいましたが、ヒューム自身にとっては、それらはすべて human nature、すなわち人間本性にもとづく「人間の科学」としての統一性をもっていました。人間の科学、science of man と彼はいっています。そうしますと、問題は、そこに固定した土台としての自然もしくは本性というものが存在するのかということになります。これについては、カッシーラーがヒュームの『イングランド史』を論じて、ヒュームは不変な基体の哲学者ではない、絶えまない変化と生成の哲学者だった、といっています。おそらくこの指摘は、ヒュームの言う人間の本性・自然 nature にもあてはまるのではないかと思うんですね。ヒュームは「習慣は第二の本性・自然である」というパスカルの言葉を意識していたのでしょうが、ここで何よりも重要なのは、本性・自然というものが固定的なものとして存在するのではなくて、「生成」という観点から問われねばならないということです。その観点から若きドゥルーズは、「いかにして精神は人間的本性・自然となるのか」という問いを発するわけです。つまり人間的本性・自然が「ある」わけではなくて、それは「なった」ものなんですね。一種の変奏のように少しずつ姿を変えながら、この問いが繰り返しヒューム論のなかに出てくる。二つの変奏を挙げておけば、一つは「いかにしてコレクションはシステムと化すのか」。コレクション「寄せ集め」とでも訳せばいいのかもしれませんが、当然、コレクションがさきほどの「精神《エスプリ》」にあたり、システムが人間的本性・自然に対応している。もう一つは「いかにして精神は主体《シュジェ》と化すのか」。そうすると、人間的本性システムと主体（主体化）という三つの概念が並ぶことになります。すでにこの時点で、システムとは何かという問題が、印象の束からの「主体化」「主体性の生産」と言い表される問題とつながっていたのです。

コレクションとかシステムという語彙は、ドゥルーズが勝手に使用したものではなくて、実際にヒューム自身が使っているものです。『人間本性論』のある箇所では、human mind は a system of different perceptions or different existances（多様な知覚や多様な実在のシステム）であるといったようにシステムという言葉が使われている。ところが別の箇所、これは人格の同一性を論じた非常に重要な箇所なんですが、そこでは「人間とは、信じられない速度で継起し、永続的に流動し運動するさまざまな知覚の bundle〔束〕もしくはコレクションでしかない」といわれている。したがってヒューム自身のなかで、コレクションからシステムへという道筋が確実に存在していた。そこをドゥルーズは問題にしたのです。

さらに、この「いかにしてコレクションはシステムと化すのか」という問いは、実はヒュームのことを念頭においてカントが語ったこととも密接につながっていました。ヒュームは法則にともなう偶然性から、法則そのものの偶然性を推論してしまったと述べた上で、カントは、これもとても有名な箇所ですが、「心における経験的な連合はそれに先立つ法則がなければ諸知覚のラプソディーしか生みださない」といっている。つまり、システムではなく、パッチワークのようなつぎはぎしか生まないと。では、ここで一体何が問われているのか。私の考えでは、それはトップダウンとボトムアップ、アロポイエーシスとオートポイエーシスの関係であった。ラフな言い方をすると、超越的な法則(大文字の他者)を設定して、それによって組織化していくか、それとも、そうした超越的な法則なしに内在的に組織化していくか。その問題が実はここですでに問われていたと思うんです。いうまでもなくこの問題は、ドゥルーズとガタリが徹底して考え続けたもので、ガタリの遺著『カオスモーズ』でも主題化されています。

いま大文字の他者といいましたが、そのことについて少しここで話しておきます。ドゥルーズの友人にミシェル・トゥルニエという作家がいますよね。その人の『フライデーもしくは大平洋の冥界』という作品を論じたドゥルーズの考察がありますけれども、そのなかで「構造としての他者」という概念を出してきます(この概念はのちに『差異と反復』で大きく取り上げられています)。たとえば視界を遠近法的に整除して「風景」のゲシュタルトを成立させる構造化の契機として、「他者」が機能するという考え方です。これは非常に面白い見地です。レヴィナスなんかだと逆に、「他者」は構造化と全体化を阻むものとして機能するのですが、ドゥルーズでは正反対になる。大文字の「他者」という一種の専制君主的シニフィアンによる強制的で暴力的な構造化というのかな、これはさっきのアロポイエーシスに対応するのですが、それを退けるような観点がここにもみられる。アロポイエーシスとオートポイエーシスといった言葉が頻繁に使われるようになったのは一九七〇年代以降ですが、ドゥルーズはそれを先取りしたともいえる考察をすでにヒューム論で展開していた。もう少し正確にいっておくと、「触発」(affection) はヒューム論のキーワードのひとつですが、「印象」という他者触発と同時に精神の自己触発が生じる、いやむしろ、誤解を恐れずにいうなら、免疫学の展開で明かされたように、後者が前者の前提でさえあるとの考えをドゥルーズは抱いていたように思います。

そのような先取りが可能であった背景は何だったのかということについては、必ずしも明確ではないのですが、ポール・ヴァレリーのような人物のことを考えることもできるかもしれません。『固定観念』のような対話篇では「自己変異性《セルフ・ヴァリアンス》」、「錯綜体《アンプレックス》」といった語彙が使われていますが、これはご存じのように、ドゥルーズとガタリの重要な語彙になっていきますね。それは「リゾーム」の前哨であったといってもいい。「私とは小集団である」というガタリの言葉は、ヒュームが語ってもよかった言葉ですしね。

## システムの縁と「関係の外在性」

合田――ここでさらに一つ問題提起しておくと、よくドゥルーズは『差異と反復』などで「システムの縁」という言い方をしますよね。つまりシステムと環境との界面のことを語る。おそらくここは非常に重要なところで、つまり自己組織的なシステムと、超越的他者でもなければ内在的他者でもないような「他なるもの」とがどう接合していくのかという大きな問題を提起している。ガタリだったら「フラクタル的」というでしょうが、そういう接合が最重要なポイントになるのではないかと思うのです。ヒューム論に即していうと、「印象《インプレッション》」は一見するとヘテロな「触発《アフェクション》」ですよね。ところが、ヒューム、さらにはそれを読み込んだドゥルーズは、このヘテロな触発が同時に精神の「自己触発」でもあるというような考え方をしている。さらに誤解を恐れずにいうなら、免疫学の展開が示しているように、後者が前者の前提でさえあると考えていたかもしれない。そして、この逆説の場が「システムの縁」なのでしょう。

感覚のコレクションが自己組織的にシステムになるときに機能するのは、ヒュームにおいては、類似と隣接（接近）、それに因果関係という三つの関係でありました。ヒュームの論考を読んでいくと「三つだけ」という言い方をよくしています。これは三つだけ挙げて他にもあるぞというよりもむしろ、最小の、ミニマルな規則にとどめたいというニュアンスが含まれていると思います。しかも、「こうした関係は秘密に穏やかに心に作用する」とヒュームはいう。ドゥルーズが着目しているように、「秘密に」（secretly）、「穏やかに」（calmly）という語彙も、連合が超越的で強制的な原理ではなく、ある種の内在的な作用なんだということを暗示しているのではないでしょうか。

さらにヒュームは「必然的な結合の観念ほど、曖昧で不確かなものはない」というわけですね。それにかえて「恒常的結合」（constant conjunction）ないしは「習慣」（custum）の観念を提起しているのですけれども、これもまた非常に重要なところだと思います。ドゥルーズ自身はストア派に由来する「準原因」の観念をも踏まえて、たとえば「運命は必然性ではない」というきわめて重要な言葉を『意味の論理学』にしるすのですが、いまいったように、必然的結合が曖昧で不確かなもので、結局のところ恒常的な結合でしかないという言葉は、類似や隣接（接近）や因果関係による結合がつねに別様なものでありうるということをまさに示しているわけです。Aという項がBという項となんらかの理由で結合されていて、それがいかに必然的にみえても、AはB以外の項とも当然関係しうる。Bとも別様の関係をもちうる。逆にいうと、関係はそれが断ち切られるときにのみ新たに成立するのです。ここでドゥルーズは、ヒュームの連合説は原子論なんだという批判を逆手に取るかたちで、「関係の外在性」という非常に重要な観念を唱えた。関係の外在性というドゥルーズの全仕事を貫くこの観念も、ヒューム論のなかにすでにはっきりと姿を現しています。ある項に内在したり付着している性質、さらにはその本質といってもいいかもしれないけれども、それはこの項がどのような項とどのような関係を結ぶかをあらかじめ決定するものでは決してないのです。

この関係の外在性との絡みで、さきほど話題になった想像力という重要な問題が出てくる。関係を創出すると同時に関係を断絶させる能力こそ想像力であるからです。その意味では、ドゥルーズのヒューム論は想像力論でもありました。ドゥルーズがサルトルの想像力論をどう評価していたかはわかりませんけれども、ドゥルーズはサルトルの想像力論をつうじてヒュームに関心をもったのかもしれませんね。ドゥルーズのヒューム論は、想像力はもっとも重要で、かつもっとも危険な我々の能力であるとの大前提のもとで書かれている。ヒュームがこのような考えを学んだのはおそらく、モンテーニュやマルブランシュといったフランスの思想家たちからじゃないかと私は推察しています。想像力はシステムをつくりあげると同時にシステムを刷新していく能力であるわけですが、しかしそれだけではない。ヒューム自身が言っているように、それは「狂気」(madness) に陥る能力でもある。想像力によって人は容易に狂気に陥ってしまう。ヒュームの言葉でいうと、想像力の飛翔ほど理性にとって危険なものはないし、これほど多くの過ちの原因となるものはない。この問題については後であらためて触れたいと思います。

## 「と」がひらく時空——アドルノからローゼンツヴァイクへ

合田——「関係の外在性」という話をしましたけれども、それをあらわす接続詞がご存じのように「と」(フランス語の et) でした。この接続詞についてドゥルーズは、それはジャン・ヴァールの遺産なんだと言っています。ここで少し寄り道をさせてください。私にとっては非常に重要な迂回です。「と」はドイツ語でいうと「ウント」になりますね。この「ウント」という接続詞に注目した哲学者のひとりにアドルノがいます。「パラタックス」と称される考え方ですね。アドルノを論じたスーザン・バック＝モースという人の『否定弁証法の起源』という本があります。このなかでバック＝モースは、アドルノが、ドイツのユダヤ系哲学者フランツ・ローゼンツヴァイクの『救済の星』（一九二一年）という本からなんらかの影響を受けたのではないかという可能性を指摘しています。レヴィナスがフランスに紹介した思想家ですね。『救済の星』はまだ邦訳されていませんから、読まれた方は少ないとは思いますが（その後みすず書房から二〇〇九年に刊行）、その本を読んでいくと、実際に「根源語」と呼ばれるものの一つとして「ウント」（Und）が出てきます。この「ウント」については、それで繋がれた言葉はそのどちらかが優位に置かれて位階構造をつくるわけではないし、順接や逆接の関係がそこに設定導入されるわけでもなく、ただただ併置されているんだということが言われている。ただ繋ぐだけの極小の接続詞「ウント」、と。

さらに調べていきますと、ローゼンツヴァイクは一九一七年に、システムとは何かということについてある友人に手紙を送っているんです。その手紙の中で彼は、『ゲシュタルトクライス』という本の著者ヴィクトル・ヴァイツゼッカーのいう「動的なゲシュタルト」の理論に言及しながら、非常に面白いことを述べています。「システムは建築術ではない。数々の石材が建物を合成し、それが建物のために存在するわけではない。そうではなくシステムは次のことを意味している。すなわちおのおのの個別的なものは、他のすべての個別的なものと関係を持ちたいという衝動と意志を有している。それに対してヘーゲル的なシステムにおいては個別的なものの位置が全体のなかにつなぎとめられている」。つまり、あるものが、やむにやまれずさまざまなものと関係を持とうとするその衝動と意志がシステムなんだというのです。システムはある意味ではカオスであるとさえ、ローゼンツヴァイクはいっている。もちろん直接的な影響関係があったわけではないのですけれども、後にヒュームを通じてドゥルーズが「関係の外在性」という概念をもって語ったような関係のあり方、多型的で重層的な関係のあり方が、ここではすでに衝動と意志という語彙で語られているのだと思います。

衝動と意志という語彙は、ドゥルーズがヒューム論で用いた行為とか実践という語彙に置き換えてもいいんじゃないか。関係について思考(懐疑)すること、すなわち関係を創出し変化させることは実践的行為の最たるものであるという、一種の願いのようなものが、若き日のドゥルーズの言葉から読み取ることができるように思える。しかも、付け加えておきますと、ローゼンツヴァイクは自分のこのような思想のことを「絶対的経験論」と呼んでいたのです。もう一つ、アドルノもヒュームに言及して、「経験の実情は、一つの星が介入するたびに、いわばその布置の全体が揺れ、時にはその新たなただ一つの星の加入によって全相貌を一変する星座にむしろ似ている」といっています(藤野寛『アウシュヴィッツ以降、詩を書くことだけが野蛮なのか』平凡社、三九頁参照)。

いま、システム論の展開ということでヴァレリーとローゼンツヴァイクに触れました。ローゼンツヴァイクがここで「システムは建築術ではない」といっているのはもちろん、「システムは建築術である」という『純粋理性批判』の言葉を踏まえてのことですが、その点でもう一つどうしてもいっておきたいのは、建物の基層というか、その暗い土台のようなものをカントは見なかったという視点から、一九三〇年代にシェリングの重要性を指摘するとともに、Fuge, Fügung, Gefüge など、「接続=分離」をあらわすさまざまな言葉を駆使してシェリング論を展開したのが、マルティン・ハイデガーその人だったということです。私は以前から、『カントと形而上学の問題』(一九二九年)はドゥルーズにとって非常に重要な、決定的な参考文献だったと思っていますし、ハイデガーのシステム論者としての側面を引き継いだのは実はドゥルーズではなかったかとさえ考えています。ドゥルーズやガタリのいう「アジャンスマン」という概念など、ハイデガーのいうFugeと無縁なものとはどうしても思えない。それにドゥルーズは、シェリングを高く評価していますよね。シェリングは否定には還元できない微分的な差異を語っている、つまり、闇の中の黒い牛でしかないけれども、その黒のなかにさまざまな黒のニュアンスがあるのです。ヒューム論とは直接の関係はないかもしれないけれど、これまで語られてきたよりもはるかに大きな役割を、ハイデガーがドゥルーズのなかで果たしていることは疑いありません。

### すべての関係を成り立たせる妄想

安藤――関係の外在性というのは、関係というものは、その内部でどれだけ関係をもとうとしてもだめで、絶対的に外からいろいろな関係が偶発的に結ばれてしまう、またこのように関係が内在的かつ外在的であることによってさまざまな変化や変革がまさに実践によって生み出すことができる、というわけですね。

合田――「関係の外在性」といいましたが、では「関係」はどこにあるのかというと、それは単なる内部でも単なる外部でもない。単なる内在でも単なる超越でもない。このような中間的な場所、それが「超越論的なもの《トランサンダンタル》」です。内在的と超越的の「間」が超越論的なんです。すごくラフな言い方をすると、ひとつの円の「近傍」の部分を「内在的」と呼び、円の外的限界の外側を「超越的」と呼ぶとするなら、その境界線上、円周上が「超越論的」である。さきにいった「縁」ですね。ヒュームには「超越論的なもの」はない、とドゥルーズは記していますが、これは、ヒュームは「超越論的なもの」を、ア・ポステリオリをア・プリオリに従わせる原理たらしめてはいないという意味で、この次元がヒュームに不在であるという意味ではないでしょう。さきほど「グッド・ヒューモア」というヒュームの言葉を紹介しましたが、ベンヤミンは『ドイツ・ロマン主義における芸術批評の概念』のなかで、「フモール〔ヒューモア〕は超越論的であるすべてのものと親縁性をもっている」とのシュレーゲルの言葉を引用しています。

もう少しシステムの問題をつめさせてください。ヒュームは、複数の人間がボートを漕いでいるときに、なにも取り決めはしていないんだけれども次第に漕ぎかたが揃っていくといいます。この有名な比喩は、サルトルの『存在と無』のなかでも使われている。サルトルは、ハイデガーのいう「我々」がそういうものだといっています。それはともかくとして、なぜそういう風にオールの漕ぎかたが揃うのかとの問いに、ヒュームは「約束・契約」に先立つ「コンヴェンション」(convention)が存在しているんだと、答えています。「コンヴェンション」には従来「黙契」という訳語が充てられています。言い換えるなら「コモン・センス」(常識・共通感覚)ですね。さらにいうならば、デカルトの「ボン・サンス」(良識)。ヒュームという哲学者は、最近ジャン＝リュック・ナンシーなどが問題にしている「共通なもの」(コモン)とは何かという重大な謎を覗きこんだ哲学者の一人だったと思うんです。ドゥルーズもスピノザの「共通概念」を重視しますよね。

ただし、「コモン・センス」「ボン・サンス」は、ヒュームにおいては「狂気」と表裏一体の関係にありました。さきに話したように、想像力は関係を創出することでシステムを作り出す。しかし、その一方で、このシステムが完全に整合的なものになることを、想像力は許さない。矛盾したことに、想像力はシステム化を促すと同時にそれを阻むのです。これは『経験論と主体性』の根本的なテーゼだと思います。「精神はデリール(妄想)でしかなく、またデマンス(痴呆)でしかない」とも、「完成されたシステム、総合、コスモロジー、は空想上のものでしかない」ともいわれている。一方では、システムを形成する想像力が語られ、他方では、まさにデリールとデマンスとして、システムがシステム化することを阻止し続ける能力としての想像力が語られているのですね。これは私なりの解釈ですけれども、デリール、すなわち錯乱ないし妄想は「あれもこれも」というような状態を指している。つまり相矛盾したもの双方を選びとらざるをえない、それを強いられること。他方のデマンスは痴呆という意味ですが、こちらは「あれかこれか」の選択で戸惑いつづけることだと思います。つまり、デリールとデマンスは後に『アンチ・オイディプス』で離散的総合、排他的択一と呼ばれるあり方に対応しているのです。

このように見てきますと、人間的な本性・自然が生成し、主体化がなされていく過程にあっては、それを妨げるデリールやデマンスが、精神的な「異常」が必ず機能していることになります。ガタリの先輩ジャン・ウリに「正常異常者」という造語がありますけれども、まさに後年のドゥルーズやガタリが言うように、主体化の過程にはつねに「パティック」（受苦的、病的）な過程、スキゾフレニックな過程が伴っている（岩波明『狂気という隣人』新潮社、参照）。このような意味で、システムは、そして主体化はつねにクリティックなもの、危機的なものなのです。

もう一つ別の側面から想像力について話しておきたいと思います。後のドゥルーズはあまり、というかほとんどこの語彙を用いませんが、『ヒューム』では「ロアンタン」（遠い）と「プロッシュ」（近い）という語彙が使われています。近いものと遠いもの。こういう遠近法がやがて「近傍」の概念へとトポロジー的に変換されていくんだと思うのですが、ヒューム論では、情念と想像力の問題として人称の遠近法が論じられていたのですね。そしてそこに道徳の問題が絡んでくる。道徳哲学者としてのヒュームが。私はこの点に大いに注目したいと思います。いまいったように人間の主体化の過程が「パティック」な過程をつねにともなっているということは、ヒューム自身の言葉で言い換えると、人間はつねにパッション（情熱、受動）の虜だということです。しかしヒュームにとっては、パッションは、デカルトの『情念論』でいうように、「高邁《ジェネロジテ》」によって癒されるだけの病ではなかった。

まず我々の想像力に情念はひとつの方向を与える。それは、遠いものから近いものへ向かう一種の求心的な方向なんです。実際、我々は近くにいるものにさまざまな情念を抱きますよね。遠くになるほど、その情念は鎮まっていく。情念が求心的に遠から近へ向かうのに対して、想像力は逆に近から遠に向かっていく。想像力とは何よりも遠隔化作用なのですから。たとえば火星で誰かが傷ついたときにおまえの心は動くかと、ドストエフスキーは問いかけていますが、それと同じく、想像力は遠隔化作用をもっているけれども、では遠きものに対する我々の情念は、近きものに対するよりも弱くならざるをえないのではないか。想像力によって遠くへ向かえば向かうほど情念の強度は低くなっていく。そこでドゥルーズはこういう問いを発するわけです。遠きものへと向かいつつも、情念がその強度を失わないでいることは可能なのか、と。これはナイーブな問いかけかもしれないけれども、若き日のドゥルーズにとってきわめて重要な問いだったと思うんです。情念を想像力化する、つまり、情念を遠きものにむけつつも、その想像力を情念化すること、想像力に情念としての強度を与えつづけることは果たして可能なのかということが問われている。そしてこれは、後にドゥルーズが「固有名」や「倫理」について語ることの遠い起源ではないのか。そこには必ずつながりがあると思う。

近きものはヒュームにとっては自然的な仁愛の対象でした。けれども、ヒュームの考えでは、仁愛や寛大さ（高邁）は実は制限されたものであって、めったに友人や家族を超えることはない。超えるとしてもせいぜい祖国までだと。そうするとどうなるのか。私にとってこの点は、むしろレヴィナスとの関係でヒュームに関心をもった一つのきっかけだったのですが、自然的な美徳が狭い範囲でしか機能せず、その対象がたとえば自分の家族であるならば、自然的な美徳は自分の家族と他の家族との確執を生むことになりますよね。ここまでは仲間である。けれども、それ以上には美徳は向かわないのだから、それこそ敵と味方の関係がこの美徳によってつくりだされてしまう。つまり、利他的な感情として社会性の基盤にあるかにみえる仁愛や寛大さや高邁が逆に、ある集団とある集団との確執を生み出すことによって社会を解体に導いてしまうのです。これはドゥルーズがヒュームにおいて大いに注目している点で、すでにこの段階で、『アンチ・オイディプス』に先立って「家族主義」が批判されているのです。自然的な仁愛や高邁に頼る道徳がいかにたやすく最悪のものに反転していくか。この点も銘記しなければなりません。

## 正義と所有の問題へ

合田――では、どうやって遠きものへの配慮をするのか。この点については、すでにいいましたように、想像力によって遠きもののことを考えながらも、情念的な強度を失わないでいるということが、若きドゥルーズの大きな課題でした。この点を踏まえつつ、ドゥルーズは、遠きもの、それも「最も」遠きものへの配慮を可能にするものとして、ヒュームにおける「正義」(justice)、この人為的な徳を語ることになります。これはつまり、ヒュームの中では、「正義」も想像力や情念と結びついているということです。「正義」の機能の一つに所有権の確立があります。ロックなどですと、労働によって所有権が保証されるのですが、ヒュームはそれも疑っていく。「遺棄された都市の所有者になるには、自分の投槍を城門に突き立てれば十分なのか、それとも、城門に指で触れねばならないのか。海洋の所有権はどこまで及ぶのか」とヒュームは問い、この問いにドゥルーズは注目していますが、これは言い換えるなら、すべての結合と同様、所有権も決して必然的ならざる結合であり、その限りで想像力と情念に左右されるということです。不可避的虚構《フィクション》といってよいが、それが正義論で問題になるのです。

所有権の確立は、自分のものとあなたのものとの分割を伴わないわけにはいかないのですが、この観点からヒュームを読んでいくと、分割や分配の問題が非常に強調されているのですね。ヒュームでは、稀少な財の分配についての叡智として、正義が問題にされているのです。そして、ドゥルーズやガタリが主題化したのもまさにこの「分配」(distribution) ということだったのです。「正義」(justice) という言葉こそあまり出てこないけれども、すごく乱暴に言い切ってしまえば、ドゥルーズとガタリの思想の本義は、この正義論の試みにあるとさえ私は思っています。

安藤——正義ということに関連して言えば、この『ヒューム』が刊行されるちょうど同じ時期に「諸本能と諸制度」をめぐって、高校教師ジル・ドゥルーズは一冊の教科書を編んでいますよね。この「諸本能と諸制度」の問題は、後に『マゾッホとサド』として結実します。その主要なテーマは制度《アンスティテューション》の創設の問題ですね。ドゥルーズが編んだ教科書のなかで印象的だったのは、フランス革命期のサン・ジュストの文章を引いてきて、諸制度が制定される場として、アナーキーな空間が現出するみたいなことを説いているところです。それがまさにサドの問題系と共鳴する。

合田——ヒューム論がマゾッホ論ならびにそこで展開された制度《アンスティテューション》論とつながっているのは間違いありません。そもそも「触発」と「一次過程としてのマゾヒズム」が分かち難く結びついているのですから。「アンスティテューション」(in-stitutuion) なるものの創設は「共存立平面」(plan de consistence) の創設と同義であると私は考えていますが、「共存立」とは、たとえば遠きものと近きもののように相容れないものの「共存立」であって、このことは遠近の分割・分配を含意している限りで「正義」の問題にほかならないのです。そして、「正義」で特に問われるのは、先にもいったように、「最も」遠きものの存在でした。「正義」という公正が可能であるためには、自分から最も隔たったものを斟酌しなければならないのですが、この最も遠きものは誰なのかということこそ最も決め難いものなのです。ジョン・ロールズはその格差原理をここから発想しているはずです、最も不利な者にとって不利にならないようにある格差をつけていくという……。ロールズもヒュームの大きな影響下にありましたからね。その場合にも、最も底辺にいるのは誰なのかを決定することが最大の問題となります。考え方によっては、自己こそが一番遠きものであるとも、最も近いものが最も遠いともいえるのですから。それをドゥルーズの言うように女や動物に置き換えることも可能でしょう。

「正義」が最も遠きもののことを勘案しなければならないのは、それが「一般規則」(general rule)でなければならないからです。延長にせよ内包にせよ、その限界点をつねに設定していなければならない。設定することがもし不可能だとするなら、それをつねに捏造しなければならない。一番遠いもの、一番貧しいもの、一番不利なものを「そこ」に固定すること、それは必要ではありますが、厳密に言うなら不可能でもある。にもかかわらず、我々は「一般規則」ならざるものを「一般規則」に祭り上げてしまう。それを不断に矯正する行為、それがヒュームのいう「レフレクシオン」(反省、反射)です。言い換えるなら、所有権の場合と同じく、最も遠きものの位置づけもつねに無根拠な想像力の所産であって、それゆえ、絶えず修正されねばならない。分割・分配のリミットの不断の移動という逡巡を伴った「正義」のあり方が示唆されているのです。

かつて「距離のパトスから経験のトポロジーへ」という言い方をしたことがありますが、それは、遠きもの、近きものという語彙がドゥルーズの著作から次第に消えていったからです。そもそも、遠いとか近いとかいうのは非常に恣意的な規定で、我々は日々、その区別の擾乱やその反転を生きています。しかし、それは遠近法が絶えず甦るということでもあるわけで、ドゥルーズやガタリがユークリッド幾何学的な遠近を語らないときにも、いや、そのときにこそ、この初期のヒューム論の発想を根源的なものとして思い起こすべきかもしれません。

さきほど、動物になり、女になるといいましたが、これは「転移」論の視点から考えることのできる問題だと思うんです。いま「ラ・ボルド精神病院と三人の精神科医――トスケル・ウリ・ガタリ」という論文（本書第四部、「ゲシュタルト概念の転成と「制度論的心理療法」」として収録）を書いているところなんですが、精神分析や精神治療の中では、転移と逆転移の悪循環をどう回避するかということが大きな問題になっていて、ガタリの先輩ウリのそのまた先輩に当たるカタルーニャ出身の精神科医フランソワ・トスケルは精神医療における「二人関係」の特権視を崩す方向でこの鏡像的悪循環を回避しようとしました。そこにトスケルたちのいう「制度論的心理療法」の課題があるのですが、ガタリもまたそれを引き継いで実践した。医師と患者、患者と親族、親族と医師、医師と看護士、看護士と患者、看護士と親族、医師と医師、病院と地域等々のあいだにさまざまなユニット、セクター、カルチエを作り出すことで、彼は新たな関係性の実験をした。そして、転位と逆転移を決してやむことのない生成の運動へと変えようとした。ガタリはまったくヒュームの名前は出していないけれど、やっていることはまさにヒュームの経験論を徹底化させることとです。動物になるとか、異なる性になるというのはまさにヒュームのいう想像力のあり方そのものなのですから。

## 超越論的経験論の発生、あるいはドゥルーズとデリダの交錯

合田――たとえば『イデーン』の後語（一九三〇年頃に執筆）でフッサールは、本質なんてものは抽象的なもので、生き生きとした具体的な体験の対象になるものではないという、観念論に対してありがちな常

套的批判が自分に向けて投げつけられることに対して懸命に反論しています。そうじゃない、一見すると、いままで手が届かなかったように見えるものが、きわめて生き生きとした具体的な経験と対象になるんだ、と。自分が今推し進めているこの哲学はまさにそうした未踏の経験の領域を切り開いていくのだ、と。その際、フッサールは経験論の頭に超越論的という言葉をつけて「超越論的経験」という言葉を使いました。『イデーン』の後語ではもう一箇所この語彙が使われていて、そこでは、「超越論的経験」は共同主観の問題に結びつけられています。『イデーン』の後語とほぼ同時期にフッサールはパリで『デカルト的省察』（岩波文庫で手に入ります）という講演をするのですが、その「第五省察」と「結論」でもやはり、「我々の経験」「自己と他者の経験」として「超越論的経験」という言葉が使われています。これが、フッサールが使っている意味での「超越論的経験」です。因みに、初期のベンヤミンも、言語と宗教を念頭においてカント的「経験」概念を拡張しようと企てていました。

おもしろい符合というべきでしょうが、ドゥルーズがヒューム論を書いていたまさに同時期に、我々は最近までその全貌を知ることができなかったのですが、ジャック・デリダはフッサール論を書いていました。しかもこのフッサールの「超越論的経験論」をめぐって（前出の高等教育修了論文『フッサール哲学における発生の問題』）。そのなかには、すでに「感染」（contamination）という言葉が出てきます。現象学は起源（origine）の学たらんとした。しかし、起源を設定すると、どうしてもその起源の「前」を想定せざるをえない。つまり起源はすでに媒介されたものとしてしかありえないのです。起源を設定すると起源が起源でないことになってしまうのですから、そこで哲学の「土台」は瓦解してしまう。起源が起源でないものによってすでに「感染」されているという観点から、デリダはさまざまな二項対立、たとえば能動的なものと受動的なもの、純粋とか不純、根源的と派生的、形相的と事実的などの二項対立が実は、二つに截然と分かつことのできない「感染」「絡み合い」の関係にあるということを指摘していきます。この論文に続いて、デリダは「「発生と構造」と現象学」（一九五九年）という重要な講演のなかでも、「超越論的経験論」について語り、フッサールのこの語彙は「カントから見るとテラトロジーに属している」と言っています。テラトロジーとは畸形学のことで、まさに、結合してはいけないもの同士が結合しているということでしょうね。超越論的なものと経験論的なものをカントは峻別しようとしたけれども、実はそこに接合が、さらには感染が起こってしまっているんだ、と。ご存じのように、デリダには『声と現象』という重要なフッサール論がありますが、その冒頭でも彼は非常に興味深いことをいっています。

「可能的経験」を語るカントの表現をおそらく意識しているのでしょうが、デリダはこう記している。「超越論的なもの」と「経験論的なもの」（心理的なもの）はいま見たように区別されるべきものだが、実はぴったりくっつき、重なり合っている。デリダは「完璧な被覆」という言葉を用いています。にもかかわらず、「他のどんな差異にも還元できないような差異がその二つの間にある」。ぴったり重なり合っているんだけれども、その二つの間には、他のいかなる「差異」とも異質な「差異」があって、それこそが「自由」である、と。これはものすごく重要な箇所で、デリダの思想のすべてがここにあるといっても過言ではないでしょう。これは、運命は決定論じゃないというさきの言葉にじかにつながるものだと思うんですよ。隙間がないんだけれども、しかし、超越論的なものによって経験的なものがあらかじめ決定されるわけではない。そこに生み出される「差異」なき「差異」こそデリダにとっては哲学の可能性そのものだったんでしょうね。ぴったり隙間なく接合しているものも、接着界面の解像度をあげていくと隙間だらけのフラクタル的な光景が見えてきますよね。それと同じことだと思うんです。

ドゥルーズのヒューム論では、ヒュームには「超越論的なもの」はないという言い方で議論が展開されていく。ただ、おそらく意図的だと思うんですが、「合目的性」という最終章には「シェマティスム」という言葉が頻出します。シェマティスムというのはまさに図式（論）ですよね。たしかに、「図式」はヒュームが「一般規則」の別名として使っている語彙です。しかし、それは当然のことながらカントの語彙でもある。つまり若きドゥルーズは、ヒュームとカント、「経験的なもの」と「超越論的なもの」との接合点として図式、図式論という問題を提起しているのです。その意味でも、『経験論と主体性』は『カントの批判哲学』とセットで読まれるべきでしょう。

ドゥルーズにとって図式論がいかに重要なものだったかを最後に語っておきますと、カントは図式を「モノグラム」という言葉で表現してもいますが、ここに、「ダイヤグラム」とのつながりを見ないわけにはいかないでしょう。またドゥルーズは、カントは図式の観念によって、「超越論的なもの」を「経験的なもの」に従わせるという「恐るべき難題」を抱え込んだとも言っていますが、図式論をこのようにカント哲学の中心に位置づける考えを、ドゥルーズはさきにあげたハイデガーの『カントと形而上学の問題』から学んだと思うのです。「カントの哲学が図式論の暗闇にかかっている」、というか、図式論の深淵、感性と悟性の「未知の共通の根」のなかへとカント哲学は陥没していくというのです。デリダのヘーゲル論「竪坑とピラミッド」も、このカント論に大きく依拠しています。デリダは図式を「記号」の問題として捉え直しているのですね。

もうすこし続けさせてもらうと、カントは、図式は心の奥底に潜む「クンスト」（芸術）だというのですが、『差異と反復』のなかでドゥルーズは「アール・キャッシェ」（art caché）という言葉を用いている。これがカントの言葉のフランス語訳であることはいうまでもないでしょう。ドゥルーズのいう「時空の力動的ドラマ」はまさに図式論から生成したものなのです。また、ドゥルーズがその数々の著書のなかで取り上げている「綜合」の問題も、カントのいう「三つの綜合」、とりわけ「構想力の綜合」と連動しており、その限りで、図式論をその中心に抱えていたのです。この「時空の力動的ドラマ」も「アジャンスマン」の同義語と考えてよいものでしょうね。

これまでドゥルーズについては「内在」ということがつねに強調されて、そのため、彼がみずからの方法に「超越論的経験論」という呼称を与えていたこと自体、最近まであまり注目されてこなかった。ベルクソンの思想をドゥルーズが「より高次の経験論」と形容していることも。フーコーのいうように、人間は「超越論的‐経験論的二重体」としてあるが、すごく単純にいってしまえば、我々は往々にして、ある経験的出来事を特権視して、それを「超越論的なもの」、自分の力ではどうしようもないものに祭り上げ、それによって今度は「経験的なもの」を狭隘化し、狭隘化され不毛なものとなった「経験的なもの」によって「超越論的なもの」の威力と権威を確認していく。このような循環を断つ方途として、ドゥルーズは「超越論的経験論」を語った。相容れないものの「完璧な被覆」。しかし、そこでは「経験的なもの」と「超越論的なもの」とのあいだに「写し取り」（トレース）の関係は存在しない。写し取ったつもりでも必ずズレている。『声と現象』でのデリダの眼差しもまた、この存在することなき隙間に向けられていたのですが、思えば、ヒュームによる必然的結合批判は、まさにこの極小のユートピアにしてクリスタル的破断線（フロイトのいうように、クリスタルは最も弱い線によって壊れるが、この線はクリスタル構造を支える線にほかならない）であるものを、「人間的本性・自然」という名のもとに指し示していたのでした。

# オイディプスたちの墓に

（一九九六年）

――彼ラハドコニイルノカ（『オイディプス王』）

私たちはいかなる線であり、いかなるアジャンスマン（結構、配置）であるのか。
「私たちの深奥で蠢くアジャンスマン」（*MP*, 296）、という『ミル・プラトー』の言葉を踏まえてこう問うているのだが、ここにいう「アジャンスマン」を「無意識的なものの機械装置（machinerie）」（*LS*, 90）と言い換えたとしても誤りではあるまい。『意味の論理学』第二一の系列に記された表現で、そこでは、フロイトがこの装置の「驚嘆すべき発見者」とみなされている。不思議の国の住人はもちろんフロイトだけではない。まずはカント。「超越論的なものという驚嘆すべき領域を発見したのはカントである」（*DR*, 176）と云われているが、そもそも「アジャンスマン」に関する先の言葉自体、「人間の心の奥深い処に潜む芸術・技芸（Kunst）」という、『純粋理性批判』での「図式」の規定の一種のパロディであったと推察される。第二の住人の名はメラニー・クライン。「彼女は部分対象という驚くべき発見をなした」（*AŒ*,

52）とある。なぜひとは、あたかもそれが自分たちの救済であるかのように、みずから進んで隷属のために闘うのか――、政治哲学のこの根本問題をスピノザについで再発見したとされる人物の姿も見え隠れしている。ヴィルヘルム・ライヒ――『オーガズムの機能』、『ファシズムの大衆心理』の著者。

それにしても妙ではないか。フロイトと呼ばれる発見者は眼も耳も悪かったというのだから。「しかし、フロイトにはよく見えなかった。無意識的なものが群れであることを、彼は視ていなかった。近視で耳が遠かったのだ」（*MP*, 42）。フロイトだけではない、他の住人たちにも痛烈な非難の言葉が投げつけられているが、それにしてもなぜ、十余年のあいだに、「驚嘆すべき発見者」はニーチェのいう近視眼の「極めつきの凡人」に転じざるをえなかったのか。「ドゥルーズがひとりで書いた『意味の論理学』と、ガタリといっしょに書いた『アンチ・エディプス』とのあいだには、いくつかの不連続、十分驚いていい飛躍がある」[1]という見地から、宇野邦一は言っている。「『意味の論理学』のドゥルーズは（…）まだ精神分析学に対して共犯的な関係を保っている」、「『アンチ・エディプス』を読んでから『意味の論理学』を開いた人は、そこでまだエディプス王が表層の英雄として歓待されていることに驚くだろう」。「表層の論理に焦

---

＊本論で使用したドゥルーズ（とガタリ）の論考については、以下のような略記号を用いて表示する。なお、フロイトからの引用に関しては、Sigmund Freud, *Studienausgabe*, Fischer Taschenbuch Verlag, 1982 の巻数と頁数のみを記載する。

*PSM*: *Présentation de Sacher-Masoch*, Minuit, 1967.
*DR*: *Différence et répétition*, PUF, 1968.
*LS*: *Logique du sens*, Minuit, 1969.
*AŒ*: *Anti-Œdipe*, Minuit, 1972.
*K*: *Kafka*, Minuit, 1975.
*MP*: *Mille plateaux*, Minuit, 1980.

点をしぼっているドゥルーズは、器官なき身体にも、深層の病、表層破壊の病としての分裂症にも、まだその真の可能性を開くような思索を与えていない[2]」。

三たび執拗にくり返される「まだ」。この副詞によって示唆されるような方位が、「例えば「器官なき身体」を私たち〔ドゥルーズ／ガタリ〕は決して同じように理解したことはない」という捉え難い偏差とともに存在するのは勿論である。けれども、この方位だけを強調することで決定的に見失われるものがありはしないか。一体、おまえは何を見ないために、オイディプス王のように眼をえぐったのか。――『差異と反復』ならびに『ザッハ＝マゾッホ紹介』をも視野に収めながら、不連続とも飛躍とも呼ばれる事態をより子細に検討すべきであること、少なくともこの点に異論の余地はあるまい。小論の目指すところもそこにある。予め論点を提示しておきたい。

ひとつは、マゾッホ論でも『差異と反復』でも、フロイトの考察、特に『快感原則の彼岸』での考察に、「超越論的」（transcendantal）という先述の規定が適用されていること。「時間と空間は私たちの思考の必然的形式であるというカントの命題は、ある種の精神分析の成果を踏まえて、今日改めて検討されてしかるべきである」（III, 238）とは、『快感原則の彼岸』に記されたフロイト自身の言葉であるが、ドゥルーズは一方では、フロイトの試みを一種の「超越論的感性論」――それも、『純粋理性批判』のそれ以上に深遠な――として捉え、他方『アンチ・エディプス』では、オイディプス複合の超越論的ならびに超越的使用――その誤謬推理――に対してカント的批判を行使している。

これまたカントと係わる論点であるが、第二は、「カント哲学がオイディプスの後継者であるということもありうるのではないか」（*DR*, 118）と云われていること。より正確には、まずヘルダーリンの『オイディプス註解』のうちにカント哲学の帰趨が求められたうえで、この不可思議な発言がなされているのだ。

ヘルダーリンのオイディプスだけではない、ピエール・シモン・バランシュの『社会転成論』に描かれた現代のオイディプス——フランス革命での国王の斬首者——など、ドゥルーズが思いを馳せているオイディプス像は決して単一なものではないし、そもそも、『意味の論理学』で「真のオイディプス複合」（*LS*, 239）と呼ばれた症候のかたちそれ自体、いまだ十全な仕方で解明されるには至っていない。これが第三の論点である。最後に「限界（limite）としてのオイディプス」という『アンチ・エディプス』の定義に若干の考察を加える。ドゥルーズの精神分析という問いをめぐる考察の序章の如きものとお考えいただければ幸いだが、ドゥルーズ（／ガタリ）とジャック・ラカンという論点については稿を改めて論じることにしたい。

## オイディプス的転回

なぜかくも不快な思い出が反復されるのだろうか。フロイトの投機的思弁は、「反復強迫」（Wiederholungszwang）を「快感原則の彼岸」に見いだすとともに、「反復強迫」とは「原状回復」への欲動であるという視点から、「反復強迫」を二つの異質な反復の複合とみなした。ひとつは、両性のプラトン的統一を復元しようとする「生の欲動」、いまひとつは、生命に先立つ無機物の状態に復帰せんとする「死の欲動」。エロスとタナトス、であるが、ただしドゥルーズは、「死の欲動」（*Todestriebe*）をあえて「死の本能」（*instinct de mort*）と誤訳することで、「生の欲動」と混じり合うことなき純粋状態のタナトスを表現しようとしている。そのドゥルーズによると、「反復強迫」という「彼岸」（Jenseits）は快感原則にとっての例外では決してない。それは、「快感原則」という名の経験的原則をこの原則によって統括される領域に従属させる、一段上の原則の所在を示しているのであって、このより上級の原則こそ「超越論的原則」

と呼ばれるものにほかならない。超越論的原則に関する『カントの批判哲学』での規定がほぼそのまま適用されているのだ。「フロイトがこの天才的な論考〔『彼岸』〕で思い描いていたような反復はそれ自体が（…）時間の『超越論的』総合である」（*PSM*, 99）とあるように、超越論的原則としての「反復強迫」は何よりも、『差異と反復』第二章で提示された時間の三つの総合[3]――「生きた現在」と第一の総合、「純粋過去」と第二の総合、「永劫回帰」と第三の総合――と連動した事態であって、そこにさらに、「根底」(fond) と「無底」(sans-fond) という問題系が重ね合わされることになる。

「連結する反復」としてのエロスは快感原則の「根底」を成している。けれども、「根底」はタナトスという「無底」の深淵へと繫がっている。それゆえ、「基礎は無底に向けて、全面的な地盤陥没 (effondrement) に向けて乗り越えられる」（*DR*, 123）。私の考えでは、『差異と反復』のこの言葉には、少なくとも二つの重要な参考文献が隠されていた。第一はハイデガーの『カントと形而上学の問題』。なるほどドゥルーズは、構想力の本義を図式論に求めるハイデガーとは逆に、「崇高なものの分析論」での構想力の「超越的使用」に力点を置き、図式論から「時空的力動のドラマ」への移行を語ってはいる。しかし、ほかならぬ「地盤陥没」(*Einbruch des Bodens*) という措辞を用いつつ、形而上学の「基礎づけは深淵へと導くのではないか」[4]と問いただすハイデガーの挙措はドゥルーズの挙措でもあるのだ。

ハイデガー。ラカンの『エクリ』を「あからさまにバロック的な書物」（メダルド・ボス宛の六六年十二月四日の書簡）と形容したこの哲学者は、『形而上学入門』では、ソフォクレスの『オイディプス王』を「仮象 Schein（隠蔽と偽装）と非隠蔽性 Unverborgenheit（存在）との比類なき闘争」とみなす解釈を提出している。オイディプスの悲劇をこのように「仮象の悲劇」とみなすにあたって、ハイデガーはカール・ラインハルトのソフォクレス解釈（一九三三年）に依拠した。だが、『意味の論理学』第二九の系列に記された「〈仮象〉の悲劇」（tragédie de l'Apparence）という言葉は、ドゥルーズもまた、ハイデガーと同様、ラインハルトによって流布されたオイディプス解釈を勘案していることを証示しているのではあるまいか。それだけではない。ハイデガーはまた、「オイディプス王は思うに眼がひとつ多すぎたのだ」というヘルダーリンの詩句を引きつつ、存在者ならざる存在の非隠蔽性を勝ち取ろうとする激情をそこに読み取ってもいるのだ。「ヘルダーリンと詩の本質」では、この過剰な眼と「もはやない」と「いまだない」に挟まれた「乏しい時間」——新しい時間——とが関係づけられている。ここでハイデガーは、ヘルダーリンの『オイディプス註解』[5]に思いを馳せていたと考えられる。

それというのも、『オイディプス註解』の鍵を握る「中間休止・切れ目」（Zäsur）という観念を、ハイデガーのいう狭間の時間に結びつけることができるからだ。ドゥルーズが同じ空隙を見つめていたことは、「オイディプスに関して、ヘルダーリンは比類ない厳密さで、前‐中間休止‐後という三つの反復を備えた構造を示した」（*DR*, 123）という言葉からも明白であろう。『オイディプス註解』だけではない、ドゥルーズは、「無形のもの」（le Unförmiche）という『アンティゴネー註解』の措辞をも援用している。『オイディプス註解』と『アンティゴネー註解』という文献をハイデガーとドゥルーズが共有していたということ、この点は是非とも銘記されねばならない。仲介役を務めたのはジャン・ボフレの『ヘルダーリンとソフォクレス』であり、ベーダ・アレマンの『ヘルダーリンとハイデガー』であった。アレマンの論考で詳述されているように、ヘルダーリンのいう「中間休止」、それは「定言転回」（kategorische Umkehr）と呼ばれる挙措の生じる瞬間であり、そのような「中心」（Mitte）にほかならなかった。「そうした瞬間に、人間は己を忘れ、神を忘れる。そして、むろん聖なる仕方によってではあるが、さながら反逆者（Verräter）のように己が方向を全面的に展開する」のである。

「定言転回」という表現がカント的「定言命法」を踏まえたものであるのは勿論だが、ヘルダーリンのいう「中間休止・切れ目」とそこでの「神的なものからの連続的逸脱」（*DR*, 118）はまさに、ドゥルーズにとっては、コギトに時間を導入することでカント哲学が見いだした「罅《ひび》割れた私」、その「罅割れ・亀裂」（Fêlure）に呼応する事態であった。カント哲学とヘルダーリンのオイディプスとの密接な連関が指摘されるのもそのためだ。しかし、ヘルダーリン的なオイディプス像は、『アンチ・エディプス』以前の諸論考にのみ作用を及ぼしたのでは決してなかった。むしろ逆に、リゾームや此性や生成変化など、その後のドゥルーズの思想の数々の鍵概念のほとんどすべてが、「中間休止」に由来する「中間」（*milieu*）の観念によって特徴づけられているのだ。神から顔を背ける反逆者オイディプスという像はまた、対面による「専制的・パラノイア的体制」から、顔の背け合いによる「情念的・権威的体制」へという『ミル・プラトー』第五章の構図の原型でもあった。「（…）向き合う顔と顔が向きを変えて互いに横顔を見せるとき、顔性は逃走線を組織する。パラノイアやヒステリーの詐欺に代わって、反逆・裏切り（traître）が固定観念となる」（*MP*, 156）。

traître が Verräter の訳語であるのは明白だが、「最初の部分はすべて帝国的、専制的、パラノイア的、解釈的であり、占い的である。しかし、第二部はすべて、オイディプスの彷徨であり、神が顔を背けるのと同様にみずからも神から顔を背けたオイディプスの逃走線である」（*MP*, 156）とあるように、オイディプスの反逆とは『コロノスのオイディプス』で描かれるオイディプスの放浪にほかならない。もちろん、情念的・権威的体制とそれにもとづく「主体化」の過程はあくまで、解体されるべきものとして呈示されている。ただ、フロイトのオイディプス像が『コロノスのオイディプス』を捨象しているかに見えるのとはちがって、ドゥルーズ／ガタリは専制的・パラノイア的体制（『オイディプス王』）と情念的・権威的体制、(『コロノスのオイディプス』)の「混成系」としてオイディプスの悲劇を捉え、オイディプスを「ギリシャのカイン」とみなしているのだ。五五年のセミネールで『コロノスのオイディプス』を取り上げ、そこに「生きるか死ぬか」というハムレットの煩悶、まさに「快感原則の彼岸」を認めたのがジャック・ラカンであることは、すでに多くの論者によって指摘されたところである。そのラカンのいう「オイディプスの彼方」を「ギリシャ人たちのユダヤ的神話」と形容するに際して、ドゥルーズ/ガタリが強く意識していたのはやはり、顔の背け合いによる逃走線の創出に気づきつつも、「この悲劇の誕生に関して奇妙にもギリシャ人たちを優遇する」ヘルダーリンとハイデガーの解釈であろう。実際には、「定言転回」にも『アンティゴネー註解』にいう「祖国転回」(vaterländische Umkehr)にも、アジアならびにヘスペリア(夕の国)という地勢が絡んでおり、そもそもオイディプスを「ギリシャにおける異邦人」と呼んだのはヘルダーリンそのひとなのだが、ハイデガーの「転回」(*Kehre*)と同じ源泉に発する流れがドゥルーズ/ガタリという小川にも注ぎ込んでいること、少なくともこの点はまちがいない。

## 糞と尿

『意味の論理学』のある箇所で、ドゥルーズは「無底」と「精神分裂病的深淵」を併置している(cf. *LS*, 121)。このことひとつをとっても、オイディプス的転回は、それが根底から無底への方位を孕んでいる限りで精神分裂病と結びつかざるをえない。マゾッホ論は、根底の地盤陥没を語る一方で、「タナトスという無底がエロスに担われて表層に連れ戻される(ramené)」(*PSM*, 100)、そのような逆向きの動きをも描写していた。ところが奇妙なことに、「表層」へと連れ戻された「無底」(超越論的原則としての死の本能)には、「超越的審級」(instance transcendante)という規定が付されている。なぜか。まず思い浮かぶのは、「ある能力の超越論的形式は、その離存的で、より上級の超越的行使と渾然一体を成している」(*DR*, 186)という言葉である。「超越論的」と「超越的」との関係はここでは、共通感覚の調和を引き裂く「亀裂」の縁とその内部との関係に等しい。だからこそ、「内存立(insistance)、超越」(*DR*, 142)という併置が可能となり、「内在的であると同時に超越的な諸理念の本性」(*DR*, 219)という言葉が記されたのだろう。ここに『差異と反復』結論部の叙述を重ねてみよう。「根底に属する何かが表面に遡上する。形を成すことなく、むしろ形と形のあいだに忍び込みながら遡上する。(…)今や表層に存在するものと化した根底は深いもの(profond)、無底のもの(sans-fond)と呼ばれる」(*DR*, 352)。

表層–根底–無底という三項がまずあって、ついでそれらが相互に関係し合うのでは勿論ない。基礎づけという挙措によって初めて表層と根底が、さらには両者に組み込まれないものが区別されるのだ。区別されると同時に、一方では、基礎づけるものとしての根底が一種の輪郭線として、基礎づけられる表層に刻印され、他方では、基礎づけの連関からはみ出すものがこの線を底なしの「亀裂」たらしめて表層を引き裂く。それゆえ、根底の無底化と表面の生産(力動的発生)と表面の破砕は同じひとつの動きの諸相であろう。たとえ『意味の論理学』第一二の系列で、アルトーとキャロル、深層と表層が峻別されているとしても。

深いものとは、皮膚ないし表層の亀裂であり穴である。口と肛門がそうした穴であるのはいうまでもないが、「口と乳房は底なしの深さである」(*LS*, p. 218)と云われているのは、口唇期の乳児のリビドー欲動と破壊欲動の最初の対象が母親の乳房だからであり、母親の乳房や、それに続いて乳児の両価的欲動の対象となる父親のペニスはというと、母親や父親という人格が「全人的対象」と呼称されるのに対して「部分対象」(part-object)と呼ばれる。そうした「部分対象」との、特に離乳期における「取り込み–投影」(introjection-projection) の関係、そこにメラニー・クラインはオイディプス複合の端緒を見いだした。この対象関係は、乳児に満足を与える良い乳房と満足を与えない悪い乳房への、母親の乳房の分裂(splitting) ならびに、良い乳房を取り込み、悪い乳房を破壊しようとする「幻想」(phantasy) によって特徴づけられる。噛むことによって、あるいはまた、尿道サディズム期、肛門サディズム期には、有毒な尿や糞を放つことによってこの攻撃はなされる。「パラノイア＝分裂態勢」と名づけられたこの構えに関して、ドゥルーズはいくつかの疑義を呈するとともに、かなり強引な読み変えをそこに施している。

良い乳房の内在化はそれを吸うことでなされる。ところが、この行為は、悪い乳房をかみ砕いて粉砕するカニバリズム的行為(カール・アブラハム)と同一のものたらざるをえない。良い乳房の内在化は悪い乳房の内在化を必然的に伴うのだ。加えてクラインには、断片化されたものはすべて原則的に悪しきものであるとの前提が存在している。とすると、良い乳房の内在化は必ずやそれを悪い乳房たらしめることになるだろう。それにもかかわらず、良い乳房が良い対象でありつづけるためには、良い対象は決して深層に取り入れられてはならず、さらにそれが可能であるためには、良い対象はそもそもの初めから深層とは別の次元に留まりつづけなければならない。ドゥルーズが「高さ」(hauteur) と名づける次元に、である。しかし、そもそも良い乳房が部分対象である限り、良い乳房が良い対象たることはありえないのではないか。良い対象とはすでに失われた対象でしかありえない、と述べることで、ドゥルーズはこのアポリアを解消していく。

「完璧な対象」(Complete object) はすでに失われた対象でしかありえない。しかし、所与と化す対象から「そのつどすでに差し引かれている (prélevé)」という意味では、完璧な対象の完全性は逆説的にも、全体化・同一化不能な絶対的部分のそれでもある。そうした対象を、『差異と反復』でのドゥルーズは、クラインの部分対象のみならず、ウィニコットの「過渡的対象」やラカンの「対象a」をも勘案しつつ、「潜在的対象」(objet virtuel)と命名している。ここに見られるのは、完璧な対象は潜在的対象でしかありえないが、「潜在的対象は部分対象である」(*DR*, 133)という背理であろう。だからこそドゥルーズは、後年『アンチ・オイディプス』において、「全体そのものは、諸部分の傍らにひとつの部分のように生み出される」(*AŒ*, 51)という立場から、クラインにおける全体とその諸部分の論理を批判するに至るのだが、先の背理は、『意味の論理学』での「器官なき身体」登場の場面とも密接に係わっていた。

「パラノイア=分裂態勢」を「パラノイア=分裂態勢」たらしめているのは、対象の「分裂」である。しかるに、断片は悪しきものであるという原則ゆえに、良い部分対象と悪い部分対象との対立が消滅せざるをえない以上、「抑鬱態勢」——悪い部分対象と高さの次元の対立から成る——に先立つ「パラノイア=分裂態勢」にあって、部分対象=悪い対象は何と対立するのか。「分裂態勢が悪い部分対象に対置するのは、(部分的であるにもかかわらず)良い対象ではなく、むしろ諸部分なき有機体(organisme sans parties)、器官なき身体(corps sans organes)、口も肛門もない身体である(…)。まさにここで、エス(Ça)と自我(moi)との緊張関係が形成される。二つの深層が対立しているのだ」(*LS*, 220)。「諸部分なき有機体」としての「器官なき身体」。ドゥルーズによると、クライン自身は尿道サディズムと肛門サディズム、尿と糞とのあいだに質的差異を設けなかったがために、「器官なき身体」とその「流体的性格」を看過したのだが、「部分対象の貯蔵庫としてのエスと(器官なき完全な身体としての)自我」(*LS*, 221)とあるように、『意味の論理学』では、エスと連結されているのは部分対象と糞で、一方、器官なき身体と尿は自我と連結されていたのだ。意想外な連鎖ではある。ただ、この連鎖に関して、「第一次ナルシシズムの関係項たる自我はまずは深層に、球体(boule)そのものか、あるいはまた、器官なき身体のうちに潜んでいる」

（LS, 237）と述べたとき、ドゥルーズが『快感原則の彼岸』第四節での考察を踏まえていたのはまちがいない。「球体」、ひいては「器官なき身体」をフロイトのいう「小胞」（Bläschen）と関連づけることができるからだが、刺激保護を任とする表層に護られた深層に、まず自我は胚胎されるのである。

ここで『アンチ・オイディプス』に眼を移してみよう。同書の冒頭では、「エス（Ça）は、時には切れ目なしに、時には連続的に作動している」（AŒ, 7）とも、「欲望（désir）は連続的な流れと、本質的に断片的で、かつ断片化された部分対象との連結を不断に実行している」（AŒ, 11）とも云われている。一読して明らかなように、エス－不連続性－部分対象と、自我－連続性－器官なき身体という、かつての対立項がここでは、エスないし「欲望」によって不断に連結されるものとみなされている。『意味の論理学』でのオイディプス複合のかたちを次に検討したあとで、このゲシタルト・チェンジの意味を探ることにする。

### 狂えるヘラクレス——鋤とチュニカ

『意味の論理学』では、超自我—自我－エスという三副対は、良い対象の座たる「高さ」と、対立し合う二つの深層という一種の三角形として表象されていた。けれども、高さないし抑鬱態勢によって、二つの深層の分裂対立が解消されるわけでは決してない。良い対象＝超自我は自我がそれと同一化しようとする限りでは自我を愛するが、自我がエス（悪しき部分対象）と截然と区別されていない限り、良い対象とエスとの闘いは良い対象と自我との闘いたらざるをえない。事実、「流体が（…）固形食物の断片や排泄物の残りを運んでいないという保証はまったくない」（LS, 108）のであって、それゆえ超自我は、それに同一化しようとしている自我の願いを残酷にも挫折させて、「無意識的罪責感」を植えつける。自我がその敵たるエスと結託するのもそのためだが、三極間のこの熾烈な闘争を、ドゥルーズは「渦旋」(tourbillon)という措辞で表現している。

こうして問題はファルス(男根)期ならびに性器期にもちこされ、その解決は、高さと二つの深層から成る三角形が欠いた第二の次元、即ち表層の構築に求められることになる。「性感帯」(erogene Zone)の形成といってもよいだろう。たとえば性感帯としての口唇は、深層としての口唇を覆う薄膜のごとき「イマージュ」として投影される。それは一方では深層での破壊からの性欲の解放を、他方では高さからの自己愛の解放、第二次ナルシシズムの成立を表している。フロイトは、皮膚の任意の部分が、いや、皮膚と内部器官の内壁との連続ゆえに、身体内部の器官も性感帯たりうると考えた。任意の部分が性感帯たりうるというこの可能性は言い換えるなら、「倒錯」の不断の可能性にほかならない。ファルス。ファルスもまた、糞や乳首と運動した器官としてのペニスに投影されたイマージュなのだが、男児にとっても女児にとっても、ファルス期とは、数々の部分的な性感帯がファルスによって繋ぎ合わされる時期にあたる。「ファルス的連結」(raccordement phallique)、である。今やファルスは深く突き刺して破壊することをやめ、「大地の肥沃な薄層に向かう鋤」(*LS*, 234-235)のように、表層に溝を刻印することで性感帯と性感帯を繋いでいくのだ。鏡の段階における「寸断された身体」の統合に対応する過程なのだが、思考と「愚劣・獣性」(bêtise)との連関を示すものとして、「私たちはまだ思考していない」というハイデガーの『思考とは何の謂か』の言葉を幾度も引用するドゥルーズである、ファルスを鋤に譬えたとき、彼が、ヘルダーリンの詩句——しかし岩は刺し跡を用い、大地は鋤溝を用いる——に関する同書の分析を意識していたということも、まったく考えられない事態ではあるまい。ファルスは、鋤は刻印する。『意味の論理学』では、そうした刻印(inscription)こそがオイディプスの業とみなされているのだが、「大地とは、生産の全過程がそこに刻印されるような表層である」(*LS*, 164) と云われているように、大地という表層への鋤溝の刻印という構図は実は『アンチ・オイディプス』第三章にもそのまま継承され、この構図との係わりでオイディプス問題が提起されているのだ。

鋤をふるうオイディプス。彼は「ヘラクレス型の平和の英雄である」(*LS*, 234)、とドゥルーズはいう。「骨壺の置かれた森から延び出る鋤」を、耕作ならびに太古異教民族の創始者たるヘラクレスの表徴と解したのはかのヴィーコであったが、実際にドゥルーズが依拠していたのはストア派、特にセネカ作『狂えるヘラクレス』や『オエタのヘラクレス』でのヘラクレス像ではなかったか。「ストア派の思考全体にとっての英雄がヘラクレスであったように、セネカの数々の悲劇の主人公もヘラクレスである。ところでヘラクレスは、地獄の底、天の高み、地上という三つの界域と係わっている」(*LS*, 157)。

ヘラクレスと同様、オイディプスは深層ならびに高さ双方と闘い、どんな障害をも克服して地上に平和をもたらす。クラインのいう「修復」(reparation) の過程が念頭に置かれている。傷ついた母親を「修復」し、「引き籠もった父親」(père retiré) を再び到来させることが、ここにいう平和である。しかし、「父親を傷つけることなしに母親と性的関係をもつこと」(*LS*, 234) とも言い換えられるこの過程は果たして何を表しているのか。クラインが「結合した両親像」(combined parent figure) と呼ぶ幻想を手掛かりにこの点を考えてみよう。曰く、「結合した両親像とは、母親は父親のペニスまたは父親全体を含み、父親は母親の乳房または母親全体を含んでいて、両親は性交によって分かち難く融合している、そういうものを指している」[6]。「結合した両親像」という完璧な対象は、「オイディプス的ファルス期」(*LS*, 235) において初めて母親と父親に明確に二分されるのだが、深く突き刺す深層のペニス (悪しき部分対象たる糞) によって傷つけられた母親、彼女を「修復」するために、オイディプスはみずからのファルスで母親の身体的表層を（再）構築しようとする。鋤で耕すことで、大地の表層が形成されるわけだが、これは、悪い乳房を破壊しようとした己が欲動に対する「償い」であると同時に、ペニスを引き抜いて一人、高さの次元を退いていく父親に代わって、離婚せる両親の性的関係を回復させる行為でもある。

つまり、オイディプスは「善良なる意図」（bonne intention）という倫理的範疇そのものなのだ。けれども、この意図はいかなる「出来事」（événement）を惹起するのか。母親を修復しようとして母親を去勢し、父親を復帰させようとして父親を裏切り、父親を屍体に変えてしまう――、それが生起した「出来事」である。それにしても、すべてがこのように裏目に出るのはなぜなのか。母親の「去勢」と云われているのは、母親の身体的表層を修復することで初めて、母親の表層でのペニスの欠如が明らかになるからである。逆にいうと、ペニスが父親のものであることが判明するのだが、この剝奪のドラマを子供はみずからの運命として予感することになる。「去勢」とマゾヒズムとの連関については後述するが、それにしてもなぜ、オイディプスは父親を裏切らざるをえないのか。それは、父親を地上に連れ戻すことが父親の本質に背馳する所業だからである。では、父親の本質とは何か。できるだけ高い地点に「退去」すること、である。高さと超自我の権能は比例関係にあるのだ。

『意味の論理学』第二〇の系列には、「ウィトゲンシュタインとその弟子たちが意味を使用によって定義したのは正しい」（*LS*, 171）という言葉が記されている。意味をフッサール的「思念」（Meinen, vouloir-dire）――「現出」（manifestation）――から解き放って、それを「効果」として、「出来事」として規定していくドゥルーズの身振りに、『哲学探究』が作用していたことの興味深い証左であろう。「現出」と「出来事＝意味」との関係を今、「意図」と「出来事」との関係に置き換えることができる。いずれの主題に関しても、ドゥルーズが指摘しているのは、「自然的・身体的表層」（surface physique）と「形而上学的表層」(surface métaphysique) への表層の二重化という同じ事態であるからだ（因みに、フロイトはこの二重化をリビドーの「脱性化」désexualisation として描いている）。「まるで行動全体が二つのスクリーンに投影されるかのようだ。性的で自然的・身体的表層によって構成されるスクリーンと、すでにして形而上学的もしくは「脳的」であるような表層によって構成されるスクリーンとに」(*LS*, 242)。意図の倫理学の悲喜劇を成す、「投影された行動」と「実際になされた行動」との差異は、これら二つの表層が、メビウスの帯におけるがごとく連続した「表と裏」の関係にあるにもかかわらず、互いにまったく異質であるという事態に起因している。私たちは、一方の面に意図の描く紋様が他方の面ではどのような像を呈しているのか、それを知ることができない。一方の面は他方の面の「準‐原因」(*quasi*-cause) 以上のものではありえないのだ。

二つの表層のあいだ (l'entre-deux surface)」(*LS*, 256) という表現が示唆しているように、「自然的・身体的表層」と「形而上学的表層」は表裏の関係にあるとはいえ、あくまで「シナプス間隙」のごとき空隙によって隔てられている。だからこそ、二つの表層はまったく類似することがないのだ。「ファルス」が「超越論的対象＝X」、「形而上学的表層」が「超越論的領野」(Champ transcendantal) の同格語とみなされていることをここで勘案するなら、オイディプスもしくは善意の倫理の悲劇は、「経験的なものの諸特質の超越論的なものへの複写」(*LS*, p. 119) に甘んじることなく、「超越論的領野からの類似 (*ressemblance*) を一掃」(*LS*, 149) しようとするドゥルーズの根本的企図をポジティヴに演出したものであることになろう。それだけではない。

オイディプスの描く連結線、この表層は一本の境界線ではなく、二つの「縁」(bord) を有した底なしの「亀裂」であった。境界地帯の不断の細分化というドゥルーズの恒常的な挙措がここにも見られる。すでに述べたように、「死の本能」の表層への上昇が表層の境界線を底なしの「亀裂」に変えるのだとすれば、表層の構築を可能にしたファルス的連続線は、表層を破壊していく底なしの破壊欲動の導火線であり、ネッソスのチュニカから滴る毒の糸でもあることになる。『意味の論理学』の考察は、オイディプスを表層の英雄として称えているだけではない。それは、オイディプス複合それ自体が表層の「全面的瓦解」(*débâcle généralisée*) の過程でもあることを告げているのだが、そもそも「亀裂」を発見したのは、ヘルダーリン描くところのオイディプスではなかったか。あえていう。少なくともこの意味では、ドゥルーズは哲学者オイディプスなのだ。

### 曠野の折り紙

表層の「全面的瓦解」としてのオイディプスの悲劇は、マゾッホ論で描かれたような、表層―エロス(根底)―死の本能(無底)の二重の相関運動を再現している。と同時に、それは、自我とともに表層に無底として上昇した「器官なき身体」によって、「表層ならびに、表層での自我自身のファルス的連結」(*LS*, 237) が解体されていく過程を表してもいる。これら二つの構図から、「死の本能が器官なき身体の名である」(*AŒ*, 14) という事態をまず引き出すことができるだろう。今や、一方では死の本能と器官なき身体が等号で結ばれ、他方では、自我と器官なき身体とのかつての絆が断たれるに至ったのだが、死の本能＝器官なき身体による自我の解体過程を、ドゥルーズはブランショのいう「ひと (on) の死」と結びつけている。「(…) 非人称的で不定法的な死は、いまひとつの表層〔形而上学的表層〕で自我を死の本能へと高めるのだが、この表層では「ひと」が死に、ひとが死ぬことをやめず、ひとが死につづける」(*LS*, 259)。「ひとの死」によって、超越論的領野は「ノマド的、非人称的、前‐個人的な特異性」(*LS*, 133) の領野と化す。もはや高さとも深さとも、さらには表層とさえ呼べないような、この表層—根底—無底、内在的—超越論的—超越的（内在的）の「共‐存立平面」（plan de *consistance*）。そこでは、『差異と反復』での二つの差異化（différenciation と différentiation）をめぐる議論が示しているように、部分と全体の対立も、連続と不連続の対立ももはや機能しえない。だからこそ、二つの深層のかつての対立は消滅し、エス—不連続性—部分対象、自我—連続性—器官なき身体という二つの軸の対立は、器官なき身体（欲望）によるこれら二つの軸の連結へとゲシュタルト・チェンジされるのだ。とはいえ、変化だけを強調してはなるまい。事実、大地の充実身体—欲望する機械—器官なき身体という『アンチ・オイディプス』の構図それ自体は、表層—エロス—死の本能というマゾッホ論の構図を下敷きとしたものなのだが、受け継がれたのはこの構図だけではなかった。その点について詳述する余裕はもうないが、次なる考察の扉に、二つの問いを走り書きしておきたい。ひとつは「限界・極限・境界」とその「折り紙」。いまひとつは、「一次的マゾヒズム」について。

『意味の論理学』でのオイディプスは超越論的領野としての「境界地帯」と係わる存在であり、オイディプスの平和とは、高さと深層がこの境界地帯へと折り畳まれる、そのような「折り紙」（*LS*, 259）の操作を意味していた。実際には、境界地帯は底なしの亀裂であるから、折り畳まれる先端部はこの深淵に呑み込まれていくのだが、「オイディプスは限界である」（*AŒ*, 195）というこの見地も、それに伴う「折り畳みと折り返しの操作（opérations de pliage et de rabattement）」（*AŒ*, 319）も、『意味の論理学』からそのまま『アンチ・オイディプス』へと継承されていること、この点を銘記しなければならない。カタストロフィックな「襞」としてのオイディプス。

ただし、「限界は多くの語義を有しており」、オイディプスという限界は「社会体の内部に移動させられた限界」にすぎない。端緒と中間と終端のいずれもが限界となりうるが、オイディプスという限界は、「終端」としての限界を形づくる五つの限界概念のひとつに分類される。第一は、「器官なき身体」という「絶対的限界」(外的限界)。第二は、「器官なき身体」という絶対的限界には到達することなく、脱領土化と領土化をくり返す資本主義的社会体の相対的限界(内的限界)。第三は、「相対的限界」での脱領土化(と領土化)を外的な動きとして排除する「実在的限界」。第四は、このようにして排除され、阻止された脱領土化(と領土化)の動きを、神話的起源へと投影した「想像的限界」。そして第五が、社会体の縁からその内部へと移行させられると同時に、家族三角形の輪郭線として折り畳まれたオイディプスの限界。

まず、オイディプスの限界に先立つ四つの限界についていうと、それらは決して複数の異なる限界の所在を告げているのではない。そうではなく、社会体の縁——社会体と社会体の中間——の諸相がそこに呈示されていると考えるべきだろう。「器官なき身体」という「絶対的限界」は到達不能な彼方ではなく無底の亀裂であったが、踏み越えうるものとしてそれを考えるとき、この亀裂は「相対的限界」と化し、逆に、いくら踏み越えても、私たちはその手前か彼方にいるがゆえに、亀裂は踏み越えられてはいないと考えるとき、この亀裂は「絶対的限界」と化すのだ。「実在的限界」は亀裂の縁の外側に固定される限界、「想像的限界」は亀裂のなかに、無底へと開かれざるものとして仮構された根底であろうか。

これらの限界との対比で、オイディプスという限界を語るとき、ドゥルーズはたしかに、社会体内部への限界の「移動」(déplacement, migration)という現象を強調している。「実在的限界」という亀裂の縁の外側からも離れているわけだが、しかし、この移動が折り畳み、折り返しと同じ操作であるなら、オイディプスという限界も亀裂と係わりつづけていることになろう。翻っていうなら、家族を囲い込むかにみえる輪郭線それ自体が社会体の相対的限界であり、と同時に「器官なき身体」の亀裂でもあるのだ。事実、

『アンチ・オイディプス』では、「死と謗られし、いと浅き流れ」というマラルメの詩句を「近親相姦と謗られし、いと浅き流れ」とパロディ化することで、近親相姦（の不可能性）が絶対的限界（死の本能）として呈示されているのだが、この点を殊更に強調したのは、閉じたものと開かれたもの、オイディプス的開鎖性と4+Nの開放性といった単純な図式に依拠することの多大な危険をこそ、『アンチ・オイディプス』は語っているように思えるからである。「オイディプスの手前ならびにその彼方との絆を摑んだと思うその時にも、なぜひとは袋小路のうちに留まるのか」（*K*, 27）。袋小路に留まっていると思うその時にも、なぜひとは亀裂の深淵に宙づりになっているのか。

底なしの深淵での宙づり。サスペンス。「死の本能」ならびに「器官なき身体」の深淵はまた、「マゾヒストに特有の深淵」（*PSM*, 92）でもある。ただし、マゾッホ論でのドゥルーズは、あくまで「自我」によってマゾヒズムを規定している。父親なしに「母親のファルス」（phallus maternel）によって生み出される自我、そうした自我の「第二の誕生」（seconde naissance）によって。なぜだろうか。母親の身体的表層を修復する鋤溝が実は「去勢の筋」（tracé de la castration）であり、その下に無底の深淵が口を開けていること、それをオイディプスは発見した。マゾッホ論では逆に、母親の身体的表層におけるペニスの不在が、単為生殖を可能にする「母親のファルス」へといわば陰陽転換されているのであって、それゆえ、マゾヒスム的自我の「第二の誕生」をも、先述の「第二次ナルシシズム」の裏面として捉えることができるだろう。つまり、「オイディプス的母親」を斥けるドゥルーズの所作とは裏腹に、マゾヒスト的自我もオイディプスと同様、境界地帯が亀裂の深淵にほかならないことを発見するのだ。だからこそ『ミル・プラトー』第五章では、マゾヒズムと自我の結びつきがそのまま、「マゾヒストの身体」と「器官なき身体」の結びつきと化したのであろう。

「当時、マゾヒズムについておこなった叙述は、あまりにも独断的なものとして、次の点で修正される必要があろう。即ち、マゾヒズムは一次的なものでもありうるのだ」（III, 263）——、『快感原則の彼岸』でのフロイトは『性欲論三篇』での考察を顧みてこういっている。そして、フロイトはその一年後、『マゾヒズムの経済問題』のなかで、「もし私たちが多少の不正確さを気にかけなければ」という留保を付しつつも、「有機体のなかで作用する死の欲動（Todestriebe）——原サディズム（Ursadismus）——はマゾヒズムと一致する」（III, 348）という見解を提出するに至る。周知のようにドゥルーズは、「生の欲動」と対称的な「死の欲動」から「死の本能」を切り離すことで、フロイトの躊躇に微かに反映されたサディズムとマゾヒズムとの根本的非対称性を浮き彫りにした。そうではあるが、マゾヒズムはやはり、スピノザ的な努力と触発の問題と同様、ドゥルーズを貫通する最重要の問題であった。

ドゥルーズだけではない、私見によると、それはラカンにとっても最重要の問題であったのだ。『心的因果性について』（四六年）で逸早く「死の欲動」と「一次的マゾヒズム」の連関に言及したラカンは、先述の五五年のセミネールでは、この論点をさらに『コロノスのオイディプス』の問い——生きるか死ぬか——に結びつけていったのだが、当時のセミネールの記録には、「マゾヒズムは裏返されたサディズムではない」[7]という言葉が記されてもいる。そのラカンを、ドゥルーズのマゾッホ論は、たとえば父の名の「排除」（Verwerfung, forclusion）に関して批判しているのだが、果たしてそこには何が賭けられていたのか。そこから、いかなる対決が始まったのか。次なる考察の課題である。

今直チニ、ワシミズカラ誰ノ手引キモナシニ、ワガ終焉ノ地ニ御案内致ス。ソレハ何人ニモ他言無用ジャ。アナタガ生ヲ終ワル際ニ、世嗣ノ方ニダケオ明カシ願イタイ。オイディプスの墓の在り処を知る唯一の証人は、テセウスの末裔は今どこにいるのだろうか。いや、彼ラハドコニイルノカ——それこそがオイディプスの名なのだ。

## 註

（1）「境界と亀裂——アルトーとドゥルーズ」『現代思想』一九八四年九月臨時増刊号、二七一頁。宇野は近著『D』（青土社）に収録された「ラカンとドゥルーズ——限界に直面する二つの方法」で、マゾッホ論をも視野に収めながら、ドゥルーズと精神分析との関係を改めて考察しているが、本文に引用したような、「境界と亀裂」での見地それ自体に変更が加えられているわけではまったくない。

（2）「境界と亀裂」、二七四—二七五頁。強調は引用者。

（3）ドゥルーズにおける時間の三つの総合については、拙論「記憶と反記憶——ドゥルーズの時間論素描」（『情況』一九九六年三月号）を参照していただければ幸いである。

（4）M. Heidegger, *Gesamtausgabe* Bd. 40, S. 114.

（5）『オイディプス註解』ならびに『アンティゴネー註解』の邦訳は『ヘルダーリン全集』第四巻（河出書房新社）に収められている。

（6）『妄想的・分裂的世界』（『メラニー・クライン著作集』第四巻）誠信書房、一〇三頁。

（7）*Le Séminaire*, Livre II, Seuil, 1978, p. 271.

# 第四部　暗礁から暗礁へ

# ゲシュタルト概念の転成と「制度論的心理療法」

トスケル、ウリ、ガタリ

（二〇〇八年）

――アポロン的なるものとディオニュソス的なるものという相異なる芸術力が相並んで活動を始めるとすれば、いかなる審美的作用が生じるのか。

（ニーチェ『音楽の精神からの芸術の誕生』）

――新しい思想に道を拓き、尊敬されていた習慣や迷信の束縛を破るのは、ほとんどいたるところで狂気なのである。諸君はそれを、なぜそれが狂気でならねばならなかったかを分かっているのか。嵐や海の悪魔的な気まぐれのように声や身振りで戦慄を催させる測り難いもの、それゆえに同じように畏怖と観察に値するあるものを、癲癇症状の痙攣や泡のようなもの、完全に自由意志でないことの徴候を明白に見せ、狂気の者をこのように神性の仮面として特色づけるかに見えるあるものを。新しい思想の持ち主自身に、自己に対する畏敬と恐怖を与え、もはや良心の呵責は与えず、さらに彼を駆り立てて新しい思想の預言者とし殉教者たらしめたあるものを。

（ニーチェ『曙光』、「道徳の歴史における狂気の意義について」）

## 1　眼差しの無底

睨みつけるような眼差し――そこに脆弱さと幼さを看取する者もいるかもしれない。血を見ることも、人ごみに紛れることも、死体に触れることもできず、最晩年に至っても鬱病を克服できていないとみずから打ち明けたこの男からは、どこか限りない孤独のようなものが滲み出している。そんな愚にもつかない理由、というか感触から、数年前、筆者はフェリックス・ガタリという思想家と向き合ってみようと思い立った。ドゥルーズ／ガタリと言いながらも、粉川哲夫、杉村昌昭、三脇康生などごく少数の例外を除くと、ほとんどの者たちは、ガタリを単なる随伴物とみなして、逆にガタリがドゥルーズに何をもたらしたのかを調査しようとは決してしないように見える。どうやら事情は哲学界でも精神医学界でも同様のようだ。もちろん、二人の境界線を一義的に定めることなどできはしないし、両者の「識別不能なゾーン」こそ共同筆記という危うい実験・経験の場を成しているのだろうが、この「危機的な分界地帯」(kritische Zone)は、ガタリという思想家がどのような磁場のなかで思想を形成していったのか、そして、彼のどのような思索がドゥルーズを触発したのかという、ガタリの、そしてまた、ガタリ／ドゥルーズの沿岸(littoral)に係わる問いを不要なものにするわけでは決してあるまい。

以下の考察は、形態化と破壊、アポロン的なものとディオニュソス的なものとの対立／共存というニーチェ的な視点を設定しつつ、また一方では「ゲシュタルト心理学」の展開を跡づけながら、「制度論的心理療法」(psychothérapie institutionnelle)とも呼ばれる理論と実践の複雑かつ力動的な総体のなかから、フランソワ・トスケル、ジャン・ウリ、フェリックス・ガタリを結ぶヴェクトル、というかテンソルのごときものを析出しようとする、いまだ果たされざる試みの一端にほかならない。思い起こせば、処女作『精神分析と横断性』（一九七二年）でのガタリは、六八年五月革命の衝撃のなかでこそ「制度論的心理療法」はその本領を発揮すべきであったのにそうはならなかったと苦言を呈する一方で、同書の冒頭に、病院環境と疎外をめぐるジャン・ウリとの対談を収めるとともに、フランスでも最も辺鄙な場所、ロゼール県に位置するサンタルバン病院でのトスケルたちの活動を、フランスでも最も先端的な心理療法の試みとして称賛していたのだし、それから二〇年後にいわば遺書として出版された『カオスモーズ』をひもといても、そこには、normopathe（正常異常者）というウリの造語や、世界の終末的感覚を論じたトスケルの博士論文への、決して否定的ならざる言及が見られる。歯に衣着せぬ批判を全方位的に発し続けたガタリは、時にはウリとも激しく対立して「制度論的心理療法」の惰性化に抵抗し続けながらも、トスケルからウリを経て自分へと継承された心理療法の構えのようなものを尊重することをやめなかった。しかも、こうした批判的継承の身振りは、単に抽象的な気持ちにのみ係わるものではなく、「個体化」(individuation) ならざる「主体化」(subjectivation) の新たな過程を探るに際して、ガタリが（ドゥルーズとともに）提起した「配置」(agencement)、「集合的なもの」(le collectif)、「顔性」(visagéité)、「風景」(paysage)、「リトルネロ」(ritournelle)、「抽象機械」(machine abstraite) などの鍵概念にも、さらには、「4＋N」「転移の分散」といった発想にも映し出されていたと考えられる。

まず、小論の登場人物たちの履歴を略年譜のかたちで紹介しておこう。

## 2　トスケル、ウリ、ガタリ略年譜

一八八六年　「アート・セラピー」の父ハンス・プリンツホルン生まれる。『ゲシュタルトクライス』の著者ヴィクトール・フォン・ヴァイツゼッカー生まれる。

一八九〇年　グループ・ダイナミックスの理論家で、「トポロジー心理学者」とも呼ばれるクルト・レヴィン生まれる。
一九〇一年　アンフォルメルの画家ジャン・デュビュフェ生まれる。アール・ブリュットの運動に係わる。一九四八年頃からウリと交際。
一九一二年　アンリ・マルディネ、ムルソーに生まれる（ベルギーで長く教鞭を執った後、リヨン大学に勤務。ドゥルーズの同僚）。カタルーニャ地方はタラゴーナ県のレウスにフランソワ・トスケル（フランシスコ・トスケィエス）生まれる。レウスは建築家ガウディの生まれた町でもある。
一九二二年　プリンツホルン『精神病者たちの造形術』。
一九二四年　ジャン・ウリ、パリ近郊の町に生まれる。兄でガタリの中学時代の先生でもあるフェルナンは一九二〇年生まれ（一九九八年逝去）。
一九二七年　この頃からトスケル、レウスにあった精神病院ペール・マータ研究所と係わり始める。同研究所の精神科医で後にバルセローナ大学教授になるエミール・ミラ・イ・ロペスを知る。彼の助言に従って、労働者の作業訓練所に通う。マルクス主義との係わりも始まる。
一九三〇年　三月三十日フェリックス・ガタリ生まれる。
一九三四年　トスケル、ペール・マータ研究所で精神科医として勤務。アンリ・エーと出会う。また、バルセローナで亡命ユダヤ人のポール・ルイ・ランズベルク（一九〇〇—四四）の現象学講義、特にマックス・シェーラーをめぐる講義を聴講。同じく亡命ユダヤ人のヴェルナー・ヴォルフからゲシュタルト心理学について学ぶ。カタルーニャ自治政府に支援されて、後の「セクター制度」の原型となる試み。

一九三六年　スペイン内乱勃発と同時に、トスケルは反フランコ派の労働者民兵のための精神医学業務部で活動。「マルクス主義統一労働党」にも帰属。

一九三九年　フランコが勝利するとトスケルは死刑を宣告され、ギュルテルスロー病院での経験を綴ったヘルマン・シモン（一八六七—一九四七）の書物などの入った折り鞄だけを携えて徒歩でピレネーを越える。セットフォン収容所に収容された後、複数の精神病院から勤務を依頼されるが、サンタルバン病院（一八二一年創設）を選び、一九四〇年一月十五日に同病院に到着。当時の院長はカトリック精神科医のポール・バルヴェ。ラカンの博士論文を同病院の医師たちに紹介したのはトスケルであったと言われている。ヴァイツゼッカー『ゲシュタルトクライス』。

一九四二年　シュルレアリストにしてレジスタンスの闘士でもあったリュシアン・ボナフェ（一九一二—二〇〇三）、サンタルバン病院長となる。ポール・エリュアール、ジュルジュ・カンギレム、トリスタン・ツァラたちがサンタルバンを訪れる。

一九四五年　トスケル、レオポルド・ゾンディと会う。兄のフェルナンを介して、ジャン・ウリとガタリ知り合う。

一九四七年　ウリ、ラカンの講演を聴き、精神医学を志す。九月からサンタルバンのインターンになり、トスケルの教えを受ける。トスケルは、一方では演劇療法、種々のクラブ活動などを企てるとともに、食糧供給、印刷活動、看護士育成などで村民と協力する。

一九四八年　トスケル、博士論文『狂気における世界の終末の経験』を提出。博士号取得後、フランス国籍を取得。

一九四九年　ジャン・ウリ、ロワール＝エ＝シェール県のソムリー城病院の医師となる。

一九五〇年　ウリ、博士論文『美的努力』を提出。
一九五二年　フランツ・ファノン、サンタルバンに到着。この頃、トスケルらの試みは、ジョルジュ・ドメゾンによって「制度論的心理療法」と命名される。
一九五三年　後任医師への不信から、ウリ、三三人の患者を連れて病院を飛び出し、二週間に及ぶ放浪の末、ブロワ近郊の城館に居を定める。ラ・ボルド精神病院の誕生である。五五年頃からガタリ協力。ドゥルーズ『本能と制度』。
一九六二年　トスケル「鳥の巣農園」を開園。
一九七一年　ウリ、ラ・ボルドでセミナーを開始。サンタルバンでも定期的にセミナー。
一九七二年　ガタリ『精神分析と横断性』、ドゥルーズ／ガタリ『アンチ・オイディプス』。七三年、マルディネ『眼差し・言葉・空間』。
一九七六年　ウリ『精神医学と制度論的心理療法』。七八年、ガタリ『分子革命』。七九年、ガタリ『機械状無意識』。
一九八〇年　ドゥルーズ／ガタリ『ミル・プラトー』。八一年、ラカンの死後、ウリはサンタンヌ病院でセミナーを開始する。八〇年代後半にはパリ第七大学でも講義。
一九八四年　トスケル、レウスから「名誉市民賞」。
一九八八年　ガタリ『三つのエコロジー』。
一九九一年　ドゥルーズ／ガタリ『哲学とは何か』。九二年、八月二十八日から二十九日にかけての深夜、ラ・ボルドでガタリ死去。ガタリ『カオスモーズ』。
一九九四年　九月二十四日、トスケル死去。九七年、マルディネ『人間と狂気を思考する』。

## 3　動くゲシュタルト

近代現象学運動の祖エトムント・フッサールは、「本質視」もしくは「本質直観」という逆説的行為の可能性を肯定するために、「見る」(ἰ-)という意味の語根を含んだ「エイドス」(eidos)なるギリシャ語を復権した。「エイドス」とは個的差異を超えて種的・スペチエス的本質を示す「かたち」であって、その点でカントのいう「図式《シェーマ》」ないし「パターン」とも密接に係わっている。こう考えてくるなら、フェン・エーレンフェルスによる旋律聴取の研究それ自体はフッサールによる現象学の創設に先立っているとはいえ、「ゲシュタルト心理学」が「現象学の雰囲気のなかで生まれた」(ジャン・ピアジェ『構造主義』)のは当然の事態であったかもしれない。周知のように、マックス・ヴェルトハイマー、ヴォルフガング・ケーラー、クルト・コフカ、クルト・レヴィンといったゲシュタルト心理学者たちはナチスが政権を掌握するとそのユダヤ人狩りを逃れるためにアメリカ合衆国に亡命し、新大陸でゲシュタルト理論の深化とその応用に向けて研究を継続した。その結果、レヴィンのいわゆる「グループ・ダイナミックス」や「ホドロジック空間論」が生まれ、また、たとえばコフカとJ・J・ギブソンとの交渉のなかから「アフォーダンス」の理論が練成された。

ユダヤ人たちは新世界に渡っただけではなかった。歴史の悲しい皮肉というべきだろうか、一四九二年にスペインからユダヤ人たちが追放されてから四四〇年、ドイツのユダヤ人たちのなかには、フランスへ、フランスを越えてさらにスペインへと難を逃れる者たちもいた。そして彼らは、つねにそうであったように、ドイツで生まれた斬新な知識と文化を亡命先の人々に伝えた。略年譜に記したように、これら亡命ユダヤ人から、精神科医として活動を始めたばかりのトスケルは現象学やゲシュタルト心理学についての知識を授けられたのだった。
トスケルは、複数の船員を乗せた「治療チーム」という船の困難きわまりない航海、その「漂流」に精神医療の展開を譬え、この航海のめざすところを、捕らえることがほとんど不可能ともいえる「主体」(sujet) ないし「主体化」の捕獲とみなしているが、まずここに、ガタリがラ・ボルドで実践しようとした「集団的主体化」(subjectivation collective) なる生産・創造過程とのつながりを見て取ることができるだろう。「無意識的主体の形成は、あらかじめ決定された主体、マスメディアや集合的施設によって社会のなかで「引き起こされ、原因づけられた」主体からの脱出を意味している。それは主体の生産であり、自己の創出であり、自分の生きる文脈の創出なのである」(『カオスモーズ』)。このような「主体化」が「集団的」と呼ばれるのは、それがきわめて多様な存在者との連関のなかで練成される複合的で複雑な過程であるからだが、この場合、「集団的主体化」は一方では実体化された「集団性」から、他方では「単一性」を前提とした「個体」(individu) ないし「個体化」から区別され、それに「特異化」(singularisation) との呼称が与えられる。

私〔ガタリ〕は個体化よりも特異化について語ろうと思う。つまり、個体化というのは、私からすると、つねに主体性の複雑さを縮減するところの何かである。(…) ダニエル・スタンは、主体性というものがどれほど互いに異質な諸次元から成り立っているかということを明らかにしている。個体ないし個人を、単に全面的にみずからに責任を負うたものとして、つまりその単一性において捉えることは、つねに複雑なものを単純なものに縮減してしまうことだ。それに対して、特異化というものは (…)、主体の多様な可動性を通じて動くものだと私には思われる。(『横断性からカオスモーズへ』大月書店、一一一頁)

ガタリと同様、いやガタリに先立って、トスケルもまた、「自我」とは「不安定で変化しつつある総体で、多数であることを本性とした総体」であるとして、そのような「自我」ないし「人格」を「個体・個人」と峻別し、いわばトランス個体的な「主体の場所」(lieu du sujet)を探求する必要を説いている。「諸制度分析の見通しのなかでは、集団それ自体も個人それ自体も存在しない。個人や集団や制度の存在とは、それが社会的宇宙、象徴的宇宙のなかに占める「場所」のことである」。ここに「場所」と呼ばれているもの、それをトスケルは、大戦直後『医学‐心理学雑誌』に発表した一連の論考以来、ゲシュタルト心理学にいう「地」のごときものと捉え、この「地」と「個体・個人」という「図」とのあいだの弁証法的相互作用――「地」と「図」のどちらが重視されるかに関してそこでは不断の交替がある――をつねに勘案する必要を力説している。

「制度(institutuion)と制度のなかでの治療行為は弁証法的に結ばれている」(*PG*, 34)*と言われている

---

*本論で参照したフランソワ・トスケル、ジャン・ウリの著作については、以下の略記号を用いて表記する。

トスケル

*PG*: *De la personne au groupe. A propos des équipes de soin*, Erès, 1995.

*CE*: *Cours aux éducateurs*, Champ social, 2003.

ウリ

*CS*: *Création et schizophrénie*, Galilée, 1989.

*ID*: *Il, donc*, Matrice, 1997.

*ECE*: *Essai sur la conation esthétique*, Le Pli, 2005.

*OS*: *Onze heures du soir à la Borde*, Galilée, 1980.

ごとく、「制度」と「治療行為」も「地」と「図」に相当するものとして捉えられているのだから、ここに「制度論的心理療法」の根幹に係わる発想があることは間違いない。もっとも、先の引用文からも分かるように、トスケルがいささか大雑把に、「構造」と「ゲシュタルト」を並置しているのに対して、ガタリなどは、「構造」と「機械」、「システム」、「アジャンスマン」のあいだに、微妙ではあるが決定的な区別を設けることになるのだが。

トスケルたちの営みに「制度論的心理療法」という名称が与えられた一九五〇年代前半、モーリス・メルロ＝ポンティはコレージュ・ド・フランスの講義で「制度化」の問題を取り上げ、「構成するもの」と「構成されるもの」との一方向的な関係とは異質な、両義的で、それゆえ相互的・共生的な連関として「制度化」を捉えようとした。ゲシュタルト心理学にいう「地」と「図」の相互作用として「制度」の問題を捉えるトスケルたちの指向も、メルロ＝ポンティの狙いと決して無縁ではなかった（『言語と自然』みすず書房）。また、この時期ジル・ドゥルーズも「本能」と「制度」という問題を設定して、第一の自然ないし「本能」と見えるものの「人為性」を、古今の思想家たちの言葉を通じて明かそうとしていた（『ドゥルーズ初期』夏目書房）。ただ、「本能」とは異質であるとはいえ、「地」としての「制度」は、われわれの意識野をつねに超えたもので、それゆえ「無意識的なもの」として機能することになるのだ。

ゲシュタルト心理学者たちの亡命後の仕事の方位について、トスケルは「何人かの「ゲシュタルト心理学者たち」はドイツを去ってアメリカに亡命したが、彼らは、動く何か、力動的で運動する何かについて、総体に関する彼らの理論、「ゲシュタルト心理学」を再構成しようとした」（CE, 21）と言っている。この傾向をここでは「ゲシュタルトの動態化」と呼ぶことにする。それは、ヨーロッパにとどまったフォン・ヴァイツゼッカーのような学者にもはっきりと見て取れるもので、彼の名著『ゲシュタルトクライス』では、主体の運動がゲシュタルトの変化、その破壊と再建をもたらし、この変化がまた主体に作用を及ぼすという「循環」が記述されている。因みに『ゲシュタルトクライス』のフランス語訳者はミシェル・フーコーで、彼は *Cycle de la structure* と題名を訳している。この点について、筆者はかねてより、フォン・ヴァイツゼッカーのゲシュタルト論が『言葉と物』などでの「歴史」記述に本質的な影響を与えたと推察しているのだが、どうだろうか。

ゲシュタルトの動態化は、トスケル自身がめざすところでもあって、サンタルバン到着直後からトスケルが演劇療法に強い関心を向けていたこともそれと無関係では決してない。まさに舞台は絶えざるゲシュタルト変化の場所であるからだ。ある人物が前景に出てくると、別の人物たちが背景に下がる。ある人物とある人物が近づき、別のある人物から遠ざかる。それによって、人物たちの布置は不断に変化する。『人間の条件』(一九五八年)のなかで、ハナ・アーレントが「政治的公共空間」と「演劇」との本質的連関を示したことを想起せずにはおれない。舞台がいつ、どこで、どのようなものとして設定されるかによってすでに「出会い」の条件がある程度整えられる一方で、政治的公共空間の筋書きすべてをあらかじめ知ることはできない。ここで用いた「出会い」(rencontre)という語はトスケルの鍵語にほかならないが、アンリ・マルディィネによると、それはルードヴィヒ・ビンスワンガーの思想の鍵を握る語でもあった。

「出会いを組織する」というドゥルーズによって人口に膾炙した言葉が示唆しているように、偶然と思える「出会い」も実は周到に準備されたものでありうる。しかし、「運命は必然性にあらず」というこれまたドゥルーズの言葉が告げているように、「出会い」の条件がすべて必然的に準備されているわけではない。ここに描かれた接続を、筆者は以前から「超越論的経験論」の問題として考え続けてきたが、精神疾患ならびに精神医療は「超越論的経験論」が試練にさらされる次元の最たるものであって、トスケル自身、例の「ミシンと洋傘との手術台の上での不意の出会い」（ロートレアモン）をおそらくは意識しながら、次のような語彙でこの論点に踏み込んでいる。

「ラカンがテュケー〔運命〕というギリシャ語の語彙を改めて採択したのは、他人たちや他の事物の現実（réel）との出会いを踏まえてのことだった。彼の言葉では偶然（hazard）と現実との結合である。私〔トスケル〕は偶然という語彙をあまり好まない。それでもやはり、よく言われるように、大抵ひとは偶然他人たちや事物に出会うということは認めよう。（…）他者との出会いでは、現実に現実が重なるのであって、出会いはつねに超‐現実的（sur-réaliste）である」（*PG*, 57）。

トスケルは hasard よりもむしろ aléa〔僥倖〕という語彙のほうを好んでいるようだが、同書をさらに読み進んでいくと、超‐現実的出会いの様態が今度は「フラクタル」という数学用語で語られている箇所に出会う。「数々の「フラクタル」を記述したマンデルブロは、hasard が「未決定」（indétermination）の同義語であるよりもむしろ「過剰決定」（surdétermination）の同義語であることを強調している。（…）この著者は、du hasard を意味する英語の「アト・ランダム」（at randam）という表現を用いている。この語彙は古フランス語の random から生まれたもので、この random から誰もが知っている randonnée という語が派生した。森の中などでのまさに散策を意味する語彙である。Un cheval à random というと、騎手が制御できなくなった馬を表す。つまり、すべてが予見不能ではあるが、完璧に決定されていることになる」（*PG*, 59）。

マンデルブロ（一九二四―二〇一〇）が初めてフラクタル幾何学についての著書『フラクタル対象、形、偶然、次元』を世に問うたのは一九七五年のことであるから、たとえば「フラクタル」という観念に関しても、トスケルからウリを経てガタリへという線形的伝承の道筋を想定するよりもむしろ、これら三者の共同研究の成果をここに見るべきなのだろうが、ガタリもまた、「存在者の背後にはひとつの同質的な「存在」があるのではなく、いくつもの異質的・混交的な存在論的次元があるのではないか」(『カオスモーズ』)として、「フラクタル存在論」なる考えを表明している。「フラクタル」について、トスケルは「他者たちとの出会いで真に影響を受ける人格のためらいで、揺らぐ縁(bord)」と、とても印象的な言い方をしている。「ボーダーライン」「襞」という語が用いられている箇所もある。

すでに述べたように、ラカンの博士論文の意義は、逆説的にも亡命者トスケルによってフランスの精神科医たちに伝えられた。トスケルにとってラカンがいかに重要な存在であったかは、「テュケー」をめぐる先の引用文ひとつを取っても明らかであろう。次に、「鏡の段階」をいわば敷居としつつこの点を検討する。

われわれは、なぜ自分は「ひとはみな死ぬ」と思い込んでいるのかを整合的に論証できないのと同様に、なぜ自分は「これは自分の顔である」と思い込んでいるのかも整合的に論証することができない。「偶然」という語彙を好まないと言ったトスケルではあるが、彼はそこに潜む「飛躍」を次のように描き出している。

「鏡との出会いは偶然である。というよりもむしろ、多少なりとも母親に援助されて子供がなす驚くべき発見である。(…)鏡を前にした何度かの面食らう「経験」の後で、子供は、自分が見ているものは、鏡の背後に隠れた誰かではなく、自分自身であるのを発見する。鏡のなかの像の動きと、子供自身の動きとのあいだに何らかの連関があるのを確認することがこの発見に貢献する。疑念が残るとしても、それもたちどころに消え去ってしまう。特に母親かその代わりのひとに抱えられている場合には、子供は二つの像を鏡のなかに見て、自分を抱えている者のほうを振り向き、その同一性の確認を経て自己の同一性と、母親の嬉々とした同意を確認する。／まさにこのとき、子供はいわば全身で喜びを表す。子供は笑い、母親の腕のなかで垂直方向に身を起こし飛び上がろうとする」（*CE*, 59–60）。

鏡像が自分の顔の像であるとの同一性の確認にも、母親的人物の鏡像と「実在」との同一性の確認にも、埋めることのできない溝が穿たれていると言わなければならないが、トスケルの貢献は、「鏡の段階」が自己とその像との二項的関係ではなく、そこに第三項が介入していること、それが第三項の介入による二者関係であることを明示した点にある。子供がみずからの鏡像を見て笑うその淵源は、「これが〜ちゃんよ」という母親的存在による強制的同一化を、確たる根拠もなく受け入れたときに、母親的存在が「この子は分かってくれた」との喜びを表したことにある。言い換えるなら、数度の鏡体験の後、一人で鏡の前に立った子供はみずから鏡像に向かって笑いかけているのではなく、不在の母親的存在に向けて笑いかけているのであり、この行為は、糸巻きを用いての「いないいないばあー」（Fort-Da）遊びと同様、母親的存在をそこに呼び出すことを目的としているとさえ言えるかもしれない。

続いてトスケルは、メラニー・クラインやウィニコットの仕事を参照しながら、「鏡の段階」以前の母子関係にまで考察を遡行させる。「鏡の段階よりも前に、媒介的対象ないし移行的対象（objets transitionnels）と呼ばれるものによって、子供は母親の痕跡を見出そうとする。自分自身の親指や母親の立てる物音の真似によって、さらにもっと明確には、どの母親もがその不在時に子供に与える対象——おしゃぶり、ハンカチ、マフラー、靴下や「母親」のにおいがする一切の対象——によって」（*CE*, 69）。クラインは母親という「人格」を「全体対象」（whole object）と呼び、それに対して、母親の乳房やここに挙げられた対象を「部分対象」（partial object）と名づけた。「部分対象」は、嬰児にとっての母親の乳房のように嬰児のほとんど一部であると同時に、嬰児の意のままには決してならないという、両義的な性質を有している。主体でも客体でもなく、自己とも他者とも言えないこの「部分対象」の中間的位置、それをウィニコットは「移行的」（過渡的）という語彙で表現したのである。この「場所」ないし「縁」がウリ、ガタリにおいて「近傍」概念として捉え直されていくこと、この点をあらかじめ指摘しておきたい。

今述べたような「母親の痕跡」、それが「象徴的なものの土台」となって、子供は社会的規範と言語へと開かれていく。トスケルの独創は、「父親の名」（nom du Père）というラカンの観念を「母親が父親の名において話す」と解釈することで、母子の鏡像的・想像的関係の父親的大他者の禁止命令による分断それ自体を母親自身のいわば狡知として捉えている点であろう。こう言っている。「社会化は想像的構造によってはなされえず、象徴的なものへの上昇によってなされる。ここにいう父親とは現実の父親ではなく、母親の言説によって記述され表現された象徴的父親である。（…）「父親の名」において語ることで、母親は子供が象徴的なものを奪回することを許容し、象徴的なものが言語によって構造化される。象徴的なものによって、子供は社会生活を構造化し、彼を一成員とする集団の法に到達する」（*CE*, 64–65）。

母親的存在は子供との二人関係を構築し、それを護りつつも、みずからこの関係を破壊しもする。「お母さんはいいけど、お父さんは何と言うでしょうねえ」といった発言にも、このようなダブル・バインドは反映されている。この点についてトスケルが問題視するのは、二人関係の構築と破壊が、母親的存在というひとつの存在者のひとつの身振りの両面であるがゆえに、いかに二人関係から社会関係へとわれわれが脱出しようとも、この脱出が二人関係への回帰を伴わざるをえないという事態であった。曰く、「母親と子供という二人の想像的関係を作り直そうとする傾向ないし欲望は、人間の発展過程のいたるところで再び見出され、再び探し求められるだろう」（*CE*, 65）。高齢化社会の到来とともに、われわれは、親子が共に高齢の老人になっても、関係の同型性が維持されていくのをしばしば目にするようになったが、ガタリがダニエル・スタンに依拠して述べているように、母子的二者関係はやがて乗り越えられるひとつの段階ではないのだ。

「精神医学的臨床――さらには教育学――において二人関係が好まれる」(*PG*, 25) のもそのためであるが、歴史が課する数々の試練のなかで、キャビネットでの二人関係から精神医療を解き放たざるをえなかったトスケルはまさにこの母型的ゲシュタルトの陥穽とその危険性に警鐘を鳴らし続けた。「二人関係のなかで子供をあなた(教育者をめざす者)自身に引き付けようと試みた場合、それがたとえ成功したとしても、この二人関係はあなたの像《イマージュ》、あなたという範例《モデル》のうちに捕獲することになるだろうから、それよりもむしろ、あなたにそれが可能であるたびに、関係のなかに第三の人物――それがもうひとりの子供であれ、もうひとりの教育者であれ、その他の誰であれ――、さらには第四の人物を導入するべく努めるとよいだろう。(…)あなた――しばしば現実の母親としての――に子供が委ねられたとき、あなたには子供を二者関係、鏡の関係のうちに「捕獲しよう」とする傾向があるのだが、それによって子供が蒙りかねない危険のことは十分には語られていない」(*CE*, 67–68)。

激しい憎悪と同様、きわめて良好と見える二者関係もほとんどつねにクライン派にいう「投影的同一化」を伴っており、「投影的同一化」はそれ自体が「転移」であり、「転移」はこれまたつねに「逆転移」である。トスケルは、転移と逆転移が閉じられた循環のなかで固定化されていくことを何とか阻止しようと努めている。一方では、この循環を3+n人の錯綜した連関へと拡散させ、他方では、すでに示唆したように、2を形成するところの1の単一性それ自体を不安定な複数性として捉え返すことで。後にウリは、このように転移を開かれた交通のうちに置いて、それが特定の人物への固着と化すのを阻止することを、「分離性転移」(transfert dissocié) という逆説的な言い回しで表現することになる。のみならず、ガタリ

（／ドゥルーズ）もまた、一方では4＋n人を語って家族主義を批判し、他方では「私」自身を「ミクロ集団」として捉えることで、トスケル、ウリの開いた道を歩んだのだ。彼らは「転移」を「横断性」に転じ、さらに、「人間と動物との識別不能なゾーン」にあって「動物になること」をも開かれた転移と解する可能性を開いたと言えるだろう。

それだけではない。トスケルと同様、二者関係にはつねに媒介的対象がつきまとうことを確認しつつ、ガタリは対面的現前よりもむしろこの対象の重要性を強調してもいる。「転移においては真の対関係（二者関係）は滅多に存在しない。このことはきわめて重要である。たとえば母子関係は、どの水準で考えようと、対関係ではない。それは少なくとも三項的で、曖昧な支えとして役立つような媒介的対象がそこにはつねに存在している。移動、転移、言語があるためには、切断され、切り離された何かが存在しなければならない。ラカンはこうした対象の次元を大いに強調した。転移の次元でひとが移動するのは、この何かが移動する限りにおいてでしかない。この何かは主体でも対象でもない。二者的であれそうでなかれ、表現の体系、つまり他者性の位格を基礎づけうるような間主観性は存在しない。他者との対面は他者への開けを説明するものではなく、他者の了解への通路を基礎づけることもない。重要なのは主体の外にあるが主体に隣接しているこの何かで、ラカンはそれを objet «a» と呼んだ」（*Psychanalyse et transversalité*, La Découverte, 2003, pp. 54–55）。

連続性だけを強調するわけではないが、ラカンのいわゆる objet «a» は、トスケルが重視したものとして先に挙げた「部分対象」「移行的対象」から生まれたもので、ウリもまた「ラカンにおける対象」（objet chez Lacan）なる論文を書いて、objet «a» の重要性を強調している。そのウリは、ガタリが急逝する二週間前、ラ・ボルド恒例の演劇フェスティヴァルをガタリと並んで観覧しながら、「objet «a» を創り出さねばならない」と語り合ったと述懐している。たとえばポーの短編における「盗まれた手紙」を一通の手紙と呼ぶことが決してできないのと同様、objet «a» もウリにとっては、一個の対象として同定されえない、もしくは、されてはならないものであって、だからこそ彼は「精神病においては «a» は炸裂している。なぜなら、「単一 a 性」(unarité) は存在しないからだ」と言ったのだ。思い起こせばガタリ自身、objet «a» だけではなく objet «b», objet «c» も必要だと述べることで、objet «a» そのものの同質性を否定しようとしていた。

トスケルの好んだ演劇に再び話が戻った。現代フランスの精神医療におけるセクター制度がトスケルの故郷カタルーニャの伝統的な自治会制度をその発想源のひとつとしていたのと同様に、舞台上の動くゲシュタルトへのトスケルの嗜好は、ウリの述懐によると、これまたカタルーニャの伝統的な集団舞踊サルダーナに由来するものだったかもしれない。その意味では、トスケルが「ルルスの術」で知られるカタルーニャの神秘主義思想家ライムンドゥス・ルルスから「結合術」という発想そのものを学んだことを思い出してもよいし、さらには、トスケルが、十九世紀末バルセローナ大学で「神経組織の諸細胞の機能的で形式的な自律性」を講じ、一九〇六年にノーベル医学生理学賞を受賞したサンティアゴ・ラモン・カハル(一八五二―一九三四)の功績を強調していることも見逃せない。なぜなら、カハルの業績は、同時期のフロイトの神経理論と同様、一九七〇年代以降マトゥラーナやヴァレラによって提唱されたオートポイエーシス(自己組織化)の理論の先駆をなすものであって、自己組織化と他性との微妙な接合はウリにとってもガタリにとっても本質的な問題であり続けたからだ。

## 4　欲望のアンフォルメル

略年譜で挙げたプリンツホルンの『精神病者たちの造形術』および彼のコレクションに狂喜した画家のひとりにパウル・クレーがいる。クレーは言っている。「先生たちは、私の絵が結局は狂人の作品だとの意見を抱いておられる。みなさんはプリンツホルンの素晴らしい本『精神病者の造形術』をきっとご存じだろう。われわれ自身、自分の絵が狂人の作品であることを確信することができます！　御覧なさい、ここに最良のクレーがいる！　ここにも、あそこにも！　これら宗教を主題としたものを御覧なさい。これほどの表現の深さと強さには私は決して達することがないでしょう。本当に崇高な芸術です。純粋に精神的なヴィジョンです。（…）子供たち、狂人たち、未開人たちは、見る能力を維持している――もしくは再発見した――のです。彼らが見るもの、そこから彼らが引き出した形態こそ私にとっては最も雄弁な証左であります」（Lucienne Peiry, *L'Art brut*, Flammarion, 1997, p. 30)。

プリンツホルンの書物は画家のマックス・エルンストによってフランス語に訳され、フランスでも広く読者を獲得した。スイスの友人（ピエール・ブドリー）に勧められて、この書物を出版直後に読み、後に「アール・ブリュット」美術館のローザンヌ設置に尽力することになる画家、それがジャン・デュビュフェである。「アンフォルメル」運動の旗手でもあった。デュビュフェが一九四七年に設立した「アール・ブリュット協会」にはアンドレ・ブルトンも参加していたのだが、デュビュフェはウリとも親交を結び、ウリから送られた患者たちの作品を展示し、それらの分析に協力した（ブルトンの『シュルレアリスム第二宣言』で痛罵されたアントナン・アルトーが一九四一年からロデーズの精神病院に収容されていたことはよく知られているが、エリュアールもデュビュフェも、さらにはウリも、興味深いことに、アルトーを見舞っている）。ウリによると、プリンツホルンの前掲書の鍵概念は、ほかでもない「ゲシュタルトゥンク」（Gestaltung）

であった。

これらの粗描のなかで分裂症的なものは何か。われわれはそれを正確に述べることができない。(…)ある創造的要因を一挙に考慮に入れ、作品の判断基準として、たとえそれが分裂症者の作品であれ、〈ゲシュタルトゥンク〉という唯一の水準だけを斟酌するという断固たる決心をしなければならない。(*ECE*, 22)

ウリにおける「ゲシュタルトゥンク」の観念の展開を辿る前にひとつ指摘しておくと、ウリそのひとが試みたゲシュタルト動態化の試みは、アンリ・マルディネからのきわめて強い影響のもとに遂行されたと考えられる(マルディネへのインタヴュー記事「出来事としての治療」の邦訳が季刊『思潮』第三号、一九八九年に掲載されている)。事実、マルディネの叙述をそのままウリが用いている場合も少なくないのだ。マルディネが指摘しているように、「ゲシュタルトゥンク」を導くのは「欲動の総体」であって、ウリは一方では、ラカンが一九五七―五八年度のセミナーで用いたenformeという語で「ゲシュタルトゥンク」を訳す可能性を呈示し、他方では、同じくラカンの一九五九―六〇年度のセミナー『精神分析の倫理』に依拠して、「欲動」(Trieb)を「漂流」(dérive)と解し、「ゲシュタルトゥンク」が逸脱と解体を伴っていることを示唆している。さらに、興味深いことにウリは、クラーゲスのリズム論を援用しながら「ゲシュタルトゥンク」をリズム振動のごときものと結びつけ、「形態化・欲動・リズム」の領域を、「知覚以前、表象以前、志向以前、述定以前」の領域に位置づけてもいる。クラーゲスにおける「有機的リズム」優位の発想の危険性をも意識しているのだろう、この領域を「機械的反復」の領域とみなしている。

実を言うと、「抽象的機械」という語彙はウリの語彙で、この点については今後の研究課題とするが、ウリはこの観念について、ロシアの言語学者で人工言語の開発者シャウミャンの影響を強調している。「ゲシュタルトゥンク」は「漂流」としての「欲動」そのものであり、それゆえ、マラルメやフーコーやブランショ（ウリはフーコーには言及していない）のいう「作品の不在」（absence d'œuvre）である。たとえば分裂症者における「ゲシュタルトゥンク」はつねに未完成で果てのないプロセスなのだが、このことは、ウリがサンタルバンでの患者について述べているように、「作品はそれ自体では彼の関心を惹かない。作品は建造の過程である限りで彼の関心を惹く」（CS, 59）という意味であって、この未–完成ゆえに、この患者の仕事は一方では「驚異的な可塑性」をもち、他方ではつねに「瓦礫」を出発点としているのだ。このような造形＝変形＝解体を語るために、ウリはレヴィ＝ストロースに先立って「ブリコラージュ」という語を用いている。

精神病者に典型的に現れる「ゲシュタルトゥンク」のこのような性格を、ウリは「開け」（das Offene）というヘルダーリン、リルケ、ハイデガー的な語彙で形容し、かつ、トスケルと同様、マンデルブロ的「フラクタル」としても捉えているのだが、先のリズム振動が「リトルネロ」と無関係ではないのに加えて、ここにも、ガタリのいう「顔と風景の解体」の先駆を見ることができるだろう。実際、ウリはジャコメッティ描く肖像画について、「それを《顔》と呼ぶこともできるだろうが、この《顔》を明確に輪郭づけることはできない。（…）それは表象不能なものであって、この表象不能なものは《物》（das Ding）と呼ぶことのできるものに属している」（OS, 214）と言っているのだ。ただ、ここにいう「物」は、先述の患者が線路に置石をして列車にそれを粉砕させたように粉々に砕け散っている。ラカンに倣って、ウリが objet «a» を「鏡に映らないもの」と呼ぶ所以であろう。

「ゲシュタルトゥンク」は「開かれて」いる。埋めても埋めても埋まらない「空虚」(vide) がそこにはある。しかるにウリは、分裂症における自他関係を語るに際して、「分裂症者は même と autre との弁証法を逸しており、患者が autre について語るとき、それはしばしば même である。極限では、それは自閉症である。Autre が、autrui がいないのだ。しかし、autrui がいないなら、それは閉じられている」(OS, 214) とも記している。では、分裂症的世界は「開かれている」と同時に「閉じている」ことになる。これは単にウリが矛盾を犯しているということだろうか。少なくとも筆者はそうは思わない。では、どういうことだろうか。

ウリはその発言の随所で「境界」とそれにまつわる数々の語彙を用いているけれども、数学的極限のように「境界」は「到達不能なもの」であって、このように有限ではあるが無際限であるような境界地帯の根本的逆説、それを彼は、「コンパクト性」(閉集合) と「近傍の開かれた空間」との共存として表現しようと試みている。つまり、有限である限りでは「閉じて」いるが、この限界・境界が到達不能である限りでは「開かれている」のであって、それこそがウリのいう「超限」(transfini) なのである。別の箇所で指摘したように(『世紀を超える実存の思想――サルトル・レヴィナス・パトチュカ・メルロ=ポンティ・マルディネ』明治大学リバティ・アカデミーブックレット、二〇〇七年三月三十一日)、マルディネはこのあり方を transpassiblité, transpossibilité と名づけている。ウリ自身はわれわれの「身体」を「超限」の例として呈示しているが、「近傍」(voisinage) という観念が、ガタリ(/ドゥルーズ)にとっていかに重要なものであったかは、なかでも『ミル・プラトー』を読めば判然とするだろう。ただ、最後に今後の課題として指摘しておくと、ここに提起した「閉鎖」と「開放」――それ自体が隠喩である――にまつわる問題は、一方で、実際にレヴィナスに言及しつつ、ウリが驚くほどレヴィナス的な語彙で「絶対的他者」を、その

「歓待」と「迎接」を語る一方で、ラカンと同じく「大他者」から「小他者」への移行を敢行し、一見すると閉鎖的な「変換野」での「トポロジカルなネットワーク」を語っているというウリ自身の構えを超えて、自他関係論の根幹に潜む難題を指し示しているように思われる。『カオスモーズ』でのガタリも、「自己組織化」（オートポイエーシス）にエーゲ海のレロス島のように伴う「他性」（altérité）という表現でこの難題をわれわれに向けて投げてくれたのだ（『精神病院と社会のはざまで』水声社をも参照）。

# アンリ・マルディネにおける美と狂気の現象学

（二〇〇七年）

ここ数年、私はさまざまな理由に促されて哲学と精神病理学との境界のような場所を歩んでいる、というか、さまよっている。フェリックス・ガタリを生み出したフランソワ・トスケル、ジャン・ウリ（ラ・ボルド精神病院院長）たち「制度論的心理療法」学派の系譜を検討することも、そうした散策のひとつの方位なのだが、その際、ウリに多大な思想的影響を及ぼした人物として講演者の前に現れた哲学者、それがアンリ・マルディネ（Henri Maldiney, 1912–2013）だった。たとえばウリの一九八六—八七年度のサンタンヌ病院でのセミナー『創造と統合失調症』の末尾には、ウリとマルディネとの対談が収められている。振り返れば、一九七五年の退官講義——『神・死・時間』に収められている——でレヴィナスはマルディネの『眼差し・言葉・空間』に言及しており、私は確実にそれを目にしていたにもかかわらず、愚かにもマルディネという人物に注目することはまったくなかった。ただ、この無視ないし軽視は何も私に限ったことではなく、かつて浅田彰氏編集の季刊『思潮』（一九八九年第三号）にマルディネへのインタヴュー記事「出来事としての治療」が掲載されたのを除くと、マルディネの著書はまったく日本語には訳されておらず、そればかりか、その存在自体、弘文堂刊の『フランス哲学・思想事典』などにかろうじて小項目として記載があるとはいえ、ほとんど紹介されていない。

マルディネは一九一二年にブルゴーニュ地方コート・ドール県のムルソーに生まれた。ディジョンの南東百数十キロの町である。ブザンソンのリセで学び、リヨンで受験準備学級に進み、一九三三年に高等師範学校に入学。その後、同世代では最年少で哲学のアグレジェを取得。第二次大戦中は従軍して捕虜となったようだが、復員後、捕囚時代の友人の仲介で、一九四五年から、ベルギーのガンないしヘント（ゲント）の高等研究学院で教鞭を執る。ここでマルディネの講義を聴いた生徒のうちに、後に精神科医になるローラント・クーンがおり、クーンを介してマルディネはルードヴィヒ・ビンスワンガー、レオポルド・ソンディ、ジャック・スコット、ジゼラ・パンコフらと知り合う。ベルギーでは五五年まで十年教壇に立ち、五五年からはリヨン第三大学の文学部教授に就任し、一般哲学、現象学的人間学、美学の講義を担当。メルロ＝ポンティが去ってから七年、六四年からはドゥルーズが同僚となる。

一九四五年にはすでに、『レ・タン・モデルヌ』に一九〇五年生まれの画家のピエール・タル＝コアット（一九八五年）に関する論考を発表しているけれども、処女論文集『眼差し・言葉・空間』が出版されたのは一九七三年、六十歳を超えるまで一冊も著書がなかったわけで、これもマルディネの知名度が低い原因のひとつかもしれない。ウリたちとの最初の接触がいつだったのか、今のところ詳らかにしないが、マルディネはサンタルバン病院を訪問し、「アール・ブリュット」と総称される芸術活動ならびにその「作品」を見学している。また、大学の学生たちを連れてリヨンのヴィナティエ精神病院を定期的に訪問するという活動も行っている。みずからその理由を語った箇所を引用しておく。レヴィナスとぜひ読み比べてもらいたい。

〔学生たちをヴィナティィエ精神病院に連れて行く〕第一の理由は学生に関することなのですが、大学改革以降、私が実存現象学的人間学を教えることになった、心理学の学生と、とりわけ哲学の学生は、他なるものを経験したことがありませんでした。（…）ほんとうに自己を形成するためには、現実の障害にぶつからねばなりません。心を閉ざした精神病者に直面すれば、こうした障害に出くわすことになる。というのも、通じ合っていると思いかけた時でも、実際には精神病者はそっぽを向いているからです。／他人と通じ合っているとは軽々に思いがちなことですが、そんなときにかぎって、自分自身が、他人とはぶつかっていないのです。たいていの場合、他人のうちに、他人がすることに、自分が投射したあれこれの映像の反映しか見ていない。大学では、よくこうした錯覚を起こすのですが、成人するまでの期間が延長されて、自分の理想像を先走って手に入れようとするために、自閉的な空想を育んでしまうのです。

（「出来事としての治療」）

ド・ヴェーレンスと行き来しながら、私〔レヴィナス〕は、彼のうちでどのようにして現象学から精神分析への移行が生じたのか、それをしばしば考えさせられた。（…）この移行は単なる知的発展には収まらない深い困惑を示している。それはド・ヴェーレンスにおける奥深い人間性の証しなのだ。実際故人は、哲学の関心を占めているような精神性を、病んだ精神の具体的ドラマから隔てている距離に突然気づいたのだ、と証言している。（…）故人は哲学的人間学と人間たちの悲惨とを隔てる距離を語り、人々の目のなかにこの悲惨を看取するために、あれほど通い詰めた図書館を離れて、精神病院を訪問し始めたのである。そうなると、近さの倫理的構造のうちに人間的なものの秘密を探ることも、人間の悲惨に目をふさぐ試みに等しくなるのではないだろうか。（レヴィナス『外の主体』）

マルディネがリヨン大学を退職したのは一九八〇年、今はオーヴェルニュで暮らしているようだが、その後も私的なセミナーを続けたり、また、さまざまな場所で講演を行ったり、シンポジウムに参加したりしている。木村敏氏と同じシンポジウムに出席したこともあるようだ。インターネットの情報は、九十四歳の現在でも哲学者の旺盛な活動が続けられていることを告げているし（その後、二〇一三年に死去）、また、『アンリ・マルディネ――不可能なまでの現象学』など、マルディネの友人、彼の教えを受けた者たちによる記念論文集が近々相次いで出版されてもいる。

ハイデガーとメルロ＝ポンティの後継者のひとりとして、知覚と造形芸術との実存論的連関を追及する一方で、ビンスワンガーの継承者として精神病理学の領域に果敢に踏み込み、大著『人間と狂気を思考する』を著すに至ったマルディネの営為は、今われわれに何を語りかけているのだろうか、どのような思考の糧をそれは与えてくれるのだろうか。以下、不十分ではあるけれども、美と狂気――「美と崇高」と密接に結びついている――という二つの視点からマルディネの思想を紹介し、その現代的意義を探るとともに、そこに孕まれた問題点の摘出を試みたい。

今、マルディネをハイデガーとメルロ＝ポンティの後継者のひとりとして呈示したが、マルディネの営みは、『知覚の現象学』序文の一節をまさに実践するものであった。

現象学は一つの学説もしくは体系であるより以前に、一つの動きであったが、これは決して偶然でも欺瞞でもない。現象学はバルザック、プルースト、ヴァレリー、セザンヌなどの仕事と同じように骨の折れる作業である――それも、同じ類の注意と驚きのために、意識に対する同様の要求のために、世界ならびに歴史の意味をその生まれつつある姿において把握するという同様の意図のために、骨の折れる作業となるのである。

（モーリス・メルロ＝ポンティ『知覚の現象学』序文）

セザンヌに加えて、クレー、リルケが取り上げられているという点では、メルロ＝ポンティの『眼と精神』（一九六〇年七―八月）――末尾にはジャン・デュビュフェと「アール・ブリュット」への言及が見られる――が両者の繋ぎ目のごときものだったと言えるかもしれない。ご存じのように『眼と精神』は、ジョアシャン・ガスケの『セザンヌ』（邦訳求龍堂）に記されたセザンヌの言葉を題辞として掲げているが、マルディネも、一九五三年に発表した絵画論のなかで、メルロ＝ポンティと同様、いやメルロ＝ポンティに先立ってガスケの書物を援用している。

私があなたに翻訳してみせようとしているものは、もっと神秘的であり、存在の根そのもの、感覚の感知しがたい源泉と絡み合っているのです。

（『眼と精神』の題辞として引用されたガスケ『セザンヌ』の一節）

ラシーヌの詩句の奥底に、プッサン的な、地方色というものを一つ感じますが、それはルーベンスのある種の赤色の下では、ロンサール的なオード、ささめき、リズムが広がるようなものです。／ご存じでしょうが、フローベールは『サランボー』の執筆中に、物が緋色に見えていたと言っています。まあそれで私は《数珠をもつ老婆》を描いていたときは、フローベール的な色調《トン》・音調というか、『ボヴァリー夫人』からこみ上げてくる一つの雰囲気、何とも定義しにくいもの、水色《ブルー》めいた、焦茶色が目に見えていました。(…) 文学的すぎて危険なものに思われたこの盲執を追い払おうとしましたが、どうにもならない。その大きな焦茶色のブルーが私の魂に入り込んできては、歌うのです。全身その中につかっていました。(…) その色は浮動していました。

(『眼差し・言葉・空間』所収の「絵画における贋のディレンマ――抽象か具象か」一九五三年、で引用されたガスケ『セザンヌ』の一節)

この引用文には、「リズム」、何とも定義し難い「雰囲気」、「浮動」といったマルディネのキーワードが見出される。やがてマルディネはこれらをひとことで sens (意味、方位、感覚) と呼ぶことになるのだが、「雰囲気」については、それをハイデガーのいう Stimmung と関連づけてもいる。セザンヌがガスケに打ち明けた「知覚」のこのようなあり方は、私が思うに、一方では、詩人ランボーが一八七一年のいわゆる「見者の手紙」に記した「あらゆる感覚の長期にわたる途方もない一貫した乱用」や「共感覚」(シネステジー) の現象を、他方では「共通感覚」(センスス・コンムニス) の存在を指し示している。マルディネにとってかかる「知覚」は、正面で対象化された「表象」(ルプレザンタシオン)、その「何」(quoi) の知覚ではなく、むしろ、「つかっている」というセザンヌ自身の言葉が示唆しているように、「〜の内にあること」(In-sein) =「住まうこと」(habiter) の様態 (comment) であって、われわれを包むという意味でこの空間は「環境・周囲世界」(Umwelt, milieu) であり、そこで事物とわれわれが「出会う」ことを、マルディネは、おそらく尖端という語源的意味を活かしてであろう、「様式」(style)、「様式的空間」(espace stylistique）と呼んでいる。

「様式」ないし「スティル」はメルロ＝ポンティの好んだ用語であったが、もうひとつ、マルディネは、ベルクソンやメルロ＝ポンティのいう「身体図式」（schème corporel）を彷彿させる「振る舞いの図式」（schème de conduite）なる語彙で「住まうことの意味的方位」を語っている。二つの語彙を合わせて「様式的図式」（Schème stylistique）とも言われているが、マルディネがここで、カントにおける「図式論」と「隠れた芸術（Kunst）」との連関を意識していたのは間違いなく、また、「了解の土台」となるこの「図式」「様式」こそ、「現存在分析」（Daseinsanalyse）が取り上げるものなのだ。

ビンスワンガーが「気分的空間」（espace thymique）と名づけたこのような「空間」について、さらにその含意を探るに先立って一言しておくと、マルディネは、「表象」ないし「対象」との隔たりと「接触」（contact）とのあいだで揺れ続ける詩人として、フランシス・ポンジュを捉え、この揺動をob-jeu（隔－戯）と呼んでいる。また、同じポンジュ論で引用されているのだが、マルディネにとっては、ホーフマンスタールの『チャンドス卿の手紙』もまた、言語を「浮動」状態の恐るべきリズムにおいて捉える試みだった。「語たちが私の周囲で漂っている。それらは渦巻きで、その下方を見やると私は眩暈を覚えた。この渦巻きは休みなく動き、それを通過すると空虚へと出て行くことになる。――このような経験は鬱病的精神病（空虚の感得・試練）と統合失調症（過剰な渦巻く近さ）のあいだに位置している」。

さて、「気分的空間」と呼ばれるものについてまず指摘しておきたいのは、われわれがリズムと共振するような先の「出会い」（rencontre）の界域を、マルディネが「現実的なもの」（le Réel）と名づけていることである。

現実性（réalité）はわれわれを取り囲む諸事物の総和ではない。現実性はもっと元基的な水準に位置づけられており、それはこの元基的なもの（élémental）が日常的なもののなかに侵入することであり、この侵入が〈現実性〉の驚きを引き起こすのだ。〈現実的なもの〉とはつねに、われわれが待望していなかったものである。（…）現実的なものの普遍的な指標は何だろうか。――その特異な予見不能性である。（…）現実的なもの、それはあなた方が決して予見しなかったものだ。日本人の言う「あっ！」である。

（『眼差し・言葉・空間』）

「現実的なもの」については、決して予見できなかったけれどずっとそこにあったもの、とも言い換えられている。後述するように、マルディネによると、「抽象絵画」と呼ばれるもの、いわゆる「アンフォルメル」も、かかる「現実的なもの」を探索しているのであって、マルディネがしばしば言及するブランケンブルクのいう「自明性の喪失」――支えがないこと（Haltlosigkeit）――という事態が、「現実的なもの」としてここに描かれているとも言えるだろう。因みに、「現実的なもの」というこのラカンを彷彿させる語彙は、マルディネにおいては、「非‐主題的＝措定的なもの」（non-thématique）をその同義語としていた。

第二に、「接触」「出会い」という語彙をマルディネは「近さ」（proximité）とも言い換えている。ただ、ここにいう「近さ」は単に「遠さ」の対立概念であるわけではなく、それ自体が遠近の緊張と転換を生み出すものだった。みずから断っているように、ここでマルディネは、ハイデガーが『存在と時間』第二三節「世界内存在の空間性」で用いたEntfernung――距離にして距離の除去――の両義性を意識しているのだが、ここでは、「探索の行為の途中で、遠きものが近きものから再び生まれ、開かれた未知のものが閉じた既知のものから再び生まれる」という不安定で固定されざる力動性を銘記しておこう。

一つ付け加えておくと、こうした力動性について、マルディネは、ドイツの神経生理学者ヴィクトール・フォン・ヴァイツゼッカーの名著『ゲシュタルトクライス』（一九五〇年）を高く評価している。ヴァイツゼッカーらによって追求された「動くゲシュタルト」の理論、「ゲシュタルトの動態化」の試みは、後でもふれるが、マルディネだけではなく、本論冒頭で言及したトスケルやウリなど「制度論的心理療法」の理論家たちの関心を大いに惹くもので、ドゥルーズ／ガタリのいう「アジャンスマン」(agencement) も「ゲシュタルト」概念の一種のヴァリアントであったと考えられる。

第三に、このような「出会い」のあり方はもちろん事物との関係に限られるものではなかった。そこにマルディネは Eigen-Welt（固有世界）、Umwelt（周囲世界）、Mitwelt（共世界）の不可分な繋がり、配置を読み取っている。言い換えるなら、ここにあるのは être-soi（自己－を存在すること）、être présent à…（〜に対して現存すること）、être-avec…（〜と共に－存在すること）の三つの存在様態であり、それぞれの存在様態で問題になるのは自己の身体、諸事物、他者なのだが、もしかすると、「われわれの自我を脅かすのは自分の身体と自然と他者であるが、最も恐ろしいのは他者である」というフロイトの指摘がここで念頭に置かれているのかもしれない。分析治療とこの三重構造との連関を語った言葉を引用しておこう。

分析治療においては、〈他者〉が病者の世界内存在の源（foyer）であり、その数々のコミュニケーション〔疎通〕の交差点であることを、われわれは知っている。いかにして病者は自分自身の身体を実存するのか、いかにして病者は諸事物へのみずからの現存（présence）を実現するのか。いかにして病者は他者

たちと疎通するのか。これらの問いの各々が病者の現存の様式を問いただしているのである。（同前）

この引用では「病者」（malade）とあるけれども、マルディネが、パスカルとともに「狂気」を人間固有の不可避的な可能性として捉え、カンギレムからフーコーへ受け継がれた「境界」（limite）もしくは「分割」（partage）の「歴史学」をも意識しながら、さらには「正常異常者」（normopathe）というトスケル－ウリ的な考えとも共振しながら、正常－異常の硬直した二分法に異を唱えていることは決して忘れてはなるまい。

統合失調症は根本的には人間的なひとつの可能性であって、それは、人間が世界へ向けて存在することの決定的契機たる「自己と共に存在すること」を疑問に投じる。人間に固有な実存の障害の様相であるとはいえ、この様相は実存を、静態的な対照〔正常と異常との無思慮で欺瞞的な区別に即した対照〕によってではなく、そこで共通の現存――これが了解の土台である――が賭けられているような運命によってあらわにするのだ。（同前）

では、たとえば統合失調症患者と呼ばれる者はどのように上記の三重構造を生きているのだろうか。その点を考えるに先立って、というか、そのいわば前提として、リズムの観念をもう少しつめておこう。クラーゲスの『リズムの本質』が出たのが一九一三年、バシュラール、レヴィナス、ジャック・ガレリ、さらにはガタリ（彼のいうリトルネロ）などリズムの重要性を語った思想家は決して少なくはない。日本でも中井正一、三木成夫、中村雄二郎、木村敏などがさまざまな視点からリズム論を展開している。マルディネ（ヤウリ）もクラーゲスを批判的に――有機的生命リズムの称揚とその帰結を斥けつつ――継承しようとしており、その点ではシュトックハウゼンやブーレーズといった現代音楽家たちへの言及も見られる。この点でまず想起すべきは、プラトンが『ティマイオス』で提起した「コーラ」（母胎）の観念であり、生物学にいう「リズム振動」による「形態化」のことかもしれない。「形態化」と記したが、ドイツ語ではGestaltung（ゲシュタルトゥンク）である。

リズムという古来の観念を現代に甦らせた画家として、マルディネは誰よりもパウル・クレーに思いを馳せていたようだ。クレーをいわば中核としながらマルディネは、カンディンスキーのような画家、リルケのような詩人、さらにはハンス・プリンツホルン（一八八六―一九三三）のような精神科医やゴットリード・ゼンパー（一八〇三―一八七九）のような建築家をそこに衝突させながら、多様な波動を生じさせている、そう言ってよいだろう。一九二〇年にクレーはワイマールのバウハウス（総合造形学校）で教鞭を執っていて、その様子は『無限の造形』（新潮社）に記されているが、同書にはクレー自筆の講義概要のファクシミリが挿入されていて、そこにもGestaltungの文字を読み取ることができる。

偶然ならざる一致によって、Gestaltungという語彙は三つの主要な著作の鍵語であり、これらの著作の執筆者は、互いに大きく異なる領域と話題のなかで美的諸形式の分析に従事している。ゼンパーの『様式論』〔一八六〇年〕、プリンツホルンの『精神病者たちの造形術』〔一九二二年〕、バウハウスでのクレーの講義である。／「形態化の理論は、形式へと導く複数の道と結びついている。これは形式の理論ではあるが、ただ強調符は、そこへと導く複数の道に置かれている……。形式の運動としての発生が作品の本質的部分を成している」。（クレー）／プリンツホルンは言っている。「形態化への衝動（Gestaltungsdrang）は

表現欲求（Ausdrücksbedürfnis）から生まれる」、と。（同前）

プリンツホルンはアート・セラピーとアール・ブリュットの父とも言われる人物で、今もハイデルベルク大学には精神病者の芸術作品のプリンツホルンによる「コレクション」があるようだが、「形態化《ゲシュタルトゥンク》」をわれわれの欲望ないし衝動と結びつけているのはきわめて重要な指摘で、当時も、彼の試みはシュルレアリストたちの興味を引くところとなり、『精神病者たちの造形術』は出版からほどなく画家のマックス・エルンストによってフランス語訳されている。次いでマルディネは、点と線に関するクレーとカンディンスキーの考えを対照的なものとして捉えていく。

クレーにとって、点はそれ自体が内的に動性をそなえていてみずから線と化していくのだが、カンディンスキーにとっては、点は静止そのもの――もっともこの静止は求心的緊張にほかならない――で、外からの多様な力を蒙って多様な線と化していく。このカンディンスキーの考えは、数々の著作で彼自身明言しているように「内的－外的」の峻別を示しているだけではなく、『点・線・面』（一九二二年デッサウのバウハウスでの講義にもとづく。邦訳美術出版社）に言うように、「今日、人間は外面性にすっかり心を奪われている。したがって、内面性は人間にとって生命のないものとなっている。これは堕落の最後の段階であり、袋小路のどんづまりである」という外面性とその騒音への批判をも意味していた。

「作品とは道である」（Werk ist Weg ――クレーの言葉）。静態的なものから動態的なものへの移行は存在しない。「動性はこの始原的状況からの変化の先行的条件である」。これに対して、カンディンスキーにとっては、「点を線に変えるのは外部から到来する力であり……線の多様性はこれらの力の複数性ならびにそれらの結合に依存している」。

（同前）

つまり、「延長」という点ではゼロに等しい「点は」、カンディンスキーにとっては、外面性からの一種の「避難所」としての世界でもある。それを語るマルディネの言葉を次に引用するが、カンディンスキーの数々の「コンポジシオン」で描かれた大小さまざまな円環を思い浮かべるといいだろう。

カンディンスキーは、外部からの侵入に抗して、分離するだけで結合することのない一方向的な境界（frontière unilatérale）をたてることで、避難所としての空間を構成するのだが、この限界（limite）の彼方にはノーマンズランドが、「アペイロン」〔無限定なもの〕が拡がっている。

（同前）

大変興味深いことに、マルディネは、カンディンスキー的円環を語るのと同じ語彙で、統合失調症患者の世界を描いている。その箇所を次に引用しておこう。

統合失調症患者の世界は一方向的な境界（frontière unilatérale）によって制限されている。言い換えるなら、境界を介して疎通することのできる彼方がないのだ。閉鎖は完璧である。その彼方にはノーマンズ・ランドがある。（…）統合失調症的デッサンの二つの側面――閉鎖と「詰め込み」――は同じ一つの構造である。どの線も輪郭として内的界域を囲い込んでいるが、それは一つの側（côté）しかもたない。

（同前）

線を描くと、その両側に二つの縁ができるけれども、それをサルトルに倣って「内的境界」と「外的境界」と名づけるとすれば、マルディネ描く統合失調症患者においては「内的境界」しか存在しないことになる。ゲオルク・ジンメルの言うように、境界を設定するだけでわれわれはある意味では境界の向こうにいるのだが、そのような俯瞰的線引き（の詐術）がここでは不可能になるのだ。こうした空間的閉鎖に加えて、マルディネは「閉じた現在」「私にとって未来は意味をもたない」と、時間的閉鎖にも言及している。ただ、ここで見逃してならないのは、このような一方向的な境界づけ、閉鎖と詰め込みが既成事実としてではなく、あくまで「オブセッション」（強迫）として捉えられていることだろう。

閉鎖と詰め込みのオブセッションとは、まさにいくら閉じても閉じていない、いくら詰めても余白があると、統合失調症患者が感じているということで、実際、マルディネやウリはそのような強迫観念に憑かれていつまでも作品を完成できない患者の姿を描いている。マルディネが「閉鎖」を語る一方で、むしろ「閉鎖」できずに、前出の「アペイロン」に委ねられた者として統合失調症患者を語っているのもそのためだろう。

> 統合失調症患者は、その日常生活のなかで、アペイロンに委ねられており、そこでは、固有のものと疎遠なものとの一切の境界が消失し、無効になる。しかし、患者は持続的にそれに耐え、それを甘受することができない。ところで、「アペイロン」という地（fond）は存在するのでも、存在しないのでもない。それはこれでもあれでもない。存在者と虚無の手前にあって、この地は、何ものでもないという位格ならざるものを有しており、この何ものでもないなしには、いかなるもの（res）も、存在することも存在しないこともできない。（『人間と狂気を思考する』）

一方的な境界の設定は境界の不在でもある。しかし、ここでも、この不在に委ねられつつも統合失調症患者はそのことに耐えられない、と言われているのを見落としてはならないだろう。境界の不在に耐えられないからこそ「境界のオブセッション」が不断に生じるのだから。このように、「無限定なもの」は「何ものでもない」(rien)という語でも言い表されているのだが、マルディネはそれに加えて、「開かれたもの」(ouvert)、「空虚」(vide)——まさに閉鎖と詰め込みの反対語である——という語彙を用いながら、また、ハイデガーを強く意識しながら、ヘルダーリンからリルケへと至る「開口」の系譜を描いている。加えて、マルディネだけではなくウリも注目した症例として、花を描きながら、その中心を空白のまま残す患者の例を挙げておこう。

ヘルダーリンのいう〈開かれたもの〉はリルケのドゥイーノ悲歌の第八歌のなかで甦る。(…)〈深淵〉(Abîme)とセザンヌは言う。パウル・クレーは〈混沌〉(Chaos)と言う。深淵は混沌の開けであり、開口である。(『眼差し・言葉・空間』)

この患者は花を描くわけですが、でも、そのたび必ず、雌しべと雄しべのある花の中心は白く残しておく。そして、普通彼はここで、描いていた絵をうっちゃって窓際に行き煙草を吸う、それから戻ってきて絵を完成させる。筆を進めてきた末に絵に空白が残っている。(「出来事としての治療」)

それにしても、統合失調症患者が一方的境界のこちら側にいるのだとすれば、その限りで、彼・彼女はなぜ「アペイロン」の開けに委ねられうるのだろうか。ここでマルディネは内と外、彼岸と此岸とのトポロジカルな反転を語っていることになる。

統合失調症患者にとって不可避の経験のなかでは、彼の自己意識が彼にとって疎遠であるのと同様に、他性が彼の内奥に親密なものとして存している。統合失調症患者が「他者たち」をつねに糾弾するとしても、彼がそれによって指し示しているのは、社会的役割によって定義された他者たちではなく、それは彼自身がそうであるような他者の絶対的他性である。自我がそうであるところのこの他者は一切の投企から逃れるのだが、この他者に対して自我は受容的で受苦的(réceptant et subissant)であるほかない。

(『人間と狂気を思考する』)

以上のことをまとめてみよう。一方的境界のオブセッションとは、一方的境界による閉鎖を希求しつつも、それを果たせない、果たせないから塞ぎ続けることだった。いずれにしても、数学的近傍の観念が円周を含まないように、また、漸近という言葉が示すように、われわれは内的限界に向けて無際限に歩みつつもこの限界そのものには到達することがない(森敦『意味の変容』ちくま文庫、参照)。これは、私の死の瞬間には私はいないから、「私は死ぬ」という現在形が不可能なのと同様である。とすると、一方的境界によって作られた閉鎖的空間のなかに、私には踏破できない部分が存在することになる。「余白」(marge)であり、この余白は私の内部でありながらも、私にとって外部であり他なるものであることになる。ある意味では、不在の外としてのアペイロンがこの「余白」として嵌め込まれているのだ。無際限なものが極小の隙間、いや、無の余白、無の開けに入り込む。「近傍」はすべからく「近傍接続」

であると言われる所以だろう。ここで注目してもらいたいのは、私の能動的投企の回路には決して組み込まれないがゆえに、この余白に私は耐えることしかできないと言われていることだ。しかるに、先述したように、際限なきもの、無際限なものに私は耐えることができなかった。耐えることのできないものへと開かれてそれに耐えるほかないこと、それをマルディネは transpassibilité（超荷重性、超透過性）と名づける。と同時にマルディネは、「現実的なもの」についての定義を再び持ち出し、予期不能な「現実的なもの」と、内的限界に到達することの不可能性を重ね合わせて、この「不可能事」を transpossibilité（超可能性）と名づけている。

出来事・事件（événement）とはまさに不可能事（l'impossible）であり、現実的なものとはわれわれが待望しなかったもの、待望するための正当な根拠なきものである。出来事・事件とは trans-possible である。（同前）

Transpassibilité はレヴィナスのいう「いかなる受動性よりも受動的な受動性」に近い観念であると言えるかもしれない。Com-passion（共－苦）にそれを近づけることもできるだろう。実際、マルディネは「迎え入れ」（accueil）の可能性、いや「迎え入れることのできないもの」の「迎え入れ」を transpassibilité として捉えてもいる。「迎え入れることのできないもの」とは「現実的なもの」であり「アペイロン」であり、そのような外部の侵入を内奥の底なしとして経験する「現存在」の「現」にほかならない。

しかし、というか、だからこそ、われわれは tranpassibilité と transpossibilité を何らかの仕方で回避しつつ実存しているのだ。いや、ex-sister の接頭辞が trans に対応しているとするなら、実存することを回避しつつ実存している。統合失調症もその回避のひとつの仕方であり、また、境界線を引いて内と外、自己と他者、此方と彼方を截然と分割できると思っている者たちもまた、線と近傍の震えと不安・不快を回避しようとしている。しかし、それはまた、線と近傍の震えをなす者たちを、自己と称される者も含めて抹消しようとすることであり、また、「出会い」の幸福を放棄することでもあった。

E・レヴィナスが書いているように、享受の感情の充溢は、自我が享受する元基の未知性に抗してのみ保証されるのであり、「歓喜は好機、幸福な出会いにとどまる」。運のよいこの幸福を、ニーチェは Glück と名づけているが、この語は Ge-lück（Lücke は隙間、ge- は集摂を意味する接頭辞）の縮約形である。Gelück は数々の隙間を集めることでそれを塞ぐ。けれども、それはまた隙間の全体、裂け目でもあるだろう。（同前）

しかし――これが最後の指摘なのだが――、マルディネは、安易に「語りえないもの」を語る者たちと同様に、一本の境界線上という位置を不可能なもの＝現実的なものとみなして事足れりとしていただけではない。むしろ線の脱構築とでも呼べるような操作を通じて、一本の線が一本の線ではなく、むしろフラクタル的な複雑極まりない隙間を有していること、境界線がそのように境界線でないなら、内と外、こちらとあちらという言い方そのものが絶えざる修正を強いられるような「実存の仕方」を思い描いているように思える。念のために言っておくと、この事態は「区別がない」というのとはまったく異質である。ハイデガーなら、Unter-schied、レヴィナスなら non-in-différence と言うだろう。前出のヴァイツゼッカーはというと、「境界の著しい速度」と言っている。そして、それこそがマルディネにとっては現代フランスの画家ピエール・タル・コアットの作品に描かれた事態だったのだ。

ある統合失調症患者と話している最中、クーン〔精神科医〕は、鳥が二羽飛んでいるところを描いたタル・コアットのリトグラフを二枚見せたのです。描かれているのは飛翔であって鳥ではなりません。黒い筆の跡が不連続のまま、だからこそ空白の力を喚起して結びついている、そんな作品なのです。この作品を見るなり、患者はクーンと話し始めました。それも、こいつは自分がよく知っているあの病人なのか、とクーンがいぶかるほどで、実に二時間のあいだというもの、完全に明瞭で的確な話しぶりでした。

（「出来事としての治療」）

＊マルディネ主要著作目録

『眼差し・言葉・空間』 *Regard, parole, espace*, 1973（1994）.
『フランシス・ポンジュの作品における物の遺産』 *Le legs des choses dans l'œuvre de Francis Ponge*, 1974（2000）.
『人間と狂気を思考する』 *Penser l'homme et la folie*, 1991.
『芸術、存在の閃光』 *L'Art, l'éclair de l'être*, 1993.
『無を開く、裸の芸術』 *Ouvrir le rien, l'art nu*, 2000.
『実存、危機、創造』 *Existence, crise et création*, 2001.
『芸術と実存』 *Art et existence*, 2003.

# 神谷美恵子の「フーコー」

（二〇〇五年）

そのひととなりや言葉がかもし出す崇高さゆえに、ともすれば歯に衣着せぬ批判の対象になりにくい思想家がいる。これはもちろん思想家自身にとっても、また、彼・彼女を愛読する者にとってもきわめて不幸な事態である。そもそも思想史に聖者はいないからだ。筆者が神谷美恵子という存在を初めて知ったのは、ミシェル・フーコーの『精神疾患と心理学』（一九六二年）ならびに『臨床医学の誕生』（一九六九年）の邦訳（いずれもみすず書房）を通じてだった。著作それ自体の斬新さに加えて、当時のフランス現代思想関連の邦訳の多くとは異なって、その訳文のゆっくりと着実に歩んでいくような感じも非常に印象的だった。

これらの邦訳の「訳者あとがき」「解説」に加えて、神谷は「最近の精神医学史」（一九六五年）、「構造主義と精神医学」（一九六九年、著作集七）、「ミシェル・フーコーとの出会い」（一九六九年、著作集五）、「西洋臨床医学の生命観――M・フーコーの所説によせて」（一九七三年、著作集八）などでフーコーを論じている。かなりの分量である。けれども、神谷を論じるひとはあまりこのことに触れない。前回の著作集の月報では皆無だし、今回新たに出版された『神谷美恵子の世界』でも、中井久夫と加賀乙彦が神谷とフーコーとの係わりに触れているにすぎない。ただ、加賀がフーコーを「発見」した神谷の先見の明ならびに翻訳家としての力量を称えているのに対して、中井はフーコーが神谷にとっていわば食い足りない存在であったとして、フーコーとその虜になった日本の外国文学者たちから神谷を切り離そうとしている。そして中井は、『精神疾患と心理学』のその第一版『精神疾患とパーソナリティ』（一九五四年、中山元訳、ちくま学芸文庫）との相違について問われたフーコーが、「あれ（原著第一版およびビンスワンガー『夢と実存』への序文を指す）はみな若気の至り（フォリー・ド・ジュネス）ですよ」と「軽く受け流したこと」を、フーコーの一種の不実さの証左と解している。

逆に言うなら、神谷自身「これはフーコーの考え方の変遷として、あらためて研究を要するところであろう」と記しているように、神谷にとっても、おそらくは中井にとっても、二つの版のあいだに本質的な問題が横たわっていたということではないだろうか。『神谷美恵子の世界』（五二頁）にその写真が掲載された大学ノートは、神谷が詳細にこのあいだを探っていたことを示しており、十年ほど前、ある大学院生と共同で二つの版の異同を調査したことのある筆者としては、このノートを拝読したい思いに駆られてしまうが、それにしても、神谷が兄でパスカル研究家の前田陽一を介してフーコーと出会ったというのは意味深長である。なぜなら、「人間は必然的に狂気のうちにあるので、狂人でないことも、狂気の別のあり方から言ってやはり狂人であることになるだろう」（ブランシュヴィック版四一）というパスカルの言葉を、フーコーは『古典主義時代における狂気の歴史』プロン版の冒頭で引用しているからだ。パスカルは「正常異常者」（ノルムパト）とJ・ウリによって命名された存在様態をすでに語っていたわけだが、「正常化」の名のもと「怪異的人間」と規定された者たちへの眼差しと配慮を神谷とフーコーは共有している（フーコー『異常者たち』筑摩書房参照)。しかし、神谷は「臨床の場で精神病者として治療にとりくんでいる者として、哲学者フーコーに対して、いろいろ言い分はある」と「差」を強調する。

その「言い分」のひとつは、「構造主義者たちに共通な人間観は明らかに決定論的」であるということだ。もっとも、ここから神谷はフーコーの思想の「非人間性」を非難しようとしたのではないし、また、実存主義的人間学が人間の個的主体性とその創造的自由を過大評価してきたことをも率直に認めている。だからこそ、フーコーの処女作が「パーソナリティ」から「狂気と社会」へと視点を移したことが重要なのだ。けれども、「臨床医」はフーコーとはちがって、「患者の代替不能な個性」「個人の独自性、一回性」と「非体系的」な仕方で向き合い、その「有限性」、逆にいうと他者の「超越性」ゆえに引き裂かれ悶え苦しむ。フーコーはこのような個人の、ひいては対他関係の独自性を結局は非人称的ディスクールの規則に還元してしまったのではないか。そう神谷は言っているように思える。しかし、「個人の独自性」なるものが個体化する権力の所産であり、「臨床性」と称されるものも「告解」と同じく制度論的媒介によってしか可能ではないこと、そして、こうした指摘は決定論的なものではまったくなくまさに特異性の探求であることを、フーコーは語ったのではなかったか。澤野雅樹の『癩者の生』(青弓社)のような仕事と神谷の仕事とを併せ読むべきなのもそのためであり、また、ギリシャ古典もまた両者のありうべき遭遇の場所であったのだが、こうしたことをわれわれに考えさせてくれる点で、フーコーとの神谷の真摯な格闘は今後も重要な思想的事件であり続けるだろう。

最後に。ここ数年筆者は、抗い難い何かにつき動かされて、精神医療と哲学とのあわいを彷徨っている。そんななかで、「制度論的心理療法」の産みの親でガタリの師にあたるカタルーニャの精神科医F・トスケルの存在を知り、その生涯と思想を調べているところだが、「構造主義と精神医学」で神谷がトスケルに逸早く言及しているのを見出し、神谷との対話をさらに継続するためのいまひとつの中継点を得た思いがする。

# スピナロンガ

ジャン＝ダニエル・ポレ『秩序』をめぐって　（二〇〇九年）

古代ギリシャの栄枯盛衰を詠った一八〇〇年の長詩に、フリードリヒ・ヘルダーリンは『アルヒペラグス』という題をつけた。起源の海という意味でエーゲ海を指す。そこから「群島」（アルヒペル）という語が生まれた。起源は統一的・単一的なものではなく、島々を鏤めたエーゲ海のように複雑に切り裂かれている。そんな多島海のひとつを見ながら筆者は育った。時に、みずから小舟を操って島から島へと渡ることもあった。この内海だけではない、それ自体が列島の列島である琉球列島でも暮らしたことがある。

地球上には数多の列島が存在している。けれども、大陸の近傍にこれらの列島があるだけではない。大陸と呼ばれているものも幾本もの河に切り裂かれて、河が多島海の様相を呈することもあるからだ。しかも、これら断片的な大小の土地それ自体が、決して固定されているのではなく、動いてやまないのである。このような多島海－システムとして自己を、社会を、世界を見直すこと。それは、エーゲ海の底に眠るディオニュソスを覚醒させることでニーチェが望んだことだったかもしれない。

寄り合いながらも島はそれぞれ他と分離して本質的孤独を具現している。だからこそ島々は、訪問の特権的な場所となると同時に、流刑と隔離と遺棄の格好の場所となってきたのだが、事実、私が間近に見ていた島々にもハンセン病者の収容施設が複数あり、思い返せば、小学校時代、在日、部落についての流言とともに、施設から逃亡しようとして海に消えた人々の話や、感染についての誤った指摘が、漠然とながら伝わってきた。それにしても、ある場所に幽閉されながら、自分の意志ではそこから決して出られないということ、それは少年にとって、わずかに想像するだけでも耐え難い事態だった。その後、ゲットー、神谷美恵子とフーコー、全開放型のラボルド精神病院と制度論的心理療法などと係ることを筆者に促した動因のひとつはこのたぐいの強迫感ではなかったか。

河馬のような動物が水浴しているかの島。スピナロンガを、あなたはご存知だろうか。エーゲ海はクレタ島の北東に浮かぶ小島。ヴェネツィア統治下の要塞を遺し、今は観光の地になっている。そして、一九〇四年から一九五七年にかけてギリシャ政府がハンセン病患者を「逮捕」して隔離した場所。感染を恐れて先住民は島を捨てた。五〇年余の幽閉。ジョゼフ・パヴラキス神父によって生活空間が徐々に整えられ、ダンスホール、劇場も建設されたが、医師が定住することはなかった。一九五〇年代に入って政府は隔離の廃止を決定、今度は島から引き離されたハンセン病者たちは、アテネ近郊の施設に——「エピクロスの神々のように、ポーランドの社会の気孔のなかのように」(マルクス『資本論』)——収容され、謂うところの「社会復帰」が画策されるが、成功することはなかった(ヴィクトリア・ヒスロップ『封印の島』みすず書房を参照)。

「パリところどころ」(一九六五年)などの作品で知られるフランスの映画監督ジャン＝ダニエル・ポレ(一九三六―二〇〇四)は、その一方で一九六三―六四年には、『地中海』『バッサイ』という不可思議な作品を撮り始める。そのポレが社会学者のモーリス・ボムとともにスピナロンガを訪れて撮ったのが、この

L'Ordre（オルドル）である（グルノーブル映画祭国際批評家賞受賞）。「オルドル」は秩序、順序などを意味する語だが、命令・指令、そして修道院という意味も有している。時代的にも、監禁や規律や監視をめぐるフーコーの仕事が意識されていることは間違いない。

それにしても映画は映らないもの、不在を撮ることができるのだろうか。ポレは『地中海』『バッサイ』でも廃墟、遺跡を撮っているが、カメラがアテネ近郊の収容所の門に幾度も近づきそこから遠ざかるときにも、島の小さな桟橋があるいは海側からあるいは島側から、さらには島の収容施設の窓を通して映し出されるときにも、島が海のある地点から映されるときにも、断崖の上から透明な海が俯瞰されるときにも、数々の道や壁、無人の町並みが現れるときにも、画面には、ハンセン病患者と彼らに係わるさまざまな人々のかつての出会いと別離、彼らの不安、動揺、悲しみ、絶望、喜び、希望、その生と死が、いや、見る者であるはずの〈私〉自身が見えないものとしてそこに見えているように思えてくるのだ。

例えば、高嶺剛が、自作について、「死者のマブイ（魂）みたいなものがやっぱり沖縄の風景には整理されずにね、さまよっているじゃないかって思いがしたの」と、仲里効に語っていたことが思い起こされる。

そして実際、〈私〉は突如として見られることになる。〈顔〉と出会うことになる。顔面神経の麻痺によって、顔の皮膚、形状、目に変形の生じた〈顔〉と。非難を覚悟のうえであえて言うなら、筆者は、「アンフォルメル」の画家ジャン・フォートリエが分厚い絵の具を削ぐようにして解体的に造形し、「銃殺された者」とも「ユダヤ女」とも「人質」とも「赤子」とも名づけたあれらの「顔」「頭」を思い出す。彼の名はレイモンダキス。静かなナレーションを破るかのように、しわがれた〈声〉で、レイモンダキスは、これまでの幾度もの撮影の試みを糾弾し、さまざまな死を語り、ここ（アテネ近郊の収容所）にいるよりもスピナロンガにいるほうがよかったと言い放ち、「愛の必要」を口にしつつも、見る者たちの「哀れみの情《ピティエ》」を愚弄して、俺たちのほうがカタストロフに一直線のお前たちを気の毒に思っているのだと明言する。そして、葉巻をくゆらす。

レイモンダキスに〈私〉は見られている。しかし、病はレイモンダキスから視覚を奪った。では、レイモンダキスは(『地中海』に登場する眠る少女は)何を見ているのだろうか。

瞳をほとんど欠き、何も映していないレイモンダキスの眼窩、この表面は何を映しているのだろうか。ハンセン病は『レヴィ記』では「ツァラアト」と呼ばれている。染みや汚れを意味するヘブライ語だ。「ツァラアト」はその後「レプラ」というギリシャ語に訳されたが、「レプラ」は皮膚という表面に生じるふけ、染み、痣、斑痕などを意味するのだが、ポレは明らかにこの点を踏まえている。ある距離から見ると滑らかな壁がカメラの接近とともにその起伏や瑕や染みをあらわにしていく。壁だけではなく、道も門(ダンテの門)も崖も石垣も窓も水面も、何かと何かの〈間〉〈はざま〉となる表面なのだが、ポレはその複雑な汚れ模様、凹凸、罅割れ、隙間、明暗を執拗に探求している。

前出の仲里は、「群島とは、実は、球体の内面を持たない〈はざま〉のエージェントなのだ。(…)〈あいだ〉と〈はざま〉を生きる島々の群れは、境界において動詞化される実存の位相」(『オキナワ/イメージの縁《エッジ》』未來社)と言っているが、この映像では、映像の「縁」にあって「縁」の複雑性が問いとして提起されている。収容所には、床屋にさえ〈鏡〉がないという。しかし、この〈鏡〉なき小宇宙は、〈私〉を、あなたを、この国を、この世界を映し出す歪んだ不可視の〈鏡〉にほかならないのだ。

# 第五部　大渦旋《メールシュトローム》に呑み込まれて

# 「種の論理」の生成と変容、その現代的意義

（二〇〇七年）

――カナダ北極圏の冷たい海域を介して、北西航路は大西洋と太平洋を連結している。パフィン領域とパンクス島領域の間の湾や水道、海盆《トラフ》や海峡で途方もなく錯綜した迷宮に沿って、北極地方のフラクタル的な、何処までも拡がる群島を横切って、この航路は開かれ、閉ざされ、捩れている。

かつてフランスの哲学者ミシェル・セールは、人文諸科学と精密諸科学とを結ぶ通路をこのような「北西航路」に譬えたことがあります。危険極まりない北西航路を進んだ先人として、セールは誰よりもガストン・バシュラール（一八八四―一九六二）を念頭に置いていたのでしょうが、このバシュラールとほぼ同時代を生きながら、やはり同じく哲学と科学と文学の複雑な間を歩んだ哲学者のひとりとして、田辺元を挙げることができるでしょう。実際、田辺自身、「凍氷と高山での生活」というツァラトゥストラの言葉で、また、「剣刃上を生きる境涯」という表現でみずからの思索のかたちを形容しています。

いみじくも下村寅太郎が「ヘラクレス的偉業」と呼んだように、田辺の業績は巨大で、数学・物理学の方面からも、宗教学の方面からも、芸術学の方面からも、さらにその他のさまざまな角度からも接近する

ことが可能で、いずれの方位からの接近も、まだまだ多くの新たな発見を私たちにもたらすことでしょう。逆に言うと、これは、つい数年前まで田辺の思想が、一方では世界的水準の哲学として国際的に高い評価を獲得しながらも、他方、当の日本では長らくタブー視され続けてきたことのひとつの証左でもある。中沢新一の『フィロソフィア・ヤポニカ』、酒井直樹の数々の仕事など、田辺を本格的に論じた仕事が近年ようやく現れ始めたとはいえ、西田論の数多さに比較すると、田辺が依然として一般読者には未知の哲学者であることは、紛れもない現実でしょう。

この事態をより深刻なものにしているのは、『懺悔道としての哲学』など田辺の著作がようやく復刻されたとはいえ、筑摩書房刊の全集で六巻と七巻を構成する「種の論理」論文集が、一般読者にも容易に入手できる状態にはいまだないということです（その後岩波文庫に収録された）。多角的なアプローチが可能であるとはいえ、田辺哲学の中核が「種の論理」にあることは言うまでもないからです。しかし、それだけではありません。「種の論理」は田辺哲学を理解するために最重要であるだけではなく、二十世紀から現在に至る世界のあり方、その世界のなかに私たちが「存在」し何かに「帰属する」ことの意味を考えるうえでも不可欠な思想であると言ってよいでしょう。

二十世紀は過ぎ去った。そして余りにも多事多難だったこの世紀を振り返ってみると、動乱の世紀の焦点として「民族 Nation」という問題が浮かび上がってくる。（…）将来の歴史家は、二十世紀をどのような時代として描き出すであろうか。彼らの関心をひきつけるのはテクノロジーの瞠目すべき発展だろうか。それとも戦争、革命、虐殺の記録だろうか。だが一つだけ、間違いなく予想できそうなことがある。それは、彼らにとって二十世紀は民族の世紀であろうということである。

（関曠野『民族とは何か』講談社現代新書）

関曠野さんの言葉を引用しておきましたが、個とは何か、階級、人種、民族、国家、国民、ナショナリズムとは何か、人類とは何か――これらの問いは開かれたものとして不断に回帰し続けている。実際、ナショナリズムをめぐっては近年さまざまな論考が書かれてはいますが、その存在論的・実存論的解明が成就されているとはとても言えません。「種の論理」について考えるとき、私はいつも、スピノザが『神学政治論』に記した言葉を併せて思い浮かべます。

自然は民族（natio）を創らずただ個々の人間を創るのみであり、個々の人間が言語、法律ならびに風習の相違によってはじめて民族に区別されるのである。

ただし、この言葉もそれ自体で「種の論理」の反証となるものではなく、むしろ、「個体」とは何か、「共通なもの」とは何かという難題を私たちに突きつけるものでしょう。

もうひとつ、柄谷行人は「種の論理」と吉本隆明の「共同幻想論」を連結しながら、「種」という中間的共同体を出発点とするとそこから脱出するのは不可能であるから、むしろ「交通空間」「外部」の折り畳み、一種の襞の形成として共同体を考えるべきだと言っています。

田辺元に「種の論理」というのがあったけれど、個と類に対して種をもってくるというのは、昔からありふれています。

（柄谷行人／蓮實重彦『闘争のエチカ』）

われわれは、内部も外部もないような交通空間を想定し、諸共同体はここから自らを折り畳むようにその「内部」を形成したと考える。交通空間は、共同体以前からあったし、現在もある。（…）共同体は「社会的」交通から自らを閉ざす。

（『探究Ⅱ』）

しかし、柄谷の思想的営為のなかで、「内省と遡行」の方法からこの立場へのシフトがそれ自体大きな問題を提起していると言わざるをえませんし、なぜ交通空間の折り畳みが生じるのかは説明されていない。その限りで、柄谷自身「間」の超越的実体化に陥っている可能性を否定できないのではないでしょうか。歴史的世界の間主観的構造をめぐる議論にしても、「世界システム論」も、田辺の「種の論理」との「対決」を回避することはできないと思われます。

田辺を「種の論理」へと導いた動機は、一九一七年に発表された「文化の概念」にすでに記されているとはいえ、田辺は一九三〇年代、世界帝国（類的国家）を「不可能なもの」、ナチス的民族主義を「無媒介的なもの」、国際連盟のごとき組織を「形式的なもの」、社会契約説を「抽象的なもの」、階級国家論を「一面的なもの」、ブーバー／マルセル的な「我－汝」の対話・対面哲学を社会性の基礎づけには「不十分なもの」として斥けたのでしたが、田辺を取り囲んでいたこの情勢は今もなお私たちを取り囲んでいると言ってよいでしょう。グローバリゼーションの伸張とさまざまな民族主義の台頭、国際連合とその付属機関が抱える諸困難、「階級」論の表面的消滅の下での階層化、つねに頭をもたげる「対面《フェイス・トゥ・フェイス》」的な遭遇と対話への期待――、難民、移民問題にしても、田辺自身、日本帝国による植民地化の動きのなかでの多様な人間移動を目にしていたのでした。

このような事情を踏まえて、私は門外漢ながら、また非力も顧みず、ここ十年ほど、「種の論理」の生成と変容、その現代的意義と問題点を探る作業を、とりわけ田辺とハイデガーとの「対決」を勘案しつつ、進めてまいりました。今日は僭越ながらその一端をお話しさせていただきたく存じます。

本日申し上げたい第一のことは、もちろんある理論の端緒を一義的に固定することは不可能であるとはいえ、一九三一年に書かれた小論「綜合と超越」のうちに、「種の論理」のひとつの出発点があるということです。少し長くなりますが、この論考の冒頭の部分を見てみましょう。

> 彼〔カント〕の所謂先験的 transzendental なる教説が同時に、認識の根本的本質たる、超越的対象に対する超越的 transzendent なる関係の如何にして成立するかを明らかにして、語源上一に帰すると認められる右の二概念 transzendental と transzendent との必然的連繫を示すかどうか、という点に至っては十分疑を挟むことが出来る。従来のカント解釈が果してこの点に充分の重きを置いていたかどうかも亦疑問とせられる。(…) 近時ハイデッガーがその独特なる基礎存在論の立場からこの点に着眼し、先天綜合に関する先験的研究が、存在性そのものの理解を求めて、認識が存在者に関係するという超越の問題に答えるものなることを主張したのは、或はカント解釈に一進期限を劃するものといわれるであろう。併し氏の着眼には充分敬意を表すべきであるとしても、カント自身に於て問題が氏の解する如く単純に展開せられて居たかどうかは大きな疑問である。而して之を蔽う暗黒の内には、更に残された重大な問題が伏在するのではないかとも考えられる。(4/331)*

＊以下、田辺元の言葉を引用する場合には筑摩書房『田邊元全集』の巻数と頁数のみを記す。仮名遣いなど変更した箇所もあるが、ご了承いただきたい。

ここからも分かりますように、「綜合と超越」という論考は、ハイデガーの『カントと形而上学の問題』（一九二九年）に触発されて書かれたものです。「超越的」と「超越論的」という二つの語の関係が「種の論理」の根幹に位置していたことの重要性はいくら強調しても強調しすぎということはないでしょうし、また、「暗黒」という田辺の語彙は、カントにおける「図式性」「図式論」と係わるものでした。ご存じのように、ハイデガーは形而上学の土台をこの「図式論」に求め、図式は「〔感性と知性に〕ひとつの共通の、われわれには知られざる根」である、というカント自身の知見にも促されて、土台が「地盤沈下」して「形而上学の深淵」をあらわにしていく様を二九年の画期的論考のなかで描いています。

やがて、時間性の問題圏が確定されるようになると、カントの図式論を蔽っている暗黒に光をもたらすことができるだろう。そしてまた、カントがこの領域をそれ本来の次元とその中心的な存在論的役割において見届けることができずにいた理由も、その途上で示すことができるだろう。

（ハイデッガー『存在と時間』六節）

感性化という現象を前もって解釈しない限り、超越の根拠としての図式性は全くの暗黒に蔽われたままである。

（『カントと形而上学の問題』）

カントはこの〔感性と知性に共通の〕知られざる根から退避した。（…）純粋理性が超越論的構想力に転化しうるならば、『純粋理性批判』は、批判それ自身によって主題を奪われるのではないか。この基礎づけは一つの深淵に導くのではないか。

（同前）

「種の論理」と「図式論」とのつながりは、「図式「時間」から図式「世界」へ」といった論文のタイトルにも反映されています。田辺自身がどう考えていたかはともかく、「種の論理」が「図式論」を通じて「構想力」ないし「想像力」と結びついていたこと、この「造形」「建築」が「解体」「崩壊」と同時的な出来事であること、この「崩壊」「奈落」は「人間の心の奥所に潜む隠微な技芸《クンスト》」に導くものであり、カント自身この「深淵」を最も難しい問題とみなし、そこから眼を背けたとさえ言われていること、これらの点はぜひとも銘記されるべきでしょう。

「綜合一般は構想力の所作である」とカントは言っています。また、「図式」（Schema）と「形象」（Bild）という二つの観念を隔てているのは、前者があくまで、あるものが犬と見えるための「規制・規則」である点で、この認識論的な「綜合の規則」を「統治《ガヴァメンタリティ》」の問題と結びつけた点が何よりも慧眼と言うべきでしょう。アーレントがカントにおける美的判断力から政治的判断力の問題を引き出したことを思い起こさずにはおれません。「構想力」について、カントはさらに、「構想力は心の盲目な、しかし欠くべからざる機能であって、これなしにはわれわれはおよそいかなる認識をも有し得ないが、われわれがこれを意識していることは非常に稀である」と言っている。これと同様に、「ナショナルなもの」「ナショナリズム」が、それに対してどのような態度を採るにせよ、また、それに「大小」の区別を設けるにせよ、阿部潔の言うように「捉えどころがないもの」として私たちの心の暗闇に胚胎されること、その理論的根拠を示したこと、これは田辺の多大な功績でしょう。

「ナショナルなもの」は私たちが生きる日常空間に、ある意味で空気のように充満している。そのため、「他者」からの問いかけや「他者」との出会いがなければ、それを対象化したり言語化することは難しい。（…）「ナショナルなもの」は空気のように捉えどころがない。

（阿部潔『彷徨えるナショナリズム』世界思想社）

アーレントに触れましたが、アドルノも、図式論を計算的理性、産業社会の利害に結びつける一方で、「ドイツ的とは何か」という問いに答えてそれを「幼年期の深淵」に求め、この深淵を、言語の問題として捉え直しています（『批判的モデル集』）。ハーマンがすでに気づいていたように、図式論は言語論と不可分で、この点についてはさまざまな意見があるでしょうが、田辺の「種の論理」には少なくとも表面的には言語論が希薄であるように思えます。野上弥生子に宛てた一九六〇年一月の書簡のなかに、ハイデガーの『言葉への途上』を読んでの感想を見つけましたので引用しておきます。アララギの歌人田辺にとって「歌」とは何か、「象徴」とは何か、そしてまた、戦後のヴァレリー、マラルメとの格闘は何を意味するのか、その点も絡めて、いずれ考察してみたいと思っています。

ハイデッガー自身詩を通じて哲学へという新しい路を開こうとして居るので、言語の本質を言語そのもの（即ち詩）に従って語ろうとするのですから、書物の表題にも言語への途中（途次）と命じたわけでしょう。中々深いと思われる思想も多く、その弁証の力にも感嘆せしめられ、言葉の源泉に遡るのは即ち詩作に於て新しき言葉を創造することであって、解釈は既成の路を踏み返ることではないという考えなど、当然と共鳴せしめられます。しかしこれと共に、禅的向上遡源が（…）詩でしか語られぬとすれば、哲学の理性的なる道はどうなるのか、ドイツ語で詩を作り、また読むドイツ人以外の哲学学徒には、哲学の道は閉鎖せられるのか、不立文字を標榜する禅とどう関係するのか、小生には全くわかりませぬ。

（『田辺元・野上弥生子往復書簡』岩波書店）

哲学と国語との連関はいかなるものか、哲学的言語とは何か、といったきわめて重要な問いにも係わる感想でしょうが、もうひとつ今後の興味深い課題となるだろう論点をこの往復書簡から摘出しておきましょう。「心の暗闇」をめぐるカントの言葉は、「最も近寄りがたき人間の心の暗黒」というフロイトの「快原理の彼岸」での言葉をも連想させるものです。考えてみますと、田辺が「種の論理」を構築していた時期、それはフロイトが「文化の中の居心地悪さ」や「モーセと一神教」を執筆した時期であり、また、『フロイド精神分析学全集』といった邦訳が出版された時期でもありました。愚かにも私はかつて「種の論理」におけるフロイトの締め出しという現象を指摘したことがありますが、今回、野上との往復書簡のなかに、田辺が、「精神分析的なこちたさには嫌気がさす」と嫌悪感をあらわにしつつも、フロイトについてきわめて興味深い指摘をしているのを見つけました。あまりにも難解な一節で、今日はその解釈は差し控えさせていただきますが、後で述べる「種的基体のテンソル的構造」と「イド」との連関のみならず、「死への衝動」、「兄弟による父親殺し」「トーテミスム」といった事象についても田辺との繋がりを指摘できるでしょうし、この視点から「種の論理」とエロチシズムとの連関を考えることもできるでしょう。

とにかくフロイドが、単なる精神病学者から人間学者に進出致しましたこと、それがid（それ）の不可言語的質料的契機の種的媒介を通じ、全と個と相即する古代中世のオイデュポス的インフェリオリティ・

コンプレクスから、本来それの裏に潜む主我的シューペリオリティ・コンプレクスを対自的に展開致すことにより、ハムレット的ファウスト的コンプレクスを近世特有のものとして発展せしめたことを感嘆したのでございます。その三一的弁証法が、現代の自由決断に依る統一の故に、いつもその自己否定に裏付けられ、従って綜合そのものが統一と分裂とを含みて二重的となり、そのために三一は二重綜合として四元的（二重複合、ダブル・コンプレクス的）となることは、全く小生の考えて居ります絶対媒介の立場に一致し、これにより古典的静的コンプレクスが近代の歴史主義的コンプレクスとなるものと解せられますことを、悦ばずには居れませぬ。（同前）

もうひとつだけ、第三に田辺は「種の論理の意味を明にす」の冒頭で、「即ち仏蘭西社会学派の所謂「もの」chose というものが、国家社会の根底にあるとしなければならぬ」（6/449）と言っています。田辺はデュルケムのことを考えており、たとえば廣松渉はこの「もの」が物象化的錯視であることを次のように指摘していました。

集団表象の理説は、人びとの意識が集団化され共同主観化されているということを指摘するにとどまらず——（…）さらに一歩進めて、人びとのもつ「意識内容」「表象」がいうなれば物象化することを究明し、社会的事象 fait social を、この意味での物 chose として処理する。

（廣松渉『世界の共同主観的存在構造』講談社学術文庫）

「近代の超克」論争をめぐる書物以外ではほとんど田辺を語ることのなかった廣松と、田辺とのあいだには、これにとどまらず、自然諸科学の取り上げ方など無視することのできない類似が存在していると推察されますが、さらに議論は、田辺そのひとの思いを超えて、実に刺激的な呼応関係を生み出しているように思われます。

ラカンは早くも六〇年代に、今後数十年のあいだに新たな人種主義が勃興し、民族間の緊張と民族の独自性の攻撃的主張が激化するであろうと予言した。(…)ナショナリズムとは最終的には超越論的幻想、〈物〉〔われわれの生活形式のなかに現前しているが、そのいずれかに還元することのできない享楽の到達不能な対象〕に直接到達できるという幻想である。(…)ある特定の共同体を統合する要素は、決して象徴的同一化に還元してしまうわけにはいかない。というのも、共同体の成員を結び合わせる紐帯は、つねに具現化した〈享楽〉としての〈物〉に対して分かちもたれた関係を含んでいるのだから。

(ジジェク『否定的なもののもとへの滞留』ちくま学芸文庫)

引用したのはスロヴェニアの思想家スラヴォイ・ジジェクがジャック・ラカンの「もの」Ding論のなかにナショナリズムの源泉を見いだした一節です。図式の深淵性が物自体の不可知性と相即することを勘案するなら、ジジェクは田辺とほぼ同じ主張をしていると言えるでしょう。ただ、ラカン＝ジジェクは〈物〉が実は不在であること、その幻想が共同主観性といった表現では捉えられない「何だか分からないもの」――対象a――の漂流によってもたらされることを示すことになるのですが。後で申し上げますように、この展開もまた田辺と無縁ではなかったと私は考えております。以上が今日申し上げておきたかった第一の論点、と申しますか、その束です。

第二に、ハイデガーのカント書が「図式性」に焦点を合わせていること、この点を評価したうえで、田辺は、「カテゴリーの図式性は時間規定を含んでいる」とのカントの見地に即して、ハイデガーがカント書三四節「純粋自己触発としての時間と自己の時間的性格」(Die Zeit als reine Selbstaffekt und der Zeitcharakter des Selbst) で述べたことを批判的に解釈していきます。この解釈が正鵠を射たものかどうかはともかく、田辺は

内官－時間－自己触発（感触）－存在論的（ontologisch）－観念論的超越－有限
外官－空間－他己触発－存在的（ontisch）－実在的超越－全体

という二つの系列を設定し、ハイデガーが重視する時間について、時間は「内官の形式」であるから、それは外部のもの、他なるものによって触発されることなき「自己触発」、「自己から出て自己へと戻ること」であって、独我論的で観念的で有限な似非超越でしかないと断じるのです。「斯かる概念と直観との媒介としての先験的構想力の図式たる時間性が、有限的人間理性の存在を特徴附けるのであって、自己を脱出して而も自己への帰入に志向する時間の自己犠牲が、人間認識をして超越的存在者の認識たる有限的性格をとらしめる、というのが氏〔ハイデッガー〕のカント解釈の要旨である。斯くて超越の問題はハイデッガーに於て全然度外視せられることになる」(4/337)。この事態を田辺が「去勢」という措辞で語っているのも興味深いところです。

此困難はハイデッガーの解釈の中心思想をなす、時間の「純粋自己感触の観念が超越の内面的本質を規

定する」という主張にも及ぶ。（…）併しながら此の如き超越は実は超越そのものではなくして超越の意識に外ならない。即ち観念的超越であって実在的超越ではない。（…）真に実在的に反対し強制する対立者は、斯かる地平圏という如き形式のものではなくして、此地平圏を実質的に自我に対して強制負荷する所の存在でなければならぬ。斯くて超越の問題はハイデッガーに於て提起せらるると同時に初めから其力を去勢せられて、観念論の室中に拘禁せられて仕舞って居る。（4/338-9）

後述しますように、田辺は「種の論理」をひとつの身体論として展開しましたから、「ファルス」という語を想起したとしてもあながち誤りではないでしょうし、去勢不安のうちに「種の論理」構築の隠れた動機を探ることも無意味ではないかもしれません。

田辺はもちろん、内官と外官、時間と空間、存在論的と存在的を対立させるだけではなく、引用にもありますように、「存在論的見地」から「存在的見地」へと移行し、もって「存在的‐存在論的見地」に至ることが重要だったのです。「存在的‐存在論的見地」とは「時空的」という意味であり、しかも田辺は、一方ではヘルマン・ミンコウスキーを援用し、他方ではハイデガーからヤスパースへの進展と田辺が考えるものをも梃子として、図式としての「世界」、「世界図式」を語ることになるのでした。

此処に形而上学は、氏〔ハイデッガー〕の考える如く単に ontologisch なる見地を以て尽くさるるものではなく、之を媒介として之を超ゆる ontisch なる見地の綜合を要求するものなることを認めなければならぬ。斯かる ontisch-ontologisch なる見地（…）。（4/344）

時間と空間とは単に相対立するものではなくして、対立しながら相互に貫通する統一をなすものである。我々は此統一を、アインスタインの相対性原理の数学的建設者ミンコウスキイの概念に従い「世界」Welt と呼ぶことが出来るであろう。(…) 即ち時空の弁証法的統一たる「世界」は単に存在の形式ではなくして存在の基底である。(…) 解釈学的に観ても「世界」の概念は時と所との両面に亙り、人間の世代と人間社会を表わすのである。(6/10)

「図式」は「規則・規範」でした。それゆえ、「世界」「世界図式」は「強制的規範」として捉えられるのですが、その一方で、「世界」は「どこにでも穴が開いている」「無限の網」に譬えられてもいるのです。——自由に出入りできるようだけれど、網はやはり捕獲するものですよね。あるものを通し、あるものは通さない。「シボレート」の試験がある。ともあれ、「世界」は全体でありつつも、このように「閉鎖的全体」ならざるものとして描かれている。かといって、「世界」の外延部が実在するわけでもない。これらの要請を満足させるのは、「境界線」であり、その「外側の縁」というポジションではないでしょうか。そしてそれを田辺は「包絡面」(Enveloppe) と呼び、さらには、先述したように、この包絡面を、ハイデガーの思想に欠如したと彼が考える「身体性」として捉え直したのです。ハイデガーの身体論については『存在と時間』第二三節ならびに『ニーチェ』でのカオス＝ゾーエー論を参照してください。因みに、母体や母系制をめぐる平塚らいてうや高群逸枝の仕事も「種の論理」と決して無縁ではありませんでした。

時間の地平圏には超越的対象が現象する領域に止まり、意識の立場から内在化の方向に於て見られた超越的対象の観念論的断面に止まり、永遠なる超越的対象そのものではない。先験的意識はこの永遠超越的存在が自覚に入る為に自己を限定するその限定の断面を、包絡面 Enveloppe の如く統一する全体意識である。（4/341）

身体は一方に於て自我に属すると同時に、他方に於て自我の外にありて自我に対立するものである。即ち超越的存在の自己顕現の尖端に外ならぬ。超越的存在は身体に於て自我に属する対立性を現し、之を外から強制すると共に、自我は身体を通じて自由行為をなし、自己の外なる所謂外界を支配することができる。（4/345）

「みずからの境界線上で漂うことになるのは意味《サンス》そのものである。そして、この境界線が身体である」というジャン゠リュック・ナンシー『コルプス』の言葉が連想されますが、以上のことから問題点の第二の束として引き出してみましょう。

まず、存在的‐存在論的のハイデガーにおける区別は、存在するものとそれが存在すること（の意味）との区別であって、それを、田辺のように空間的‐時間的の区別として捉えることができるかどうかということ。言い換えるなら、個にせよ種にせよ類にせよ、また種が「種的基体」と呼ばれるに至るとしても、それらが存在することの意味をさらに問う余地、それらにいずれについても「なぜ無ではなくむしろ何かが存在するのか」と問う余地が残されるのではないかということです。さらに言い換えるなら、田辺の提出する概念のすべてについて、先に「物」が幻想であったのと同様に、その根拠なき「浮動」が存在論的に語られうるのではないでしょうか。

しかし第二に、田辺はまさに「境界」の思想家として、ハイデガーが「存在への問い」を、そのエルンスト・ユンガー論などに見られるように、「線」(Linie)への問いとして展開したことの意味を鋭く直観し、みずからも独特の境界論を展開しています。ここは「種の論理」がみずからを脱構築し、それによってアクチュアリティを獲得する、そのようなポイントではないかと思われます。ご存じのように、ハイデガーは「線を超えてのトポグラフィー」に対して、「線上のトポロジー」を「危機的な分界地帯」(kritische Zone)として語ろうとしました。分割=接続という意味で、この地帯はヘラクレイトスが「ポレモス」(戦争、闘争)と呼んだ事態が生起する場所でもあります。デリダのような思想家はそれを、marche, margeと呼んだのでした。

ご存じのように、田辺はデデキント的切断を生涯にわたって語り続けました。「切断が(…)、張った糸の如き連続体を切ることによって繋ぎ、切口を入れてしかもそれを再構成するものであるとするならば、その切口を入れるナイフは、全く厚さのない絶対に鋭利なる刃をもつものでなければならぬであろう。然らざれば、切口は必ず隙間を作って連続を傷つけ、従って連続体を再構成することはできなくならざるを得ない」(12/216-7)。引用しました箇所は、ハイデガーが「ポレモス」を語る箇所に対応していると言ってよいでしょう。延長という点では幅をもたないけれども、田辺は、極限への単に一方向的な漸近、近迫とはちがって、この「接境」で二つの逆向きの力が衝突すると考え、たとえばケルヴィン卿のいう「渦動」として捉え、さらに、幅のない線をハイデガーが「地帯」「開け」(das Offene)(カオス)などと捉え直したように、また、ハイデガーとも親交のあったハイゼンベルクのことも意識しながら、「底なしの深淵」「交互不確定帯」「動的深部的擬立体性」といった語彙でこの「接境」を語ることになるのです。

第三に、境界——田辺はどこかで「接境」という言葉を用いていました——という場合、「内側の縁」、クレバスのごとき「深淵」に比されると同時に「幅のないナイフ」にも比されるところの境界線上、そして「外側の縁」――三にして一、一にして三――が問題となるでしょうが、「身体性」の規定のみならず、弁証法的媒介も、開放も閉鎖もこのような境界で生起するのです。つまり、閉鎖を開放に、開放を閉鎖に、深淵を密着に、密着を深淵に転じることがつねに可能なのです。この観点から言うと、ハイデガー的超越を内在的として斥けつつも、田辺が、「世界」を「他者」と形容する一方で、「自我でありかつ自我を超えたもの」として身体の両義性を語っていたのは意味深長です。

すでに一九三一年の時点で、身体が担う「過去の負課性」が強調されていて、この負課――「血縁」「地縁」――は「種は血と地の相関的統一である」(6/368)という言葉とやがて結びつくことになるのですが、「閉じた種の有限態」であると同時に他者との「異相結合」の可能性そのものであるようなこの「身体」の両義性、「民族国家」(8/5)の二肢性として展開されるに至ります。その際、田辺はいわゆる「ゲゼルシャフト」を支える「身体的基底」、「ゲマインシャフト」としての「民族」を、一方ではナチス的「地と血」の思想を斥けつつも、「地と血に根ざす民族の力を底知れぬ深みに宿す暗黒」(8/4)と、「図式の暗黒」を彷彿させる言葉を改めて用い、さらにはこの底知れぬ深みを「種のテンソル的構造」「質料の動乱激動」とも形容しています。しかし、他面では田辺はこうも言っています。「個人は国家に於てのみ実在すると同時に、国家は個人の自主自由を媒介としてのみ国家となる。此媒介を失えば単なる民族の共同態に過ぎない。(…)〔国家は〕民族の如く基体的に恒存する静的直接的統一ではなく、之を媒介としながら不断に新にせられる動的統一でなければならぬ」(6/294)、とも。

このように、「民族」は一方では混沌たる蠢きとみなされ、他方では「静的統一」と規定されているのですが、ここにこそ、「種の論理」をまさにその根底から揺るがす問題が存していたのではないでしょうか。田辺は「たとえ～でも」(oui, mais)という統辞法によってこの矛盾を解消しようとしています。

勿論社会学上民族が直接なる共同社会と見られるものではなく、複雑な構造を有する高次の社会であることを私は無視するものではない（…）。併し、即自的なる共同社会が種的基体としての民族に相当することは承認せられるであろう。（6/230）

もと民族の観念が社会学上非常に多義複雑なるものであることは、ノイマンやクノウの書などを一見すれば明に知られる。併しそれが如何に複雑であり統一の紐帯として文化的観念的契機が如何にそれに入り込むとしても、民族がその基体的核として氏族を含み血縁社会を媒介としなければならぬことは否定せられないであろう。（6/306）

田辺はまた、どの色も他と異なる色であるとしても、いくつかの色としてそれらが分類されることの妨げにはならないと主張している。しかし、そのような主張が可能であるなら、それとまったく同様に、どの種類の色も無数に異なるニュアンスに引き裂かれると主張することもできるはずだ。統合失調症患者の絵についてアンリ・マルディネやジャン・ウリたちが述べているように、田辺は、埋めれば埋めるほど、塞げば塞ぐほど空虚と無限定を感じ取り、まさに「作品の不在」と呼ばれる強迫にさらされているかのようです。

土地占有の排他性が絶対的なもの能わざることは、従来の海岸の或程度に於ける非限定性にも倍して今日の空中の非限定的傾向が之を示すと云ってよい。（…）若し科学の進歩に由り自然が一層其資源を開放し、平面的なる土地の制限が立体的に解除せられるならば、土地の限定性は更に大いなる制約を加えられるであろう。（6/374）

戦後、田辺はしばしば断筆したとはいえ、一方では「国家」とカント的「根源悪」との連関を強調し、他方では絶対的他者と個とのキルケゴール的な向かい合いの垂直性を立てることで「種の論理」を修正し、修正版「種の論理」をもって、象徴天皇制、日本型民主主義（友愛の民主主義）、再軍備、憲法改正などの事態に応対し、さらには科学哲学者として核戦争による終末をも描き出したのでしたが、まさにこうした諸問題すべてとともに、「種の論理」は強迫観念《オブセッション》として私たちのもとにも回帰し続けているのではないでしょうか。また、ドゥンス・スコトゥスのいう「此者性」の観念を、ハイデガーの初期論考を改めて取り上げつつ考察することで、田辺は「種の論理」に抵抗する方途をも私たちに指し示してくれているのではないでしょうか。そのことを今後も考えていくことをお約束して、ひとまずここで私の拙い話を締め括らせていただきます。ご清聴ありがとうございました。

（二〇〇六年六月七日、「西田・田辺記念講演会」にて）

# 種と場所／種の場所

## 西田幾多郎と田辺元

（二〇〇四年）

数年前から構想を練っている仕事がある。考えあぐねていると言ったほうが妥当かもしれない。不十分ながらその一部を発表したことがあるけれども（『現代思想』二〇〇〇年七月号、『みすず』二〇〇二年五月、七月号）、西田幾多郎に継ぐ「われらが第二の哲学者」とも呼ばれる田辺元（一八八五―一九六二）が、一九三〇年代に練り上げ、ある意味ではその死に至るまで、巧みな修正を施しながら唱え続けた「種の論理」を根底的に批判したいと念じているのである。一九三〇年代に入って、満州事変、満州国建国、滝川事件、日本の国連脱退（ナチスの政権掌握）、国体明徴運動等々と危機的事件が相継ぐなか、田辺は、家永三郎が労作『田辺元の思想史的研究――戦争と哲学者』（法政大学出版局、一九七四年）で詳述したように、鳩山文相による滝川教授批判、文部省による西欧諸学の蔑視に（西田と同様）抵抗しながら、世界帝国主義（類的国家）を「不可能なもの」、ナチス的民族主義を「無媒介的なもの」、国連を「形式的なもの」、社会契約説を「抽象的なもの」、階級国家論を「一面的なもの」、ブーバー／マルセル的な「我‐汝」の対話哲学を社会性の基礎づけには根本的に「不十分なもの」として斥け、いずれの不備をも克服しうるものとして「種の論理」を唱えた。そして、動員される学徒には「死即復活」と呼びかけ、矢内原伊作のような戦場の教え子には「涙を流しながらひとを殺さねばなりませぬ」と書き送った。

戦後は、北軽井沢の大学村に引き籠りながらも、一方では「民衆の哲学」「愚者凡夫の道」「他力の道」として「懺悔道」を説き、他方では米ソの冷戦構造を「自由《リベルテ》」対「平等《エガリテ》」の対立として捉えて、日本の進むべき道を「友愛《フラテルニテ》」と定め、「友愛の民主主義」「日本民主主義」の名のもと、天皇の人間宣言、米国による占領、社会党と共産党との確執、再軍備、憲法改正といった事態に対するみずからの態度を「政治哲学者」として欠かさず表明した。前述した鳩山一郎の孫によって「友愛」という田辺の語彙が祖父の語彙として近年復活したことも、いかにも皮肉な現象と言わねばならない。

「種の論理」を批判するに際しては、戸坂潤、丸山真男から吉本隆明、柄谷行人に至る多様な思想家たちと「種の論理」との係わりを明らかにするとともに、ハイデガー／ナンシーの「共存在」「われわれ」論、ラカン／ジジェクの「享楽」論をも取り上げるつもりだが、多方向へと分岐していくこれらの力線は、最終的には、今から三百年以上も前にスピノザが『神学政治論』第十一章に記したある言葉の解明という課題へと再び収斂していくだろう。「自然は民族（natio）など創らずただ個々の人間を創るのみであって、個々の人間が言語、法律ならびに風習の相違によって初めて民族へと区別される」——これがその言葉であるが、思うに、その解明なしには「種の論理」批判はありえない。そして、それを解明するためには、「個体」「神への知的愛」「共通観念」をめぐる『エチカ』の諸命題を解明しなければならないだろう。おそらく、いまだ果たされざる課題である。昨今、かくも多くの論者たちがナショナリズムという問題と取り組んでいるにもかかわらず……。

管見によると、田辺の「種の論理」は、一九三一年に書かれた小論「綜合と超越」でカントの「図式論」をめぐって展開された独特な解釈をその端緒としていたのだが、この小論を田辺に書かせたきっかけのひとつは、『存在と時間』に継いで一九二九年に公刊されたハイデガーの『カントと形而上学の問題』であった。もっとも、小論での田辺は、ハイデガーにおける身体性と空間性の軽視をすでに批判しており、このことにも表れているように、フライブルク留学時代にハイデガーの思想に接して以来、田辺は恩師ハイデガーの「存在学との対決」をその生涯の課題とした。これといわば同型の関係を、田辺が西田幾多郎とのあいだでも維持していたことは、一九五五年刊の『数理哲学の歴史主義的展開』の「後記」に記された次のような言葉からも明らかであろう。「いわば、私の哲学研究の前半は、西田先生に追随することに依って進み、後半は先生に反対することに依って進んだのである。しかし前後を通じて私の哲学思索が先生に負う所いかに多きかは、誰よりも私が一番よく知っているつもりである」。

西田が田辺の才能に注目したのは、一九一四年に田辺が発表した「認識における論理主義の限界——マルブルヒ学派とフライブルヒ学派」で、その二年後、田辺は「時間論」のなかで、彼の生涯を貫く鍵概念ともいうべきデデキント的「切断」(Schnitt)に初めて言及しているが、同年に出版された『自覚に於ける直観と反省』で、西田もまた「無理数即ち切断」に触れている。興味深い符合といってよいだろう。一九一九年田辺は、「西田のほかにわが師なし」と言って東北大学を辞し、西田の招きで、京都大学文学部哲学科の助教授に就任する。その田辺が初めて西田批判を公にしたのは「綜合と超越」の前年に発表された「西田先生の教えを仰ぐ」であった。「場所の論理」を展開した『一般者の自覚的体系』の出版から二年後、その続編『無の自覚的限定』出版の七ヶ月前である。この批判の内容は後で取り上げるが、少なくとも公開的応答という形では、西田は田辺の批判には答えなかったと言われている。「人は人吾は吾なりとにかくに吾行く道を吾は行くなり」という一九三四年の歌に西田の感情が吐露されているとも。

二人の先生に「幸いにも」挟まれた弟子たちのなかには、ずばり「西田哲学と田辺哲学」と題された考察を発表した者たちもいた。高坂正顕の『西田哲学と田辺哲学』は一九四九年に黎明書房から出されており、西谷啓治の「西田哲学と田辺哲学」は、一九五一年に弘文堂から出版された論文集『田辺哲学』に収められている（田辺生誕百年を記念して編まれ、一九九一年に筑摩書房から出版された『田辺元　思想と回想』には野田又夫の「西田哲学と田辺哲学」、上田閑照の「田辺哲学と西田哲学」が収められている）。そこで高坂は、「西田哲学と田辺哲学とには根本的に対立するところがある。しかしまたそれにも拘わらず根本的に一致するところがある」という言い方で、両者の「本当の関係」を言い表そうとし、西谷はというと、「かりに田辺哲学による批判が、（…）誤解を含んでいるといえるとしても、そういう批判が起こるということは、やはり西田哲学になお残されている問題があるということを反映しているのではないだろうか」との問いを提起している。

西田哲学と田辺哲学との「止揚」（高坂）こそが日本における哲学の進むべき道であり、「お二人の対立からも、われわれにとって有益な多くの生産的な考え方が生まれた」（野田）。しかしその後、事態は弟子たちの見通しに反して、もはや「と」という接続詞すら使用できなくなるような仕方で進行していった。特に一九八〇年代後半から、西田哲学が再評価され（再評価に対する反論や、たとえば竹内芳郎と中村雄二郎とのあいだに、それによって引き起こされた論争なども含めて）、そのなかで、西田自身の哲学論考が文庫化され、西田をめぐる書物が飛躍的に増大していったのに対して、田辺に関してはどうだったかというと、哲学者の死の三年後、一九六四年に筑摩書房から全集が刊行され、一九七〇年に『哲学入門　哲学の根本問題』が同じく筑摩書房から出版されて以後、日本思想体系のようなシリーズの一冊が田辺に充てられることはあっても、彼の著作が復刻されることは決してなかった。

封印は三十年に及んだ。しかもそれは、忘却がほぼ忘却されるほどに徹底した隠蔽だった。単に筆者の無知と浅学を明かす特殊な現象かもしれないが、大学入学後すぐに『善の研究』や九鬼周造の『いきの構造』を読む必要を周囲からの一種の圧力として痛感したのとはちがって、筆者が田辺の論考を初めて読んだのは四十歳を過ぎてから、つまり一九九〇年代後半のことであった。このような状況のなか、海外では逆に、ヨハネス・ラウベの一九八四年の論考「絶対的媒介の弁証法」あたりを嚆矢として、田辺哲学を「世界レベルの哲学」（ジェームズ・H・ハイジック）として評価する動きが出てきた。一八八九年十月には、『懺悔道としての哲学』の英訳の出版を記念して、米国マサチューセッツ州のスミス・カレッジで、「懺悔道をめぐる国際シンポジウム——東西対話への田辺の貢献」が開催されている。他方、「ほぼ」という副詞を先に付したように、田辺哲学は国内では京都学派の末裔ともいうべき一部の人々のあいだでいわば秘教的に護られていくことになる。筆者は大学村に残された田辺の書斎を訪ねて初めて存在を知ったのだが、「求真会」の活動もそのひとつの例であろう。

しかし、忘却の忘却の最も由々しき効果は、田辺を読むことなく、戦争協力、右翼ナショナリズム、講壇的権威主義（久野収晩年の証言はこの印象を覆すのに大いに貢献した）といったイメージで田辺を否定的に捉えつつ、田辺的な思想水準を乗り越えたつもりで論者たちが提出する主体性や間主体性や体系の概念——たとえば立体構造を有したハイブリッドな主体、開放システム、異相結合、確率分布——が、そしてまた、哲学における数学や物理学の応用の仕方が、往々にして、すでに田辺によって提起または実践されている、あるいは、こういう言い方が許されるなら、田辺以前の段階にとどまっているという、笑えないパロディが、それと自覚されることなく今も続けられているということである。

『フィロソフィア・ヤポニカ』（集英社、二〇〇一年）での、中沢新一による画期的な田辺読解は、まさにこのような情勢のなかで、また、それによって可能になったと言えるだろう。「西田哲学はその生命を現代にまで保ち続けているのに対して、田辺哲学はもう用はないとでも言わんばかりの、あからさまな無視のされ方なのだ。(…)もちろん私は、田辺哲学が持っているいくつかの重大な欠陥や時代的な限界のことも、よく理解しているつもりだ。しかし、そのことを語るのは、この先の仕事としよう。料理をよく味わって食べる前に批判をはじめたりするのは、食事作法にもとることであり、同じことは、思考の産物に対しても言われうる」(xii, xiv 頁)。不思議な文章である。なぜなら、ダメなところや使用可能な調味料やありうべき調理方法などが最初から分かっていると明言することで「食事作法にもとる」振舞いをしているのは中沢自身だからである。詳細は省くが、中沢の振り子は、「今のところは」という留保に護られながら、先述した無知ゆえの乗り越えの極から、その反対の極へと一気に振れているように思われる。

中沢の読解が展開されていた時期、それは禁忌が破られて、田辺の『懺悔道としての哲学・死の哲学』(灯影社、二〇〇〇年一月)、『歴史的現実』(こぶし書房、二〇〇一年一月)が復刻された時期でもあった。野上弥生子や唐木順三との往復書簡集も出版された。今のところは、「種の論理」関連の著作を外しての部分的復活であるが、田辺の著作の文庫化を望む声もきわめて多いと聞く。筆者自身執拗にそれを勧めたことがある。かつて「西田哲学の脱構築」が叫ばれたのと同様の現象が二十年ほどの遅延を伴って田辺哲学についても生じることになるかもしれない。締め出されたものはより強くノックする、と言われるごとく。

それにしても、「根本的に一致する」とされた二人の思想について、なぜ評価と無視という正反対の現象が生じたのだろうか。逆に、「根本的に対立する」とされた二人の思想について、たとえ時間差があるにせよ、なぜ同様の仕方でその現代性、近未来性が語られうるのか。最初の問いに対して、戦争遂行のイデオローグとしてのコミットメント――「協力と抵抗」(家永三郎)――の多寡を云々することはできないだろう。そもそも、そのような比較は恣意的なものたらざるをえないし、論者の意図によってどちらにでも天秤は傾く。それに、小林敏明が『西田幾多郎　他性の文体』（太田出版、一九九七年）で書いているように、「〔西田が〕死去する直前（一九四五年）には時局を見るに見兼ねた田辺元からそれまでの両者の不仲をおいて一緒に近衛を介して皇室への進言をしようと申出を受けるが、健康状態も与って悲劇的な返事を出すに終わっている」（一二八頁）といった動きもあったのだ。

たしかに、文体《スタイル》という問題もあっただろう。容易には理解できないし、命法と当為を主調音としてはいるが、どこか切なく抒情的な雰囲気を漂わせた西田の文体とはちがって、また、九鬼の流麗な文体とも対照的に、田辺の哲学論考は素っ気ないほど硬くごつごつした、こう言ってよければ色気のない文体で綴られている。しかし、これも紹介者の展望次第である程度は払拭できる難点——それが難点であるとして——であろう。西田と同様、田辺はアララギの歌人として、己が情念の悶えを歌として表出したのだし、マラルメやヴァレリーやリルケをめぐる先駆的業績は、田辺もまた「哲学と文学の小径」（九鬼）、「哲学と詩のあいだ」（唐木）を歩んでいたことを雄弁に証示しているからだ。

あたりまえのことを言うようだが、西田哲学と田辺哲学に対する後世の反応が、両者の「根本的同一性」にもかかわらず正反対のものとなったのも、両者の「根本的相違」にもかかわらず同型的なものになるかもしれないのも、「種の論理」に、「種」の観念に由来する事態ではないだろうか。「忘却の忘却の最も由々しき効果」として先に示唆したように、西田のいう「歴史的身体」のうちにフッサールのいう「生活世界」やメルロ＝ポンティのいう「間‐身体性」との近接を、また、西田における「私と汝」のうちにキルケゴール／レヴィナス的絶対的他者との「対面」との類似を見出した者たちは、狭隘なナショナリズムの理論へと恣意的に還元された「種の論理」を乗り越える方途がそこにあるのではないかと多少なりとも考えていたと推察されるが、彼らはまた、たとえ「種の論理」を十全に理解していなくとも、田辺の理論がこのような希望の虚しさを暴いていることに、きっとどこかで気づいてもいたのだ。

一九二二年、田辺は「文化の概念」のなかで、「今日唱えられている文化主義の主張の一方人格の個性を重視しながら、直ちに人類主義の一面に馳せて、他方に民族性の尊重を無視し国家の重大なる意義を忘れている」と書いている。「種の論理」の構想はすでにここに芽生えているといってよいが、これは西田批判の前哨でもあった。一九三〇年の論考での西田批判は、西田哲学をプロティノス的発出論に比し、「一般者」（類）と「個」を媒介し、両者によって媒介される「種」という中間概念の不在を指摘するものだったのだから。事実、西田の「場所」論は一般と特殊という語彙で、「私と汝」論も一般と個物という語彙で展開されている。そして、西田はある意味ではこの立場を生涯にわたって貫いた。その意味では「種」は不要なのだが、と同時に、西田は「種」の不可避性をも痛感していた。この二重拘束は、たとえば「歴史的世界に於ての個物の立場」（『哲学論文集　第三』）の次のような言葉のうちに反映されていた。「世界を個物と個物との相互限定の世界という時、人は種というものがないと云う。併し私は之に反し何処までも独立的な個物の相互限定の世界なるが故に、種的形成の世界であると考えるのである」（『西田幾多郎全集』第八巻、三三〇頁）。

田辺の批判への反論が暗に試みられているのは明らかだが、「種の生成発展の問題」を含んだ『哲学論文集　第二』の後記で、小坂国継は、同論文集での「種の問題への関心は、当時、田辺元がいわゆる「種の論理」の立場から、西田哲学における種の契機の欠如を批判したことが、その主たる動機となっている」（同右五八二頁）と明言するとともに、「論理と生命」を単行本に収録するに際して西田が削除した箇所を紹介している。曰く、「田辺博士の「種の論理」は近来稀に見る明晰透徹なる好論文である。此論文の執筆中は尚その論文を得なかったので、終に少しく私の考えを述べることにする。但、私は未だ十分その論理を理解せないものであるから、当を得ない所があるかも知れない」（同右五五二頁）。

筆者は「種の生成発展の問題」を数年前に読み、田辺に対する西田の応答の不在という流布された見地それ自体がミスリーディングなものではないのかとの疑念を抱いたことがあるが、「一般者の自己限定」という「場所」の定義をそのまま「種」の観念にもあてはめながら、『哲学論文集』第二、第三、第四や「日本文化の問題」で、西田そのひとが「種の論理」を展開していたことが、西田解釈の核心に位置づけられるには、前掲『西田幾多郎　他性の文体』第四章「〈種〉あるいはイデオロギーの発生」を待たねばならなかった。「種の論理」の隠蔽は西田哲学のある側面の隠蔽でもあったのだ。ただし、「「種」の導入はある意味で西田哲学にとっての「危機」であった。なぜなら田辺がそうなったように、社会有機体論との親和性が強い「種」はアトミスティックな「個」を殺す可能性が高いからである」（一六二頁）という小林の指摘に全面的に賛同することもできない。なぜなら西田は、「種」の観念を導入した時期にも、「生物的種」が「歴史的種」（民族、社会）と化すためには、モナドとして世界（一般者、類）を映した個もよる否定が不可欠であり、この個が個であるためには「私－汝」的な相互限定が不可欠であるとの考えをいささかも変えていないからだ。

だからこそ、「国家」は「類の種という如きもの」ではなく、「一つの生命であり、個体でなければならない」（同『全集』第九巻、三五三頁）と云われているのだろうし、また、興味深いことに、『哲学論文集第五』に至ると、「形」（Gestalt）、「形成作用」（Gestaltung）など先行論文集では「種」の本質的特徴とみなされた語彙と「種」との切断が遂行されている。いや、「種」という語彙がほとんど姿を消していくのだ。もちろん、これは「種の論理」、「種と種のヘラクレイトス闘争」（西田）の乗り越えを意味しない。

まず、世界の鏡である個によって、種が「世界的国家」へと形成され変形されていくという図式は、田辺の「種の論理」にも含まれているし、第二に、「私–汝」の哲学を排して「種の論理」を構築した田辺自身、特に戦後は、私と絶対者との垂直の関係を「種の論理」のなかにビルトインすることになるからだ。そして第三に、世界を映す個がなぜ「種」を成すのか——『神学政治論』から引用した先の命題の後半部——という問いは、「我々は親から生まれる」（第八巻、四一頁）という事実をもって答えとできるような問いではないし、個と個の表出的相互限定を説くだけでは「種」の存在を証明することはできないからだ。その意味では、西田は田辺を隠蔽するとともに田辺の回帰を必然化してもいた。晩年、（ハイデガーの初期論考に促されて）ドゥンス・スコトゥスのいう「此者性」に多大な関心を向けていた田辺であるが、彼自身、この問いに明確に答えているとは決して言えない。だからこそ、田辺は「此者性」に加えて、ハイデガーのいう「共存在」にも改めて眼を向けたのだろうが、「われわれ」はこの「西田と田辺」というパラタックスが惹起したこの難題に答えることができるのだろうか。途方に暮れつつも、このアポリアについて考えあぐねているその途上である。

# 「存在の革命」をめぐって
## 埴谷雄高とレヴィナス

（二〇〇五年）

1

ときに「青春のはしか」とも揶揄される太宰治耽読の時期を、十代最後の数年に経験したことがある。それはまたフランス語という言語と初めて接触した時期でもあった。ほとんどすべての単語を辞書で調べながら、ではあるが、サルトルの『嘔吐』などを原書で読むようになると、愚かしい進歩の幻想も手伝ってであろうか、それと反比例して、日本の作家たちの書物は読まなくなっていった。それまでに読んだ作品の細部が次第に忘却されていったのは言うまでもない。

この忘却を忘却と自覚することもなく、二十代の半ばで、フランス国籍のユダヤ系哲学者エマニュエル・レヴィナス（一九〇六―一九九五）という哲学者と出会い、それから二十余年、何らかの形でつねに彼の著作と係わってきたのだが、たとえば、そのレヴィナスについて最初に公にした書物（『レヴィナスの思想――希望の揺籃』弘文堂、一九八八年）には、日本の作家への言及はまったく見当たらない。いや、当初はそのことを意識することすらなかった。

それから十年後、レヴィナスについて再び著書をまとめる機会を与えられたとき、ともすれば単調に陥りがちな切り口を少しでも新鮮なものにしようとまさにもがくなかで、かつて愛読した日本の作家たちの作品を久方ぶりに手に取ることとなった。レヴィナスを論じ直すために再読するのだから、安易な比較への誘惑も手伝って、類似点が目立つのは当然であろうが、『レヴィナスを読む――〈異常な日常〉の思想』(NHKブックス、一九九九年)にはこう書かれている。

「太宰治の小説「おさん」の主人公は、「気の持ち方を、軽くくるりと変えるのが真の革命で、それさえ出来たら、何のむずかしい問題もないはずです」と言った。軽くくるりと、とはいかないだろうし、真の革命という言葉も眩しすぎる、すべての問題が片づくはずもない。けれども、「倫理とは一個のものの見方である」と言ったとき、レヴィナスも同じことを言おうとしたのではないだろうか」(二四頁)。

「レヴィナスを読み始めた頃にはもう太宰治を読むことはなかった。しかし、レヴィナスを読み、レヴィナスを語るときに覚える面映さは、太宰を読み、太宰を語っていたときに覚えた面映さに似ている。ここには、「他の為に」の二人の道化がいるのではないか」(三〇〇頁)。

おさんのいう「真の革命」は「にんげんの底からの革命」(「かくめい」)とも言い換えられている。もうひとつの引用文には、「他の為に」とあるが、これは後述するように、奥野健男の『太宰治論』(文春文庫)のキーワードで、たまたま手にした村瀬学の『「人間失格」の発見』(大和書房、一九八八年)での、太宰とウィトゲンシュタインの近接への言及にも触発されて、太宰がレヴィナスと同じく「他の為に」(pour-l'autre)の追求者であったことを、ある意味では思い出したのである。太宰自身さまざまな箇所で記しているように、「隣人愛」の、と言い換えてもよい。「汝等おのれを愛するがごとく、汝の隣人を愛せよ。／これが私の最初のモットーであり、最後のモットーです」(「返事」)。

知られているように、『ルカによる福音書』第一〇章での「善きサマリア人の寓話」は、パリサイ人による「私の隣人とは誰か」との問いに、イエスが答えた際に持ち出した物語で、血縁的「同胞」に限定されていた「隣人」の観念を、任意の他者へと開き、しかも、「隣人」を何らかの所与ではなく、行き倒れた者に「接近」していくという行為によって定義しようとした点で、キリスト教陣営からは、ユダヤ教からキリスト教への転換の要とみなされている。それに対して、まさしく「現代のパリサイ人」たらんとするレヴィナスは、任意の他者を「隣人」とみなす考えを、ほかならぬユダヤ教の本質的教えをして呈示し、ニーチェのように、「隣人」に対して「遠人」を持ち出す者に対しては、「遠き者にも近き者にも、平安あれ、平安あれ」という『イザヤ書』五七・一九の聖句の困難を銘記するよう呼びかけ、ラ・ロシュフコーのような人物に対しては、「汝自身のごとく汝の隣人を愛せ」では、結局自己愛のほうが優先することになってしまうので、この聖句を、ヘブライ語についての深い知識にもとづいて、「汝の隣人を愛せ、それが汝だ」と翻訳している。それだけではない。他者との踏み越えることのできない「分離」、他者との「絶対的差異」を語り、「私」には同化不能で予見不能な超越者として他者を規定することで、レヴィナスは「隣人愛」の不可能性と、この「不可能性の可能性」を追求したのだ。

思えば、太宰もまた、レヴィナスの言うような予見不能な絶対的他者性を、「他人の家の門は、自分にとって、あの神曲の地獄の門以上に薄気味悪く、その門の奥には、おそろしい龍みたいな生臭い奇獣がうごめいている気配を、誇張でなしに、実感せられていたのです」（『人間失格』）という表現で綴っていたのだし、隣人愛の戒律が、「自己愛」の優先性に帰着してはならないとの見地から、「ごとく」を厳密な同等性として捉えようとしては、その困難の大きさを痛感していた。曰く、「キリストの汝等己を愛する如く隣人を愛せよという言葉をへんに頑固に思い込んでしまったらしい。しかし己を愛する如く隣人を愛するということは、とてもやりきれるものではないと、この頃つくづく考えてきました。(…)」(「わが半生を語る・小志」)

だからこそ奥野健男は「自己を他の為に完全に奉仕させる方法(…)。彼〔太宰〕は明快に他の為を優先させ、自己を葬ったのでしょう」(前掲書三五―三六頁)と述べたのだろうが、「自己の存在の無意味さの自覚」は、奥野によると、いわゆる「自死」への不可避的志向につながるのみならず、というよりもむしろ、この「自死」のまとうかたちとして、一方では逆説的にも「極端なナルシシズムの表明」と、他方では「負の極点へ向けての自己の反立法化」へとつながっていく。

ここは太宰とレヴィナスという二人の道化が互いに分岐していく地点かもしれない。たとえば「自死」について、レヴィナスはというと、「自死」(の可能性)によって己が死を支配し、もって実存に意味を見出そうとすることはできないと断じつつ、「自死」の間際にいる者にも残された時間(それゆえ「自死」はキルケゴールの言うように不可能である)を、「他の為に/他の代わりに」あるような生(と死)へ転じる必要を説き、それをさらに、「トーラー」(立法・律法)の厳格な要請とみなしているのだから。しかし、分岐はまた収斂であるかもしれない。というのも、レヴィナスは、今述べた動きをいわば逆向きに辿りながら、「他の為の/他の代わりの生へと高められた存在にとっては、自殺は一個の可能性として現れる。(…)すでに自分を犠牲にしうるような存在のみが自殺しうる」(『全体性と無限』二二四頁)とも記しているからだ。「トーラー」の本義を、決して遵守されたことのない不在の戒律とも言うべき「汝殺すなかれ」に求めつつも、レヴィナスはこの戒律の要請を、法的責任を超えた「アナーキズム」と「一握の狂気」と解しているからだ。「私たち一人一人が万人を前にして罪を負うているが、この私は他の誰にも増して罪を負うている」とは、レヴィナスが好んで引用するドストエフスキー『カラマーゾフの兄弟』第六書第二章の言葉であるが、それもまた、負の極点へと自己を下降させる方途をそれなりの仕方で告知しているからだ……。こうした収斂がまた新たな分岐を生むのだろうが、この点については稿を改めて論じることにして、太宰の「自死」に際しては、それを、対他意識（と自己意識のコンプレックス）の恐るべき緊張――レヴィナスならそれを「対面」による糾弾、審問と呼ぶだろう――の、「徹宵の留意」（veille）の緊張の、ひとつの、必ずしも必然的ではない帰結とみなす追悼文が発表されたのだった。

私がここに記すのは、彼の死は確かに自殺には相違ないが、ともにやはり殺されたのだといったような気分の起こる一つの印象だけである。（…）最初の自殺から最後の自殺へ至るまで、彼を押し潰そうとしたのはそんな人間鑑定家達〔人の眼を凝視して真偽を識別せんとする司法官のような者達――引用者添記〕の眼であり、彼がはねかえしつづけたのはそんな人間鑑定家たちの衡量器であったと思われる。凝っと覗かれたときに起る対他意識というものは勿論自己意識とのコムプレックスなのであって、てれた表情からやぶれかぶれの姿勢へ推移するまでにはりつめた精神の度合をたえず調べつづけていなければならなかっただろう。そうした緊張に較べれば、死ぬことなど彼はなんとも思っていなかったに違いない。（1/185-6）*

## 2

追悼文の書き手は埴谷雄高である。前掲の拙著『レヴィナスを読む』には、「人食い」をめぐって武田泰淳の『ひかりごけ』が取り上げられているのに加えて、すでに埴谷の『死霊』第二章（3/125）の一節が引用されていた。次節でもう一度触れるが、「自同律の不快」と埴谷が命名したところの感情ないし感覚に係わる箇所である。

《俺は――》と呟きはじめた彼〔三輪與志〕は、《――俺である》と呟きつづけることがどうしても出来なかったのである。敢えてそう呟くことは名状しがたい不快なのであった」――、埴谷雄高の『死霊』の一節であるが、「自同律の不快」「存在への刑罰」「存在の革命」といった埴谷の言葉は、レヴィナスの言う逃走の何たるかを驚くほど見事に伝えている。（九九頁）

翌年、『レヴィナスの思想』の全面的改訂版（ちくま学芸文庫、二〇〇〇年）を上梓するにあたっては、「存在の革命」という埴谷の表現を副題（『レヴィナス――存在の革命へ向けて』）として採用し、新たに書き加えられた「前置き――新旧論争」でその経緯をこう説明している。「『レヴィナスの思想』でもすでに、敵と味方の「分離」という言葉で、この問題〔公正な分配・分割とはいかなるものか。いかにしてそれに近づくこ

---

＊埴谷からの引用については、すべて『埴谷雄高全集』（講談社）により、引用箇所の末尾に同全集の巻数と頁数を付記する。
レヴィナスからの引用については以下のものを使用し、引用箇所の末尾にその書名と頁数を付記する。
『レヴィナス・コレクション』合田正人編訳、ちくま学芸文庫、一九九九年
『実存から実存者へ』西谷修訳、講談社学術文庫、一九九六年
『全体性と無限』合田正人訳、国文社、一九八九年
『タルムード四講話』内田樹訳、国文社、一九八七年
『存在の彼方へ』合田正人訳、講談社学術文庫、一九九九年
『諸国民の時に』合田正人訳、法政大学出版局、一九九三年
「ハイデガー、ガガーリン、そして私たち」江川隆男訳、『思想』一九九七年四月号、二六四―二六七頁

とができるのか」がすでに示唆されている。カール・シュミットを意識しながら、後にデリダがレヴィナス論『アデュー』のなかで、「歓待《オスピタリテ》」と「敵意《オステリテ》」の同義性として提起した問題であるが、思えば筆者は、埴谷雄高の政治論集のなかでこの問題〔やつは敵である。敵を殺せ〕と出会ったのだった。埴谷からは「存在の革命」という『死霊』の語彙を頂戴した。（…）」（一七頁）

ただ、当時、埴谷が太宰の追悼文を書いていることを知っていたかというと、決してそうではない。今回、埴谷雄高とレヴィナスについて自分の考えをまとめたいと思い、埴谷の仕事を読み返す過程で、初めてそのことを教えられたのである。秋山駿・埴谷雄高・吉本隆明の鼎談『思索的渇望の世界』のなかで、埴谷は、いささか意外の感を禁じえなかったが、太宰に対して高い評価を下すとともに、その交際を明かしてもいる。「太宰治の『晩年』が出たときぼく達のあいだで評判でしたよ。やっとぼく達の代表が出たという感じですね。（…）〔仲間の〕高橋に連れられて、三鷹の太宰の家へ何べんも行きました。だからすれ違いではありませんね。／吉祥寺の古本屋で、太宰と顔を会わせれば、必ず立ち止まって話したものです。で、ぼくは太宰の追悼文も書いています。短いものですけれど」（15/73）。

今の今までこの事実に気づかなかったのだが、思えば、太宰と埴谷は共に一九〇九年生まれで、レヴィナスより三歳年下である。大岡昇平と埴谷との対談に付された形容矛盾とも言える題名（『二つの同時代史』）をもじって言うなら、彼らは三つの同時代を生きた。小論の冒頭で、太宰とレヴィナスとの結ぼれのいくつかのかたちを指摘したのに続いて、これより、レヴィナスと埴谷とのそれをより解像度を上げて検討するつもりであるが、その前にひとつ、埴谷の太宰をめぐる次のような評価のうちに、埴谷自身の仕事の核心につながっていく本質的要素が含まれていること、この点をあらかじめ示唆しておきたい。白川正芳との対談でこう言っている。

ぼく達の先駆者は太宰で、太宰は、生まれてきて済みませんということと、にもかかわらず献身として生きなければならぬという、自殺と生との間を絶えず往復しているのですね。そこまでぎりぎりにいかなきゃだめでしょう。実際人間が立ち上がることは、ほんとは流されることなんだから、どこかの草でも、どこかの岩でもつかんではい上がろうとするのと、いや、はい上がろうとすることは価値がないんだという自己の問答がなければ、そこにそうしている意味がないでしょう。（15/128）

草でも岩でも、とここでは言っているが、埴谷には、川で溺れかけて上級生に必死でしがみつき、その上級生が埴谷をふりほどくために彼を滅多打ちにするという少年期の経験があり（15/41）、そこから彼は、後でも触れるように、何をしてでも生き残ろうとする人間の「自己への執着」を学ぶのだが、レヴィナスであれば、スピノザを踏まえて conatus essendi（存在せんとする努力）と呼ぶであろうこの如何ともしがたい傾動を、埴谷は「人間であることの汚辱」とみなすとともに、「隣人愛」と「正義の殺戮」が共存しうることを暴露しつつも、この「汚辱」――「兄弟殺し」の不可避性――にわずかなりとも抵抗しうるような「超人」の「不可能性の可能性」を探ろうとしたのではないだろうか。「他なる人間」「存在するとは別の仕方で」「存在とは他なるもの」といった措辞を駆使してレヴィナスが語ろうとしたのも、この無以下の可能性であっただろうし、「人間失格」「Human Lost」という太宰の表現もそれをいわば裏面から言い表そうとしたものなのかもしれない。

3

もちろん、かつてアドルノが『ミニマ・モラリア』の「思索のモラルのために」と題された断章で喝破したように、このように似てみえるのはきっと眼が悪いからであろう。ただ、ひとつ言い訳をしておくと、こうした比較を許容しているのが、いや、むしろ求めてさえいるのが埴谷そのひとであることは忘れてはならない。最終的にはこの点にも批判を向けるつもりだが、埴谷は「存在論的課題」を「世界的に同じ」課題と呼び、サルトルの試みと自身のそれを対比しているのである。一九五五年に書かれたみずからのエセー「二十世紀文学」を振り返りながら、池田晶子との対談のなかでこう言っている。

「存在論を掌に握る」のは、二十世紀の課題であって、これをわれわれは課題としなければならない。／『不合理〔ゆえに吾信ず〕』を「構想」という同人雑誌に発表したのは昭和十四年〔一九三九年〕ですが、サルトルの『嘔吐』は昭和十三年なんですね。つまり、存在論的課題をそれぞれが負い、考えている。二十世紀は存在論の時代、世界的に同じですね。（池田晶子『オン！』講談社、一九九五年、九三頁）

こうした世界同時性の意識は、サルトルには「デーモンが憑いていないから」（1/497）一流の芸術作品は創りがたい、といった対等もしくは優越の矜持を伴っていただけではなく、国家の死滅と国境の消滅という埴谷の理念のある意味では必然的所産でもあった。埴谷がボードレールの「万物照応」を存在論的に重要な詩とみなしているのもそれと決して無関係ではない。実を言うと彼は、こうした理念の実現を予示した出来事の最たるものとして、人工衛星の打ち上げを捉えていた。「〔社会主義諸国家では〕生産の国際化に対する生産関係の個別国家制がまずはじめに目に付く矛盾として現れる。この矛盾がどういうところに現れているかというと、私達がいままず見ているのは、人工衛星ですね。これは地球を一時間ほどで廻っていますが、人工衛星はすでに「国境を無視」している。それは、まったく国境を知らないのです」(10/69)。

埴谷は他の論考でも度々人工衛星に、ガガーリンに言及し、そこに、地上を覆う戦争と貧困を乗り越えて「まったく新しい認識と創造」に向かう「空間人」(4/314)への序章を看取している。ハンナ・アーレントのような思想家が、人工衛星による地球〔人間の条件〕からの離脱の幻想を揶揄することから『人間の条件』(一九五八)を書き始めていたのが思い起こされるが、それに対して、レヴィナスはガガーリンについて、埴谷とほぼ同じことを、ほぼ同じ時期に述べていた。「技術はわれわれをハイデガー的世界と「場所」の迷信から引き離す。(…)〔ガガーリンの偉業として〕おそらく何よりも重要なことは、「場所」から離れたことである」(「ハイデガー、ガガーリン、そしてわれわれ」二六六頁)、と。

「場所」からの離脱——、それを埴谷は「非定着」「ハイマートロース」〔故郷喪失〕、さらにはnowhereという語で、レヴィナスもnon-lieu, u-topieというその同義語で語っていた。しかも、埴谷とレヴィナスは共に、そうした離脱につながるはずの革命がロシア革命においてすでに深く変質してしまったことを指摘してもいる。レヴィナスの場合は、まさにこうした変質ゆえの、白軍・赤軍・コサック兵入り乱れての混乱をウクライナの地でその少年時代に生きたと言えるだろう。埴谷が「二十世紀前半における記念碑」(6/219)と呼ぶショーロホフの『静かなドン』で描かれたような混乱を。

埴谷「革命の変質が何処からはじまったかといえば、世界の革命の範例となったロシア革命そのもののなかで起ったのですね。(…)国家の死滅など思いもよらず、国家はひたすら強化され、世界史のなかでも珍しい最高最大の国家権力が形成されてしまった」(10/65)。

レヴィナス「今日の苦悩は、官僚制と抑圧に堕した数々の革命の経験、革命とみなされた全体主義的暴力に由来する。なぜなら、革命のなかで、脱疎外それ自体が疎外されるからだ」（『タルムード四講話』一四三頁）。

「革命」のこうした変質のなかで、被収容経験をもつ二人の思想家はいずれも、行動することのできないオブローモフ的人間の無為と怠惰を描き、埴谷は「蜘蛛の巣のかかった何処か忘れられた部屋の隅」(4/17) でのたった一人の煩悶に、レヴィナスは地下納骨堂のような暗所での身を引き裂かれるような苦悩に「革命」の「場所」、いや、その「非-場所」を求めたのだった。

一方は国家の死滅と国境の消滅を、他方は「無国籍性」（レヴィナス）を語っているとはいえ、しかしながら、埴谷にとってもレヴィナスにとっても、それは抽象的で等質な「人類」への移行を意味するものでは決してなかった。まずレヴィナスだが、彼は前出の『イザヤ書』五七・一九の聖句を念頭に置きながらこう言っている。「正義が正義でありつづけるのは、近き者と遠き者との区別が存在しないような社会においてのみである。とはいえ、かかる社会においては、もっとも近き者を無視して素通りすることの不可能性もまた存続している」（『存在の彼方へ』三六二頁）、と。他方、埴谷はというとドストエフスキーを引き合いに出している。

ドストエフスキイは、遠い人類は愛せるけれども、すぐ間近の「顔をもった」人間はとうてい愛せない、といったこれまた怖ろしい深い意味をもった言葉を述べていますけれども、新教徒の虐殺〔聖バルテルミの虐殺〕に歓喜したローマ法王も、抽象的に、人類「全体」を愛したに違いない。ただ彼は、眼前にいる「顔をもった」具体的な人間の「部分」に耐えられなかったのですね。 (10/49)

埴谷のこの発言はいくつもの点できわめて興味深い。まず、埴谷にとってのみならず、幼少期からロシア文学と原語で親しんできたレヴィナスにとっても、すでに示唆したように、ドストエフスキーは最重要の作家であったということ。第二に、埴谷は「顔」という語を括弧で括って用いているが、気鋭のドストエフスキー研究家、番場俊が「〈顔〉のエクリチュール」（『現代思想』一九九七年五月号）で示したように、「顔」はドストエフスキーの鍵語であった。そして、ご存じの方も多いだろうが、それはまたレヴィナスの鍵語（visage）でもあったのだ。第三に、埴谷はここでは一五七二年にフランスで生じた新教徒たちの虐殺に例を取っているけれども、さまざまな箇所で、ワルシャワ・ゲットーでのユダヤ人蜂起とその凄惨な敗北に強い関心を向け、それを介して、二十世紀に繰り返された大量虐殺と、そしてまた、国家が殺人者であることの証人たるユダヤ人が国家という名のものをつくりあげるに至った歴史の逆説と向き合おうとしている。

レヴィナスの日本への紹介が極端に遅れたためであろうが、レヴィナスのほうがサルトルを現象学へと導き、また、別の個所で示したように、「嘔吐」〔吐き気〕（nausée）という語彙さえレヴィナスからサルトルに委譲されたものかもしれないということを、おそらく埴谷は知ることなく、サルトル、メルロ＝ポンティ、ハイデガー、そしてさらにはエルンスト・ブロッホの名を挙げて、彼らとの同時代性を、いや、先述したように、むしろ彼らに対する自身の優位をさえ語っているのだが、もし埴谷がレヴィナスの仕事に触れていたなら、それに対して彼がいかなる評価を下すせよ、埴谷自身、レヴィナスという「存在するとは別の仕方で」「存在とは他なるもの」の哲学者のうちに、みずからの企図との類似を感じ取ったであろうことは想像に難くない。

もちろん、そこには重大な相違もまた存していたのだが、類似は上記のごとき主題論的《テマティック》な次元に見出されるのみならず、文体論《スティリスティック》な次元、修辞の次元にも見出される。『死霊』で自分が採った「方法」として、埴谷は「極端化と曖昧化と神秘化」(3/12) の三つを挙げている。「極端化」は、レヴィナスがみずからの「方法」として挙げる「誇張法」(emphase, surenchère) に対応し、「曖昧化」は、レヴィナスがその第二の主著『存在するとは別の仕方で あるいは存在することの彼方へ』(一九七四年) などで、言表の一義化に抵抗する équivocation に対応し、最後に「神秘化」――レヴィナスの思想をいわゆる「神秘主義」と同定することは控えねばならないが――は、たとえば「謎」(énigme) というレヴィナスの観念に対応していると思われるが、どうだろうか。

最後に「科学と哲学の間」(16/70) と埴谷自身によって名づけられた領域との係わりについて言っておくと、レヴィナスは埴谷のように数学や物理学や生物学の知識を振りかざすことはないが、空間の「曲率」を語ったり、内と外、表と裏についてトポロジカルな表現を駆使しており、その意味では、「直線は曲線、／曲線は直線」(3/535)、「平らは丸い、／丸いは平ら」(3/542) という埴谷の言葉はレヴィナスとも決して無縁ではなかった。「徴《シーニュ》しの贈与それ自体を告げる徴し。何とも曲がりくねった道だ。『繻子の靴』の題辞として、クローデルは「神は曲がりくねった線でまっすぐに書く」というポルトガルの諺を選んだが、今述べたことの意味を表す言葉として、この諺を解することもできるだろう」(『存在の彼方へ』三三四頁)。

鹿島徹の『埴谷雄高と存在論』(平凡社、二〇〇〇年) のような優れた論考が発表されて、埴谷のいう「存在の革命」「革命的存在論」の何たるかがようやく本格的に検証され始めたわけだが (鹿島によると、埴谷がハイデガーを精読した痕跡はない)、こと埴谷とレヴィナスとのいわば「分離的接合」に関しては、これまでのところ、何も語られていないに等しい。これら二人の「たったひとりの革命家」の衝突から、火花のように、何かが飛び出すことをわずかに期待しつつ、この作業に着手することにしたい。

## 4

すでに示唆したように、埴谷の思想は「自同律の不快」と名づけられた根源的感情ないし感覚を中心として練り上げられていった。この表現が初めて使用されたのは、一九三九年に発表されたアフォリズム『不合理ゆえに吾信ず』においてで（1/22）、ひとつには、デカルトのいう瞬間的コギトに時間を導入することで「鋳割れたコギト」（ポール・リクール）を語ったとされるカントに着想を得たものと推察される。先に見たとおり、『死霊』（一九四六年）では、「《俺は——》と呟きはじめた彼は、《——俺である》と呟くことがどうしても出来なかったのである。（…）」とあったが、レヴィナスに話を移す前に、構成という点でも「死者の電話箱」という発想に関しても『死霊』がジョイスの『ユリシーズ』（一九三〇年に日本に初めて紹介される）と無縁では決してないという前提のもとに、もうひとつ仮説を呈示しておくと、「ミスター・ブルームは足元の深い砂を静かに棒切れでかきまわした。彼女へのメッセージを書く。消えないで残るかもしれない。何て書く？／I／am a／書ききれない、よそう」という『ユリシーズ』（第一三挿話「ナウシカア」）の一場面と、「自同律の不快」とのあいだにも、もしかすると何らかの呼応があったのかもしれない。

一九三六年、埴谷の『不合理ゆえに吾信ず』が発表される三年前のことだが、レヴィナスは「存在の革命」をめぐる彼独自の思想を初めて綴った珠玉の試論「逃走論」を『哲学探求』誌に発表している。そこでレヴィナスは、「私が私である」という同一性を一方では「自足的安逸」の、他方では「自己現前への終身刑」の表現とみなしたうえで、この「私が私自身であるという最も根底的で最も仮借ない繋縛」からの不可能な逃走への絶えざる欲求を、どうしようもない「不快」(malaise)として描き出し、試論をこう締め括っている。「〔観念論とは異なる〕新たな道を通って存在から脱出しなければならない。そのためには、常識《サンス・コマン》と諸国民《ナシオン》の叡智にとってこのうえもなく明白と思える若干の観念を転倒する覚悟が必要である」(『レヴィナス・コレクション』一七八頁)、と。

その後、レヴィナスは「逃走論」の続編として捕虜収容所のなかで書き続けた『実存から実存者へ』のなかで、「存在することの悪・苦痛」(mal d'être)を語ることになる。「あくまで自分自身であろうとしながら、同時に、無性に自分自身でなくなろうとする私達の自己格闘する本性」が埴谷のいう「自同律の不快」であるとするなら、レヴィナスのいう「逃走」は、埴谷が「自同律の不快」とも、「存在の不快」「存在への刑罰」とも呼ぶ事態と、それこそぴったり重なり合うことになるだろう。

『不合理』には「賓辞〔述語〕の魔術」「属性の魔術」(1/12.13)という言葉が記されている。その意味では、「自同律の不快」とは、「私は私である」という述定(prédication)の不可避性と暴力性に対する勝目のない抵抗である。カントの言い方を用いるなら、「私は私である」は「分析判断」ではないが、かといってそれは「ア・プリオリな総合判断」でもなく、その中吊り状態が「不快」なのである。この点でも、レヴィナスは実は、前掲の『存在するとは別の仕方で』のなかで、存在論と「SはPである」という「述定命題《アポファンシス》」との本質的な連関に注目しながら、主語が自己分裂しつつも自己を再発する、いわば分裂を介した自己同一化の過程として、埴谷のいう「賓辞の魔術」を描き出している。しかもその際、「不可解な図式論」という、カントと「魔術」を彷彿させる語彙が用いられているのだ。

それだけではない。レヴィナスは、「述定命題」への「集約」(rassemblement)を、「語られたこと」(le

Dit）と呼び、そのような不可避的な集約を拒絶するような文体で第二の主著を綴るとともに、「語られたこと」の不断の「語り直し」（Dédire）をみずからの「方法」として採用しているのだが、一方の埴谷も、『不合理』のアフォリズムについて、それは前文と後文が両者のあいだの「白い無の空間」によって隔てられていると説明することで、「述定命題」に亀裂が穿たれていることを仄めかし、また、ach, pfui! という感嘆詞についても、「ついにまとまった言葉となり得ぬ何かがそのとき棘のような感嘆詞となって私から迸り出る」（1/10）と言っている。

三輪與志の兄、高志はというと、「自同律の不快」について、「お前の総体とお前の《自分自身》はぴったり重なってまったく同じ筈だったが、その二つのものの同格、同質、同一のかたちは、実のところ、まことに覚つかなく、いいか、その重なり具合を徐々につきつめてゆくと、忽ち、どちらからも必ず何かがはみだしてしまうことになってしまうのだ！」（3/480）と言っている。アドルノの用語を援用するなら、「非同一的なもの」（non-identique）の剰余ということになるのだろうが、レヴィナスはというと、この「二つのもの」をmoi〔自我〕とsoi〔自己〕として捉え、一方では、先に述べたように、この「二つのもの」の終身的繋縛を語り、いま一方では、この二つのものを「分身」との「類似」（ressemblance）の関係とみなし、第三には、soiが第三人称の再帰代名詞の強勢形であることを踏まえて、決して現前することなき「彼性」（illéité）として捉えている。

まず「分身」については、レヴィナスは、ロシア民話「イワンのばか」に出てくるイワンの影や、モーリス・ブランショの『アミナダブ』での、トマに対するドムを例に挙げながら、まさに不即不離の関係として分身との関係を記述しているのだが、『死霊』第六章の冒頭で、埴谷もまた、三輪與志の枕許にその分身である悪魔——ダイモーン——が腰をおろす場面を設定して、悪魔をしてレヴィナスと同様の言葉を與志にささやかせている。

――（…）いいかな、よく思い知ってくれ、「お前自身」は「お前」と重なっているようで、本當は、まるで無関係だぜ。ぷふい、《巨大な無関係》――そうだぜ。だが、しかし、これもしかと心得ておいてもらおうぜ、いいかな、これもこの上なくはっきりいっておくが、ほら、この通り、「お前」と「俺」は、どっこい、そのあいだを無理やり二つにたち切ろうとしてもとうてい切れぬのだぜ。つまりこの「俺自身」とその「お前自身」とはまぎれもなく二つに重なった関係そのものにほかならぬのだ！

――あつは、そうかな、悪魔……。

――ほほう、俺の口眞似をお前がするとは思いがけなかったが、はっきり芯の髄まで思い知ってくれ。そこには、もし「お前」がいれば「俺」も必ずそこに控えているといった密接深奥なのっぴきならぬ関係があって、ほら、しっかりみてみろ、「俺」は「お前」で、その「お前自身」はこの「俺自身」にほかならぬのだ！　(3/501–502)

もうひとつの「彼性」についても、興味深い符合が見出される。レヴィナスにとって、「彼性」とは決して現前することなき「痕跡」であって、それは、『出エジプト記』三三の神（の栄光）のように「顔」を見せることなき者、「顔」を背ける者なのだが、『死霊』第五章で、尾木恒子の姉の自殺と革命的殺人の顛末を弟に向けて語った後、三輪高志はこう話を続けている。病監で不眠のまま窓の外を眺めていると、眼前の高い壁の上に死者たちの「顔」が浮かんでくるのだが、そのなかに、「不吉な背中だけ見せて素早く立ち去る男」の「絶えず向うむきの顔」(3/454–455)があった、と。

この「絶えず向こう向きの顔」はいみじくも《それ》と命名されている。実を言うと、レヴィナスの用いる「彼性」(illéité)という語彙に含まれたilも、「彼」と非人称の「それ」の二義を含意しており、そのようなものとして、次節で述べるような〈ある〉(il y a)と結びついている。ただ、「顔」を見せない《それ》の「顔」を、策を弄して見てみると、《それ》は「顔なし」「のっぺらぼう」ではなかった。もうお分かりかもしれないが、《それ》は三輪高志の分身ともいうべき悪魔であって、続く六章では、先に記したように、與志の悪魔が與志のもとを訪れるのである。

とするなら、《それ》(il, se)は分身、ひいては「自己」(soi)そのものでもあるわけで、「自同律の不快」が暴いていたmoiとsoiの不即不離の関係についても、このように、同型性を両名のあいだで指摘することが可能なのである。もっとも、埴谷の場合にはレヴィナスの場合よりも直裁に、この不即不離の関係が西田幾多郎のいうような絶対矛盾、テーゼとアンチテーゼの統一として、弁証法的に捉えられているのだが。

## 5

『実存から実存者へ』というレヴィナスの小著を読む者に今もなお最も衝撃的な印象を与える個所のひとつはやはり、〈ある〉〔イリヤ〕をめぐる描写ではないだろうか。「存在するものすべて、事物も人もことごとく無に帰したと想像してみよう」(『実存から実存者へ』一一三頁)、とレヴィナスは言う。もはや何もない。しかし、この「何もない」は「ある」のではないか。このような逆説がイリヤにほかならないのだが、「無は思考できない」「あるものだけがある」とこの逆説を否定したのは古代ギリシャのパルメニデスであって、その意味では、レヴィナスが、『実存から実存者へ』の出版とほぼ同時期の講演『時間と他なるもの』で、パルメニデスとの絶縁を宣言したのは必然的な事態だった。曰く、「私たちは統一性として融合することなき多元性へ向けて歩んでいきたい。そして、もし可能なら、パルメニデスと縁を切りたいのである」(『レヴィナス・コレクション』二三五頁)。

ディールス・クランツ編の『ソクラテス以前思想家断片集』や山本光雄編訳の『初期ギリシア哲学者断片集』(岩波書店、一九五八年)に何度も言及していることからも分かるように、いわゆる「ソクラテス以前思想家たち」へ向けられた埴谷の関心は並々ならぬもので、池田晶子との先の対談では、パルメニデスとヘラクレイトス双方を「存在病の元凶」とみなしつつも、一方では、「在るもののみがそこに在る!それが自らを変えて新しい何物かにたとえなり得たとしても、あっは、在るもののみが在る」(3/522)とパルメニデスの立場を揶揄し、さまざまな箇所で、「ない」から「在る」、「在る」から「ない」への不断の反転を説いた「暗い人」ヘラクレイトスの継承者を自任してさえいる。

一方のレヴィナスも、上述したようにパルメニデスとの絶縁を宣言したうえで、〈イリヤ〉をヘラクレイトス的な全面的流動——パンタ・レイ・カイ・キネタイ——に比している。「仮にあるという観念を、古典的哲学の大いなる主題と比較したいのであれば、私はむしろヘラクレイトスに思いを馳せるだろう。二度浸かることができないとされた流れの神話ではなく、クラチュロスによるその解釈に、であるが、そこでは、ただの一度も同じ流れに浸かることはできないのである。一切の実存者の形式たる統一性の固定性さえ、そこでは構成されることがありえない。この流れにおいては、生成なるものが理解される手掛りとしての最後の固定的な要素さえ消失してしまうのである」(『レヴィナス・コレクション』二四三頁)。もっともレヴィナスは、「ソクラテス以前思想家たち」だけを重視して、ヘブライ語聖書にまで遡ることのない、ハイデガーのような思想家の構えを「アンチ聖典」と形容してもいたのだが。

これはもちろん、「実体」(substance) という語彙にどのような意味を込めるかに左右される論点だが、〈イリヤ〉は、少なくとも「何か」と呼べるような実詞・名詞 (substantif) という意味での「実体」のまったき不在であり、その意味では、埴谷が「実体」に「決定的に矛盾するもの」として提起した「虚体」の観念に対応している。このように「虚体」に比された〈イリヤ〉を、レヴィナスはというと、音響的なものとして捉え、沈黙の声、不断の耳鳴りのようなざわめき、強迫的な「雰囲気」と、それを形容しているのだが、『死霊』の読者は、その冒頭から、ほぼ絶えることなく、三輪與志を強迫する「《宇宙的な気配》」「駆り立てるような微かな地響き」「果てもなく伝わっていくざわめき」「目に見えぬざわめき」「《存在のざわめき》」と出会うことになるだろう。

埴谷には、ときどき結滞する心臓の鼓動についての印象的な描写から始まる初期の作品「意識」があるが、埴谷も高く評価していたエドガー・アラン・ポオの短編「息の喪失」に言及しながら、レヴィナスもまた、「リズムの欠如からなるリズム」(『レヴィナス・コレクション』二二〇頁) として〈イリヤ〉を形容している。また、「夜が、それが目覚めている」とも表現される〈イリヤ〉は「不眠」の主題とも連動していて、知られているように、「不眠」はレヴィナスのみならず埴谷の作品にも頻出する現象であったし、二人共に、「もう眠ることはできない、マクベスが眠りを殺してしまったのだ」というシェイクスピアの言葉を引用している。

先に「果てもなく伝わっていくざわめき」とあったが、埴谷はヘラクレイトスに加えて、アルケオラスやアナクシマンドロスのいう「アペイロン」〔果てなきもの、無限定なもの〕に共感を示し、「果てのないどんづまり」(unendliche Ende) という言い方を好んでしている。では、レヴィナスはどうだろうか。この点はきわめて微妙なのだが、レヴィナスは、ときに火や水や空気や土などの「元基」(élément) を「アペイロン」と呼び（『全体性と無限』二三九頁）、ときにそうした「元基」のまったき不在であるような〈イリヤ〉を「アペイロン」と呼んでいる（同前二八八頁）。ただ、いずれにしても、「アペイロン」には「悪しき無限ないし無限定なもの」（mauvais infini ou indéfini）という符牒が貼られており、デカルトにならって、レヴィナスはこのような「アペイロン」〔無際限なもの〕と真の「無限」ないし「無限化」を峻別し、後者については、それを〈他人〉との対面のなかでのみ生起するものとみなしたのだった。

「無限」「永劫」といった語彙を共に多用する思想家のあいだに見られるこの微妙な差異、そこからもたらされる帰結はそれこそ計り知れないほど大きい、と思われる。なぜなら、——これは「暴力と形而上学」でのジャック・デリダによるレヴィナス批判とも密接に係わる論点であるが——、埴谷のいう「果てのないどんづまり」は、有限性と無限性との二分法を崩すものとして、レヴィナスがカントやハイデガーの思想に何のためらいもなく「有限性（Endlichkeit）の思想」なるレッテルを貼付することにも、「無限の全体性」（totalité infinite）という複合表現それ自体を斥けてレヴィナスが「全体性」と「無限」を対立的に捉えることにも、根底的な疑義を呈しているからだ。

## 6

〈イリヤ〉とは無があることであった。このように、ないものがある、ないものがいるというのはたとえば、生者にとって、一方では死者との関係であり、他方では、これから生まれてくるかもしれない者との関係にほかならない。まず前者について言うと、レヴィナスはここでもまたポオの『アッシャー家の崩壊』を念頭に置きながら、「生き埋めにされることへの恐怖、言い換えるなら、死者は十分に死なず、死のなかでもひとは存在するのではないかという猜疑」（『レヴィナス・コレクション』二二〇頁）として、絶えず回帰する「亡霊」として〈イリヤ〉を印象深く語っている。ひとことで言えば、〈イリヤ〉とは埴谷のいうように「私語する死霊達」そのものなのである。そしてまた、矢場徹吾が『死霊』第七章で語る「影の影の影の国」の亡者たちなのである。「分身」に言及した際に示唆したように、「影」(ombre)がレヴィナスの鍵語のひとつであること、彼が〈ある〉を「他性の全重量」(『存在の彼方へ』三七二頁)と形容していること、この点も付言しておきたい。

死者たちは生者たちにこのように取り憑いている。生者たちを糾弾し、裁くために。レヴィナスも埴谷も共にこのような考えを抱いていたと思われるが、ここからさらに、両者における、歴史(物語)についてのこれまた酷似した理解を生み出している。レヴィナスにとっては、歴史(修史)は「生き残り」の歴史でしかなく、他者との関係はこのような意味での歴史から引き剝がされたところでしかありえない。逆に言うと、このような関係は、仮構された歴史的連続性に断層を穿ち、そこにおいて歴史そのものが、歴史によって一方的に裁かれ、そこから排除された者たちによって裁かれねばならないのだ。『死霊』第三章での、首猛夫と黒川建吉の会話で述べられているように、埴谷にとっても「歴史」とは単なる「記録された事実の膨大な集積」ではなく、逆に、「歴史の幅からの逸脱の歴史」「逸脱者の歴史」であって、それゆえ、彼がひたすら耳を傾けているのは、「晦暗な歴史の奥から去りやらぬ影のように聞こえてくる亡霊の声」(3/254)なのである。

もうひとつの関係、未だ生まれざる者との関係に移ろう。思うに、〈イリヤ〉ないし「虚体」は、レヴィナスと埴谷がそれぞれ「無からの創造」を言い換えたものであって、だからこそ、『死霊』第八章では「創造的虚在であるところの虚体」(3/812)といった言葉が用いられているのだが、のっぺらぼうな「未出現者」のこの創造もまた、複数の次元で、埴谷とレヴィナスとを接触させるものだった。まずは「子供の生産」――これについては後述することにしたい。第二は、「嘗てなく、また将来もないだろう」ものとして、先に言及した「彼性」。そして最後は、「私とは何か」ではなく、「何が私なのか」という問いで埴谷が考えようとした「自己」「私」の創造。埴谷が意識していたかどうかはともかく、「何が私であるのか」（3/686）という問いの形式は、「それがあったところに私はならねばならない」（Wo Es war, soll Ich werden）という、フロイトの『続・精神分析入門』での言葉と無関係ではありえないし、後でも言及する『科学心理学草稿』（一八九六年）で、フロイトはすでに、「私の発生」（Entstehung des Ich）を「最も解き難い問題」とみなしていたのだった。

これはどちらかというと証明不能な出来事として記述されているのだが、レヴィナスは「ヒュポスタシス」（基体化）という古典的用語で、〈イリヤ〉の il が soi と実詞化されて、それが moi の基体と化すところの出来事を示している。みずからに対する絶対的剰余としての〈イリヤ〉にいわば襞《プリーツ》のようなものができて、その凹みで「ヒュポスタシス」が生起すると言ってもよいかもしれないが、埴谷はというと、ひとつには、「驚くほど巨大な底知れぬ存在の苦悩を運びに運び、つぎからつぎへと渡しつづける「もの」と「もの」との「物質連鎖」のなかを辿りに辿り、そしてさらになお辿りつづけることによってのみ、その果ての果てに、ようやく「何が私であるか」の「自己存在」にこそ到達したのだ」（3/678）という言い回しで、「ヒュポスタシス」の過程を説明している。これを唯物論的説明と仮に呼ぶとするなら、「虚膜細胞」といった語彙で展開されるのが生物学的説明で、それによると、自他、全体と部分の区別もなき単細胞が自己分裂することで、「兄弟」を食い、排除する「貪食細胞」の愚かな残忍さと「生殖細胞」の果てしない好色が生まれるのである。

こうした説明を『死霊』第七章で展開するに際して、埴谷は、「ハイデガーのいう現存在は飢えを知らない」というレヴィナスの指摘に呼応するかのように、「生は飢えである」と断言するとともに、「お前がお前であるのは、すべてお前が食べ飲むことによるお前の口による取り込みの自己自身化以外にないのだ」(3/642)としている。これは、レヴィナスが『全体性と無限』第二部で、「他なるもの」(autre)たる「糧」の「享受」(jouissance)による「自己」の生成として記述した過程に対応している。

「糧」はこの私とは「他なるもの」である。「享受」による個体化は、この「他なるもの」の同化吸収によって生じる。これに対して、「糧」のように同化されたり、誰かの所有物と化したりすることのないものを、レヴィナスは大文字のAutre、もしくはAutruiという語彙で表現し、この「他人」と「私」とのあいだに、一方では、「他人とは私が殺したいと意欲しうる唯一の存在者である」(『レヴィナス・コレクション』三六〇頁)という係わりを、他方では、他人は私による所有、ひいては殺人に無限に抵抗し、「私」という「権能」(pouvoir)そのもの＝「暴力」を根底的に審問する、という係わりを設定している。係わり、と言ったが、すでに示唆したように、レヴィナスは「関係なき関係」という表現で、「私」と「他人」との分離、両者のあいだの絶対的差異を語っており、この分離ゆえに、「私」は「他人」を殺せない。というか、殺せたとしても、「他人」を「他人」として殺すことはできないのである。

レヴィナスは殺人(とその不可能性)を存在論的次元に位置づけた。「ぼくが生きている限り、僕はきっとある種の殺人犯の片割れにちがいないような気がする」とは、埴谷によって引かれた武田泰淳『風媒花』の言葉であるが、レヴィナスもほぼ同じ内容の発言をしている。「あたりまえの生の無垢なる残忍さによって、近き者と遠き者への「潔白な」無関心によって、さらには、何としても対象化し主題化しようとする高慢な執着心によって犯される緩慢で不可視な暗殺のすべて」(『諸国民の時に』一五七頁)、と。ここに私が何気なく存在することが、誰かを踏みつけることであり、誰かの排除であり、誰かを死に追いやるかもしれないというこの認識、まずはそれを、われらが二人の思想家は共有していた。埴谷曰く、「そこに何かが存在することは、怖ろしいことに、もはや決定的に何かを存在させないことにほかならないのですね」(10/39)。

殺人・暗殺・憎悪・暴力をめぐる痛苦な問いはまた、レヴィナスにとっても埴谷にとっても政治と道徳という問題系に係わるものだった。埴谷は『政治のなかの死』等の諸論考のなかで、「やつは敵である。敵を殺せ」を政治の根幹的原理とみなすとともに、ショーロホフの『静かなドン』の主人公やカミュの戯曲『正義の人々』、『海の沈黙』で知られるヴェルコールとピエール・エルヴェとの論争、この論争への野間宏の介入、さらにはガンジーの非暴力主義などに言及しながら、政治のこの根幹的原理と道徳的逡巡や拒絶とのせめぎあいを、目的は手段を正当化しうるかという古来の難題を幾度も論じている。

「戦争は道徳を取るに足らぬばかげたものにしてしまう。こうして、万策を講じて戦争を予見し戦争に勝つための技法、つまり政治が理性の遂行そのものとして幅を利かせることになる。政治は道徳の対蹠点に位置する。哲学が愚直の対蹠点に位置するように」(『全体性と無限』一四頁)——『全体性と無限』序文の一節であるが、このようにレヴィナスは、まさに政治と道徳の関係をめぐるカント的考察を、第一の主著の冒頭で展開しており、それによると、「道徳意識がそれを嘲弄する政治の視線に耐えうるのは、戦争の存在論がメシア的平和の終末論を頂くとき」(『全体性と無限』一六頁)を措いてほかにない。ここに「終末論」というのは、全体性にとっての外的剰余、すなわち無限との関係の謂で、この関係は、どの瞬間をも、それに内包不能なものとして炸裂させてしまう。この点では埴谷もまた、「未出現の王国」(3/496)と命名されたものの終末論を、無限大、永劫といった語彙を駆使して語っている。「無限の責任」(3/11)という、レヴィナスを彷彿させる表現が『死霊』の自序に記されているのも興味深い。

もうひとつ、埴谷はガンジーについて――その「アヒンサー」の思想はジャイナ教に由来する――、「〔目的と手段の問題についての〕解決は「悪の手中の武器を善と愛と慈悲とによってのみ無効にする」というガンジーの道からのみやってくるとは思われず、やはり、制度の変革という革命の道からやってくるだろう」(4/377) と言っている。また、死と流血を前にしたとき、「汝殺すなかれ」を基本原則とした「ヒューマニズム」はほとんど無力である、とも。では、ほかならぬ「汝殺すなかれ」を中核としたレヴィナスの思想がガンジー的な非暴力の「ヒューマニズム」を標榜しているかというと、決してそうではない。むしろ逆に、彼は、非暴力が（無防備な）犠牲者の非暴力であるとき、非暴力の思想は決して受け入れることのできないものだ、と強く訴えるとともに、第二の主著の末尾に次のような言葉を記している。大きな問題をはらんだ個所であるが、ここではそれを引用するにとどめる。「暴力に対する嫌悪は、未開の、あるいは野性の人間の段階を示すものでしかない。(…) 大地を覆う一握の人間にとっては、暴力に対する単なる嫌悪を超えた第二の段階での、存在することとの弛緩が必要である。戦争に対してなされる正義の戦争においても、ほかならぬこの正義ゆえに不断におののき、震撼し続けねばならない。大地を覆う一握の人間に必要なのはこのような弱さなのである」(『存在の彼方へ』四一二―四一三頁)。

## 7

殺害という主題は、埴谷にとっては、単に「政治のなかの死」にのみ関係することではなかった。後述する「子供の生産」においても、埴谷は、レヴィナスが「無数の未来性」――アブラハム――としての父による、各々「独り子」であるような「息子」の選びを語っているところで、母親の胎内の深い闇のなかで行われた無数の兄弟殺しの大殺戮を語っている。「兄弟殺し」という、カインの犯罪ならびにドストエフスキーの「父親殺し」を踏まえた表現を、埴谷はさらに、私たちが動物を「糧」として食べることにも適用している。「「全生物」は単一な兄弟で、そして、その兄弟のなかで最も怖ろしい兇悪な「兄弟殺し」に人間がなることになった。動物の大半は、他の動物をとって食うところの食物連鎖のなかで生きていますけれども、しかし、人間ほど「ありとあらゆる生物」をとって食い、しかも、食わないときでも娯楽のために殺してしまう地上最大の「兄弟殺し」を敢えてしている生物はほかにまったく皆無です」（10/24）。

これは『薄明のなかの思想』での発言である。『死霊』第七章での、イエスや釈迦やサッカに対する大審問でも、同様のことが語られている。ガリラヤ湖の魚はイエスに向かって言う。「お前はまことに厚かましくも、ひたすらお前達人間にだけ都合よく、「己れを愛するごとく、汝の隣人を愛せ」といったが、お前のまぎれもない「隣人」である『生物』を「愛せ」といわずに、お前はひたすら「俺達」を無慈悲無自覚に食いつづけてきたのだ。お前の「愛」とは、俺を噛みくだきに砕くことでしかないのだ」（3/645）、と。この「日々の生物殺し」に無自覚な愛についての厚顔無恥な教えが、埴谷によると、「異端殺し」「党派殺し」に始まる「人間殺し」にも無自覚な人間を作り上げたのだ。かくして、「隣人愛」には「正義の殺戮」が併存することになる（3/648）。

ガリラヤ湖の魚にとっては、イエスは食った相手に「汝の敵を愛せ」と言うことで、「自己愛」を「隣人愛」とひとつのものにした。パリサイ人に対しては、その「隣人」概念が「同胞」に限られていることを糾弾し、ひとつの「愛」を唱えながらも、イエスの教えは「愛の差」を生み出した。「愛のはじまりの母親が、転んだ自分の子供の許へ吾を忘れて忽ち走り寄り助けても、その向うで転んでいる「他人の子」には吾を忘れて走り寄ってゆかないといった他人の子への無関心を携えた「愛の差」の驚くべき怖ろしい深さを知らないお前は、パリサイびとがゲヘナの地獄におちることになんらの深い苦悩をもたなかったのだ」（3/652）。

釈迦たちに対する糾弾にはもう触れる余裕はないが、ここは、埴谷とレヴィナスの関係を考えるうえで、きわめて重要な論点である。なぜなら、――野良犬をめぐる感動的な記述を残し（「犬の名と自然権」）、ユダヤ教の「食餌制限」（カシュルート）についても数々の解釈を呈示しているとはいえ――、「糧」と称された小文字の autre の「享受」について、レヴィナスは埴谷のような想像をほとんど展開していないと言わざるをえないからだ。また、少なくともその観点からは、「隣人愛」と「正義」の欺瞞を糾弾してはいないからだ（「隣人愛」がえこひいきと化し、「正義」が圧制に転じる可能性は指摘しているが）。カントのいうような「人間の尊厳」にはらまれたこの問題は、レヴィナスにおいても、小文字の autre と大文字の Autre、食べてよいものと食べてはならないものとの線引きが恣意性であるというきわめて深刻な問題ともつながっている。「食人」の例を挙げるだけでも、この恣意性はあらわになるだろうが、「食う」「食えない」という表現が、殺人を悪とみなす社会でも活発に機能しているように、autre と Autre の区別は「人間」のなかにも随時持ち込まれて、「人ならざる人」を造り出してしまうのである。

死と流血を前にした「寛大なヒューマニズム」（埴谷）の無力さを肯定しつつも、レヴィナスは、「十分に人間的なものではないという理由以外の理由で、ヒューマニズムが告発されてはならない」（『存在の彼方へ』二九五頁）と言う。かかる言明の意義を銘記する一方で、カント的な「人間の尊厳」の誇張が、動物のみならず、人間という動物をも蔑視することになるということ、この点は忘れてはならない。埴谷は、動物から植物へ、植物から原始生物へとさらに話を拡大していくのだが、大袈裟に言うなら、ドゥルーズがドゥンス・スコトゥスを踏まえて「存在の一義性」と呼んだもの――その主語が何であれ「存在する」という動詞は同等の意味と価値をもつとの教え――を埴谷はめざしているのかもしれない。それに対して、レヴィナスの思想においては、たとえば「人間」と「動物」とのあいだに「アナロギア的位階」が存在している。先の「ヒューマニズム」をめぐる発言にも反映された、なかば意図的な選択として。

8

あるひとりの子供の誕生は、埴谷にとっては、それ自体がすでに「兄弟殺し」の所産であった。埴谷は、デカルトの言うように人間が子供時代をもつということ、言い換えるなら、知らぬ間に人間にされるということ、ならびに、人間が子供を産むということに、多大な問題を感じ取っていた。

『死霊』第四章の尾木恒子と三輪與志の会話では、泣く赤ちゃんのことが話題になっている。埴谷はもしかすると、ここで、フロイトの『科学心理学草稿』(一九五六年)のある一節を念頭に置いていたかもしれない。そうでなくとも、二人の会話や『薄明のなかの思想』所収の「生誕について」とこの一節を併せ読んだ者は、そこに、人間本性をめぐる議論の刺激的な交錯を看取しないわけにはいかないだろう。

埴谷「ところで、「馬」も「鹿」も生みおとされると、驚くほど短い時間の裡に「すぐ」立ち上がって、母親の乳房を探しあてるが、それらよりも「利巧」な筈の人間の赤ん坊は、母親の、また、他のものの世話なしに何も出来ないんですね。ユーモラスに逆説的に言えば、「自立できない唯一の生物」が人間なのですね。母親が乳房をあてがわなければ、乳をのむこともできない」(10/23)。

フロイト「人間の生体は、生まれたばかりでは〔みずからの生の欲求を満たす〕この特殊な行為を引き起こすことができない。それは他人の助けによって起こる。すなわち、内的変化の途上での放出〔泣くこと〕を通して、経験豊かな個体が子供の状態に気づくのである。そしてこの放出過程は、このようにして伝達という最高に重要な二次的機能を獲得する。そして人間のこの最初の無力がすべての人倫的動機の根源である」。

『科学心理学草稿』のこの箇所については、ラカンも一九五九―六〇年度の『精神分析の倫理』でそれを最重要視している。一方で人間は最初、自力では自分の生命を維持することができず、他人に依存せざるをえない、しかし他方で、フロイト自身そのような人間の実存を「寄る辺なさ・孤立無援」(Hilflosigkeit)という語彙で特徴づけている。母親にせよ、熟練の医師や看護士にせよ、赤ちゃんの泣き声の意味を了解することは至難の業であって、それはとりもなおさず、赤ちゃんを助けることが、本質的に助け得ないものを助けることだからである。援助が的外れであったり、余計なものであったり、逆に意図せざる暴力・攻撃、故意の虐待と化すことがあるのもそのためである。赤ちゃんのほうも、単に欲求を満たすためではなく、それを満たすことのできなかった者に復讐するために、また、故意に誤解させるために、すでに策を弄している。

授乳の場面がこのような戦場であることは、たとえばメラニー・クラインのような分析家によって明らかにされたのだが、三輪與志によると、「指をしゃぶって、手足を動かすことを知りはじめた赤ん坊」はどうすればお乳を与えられ、おむつを換えてもらえるかをすでに知っており、その意味で、この赤ちゃんの泣き方は「陋劣な泣き方」(3/368)である。のみならず、先述した「愛の差」のことを改めて想起されたいが、與志はさらに、赤ちゃんの陋劣さを上回る「母親の陋劣さ」を指摘している。「ひとの子をひとりの母親の傍らで泣かせてみれば、もしそばに誰もいなければ、決してあやしてみせもしない」(3/370–371)というのだ。この「真に心底から冷酷な眼」は他人の子だけではなく、自分の子にも向けられる、と言わねばならないかもしれない。

いや、これは単に状況に左右される認識の相違などでは決してない。埴谷が他人の子に対する母親の冷酷さだけを語るのは、「血のつながりがあるのは母親と子供だけで」、しかもこのつながりのなかで不可避的な「生活＝馴致」が営まれるがゆえに、「父親殺し」に「母親殺し」が続かないのだといった本質的な考え（10/21-25）に立ってのことなのだが、「血のつながり」を「母親と子供」のあいだに認めることも、母親と「生活＝馴致」を同定することも、「生活＝馴致」と殺人の希少性を連結することも、恣意的な先入見の所産であると言わねばならない。

少し先を急ぎすぎたようだ。「子供の生産」に話題を移すが、人間はその生のごく自然な側面のひとつであるかのように、無自覚に子供を産み、子供を何らかの仕方で狭い枠のなかに閉じ込めようとするが、埴谷によると、親のようには決してなるまい、決して父親の思想を受け継ぐまいというのが子供たちの最初で最後の目的であって、しかも、この反抗は、かつて唱えられた崇高で精緻な思想を引き裂いて、むしろ「過誤の歴史」を反復することでしかない（3/416）。革命家の最初の過ちが子供をつくることであるとされる所以であろう。

では、レヴィナスの場合はどうだろうか。『全体性と無限』第二部では、レヴィナスは、我が家に先に住み、「私」を迎え入れるものとして「女性的なもの」（feminine）を語っている。ここに、子供の依存性に関するフロイトと別様の表現を見ることもできるかもしれない。「女性的なもの」はこのように「私」を迎え入れる。いや、迎え入れることで、「私」を「私」たらしめる。ただ、この段階でレヴィナスは、フロイトやクラインや埴谷が語ったような愛憎劇を描いてはいない。その代わりというわけではないが、少なくとも『死霊』では主題化されていない「愛撫」や「性行為」についての考察を、レヴィナスは『全体性と無限』第四部の「エロスの現象学」で展開している。その際、「愛撫はいまだ存在しないもの、「無以下のもの」をめざす」（『全体性と無限』三九七頁）と言われており、埴谷のいう「未出現者」を思い起こさないわけにはいかないが、それをレヴィナスは「子供」と名づけたのだった。

　こうして「子供」への志向を語りつつも、また、第二の主著では、〈同のなかの他〉（Autre dans le Même）の様態として「母性的身体」なるものが記述されているとはいえ、レヴィナスは、あくまで父親と息子の関係にもとづいて「家族・部族」（famille）を描き出そうとしている。父親にとって子供はひとりの異邦人である。が、父親は子供である。「父性とは他人でありつつも自分であるような異邦人との関係」（同前四二九頁）なのだが、ここでレヴィナスは、なぜか「類似」の関係を排除しつつ、「非同一化でありかつ同一化であるような」関係、異化を介した同化であるような関係を父子のあいだに設定している。子供が父親にとって他者であるという点では、レヴィナスの見地は埴谷のそれと一致するが、子供が父親の超越をさらに超越すると考える点でも、そのような超越の超越にもかかわらず、父子関係は同一的帰属の関係であるとする点でも、レヴィナスと埴谷は大きく隔たっている。

　しかも、先述したように、埴谷が「兄弟殺し」を見たところに、レヴィナスは「独り子」同士の兄弟関係を看取し、一方では「絶対的異邦人として私を見つめる顔を前にした私の責任、これこそ兄弟関係《フラテルニテ》という根本的事態である」（同前三二五―三二六頁）という言葉をもって、兄弟を任意の他者へと開きつつも、他方では「兄弟関係は父親の共通性を含意している」（同前三二六頁）として、アブラハム〔多数の者の父〕を父祖とする族長社会を、善の勝利のために、それゆえに形而上学のために不可欠な永続する共同体として提起している。ここでレヴィナスは、フロイトの『モーセと一神教』を暗に標的としていたと考えられる。

　レヴィナスによると、フロイトのいうのとはちがって、イスラエルはエジプト人モーセが作り上げた民族などではなく、モーセという父親のオイディプス的殺害とも無縁である。ここにレヴィナスの「シオニズム」の源泉があると考えられるし、この点については、エドワード・サイードの『モーセと一神教』読解（『フロイトと非－ヨーロッパ人』平凡社）などをも勘案しつつ、稿を改めて論じなければならないが、埴谷はもしかすると、「精神のリレー」のひとつのかたちよりもむしろ、ひとりの指導者を頂いた無謬の「党」のごときものを、レヴィナスのこの叙述のうちに見るかもしれない。もっとも、埴谷のなかにも母権的共同体のごときものへの無批判的な眼差しが残存しているのだが……。

## 9

三輪高志は、人間の過誤として、「子供の生産」に加えて、「自己への固執」を挙げている。小論冒頭で紹介したように、吉本、秋山との前出の鼎談でも、少年期の記憶を辿りながら、「人間は自分だけで生きているもの、その自分のためには人を殴っても何をしても、生きのこらなければならない存在だということですね」と言っている。ここで思い起こされるのは、ほとんど注目されたことのない点だが、大岡昇平との対談のなかで、埴谷が重要な哲学書の筆頭にスピノザの『エチカ』を挙げていることである（16/71）。「自己保存のコナトゥス」をどう解釈するか、これはきわめて困難な課題であるが、埴谷は、人間の本性について、スピノザをどこかで意識しながら、それを「自己保存」として呈示しているように思われる。それはまた、他のものを排除してそこに存在し続けようとすること、存在の本性でもあったのだが、レヴィナスもまた、やはりスピノザを強く意識しつつ、人間の本性、ひいては「存在」を「〔自己〕存在へのコナトゥス」「〔自己〕存在への固執」とみなしている。そして、自分の主張は「スピノザ主義の対極に位置する主張」（『全体性と無限』一五三頁）と宣言しているのだ。

「存在」について、埴谷は、「私達が存在という場合、その存在形式は固体性をもっていて、他の固体につきあたったとき、その固体のなかにはいり込めないということになっている」(10/39) と言い、「宇宙線」のようなものを、このような存在観を覆すものとみなしている。レヴィナスも閉鎖的な原子といった比喩を用いている。つまり、「存在」ということで、堅固で閉鎖的な「固体」をイメージしているという点でも、埴谷とレヴィナスは共通していると言えるだろうが、「存在(すること)」をこのようなものとして前提としつつ、レヴィナスは「内存在性の利害からの脱出」、「存在するとは別の仕方で」として普遍的「隣人愛」の不可能性の可能性を追求し、その一方で「存在(すること)」を正義の秩序たらしめようとし、埴谷は、かかる愛と正義の欺瞞を暴きつつも、「自己存在への固執」からの、ひいては「人間」からの超脱の無限の道を語ろうとしたのだった。

しかし、これは、「存在(すること)」の意味をあらかじめ固定したがゆえの「革命」ではないだろうか。レヴィナスにおいて、与える権能・能力をも与えるような徹底的な、いや決して十分ならざる犠牲と贈与のうちに、「存在の革命」が求められるのも、埴谷において、自他未分化な虚膜細胞——「器官なき身体」を彷彿させる——のうちに、利己と利他を超える第三の道が求められるのも、「存在(すること)」の意味がこのように不当に前提とされているからではないだろうか。この前提が取り去られるとき、彼らのいう「存在の革命」はもはや「革命」ではなく、「革命されるべき存在」にとどまるのではないだろうか。

「虚妄と真実が混沌たる一つにからみあった狭い、しかも、底知れぬ灰色の領域」「夢と覚醒の間に横たわる幅狭い地点」(3/9) を、埴谷は『死霊』の自序で語っているが、「存在(すること)」がつねに「関係」(の錯綜) である限り、「存在(すること)」をこのような幅狭い灰色の領域と解することも可能なのであって、不遜な言い方をするなら、レヴィナスも埴谷も、この未踏の領域を描き出しているとは決して言えない。「神様」や「ねんね」——レヴィナスのいう冒瀆されては再生する「処女性」——や李奉洋という印象深い在日朝鮮人など、埴谷に限ってもまだまだ論じるべき点は多いが、埴谷のいう故郷なき世界性や、レヴィナスのいう無国籍性が、どこまでこの世界の多様性を表現しえているのか——、もしかすると、それこそが彼らから私たち自身に手渡された問いと課題なのかもしれない。

＊　本稿は、二〇〇四年四月二十一日に、明治学院大学白金校舎アートホールにて行われた、埴谷雄高をめぐるジャック・レヴィ氏（『死霊』第五章の抄訳者）との対談での筆者の発表に加筆訂正を施して成ったものである。この対談をコーディネイトしてくれた三浦亮太君にこの場を借りてお礼を申し上げたい。当日は、現在中上健次の『奇蹟』をフランス語に翻訳しておられるレヴィ氏とのあいだで、埴谷と中上における作品の説話論的構造の相違、国境の消滅と路地の剝奪、場所と世界性、繁殖性（産婆）と系譜学などの論点をめぐって、対話が交わされたが、その模様は割愛した。

# 岬と雑人

倉橋由美子、再び

（二〇〇七年）

ジュリアン・グラックは私が最も好きな二十世紀フランスの小説家のひとりである。名作『シルトの岸辺』（安藤元雄訳、ちくま文庫）が有名であるが、どこかで倉橋由美子が（ジャン・グルニエの『孤島』に加えて）グラックの『半島』（中島昭和・中島公子訳、白水社）に言及しているのを読んだ覚えがある。『シルトの岸辺』においてと同様、何も起こらない、ただ、「彼」は「四方八方から低地を干潟に蚕食されている小島を縁辺に散りばめた半島」、ブルターニュ地方の半島を踏破しようとするだけである。「彼」のこの移動に応じて、波打ち際、砂地、草原湿地帯、断崖、干潟、岬、港、水路、漂着物、貝殻類などをめぐる、きわめて美しい描写が続いていく。私自身、「境界地帯の複雑性」「複雑性としての境界地帯」についての考察をここ十年ほどの研究の課題としてきただけに、この一連の描写はよりいっそう鮮烈なものと化す。かつて拙著のあとがきに記した言葉との共振のごときものが私のなかで生まれていく。

海辺で育った者はときおり無性に海を見たくなるという。それは今も私の最大の弱点である。『ナイトヘッド』の台詞ではないが、この「あとがき」を書き終えたら、岬へ、どこかの岬へと車を走らせよう。／数年前のことだが、接近する台風にむしろ近づくかのように、佐田岬半島の突端へと向かったことがある。それ自体が内海と外海の「界面」のような細長い半島の道。二つの海の荒れ具合を較べながら車を進めて、道が尽きるところまで何とか辿り着き、終点からわずかに踏み出した瞬間、それまでとはまったく異質な風が舞った。車を転覆させかねないほどの強風が。恐怖とともに、「界面」（場所）の異常が、からだに、そして魂に刻まれた。「界面」はいつも「嵐が丘」なのだ。／そうした「界面」を無数に重ね合わせたもの、それがきっと私の「異常な日常」なのだろう。

（拙著『レヴィナスを読む』NHKブックス、二九八頁）

思い返せば、この拙いレヴィナス論のなかで、私は「享受」というレヴィナスの観念を論じるにあたって、倉橋の『どこにもない場所』に登場する「狂女」、すべてを食べ尽くそうとする「狂女」に言及したのだったが（同書一九七頁）、今度、ほぼ三〇年ぶりに倉橋の作品を読み返してみて、彼女のほとんどすべての作品のなかに、海と、岬など海に関連する地理学的諸形象が登場することに驚かされた。というか、そのことをすっかり忘れていたのである。私は倉橋と同じく四国に生まれ、瀬戸内海と呼ばれる多島海を見ながら少年時代を過ごした。倉橋は高知の出であるから、幼少期に彼女の前に——とはいえ彼女の故郷山田町は直接海に面しているわけではないが——広がっていたのは島なき太平洋であったはずだ。私自身、幾度も高地の海岸に出かけて、瀬戸内海とは対照的な外洋の広がりを目にしながら、明治維新などで活躍した土佐の人々はこの限りない外部への志向を内部変革への情念へとトポロジカルに反転させたのではないかと感じたことがある。

興味深いことに、倉橋の諸作品のなかには、太平洋に面した数々の海岸と同時に、瀬戸内海のような多島海もまた「実名」で登場するのである。『暗い旅』には「七里ヶ浜」「稲村ヶ崎」「伊豆半島」が、『聖少女』には「下北半島」「由比ヶ浜の海岸」「瀬戸内海の島」「エーゲ海の島の数ほどにも多い島々」が登場する。さらに『反悲劇』の「酔郷」には、「Q市で海へ行くといえば、五色ヶ浜のことにほぼきまっていて、これは湾から出たところに、太平洋に面している」(7/76)* とある。なぜわざわざこの箇所を引用したかというと、ここに「五色ヶ浜」とあるのがおそらく、高知県の横浪半島の「五色ヶ浜」を指しているからで、この浜はいみじくも「横浪メランジュ」と命名された連続露頭で有名な断崖からなっており、この断崖それ自体がプレート境界における大陸プレートの移動の所産なのである。倉橋がプレートテクトニクスのことを意識していたかどうかは分からないけれど、不動と思われていた大地が漂移しており、しかも、プレートとプレートの境目で一方が他方の下側へと潜り込んでいく——後者が前者によってめくれていく——という事態は、これから見ていくように、倉橋作品における「岬」「海岸」の機能と決して無縁ではない、と私は思う(「岬」capをめぐる哲学的考察としては、ジャック・デリダの『他の岬』みすず書房を参照されたい)。

では、それはどのような機能なのだろうか。まず、「岬」や「半島」は余計な突起、腫れ物であり、その付け根の部分を横切れば短時間で済むが、それを海沿いに一周しようとすると思いがけず長い時間を要することがある。大抵は、通らずに済ましたければ済ますことのできる迂回、遠回り、寄道、逸脱なのである。「雑人」というきわめて重要で現代的な観念を携えて作家となった倉橋はやがて『人間のない神』

---

＊以下、『倉橋由美子全作品』(全八巻、新潮社、一九七五—七六年)からの引用については、その巻数と頁数のみを示す。

のなかで、明らかにナチス政権下でのユダヤ人の処遇を念頭に置きながら、「雑人」を「ヘルニヤ人」と呼ぶことになるのだが、「ヘルニヤ」——破損、破片、裂け目を意味するラテン語——とはまさに、ある壁を破って内部と思われていたものが外部へと流出することで、それゆえ、「ヘルニヤ人のごとき雑人を創造したのはわれわれ自身なのである。かれらはわれわれが生み出したわれわれ自身の他者である」(2/161)。しかし、だからこそ「われわれ」は彼らの「存在そのもの」を左右することができる。腫れ物を切除するように、「雑人」を抹殺することができるのだ。後でもう一度この問題に立ち戻ることにしよう。

古来、「岬」を巡ることは船乗りたちにとっても極度に困難な冒険だった。「希望岬」はそれ以前につねに「嵐岬」なのだ。「岬のうえにそそり立っている積乱雲の城」(7/10)。『悪い夏』を初めとするいくつかの作品で、倉橋は岬の近辺で泳ぐことの困難を描いている。『反悲劇』の「醜魔たち」もそうした作品のひとつだ。ただ、そこでは「ぼく」は「夢想」のなかで岬の先まで泳ぎ、尖端を回って岬のむこう側に行きたいと願う。「岬のむこう側にはなにがあるのだろう？ 岬はどこまでも長くのびていた。その尖端に近づくにしたがって波は荒く、ぼくの夢中遊泳は恐怖のあまり中断されるのがつねだった」(6/33)。さらに「ぼく」は続ける。「数えきれない岬をまわっているのにただひとつの岬もまわることができない」(同右)、と。

「岬」の「尖端」はつねに彼方にある。しかし、「尖端」は存在しないわけではない。なぜなら、「尖端」がなければ「岬」は「岬」ではなくなるからだ。「岬」は「有限」であるからこそ「岬」である。にもかかわらず、「尖端」に達することができない。これは「どこにもない場所」で、Sがハイデガーのいう「死に臨む存在」を踏まえて語る次のような事態に対応している。「われわれはそれぞれ一定の点、つまり死にむかって収斂していく無限数列のようなものですよ。この数列の収斂性は確実ですが、残念なことにその極限値がいくらであるかということはだれにもわからない」(3/105)のだ。「有限」だが「無際限」であること。「限界」とのあいだの「余白」(マルジュ、マルシュ)は縮小し続けるが決して無化されはしないということ。ハイデガーはそのような「余白」を「開け」とも「場所」(オルト)とも呼んだ。このような考えが、特にサルトル以降の現代思想のなかで決定的な役割を果たしたことは疑いないし、また、詳細は別稿に譲らざるをえないけれども、モーリス・ブランショが「文学空間」と名づけたのも、私の考えでは、この「死の空間」にほかならなかった。

「有限」ではあるが「無際限」であること。これは「点Pを中心とする任意の円の円周を含まない内部」という「近傍」の観念を思い起こさせる。たとえばこの円を「私」と置き換えるとするなら、「私」の限界のなかに「私」には未踏の部分がつねに存在することになる。先述したように、「岬」は他者の投影的創造であったのだが、この「岬」それ自体のうちに他者性が内包されていることになる。森敦が『意味の変容』(ちくま文庫)で見事に述べたように、「近傍」は他なるものとの「近傍接続」なのである。

「岬」は他なるものとの接続の場所であって、たとえば『密告』で、「岬の奥にある古代神殿の遺跡」が設定されるのは偶然ではない。「岬」の存在はそれ自体が「むこう側」を含意している。にもかかわらず、「尖端」に到達できない限り「むこう側」には行けない。「向こう側」はまさに「岬」を介して「こちら側」と併行していながら、そちらには行けない世界、それを倉橋は『解体』のなかで「PARALLEL WORLD」(6/61)とも「反世界」とも「負の符号の世界」とも呼んでいる(パラレル・ワールドや可能世界については ここで詳述することはできないので、三浦俊彦さんの『虚構世界の存在論』勁草書房、『可能世界の哲学』NHKブックスを参照されたい)。

「むこう側」へ行くと「むこう側」が「こちら側」――「この世界のつづき」(6/33)――になるのが「現存在」(ダーザイン)の「現」(ダー)のあり方なのだから、当たり前といえば当たり前なのだが、「むこう側」に行けないがゆえに「むこう側」が「こちら側」に「むこう側」として内在する。では、そのとき、果ての知れない「こちら側」のなかで、「むこう側」と「こちら側」はどのように接続するのだろうか。倉橋は、たとえば磨き上げられた表面と表面との接着のごときものを考えていたのではなかった。事実、『暗い旅』では、「鋭利な刃物で切断された紐の切口」が「出口のわからない迷路」と形容されているのだから。

「夢と現実のあいだでよせてはかえす波」(7/8)とあるように、「岬」の波打ち際は「こちら側」のいわば側面的縁として、「こちら側」と「むこう側」との動的交錯をメビウスの帯のように記しているのだが、倉橋は初期の作品から、この境界地帯が「鋸の歯」(1/185)のようにぎざぎざであることをくり返し強調している。「外海に面する海岸は岩と断崖の多い磯をつくっている」(2/7)、「黒ずんだ外海がはげしく嚙んでいるぎざぎざした海岸」(2/9)、「剣竜がその尾をひきずって海にあがろうとする姿に似た岬。ぎざぎざした尾が海に没するあたり」(6/27)――こういうあり方を多分数学では「フラクタル」というのだろうが、おもしろいことに『倉橋由美子全作品』が刊行された一九七五年は、フランスの数学者ブノワ・マンデルブロの『フラクタルなオブジェ・形・偶然・次元』が出版された年にほかならない。「フラクタル」は「破片、断片」を意味するラテン語の「フラクトゥス」に由来するが、忘れてはならないのは、それが「自己相似」「入れ子」構造を有しているということで、ここに、倉橋において回帰し続ける「双生児」の主題への係わりを見て取ることもできるだろう。接触界面の複雑さを描写した箇所は他にも数多くある。到達不能な「岬」の尖端といまひとつの「岬」の尖端のあいだに、岩礁が「動物の下顎に生え並ぶ歯」(7/18)のように並んでいると記されている箇所、河口のあり方が「迷路の毛細血管」(6/34)、「水路の網の目」(7/46)に譬えられている箇所もある。「関係が濡れた繊維のように柔かくときほぐれる」(1/246)というウィトゲンシュタイン——「無数の繊維から成る一本の糸」——を彷彿させる表現も見出される。さらに、「岬は湾口を扼していた」(2/27)とあるように、「内」が作り出した「外」である「岬」がその「外」を擬似「内」ならしめる場合もある。『蛇』に描かれたように、呑み込むもの——呑み込まれたものの区別が擾乱され、呑み込まれた蛇がまた何かを呑み込む。こうした事態のいずれもが「境界地帯」ないし「へり」に係わる事態であることは忘れてはなるまい。

ぼくの心のへりがめくれあがるように、やがて空のへりもひきあげられる。そして空は松毬状に剝がれ、ぱらぱらとくずれおちてくる。(…)世界はいたるところでねじれ、裏返しになり、みえない穴だらけになっている。(1/121)

では、こうした「岬」をビルトインすることは、倉橋の作品にどのような効果をもたすのだろうか。倉橋は初期の作品では、しばしば「貝」という比喩を用いて人間の恥ずべき畜群性を描いていた。牡蠣のように閉じた「グロテスクな貝」。そのなかが「現実」と称されるのだが、「現実」は貝の内実のように腐りやすく「異臭をもった粘液質」(1/22)の世界なのだ。しかし、「粘液質」であるにもかかわらず、いや、だからこそ、それは蜂の巣のように「大小の部屋は厚い壁で区切りをつけられながらもかえってその壁を靭帯にしてたがいに結合されている(…)細胞の集合体」でもある。この「厚い壁」は「二枚の皮膚を一枚にはりあわせた共通の膜」でもあり、理路整然たる「集合体」はこの膜を「へだてててどろどろした《存在》」（1/51）でもある。『どこにもない場所』では、かかる「系《システム》」についてこう記されることになる。

ぼくらはそれ全体が巨大な複眼――それもけっして外部を見ることのない、たがいにむきあってすべて内部にむかう自己完結的な複眼の体系みたいな存在です。ぼくらはたえずみはりあっているわけですね。

（2/88）

粘液的な「無構造性」が堅固な組織性であり、相互の交通――「間の空間」――の不在が強力な靱帯であり、相互不信が盲目的信頼であり、複眼が「多頭の単一性」であり、「血と土で結合された共同体」（1/51）を破壊せんとする「前衛的組織」がこの「共同体」に酷似してしまう。今私は意図的にハンナ・アーレント『全体主義の起源』（全三巻）の語彙を援用したのだが、倉橋とアーレントは、ナチズムとスターリニズムとの双生児的類似のみならず、戦後いわば縮小再生産されていくテロルと収容とジェノサイドの機構について、同様の鋭い直観を有していたと思われる。

「岬」は「ヘルニヤ」であり、「貝」から外にはみ出した足や水管である。それは先に記したような意味での「現実」ならざる「場所」であり、「現実」を司る「法・法則・掟」が機能しなくなるような「治外」である。このような「法」の最たるものとして、倉橋は、『隊商宿』などの作品でくり返し語られているように、いわゆる旧約のさまざまな箇所で告げられる「近親相姦の禁止」を捉えていたと推察される。ここには、『アルトナの幽閉者』など数々の作品で、とりわけ兄妹の近親相姦（もしくはそれに近い関係）を描き、みずから「架空の妹」への近親相姦的欲求の存在を告白したサルトルとの近接が看取される。「近親相姦の禁止」に、「同性愛」、「殺人」の禁止や「一夫一婦的婚姻」の法律を加えてもよいかもしれない。

実際、「岬」の周辺ではこのような禁止、法律の侵犯がくり返される。とはいえ、倉橋はこうした違法の行為それ自体を容認しているわけでも、それを背徳的に称揚しているわけでもない、そうではなく、「現実」と呼ばれるものが数多のありうべき関係の抹消――「雑人」「ヘルニヤ人」の撲滅――のうえに成立しているということ、しかし、「可能性が、ゼロに近い確率でまだ瀕死の息をしている」(3/65) かもしれないこと、したがって、ほとんど無であるとはいえ、「別様に《オートルマン》」の余地があるかもしれないこと、それを「残酷」という「希望」として語り続けているのではないだろうか。倉橋によって執拗に描かれた、親子関係、家族関係、家系の擾乱、夫婦関係の攪乱(スワッピング)、それもまた、回帰し続ける「血と土」の共同体への永続的な抵抗を表していると考えられるし、「おなじ亜衣子の複数のあらわれ」(5/58)、不可識別的相似といった現象も、法的人格の単一性・同一化的帰属への懐疑を示しているのではないだろうか。

しかし、倉橋はこうした「別様に」を「反世界」と呼んで事足れりとしているわけでは決してない。「近親相姦の禁止」を例に採るなら、『聖少女』に付した自己解説のなかで倉橋自身言っているように、「もっとも世間では、父と娘、母と息子、兄と妹、姉と弟などの組合せでそういうこと〔近親相姦〕はいくらも起こっていることなので、その観念よりも何よりも、事実そのものが石ころのようにあちこちにころがっている」(5/255) からだ。たとえそれが「間違い」として「不可触にして不可視なもの」にされるにせよ、「反世界」の「虚構」と見えるものは、プレートの下に潜るプレートのように隠蔽されつつもまさに「現」に、ここにある。殺人も同様だ。この覚知のうちに「反世界」の作家の「オント」がある。「石ころ」という破片《フラクトゥス》は、外海に蚕食される「岬」の海岸にだけではなく、「内海」「貝のなか」「現実」とみなされたものおける数多の島の散らばり、その分布そのものでもあるのだ。狂気の縁で自分の心拍音を聞くように、それを見、聞き、感じること……。

極度に過食の母。幾人もの統合失調症患者たち。「脳溢血で倒れて半身不随の、なかば廃人の老人」(5/227)。「あたしはあの〔交通〕事故をおこすまえにすでに記憶もことばも失い、人間から白痴同然の怪物に、いや女の形をした一匹の動物に、変わったのでした」(5/228)。「他人の臓器を組み入れた「複合人間」」(『老人のための残酷物語』講談社、160)。頭部だけのポポイ(『ポポイ』福武書店)。倉橋の作品のなかで描かれたこれらの現象や症状や事態もまた、今や「石ころのようにあちこちにころがっている」。生ならびに終末の質を維持し向上させるために真摯な試みがなされている一方で、これまで「人間的生」とはみなされなかった事態をも配慮せねばならないという回避不能な要請が漸増しつつある。「ケアの倫理」「死の事故決定権」「ビオス(個体的生)とゾーエー(没個体的な生)」「さまざまな障害とリハビリテーション」をめぐる昨今の議論もそのことを証示している。

倉橋は「ヘルニヤ人」という「雑人」を「人間のくず、それは人間と呼べるかどうか疑問である」(2/12)と記しており、彼女のいう「雑人撲滅運動」のうちに、路上生活者への時に死に至る暴行の前兆を読み取る者もいるかもしれないが、では、誰が「雑人」なのだろうか。

官庁、会社等では、自己の職務に興味をもたない雑人が処分され、その数は三〇〇万にたっしている。学生も約八割ちかく撲殺されたが、それは欠席学生、成績不良学生、およびいかなるサークルにも属さない学生であった。しかしさらに徹底した運動成果をあげるためには、家族という共同体のなかからも雑人を撲滅しなければならない。たとえば朝起きて家族のだれにも挨拶をしない子どもたちはただちに撲殺すべきである。一家のだんらんに加わらない家族員にたいしてはいうまでもない。未結婚の若い恋人たちは無条件に雑人とみなしてよい。結婚の手続をとらないということは社会共同体にたいする消極的な反逆であり、おそかれはやかれかれらは人間的連帯からはみだしてしまうからである。幼児および高齢者も撲殺の対象になる。理由は簡明であろう。その他、優生学上繁殖ののぞましくないものは文字どおりの雑人として確実に撲殺された。精神病患者も共同体に参加する能力を有さないものとみなされて撲殺された。かれらはまったく抵抗、あるいは弁明の態度をしめさなかったが、この点は他の種類の雑人に銘記させたいものである。これにたいして困難をきわめているのは、一部の知識人、とくに大学教授、作家、画家、評論家等の処分であろう。／かれらの存在はもっとも不毛かつ無用のものとみなされたのであるが、その抵抗は異常にはげしい。（1/12–13）

倉橋が処女作『雑人撲滅週間』にこう書き記したのは一九五九年、今から半世紀前のことである。もう一度問うが、誰が「雑人」なのだろうか、誰が「雑人」でないのだろうか。「雑人」は倉橋が私たちに贈ってくれたきわめて重要な、しかしきわめて恐ろしい観念である。「雑人撲滅週間」はまだ続いている。これからもきっと続くだろう。しかし、だからこそ「雑人だけが生きるのだ、とKは思う」（1/17）。

# 文学的想像力と政治

## サルトルと石原慎太郎

（二〇〇六年）

### 海岸線の行方

合田です。私の母はかつて「ひまわり」という小さな洋装店を営んでいて、いわゆる学問研究とは無縁な女性ですが、その母の口から三人の文学者の名前が出たのを覚えています。第一は一九六八年——フランスで五月革命の起きた年です。石原慎太郎が参議院選挙に立候補し、母は「和製ケネディ」のカッコよさを何度も口にしていました。第二は一九七〇年、三島由紀夫の割腹自殺の後、突然、『金閣寺』を読めと言って町の図書館から借りてきました。第三はその二、三年後だったでしょうか、同じ図書館の方から、「サルトルなんか読んでいる高校生・浪人生は勉強が出来なくなる」という言葉を仕入れてきたのです。

今日の私の話のタイトルは、わが記憶のこのような連鎖にもとづいているのですが、母の言葉はサルトルに関しては「反面教師的」に作用して、私はやがてサルトルなど二十世紀フランスの哲学思想をかじるようになります。一方の三島や石原については、面識はまったくありませんが、石原とのあいだには少なくとも三つの接点があると勝手に思っています。

私の生家は四国の香川県で代々瀬戸内海と深く係わる仕事をしてまいりました。最初は漁師相手に漁船とそのエンジンを扱うだけでしたが、父の代からはヨットやモーターボートなども扱うようになりました。以前父は、缶チューハイをちびちび呑みながら、新造船を造船所から船主に海路届けるというアルバイトを時々していた。そして、その行き先のひとつが愛媛県の八幡浜という港町だったのですが、石原の父親潔は八幡浜近郊の町の生まれで、しかも八幡浜出身の海運王山下亀三郎が設立した山下汽船の社員として生涯勤務した人物で、石原にとってきわめて本質的な「海」との係わりも、神戸、小樽、東京（湘南）といった潔の勤務地での生活の中で育まれていったのです。おもしろいことに、私の父の実兄も山下汽船で外国航路の船長を長く務めました。

第二に、石原の処女作は『一橋文芸』復刊第一号――一九五四年――に掲載された「灰色の部屋」とされています。石原二十二歳のときです。この一橋大生による同人文芸誌はかつて伊藤整が創刊し、休刊になっていたものなのですが、実はこの雑誌はその後再び休刊し、一九七二年頃に再び復刊され、私は一九七八年にこの雑誌の編集長のようなことをし、思い出すのも恥ずかしい小説もどきのものを発表しているのです。海に係わる人物が身近にいると必ずそのひとが海で死ぬことを想像するのではないかと思いますが、この駄作のなかで私は、水死した学生と、海で死んだ父親とを重ね合わせて描いています。後で知ったのですが、石原にも「水際の塑像」という父親の死を描いた自伝的作品があって、そこで石原は陸で死んだ父親と水死した航海士とを重ね合わせています。

そして第三は、まさに私が昨年都立大から明治大学に移籍するその原因となった事件の中核に石原がいたということです。

## 亡き友の遺言――文学と政治

都立の四大学を統合して新大学を造ろうとしたことで、ご存じの方も多いでしょうが、新大学は今年の四月から「首都大学東京」としてスタートしました。けれども、新大学造りの過程で一体何が起きたのかということを知るひとは決して多くはないのではないでしょうか。石原都政について論じた種々の書物のなかでも、また、石原とその周辺の人々が書いた「東京発日本改造論」のなかでも、実質的な記述はほとんどありません。ただ、都立大最後の総長となった教育学者の茂木俊彦先生の『都立大に何が起きたのか』(岩波ブックレット)がようやく今年の九月に出版され、この改革の時系列を一般の読者の方もかなり正確に知ることができるようにはなりました。このブックレットの最後には、改革の動きのなかで急逝した独文学者、岡部仁先生の葬儀――棺には先生の訳されたベンヤミン『ドイツ悲哀劇の根源』が入れられました――で、奥様が号泣なさりながらも気丈にお伝えになった、先生の最後の言葉が引かれています。

「文学は人間にとって何なのだろうか。僕は最近になってようやく分かった気がするんだよ。文学は人間が生きる、そのための実学なんだね」(故岡部仁の言葉、茂木俊彦『都立大に何が起きたのか――総長の二年間』)

ここであらかじめ、私自身の文学、そしてまた政治についての考えを呈示しておきます。経験論と呼ばれる哲学の潮流では、人間は「白紙」(タブラ・ラサ、何も書かれていない板)の状態で生まれるとされていますが、例えば遺伝子のことを考えても、われわれは何かを情報として託されている。文学のことをフランス語で「レットル」(lettre)と言いますが、誰かから誰かに宛てられ、決して判読し尽くすことのできない「手紙」を読み続ける試みのひとつ――先端科学もそうですね――こそが「文学」ではないかと思うのです。そして、この謎めいた「手紙」を、カントのいう「心の奥底に隠れたアート」に近づけることができるなら、この判読こそが「想像力」「構想力」の機能であることになりましょう。一方私は、ミシェル・フーコーの示唆を得て、たとえば「国民」や「民族」として全体化する権力と、「私」「個」として個体化する権力との相反的相補性を「政治」とみなします。とすれば、この循環的回路に組み込まれない「ほとんど無」の縁《ふち》の知覚、その維持＝創出を「文学」と考えていいかもしれません。

## 都立大の「脱構築」？

さて、先の冊子の前半で、茂木先生は改革のひとつの狙いを次のように記しています。

「新大学づくりにあたって、人文学部の学科・専攻をドラスティックに再編成し、とりわけ文学系に大ナタを振るうこと、それと結び付けて人文学部の教員定数の大幅な削減を断行することが、明確なターゲットとなっていた」（同前）。

もちろん、これに対してはさまざまな反対運動が起こり、海外の知識人も含む多数の協力者が改悪反対の声を上げてくれました。しかし、少なくとも私は、自分たちの反対運動の本質的な虚しさのようなものを痛感させられたと言わざるをえない。それはたとえば署名活動や都議会議員への陳情などが、まったく相手の心臓部に達しないからというよりもむしろ、石原によって送り込まれた辣腕事務長が開口一番「今都立大がつぶれてみなさんが失職しても、涙を流す都民はひとりもいませんよ」と言い放ったように、自分が文学科というところで何をしているのか、この「異常な日常」を生きるさまざまな人々の生活とはどう係わっているのかという点で、何か根本的な疑問をみずから提起せざるをえなかったということに起因しています。今回の都立大攻撃の背景に、学問だけではなく、イデオロギーと政党、かつての美濃部都政の問題が大きく作用していたことは紛れもない事実ですが、それを超えて、私自身への根本的な懐疑を持たざるをえなかったということです。『世界』二〇〇五年四月号に掲載された「ある大学の死——都立大学教員はいかに敗れていったか」で、友人の独文学者初見基は「生活保全」と「思考停止」という言葉でわれわれ旧都立大教員のいわば「自殺」を語ったのでした。

茂木先生は語っておられませんが、改革の動きはまた、人文学部内部、さらには文学科内部の確執をもあらわにすることにもなりました。志望学生が多く、「時代のニーズ」に応えていると自他共に思い込んでいる社会学、心理学専攻ならびにそれらに付随することでほぼ現状維持が可能と踏んだ人間科学系専攻は、文学科との心中を嫌って、ごく少数の教師を除いてダンマリを決め込んだ。文学科の運動に協力した日本史の先生は史学専攻内部で完全に孤立することになった。また、文学科の内部でも、英語と他の言語、ヨーロッパとアジアといった対立が重要な局面で何度も浮上することになりました。かつてカントが『学部の争い』を書いたように、この単に制度的と見える確執のうちにも、まさに哲学、人間諸科学、文学をめぐる本質的な問題が問われていたのではないでしょうか。この点については第二部の討論で少し話ができればと思っております。

このいずれの意味においても、都立大問題は私にとって終わっておらず、この未完了性は、今明治大学の文学部に自分が属していることの意味、明治大学文学部のみならず文学部一般の今後、その可能性を考えることを促していると言わざるをえません。そこで、今日はそのひとつの試みとして、私自身の人生をも左右した石原の思想、その文学と政治について少し考えてみたいと思うのです。

もちろん、都立四大学統合という計画はかなり以前から都庁内に存在していましたし、このような改革がひとり都知事のリーダーシップだけで遂行されるはずもありません。しかし、「少々手荒なことをしてもいいから、東京都の言うことをきく大学にしろ」「都立大はもっと徹底的に押さえ込んでおかないといけない」などとも報告されている都知事や副知事の言葉が、役人たちを鼓舞した、というか、「彼ら」のなかにある「われわれ」への嫌悪ないし憎悪に顕在化させたことは否めないでしょう。いや、それどころか、今回の大学改革に石原の思想が如実に反映されていることも間違いありません。都立大問題は石原問題でありますが、これほど多くの批判が多方向から突きつけられているにもかかわらず、そのいずれもがどこか的を射ていない、それどころか、石原をより大きな存在にしていくかに見えるのはなぜなのか。これは日本という社会およびそれと周辺諸国の関係に深く係わる問題でありましょう。

## 愛憎のフランス語・フランス文学——サルトルへの言及

フランス語での数字の数え方をめぐる暴言——実際、quatre-vingt-dix-neufと「きゅう・じゅう・きゅう」のどちらが複雑かなど判断できるはずもないのです——への批判を受けて、石原は七月十五日の記者会見で、「私はフランス文学が好きで、フランス語好きで人が読まなかったリラダンを訳したこともある。(…)フランス文化に愛着もあるし、尊敬もしている」としたうえで、こう言っています。「首都大学東京の開学に反対した多くは語学の先生。フランス語の先生は10名近くいたが、受講している学生は一人もいなかった」。

私はまさに一〇名近くの教官のひとりなのですが、後でまた数字問題には触れるとして、石原自身、都立大問題は石原問題であり、日本問題であったのと同様に、実は「フランス問題」であることをこのように認めていたのです。

石原は湘南高校時代に一年休学し、フランス語を独習している。歌手ダミアのコンサートやフランス絵画の展覧会にも出向いている。実際、石原のフランス文学好き発言は嘘ではなく、ざっと見ただけでも、リラダンに加えて以下のような作家たちへの言及が見られます。「ジャン・コクトー、ジャン・ジロドオ『オンディーヌ』、アンドレ・ジイド『地の糧』、ジュール・シュペルヴィエル、マラルメ、アンドレ・マルロオ『王道』」——マルグリット・デュラスについても「好きな作家」と言っている。

このようなフランス文学への嗜好の「一部」——あくまで一部——を石原は知的スノビズムとして抑圧し、それを最も嫌悪するべき対象として投影することになる。ただ、そのような操作に際しても、フランスのある作家が影響を及ぼしていたのです。それがほかでもないサルトルなのです。長編小説『亀裂』のなかで明と洋という兄弟のあいだで交わされる対話をご覧下さい。

「一体兄貴はお宅のやっているその小説てえ奴、文学てえものを信用しているのかね。美、美的世界の体系、この世紀の後半で人間がそんなものを信じていること自体が所詮は最初からフィクシャスなんだ。祖国とか愛国心以上に、それが今の人間には通用しない御託でなくて何だい。(…)」明は黙っていた。/こと文学と言うものに関しては、洋の言うことも正しいかも知れぬ。(…)/社会と世代の現代と言う動態的態様、全体性、その運動傾向を、一人の人間像の内に自我と言う触手で組み立てること——。歪んだ、サルトルが瑕だらけだと言ったこの全体の内の出来損いの人間の中から倫理的原則を引き出すこと。しかし、それを最も具体的にはどう手を着けて行けば良いのか」(『亀裂』)。

### 現代文学と存在論——ハイデガー『存在と時間』

このように、「サルトルと石原慎太郎」というタイトルは石原自身が提出していたタイトルだったのですが、石原を擁護し続ける私と同世代の文芸批評家の福田和也——彼もいずれ本格的に論じなければならない人物です——も、石原文学を「実存主義」と特徴づけています。

「石原氏の文学・思想を大づかみに区分すれば、「実存主義」ということになると思います。実際、アンドレ・マルローにたいする傾倒などということから見ても、あるいは政治と文学の緊密な関係、そして何よりも虚無を前にしての人間の行動倫理、生命と存在の不条理といった、初期からの一貫した小説のテーマを考えても(…)」(福田和也『石原慎太郎の季節』飛鳥新社)。

石原自身は「実存主義」という語よりもむしろ「存在論」(オントロジー)という言葉を使っています。

「芸術、特に文学の最大の主題である存在論(オントロジー)にとって、死の相対性〔脳死と心臓死〕なるものはどんな意味を持ち、どのように新しい文学的主題を暗示啓示しているのか」(「脳死と臓器移植(二)」、『現代史の分水嶺』文春文庫)。

「ならば、誰にとっても必然の死とは何なのか。必然の死を受けての人間の人生とは何なのだろうか。死を受けながら生きるということ、必ず消滅に繋がる生、つまり存在するというのはどういうことなのだろうか。これはなかなかの大問題です」(『法華経を生きる』幻冬舎文庫)。

福田は「虚無」、石原は「死」と言っていますが、石原の仕事——文学だけではなく、政治的活動や宗教的信仰も含めて——の中心に位置しているのはまさにこの「死」なのです。これが本日の話の第一の論点です。「死」が「死に至るまで生き切る」という形で虚無主義とは対蹠的な態度を生み出すこと、この点に石原の思想のひとつの特徴があるのですが、この点で、石原はサルトルよりもマルロー、さらにはハイデガーに近いと言えるでしょう。では、「われわれは自由の刑に処されている」というサルトルの言葉よりもむしろ、死(への覚悟)と自由と個性(本物の人生、個体化)とのハイデガーにおける繋がりが連想されるのです。しかし、それだけではありません。

## ジャンケレヴィッチと「二人称の死」

これは石原と私との第四の接点となるのかもしれませんが、石原は、二〇世紀フランスでサルトルに匹敵する人気を博した哲学者のウラジーミル・ジャンケレヴィッチ——私は彼について二年前に本を出しました（『ジャンケレヴィッチ——境界のラプソディー』みすず書房）——の大著『死』（邦訳みすず書房）を幾度も引用して次のように述べているのです。

ソルボンヌ大学の哲学主任教授だったジャンケレヴィッチは、その興味ある労作『死』の中で、「人間の死」について、さまざまな角度から綿密な分析を行っているが、「人間の死」は、死の当事者である個人にとって以上に、ある場合には、その血縁上の関わり、社会的な関わりからして、他人の方により大きな、重々しい、また格別な意味を持ち得るし、「死」そのものに対する時間的な位置からしても意味合いが変わって来る、等々、興味津々たる分析が見られる。

（『現代史の分水嶺』所収の前掲論文）

これはジャンケレヴィッチが、フロイトの「戦争と死に関する時評」を踏まえて「二人称の死」と呼んでいるものに焦点を合わせた記述です。「一人称の死」はつねに未来、「三人称の死」がつねに過去（死亡欄）であるのに対して、親しい「二人称の死」はまさに死にゆく者の手を握っていて、その接触のなかで死を経験する、死に接するという意味で「現在の死」なのです。「存在」とは「死」であり、その「死」は死にゆく者を見取る者にとって、また場合によっては、死にゆく者そのひとにとっても「二人称の死」であり、「二人称の死」は「肉親の繋がり」をあらわにするものなのです。

「人間の「存在」とは何なのか。親から名前をもらい、自分がこんな自分としてこの世に生まれて在る、ということの意味、その訳、について知るということ、それを知るために、親や子供を含めての肉親との繫がりに、実はどんな意味があり、訳があるのかを深く知ることの、人生にとっての力強さというものです」(『法華経を生きる』)。

「現在の死」はもちろん「過去の死」と化していく。しかし、石原にとっては「現在の死」は「現在の死」であり続ける。「死者との対話」と福田和也が名づけたような対話が死後も不断に継続され、「死後も、ひとは他人のなかで生き続ける」のです。

## 幽霊と存在の環

この点で象徴的なのは、彼が自分は「幽霊」が大好きだと言っていることです。

「私はなぜか昔から幽霊なるものが大好きです。恐ろしいから、というよりロマンティック、というよりも極めて人間的な気がするからです。／幽霊の実態とは何かと言えば、人間の想念ということでしょう。つまり人間としての強い「思い」です。生きている間にかなわなかった何かへの思い、あるいは死に臨んでの自らの死に関わる何らかの思いがそのまま残って、実在はしないが当人の形を取って現れてくるのでしょう。／ならば、幽霊なるものが本当に存在するかといえば、それを受け止める側にもやはり想念があるからこそ、幽霊がその想念の中にこそ浮かんでくる、つまり想念として在るということでしょう」(往復随筆『人生への恋文』世界文化社)。

私がここにあること、いわゆる「現存在」(ダーザイン)はこうした一方では幽霊たち、他方で未生の者という不在者へとつながる連鎖であり、この時間的連鎖が伝統とも歴史とも呼ばれるもので、石原にとっては、こうした「幽霊」の最たるもの、それが——フランスの精神分析医のジャック・ラカンを彷彿させる――「夭逝せねばならぬ父」であったと言えるでしょう。

自分がこうしてこの世に在るということは、自分がただこうして生きているというだけではなしに、今ここにこうして見る我が子と、さらにその先この子の子供、さらにはその孫の孫にまで、丁度大きな鎖の輪のように繋がった者として自分も在るのだ、そしてこの子もまた、すでに死んだ私の父や、私自身一、二度しか会ったことのない、しかしとても優しく懐かしく印象的だった父方の祖母や、そのもっと前の前の名も知らぬ、しかし確かにこの世にいた、私のためにもこの世に在ってくれた先祖の人々とも繫がっているのだという、どんな感慨も伴わぬただ一途に強い感慨だった。

(『亡国の徒に問う』文春文庫)

或る日、父である漁師は思いがけなく遭難し、未熟な息子だけが残される。父が伝え残したものを、今から息子が自らの工夫と発見で修得し父に追いつき、父を凌がなければならぬ。そしてまた、今日からは家長として、母や他の残された家族を自らの手で養いながら。

(『対極の河へ』、『生きるという航海』幻冬舎文庫で引用)

たとえば天皇について「万世一系」などと言われるのは逆に、われわれの系譜は数代遡るだけでその軌道が把握できないものと化す。パスカル風に言い換えるなら、誰も自分がどこから来てどこへ行くのかを知らないという不安の現れです。ヨーロッパでのユダヤ人に対する迫害は、自分にもユダヤ人の血が混じっているのではないかとの危惧をその大きな動機としていました。自分のうちに在って欲しくないものを、自分の外なる対象に投影するのです。これをドイツの哲学者アドルノ／ホルクハイマーは「倒錯したミメーシス」と名づけました。石原は、「優しく懐かしく」とか「私のために」という言い方で、きわめて「友好的な」家系の連続性と等質性、つまりは「アイデンティティ」を仮構することで、また、「通時性」（ディアクロニー）を強調して「共時的」（サンクロニック）多様性、空間的多様性を低く抑えることで、それと同時に、この連続性と等質性を脅かしかねない要素を自己の外に棄却するという身振りを潜在的にその身体と言語に刻んだのです。しかし、これは誰一人免れえず、われわれ各人が大抵は無自覚に受け入れている身振りです。外国人排斥を示唆する発言が、どこかで多数の者たちに受容されていくのもそのためです。

## 同心円／「と」

石原の思考の特徴は、死――墓と仏壇と遺影、「死んだ父の名」――を中心とした家族、親族という単位から国家や民族へと随意に移行することです。ここで援用されるのが「並列」と「同心円」という発想です。この発想が彼の国際政治、世界認識をも支配しているのです。

> 国境、或いは国境という観念への固執は、往々いろいろな誤解を招きかねぬし、多くの非難を容易に受けようが、しかし人間が自らの個性を信じ、自らの家庭に愛着する限り、国家や民族というアイデンティティが当然派生して来るはずである。（「国境」、『現代史の分水嶺』）

子供がやがて長じて仕事を持つ、自活する。それは最小限の単位の家族に加えて、仕事を通じてまわりの人間との連帯、つまり社会との関わりを持つということであり、それの重層集積が社会全体のエネルギーとなって国家社会が動くのだし、発展もするのです。

(『「父」なくして、国立たず』、『生きるという航海』)

日本人の、日本から眺めた世界観なるものは、日本を中心とした同心円でもなければ、まして日本をその部分に収めた世界という構図でもない。あくまで、日本とそして世界という、異質な芯をもった並列、対照的な二つの円でしかない。(…)/実質的に狭小となった世界の中で、これだけ成長し大きな影響力を持つに到った日本の、良し悪しに拘らず、同心円の中に含まれた他に与える影響の意味について、日本人自身が正確に識れずにいる(…)。

(「二つの世界」、『現代史の分水嶺』)

「と」という、ヒエラルキーも因果も含意しない極小の接続詞を石原は嫌い、並列を単に離散的並列と捉えて、境界地帯の問題を棚上げにしながら、他方で同心円という図式にたよる。しかし、世界は同心円的構造をもつなどと果たして言えるでしょうか。「非ユークリッド幾何に着想を得た現代数学」(『法華経を生きる』)などという言葉が記され、無限小のなかの無限大をしばしば語りつつも、石原は世界の複雑性を表現するための理論的練成も言語的メタファーもレトリックももたないように見える。これは彼が抱えている決定的な問題のひとつでしょう。

### アミチエ/エロス/国家

石原はこのように家族から国家や民族へと、対幻想から共同幻想へと推移しただけではありません。ときには闘う兵士が、ときには行きずりの女との係わり——死に彩られた同性的友愛とエロス的二者関係

——が「国家」とのまさに交接のごときものして描かれている。

あのとき兵隊さんたちと一緒にしみじみぼくは国家と座っていたんだと思うね(と、ハンカチで涙を拭く)。(…)／ぼくなんか、自分が死んじゃったら、日本国家は消滅すると思っているもの(笑)。それはつまり、僕の体の内に日本があるという一体感です。

(小林よしのりとの対談、斎藤貴男『空疎な小皇帝』岩波書店で引用)

小さくとも豊かで文化の水準高い国〔ベトナム〕だっただけに、行きずりではあったが、あの優雅なアオザイに包まれた嫋々たる柳腰の娘を腕にするようなせつないほどの一期一会の感慨をあの国には抱いたものだった。

(「ベトナムから政治へ」、『国家なる幻影』文春文庫)

「公的空間の私物化」という言い方が石原についてなされますが、このように、「対幻想」へと国家と社会(ゲゼルシャフト)を還元し、それによって、ほとんど性的なアイデンティティを感得することが、彼の言説にある種の臨床感を、リアリティを与えているのです。ただ、それは『亀裂』で洋が述べていたように、石原自身が国家と社会の「虚構性」をどこかで痛感しているからなのです。そしてそれは、石原において政治と文学が接合する可能性そのものだった。しかし、その一方で彼の発想はつねに還元主義的発想となる、というか、「同心円」といったある意味では幼稚な比喩に収まらないシステムや要素を切り捨てることになるのです。還元主義が悪いと言うのではありません。どれほど複雑性を尊重しても何かを還元し切り捨てているのではないかとの意識を持つことが肝要だと申し上げたいのです。

## 他者地獄

死をいわば蝶番として私と民族（われわれ）とがさまざまな「二人称」を介して結び付く、石原に見られるこの図式は、「われと汝」的な対関係には石原とちがって批判的だったとはいえ、ハイデガーの『存在と時間』のある箇所にも見られるものです。サルトルはというと、彼自身、三人という小集団的発想を維持しつつ大集団の理論化に挑戦し、それを完成することがなかった。また、そこに市民社会的等質性の幻想が作用しているということも忘れてはならないでしょうが、石原のような私の特権的共同体を仮構することなく、相乗的な人間関係を求めては相克に連れ戻された。それをサルトルは「地獄とは他者のことである」と表現し、他者の眼差しによって私が差し止められるという経験を語りました。ところが、石原には、優しい親族のフィクションと並んで、こうした他者地獄もまた存在していたのです。先に示唆したように、前者は後者を必要とし、後者は前者を必要としているのです。これが「他者と憎悪」という本日の第二の論点なのですが、そこに移る前に三つのことを指摘しておきます。

## 語彙の半ば意図的な混同

ひとつは石原が「民族」「国民」（さらには「人種」）といった語彙をほとんど明確に区別することなく用いていること。現実問題として、これらを明確に区別し、各々を定義することは至難の業です。ネイションという語彙を取ってもそうですが、だからといって、半ば戦略的にそれらを無差別的に用いるのではなく、各々の内包と外延のずれをこそ問題にしなければならないのではないかと私自身は考えています。また、ルナンやゴビノーの原典に戻ってネイション論、ラース〔人種〕論を読む、小説家ゴビノーがいかなる言語で「人種」を語ったか、また、彼の友人で『アメリカのデモクラシー』の著者トクヴィルがそれにどのように反応したか、そういった探求の方位は石原にはほとんど見られませんが、これは学者であるか否かだけに係わる問題ではないでしょう。そういう作業を経ずに、たとえばパスカルの賭けとベルクソンを混同して公然と虚言を吐くことは、知というものにとって本質的な事態なのです。

## 国民性・民族性の身体的・生理学的肉化

第二は、こうして明確な定義なしに提出された民族や国民や人種の観念を単に観念的なものにしてはならないとの狙いから、石原はその一種の肉化《インカーネーション》を企てています。フロイトを斥けて大脳生理学に依拠するのもそのひとつの方途です。環境と自然も、石原にあっては、民族的・国民的・人種的ボディーの「光背《アウラ》」として機能している。こうして、欧米における「人種偏見《レイシャル・プレジュディス》」を糾弾してやまない石原自身が、一方では、たとえば日本人の「大脳生理学的」特性なるものを顕揚し、他方では、中国人におけるある階層を語るために「人種」という比喩を、おそらくは故意に用いているのです。

## 第二の『堕落論』?

第三に、石原はみずからの『太陽の季節』を坂口安吾の『堕落論』に比していますが、これは決して首肯できない。『堕落論』を分析する時間はもうありませんが、石原的な国家・民族観、日本観を覆すためにこそ安吾は『堕落論』を書いたのであって、統合不能な混交を語るその一節もこのことを示しています(『堕落論』新潮文庫版に付された柄谷行人の解説を参照されたい)。その点で言うと、石原には、植民地問題や黒人問題から詩的創造、暴力的創造の可能性、ひいては新しい人間の可能性を引き出したサルトルのような姿勢は見られません。石原は、自分と敵対する可能性が大であるような大物作家を勝手に自分の陣営にひきつけるきらいがある。小林秀雄や、『苦海浄土』の石牟礼道子に対する態度がそうです。

## 鏡に映るもの・映らないもの

以上の点も踏まえたうえで、第二の論点に移りましょう。

政治という、努めて、強引にでも他人との繋がりを求めなくてはならぬ新しい別の方法に於ける体験の中でも、かえって一層、作家である側の私自身にとっては「嫌悪」と「他者」という命題は、私自身のものになって来た。

（『亀裂』後記）

注がれたグラスを手にした時、ふとロビー中の人間が自分を見つめているような気がした。見直したが、誰も見つめてはいなかった。（…）もう一度辺りを見廻して見る。誰も見つめてはいない。あのボーイすら。誰かに見つめられたいのではない。しかし今急に、別の眼に見えぬ何かの壁が自分の周りを遮って在るのを彼は感じる。その壁の向こうとこちらと、一体どちらが非存在なのか。（…）／奴らだ、俺じゃない、勿論奴らだ。

（『亀裂』）

サルトルが言うように、われわれは夜道を歩くとき、草原がざわめくとき、カーテンが揺れるとき、そこに実際には誰もいなくとも、見られているという感覚を得る。これは匿名の他者の眼差しで、「世間の目」とそれを呼ぶこともできるでしょう。石原の思考は、精神分析の理論が、父性的なものを象徴＝言語

＝社会と連動していくのに対して、この超自我を家族＝国家の中心に取り込み、その一方で、匿名の他者の視線を敵対的なものとして措定している。ただ、引用文に見られるように、主人公はこの視線に拮抗するものとしてみずからの自我を立てようとする。そのために、先のアイデンティティ仮構が不可欠だったのです。こうして、無数の人格からなる匿名の他者と、これまた無数の死者や未生の者からなる自我がほぼ互角の力を有するものとして対置されることになる。「嫌悪」であり、さらにはレヴィナスの言うように「殺意」であることを知っていた。

通常、「鏡の段階」においては、他者（親的なもの）の見る顔をわれわれは自分の顔として引き受けるのですが、石原は「自我」を味方たる者たちで充満させることで、他者の優先性をなきものにした。「私」という人称代名詞が最後に現れるのではない。同様に、インターナショナルな関係の網のなかでナショナルなものが相対的に分化し、相対的に閉じていくのでもない。石原においては逆の順序が強調されるのです。

しかし、それでも、どのような他者がいるのか、どのような他者に見られるのかは予見不能です。しかも、石原の「自我」はそれ自体が複数性を特徴としています。そこで、石原は何枚もの仮面を取り替えてはそのつど異なる独白を繰り返すという演技に訴えざるをえないのです（『人生への恋文』参照）。ニーチェの言うように、仮面の下には仮面があり、素顔は存在しないのです。ただ、これはディオニュソス的分裂と散逸につながる身振りではなく、「他人も自分と同じにちがいない」という確認に、そしてまた、政治家と文学者との共犯的使い分けに行き着く身振りにすぎなかった。文学者としては「善悪の彼岸」を語り、政治家としては「善悪二元論」を振りかざす。前者が攻撃されると後者を持ち出し、後者が叩かれると前者を持ち出すのです。

## 豊饒と不毛の海？

最後に、この点とも絡めて海に触れておきます。石原においては、海は何よりも「母的なもの」を表していた（「海という母」、『人生への恋文』）。父的なものはそこで溺れ死ぬのですね。だから、父的暴力への憎悪を彼は抑圧することができた。言い換えるなら、父はすでに去勢されているのです。ただ、石原の小説『行為と死』には、女性との性交の描写で、執拗に海が登場するシーンがある。海とエロスとタナトスが交錯するこの場面にも、水死した主人公の描写が伴っているのですが、かつて江藤淳が石原の心性を「被支配者の心性」と呼んだように、石原には強烈な去勢恐怖があるのではないでしょうか。ピアシングなどにも、彼は敏感に去勢欲望を看取しているし、ペニス・ケースをつけて公道を歩くという宣言などまさに去勢不安の表現ではないでしょうか。去勢とはここでは主体化が臣従でもあるという事態を指していますが、母性的深淵が父性的なものも自我も呑みこんでしまう。

しかし、それだけではありません。海は石原が環境大臣に就任したときに難題を提起した媒体でもあった（栗原彬先生の『存在の現れとしての政治』以文社を参照）。水俣病問題に関して、石原はいかにメディアが自分を悪役に仕立てようとしたかを暴いた文章を書いていますが（「水俣病、葬られた報告書」『国家なる幻影』）、そのエクリチュールには彼の根本的構えのようなものが映し出されている。ある意味では正直な告白かもしれないが、そこで石原は、「国家社会と人間との係り」について自分は「分からなくなった」と曖昧な言い方をしている。こういう言い方は、アルツハイマーに罹ったかつての恋人を見舞ったときの印象――「恐くて会いに行けなくなった」――を彷彿させる。なぜ石原は幽霊を見ることはできるが、この女性の顔を見ることができないのか。

「分からなくなった」と言いつつも、石原は「国の責任」に触れたあと、今度は「ともかく」という接続詞を用い、胎生患者を産んだ母親たちに目を転じ、おそらく意図的に母親を主語として「償う」という動詞を使っている。もちろんそういう側面もあるだろうが、石原はさらに「毒を子供に与えて自分は生き延びた」と母親を犯罪者扱いし、先の「国の責任」云々の箇所が読者の印象から消え去っていくような書き方をしている。また、先に言ったように、アポなしの水俣陳情団の面談を断るときには、ジイドの描くナタナエルが禁じた二元的コードの立場――政治家の立場――に立ち、暴れると評判の患者に会うと、文学者として善悪の彼岸に立って工場の爆破を勧める。しかし、国家の機関がこのテロの標的として呈示されることはない。

さらに、この文章での石原は、母親を描くときにもこの患者を描くときにも、必ず「私なら」という引き寄せの操作を行っている。相違と相違として描かず、「われわれ」であるような「自我」の磁場に他性を吸収し、その一方で、今度は視点を極大化して、水俣ごときの汚染は海全体を見た場合大した汚染ではないと矮小化をそっと行う。そもそも、患者を爆弾テロの犯人に仕立てること自体が、石原や福田が嫌う「幼児性」の表出であり、自分と同列の存在へと他人を貶める作為である。このように、ある意味ではきわめて卑劣な仕方で自己（われわれ）を正当化し、「他者」（彼ら・彼女ら）を貶めていくエクリチュールには捉えることのできないもの、そこには映し出されることのないもの――「石原的文学と政治」の回路では見えないもの、いや、石原という装置が故意に見えなくしているもののうちに、まさに「文学」は宿っているのではないでしょうか。

# 翻訳の魔

（二〇〇九年）

翻訳しすぎだよ、そろそろ自分のものを書いたら、とよく言われる。自分よりも圧倒的に高い知性の産物をたとえ不十分でも訳して読者に供することのほうが価値があると思うから、と答えることにしているが、実は、さまざまな言語経験を積んできた人でも、おしなべてこのような形で問いを立てることに、少なからざる違和を覚えないわけにはいかない。翻訳とは、この問いに含まれた二者択一には収まらない何かではないだろうか。選択肢の擬結晶化に先立ち、それを揺るがし続ける何かではないだろうか。とはいえ、この何かは堅固な土台のようなものではない。実際、たしかにテクストや画面と向かい合ってはいるとはいえ、翻訳という行為の形成する空間、その磁場は茫洋とし乱脈でさえあって、不連続性、散逸性を特徴としているように感ぜられる。マルセル・プルーストのいう「無意識的想起」が、さながら間歇泉――心の間歇――のように生起することもしばしばなのだが、翻訳が私を幼年《インファンス》へ、さらには「鏡の段階」に先立つ記憶を絶した過去へとひとを遡らせるのはなぜだろうか。おそらく、偶然ではあるまい。

私は讃岐の善通寺で生まれ、数年間大阪に住んだことはあるが、大学に入るまでの大半の時間を多度津という多島海沿岸の小さな港町で過ごした。元々はインドの守護神でガンジスのワニとも云われる海竜クンピーラを祀る金比羅神宮への入り口のごとき町で、もうひとつ、ご存じの方も多いだろうが、「法師、讃岐の国、多度郡の人、族姓は佐伯の直」とあるように、弘法大師空海ゆかりの地でもある。そこで祖父が、七〇年ほど前に漁船の内燃機関を製作する工場を起こし、この内燃機関になぜか「ナポレオン」という名前をつけた。

血がつながっている、つながっていないという事態はおそらく、私たちの多くが考えているよりもはるかに複雑で非線形的な事態であろうし、先験的と後験的との接合もいまだ解明されていないのだから、産みの～、育ての～といった区別自体きわめて根拠薄弱な区別なのだが、私の父は生まれてまもなく母を亡くし、養子として合田を名乗る家の長男となった。父の養母はミツといい、生きていれば一一二歳である。私はこの祖母とかなりの時間を一緒に過ごした。「死ね」といった言葉の対象となってくれたのも彼女だった。祖母は二つのことで私を驚嘆させた。ひとつは、それにしてもどうしてあそこまで混乱紛糾したのか、どうしようもないほど縺れた糸を何日もかけて解くことである。もうひとつは、魚の肉を見事に処理すること。家族の者たちがどんなに綺麗に食べ終えても、骨にこびりついた小さな肉片をこそげて、それで「ちしゃもみ」などをこさえてくれた。

祖母はひらがなも漢字も読めなかった。片仮名だけは読むことができたのだが、好きな日舞のために歌を覚えるとき、私に歌詞を片仮名に書き換えてくれと頼んだ。他の誰でもない小学生の私に頼んだのはなぜだったのか。優越の感情も作用したかもしれないが、私はなぜかその申し出を断ったことがなく、字も読めないのかと軽蔑したこともなく、大抵は嫌悪感しか抱いたことのない相手なのに、「ありがとな」と言われると、どこか嬉しく、彼女が大事にしていた小さなレコードプレーヤーさえ愛おしく視えたのはなぜだったのか。

私が英語を学び始めたのは中学に入ってからだが、英語と初めて接したのは幼稚園か小学一年のときである。ジス・イッザ・ボーイと言って、英語ができないことを自嘲気味に語るのが常であった父が、NHKのラジオ英語講座のテクストを、何の説明もなくただ毎月買ってくるのである。テクストには赤いソノシートが付いていた。しかし、誰も聴く者はいない。何ヵ月分ものテクストがたまっていった。母が何か忠告したのか、ある日私はそれが私のために買い置かれたものであるのを理解した。そしてテクストを開き、ソノシートに針を落とした。たしか表紙には絵が描かれていて、一戸建ての家、庭、木々、門、そして空には太陽と雲と鳥たち。「ゲイト」と「クラウド」という単語の発音が耳にこびりついている。しかし、それ以上に私を驚かせたのは、テクストのなかに、人間の頭部が縦に輪切りにされた不気味な図が載っていて、舌の位置などが書かれていたことだ。そして、どうやらこの図に対応しているらしい「フェネティックサイン」——当時の私には「クサイン」の部分が独立して聴取された——という音声の執拗な反復である。こんな図を見たところで真似ができるはずもないのだが、語学教師になってからも、自分の耳を信じるな、舌の位置と口の形を信じろと言い続けてきたのはこの解剖図との出会いにどこかで促されてのことかもしれない。しかし、それよりも何よりも、幼い私を驚愕させたのは、この図における、例えば気管支という「内部」——「内部」ではなく一種の裏側と言うべきだが——のこの外化、音という局所化不能で不可視的なものの「場所」の指定という逆説への直覚だったように今は思える。

考えてみると、ソノシートにせよレコードにせよテープレコーダーにせよ、このサウンドとスクリプトとの逆説的接合を証示した機器であって、一九五七年生まれの私はこうした機器の飛躍的進展のなかで育ったと言ってもよいのだが、親しかった死者の声を聴くために発明されたとも言われる蓄音機、レコードの線条痕を通じてその後、英米の音楽ならびにそれらが表象する可能世界と出会うことになる。それがいかなる作用であったか今も分からないとはいえ、琉球での滞在が、レヴィナスというユダヤ系哲学者のフランス語（『全体性と無限』）の翻訳に何か作用を及ぼしているに相違ないのと同様に、この遭遇も、日本と呼ばれる国の関西地方の小さな地域での微細な動きと相関的なもので、今思い出しても悲しみが溢れ出すけれども、特にそこでの学校空間には在日と部落の問題が濃厚な影を投げかけていた。何度連れ戻しても学校から逃げ出して緘黙を続ける同級生がいた。小学生の私は、父の商売相手ので在日朝鮮人のSさんの日本語をいつも「ヘン」と愚弄していたが、朝鮮半島に一時帰国したSさんが、祖国ともいえる土地で、それまで以上の言語的孤立感を覚えたと聞いた……。

# 第六部　まだ見ぬ島々の系譜

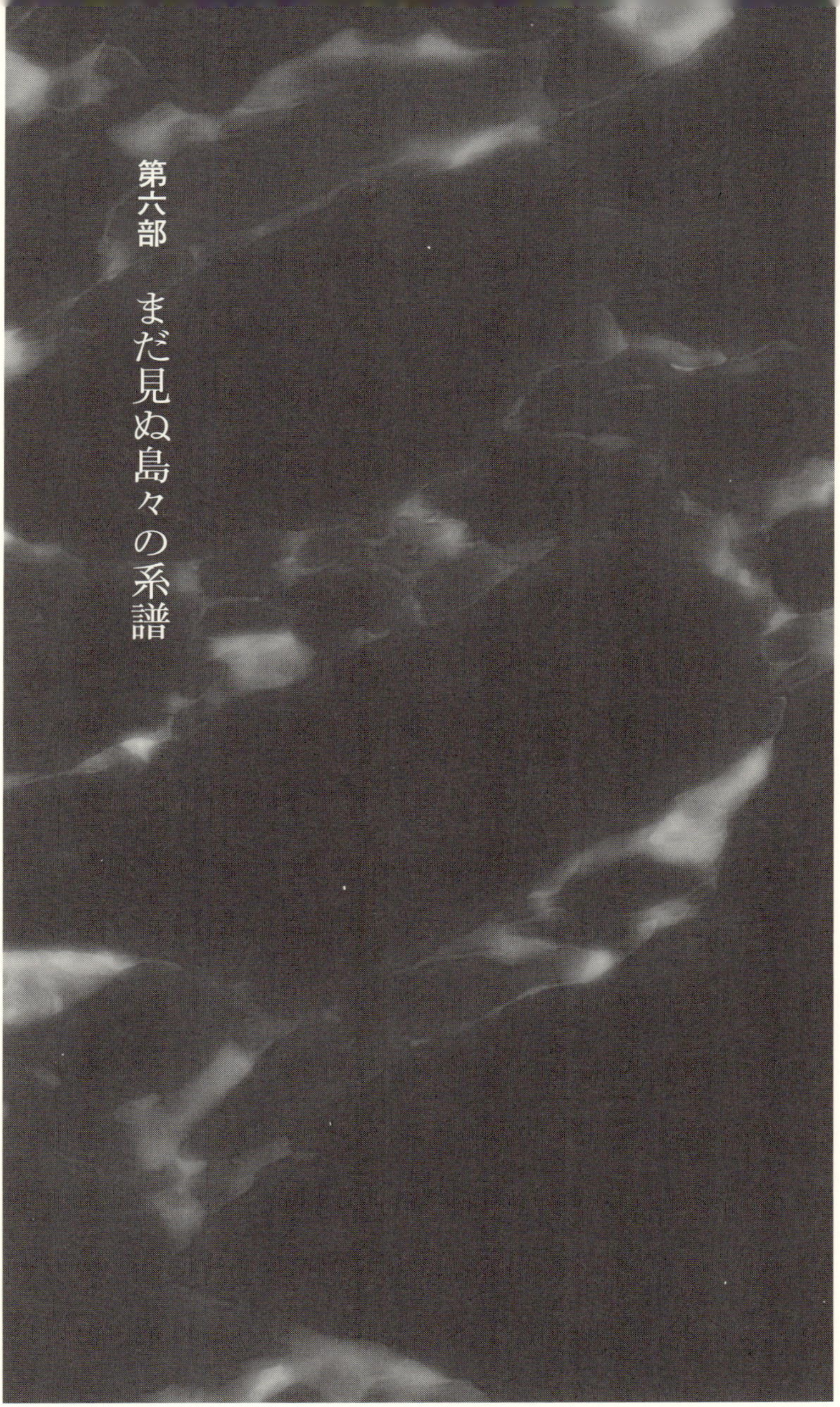

# 十九世紀フランス哲学

## 「人間の科学」の光と翳

（二〇〇八年）

## 第一章　対象と課題

### Ⅰ　一昨日の教え

二十世紀を昨日とすると十九世紀は一昨日であろうが、昨日からわれわれに委ねられた数多の難題を考えるために、一昨日に教えを求めることは決して時代錯誤的な試みではないだろう。試しに科学史の年表を開いてみよう。一八〇一年の「光の波動説」から一九〇〇年の「量子説」（プランク）まで、われわれの日常に埋め込まれた事象や考え、そこで使用されている道具や機器のほとんどが十九世紀に生まれているることが分かる。一八〇四年、蒸気機関車。一八二〇年、電磁気学。一八二七年、ブラウン運動。一八三一年、発電機。一八三二年、電気分解の法則。一八三八年、細胞説。一八四四年、電信。一八四七年、エネルギー保存則。一八五〇年、熱力学の第二法則。一八五一年、地球の自転。一八六五年、遺伝学。一八

七六―七七年、電話・蓄音機。一八七九年、電灯。一八八五年、自動車……。

自然科学だけではない、たしかに「カント以降の哲学にとって人間（Mensche）という新たに芽生えた概念ほどたちどころに崩壊するものがなかったということが決定的であったのと同様に、市民という革命的観念ほどたちどころに崩壊するものは何もないということが十九世紀の展開にとって決定的であった」（ハナ・アーレント「実存哲学とは何か」）との指摘もあるけれども、政治的統治の形態、政治的主体のあり方に関しても、われわれは、十八世紀末の数々の権利宣言から、数々の「国民国家《ネーション・ステート》」ならびに「国籍」観念の成立、「民族の春」とも呼ばれる錯綜、相次ぐ革命（の挫折）を経て、十九世紀末の帝国主義的植民地支配へと至る過程の遺産を今もなお生きている。永続的な難民発生や地域紛争やテロリズムの再燃も、「宗教的原理主義と民族の回帰」などと呼ばれている現象も、さらには永続的な「人種」問題もまさにこの遺産の一部なのである。

ここではその作業は行わないけれど、一七八九年の「人間および市民の諸権利に関する宣言」（Déclaration des droits de l'homme et du citoyen）と、一九四八年に公にされた「人間の諸権利に関する普遍的宣言」（Déclaration universelle des droits de l'homme）の項目を比較することでも、十九世紀という時代の意義と問題点の一端を明らかにすることができるだろう。

では、十九世紀の哲学思想についてはどうだろうか。ドイツ語圏に目を向けると、ドイツ・ロマン主義の巨星たちがいる。そして何よりもマルクスがいる。ディルタイがいる。ヘルマン・コーエンを旗頭とする新カント派の系譜、ブレンターノ、そしてフロイト、ニーチェ……。ミシェル・フーコーが一九六四年になってなおも「マルクス・フロイト・ニーチェ」なる論考を発表して、彼らによる思想革命の重要性を改めて強調していることひとつを取っても、十九世紀ドイツの哲学思想がいかに重視されているかは明らかだろう。

では、それに対して十九世紀フランスの哲学思想はどうだろうか。十九世紀フランスの文化的様相を形容するために、しばしば十九世紀フランスは大小説家、大小説の世紀と称されるけれども、まず日本において、この時期のフランス哲学思想に関する研究が充実しているかといえば、お世辞にもそうは言えない。十七世紀や十八世紀のフランス哲学思想についての研究水準とは較べものにならないし、活躍時期が十九世紀に近いので当然とはいえ、九鬼周造（一八八八―一九四一年）やその弟子たちの仕事に比しても、かなり後退しているというのが偽らざる現状であろう。『九鬼周造全集』（岩波書店）の第八巻に『現代フランス哲学講義』として収められた九鬼の京都大学講義がなされたのは昭和一桁のことであったし、十九世紀フランスの哲学者たちをかなり詳細に取り上げた高山峻の『現代仏蘭西哲学』（経済図書株式会社）の出版も昭和十五年（一九四〇年）なのである。

しかし、十九世紀フランスの哲学思想のこのような軽視という現象は何も日本に限ったことではなかった。『哲学・フランス・十九世紀――著述と小品』（*Philosophie, France, XIXᵉ siècle*）と題された書物が一九九四年にフランスで出版された。メーヌ・ド・ビラン、テオドール・ジョフロワ、ヴィクトール・クーザン、デステュット・ド・トラシー、ポール・ジャネ、オーギュスト・コント、シャルル・ルヌヴィエ、クレマンス・ロワイエといった著者たちの作品の教科書的な抜粋集なのだが、編者たち（ステファヌ・ドゥアイエ、ロジェ＝ポル・ドロワ、パトリス・ヴェルムラン）がそこに付した序は何とも皮肉な言葉で書き出されている。

十九世紀フランス哲学は実在したのだろうか。しばしばそのことは否定される。十九世紀フランス哲学は見かけだけのもの、生彩のない模倣にすぎなかったように思われる。ハイデルベルクの形而上学者ダウブはクーザンの学説を「せいぜい女子寄宿生を日曜日に楽しませるのに適したもの」と判断していた。かかる宣告は再読の企てを、単にお目出度い仕事、もしくは胡散臭いテクストとの超現実的な交際に必ずや還元してしまうのだろうか。われわれはそうは思わない。

ここに「ダウブ」とあるのは、フォイエルバッハの師でもあったカール・ダウブのことで、形而上学者というよりもむしろプロテスタント神学者と言ったほうがよいかもしれないが、ダウブは一七六五年に生まれ一八三六年に没しているから、ダウブの判断は「十九世紀フランス哲学」のほんの一部についての判断でしかありえない。しかも、後述するように、クーザンはフランス哲学とドイツ哲学との橋渡し役として活躍し、むしろ彼のおかげでヘーゲルの名はドイツ国内でも高まっていったのだから、ダウブの判断は部分的であるのみならず、大きな事実誤認を含んでいたと言わざるをえないのだが、十九世紀フランスの哲学思想の軽視は、しかしながら、ラインの向こう岸からの偏見に満ちた眼差しの産物であるだけでもなかった。

こうした極端な判断を援用して「再読の企て」(tentative de relecture) の意義を逆に強調すること、いや、そもそも「再読の企て」という言い方それ自体——しかも、そういう言い方が一九九四年という時期になされねばならなかったということ——、フランス国内もしくはフランス語圏そのものにおける、十九世紀フランスの哲学思想の軽視という現象が実在したこと、それも短期間ではなく二十世紀のほぼ全体を通じて持続したことを図らずも証示しているのではないだろうか。

たしかに、コントやベルクソンのようにきわめて高名な哲学者については、ほぼつねにその解釈が刷新され続けている。けれども、そのような軽視は存在しなかった、と断言することは少なくともできない、と筆者は思う。事実、ジャン・ヴァール（一八八八—一九七四）の一九四〇年代の著作『フランス哲学小史』（邦訳ミネルヴァ書房）、ジョルジュ・カンギレムの『科学史・科学哲学研究』（邦訳法政大学出版局）、フランソワ・シャトレ（一九二五—八五）編『哲学史』第七巻『社会諸科学の哲学』（*La philosophie des sciences sociales*, Hachette, 1973）、ジャン・ボフレ（一九〇七—八二）——ハイデガーのフランスへの紹介者として知られる——の『十九世紀フランス哲学についての覚書——メーヌ・ド・ビランからベルクソンへ』（*Notes sur la philosophie en France au XIXᵉ siècle. De Maine de Biran à Bergson*, J. Vrin, 1984）といった著書がたしかに存在しはするけれども、ヴァールの例を除くと、それらとて、イポリット・テーヌの『十九世紀フランス古典哲学』（一八七五）、フェリックス・ラヴェッソンの『十九世紀フランス哲学についての報告』（一八六八）から何と一世紀を経ての試みなのである。「ハイデルベルクの形而上学者」と同様、フランス人たちもいかに過去の遺産を軽視してきたかの証左であろう。

もちろん単に軽視されてきたわけではない。一昨年はサルトル生誕百年、昨年はレヴィナス生誕百年、メルロ＝ポンティ、シモーヌ・ヴェーユと、日本でも知名度抜群の哲学者たちの「生誕百年」はさらに続いていく。つまり、戦後、数世代にわたって日本人たちにも多大な影響を及ぼした哲学者たちは二十世紀が始まって間もなく生まれたわけで、それゆえ多少なりとも、前世紀の知的遺産をその「環境」として育ったことになる。ベルクソンは十九世紀を二十世紀につなぐ哲学者であるが、彼はシャルル・ルヌヴィエを標的として自身の哲学を築いた。サルトルの著作には、ピエール・ジャネやテオデュール・リボーやイポリット・テーヌのような十九世紀の哲学者たちへの言及が多々見られるし、メルロ＝ポンティはメーヌ・ド・ビランを格別に重要視していた。デリダはクーザンの時代を語ったし、ドゥルーズの著作ではメーヌ・ド・ビラン、バランシュ、タルドなど十九世紀の哲学者が犇めいている。にもかかわらず、それを特に重要な事態とみなすことなく、むしろ「実存主義」、「ポスト構造主義」などの「新思想」の斬新さ、過去とのその断絶をもっぱら強調し、また、前出のフーコーの『言葉と物』を読んでも、そこで「十九世紀の知的布置」を形成するものとして挙げられた書物を探し出すこともせず、ましてや、フーコーが取り上げることのなかった文書へと赴くことのほとんどなかった、われわれ自身の「感性」が問題なのである。

われわれの感性と言ったが、問われているのは、単に十九世紀フランスの哲学思想に対するわれわれの態度ではないし、また、格別に重要であるとはいえ、本論冒頭で語ったような十九世紀の知とわれわれのこの「異常な日常」との諸連関だけでもない。「近代」とも「現代」とも訳される「モダン」「モデルニテ」(modern, modernité) という語が、過去のある「時代」を指すだけではなく、mode というその語源が示唆しているように、「過ぎ行くこと」、その「様相」をも含意しているとするなら、「モダン」「モデルニテ」は、「時代」とは何か、そしてまた、われわれは時間をどのように生き、それをどのように考えているかということを不断に問いただしているのだ。『ポストモダンの条件』の著者リオタールにとっても、「ポストモダン」は「モダン」の端緒において忘却されたものの探求だった。その点では、「一昨日の教え」は、意味と方向と感覚というすべての意味で、この時の、この世界の「サンス」について、われわれ各人に何らかの合図《サイン》を送っているのだろう。

## Ⅱ　復刻

前節で一九九四年刊の『哲学・フランス・十九世紀』に言及したが、この種の書物がこの時期に出版されたのは決して偶然ではなかったと思われる。筆者は一九七九年にメルロ＝ポンティに関する修士論文を提出し、その後数年間、メルロ＝ポンティ論をどのように展開していくか、メルロ＝ポンティからどう考察を展開していくかをめぐって逡巡の時期があり、そのなかで筆者は、一方ではレヴィナスを見出し、他方では、メルロ＝ポンティの（レヴィナスの）恩師たるジャン・ヴァール、レオン・ブランシュヴィックへ、さらにそこからルヌヴィエやオクターヴ・アムランへと遡行する道を歩み始めたのだったが、一八八〇年代の半ば、今調べると八五年のことだったのだが、この遡行の道に関して、これまでとは若干異質な状況がこれから形成されるのではないかとの予感を抱かせる出来事があった。科学哲学者として著名なミシェル・セール監修の『フランス語圏哲学著作コーパス』（*Corpus des œuvres de philosophie en langue française*）の刊行開始という出来事である。

ラヴェッソンの『習慣について』（*De l'habitude*, 1838）、ギュイヨーの『責務も懲罰もなき道徳素描』（Guyau, *Esquisse d'une morale sans obligation ni sanction*, 1885）、ルヌヴィエの『ユクロニー』（Renouvier, *Uchronie*, 1876）などが出版されるたびに歓喜したものだが、この企画で復活した十九世紀フランスの哲学思想書には、これ以外にも以下のようなものがある。

バランシュ『社会的制度試論』（Ballanche, *Essai sur les institutions socials*, 1818）
ベルネーム『催眠・暗示・心理療法』（Bernheim, *Hypnotisme, suggestion, psychothérapie*）
ブルセ『興奮と狂気について』（Broussais, *De l'irritation et de la folie*, 1828）
クーザン『哲学講義』（Cousin, *Cours de philosophie*, 1828）
デルブフ『眠りと夢、その他』（Delbœuf, *Le sommeil et les rêves et autres texts*, 1885）
ギゾー『陰謀と政治的正義について、政治犯における死刑について』（Guizot, *Des conspirations et de la*

*justice politique. De la peine de mort en matière politique*, 1822)
ギュイヨー『社会学的視点から見た芸術』(*L'art au point de vue sociologique*, 1888)
ジュフロワ『自然権講義』(Jouffroy, *Cours de droit naturel*, 1834–1835)
ラマルク『生体組成探求』(Lamarck, *Recherche sur l'organisation des corps vivants*, 1802)
ルルー『人間について』(Leroux, *De l'humanité*, 1840)
リトレ『哲学的視点から見た科学』(Littré, *La science au point de vue philosophique*, 1873)
カトルメール・ド・カンシー『芸術作品の目的地についての道徳的考察』(Quatremère de Quincy, *Considérations morales sur la destination des ouvrages de l'art*, 1815)
キネ『キリスト教とフランス革命』(Quinet, *Le christianisme et la revolution française*, 1845)
ルヌヴィエ『道徳科学』(*Science de la morale*, 1869)
——『新モナドロジー』(*La nouvelle monadologie*, 1899)
テーヌ『芸術の哲学』(*Philosophie de l'art*, 1861)

それだけではない。この叢書には今のところ収録されていないが、それとほぼ同時期にいまひとつの復活劇が始まった。かのジーグムント・フロイトが、催眠と暗示をめぐってベルネーム(ナンシー学派)と競合関係にあった高名な神経科医ジャン＝マルタン・シャルコーのもとに留学したことはよく知られているが、前出のジャネはというと、シャルコーがみずからの後継者というか、自身の生理学・神経学に裏打ちされた「心理学」練成の夢を託した人物にほかならなかった。精神分析の創始後、フロイトは、お前の理論はシャルコーとジャネの剽窃にすぎないとの不当な非難をフランスから受けることになり、かかる風評の圧力を跳ね返すために、フロイトはいくつかの著述のなかで、「無意識は言葉の綾（une façon de parler）にすぎない」と断じたジャネの姿勢を批判しているのだが、これまでのところ、歴史の裁きはジャネではなくフロイトに軍配を上げたように見える。しかし、敗者は単なる敗者ではないし、われわれはむしろ敗者とみなされた者たちから多くを学ぶことがある。ジャネとフロイトについても、後で詳述する予定だが、「ヒステリー」から始まった精神病理学的探求は、「境界性人格障害」と呼ばれるような症例との出会いのなかで、今度はむしろジャネの神経衰弱論に再び着目し始めたのだ。筆者の手元には今、一九八三年に復刻されたジャネの『ヒステリー患者たちの心的状態』（*L'Etat mental des hystériques*, 1911）が置かれているが、その後二十余年のあいだに、ジャネの著作はそのほとんどが甦ることになった。

もちろん、ジャネの著作はその多くが二十世紀前半に出版されたものである。しかし、ジャネの復活は、ジャネからシャルコーへの道のみならず、ジャネからその周辺——たとえばコレージュ・ド・フランス教授選挙でジャネに敗れたビネ——への通路にも光をあてるという効果をもたらし、かかる照明のなかで、ポール・ブローカの失語症論などが浮上することにもなったのだ。ラルマッタン書店企画、セルジュ・ニコラ監修で二〇〇二年から刊行が開始された「心理学百科全書」（Encyclopédie psychologique）叢書には、以下のような書物が収められている。

リボー『現代イギリス心理学』（Ribot, *La psychologie anglaise contemporaine*, 1870）

——『現代ドイツ心理学』（*La psychologie allemande contemporaine*, 1897）

ビネ『記憶の心理学』（Binet, *Psychologie de la mémoire*）

——『最初の知能検査』（*Le premier test d'intelligence*）

ジャネ『サルペトリエール三講演』(*Trois conferences à la Salpêtrière*, 1892)
フルーランス『骨相学検討』(Flourens, *Examen de la phrénologie*, 1842)
ブローカ『失語症論考』(Broca, *Ecrits sur l'aphasie*, 1861-1869)

最後に挙げたブローカの論文集に寄せた解説文のなかで、編者のセルジュ・ニコラは、医師ブローカの大脳ならびに失語への関心が、やはりブローカによって創設された「パリ・アントロポロジー〔人間学・人類学〕学会」を土台として芽生えたと指摘している。一八五八年の一月と二月、ブローカは「生物学会」(Société de biologie)で、「人類単一発生説」に反対して、異種交配の肯定性を指摘する発表を行った。後述するようにゴビノーの人種論が出版された直後のことで、フランスによる植民地拡大の動きも作用して、この発表は「生物学会」に激しい動揺をもたらした。そこでブローカは新たな学会を創設する必要を痛感するのだが、一八三八年にウィリアム・エドワーズによって創設された「エトゥノロジー〔民族学〕学会」(Société ethnologique)は当時すでに機能を停止しており、そのためブローカは翌一八五九年に「アントロポロジー学会」をみずから立ち上げ、そこをみずからの活動の拠点としたのだった。

暫定的で仮設の条件のもと、パリ・アントロポロジー学会の第一回大会は一八五九年五月十九日に開催された。アントロポロジーという語彙を、それよりもはるかに一般性を欠いたエトゥノロジーという語彙に置き換えることで、この学会はその活動計画に最初からまったく新たな広がりを与えようと欲した。(…)この活動計画はもはや民族学ないし人種(espèces humaines)の研究だけを含むものではなく、それはまた一般的アントロポロジーないし人類(genre humaine)の研究をも含んでいた。さらに、この活動計画は、数多の補助的科学にも広がるものだった。動物学、比較解剖学、地質学、古生物学、先史考古学、言語学、神話学、歴史学、心理学、そして医学といった諸科学にも。かくも多様で、かくも多岐にわたる研究のなかに、ひとつの中心的土台を築く必要があったので、学会の創設者たち——全員が医師だった——は、彼らの若き指導者〔ブローカ〕とともに、このような土台は、人間のなかで最も固定されたもの、つまり人間の組織とその機能に据えられねばならないと判断した。ひとことで言うと、解剖学と生理学に、である。

「アントロポロジー」がマルセル・モースやレヴィ＝ストロースなどに見られるように「人類学」と訳される時代を生きているわれわれにとって、きわめて興味深い指摘であるが、ブローカがそれを意識していたかどうかはともかく、「アントロポロジー」という語彙の使用は、ある哲学者による同じ語彙の使用と無関係ではありえなかった。その哲学者とは次節で取り上げるメーヌ・ド・ビランで、彼は一八一九年頃から「アントロポロジー」という語彙を用い始め、一八二三—二四年には『アントロポロジー新試論』(*Nouveaux essais d' anthropologie*) と題された考察を著して、そこにこう書き記していたのだ。

この題名〔アントロポロジー新試論〕は、私が人間の一部分ないし一相貌ではなく、人間の全体を考察しようと欲していることを予告している。／最初の意図に即して、心理学という題名を採用していたなら、それは生理学と同様、私の意図を言い表せないだろうと感じた。

晩年のメーヌ・ド・ビランにとって、「アントロポロジー」とは「人間の全体」を探求するもので、この「全体」は「生理学」と「心理学」に加えて、これまで「神秘主義」と呼ばれてきた「宗教性」（信仰と社会性）をも含むものだった。ここで詳述する余裕はないけれども、メーヌ・ド・ビランによる「アントロポロジー」という語彙の使用の背景には、晩年のカントが一七九八年に第一版、一八〇〇年に第二版を刊行した『実用的見地からの人間学』（*Anthropologie in pragmatischer Hinsicht*）があったかもしれない。カントの『人間学』のフランス語訳とテクスト註解が、フーコーの博士号請求副論文――正論文は『狂気の歴史』（一九六一年）――であったことを、ここで思い起こしてもよいだろう。

このように新たに「アントロポロジー」という語彙を導入して、「宗教性」（信仰と社会性）という第三項を強調するに至る以前、メーヌ・ド・ビランは、「一方では暗黒の学たる形而上学から、他方では機械論的物理学〔自然学〕から、心理－生理的人間の領域を引き剝がし、さらに、心理的事象と生理的事象とのあいだに新たな関係を見出すこと」をその課題としており、もちろん個々の論者によってニュアンスの相違はあるけれども、このような課題の遂行を目指す学にフランス革命前夜に与えられた呼称、それが、本論の題名にも含まれている「人間の科学」（science de l'homme）だったのである。

### Ⅲ　人間の科学とは？

心理的事象と生理的事象のあいだに「新たな関係」を見出すことという企図は、当然のことながら、これまでの心身関係論に対する批判を含意しているのだが、「暗黒の学たる形而上学と機械論的物理学（自然学）」という先の表現は、たとえばデカルトが『人間論』（一六三三年頃執筆）で提起した「精神と身体の結合」――松果腺での結合――の理論を連想させる。その点から言うと、一七三五年、わざわざデカルト縁《ゆかり》の地ラ・フレーシに赴いて『人間本性論』を書き上げたデイヴィッド・ヒュームのいう「経験と観察にもとづく人間の科学（science of man）」を、十九世紀全体を通じてさまざまに展開される「人間の科学」の源泉のひとつとみなしてもよいかもしれない。従来の「人間」概念をいわば括弧に入れて、改めて「人間の何たるか」を考え直すこと。啓蒙の世紀の只中にあって、「人間」そのものが謎と化したわけだが、『人間機械論』の著者ラ・メトリの「人間の迷宮」という表現にせよ、「人間の人間に関する深い無知」を指摘したルソーの言葉にせよ、この謎と、それゆえに改めて人間を科学の対象とせねばならないという課題の緊急性を告げていたと考えられる。ビュフォンが『人間について』（一七九三―九四年）で言うように、「われわれは数々の対象を見るが、眼それ自体を見ることはない」のだ。

先に「人間の科学」（人間科学）という呼称がフランス革命前夜に生まれたと記したが、それは、モンペリエ学派の医師ジャン＝ジョゼフ・バルテズ（一七三四―一八〇六）が一七七八年に出版した『人間科学新要諦』（*Nouveaux elements de la science de l'homme*）を念頭に置いてのことだった。バルテズについては、金森修の労作『科学的思考の考古学』（人文書院）を参照していただくとして、「人間の科学が諸科学のなかでも第一の科学である」と同書にあるように、バルテズは「人間の科学」の最重要性を最初に指摘した人物のひとりだった。しかし、シャルル＝ルイ・デュマの『生理学的原理もしくは生きた人間についての実験的・哲学的・医学的科学への序説』（一八〇〇―〇三年）を見ると、バルテズの指摘がいわば予言的なもので、当時の一般的理解とは大きく懸け離れていたことが分かる。曰く、「人間の科学はわれわれ自身の関心を大きく占めるはずのものだが、現時点ではなおも最も軽蔑され、無視されている」。

「人間の科学」は当時、まさに来るべき科学――ヴィーコにいう「新しい科学」――であったのだ。バルテズと同じくフランスを代表する医師のカバニスは、『人間における肉体的なものと精神的なものとの関係』（一八〇二）のなかで、「生理学、諸観念の分析、そして道徳は、いみじくも人間の科学と呼ばれている唯一の科学の三つの分肢にほかならない」と記している。カバニスの書物の題名は、「心理的事象と生理的事象との新たな関係」というメーヌ・ド・ビランの先の言葉に対応しているが、カバニスは、メーヌ・ド・ビランが「アントロポロジー」と呼んだ三重の構造を、「人間の科学」の本質とみなすとともに、「心理学」(psychologie)という語は用いず、「諸観念(idées)の分析」と、「イデオロジー」(idéologie)に近い語を採用している。思えば、赤間啓之が『監禁からの哲学』(河出書房新社)で見事に描き出したように、デステュット・ド・トラシが『イデオロジー要諦』(一八〇四—一八一五)を発表する二年前のことなのだが、来るべき科学であるがゆえに、それは、「生理学と心理学」を不可欠な支柱としているとはいえ、このようにいまだ流動的な部分を孕んでいたのだ。

カントの『人間学』に先に言及したが、同書の第一部「人間学的教授論」は第一篇「認識能力について」、第二篇「快不快の感情」、第三篇「欲求能力について」から成っている。お気づきのように、この三篇は『判断力批判』で呈示された次のような分類表に対応しており、この分類表の各列は『純粋理性批判』『判断力批判』『実践理性批判』という三つの批判に対応している。

| | |
|---|---|
| 心の全能力 | 認識能力 |
| 認識能力 | 悟性 |
| 快と不快の感情 | 判断力 |
| 欲求能力 | 理性 |

ここでカントは「能力」(Vermögen)という語を用いているが、カントが『人間学』第一版と同年に

『学部の争い』(*Streit der Fakultaten*) という考察を発表しているのは決して偶然ではない。なぜなら、「学部」という語も「能力・権限」を意味する語であって、大学の学部構成は人間の諸能力の構成に本質的にもとづいているからだ。その意味では、「人間の科学」もまた「人間科学学部」(人文学部)(Faculté des sciences humaines) といった形で大学の制度に反映されることがある。たとえ事実的に、「生理学」(医学)と「心理学」(さらには「倫理学」や「宗教学」や「社会学」) がひとつの学部の支柱となることが稀れだとしても、また、先に挙げた三つの分肢には収まらない学科をこの学部が含むとしても、この点に変わりはない。

前に掲げたシャトレ編の『社会的諸科学の哲学』では、「心理学」「社会学」「民族学」「歴史学」「地理学」「言語学」が、十九世紀フランスで展開された「人間の科学」の分肢とみなされている。ここに前出の「観念学《イデオロジー》」や「記号学《セミオロジー》」――後者についてもデステュット・ド・トラシの貢献は大きい――をつけ加えたり、「生理学」(医学) のなかに「神経学」という下位範疇を設けたり、「神経学」や「心理学」から「精神病理学」への道をつけたり、さまざまな操作が可能であろう。また、ここに「歴史学」や「地理学」が記されているからといって、そう呼びうる学がこれ以前に存在しなかったというわけではまったくない。そもそも、「心理学」それ自体、古代の「霊魂論」に淵源を有しているのだから。

われわれはともすれば「心理学」「社会学」「言語学」などの科学の存在を自明の理とみなしてそれを学びがちであるけれども、十九世紀フランスでの「人間の科学」の展開は、そうした「既成事実」そのものの複雑で困難な生成過程を教えてくれる。後述するように、たとえば「心理学」という科学と呼称が十九世紀初頭(もちろんそれ以前にはまったく実在しなかったという意味ではない) に生まれてから、それが大学での正式講座となるまでにも半世紀以上の歳月が必要だったのである。ここにも、われわれの今日と明日を「考えるヒント」があるのは言うまでもない。もとより「人間の科学」の生成変化の全貌を探るのは途方もない巨大な課題である。しかし、人間という謎がその深さを増しつつあるなかで、この生成変化のほんの一部だけでも以下に描き出すことができればと思う。これが拙論の課題である。

## 第二章　実存的心理学の誕生

### I　メーヌ・ド・ビランの生涯

まずメーヌ・ド・ビラン（一七六六—一八二四）を取り上げる。十九世紀フランスにおける最大の哲学者のひとりであって、精神病理学者のピエール・ジャネや社会学者のガブリエル・タルドが十九世紀末から二十世紀前半にかけて、数々の講義や講演でメーヌ・ド・ビランに言及し、最大級の賛辞を送っているのを見ると、メーヌ・ド・ビランは十九世紀フランスの哲学思想のアルファでありオメガであったのではないかとの思いを抱かざるをえない。日本でも、澤瀉久敬の『メーヌ・ド・ビラン』が一九三九年という時期にすでに出版されており、近年も、増永洋三や松永澄夫の先駆的な仕事を継承して、北明子や中敬夫の優れたメーヌ・ド・ビラン論や哲学者の著作、その伝記の邦訳が次々と出版されているので、ぜひとも参照していただきたい。ただ、これはもちろん、そのような充実した研究の積み重ねがあるからこそ言えることなのだが、フランソワ・アズヴィ監修のメーヌ・ド・ビラン全集（J・ヴラン書店）の刊行が一九八四年に始まり、九九年に完了したことを考えると、メーヌ・ド・ビランは二十一世紀の哲学者であると言うべきなのかもしれない。まず簡単にメーヌ・ド・ビランの生涯を見ておこう。

一七六六年　十一月三十（二十九）日、フランス南西部ドルドーニュ県のベルジュラックに、フランソワ＝ピエール・ゴンティエ・ド・ビラン生まれる（メーヌ・ド・ビランはビラン村の村長の意）。父親は医学博士のジャン・ゴンティエ・ド・ビラン、母親はマリー＝カミーユ・ドヴィル。代々、この地の政治的指導者の家系であった。
一七八一年　ドルドーニュ県の首都ペリグーの修道会付属コレージュの古典学級に入学。
一七八五年　パリで国王の近衛兵に所属。
一七九一年　近衛兵解散。
一七九二年　恐怖政治が始まったのを機に、故郷ベルジュラックの郊外グラトルーの館に居を定め、読書と勉学の毎日を送る。
一七九四年　『日記』と呼ぶことのできる文章の最初のページが書かれる。
一七九五年　弁護士登録。ドルドーニュ県の行政官。ルイーズ・フルニエと結婚。
一七九七年　ドルドーニュの選挙人集会で五百人議会会員に選出される。パリに留まり、エルヴェシウス夫人のサロンに通う。
一七九八年　グラトルーに帰郷。「観念の形成における記号の影響」に関する論文に取り組むが、未完に終わる。
一八〇〇年　グラトルー近郊の市会議員。
一八〇一年　四月五日、学士院の人文・政治学部門は、ビランの論考「思考する能力への習慣の影響」を佳作とする。

一八〇二年　ドルドーニュ県会議員。
一八〇三年　メーヌ・ド・ビラン夫人死去。
一八〇五年　学士院の歴史・古代文学部門は、「思考能力をいかに分解すべきか」という課題に対するビランの応募論文を受賞論文とする。スタンダール、ビランの『習慣の影響』を読む。
一八〇六年　皇帝令によりベルジュラック郡の郡長（一一年もしくは一二年まで）。ベルジュラック医学会会長。
一八〇七年　「直接的な統覚は存在するか」というベルリン・アカデミーの課題に対するビランの応募論文が受賞論文に選ばれる。
一八一〇年　立法議会議員に選出。
一八一一年　コペンハーゲン・アカデミーは、一般に「人間の身体と精神の関係について」という表題で引用されるビランの応募論文を受賞作とする。『心理学の基礎についての試論』の執筆を開始。
一八一三年　ボルドー出身の議員ジョゼフ・レネと協力して、戦争続行に関してナポレオンに反対。
一八一四年　議会会計担当理事。貴族に叙せられる。
一八一五年　上記理事に再任。一六―一七年を除いて終生議員を務める。
一八一六年　ジョゼフ・ド・メーストルのフランス論を読む。
一八一八年　ド・ボナルドの『人間の認識の最初の対象についての哲学的試論』を読む。
一八一九年　「アントロポロジー」という語を用いる。
一八二一年　ド・メーストルの『ペテルブルク夜話』を読む。
一八二三―二四年　『アントロポロジー新試論』を書く。

一八二四年　七月二十日、死去。
一八四一年　遺言執行人は上記のレネであったが、ヴィクトール・クーザンがビランの草稿書類の調査を任され、この年、クーザンによるビラン著作集全四巻を刊行。
一八五九年『メーヌ・ド・ビラン未完著作集』全三巻。
一九二〇—四九年　ティスラン編著作集全十四巻。
一九八四年　フランソワ・アズヴィ監修の新全集刊行始まる。

## II　反革命の政治家

メーヌ・ド・ビランの故郷はボルドーに近く、また、政治家としても活躍したという点でも、ビランはおそらくミシェル・ド・モンテーニュという偉大な先人のことを意識していたと思われる。国王の近衛兵であったビランは、ド・メーストルやド・ボナルドといった思想家たちへの嗜好からも推察されるように、フランス革命と恐怖政治を憎悪し、革命以前の君主制への緩やかな回帰を希求し続けた。まずはロベスピエールを激しく攻撃したビランの一七九四年の文章「ロベスピエールの演説について」の一節を引用しておこう。

あなた〔ロベスピエール〕自身とあなたの仲間たちはわれわれにたえず徳を、自由を語るけれども、そのあなた方が偽善者にすぎないなら、祖国の廃墟——民衆の救済の名のもとに、あなた方の野心と怨恨のために犠牲にされた数多くの人々の血のしたたる遺体——の上に、自分たちの権威を確立しようとの意図をあなた方が隠蔽するなら、誰がわれわれの保証人なのだろうか。私は、あなた方が誠実で、全体の利益を望んでいること、あなた方の犯した不可避的な悪が必要悪であることを願っている。だが、もしまったくそうでなかったらどうなるのだろう。われわれはどこにいるのだろう。何に、われわれは信頼を置けばよいのだろうか。（…）あなた方がわれわれをどのような状態に置いたかを見たまえ。商業は廃れ、農業は沈滞し、田園は荒れ果て、入植者たちは鋤を捨て、その平穏で有益な労働から引き剝がされざるをえず、最後にフランスは飢饉の恐怖にさらされようとしている。この悪の深淵にわれわれを突き落としたのはあなた方なのだ！

「過激王党派とリベラル」のあいだに立ち、ボナパルティズムにも反対したビランは、その変わり身の速さゆえに「風見鶏」と渾名されもしたのだが、こと反革命——反革命が新たな革命となることへの反対——という立場についてはそれを生涯にわたって保ち続けたと言ってよい。右の引用文が書かれてから二三年後、ビランはその『日記』に次のように書き留めている。

フランス革命の動力となった思想および原理の常軌逸脱とその悪用を知りつつも、この危険な道を遡り、政府をより堅固で、社会の秩序と休息を維持するのにより適した土台に据えようと欲することはできる。しかしその場合には、現代の世代の人々の習慣や傾向を知り、それに対して全力で闘いを挑んだり、それらをあまりにも急激に変化させることの危険性をも感じ取らねばならない。なぜなら、まず思いを馳せるべきは、われわれが所有しているものを維持することであり、一切の秩序の原理たる正当な王家を維持することとなのだから。社会の存在そのものを台無しにし、何らかの秩序の甦生への希望をことごとく破壊してしまうような新たな革命を回避しなければならない。かかる見地からすると、大革命から生まれた原理や習慣や意見や利害とも妥協することができる。緩慢で、それと気づかれないような一連の措置を講じて、徐々にそれらを変容し、それらを、秩序と権威への服従という古の君主制的習慣の時代に近づけるべく努めればよいのである。

（一八一七年十月の日記）

次章でわれわれはヴィクトール・クーザンとナポレオンの帝国での学制改革を取り上げる予定であるが、ビランはというと、「大学」が宗教的権威からも家父長的権威からも独立して最高の教育機関となることに反対したのだった。一八一七年十一月五日の『日記』である。

会合の目的は公共教育をめぐる法案の検討だった。（…）大学の現在の構成員たちの打算的な意見によると、青年たちの教育が、その方位を確たるものにする政府によって独占されるのでなければ、われわれの立憲体制は維持されない。けれども、いかにして政府が教育を指導するというのか。家族に暴力を振るうことで、父親たちが子供を訓育するのを阻止するとでもいうのか。ひとを支配したという意図を声高に唱えながら、法案の作成者たちは家族の父親たち全員を敵に回しているのだ。

「アナーキズムの父」と呼ばれるピエール・ジョゼフ・プルードン（一八〇九—六五）がまだ六歳のときだが、ビランは「民衆」(peuple) が主権を握ることを、没理性的な混乱と無秩序として、「アナーキズム」として斥けている。以下は、アンリ・グイエの『政治家メーヌ・ド・ビラン』で引用された一八一五年のビランの言葉である。——「主権はその正当な源泉を、力と連結した叡智のうちにのみ有している。民衆《プープル》は無知で、情念に左右される諸個人の集合《コレクシオン》でしかなく、彼らは盲目的な感情に突き動かされることでしか行動しない。行動する民衆は力強く、全能であるが、叡智と理性を欠いている。主権は民衆の外に置かれねばならない。(…)権力が下からやってくるとき、すべては混乱と無秩序のうちにある。個人の思想や情念のうちでも、社会の運動や連関のうちでも、アナーキズムが君臨するのである」。

では、このような反革命の政治家はいかなる思想革命をもたらしたのだろうか。次にその点を考えてみよう。

## Ⅲ　実存感情の謎

「日記」(journal intime) もしくは「日記文学」について論じることはここでの課題ではないが、「日記」という形式での哲学的叙述というと、何を想起するだろうか。サルトルの『嘔吐』(一九三八)を想起するひとは決して少なくないだろう。ただ、「日記」という形式での哲学的叙述にはその先駆があった。一九二七年に刊行されたガブリエル・マルセルの『形而上学日記』(*Journal métaphysique*)であるが、すでに略年譜に記したように、マルセルより百年前に「日記」でその哲学的思索を紡いでいたのがメーヌ・ド・ビランだったのだ。彼の『日記』全三巻はアンリ・グイエによって編纂されて一九五四年にラ・バコニエールから出版されている。そして筆者はこの『日記』を読んで、これはまさに『嘔吐』にも匹敵する実存文学の傑作だと直観した。

「よく覚えているが、すでに子供の頃から、私はしばしば自分が生存・実存すること(exister)に驚きを覚えた」(一八二三年十月)。——最晩年に至ってビランは、一方では哲学と「驚き」との古来の結びつきを意識しつつ、後にサルトルらが「実存」の「偶然性」(contingence)と呼ぶであろうものを表現している。なぜ「私」があるのか、「私」がいるのか。そして「私」とは何なのか。ビランによると、「私」が

「実存する」ことの理由を見出せないのと同様に、「私」が何であるかも分からない。それは「自分の内にありながらも、その鍵をつねに取り逃がしてしまうような謎」（一八二三年七月）であり、それについてモンテーニュのように「私は何を知っているか」（Que sais-je ?）と自問するなら、「私は何なのか知らない」、それは「何だか分からないもの」（je-ne-sais-quoi）と答えるほかない。同じことだが、「私の旧友が「私とは誰か」と私に尋ねた。私は答えることができなかった」（一九一八年十一月二十五日）。

「私」がこのような謎であるとするなら、それはすべての確実な根拠、アルキメデスの点のごときものではない。ビランはおそらくパスカル的な宇宙を思い浮かべていたのだろうが、「穏やかな時はすぐに過ぎ去り、苦難に満ち、波瀾に富んだ感情が生じる」。固定性と安定性なきこの不断の動揺、それをビランは「わが生存・実存の感情」と呼ぶとともに、一方では「身体的組成、神経の弱さに」、いま一方では天候や気温や湿度や居場所の変化にこの動揺の出所を求めている。ご存じのように、existence の接頭辞 ex は「外」を意味しているのだが、まさにここには「生皮を剝がれた人《エコルシェ》」がいるかのようだ。

このように不断に動揺し、軋みながら、「私」は不可逆的に老いていく。「私は生存・実存について恒常的で、悲しく苦しい感情を抱いている。それは老いの感情であって、それには治療薬も慰めもない」（一八一七年十一月二十五日）。「老い」の先には「死」があるのだが、ビランは単にそのようには必ずしも考えない。後に、ゲオルク・ジンメルたち「生の哲学者」たちが逆説的にも見出したように、動揺しながら老いゆく「私」、その「生存・実存」は実はそれ自体が瞬間ごとに死んでいるのだ。生ノ只中ニ死アリ。それも分散された死が。光が波であると同時に粒子であるように、時間は連続であると同時に不連続であって、連続的持続と見えるものは瞬間の不断の死によって成立しているのだ。こう言っている。「昨夜私は馬車に揺られながら、自分が今希求しているのは、私の肉体的－精神的存在の分解・解体（décomposition）

に熱心な証人として立ち会うことだけだと考えた」（一八一七年十二月二十七日）。そして「瞬間ごとに、私は外的にも内的にも死ぬ」のである。

「分解・解体」が当時のフランス思想界のキーワードであったこと、この点も銘記されたいが、「私」が存在することへの驚き、「私」の不断の動揺、「私」の老衰、「私」の不断の死と解体、ここからビランは、いまだ「私」が存在しない状態へと遡行する。発達心理学の分野での研究のことを思い浮かべてもよいだろうが、「私」という「人格」「我性」は後天的に意思によって「構成」されたものであって、この「構成」以前には、「生存・実存についての漠然としていて、いわば非人称的な（impersonnel）感情」だけが存在することになる。「自我」の誕生を「第二の誕生」とするような「意識の非人称的領野」が開拓されたわけで、この開拓は、一方ではグロデック、ニーチェ、フロイト、ハイデガーへと、他方ではサルトル、ドゥルーズへと継承されていくことになる。こうした領野に関して、ビランが子宮ないし羊水のなかの胎児を例に引いているのは興味深い。

自分自身の四肢を動かし、自分の体を動かす個人が真空中で宙吊りになっていると仮定しよう。その場合にも、この個人は必ずある特殊な感覚を有することだろう。みずからの筋肉がもたらす抵抗、それを動かすための努力（effort）に由来するような感覚を。／おそらくは胎児もすでに何らかの鈍い印象を感じているのだが、その胎児は子宮のなかで多様な自発的運動を行っている。狭い空間に閉じ込められ、流体に取り囲まれながら、胎児は障害に出会ったり、外的抵抗と争っているのであり、さもなければ、胎児は自分の体を動かすことはできないだろう。／世界に出るや否や、子供はあらゆる種類の衝撃に圧迫され、みずからの行動でこれらの接触に抗う。すべてが子供に抵抗し、子供の抵抗を引き起こすのだ。／抵抗は個人の最初の規定である。抵抗は存在感情といわば一体化しており、それと不可分である。
（トラシ宛の一八〇四年四月三十日の書簡）

## Ⅳ 内と外の名状しがたい絆

ビランはこれ以外の箇所でも、子宮内の胎児と母親との「共感《サンパシー》」について語っている。彼はまた、「メスメリズム」（動物磁気説）という語彙を生むことにもなったフランツ・アントン・メスマー（一七三四―一八一五）らが広めた「動物磁気治療」にも、また、それと密接な関係にある「催眠」や「夢遊症」にも多大な関心を抱いていた。けだし、それらがいずれも心身のいまだ明かされざる関連に係わるものだからであろう。これらの現象が十九世紀の精神病理学のなかでどれほど重要なものであったかは、後でシャルコーを論じるときに改めて記すつもりだが、その点で言うと、ビランは「痴呆《デマンス》」や「狂気《アリエナシオン》」といった病理学的現象をも度々取り上げている。

羊水という流体と胎児の皮膚との接触という例はすでに、「触覚」「触れること」がメーヌ・ド・ビランにとって格別に重要な感覚であったことを示唆しているのだが、ビランは、たとえば視覚だけを特権視することなく、聴覚、嗅覚、触覚、味覚などの諸感覚それぞれの特異性ならびに、「習慣」がそれらに及ぼす相異なる影響――「習慣」は味覚を鈍磨させるが「知覚」はそれをより正確なものにする――を分析している。「ハーモニカのメランコリックな調べがかもし出す驚くべき効果」を語る筆致など、きわめて印象的である。テレンバッハの精神病理学やアラン・コルバンの歴史学との連関を考えてみるのもおもしろいかもしれない。

先のトラシ宛の書簡は、トラシの理論が「感覚の外的原因」しか問題にしていないことに対する批判にほかならなかった。ビランにとってはまず、「純粋な触発性」(affectivité pure)、「受動的な印象」と見えるものも必ずそれに対する自発的反応を含んでいる。当時、生物の本質的規定とみなされていた「興奮性」(irritabilité)、「感応性」(susceptibilité)、「収縮性」(contractibilité) などの現象もかかる反応の例なのだが、ビランの独創は筆者の考えでは、手が外の物体に触れるといった事態から一歩進んで、何も触れるもの、触れてくるものがないときにも、手を動かす筋肉の動きがあり、この動きがある限りそれへの抵抗感があること、さらにもう一歩進んで、筋肉そのものがそれへの抵抗となるような「内的努力」があることに思い至ったこと、ここにある。

「自我がその限界を知ること」とあるように、かかる「経験」を、ビランは「内と外との名状しがたい絆」を探ることと解している。「非自我」「自我ならざるもの」(non-moi) という当時のフランス思想界のキーワードを用いて言い換えるなら、「自我と非自我との名状しがたい絆」が探求されているのであって、ビランはこの絆ないし界面が一重《ひとえ》ではなくいわば二重《ふたえ》の複雑なものであることを強調しているのだ。「知覚」(perception) はそれがいかなるものであれ、つねに、一方では「努力と抵抗」の二重性を、いま一方では「外的感覚と内的感覚」の二重性を含んでいる。この点を明らかにすることで、ビランは、ヒュームやマルブランシュ(機会原因論)による因果性の切断を踏まえたうえで、「内的努力」による因果性の復権を企てたのだが、後者の二重性についてはどうかというと、これはフッサールやメルロ゠ポンティの身体論における外的感覚と「器官感覚」との二重性をはるかに予見するものだった。

筋肉の動きは局所的で肉体的なものである。だが、それを引き起こす「内的努力」はどこかに局在化できるものではない。「内的努力」を「意志」(volonté) と言い換えることができるなら、「意志は非常に捉えがたい」「意志はいかなる個別的な有機的器官にも局所化されない」のだ。このように器官に局所化できないこと、それをビランは「心理的事象」の特質とみなすのだが、とするなら、内と外との名状しがたい絆は、先に問題にしたような「心身」の、「生理的事象と心理的事象」との名状しがたい絆であることになろう。どこにも局所化できないが、すべての部分の動きの原因となるもの、その同一性なしでは「触発の多様性や変化が存在しなくなってしまうもの」、それがビランにとっては「自我」であり、「自我」の「統覚」(aperception)であり、すでに述べたように、名状しがたい絆は「自我と非自我」との絆でもあった。先に筆者は、「自我」が後天的に「構成」されると述べたが、このように考えてくるなら、触発における「抵抗と努力」の二重性はいずれもすでに「自我」を前提としているのではないだろうか。たしかにそうである。しかし、この先験性も「構成」されたものなのだ。『習慣論』でビラン自身述べているように、後天的習慣と本性のあいだに明確な境界線を引くことは至難の業であり、「習慣が第二の本性だとしても、本性は第一の習慣にすぎないように思える」のだ。

## V　他者鏡

「自我」の問題はもちろん「私」という言明と無縁ではなく、この言明は「記号」(signe)を媒介としている。しかし、「私」という観念はビランにとっては「記号」にすぎないものではなかった。略年譜にも記したように、一七九八年以来、ビランは「記号」の何たるかを考え続けた。ロナルド・グリムズリが『言語表現の起源をめぐって』(北樹出版)で論じているように、ビランの試みは、コンディヤックの『人間認識起源論』、ルソーの『言語起源論』、ウォーバートンの『象形文字と絵文字についての考察』、ド・ボナルドの言語論などとの連関で取り上げるべきもので、筆者もいずれこの作業に着手するつもりだが、ここでは次の一節を引用するにとどめる。「偶然的記号」「自然的記号」「制度的・制定的記号」というコンディヤックの分類が前提とされている。

観念への記号の主たる影響は、思考の分析を容易にし、思考をそのすべての要素に分析し、それを自分ならびに他人たちにとってより明晰なものにする。しかし、記号が観念を誕生させるのでは決してない。（…）制定的記号なしには、言語《ランガージュ》なしには、知性のなかには何ら意志的なものはないといわれる。（…）けれども、私はこのコンディヤックの主張を証明済みのものとはまったくみなしていない。（…）記号の制定以前には、知性の作用のなかに何ら意志的なものがないとするなら、いかにしてこれらの作用は創造されえたのだろうか。

ビランはこのように、思考と言語記号との連関という今も解決されざる問題についての先駆的な思考を展開していた。「信仰もしくは社会的・一般的真理は、口伝ないし筆記の伝承を通じて、社会によって継起的に伝えられる必要がある。なぜなら、個人は自力ではかかる一般的真理を所有することができないからだ」とあるように、彼は言語の社会的機能にも眼を向けており、晩年には、それをひとつの契機として、「心理学」を超えて、一方では「自我感情の喪失による神のうちへの吸収」へと、他方では「社会学」とも呼びうる領域へと考察を傾斜させていくことになる。「心理学は個人が他の個人たちと結ぶ関係を切り捨てている」のだ。そこで、「自我の能動的行為に合意（consensus）ないし共感を付加すると真の意味での道徳感覚（sens moral）が生まれる。道徳感覚は、みずからを二重化し、あたかも自分の像を映し出す生きた鏡のような他人のうちに自分自身を見る」のである。この一節は、メーヌ・ド・ビランのいう「私」の誕生、この「第二の誕生」を、ダーウィンからラカンへと連なる「鏡の段階」の系譜に連ねることを促しているといえるかもしれない。最後に、こうした社会性と至高者（死んだ父）との結びつきを語った箇所を引用しておこう。曰く、「善意や庇護や共感の感情が芽生えるのは社会においてまずは家族においてである。それを起点として、数々の情緒はすべての人間の父にまで上昇し、存在の至上で唯一の原因と結びつく」。

# 第三章　折衷主義と地勢哲学

## I　公務員哲学者の誕生

ビランの遺稿を調査して最初にその著作集を出版したのはヴィクトール・クーザン（クザン）だった。では、クーザンはビランの衣鉢を継ぐ哲学者だったのだろうか。ド・メーストル、ビラン、バランシュ、ルルーなど十九世紀フランスの思想家たちをめぐって、きわめて貴重な一連の研究を発表している高尾謙史は、この点に疑義を呈している。「クザンやジュフロワ〔テオドール・ジュフロワ、一七九六―一八四二〕は、一般にビラン哲学の紹介者あるいは後継者ということになっているが、ルルーの眼には、根本的なところでビランを歪曲してしまった似非形而上学のように見えるのである。ルルーの批判の要点は、記憶や想像など一般に精神とか魂とか呼ばれているものの働きを、クザンやジュフロワが〈私〉と見なしてしまったことにある。ビランやルルーにとっては、記憶の糸をたぐったり想像を駆けめぐらせたりすることも、けっして〈私〉が〈私〉の機能を駆使しているのではなく、〈私〉が〈私でないもの〉〔〈自我〉が〈非自我〉――引用者付記〕と遭遇することによって生じる現象なのである」（高尾謙史「ピエール・ルルーの「人間主義」」『ヒューマニズムの変遷と展望』未來社、所収)。

この見解が正鵠を射たものであるとして、では、クーザンはビランの精神を歪曲しただけの哲学者なのだろうか。思い返せば、筆者が大学院生だった頃、クーザンの哲学は一般に、「折衷主義」(エクレクティスム)というレッテルを貼られて、研究するに値いしないものとみなされていた。ところが、クーザンについても、一九九〇年代以降、その再評価といってよいような動きが確実に見られる。では、クーザンとはどのような哲学者だったのか。また、彼はどのような業績を残したのか。そして「折衷主義」とは何なのか。

一七九二年　十一月二十八日、パリに生まれる。父親は時計職人、母親は洗濯婦。

一八〇三年　同級生にいじめられている少年を助ける。少年は後に師範学校のギリシャ語の教授となるヴィルギュイエで、彼の母親の援助で、クーザンはリセ・シャルルマーニュに入学。一年に二年ずつ進級、軒並みコンクールの賞を受賞。

一八一〇年　行政官僚の道を約束されるが、師範学校の第一期生となる。ラロミギエール(一七五六―一八三七)、ロワイエ＝コラール、さらにはビランがそこで教鞭を執っていた。

一八一二年　師範学校でギリシャ語の復習教師。

一八一五年　ソルボンヌでロワイエ＝コラールの代講講師。

一八一七年　ドイツ旅行。ヘーゲル、シュライアーマッハー、ゲーテたちと会う。

一八二一年　王位継承ベリー大公暗殺以降の右傾化の動きのなかで、彼の講義を聴く若者のなかから自由思想が溢れ出すのではないかとの嫌疑で、ソルボンヌでの講義停止。教官名簿からも削除。モンテベロ侯爵の息子の家庭教師として口を糊する。

一八二四年　ドイツに二度目の旅行。カルボナリ党の密使として革命扇動を企画したとしてプロシアの官憲によってドレスデンで逮捕、六ヶ月近く拘留。この逮捕拘留はフランス政府の陰謀であったとの説もある。ヘーゲルらの陳情により釈放。二五年、失意のなかパリに戻る。

一八二八年　「ユニヴェルシテ・アンペリアル」の長官兼公教育大臣に就任したヴァティメスニル、クーザンをパリ文科大学に呼び戻し、現代哲学史講座の助教授に任命。四月からクーザンはソルボンヌの大講堂で講義を開始、毎回、リセの生徒から高齢者まで二、三千人の聴衆を集めた。

一八三〇年　ソルボンヌの正教授に就任。アカデミー・フランセーズの会員。国務院委員。

一八三二年　上院議員、公教育国家評議委員。三四、アグレガシオン試験委員長。三五、師範学校校長。

一八四〇年　ティエール内閣の文部大臣に就任。

一八四一年　師範学校を現在のユルム街に移す。実用的教育をめざしての中等教育の自由化、単科大学の総合化、教授有資格者制度、大学教育の宗教的中立化。

一八四八年　クーザンの哲学とその制度が終焉した年といわれる。

一八五二年　公的生活から引退。ソルボンヌ名誉教授。

一八五四年　ナポレオン三世、ソルボンヌ教会裏手の通りをヴィクトール・クーザン通りと命名。

一八六七年　一月十四日、カンヌで死去。

略年譜からもクーザンが公教育の改革に尽力した人物であることは明らかだろう。なかでも有名なのは、一八四四年頃、リセでの哲学教育の是非をめぐって惹き起こされた論議に際してのクーザンの発言である。

ジャック・デリダの『ヘーゲルの時代』(邦訳国文社)から引用する。

クーザンは重臣たちを前にして言った。「十五歳から十六歳の聴講生に形而上学なんてとんでもない、と皆さんは言うでしょう。しかるに私は、まさに十五歳か十六歳のときに魂と神を、と答える。われらが哲学者たちに十五歳か十六歳の聴講生をあてがうことは悦ばしいことなのです(…)」。「もし大学が国家でないならば、反対者たちの言うことは正しい。しかし、私が思い違いをしているのでなければ、大学は国家であり、言い換えるなら、青少年の教育に適用される公共的な力であることはすでに証明済みである」。「国家は教師たちを監視する権利を有しているばかりではなく、教師たちに教える力を授ける権利をも有している。哲学教授は、最も確実な部門による、人々の精神および魂の訓育に関して国家によって提起された道徳的・精神的秩序の公務員である」。

このとき確立されたリセでの哲学教育のプログラムは、第二帝政下での一時中断などを挟みながらも、二十世紀の後半に至るまで存続したが、一九七五年に至って、実用的学問と産学連携重視の立場から、哲学の授業数削減を盛り込んだ「アビ法案」が提出された。それに反対して、哲学教育に携わる者たちは、「哲学教育研究会」(Groupe de Recherche sur l'Enseignement Philosophique. GREPH)を結成、「哲学三部会」〔三部会は大革命前の国会にあたる〕を開催して、「誰が哲学を恐れているのか」と訴えた。このような運動の中心にいた哲学者のひとりがジャンケレヴィッチでありデリダだったのである。

「公務員」として、クーザンは数々の公教育改革を行った。「公務員」「公僕」(fonctionnaire)というこの語は、約百年後に、フッサールが「ヨーロッパ諸学の危機」を叫びつつ、哲学者を「人類の公務員・公僕」とみなしたことを思い起こさせずにはおかないが、クーザンが現実に「国家公務員」哲学者であったこと——十六世紀から十八世紀にかけてのヨーロッパの哲学者たちのあり方と比較せよ——は、それ自体がナポレオンによる学制改革の所産であった。ナポレオンとグランドゼコールのひとつ「ポリテクニック」との係わりなど、逸話として結構流布されているかもしれないが、ナポレオンは一八〇〇年から一八〇九年にかけて教育改革に取り組み、ナポレオン学制を完成させた。今もなおそれはフランスの公教育の基礎であり続けている。

ナポレオンによる教育改革はまず、官立私立を問わず、すべての学校を——一八一二年からは聖職中学校も——、「ユニヴェルシテ・アンペリアル」に編入される限りで、存続可能なものにすることにあった。「ユニヴェルシテ・アンペリアル」とは独自の財産と行政権をもつ教育行政機関にして、かつ帝国の教育を独占する教職員の団体で、その三四の行政区がアカデミー（学区の意で、フランス学士院を構成する五つのアカデミーとは別物）と呼ばれた。第二にこの改革は、従来のコレージュを廃して一七九五年に設立された中央学校《エコール・サントラル》を、リセ（国立）と中学校（公立の他、政府の許可を得た私立）の二種に置き換えた。そして第三に、神学大学、法科大学、医科大学が新設された。

文科大学（Faculté des lettres）はというと、哲学、歴史学、文学の三講座からなり、哲学に関しては一八〇九年春には「哲学と哲学者たちの諸見解」、同年秋には「哲学」の講座が開始された。前者は後に「哲学史」に名称を変更、一八一四年に「古代哲学史」の講座が始まると再び「現代哲学史」と名称変更した。特にパリの文科大学は、パリの師範学校の生徒たちを収容した。師範学校は一七九五年に創設されたがその直後に閉鎖、一八〇八年に再開、すでに記したように、クーザンはその第一期生だった。その後、ギゾーやクーザンの講義停止とともに再び閉鎖されるが、一八三九年に再開、クーザンによってユルム街に移転させられ、四五年からは高等師範学校《エコール・ノルマル・シュペリユール》と改称された。

## Ⅱ 「エクレクティスム」とは何か?

クーザンは生徒として、教師として、校長として、大臣として、さまざまな資格で(高等)師範学校と係わった。ビランと彼が出会ったのも(高等)師範学校においてで、クーザンがビランを歪曲しているとの批判があるとはいえ、少なくともクーザンはビランをこのうえもなく尊敬していた。

> 私は幸運にもフランスのなかに、内面的観察ならびに心理学的センスの繊細さと、深遠さへの比類ない才能をもった人物を見出した。メーヌ・ド・ビランである。(…)メーヌ・ド・ビランとともに、私は特に意志という現象を研究した。この驚嘆すべき研究者は、われわれのあらゆる認識のうちに、さらには意識のこのうえもなく些細な事実のうちにも、意志的活動の持ち分――そのなかでわれわれの人格は生起する――を見分けるよう私を促した。

一八二六年に出版された『哲学的断片』(*Fragments philosophiques*)の一節である。この著書の題名に注目してほしい。「断片」という語彙は、フリードリヒ・シュレーゲルの『アテネーウム断片』(一七九八)がそうであるように、ドイツ・ロマン主義文学のキーワードであって、実際、最初のドイツ旅行の後、クーザンはカント、フィヒテ、シェリング、ヘーゲルといったドイツの哲学者たちを講義でも取り上げることになるのだが、クーザンは単にドイツ哲学の成果を持ち帰っただけではなかった。

私はたまたまハイデルベルクでヘーゲルと会った。当時ヘーゲルは著名な人物であるにはほど遠かった。（…）ヘーゲルはあまりフランス語ができず、私もあまりドイツ語ができなかった。彼は学問に専心し、自分自身にも自分の評判にもいまだ確信がもてないでいた。どうして私のような素性の知れない若者が彼の関心を惹いたのか分からないが、一時間もすると、われわれ二人は打ち解け、最後まで、二人の友情は変わることがなかった。最初に話したときから、私は自分より優れた人物を前にしていると感じた。ハイデルベルクを去ってドイツ旅行を続けるあいだ、私は至る所で彼の宣伝をし、その将来をいわば予言した。フランスに帰ってからも、友人たちに「天才に会ったよ」と言った。（同前）

クーザンが会ったヘーゲルはすでにハイデルベルク大学正教授で、翌一八一八年に彼はベルリン大学の正教授として迎えられることになる。すでに『精神現象学』、『大論理学』、『エンチクロペディー』の一部も書かれている。だから、「著名な人物であるにはほど遠い」と言えるかどうかは分からないけれど、いまだ自分の成功と名声に確信をもてなかったヘーゲル自身に代わって、ドイツ語も話せないフランス人がドイツでのヘーゲルの評判を高めるのに一役買ったというのは至極稀な出来事であろう。スタール夫人の『ドイツ論』の出版が一八一〇年、クーザンとドイツとの交渉に関する資料も次第に公になり、そのなかで、ヘーゲルだけではない、シェリングとクーザンとの文通の軌跡を辿ることも可能になったのだが、次に、シェリングを称えた箇所を引用しておこう。

シェリングによると、哲学は、堅固な分野たらんとするなら、自我と非自我を共に心理学と弁証法に委ね、懐疑論にかかずらうことなく、まず絶対者にまで上昇しなければならない。これは自我と非自我に共通な理想実体で、いずれか一方に属することなく、両者を包摂する。自我と非自我の、人間と自然のこの同一性、それが神である。

(…)十九世紀初頭には、大体系が出現した。ヨーロッパはそれをドイツに負うており、ドイツはそれをシェリングに負うている。(…)ヘーゲルは多くをシェリングに負うているが、両者ほど力のない私は二人から多くを得ている。(同前)

この一節は単なる賛辞では決してない。ヘーゲルがシェリングの体系を「同一性の体系」として非難し、「闇夜の黒い牛」という比喩でそれを表現したのだが、そういう点にはまったく言及することなく、クーザンはむしろシェリング的「同一性」を「弁証法」の上位に位置づけている。ここに「弁証法」と称されているものとヘーゲルとの連関は明らかではないけれども、「弁証法」が「心理学」「懐疑」と併置されていることは、「弁証法」がクーザンにとっては、「同一性」への総合ないし止揚なき心理的葛藤のごときものであることを示唆している。そして、こうした「同一性」と「分裂」とのあいだこそ、クーザンが「折衷主義」と呼ぶものの「場所」があるのではないだろうか。

「折衷主義」すなわち「エクレクティスム」という名詞は、「選択する」を意味する「エクレゲイン」に由来するが、「折衷」という日本語のもつネガティヴなイメージを超えて、この語の意味するところを探ろうとする試みはつい最近までほとんど見られなかった。杉山直樹の「反啓蒙のロジックについて――ラヴェッソンの事例から」(『啓蒙と反啓蒙』文科省科研費報告書、二〇〇二年)は数少ない例外であろうか。この論考のなかで、杉山直樹は、「エクレクティスム」は「クーザンによるあの疑似哲学の名」ではなく、ディドロらによってアレクサンドリア学派やライプニッツが「エクレクティック」と呼ばれているように、それは「より一般的な哲学的言説のスタイル」であり、もっと正確に言うなら、「エクレクティスムとは、広い意味での制度的哲学の失われる中であえて新たな制度化を試みる言説がほとんど不可避にまとう相貌なのだ」と記している。「エクレクティスム」解釈のこうした変化を受けて、あたりまえのこととはいえ、筆者としてはまず、クーザン自身が「エクレクティスム」について何を語っているかを見ることから始めたい。

エクレクティスムのうちでは、その出発点、その手法、その目的の三つを区別しなければならない。エクレクティスムはその出発点となるようなひとつの学説〔体系〕(système)を想定している。それは、エクレクティスムが歴史のなかでその方向を定めるための原理として機能する。道具としては、エクレクティスムには峻厳な批判(critique)が必要であり、この批判は広範で堅実な学識に立脚している。その先行的な帰結は、批判の剣とその炎による一切の学説〔体系〕の解体《デコンポジシオン》にある。その決定的な帰結は、唯一の学説〔体系〕――歴史のなかでの意識の完璧な表象であるような学説――へのそれらの学説の再構成《ルコンポジシオン》にある。

システム、クリティック、そして先述したデコンポジシオンとルコンポジシオン、これが「エクレクティスム」に本質的な三つの契機なのだ。クリティックの語源は「分かれる、分かつ」という意味での「クリネイン」であり、それゆえ「クリティック」は「エクレクティスム」の同義語であるし、さらに、後で示すように、クーザンは「破壊《デストリュクシオン》」という語も用いてもいる。とするなら、これまでほとんど注目されたことのない点ではあるが、「エクレクティスム」は、一方では現象学的「解体」(Abbau)、存在論的「破壊」(Destruktion)、さらには「脱構築」(déconstruction)、他方では二十世紀の「批判理論」と決して無縁ではない、というか、それらの先駆となるような「方法」であったことになるのではあるまいか。「エクレクティスム」へのありうべき反論に対するクーザンの応答からも、「エクレクティスム」が一般にそう思われているよりもはるかに自覚的に練り上げられた立場であることが分かるように思われる。現象学的「解体」、存在論的「破壊」、「批判」と同様、「エクレクティスム」が、語の通常の意味で単に「否定的なもの」ではないことも、ここから窺い知ることができるだろう(「否定的なもの」についてはアドルノやジジェクの場合のように、微妙な意味を有している場合があることは言うまでもない)。

第一の反論:エクレクティスムはすべての学説を混ぜ合わせた混淆主義《サンクレティスム》ではないか。エクレクティスムはすべての学説を混ぜ合わせるのではない。なぜならエクレクティスムは、いずれの学説も無傷のままにしておくことはないからだ。エクレクティスムは各学説を二つの部分に、偽の部分と真実の部分に解体し、最初の部分は破壊して、再構成の過程で後者だけを容認する。

第二の反論:エクレクティスムはすべてを容認し、真と偽、善と悪を混同しているのではないか。エクレクティスムはすべてを容認しているのではない。なぜならエクレクティスムは、どんな学説のうちにも、かなりの誤謬が含まれていると説いているのだから。それは真と偽を混同しているのではない。逆に、エクレクティスムは両者を区別するのだ。

第三の反論:エクレクティスムは「どの学説にも真と偽が不可避的に含まれているという」運命論《ファタリスム》ではないか。エクレクティスムはみずからの努力を傾けて、細心さ、注意、慎重さを倍加することで、誤謬の機会を減少させようと努めているのだから、運命論ではない。

第四の反論：エクレクティスムは一切の学説の不在ではないのか。

ある程度まで、エクレクティスムは学説を前提としている。エクレクティスムは、多少なりとも整序された学説を所有しつつ、それをより豊かなものにし、より明らかなものにするのだ。

## Ⅲ　歴史と地理の哲学

一八二八年四月からクーザンはソルボンヌの大講堂で哲学史の講義を再開した。先述したように、この講義は毎回二千人、三千人の聴衆を集めたのみならず、クーザンの講義の要約が新聞に掲載されてより多数の読者の知るところとなったという。その意味では、クーザンは国家公務員哲学者の嚆矢であるとともに、哲学と市民社会との新たな疎通の回路を創出した人物のひとりでもあった。では、彼の『哲学史講義』は何を、どのように語るものだったのだろうか。まずそこでは「歴史」の理論が呈示されている。一八二八年、それは、ナポリの哲学者ヴィーコの影響を受けた歴史家のミシュレが師範学校の歴史学の教授に就任した翌年であるが、クーザンは、「弁証法」についての先の彼自身の規定とどのようにつながるかはともかく、正‐反‐合の三段階の、いや「エクレクティックな」歴史観を披露している。

私は、最初の時代は必然的に無限の観念、統一性の観念、絶対と永遠の観念が優位を占めた時期であったと主張する。それは人類（race humaine）にとっては不動性の時期であり、儚い生はいまだ、永遠のみじめな影としか思われていなかった。（…）次に人格性と有限性の時代が到来する。やがて第三の時期が来ることになろうが、その際、人類は無限と有限の必然的連関に思い至ることになるだろう。

（『哲学史講義』）

「歴史」なるものについては、クーザンは「歴史」は「生きた幾何学」「有機的全体」「生命全般の統一性」であると述べており、近いところでは、「産業精神」の思想家として知られるクロード・アンリ・サン＝シモンが『産業』（一八一六—一七）で唱えるような「社会有機体説」に連なっていると言えるだろう。実際、クーザンは「民族」（peuple）の理念を構成する要素のひとつとして「産業」（industrie）を挙げており、一方のサン＝シモンも、十八世紀を「分解」（désorganiser）の時代、十九世紀を「再組織化」（réorganiser）の時代と規定していて、ここに「エクレクティスム」との類縁性を看取することができる。

次に、では誰がそのような「歴史」の「主体」なのだろうか。クーザン曰く、「歴史という劇の舞台では、誰かが芝居を演じなければならない。この誰か、それは人間《ユマニテ》であり、言い換えるなら一般大衆《マス》である。一般大衆は人間の資源であり、一般大衆とともに、一般大衆のなかで、一般大衆のためにすべては生じる。これまで、民族《プープル》は歴史のなかには登場せず、その首領たちだけが登場してきた」（同前）。

しかし、クーザンは「マス」「プープル」ということでどのような人間集団を考えていたのだろうか。プルードンのような思想家は、クーザンが歴史の主体をこのように指導者から「一般大衆」「民衆」に移動させたとしても、そこに含まれることのない広範な人間たちがいることを直感したように思われる。プルードンにおける「世界市民《コスモポリタン》」としての「民衆《プープル》」は、クーザンの視野のなかには入っていないし、苦しい生活を続ける「民衆」こそ哲学を必要としているが、哲学の実践は不平等を拡大させるのではないかといった痛苦な煩悶も、さらには、後で触れるように、「もはや主導的人種の時代は過ぎ去った」という断定もクーザンには見られない。次の一節は、プルードン——アナーキズムと「流通的正義」の思想家——がクーザンのいう「人間」を「有産者」にすぎないと考えていることを示している。経済学者のブランキや社会主義者のルルー（後述）にもプルードンは厳しい評価を下している。

「私は正当に所有する。したがって私は私の財産を好きなように使用する権利を有する」（クーザン『道徳哲学』）。／結局、クーザン氏にとっては、所有者となるためには、先取と労働によって占有を確保しなければならない。では、最初の占有者たちがすべてを占有した後、最後にやってきたひとは何を占有するのか。活動する用具はもちながら材料をもたないこれらの自由はどうなるのか。互いに貪り食わねばならないのではなかろうか。（…）

ルイ・ブランとピエール・ルルーが国家の公的権力の外的構成の擁護者を自認するとき、彼らは代議制的旧体制の古びた虚構を再生産しているにすぎない。（『所有について』）

クーザンは歴史の主体を「一般大衆」とみなしていた。では、「一般大衆」という範疇は地理的・風土的多様性を超越したものなのだろうか。先にすでに「世界市民」と「一般大衆」との相違を示唆したけれども、クーザンは、一方では「祖国」を「土地」ではなく「観念」および「精神」、両者の統一とみなしつつも、他方では、モンテスキューや、さらには後年のゴビノーと同様に、人間の、ひいては文化と思想の地理的・風土的多様性を強調する哲学者だった。

民族《プープル》の歴史的生存・実存はこの民族とそれが表象する観念《イデー》との連関のうちに全面的に存している。（…）みなさん、祖国《パトリ》は単なる土地ではありませんし、これこれの特殊な制度でもありません。そうではなく、祖国とはすべての市民に共通な精神《エスプリ》である。愛国主義《パトリオティスム》とは、同一の精神のなかでの万人と万人との強力な共感《サンパシー》以外のものではない。精神と観念のこの統一性を奪うなら、祖国も愛国主義もお終いなのである。

（『哲学史講義』）

みなさんは、山岳地帯の人々が、沿岸の人々、島の人々と同じ習慣、同じ性格、同じ考えを有するとお思いだろうか。みなさんは、酷熱地帯の炎に焼かれる人間も、シベリヤの氷原に住む人間と同じ役割を演じるよう定められているとお思いだろうか。酷寒地帯と酷暑地帯という両極端で真実であることは、その中間地帯全域でも、どの緯度でも真実なのだろうか。

（同前）

ただ、注意しなければならないのは、クーザンのいう地理的・風土的多様性が、たとえば「歴史」への貢献という点での同等性を含意しているかというと決してそうではなかった。「歴史には記載されることなき何百万という人々がアジアとアフリカで生きている。なぜなら、これらの人々はいかなる観念も表明しておらず、歴史にとって何の意味ももたないからだ」（同前）。こうして結局、クーザン的地勢哲学は「ヨーロッパ」の優位という結論へと導かれるのだが、クーザンはさらに「ヨーロッパ」内部にも、北と南、ドイツとフランスという二項を設定し、そのまさに「折衷」を「エクレクティスム」の実現とみなしている。「民族精神」の「世界精神」としての実現が「哲学」の実現でもあるということ、この点はクーザンがヘーゲルから学んだことかもしれない。

ヨーロッパの二つの偉大な哲学的国民《ナシオン》はドイツ人とフランス人である。南部の諸国民〔ポルトガル、スペイン、イタリア〕は依然として十七世紀神学に縛られているか、それともフランスの後を追っている。南部がフランスによって代理表象されているのと同様に、北部〔スウェーデン、デンマーク、ポーランド、オーストリア、ロシア〕はドイツによって代理表象されている。(…) フランスとドイツとの長期にわたる戦争のなかでの、ヨーロッパ南部と北部との凄まじい闘いは、絶対君主制と民主主義との闘い以外のものではない。その帰結はというと、フランスにおける民主主義の破壊と、ドイツにおける数々の絶対君主制の弱体化であった。それら二つから新たな学説〔エクレクティスム〕が生まれてくるのだ。 (同前)

# 第四章　社会主義と人種哲学

## I　カースト打破の方位

「社会学」(sociologie) という語はオーギュスト・コントによって初めて用いられたといわれているが、第三章で名前を挙げたピエール・ルルー (一七九七—一八七一) は「社会主義」(socialisme) という語の創始者とみなされている。ジョルジュ・サンドに最も大きな影響を与え、バルザックをして「世紀を揺るがす深遠なる思想家」と言わしめ、ある時期のマルクスにも高く評価された人物。ここではルルーの一八四〇年の大著『人間について』(*De l'humanité*) を取り上げ、そもそも「社会主義」とは何だったのかを考える。

一七九七年　四月七日、パリに生まれる。
一八一四年　理工科学校を受験するも、父親の急死で受験を終えずに放棄する。その後、石工などを経て植字工となり、生涯この仕事を続ける。
一八二一年　フランスの炭焼き党に参加。
一八三〇年　七月革命後サン＝シモン主義者になるが、翌年にはサン＝シモン主義者たちと縁を切る。
一八三四年　『新百科全書』をジャン・レイノーとともに創刊。この企画にはシャルル・ルヌヴィエも協力した（拙著『思想史の名脇役たち』河出ブックスを参照）。
一八四八年　立憲議会の代議士。
一八五一年　ルイ・ナポレオンのクーデタに公然と反対したため亡命を余儀なくされる。
一八六〇年　フランスに戻る。
一八七一年　四月十二日死去。パリ・コミューン政府は葬儀に代表を送った。

ルルーにとって、「人間」は「感覚－感情－認識」（sensation-sentiment-connaissance）の不可分な統一体であった。この三副対はある意味では「所有（物）－家族－祖国」と対応しているのだが、ルルーは後者の三副対全体を「カースト」として捉え、それについて、「カーストとしての所有（物）、家族、祖国はこれまで多大な悪の源泉であったが、それ自体で悪であるわけではない」と述べている。では、これらのカーストに対してどう対処しなければならないのか。まずルルーは、単に「感覚－感情－認識」を際限なく拡大することが課題なのではないと警告する。

人間の目標は、その諸感覚の圏域を多様性によって無際限に拡大することではないし、同様の仕方で感情や認識を拡大することでもない。生きること、それは変化することではなく継続することである。われわれの生は変化と変化の反対物、すなわち存続に同時に係わっている。

引用文の後半部は、「それ自体で」悪ではない所有物や家族や祖国を無理やり廃棄することが課題ではないということを示唆している。ただ、その一方でルルーは、「有限」「無限」というクーザンと同じ用語で、しかし「無限」→「有限」→「無限・有限」というクーザンの図式とはちがった形で、「有限な」カーストを無限なものへの希求に即して組織し直さねばならないと説いている。「これらの有限なもの〔所有(物)-家族-祖国〕は無限なものをめざして組織されねばならない。なぜなら、人間は無限なものを希求する有限存在であるからだ。絶対的に有限なものは人間にとって悪である。無限なもの(infini)の目標であり、無際限なもの(indéfini)は人間の権利である」。これこそ、ルソーが語ったような人間の「改善可能性《ペルフェクティビリテ》」であって、ゴビノーなどはこれとは逆の「堕落可能性」という視点――「人間は無限に改善可能ではない」(『人種不平等論』)――から人種混淆に眼を向けたのだったが、ここでは何よりも言葉遣いの微妙なニュアンスに留意しなければならない。

感覚-感情-認識の「拡大」は自我を無際限に膨張させて自我ならざるものを呑みこんでいくことである。本質的に「有限なもの」が限界を踏み越えることは傲慢の極みでもある。これに対して、後者の引用文は、そこに示された「無限」と「無際限なもの」とのデカルト的区別とともに、「無限」が「無際限なもの」とはちがって、いわば質的に到達不能なものであることを強調しており、それゆえ、「無際限なもの」という「権利」は、「無限なもの」という同化不能な「自我ならざるもの」を戴いて初めて、「拡大」

「同化」の暴力を還元され、「交流《コミュニケーション》」ないし「相互連帯《ソリダリテ》」と化す可能性を得るのだ。「時間と空間を貫いてすべての人間と交流し、創造主がわれわれに与えた法則に即して自然の全体と交流する権利は、人間の確実で譲渡不能な権利であり続けている。そして、この権利の承認が人間の自由を成している」。そしてルルーによると、カーストのなかでも、いや、カーストのなかでこそ、いや、カーストのなかでのみ、このような交流は実現可能なのである。

## II　聖なるエゴイズム

「交流」は自我と自我ならざるものとの出会いであり、この無際限な出会いの可能性（権利）は無限な絶対者と個々の自我との関係によって与えられる。しかし、ここでのルルーの独創は、自我の一方的で無際限な拡大を斥け、「相互連帯」を可能にするものとして「絶対者」を介入させながらも、「相互連帯」の優位に「絶対者」との関係を置くことを戒め、さらには、「相互連帯」を没利害で滅私的な隣人愛とはまったく別物たらしめたことである。これこそルルーの「社会主義」の最大の特徴で、それを彼は「聖なるエゴイズム」と呼んでいる。ビラン的な「他者鏡」に似た発想が見られるのも興味深い。

人間がその仲間に悪事を働くなら、彼は自分のうちなる人間を傷つけているのである。あなたの隣人、それはあなた自身である。あなたは自分を愛したい。それでは、他人たちを愛したまえ。なぜなら、あなたの生は他人たちのうちにあり、他人たちがいなければ、あなたの生は無であるからだ。他人たちのうちであなた自身を愛しなさい。（…）慈愛（charité）を肯定しつつも、われわれはエゴイズムを維持する。いずれもが「聖なるもの」であるのに、キリスト教はこの点を理解するには至らなかった。キリスト教の欠点は、1、聖なるエゴイズムが放棄されていること。2、自我ないし人間的自我が直接的に神へと向けられていること、3、非自我ないし仲間が慈愛のなかで軽視されていくこと。慈愛ということで、今日われわれは人間たちの相互連帯のことを考えねばならない。

このような考えはある意味では、前出のサン＝シモンのいう「産業人間」(homme industrieux) にもあてはまるのではないだろうか。いや、サン＝シモンのいう「産業人間」こそルルーの「聖なるエゴイズム」を可能にしたのではないだろうか。「産業人間」は「自己利益の法則」に従っているが、産業は「そのすべての成員が互いに呼応し、いわば連帯しているところの単一な巨大な身体にほかならない」。

## Ⅲ　社会的転生——そして人種へ

ルルーについては二つのことを記しておく。十九世紀は「遺伝」の世紀であったと言ってもよいが、これは「先験的」「超越論的」「経験的」、「ア・プリオリ」「ア・ポステリオリ」といった語彙で哲学のなかですでに長らく討究されて、今もなお討究され続けている問題である。われわれは誕生に際して「生得的」と呼ばれるさまざまな性質や能力を携えて生まれてくる。しかも、その多くが人々に「共通の」性質であり能力である。では、これらの性質や能力はいかにして生まれたのか。それは過去の何らかの経験から生まれたのではないのか。しかし、ある時空に限定された経験がなぜ別の時空に甦るのか。おそらくプラトンの「想起説」が発想の根底にあるのだろうが、ルルーは、まさに「輪廻転生」のごとき機構を見出していく。「生得的なもの」は過去の経験の所産である。しかし、後者が前者となるためには、逆説的ではあるが、過去の経験は「同一性」を維持しつつも別の時空に転移して「改善」されていかねばならない。

つまり、私は、というか「われわれ」の「生得性」は前世での「われわれ」の「経験」であるのだが、「われわれ」はそれを忘れているのだ。忘れるのでなければ「経験」が「生得性」に転じることはないのだから。十九世紀後半、社会学や集団心理学のなかで提唱される「集団記憶」の観念がここに先取りされている。ピエール・シモン・バランシュ（一七七六―一八四七）が「社会的転生」(palingénésie sociale) と呼んだもので、前出のヴィーコの影響もうかがえる。

今この世に再び現れつつある人々が、誕生とともに携えてくる生得性やさまざまな条件は、彼らの過去世界の失われた記憶の代わりとなる。その失われた記憶は、いわば存在のより深いところに入り込んで、さまざまな能力、潜在的な生命力、あらゆる種類の性向へと変容したのである。

このような「失われた記憶」は「改善可能性」をまさに可能にするものであると同時に、一種の枷として「改善可能性」を停滞させるものでもある。第二帝政期を亡命者として迎えて、ルルー自身、かかる停滞、さらには悪化に対して次第に強く危惧の念を抱くようになったのではないかと推察されるが、そんななかで出版されたのが、次節で取り上げるゴビノーの『人種不平等論』（第一部一八五三年、第二部一八五五年）だった。同書を読んだルルーはゴビノー自身に手紙を送って、一方では「われわれの祖先がアジアの高原から北方の氷の地方へやってきて、次いで肥沃な種子としてドイツ、イギリス、フランス、スペインに散っていった長い巡礼の旅」をみずから語りながらも、こう批判している。

われわれは、自己改善のための闘いや努力はもはや無駄であり、われわれの血や筋肉や神経はつねにわれわれの意志や徳よりも強いと考えている。これは時代の大病である。あなたの本はこの病気と闘う代わりに、この病気を悪化させている。（一八五三年十二月二十日）

## Ⅳ　社会解剖学──血と内臓

「心理学」と並ぶ「人間の科学」の支柱たる「生理学」の発展は、ラマルク（一七四四─一八二九）のいう「動物哲学」の発展と併行したものだった。コントにおける「生命哲学」や、クロード・ベルナール（一八一三─七八）の「実験医学」については、カンギレムの『科学史・科学哲学研究』（邦訳法政大学出版局）を読んでいただくとして、「動物哲学」はその名のとおり、哲学、それもデステュット・ド・トラシの「観念学《イデオロジー》」の一部であって、事実ラマルクは、コンディヤックの記号論や、「生存・実存感覚」「内的感覚」というビラン的な観念を、動物たちの序列を決定する際の基準としている。

ラマルクに先立って獲得形質の遺伝を認めていた人物に、前出のカバニスがいる。気候と体質とのヒポクラテス的連関を踏まえて、たとえばフランス人を「多血‐胆汁質」とみなすとともに、フランス革命の理念を世界中に広めるために、フランス人と他の人種との混交を奨励している。レオン・ポリアコフ著『アーリア神話』によると、ラマルクが『動物哲学』（一八〇九）で語った、四手類から二手類（猿から人間）への移行にも、他の人種を支配するフランス人という先入見が混入していた。逆に、キュヴィエ（一七六九─一八三二）は「白人、黄色人、黒人」という分類を創始した動物学者だが、特に黒人種はつねに野蛮状態にとどまると主張している。これと同じ主張は前出のサン＝シモンにも見られる。生理学に依拠するなら、たとえ平等に教育しても、黒人の教養をヨーロッパ人のそれにまで高めることはできない、というのである。

このように科学に裏打ちされた人種思想は、ジョゼフ＝アルチュール・ゴビノー（一八一六—八二）の大著『人種不平等論』を生み出すに至る。ゴビノーは十四歳までフランスで育ったが、一八三〇年の革命に際してスイスに赴き、ドイツ語で教育を受け、東方の言語に関心を抱く。一八三二年フランスに戻り、三五年にパリに出て、作家として活躍する。『アメリカのデモクラシー』の著者トクヴィル（今回はトクヴィルに関する考察は割愛する）の知遇を得て、一八四九年から外交官生活に入り、ベルン、フランクフルト、テヘラン、リオ・デ・ジャネイロ、ストックホルムの各地を歴任、トルコ、ロシアにも旅行している。そうした経験をもとに、『人種不平等論』のみならず、小説『ヌーヴェル・アジアティック』などを書いている。晩年はローマに定住したが、しばしばドイツに赴いてワーグナーと交際を重ねた。

先に引用したように、ルルーは「時代の病い」をより重篤なものにするものと『人種不平等論』を評していたが、ゴビノーの友人トクヴィルでさえ同書を「還元主義的企て」として批判しており、実際フランス国内では、数少ないゴビノーの理解者エルネスト・ルナン（一八二三—九二）が嘆いているように、同書は必ずしも高い評価を得ることはなかった。

あなた〔ゴビノー〕は力強さと精神の独創性に満ちた非常に注目すべき本を書いた。ただ、それはフランスではほとんど理解されることがなく、むしろ誤解される運命にあると言えるだろう。フランスでは人種（race）ということがほとんど信じられていない。それは人種という事実がフランスではほとんど消えているからだ。私自身も言語学において同様の困難に出会っている。

（ルナンがゴビノーに宛てた一八五六年の書簡）

フランスでは評価されることの少なかったこの書物は、ドイツ語に逸早く訳され、また、ゴビノーの親友でもあった作曲家ワーグナーの支持も得てドイツでは広く読まれ、遂にはナチスの人種思想にも大きな影響を与えたと言われている。日本でも、日露戦争開戦前夜の一九〇三年、黄禍論の元凶として、森鷗外が「ゴビノー＝チェンバレンの人種本能思想」を非難している（「黄禍論梗概」）。

世界各地での外交官生活のなかで、ゴビノーは「人間はどこでも同じである」との公理がいかに無意味であるかを知る。「人種の多様性と不平等という明証」を覆すことは何人といえどもできない、というのだ。二十世紀に入ってから、人類学者レヴィ＝ストロースの『人種と歴史』で改めて取り上げられた論点だが、多様性と不平等、差異と差別がいかに接合しているのかというこの難題は今日でもまだ解決されていない。ゴビノーはまた先述の「改善可能性」にも疑義を挟むことで、文明の進化ではなく文明の「退化」の原因を探り、「社会解剖学《アナトミー・ソシアル》」の名のもとに、それを外部ではなくわれわれ自身の「内臓」「血」に求めた。文明の「退化」「失墜」の原因は、「熱狂、奢侈、悪しき風俗、不信心」でも、「政府（統治形態）の長所、短所」でも、「住む場所や気候」でもなく、「もっと恐ろしい破壊的原理は隠れていて、われわれ自身から生まれ、われわれの内臓に付着している」。それは「生存の大いなる神秘」なのだ。

「退化」とはある人種や民族がかつての内的価値を失うことであり、そのとき彼らのなかには「もはや同じ血は流れていない」のだが、このような変化は一人種だけに限定される内的変化であるのではなく。「排斥と牽引」という人類の根本法則に従って生じる。孤立と交配《クロワズマン》、混淆《メランジュ》と言い換えてもよいが、人間的人種の「大部分」は異人種との交配がなければ文明化することができない。

大部分の人間的人種は完全性の梯子のより高い段へとそれを上昇させる内的発条を有していないのみな

らず、外的要素も、これらの人種の有機的不毛を癒すことはできない。こうした人種が混淆によって文明化した場合、この文明は、それらを文明へと導いた「優勢人種」の特徴を帯びる。

(『人種不平等論』)

「平等主義的見地」「民主主義的見地」がいかに流布されようとも、このような多様性と不平等を覆すことはできない。しかも、劣等人種が優等人種によってより高い水準に導かれるだけではなく、「新たな征服があると、征服者の血に敗者の血が混じることにもなる」、言い換えるなら、優等人種が劣等人種によって劣化してもいくのだ。「歴史はわれわれに、どんな文明も白色人種に由来し、どの人種もこの人種の協力なしには存在しえないことを示している」とあるように。ゴビノーにとっては、文明化するために混交を必要としない唯一の人種が「白色人種」「アーリア人種」だった。「白色人種」「黄色人種」「黒色人種」という三分法それ自体、決して自明のものではなく、他のさまざまな分類が存在するのだが、小説家ゴビノーがどのような筆致でこれらの人種を描いているかを見ておこう。

人間の歴史は広大無辺な布に似ている。土地はこれらの布が張られた織機である。集積された世紀はその不屈の職人たちである。彼らは生まれるや「杼《ひ》」を摑み、糸の上でそれを走らせる。(…)われわれの種の劣った変種たる黒色人種と黄色人種は綿と麻という粗悪な生地である。そこに白色人種の第二の種族がその絹を混ぜることで、この生地は柔らかくなるのだが、アーリア集団はというと、高貴な世代を貫いて、より繊細な糸を縦横にめぐらすことで、生地の表面を金銀の輝くアラベスクならしめるのだ。

(同前)

もっとも、モーリス・オランデールが『エデンの園の言語』（一九八九年、邦訳法政大学出版局）のなかで鮮やかに描き出したように、「アーリア」と「セム」とはまさに相対的観念として互いにその特徴を交換することもしばしばだったし、また、布や糸の美しい比喩を用いながらも、ゴビノーはまさに「白」が混交の極限にほかならないことを忘れているのではないだろうか。ともあれ、ゴビノーが提起した問題は今、「クレオール」の問題として、異邦人たち、難民たちの帰属の問題として、そして何よりも、われわれ自身のアイデンティティーと関係性の問題として、われわれに鋭く突きつけられているのではないだろうか。

## 第五章　今後の展望と道標

### I　集団心理学と精神病理学

ゴビノーの人種理論や「遺伝の法則」に対して、それらをむしろ包摂するような普遍的法則として「模倣《イミタシオン》」を挙げ、右脳と左脳の関係からマクロな国際関係に至る諸現象を解明しようとした社会学者に、ガブリエル・タルド（一八四三―一九〇四）がいる。社会的事象を「不変の事物」のように扱うデュルケーム（一八五八―一九一七）の社会学を批判し続けた人物として、近年その再評価が進んでいる。タルドは、一方では「個人」と呼ばれるものそれ自体を複数の波動の相互干渉の所産として捉え、他方では、ギュスターヴ・ルボン（一八四一―一九三一）のいう「群集《フール》」の概念に抗して「公衆《ピュブリック》」の概念を唱えている。非個性化し暴徒化しかねない群集とはちがって、公衆の「散乱分布」のうちには、多様なメディア・ネットワークの拡大の可能性が含まれている、というのだ。

タルドは、ビランもすでに大いに着目していた「夢遊症」を取り上げ、感染と暗示という視点から「模倣」を捉えるとともに、「無意識」と「模倣」との関係にも言及している。タルドとフロイトとの思想的関係が語られる所以だろうが、夢遊症を取り上げたとき、タルドが考えていたのはイポリット・テーヌ（一八二八—九三年）とジャン＝マルタン・シャルコー（一八二五—九三）のことだった。事実、テーヌは『知性について』（一八六四年）のなかで、催眠と夢遊症に触れて、多重的な自我の存在を指摘し、一方のシャルコーはフロイトの師で、「ヒステリー」の治療法として催眠を採り入れている。シャルコーの略年譜を示しておこう。

一八二五年　十一月二十九日、パリの車大工の息子として生まれる。幼い頃から画才があり、一時は父親の勧めで画家を志す。
一八四八年　パリ大学医学部に進んだ後、インターンとなり内科および病理学を学ぶ。
一八六二年　パリのサルペトリエール病院院長に就任。慢性疾患、老人病、神経疾患などの診察と研究に従事し、顕著な業績を残す。筋萎縮性側索硬化症はシャルコー病とも呼ばれる。
一八七二年　パリ大学解剖学の教授に就任。
一八八二年　サルペトリエール病院神経病理学教室の神経学講座の教授として診察および講義を行う。ヒステリーに関する研究はこの頃のもの。
一八八七年　催眠術に注目。
一八九三年　八月十六日、肺浮腫で死去。

シャルコーの訃報に接して、フロイトは追悼文を著している。結局は、催眠療法に関して、シャルコーら「パリ学派」(ヒステリーが心因性のものであることを証明するためのパフォーマンスで必ずしも治療的意味はもたない)にも、ベルネームら「ナンシー学派」(催眠後暗示による治療効果を重視)にも与せず、催眠療法そのものを放棄するに至るのだが、それでもフロイトは、シャルコーを「真の臨床家」「見者」と呼んで最大級の賛辞を送っている。

まだ若いインターンだった頃、彼〔シャルコー〕は院長とともにサルペトリエール(女性養老院)の一分科を訪れ、四〇年前には名前もつけられておらず理解もされていなかった麻痺や痙攣や発作の混乱をいたるところで目撃したとき、彼は「ここに戻ってきて留まらねばならぬ」とよく口にし、そして実際にその言葉どおりにしたのだった。(…)彼は穿鑿家でも思想家でもなく、芸術的才能の持ち主、彼自身の言い方を借りれば、視覚型の見者であった。

## Ⅱ 芸術・動物磁気・遺伝

フロイトはまたシャルコーの業績を、精神錯乱者たちを鎖から解放したピネル(一七四五—一八二六)の業績に比してもいるが、ここではシャルコーの業績や、ピネル、エスキロルの改革にはここでは触れない。それについては、エティエンヌ・トリヤの『ヒステリーの歴史』(邦訳青土社)やフーコーの『狂気の歴史』(さらには、フーコーのピネル解釈に神谷美恵子が加えた批判)や吉田城の『神経症者のいる文学』(名古屋大学出版会)などを参照されたいが、ここでは三つのことだけを述べておく。第一は、シャルコーの画才が精神療法のその後の展開に大きな意味をもったということである。

精神医学の領域で活躍した人のなかで、芸術作品を解読した先魁は、議論の余地なくシャルコーとその弟子たちであった。代表的な著書『芸術のなかの悪魔』はリシェ（シャルコーの弟子で、美術学校にて芸術解剖学を教えていた）が書き、それに続いて『芸術のなかの不具と病者』は、一八八九年に出版された。基本的な例示の仕方は以下のようである。つまりヒステリーは古代からの病気であり、五世紀以来悪魔に取り憑かれた人々を描いた芸術作品のなかに多くを見ることができる。描いた画家としてはジオット、パオロ・ウッチェロ、A・デル・サルテ、ラファエル、ブリューゲル、ルーベンスなどが挙げられる。たとえばカレの著作に収録された版画のなかのサン・メダールの奇蹟〔一七二七年五月〕に伴う痙攣発作を描いたものと、シャルコー（生涯にわたって絵画か医学かと迷い続けた人物）が記述したヒステリー発作の様子が並べられるという体裁をとった。（…）精神疾患の症状を克明に記載するために、狂人の肖像を画家に依頼することが頻繁に行われた。（…）デッサンはその後写真に変わり、『サルペトリエールの写真集』（一八七五年）、続いて一八八八年には医学的および芸術的肖像との副題のついた『サルペトリエール新写真集』が出される。そこに歴史と芸術と医学を結びつけようとするシャルコーの野心を読み取ることができる。

（ジャン＝ピエール・クライン『芸術療法入門』白水社）

シャルコーはシェイクスピアなど文学にも造詣が深く、講義でその台詞を引用したりするのみならず、患者たちにシェイクスピアの劇を演じさせたりもした。シャラントン王立精神病院でのサド侯爵が図らずもそうなったのと同様に、演劇療法の祖でもあったわけだが、もうひとつ付け加えておくと、シャルコーの講義にはギイ・ド・モーパッサンも常連として出席していたという。第二は、シャルコーとビュルクのような動物磁気治療士との関係である。ビュルク（一八二二年生まれ）は、一八四八年以降、ヒステリー、癲癇、痙攣、拘縮の症例に、金属の皮膚への貼付が顕著な効果をもたらすことに気づき、それを各地で実践した。この治療の真偽を確かめるために動いたのが、クロード・ベルナールであった。

クロード・ベルナール〔当時の生物学会会長〕は、シャルコーと当時の優れた二名の医師からなる「委員会」を指名した。一八七六年末に、「委員会」は、ビュルクがすでに仕事をしていたシャルコーの科で調査を開始した。（…）はじめシャルコーは懐疑的だったが、「感覚脱出帯」が金属にあてたおかげで除去されたことを確認して以降、ビュルクの仕事の弁護者となる。金属が測定可能な電流を発生させることが証明される。（トリヤ前掲書）

当時は、催眠術においても「動物流体」が伝播すると考えられていた。ただ、動物磁気に関する当時の見地が今もなおわれわれの「異常な日常」のなかで存続していること、この点を忘れてはならないだろう。第三にシャルコーは、たとえばヒステリーを「国民的悪癖」とすることには反対したが、「唯一の原因として遺伝を重視」し、さらには「階級」や「民族」といったカテゴリーにも訴えた。

シャルコーは簡単な統計を示していった。「ヒステリーは社会の上流社会では女性に多いが、貧しい階級では、男のほうがかえって多いくらいである。また民族的にはユダヤ人、ことに東ヨーロッパのユダヤ人の間に多く、他の民族の倍もある。（なだいなだ『こころの底に見えたもの』ちくまプリマー新書）

罹患「主体」それ自体の「集合性《ル・コレクティフ》」を考えようとすると、それをどこかで実体化する危険性がつねに生じるのであって、この危険性を免れることは今もなお至難の業であろう。すでに述べたように、このシャルコーには、後にフロイトの論敵ともなるひとりの高弟がいた。ピエール・ジャネである。

Ⅲ　敷居

一八五九年　五月三十日、ピエール・ジャネ誕生。
一八七九―八二年　高等師範学校に在籍。
一八八二年　大学教授資格を取得し、ル・アーブルのリセなどで哲学教師として教鞭を執る。
一八八五年　レオニー症例（透視、遠隔暗示）と出会う。
一八八九年　パリに戻り、心的自動運動についての博士論文を提出。シャルコー、ジャネのためにサルペトリエール病院に心理学実験室を作る。
一八九五年　この頃からコレージュ・ド・フランスならびにソルボンヌでリボーの代講を行う。
一八九七年　リセ・コンドルセの代用教師（哲学）。
一八九八年　ソルボンヌの専任教師。
一九〇二年　リボーの後任としてコレージュ・ド・フランスの「実験比較心理学」講座の教授に選任される。推薦演説はベルクソン。対抗馬はビネであった。
一九一〇年　サルペトリエールの実験室を離れる。
一八三四年　コレージュ・ド・フランス退官。
一九四七年　二月二十四日死去。

先述したように、奇しくもベルクソンと同年の生まれで、ベルクソンは一貫してジャネの業績を称え続けた。ベルクソンだけではない、シュルレアリストたちもジャネのいう「心的自動運動《オートマティスム》」から「自動筆記」の観念を練成したのだし、「疚しい意識」をめぐるサルトルの理論も、ジャネのヒステリー的分裂論から多大な示唆を得ている。われわれはここで、一昨日から昨日へのいわば敷居の上に立っているのだが、ヒステリーやその他の人格障害については、人格の総体に関するメーヌ・ド・ビランの哲学的見地を勘案しなければならない、夢遊症を説明するために自分はしばしばビランの心理学を想起した、と述べたのはジャネそのひとだったのだ。もちろん、ここで円環は閉じるのではない。* ビランの新たな全集がようやく完結したことはむしろ、明日の「新しい人間の科学」の光と翳をわれわれに示唆しているのかもしれない。

* 拙論 «On the eve of *Différence et Répétition*. Maine de Biran: Effort and Automatism», in *Fragments & Wholes*, Editions L'improviste, 2013, pp. 13-28 を参照していただければ幸いである。

# レオン・ポリアコフ歴史学の射程と方法、その問題点

（二〇〇六年）

## 新しい歴史家ここに

ジョンズ・ホプキンズ大学フランス文学科の教授を務める哲学者のクリスチアン・ドラカンパーニュ（一九四九―　）は、レオン・ポリアコフ（一九〇一―一九七）と共同作業を行っているのみならず、みずから『隷属の歴史』『人種差別の歴史』の著者でもある。そのドラカンパーニュは、ポリアコフの論文集『犯罪の痕跡を辿って』（*Sur les traces du crime*, Berg international, 2003）の序文で、この「偉大な学者の数奇な歩み」に触れてこう記している。

ポリアコフは反ユダヤ主義（antisémitisme）という観念を概念的に構築した最初の人物であり、また、きわめて長い期間（二千年）にわたってその発生を跡付けた最初の人物である。そうすることで、ポリアコフはまた、（たとえ彼らと直接のつながりがなくとも、フィリップ・アリエスやミシェル・フーコーと同時に）「新しい歴史」の実践に着手したのだが、この「新しい歴史」はというと、ほどなく「心性の歴史」

(histoire des mentalité) と呼ばれることになるもので、ポリアコフの場合には、この歴史は精神分析的アプローチに対してことさらに好意的だった (…)。 (*TC*, 9)*

ポリアコフのこれらの著作はいずれも、デュメジルのそれやレヴィ＝ストロースのそれと並んで、ここ半世紀、社会諸科学における（そしてもう一度言うが哲学においても）フランスの探求をきわめて高い処から支配しているとの確信を正当化してくれる。 (*TC*, 11)

かくも高い評価――その正否はともかく――が与えられているとはいえ、フーコーやレヴィ＝ストロースに比して、いや、アリエスやデュメジルと較べても、少なくとも本邦では、ポリアコフの仕事は認知度の点でも影響力の点でもはるかに劣っていると言わざるをえない（ポリアコフのアーリア神話研究をトルコ

---

＊ポリアコフからの引用については以下の著書を用い、引用箇所には略号と頁数のみを示す。
*BH*: *Bréviaire de la haine. Le III^e Reich et les Juifs*, Calmann-Lévy, 1951 (Presses/Pocket).
*PJ*: *Le procès de Jérusalem. Juger Adolf Eichmann*, Calmann-Lévy, 1963.
*BJ*: *Les banquiers juifs et le Saint-Siège du XIII^e au XVII^e siècle*, Calmann-Lévy, 1965.
*MA*: *Le mythe aryen*, Calmann-Lévy, 1971.
*CD*: *La causalité diabolique. Essai sur l'origine des persécutions*, Calmann-Lévy, 1980.
*HA*: *Histoire de l'antisémitisme I, II*, Calmann-Lévy, 1981 (Points).
*ED*: *L'envers du destin*, Editions de Fallois, 1989.
*M*: *Mémoires*, Jacques Grancher Editeur, 1999.
*TC*: *Sur les traces du crime*, Berg international, 2003.

史研究に応用した例外的な労作として、永田雄三氏の「トルコにおける「公的歴史学」の成立」『植民地主義と歴史学』刀水書房、明治大学人文科学研究所叢書、二〇〇四年、がある)。もとより、巨大な歴史家ポリアコフの全貌の解明は私の能くするところではまったくないけれども、大著『反ユダヤ主義の歴史』全五巻(筑摩書房)の訳者のひとりとして、ポリアコフ歴史学がわれわれに投げかけている問いと要請について、またそれが内包する問題点について以下考察を加えてみたい。

## 運命の裏地

まずその生涯を簡単に紹介しておく(『反ユダヤ主義の歴史』第一巻の邦訳〔筑摩書房〕に収められた共訳者、菅野賢治作成の略年譜を参照した)。レオン(レフ)・ポリアコフは一九一〇年十一月二十五日、帝政ロシアのサンクト=ペテルブルクの富裕なユダヤ人実業家の家庭に生まれた。レフという名は逝去したばかりのトルストイにちなんだもの。ロシア革命の煽りを受けて、父ウラディーミルの事業は行き詰まり、一九一八年には、当時ドイツ軍政下にあったオデッサに移住、ボルシェヴィキがオデッサを掌握すると今度は粛清を恐れて国外に脱出した。ナポリを経てパリへ。一九二〇年、一家はパリ十六区に居を構え、レオンは名門ジャンソン=ド=サイイ高等中学校第八学年に編入学する。父がイギリスで保有していたポンドの換算率がフランよりもマルクのほうがはるかに有利であったため、一時ベルリンに移住するが二四年には再びパリに戻り、父はパリ発刊の外国語新聞のための広告代理店を設立する。一九二九年にバカロレアを取得、三一年に法学士となる。三三年以降ドイツからパリに移住してきた多数の亡命ユダヤ人を読者として想定した日刊紙『パリ日報』の発行を父に提案。四〇年まで発行されるが、ライバル紙『パリ日刊新聞』から「ヒトラー派の新聞」と誹議され、泥沼の損害賠償訴訟に発展していく。父はこの騒動のなかで心身ともに疲弊し、三九年に死去、母も翌四〇年に他界している。

レオンはというと、三六年に同じくロシアからの亡命者であった同姓のナタリー（ナターシャ）・ポリアコフと結婚するが、ほどなく離婚。三七年初めてパレスチナを訪問する。彼地には姉のイレーヌがすでに住んでいた。この滞在中レオンはキブツの生活に魅了され、シオニズムへの同感の念を強めていく。パリ帰国後、三八年には共産主義女性活動家のスラミット・ヨーゼレヴィッツを知る。第二次大戦勃発後は外国籍兵士として召集されるが、四〇年六月捕虜となり、フランドル地方の捕虜収容所に収容される。同年八月捕虜収容所を脱走してパリに帰還する。スラミットと再会。しかし結婚直前で破綻。レオンは自殺を企てるが未遂に終わる。同年十月、ユダヤ人身分規定により「ユダヤ人」として登録される。一年後の四一年十月、南部の非占領地区に移動、そこで正統ユダヤ教徒のグループ「信心ユダヤ人協会」のリーダー、ザルマン・シュネールソンと出会い、その活動に参加する。数度逮捕され、拘束されたが、かろうじて収容所送りは免れた。「ロベール・ポール」なる偽名を使用、リヨン、サン＝テティエンヌ、グルノーブルなどで工場労働者として働きながら、レジスタンス活動家のための身分証偽造にも従事する。四三年夏、ニースに移り、ゲシュタポの一斉検挙からユダヤ人を守るための活動に専心する。そして、四四年九月解放後のパリに帰還。

一九四五年、ザルマンの縁戚イザーク・シュネールソンに協力して「現代ユダヤ資料センター」を設立。同センター調査局局長の資格で、占領期のSS、ゲシュタポ関連の資料の整理、分析に着手。四五年から四六年にかけて、フランス代表団に属する鑑定人として、ニュルンベルク国際法廷に臨席。四八年、声楽家のジェルメーヌ・ルッソと出会い、後に結婚するに至る。この年、次節で取り上げる『憎しみの聖務日課書』（以下『憎しみ』と略記）を書き始める。アレクサンドル・コジェーヴ、レイモン・アロンらとの交際。前出のシュネールソンとは、勤務時間や著書の出版権をめぐって五二年頃に決裂、「現代ユダヤ資料センター」を解雇される。失職後、『地中海』の著者として有名なアナール学派第二世代の歴史家フェルナン・ブローデルの推挙で、パリ高等研究実践学院に新設された「ユダヤ史研究講座」の教官候補となるが不採用、自由研究員として同学院と係わる。

翌五三年、畢生の大著『反ユダヤ主義の歴史』を書き始める。また、この頃、フェルナン・ブローデルの勧めで、ローマにおけるユダヤ人ゲットーに関する古文書調査に着手、その成果は『ユダヤ人銀行家とローマ教皇庁』と題された第三課程博士論文として一九六四年にまとめられた（*BJ*）。ブローデルとポリアコフは後に「マラーノ」をめぐる『反ユダヤ主義の歴史』での叙述をめぐって互いを批判することになるのだが、興味深いことに、『ユダヤ人銀行家とローマ教皇庁』の序文には、もうひとりのアナール学派の歴史家の言葉が、あたかもレオンにとっての座右の銘のように引用されている。リュシアン・フェーブルの『フランスの宗教改革の起源と宗教改革の原因をめぐる問題』（一九五七年）の一節である。

神学を歴史に組み込む、もしくは再び組み込む、今度は反対の手続きで、歴史を神学に再び組み込むこと。神学のうちに、閉じた壺のなかで結晶のように凝集する概念や推論の寄せ集めだけを見るのをやめること。それとは逆に、神学を、それ以外の思考や感情の無数の現出、その同時代の諸事象に近づけて、神学をこれらのものに結合し、後者を前者に結合する必然的連関がいかなるものかを探ること。ひとことで言うなら、お決まりの定式の下に隠された数々の心理学的事実を把握するべく努めること（…）。

一九五五年から、ポール・デジャルダンの孫娘アンナ・ウルゴンの主宰するスリジー・ラ・サール（ブルターニュ）国際シンポジウムの常連参加者となる。この頃、スピノザの破門から三百年、この破門を廃棄してスピノザをユダヤ民族の懐に戻そうとするキャンペーン——その先頭に立ったのはイスラエル初代大統領ダヴィッド・ベン＝グリオンだった——に接して、エマニュエル・レヴィナスなどとともに破門廃棄に反対の立場を採った。この点については後述する。二年後の一九五七年に創設された「フランス語圏ユダヤ知識人会議」とも係わる。

一九六一年のアイヒマン裁判に接しては、六三年に『エルサレム裁判 アドルフ・アイヒマンを裁く——判決と裁判資料』(*PJ*) に序文を寄せる。それまでも、シオニズム運動に対して、イスラエル国の政策に対して歯に衣着せぬ批判を怠ることのなかったハンナ・アーレントは、知られているように、この裁判をめぐって『エルサレムのアイヒマン』を著し、その結果ユダヤ人たちのなかで四面楚歌の状態に陥った。その際、あなたのドキュメントには「イスラエルへの愛〈アハヴァト〉」が欠けている、とのゲルショム・ショーレムの非難に対して、「私は民族など愛したこともない」と切り返したアーレント、その彼女でさえ一九六七年の第三次中東戦争に際しては、イスラエルの過激なテロ組織に資金援助するなど、熱烈にイスラエルを擁護した。「フランス人以上にフランス人的な」人物とみなされてきたレイモン・アロンも、この戦争に接して自分の人生が根底から覆っていくのを経験し、イスラエル支持の姿勢を採ることになる。その他にも、アンドレ・ネヘルのような聖書研究家、ステファヌ・モーゼスのような思想史研究家もこの戦争後イスラエルに移住するのだが、イスラエル側から「六日戦争」と称されるこの戦いの勝利にレオンも熱狂、『イスラエルと中東』という題の雑誌をロベール・ミズライらとともに発刊する。この雑誌は短命に終わるが、そこでレオンは、「六日戦争」でのイスラエルの勝利が反ユダヤ主義に終止符を打つだろうと予言。後にみずからこの発言を撤回することになる。

一九六八年、五月革命勃発の年に、レオンは国家博士論文「近代ヨーロッパにおける反ユダヤ主義の進展」を提出し学位を取得。主査はレイモン・アロンであった。社会学高等研究学院で歴史学を講じるとともに、ガリマール書店のエディターであったピエール・ノラの推挙で、国立科学研究センター（CNRS）の研究指導員となり、社会科学高等研究学院でも「アーリア神話」をめぐるセミナーを行うこととなった。五月革命については、左翼の学生闘士たちの唱える「反シオニズム」の危険性を、ジャンケレヴィッチやブランショと同様に感得する。

一九七三年、七五年、七七年、計三回、スリジー・ラ・サールで「人種差別」をテーマとしたシンポジウムを開催。一九七九年には、コレット・ギヨマン、アルベール・ジャカールと学術雑誌『科学と社会的緊張』を創刊。第二号から、モリス・オランデルら若手研究家の協力を得て『人類《ル・ジャンル・ユマン》』と改名、この雑誌は現在も刊行され続けている。一九八〇年、七十歳ですべての公職を辞する。翌年、退官を記念して論文集『レオン・ポリアコフに捧ぐ――人種差別、科学と神話』が刊行される。その後も旺盛な著述活動を続けるが、一九九七年十二月八日、パリ南部近郊のオルセーにて永眠、享年八十七歳であった。

### スピノザの裏切り？

レオン・ポリアコフの処女作『憎しみの聖務日課書――第三帝国とユダヤ人たち』（*Bréviaire de la haine. Le III$^{e}$ Reich et les Juifs*）は、先述したように、一九四八年に書き始められ、完成までに三年の歳月を要した。まず、この書物の成立ならびに出版の経緯を語るポリアコフ自身の言葉から情報を得ることにしよう。この書物の草稿を最初に読んだのは、そのヘーゲル講義や、歴史の終焉をめぐる議論のきっかけとなったことで著名な亡命ロシア人思想家アレクサンドル・コジェーヴ（コジェーブニコフ）で、コジェーヴは「君は巧みにも犠牲者ではなく死刑執行人に証言させた」と感想を言った——主人と奴隷の弁証法と無縁ならざるこの発言の意味については後で考えることにする——とされている。レイモン・クノーを通じてガリマール書店がこの作品の出版を拒絶したとき、当時カルマン＝レヴィ社の「精神の自由」叢書の編集長を務めていたレイモン・アロンを動かして、同社に出版を決意させた人物、それもアロンの友人コジェーヴであった。カトリックの著述家に序文を書かせようということで、最初はジャック・マリタンに白羽の矢が立ったのだが、最終的に執筆を引き受けたのは高名な小説家でアカデミー会員のフランソワ・モーリヤックだった。

こうして出版された『憎しみ』であるが、同書はコジェーヴでもアロンでもないある人物に捧げられている。「わが師にして友人であるヤーコプ・ゴルディンの思い出に」（A la mémoire de mon maître et ami Jacob Gordin）。ヤーコプ・ゴルディン、きっとあまり馴染みのない名前であろう。筆者はエマニュエル・レヴィナスのユダヤ論集『困難な自由』に収められた「ヤーコプ・ゴルディン」（『ヌーヴォー・カイエ』一九七二／七三年冬号）をつうじて、この人物のことを知ったのだが、ポリアコフを考えるうえできわめて重要な意味をもつ人物と思われるので、簡単に紹介しておこう。

ゴルディンは、ポリアコフと同じく、一八九六年にロシアのデューナブルク（ドヴィンスク、現ラトヴィアのダイガフピルス）に生まれ、ペトログラード（すでにサンクト＝ペテルブルクではなく、いまだレニングラードではない）大学の東洋語学部のセム語部門ならびに人文学部哲学部門で学び、革命後ドイツに亡命、ナチスの政権掌握までベルリンでヘルマン・コーヘンに連なる新カント派の哲学ならびにユダヤ哲学を学び、一九二九年には『無限判断』と題された書物を出版している。ナチスによる政権掌握後はフランスに移住、パリの「フランス・ラビ学院」などで教鞭を執り、全イスラエル同盟の文書館で司書としても勤務した。そのゴルディンと、ポリアコフは、第二次世界大戦中の疎開先であるオーヴェルニュ地方のテンスで出会い、フランス南部でゴルディンが行っていた私的講義に出席してユダヤ教思想についてその教えを受けたのだった。このときゴルディンはすでに静脈系の病に侵されており、その後、治療を受けていたリスボンで一九四七年八月二十三日に死去する。先に新カント派のヘルマン・コーエンの名を挙げたけれど、ゴルディンはコーヘンと同じくスピノザの「汎神論」を批判的に捉えていた。

一九三五年にゴルディンは「スピノザの事例」という論文を書いて、コレジアント派——この複合的集団の構成員たるソッツィーニ派ならびにメンノ派——の旧約解釈に倣って、スピノザはユダヤ教的「隣人」概念の含意を狭隘な同胞に限定し、そう主張することで、その後のユダヤ教批判に恰好の口実を与えた、そこに消し難い「スピノザの裏切り、それも理解を絶するほどの裏切り」が存在するとしたうえで、「破門という行為によって象徴として固定されたスピノザの事例は、なおも現在的なものであり続けている。一六五六年七月二十七日は、メシア的歴史の息吹がそこを通り過ぎていくような記念すべき日付である」と結論づけている。そして、先に述べたようなスピノザ復権の動きに反対するに際して、その有力な論拠としてこのゴルディンの論文を甦らせた人物、それがまさにポリアコフだったのだ。こうしていわば間接的に、ポリアコフが「スピノザの裏切り」を肯定したことは、彼の著述にどのような作用を及ぼしたのだろうか。

ここでは大きく二つのことを言っておきたい。ひとつは、先述したレヴィナスがスピノザ復権に反対するに際して、何とゴルディンの論考と同名の論考を発表しているということ（『トレ・デュニオン』一九五五年十二月／五六年一月号）。『全体性と無限』というレヴィナスの主著にも、「思考ならびに自由は分離および〈他者〉への顧慮からわれわれに到来するという本書の主張は、スピノザ主義の対極に位置する主張である」（邦訳国文社改訂版、一四七頁）と明記されているのだが、ポリアコフ自身「エマニュエル・レヴィナスとはよく議論しました」（*ED*, 251）と回想しているように、彼はレヴィナスとの対話から多大な示唆を得た歴史家で、実際、「なぜひとはユダヤ人を殺そうと欲するのか」「なぜひとは私を殺そうと欲するのか」とのポリアコフの根本的問いにしても、「ユダヤ人たちが最初の指定犠牲者として選ばれたのはおそらく、ナチの目にユダヤ人たちがシナイ（啓示）の伝承を、まず第一に「汝殺すなかれ」を具現していたからだろう」（*PJ*, 15）との認識にしても、「他者とは私が殺したいと意欲しうる唯一の存在者である」「他者の顔は《汝殺すなかれ》と発語している」というレヴィナスの知見をそのまま引き継いでいるように見える。

第二にポリアコフは、『反ユダヤ主義の歴史』第一巻（一九五五年）と第二巻（一九六一年）でスピノザへの自分自身の対応を示している。前者の序言で彼は、「祖国へのヘブライ人たちの愛は単なる愛ではなく敬虔であり、この敬虔は他の諸国民への憎悪である」という『神学政治論』第一七章を念頭に置きつつこう記している。

> ユダヤ教に対するスピノザの激しい攻撃は、ユダヤの宗教は粗雑な迷信でしかなく、古のヤハヴェは憎悪の神でしかないとの想念を啓蒙の世紀の思想家たちのあいだに流布させるのに少なからず貢献した。
>
> （*HA* I, 12–13）

『反ユダヤ主義の歴史』第二巻では、まさにマラーノの発生を語った『神学政治論』第三章「ヘブライ人たちの召命について」の一節が題辞として掲げられ、また実質的には、この巻はスピノザについての叙述で締め括られているのだが、そこでのポリアコフは、『スピノザ、異端の系譜』のイルミヤフ・ヨヴェル（や小岸昭）とはちがって、マラーノ的生存のうちに、ユダヤ人の、さらには人間の新たな生存様式の可能性を看取するのではなく、『エチカ』第二部「感情の起源および本性について」定理三八の「証明」でその危険が指摘されている「愛憎のアンビヴァレンツ」に、スピノザ自身がユダヤ教の問題に関しては陥ってしまったとの論を展開しているのだ。まずは定理三八の「証明」、次にポリアコフの見解を引用しておこう。

もし、ある人がその愛するものを憎み始めるなら、それを愛しなかった場合に比し、彼における衝動より多く阻害される。（…）憎しみの原因であった悲しみの外に、なお他の悲しみが、そのものを愛したことから生じるのである。したがって、彼はそのものを愛さなかった場合に比し、より大きな悲しみの感情をもって愛するのを観想するだろう。換言すれば（…）、より大なる憎しみにとらわれるだろう。そして、この憎しみは、以前の愛がより大であったにしたがって、それだけ大であるだろう。

たしかにスピノザは、人間という存在に寄せる新しい信仰の先駆けであり続けており、アランのいう「平和と正義の党」を具現していることに変わりはない。（…）しかし、スピノザが、ある打ち克ち難い怨恨《ルサンチマン》ゆえに、みずからの出自でもあった民族を正当に評価する術を手にすることがなかったという点も看過されてはならない。彼が乗り出していった反ユダヤ「教」的論争は、近代の合理主義的ないし世俗的な反ユダヤ主義への道を切り開き、そしてその反ユダヤ主義が、およそ考え得る限りにおいて最強の反ユダヤ主義となったのである。ここから、たとえばヘルマン・コーエンのように、スピノザにおける「悪魔

的アイロニー」に力点をおいて論じることも可能なのだ。（第二巻邦訳三三三頁）

ポリアコフの仕事はこのように、スピノザこそが近代「反ユダヤ主義」のひとつの系譜の淵源であること、また、この「反ユダヤ主義」——ユダヤ人の他民族憎悪——が「怨恨」の所産にすぎないこと、これらの点をあらわにするという意図を有していた。そして、この点でもポリアコフはゴルディンに依拠していた。ゴルディン曰く、「スピノザに依拠しながら、イギリスの理神論者トマス・モーガンは、ユダヤ教の神は一部の者だけを庇護する神にすぎず、ユダヤ民族は倒錯的で、ひどい無知で、神とはどうしようもなく無縁であると断定している。ティンダルやボーリングブルックも同様の発言をしている。スピノザに依拠しながら、カントも「ユダヤ教の神は精神的・道徳的存在ではない」と語るに至った。カントにはフィヒテとヘーゲルが続いた。毒を注がれたこの泉はシュライアーマッハーやプロテスタント神学の聖書批判によっても援用されたが、後者に至っては、今もなお、追放された一人のユダヤ人〔スピノザ〕の主張をたどたどしく繰り返している」。

しかし、一方で「民族」と「宗教」の概念そのものを解体しつつ、「ユダヤ民族」には他の民族にはない特権などひとつもないと主張するスピノザは、果たして「怨恨」に捕らわれてそう主張したのだろうか。むしろ一旦そのような断定を括弧に入れて、「宗教」「民族」とは何か、聖典とは何か、正義と愛とは何か、交易とは何か、「個体」とは何か、「徳」とは何か、そして、「徳」と「自己保存のコナトゥス」はどのように関係するのかといった問題群を討究すべきではないだろうか。これらの点については拙論「スピノザとユダヤ的生存のトポロジー」（平成一一、一二、一三年度科学研究補助金報告書『「ユダヤ性」の発見——大革命から今日にいたるフランス文学・思想のなかのユダヤ』所収。本書の次章に採録）を参照していただきたいが、「スピノザの裏切り」とみなされてきたもののうちに、前出のヨヴェルのように、諸宗派の対立、宗教的ファナティズム・ナショナリズムに抗してユダヤ人が、人間が生きる指針を読み取る者もいるというこ と、この点をポリアコフはどう考えるのだろうか。まさにポリアコフ自身言及しているように、アランは「スピノザの思想によって、ナチズム、ファシズム、あらゆる種類の専制主義は闘わずして敗北することになろう」と明言しているし、「ぼくはスピノザ主義者だ、抵抗し、闘い、死に立ち向かわねばならない」とレジスタンスへの参加を表明した数理哲学者ジャン・カヴァイエスの言葉をわれわれに紹介したのは、ほかならぬレイモン・アロンだったのだから……。

精神分析へのアンビヴァレンツ

ポリアコフによると、スピノザは彼自身が帰属する民族に対して「愛憎のアンビヴァレンツ」に陥ったのだが、この結び目はさらに複雑なものと化していく。スピノザ、もっと古くはモンテーニュなどにも見られる「愛憎のアンビヴァレンツ」は、知られているように、フロイトやその弟子のメラニー・クラインなどの仕事をつうじても広く流布されるに至った。『憎しみ』は、後で取り上げる『悪魔的因果性』のような書物に較べると、理論的・方法的次元での言及がはるかに少ない書物ではあるけれども、情念のかかる機構に言及した箇所が少なくとも二箇所ある。まずは次の箇所。

ヒトラーが残忍な生体実験によってすべての聖像を破壊しようとしたことは、ジークムント・フロイトやジャック・マリタンのような偉大な思想家たちの洞察力ある見地を悲劇的にも確証するところの論理的帰結にほかならなかった。これらの思想家は、始原的反ユダヤ主義のうちに、何よりも、道徳的戒律に反対する「インチキ洗礼を受けた者たちの反抗」を、キリストと十戒に対する狂熱的ではあるが秘められた憎悪を看取していた。(*BH*, 349)

もうひとつはサルトルの『ユダヤ人問題についての若干の省察』に触れた脚註。

変わり者であるがゆえに、異質で敵対的で詮索好きな眼差しによって穴があくほどじろじろ見られるという胸をえぐるような感情以外に、ユダヤ人の不安で痛苦な心的本質を規定する要因があるだろうか。これは逆説的な事例である。すでに同化され、解消を余儀なくされているように思えるひとつの集団が、単なる概念的戯れによって規定され維持されるのだから。(1)

(1) われわれは『ユダヤ人問題についての若干の省察』のなかでジャン＝ポール・サルトルによって提起された主張に近づいている。ただ、次の本質的な点は別である。すなわち、考察の冒頭で「私はフランスのユダヤ人に叙述を限定するつもりだ」と明確に留保を付しておきながら、サルトルは後ではその結論を例外なくすべてのユダヤ人に拡大しているように思えるのだ(…)。(*BH*, 355–56)

最初の引用箇所から始めるが、『憎しみ』でのポリアコフが参照しているフロイトの著作は何かというと、それは「フロイトの恐るべき遺書」ともいわれる『モーセと一神教』であり、その第三論文「モーセ、彼の民族、一神教」の「D 応用」であったと考えられる。関連箇所を引用しておこう。

最後に、忘れてはならないことだが、ユダヤ人憎悪のこれら一連の深い動機のなかで最新のものは、今日きわめてユダヤ人憎悪を示しているすべての民族が有史時代に入ってかなり経過してからやっとキリスト教徒になったという事実、しかも、往々にして血なまぐさい強制によってキリスト教徒にさせられたという事実である。これらの民族はみな《インチキ洗礼》を受けたのであり、キリスト教の薄っぺらなメッキの下には、野蛮な多神教に帰依していた彼らの祖先たちと少しもちがわないものが残っていると言ってよい。彼らは自分に押しつけられた新宗教に対する恨みの念（Groll）を抑えることができず、彼らはこの恨みの念をキリスト教の源泉へと置き換えた（verschieben）のである。

（フロイト『モーセと一神教』ちくま学芸文庫）

ポリアコフの自伝的記述や対談を読んでいくと、ポリアコフが第二次世界大戦終了直後から精神分析の治療を受けていたことがいくつもの箇所で語られている。私的ないざこざから、ある女性の分析家につき、次いで、ベラ・グリュンベルガーという分析医につくのだが、グリュンベルガーは一九〇三年ハンガリー生まれのユダヤ人で、青年期からたびたび反ユダヤ主義の被害に遭い、そのため、スイスとフランスのグルノーブルで学び、一九四六年からパリでオフィスを開いていた。この精神分析医との接触の後自分はフロイトをたくさん読んだと、ポリアコフは打ち明けている。

一九四七年か四八年に私は分析を始めました。私が『憎しみの聖務日課書』を出版し、それを企てることができたのは、彼女（ユダヤ系ロシア人の分析医）のお蔭です。その後、私の願いを聞き入れて、彼女はすばらしい分析家で、やがて私の友人になる人物、ベラ・グリュンベルガーを推薦してくれました。

（…）感情的威嚇がまったく無意味であることを私は彼のもとで学びました。その後、私は特にフロイトを大いに読みました。（…）一九五〇年代、私は「心的歴史」（psycho-histoire）という形での精神分析の実践的応用の熱心な信奉者でした。ただ、こうした応用は行間で、暗黙のうちにしたほうが得策であるとの結論に私は徐々に至りました。（*ED*, 64–5）

『反ユダヤ主義の歴史』では、以下の五箇所でフロイトへの言及が見られる。

一、フロイトの先駆者ニコライ・ハルトマン
二、ギュスターヴ・ル・ボンを推奨するフロイト
三、マルクス―フロイト―アインシュタインの三つ組み
四、「文化の中の居心地悪さ」における「極小の差異」の理論（隣り合う民族同士の確執の原因を探る）
五、セリーヌ『虫けらどもをひねりつぶせ』におけるフロイト

これを多いとみなすか少ないとみなすかは判断の分かれるところだろうが、ポリアコフ自身は、『反ユダヤ主義の歴史』執筆の時期に自分は「精神分析の実践的応用の熱心な信奉者」であったとみずから告白している。曰く、「この時期〔『反ユダヤ主義の歴史』執筆の時期〕、私はフロイトを無条件に受け入れていたので、Die leise Stimme der Vernunft〔「ある幻想の未来」の言葉で、「理性のかそけき声」の意だが、実際にはVernunftではなくIntellekt〕というほとんど翻訳不能な言葉をいつも思い浮かべていました」（*ED*, 74）。

しかも、フロイトへのこのような依拠は『反ユダヤ主義の歴史』以降の仕事でも途絶えることがなかったように見える。事実ポリアコフは、一九七一年の『アーリア神話』でも、一九八〇年の『悪魔的因果性』でも、フロイトに言及し、のみならず、フロイトを称えてさえいる。前者での課題を「イデオロギー

の古傷の奥にまでメスを入れること」と表現したポリアコフはこう言っている。

できるだけ独断主義を避けつつも、われわれとしては、西洋社会の歴史を深層の心理学（psychologie des profondeurs）によって明らかにするべく試みたい。なぜなら、フロイトによって練り上げられた道具がいかに不完全なものであろうとも、集合的信念の無意識的基礎についての探査を可能にしてくれるという点では、それは間違いなく他のどんな道具にも勝る。（*MA*, 16）

これに先立つ箇所で、ポリアコフは étiologie = histoire（*MA*, 15）という言葉を記しているのだが、これも、「過去に体験してあとになって忘れてしまった印象、われわれは、これこそ神経症の病因 Ätiologie にとって大きな意義をもつものとみなしているが、これをわれわれは外傷と呼んでいる」（『モーセと一神教』）というフロイトの言葉を想起させるだろう。こうしてポリアコフは「原因論《エティオロジー》」の領域に踏み込んでいくのだ。まず『悪魔的因果性』のなかで、フロイトの「文化の中の居心地悪さ」と「否定」（Verneinung, 1925）を援用して彼が述べていることを見てみよう。

たとえそれが「証明不能」であろうとも、個体に伴う外傷について精神を満足させるような見地が、精神分析の創始者には見出される。数々のフラストレーションが「棄却」（rejet）され、「疎遠で脅威をもたらす〈外部〉」から、「欲望する純粋〈自我〉」（フロイト「文化の中の居心地悪さ」一九三〇年）を孤立させるのに貢献するのだ。だから、他なるもの（「対象」）は、最初に知覚されると同時に、敵対的で危険な力として感得される。それが「霊」ないし「悪魔」の最初の化身である。「対象との関係としての憎悪は愛よりも古く、それは外的世界の数々の刺激がナルシス的自我によって最初に拒絶されることに由来する」（フロイト「欲動と欲動の運命」一九一五年）。もっと簡潔に言えば、「悪しきものは〈自我〉と疎遠で、それは〈自我〉にとって外的である」（フロイト「否定」一九二五年）。（*CD*, 24）

この点に関して付け加えておくと、ポリアコフはレヴィナス、コジェーヴ、アロンに加えて、ウラジミール・ジャンケレヴィッチとも親しく交際した。フロイトの最初期のフランス語訳者のシュムエル――オデッサ出身のユダヤ人――を父にもつこの哲学者も、「文化の中の居心地悪さ」にいう「極小の差異」から「ほとんど同じもの」（presque même）という観念を練成するとともに、「悪は自我にとって外的である」とのフロイトの知見をその倫理の基幹としていた。他なるもの、外的なものへの不断の憎悪、レヴィナスのいう殺意もここにその動因を有していたと考えられるが、この他なるもの、外的なものは、「棄却」という語が示唆しているように、自我がその一部を投影したものでもある。たとえば「ゲットー」は「人間の条件の歪んだ鏡」（*BH*, 98）であり、殺意は、エドガー・アラン・ポーが『ウィリアム・ウィルソン』で描いたように、みずからを殺すことでもあった。

ヒトラー主義の本質は次の点にある。盲目的な憎悪と怒りの爆発が他者へと襲いかかりつつも、最終的には自己へと跳ね返ってくるのだ。（…）人間の本性には、他者のうちで自己を承認し、他者のうちで自己の反映と自己の本質を明かそうとすることが内属している。（*BH*, 330）

このように、他者への憎悪と殺意が自分自身への憎悪と殺意に他ならないとすれば、殺そうとする者と殺される者とのあいだには一種の「共犯関係」があることになる。「犠牲者と死刑執行人のあいだの暗黙の共犯性（complicité sourde）」（*BH*, 176）とポリアコフは言っているが、これは『存在と無』や「一九四七年の作家の状況」などの論考のなかで、サルトルが強調し続けたことでもあり、この点でサルトルやポリアコフは、「投影的同一化」ゆえに生じる「共依存」という厄介至極な状況を先取りしていたと言ってよいだろう。ポリアコフはまた、こうした「共犯性」ゆえに、「犠牲者」の歴史を書くことが、否、「犠牲者」を「犠牲者」として同定すること、「犠牲者」が「犠牲者」として自己同定することが、「加害者」の迫害欲望を逆に煽ることをも自覚していた。『反ユダヤ主義の歴史』第二巻の序文から引用しておこう。

度重なる迫害は、ユダヤ人たちの正義感を研ぎ澄ます一方で、いつまでも迫害にこだわり続けようとする方向へ彼らを誘わずにはおかないものだ。時にはそれは、歴史上、事実として彼らにあてがわれた犠牲者としての役割をみずから得々と演じようとする姿勢に、彼らを導くことさえあり、その低姿勢が翻って加害者の迫害欲望を刺激することになったのだ。

この他にも、ポリアコフの論考では、「不気味なもの」（Unheimlichkeit）をめぐるフロイトの考察が援用されているし、「原父殺し」を思わせる「始原的殺人」（meurtre originel）という表現が用いられてもいる。が、そのポリアコフといえども、フロイトの恐るべき遺書とも呼ばれる『モーセと一神教』の構えにはどうやら賛同できなかったようだ。「ユダヤ人をキリスト教徒との関係でのみ考え、「イスラームも他のアジアの偉大な宗教」も無視してしまった」（*TC*, 156）と批判しているが、エドワード・サイードが同じフロイトの考察を取り上げながら、ポリアコフとはむしろ逆に、ユダヤ人をたとえばパレスチナ人へと開いていく可能性をそこに読み取っているのはきわめて興味深い(『フロイトと非ヨーロッパ人』邦訳平凡社、参照)。モーセはエジプト人であるというフロイトの仮説は、モーセのみならず、彼によって創設されたユダヤ人のアイデンティティの「根源的断絶ないし瑕疵」を示しており、この傷こそが非ユダヤ人との、それもユダヤ－キリスト教という連鎖では捉えられない者たちとの敵対的ならざる関係の可能性だというのだ。

### 悪魔的因果性

「悪しきものと、自我にとって未知のもの・外にあるものとは、快感的自我にとってはさしあたり同一のものである」(「否定」)、とフロイトは言う。そうだとすれば、悪しきものは悪しきものだから悪しきものなのではないことになる。何かあるひとにとって、ある社会にとって好ましくない現象が生じたとき、その真の原因が分からないにもかかわらず、いや、だからこそ、ある事物や人物が元凶として指弾される。デイヴィッド・ヒュームが必然的結合としての因果性を棄却したことはよく知られているけれども、ポリアコフ自身、「ヒュームはすでに因果性が哲学的に論証不能な現象であることを指摘した」(*ED*, 135)と確認しつつ、論証不能な原因として一種の「悪魔」を指定しようとする不当な因果性の設定——「原因論」——を「悪魔的因果性」(causalité diabolique)と名づけている。その際、ポリアコフが参照しているのは、「悪魔は至るところにいる。われわれの因果性の概念の根本には総じて悪魔たちの所業が見いだされる」(*CD*, 7)というアインシュタインの言葉であった。

この言葉をポリアコフに教えたのは、彼自身挙げているように、ヒュームとメーヌ・ド・ビランからアインシュタインに至る因果性の観念の変容を詳細に跡付けたレオン・ブランシュヴィックの『人間的経験と物理的因果性』(一九二二年)であったかもしれない。加えてこの歴史家は、一方では民俗学者リュシアン・レヴィ＝ブリュールの「融即」(participation)の観念を援用し、他方では発達心理学者ジャン・ピアジェが幼児期の因果性観念の発達過程について行った観察と実験にも言及している。ただ、この点で何よりもポリアコフにとって重要だったのは、精神分析やマルクス主義を擬似科学として棄却しているとはいえ、カール・ポパーの『推測と反駁』(一九六三年)であり、そこで展開された「社会的陰謀の理論」であった。

社会的陰謀の理論によれば、社会に生じるすべてのことは――戦争とか失業とか欠乏などといった通常人々の好まぬことを含めて――一部の有力な個人または集団による直接的陰謀の結果である。この見解は、私の思うに、疑いなく、いささか素朴な迷信のたぐいであるけれども、きわめて広く流布している。それは歴史法則主義よりも古いものである(歴史法則主義は陰謀理論からの一派生物だとさえいえよう)。近代的形態における陰謀理論は、宗教的迷信の世俗化の典型的な結果である。神々の陰謀がトロイ戦争の推移の原因だったとするホメロスの神々の信仰は消滅した。だが、ホメロスのオリュンポスの神々の座は、今や、シオンの学議長老たちによって、あるいは独占家、あるいは資本家、あるいは帝国主義者によって占められている。(邦訳法政大学出版局、六二九―六三〇頁)

まさにポパー自身言及しているように、シオン賢者の議定書のようなユダヤ人世界陰謀のストーリーが流布されたのもこの「社会的陰謀の理論」によってであって、今もなお、世界のさまざまな場所で「悪魔」探しが続けられているのだが、このような陰謀説の絶えざる再生は、たとえばロラン・バルトなどが描いた意味での「神話化」の過程と重なり合っており、ポリアコフ自身、マックス・ウェーバーのいう「脱神話化」(démythisation) を念頭に置いて、「神話記述」(mythographie) として歴史を規定したのだろう。因みに、「アーリア神話」というポリアコフの表現は「ナチ神話」というナンシー/ラクー・ラバルトの語彙へと繋がっていったと考えられる。

## 問題と展望

フロイトにおける「投影」の理論も、ポパーのいう「社会的陰謀の理論」も、ユダヤ人を反ユダヤ主義者の捏造物とみなすサルトルの主張と同形的な主張であった。いずれもスケープゴート理論の一種だが、三者共に、「ユダヤ人が何をなしたか」ではなく「ユダヤ人が存在すること」それ自体の罪なき罪障性を示唆しているという点では、これらに共通の動きを「スケープゴート理論の存在論化」と呼ぶこともできるかもしれない。この傾向を示す理論としては、アドルノ/ホルクハイマーが『啓蒙の弁証法』で展開した「倒錯したミメーシス」——自分のうちにあって欲しくないものを他者に投影する——を、そこに付加することができるだろう。

さて、すでに見たように、ポリアコフは反ユダヤ主義者とユダヤ人とのこのような連関を、フランスのユダヤ人に限定し、その他の地域では必ずしもサルトルの主張は妥当しないと示唆していた。事実、『反ユダヤ主義の歴史』自体、単にサルトル的な図式には還元不能なユダヤ性の多様なあり方をまさに描くことを目的としていたのだが、マラーノを語る際には必ず「モリスコ」を語るなど、ユダヤ人の閉鎖的アイデンティティを前提とすることに彼がきわめて慎重であるのを前提としたうえで言うなら、ポリアコフは単にユダヤ人の生存様態の多様性を強調しているだけではなく、サルトル的図式が循環を含まざるをえないこと、「投影」には還元されないユダヤ人の存在を肯定してもいるように見える。

だからこそポリアコフは「ドイツ人の集団的魂」(Ame collective allemande; *BH*, 286)という表現のみならず「ユダヤ人の集団的意識」(conscience collective juive)という表現をも用いて、その「無意識的基礎」の探求をめざしたのだった。「集団的心性」「集団的希求」といった表現も用いられているし、それどころか、ユング的元型《アーキタイプ》への言及も見られる。しかし、このような観念で、「ユダヤ人」と「非ユダヤ人」という二分法がそのきわめて粗雑な抽象でしかないような錯綜せる関係性を捉えることができるのだろうか。もちろん、われわれ自身、いかなる微視化も粗視化でしかないような関係性の法則性をいまだ知ることがないのだが、だからこそ、ある集団、共同体の実体的アイデンティティの仮構には抵抗し続けねばならないのではないだろうか。

ポリアコフの生涯を辿ったときにも記したように、ポリアコフは「絶滅収容所の生き残りのドラマに終止符を打つためにはイスラエル国の誕生が必要だった」(*BH*, 351)との信念を決して捨てなかった。レヴィナスも述べていたように、イスラエル国は「傷つきやすい(vulnérable)小さな国」であり、ポリアコフによると、六七年以降、古来の「反ユダヤ主義」は、イスラエルによる侵略を批判する者たちの「反シオニズム」によってまさに再び活路を見いだすことになる(ジャンケレヴィッチも同様のことを対談集『未完のものの途上で』で述べている)。ユダヤ－ナチという安易な等式が流布されるなか、またしてもユダヤ人の悪魔化が進行し、パレスチナ支持の名のもと、『議定書』と『わが闘争』が広く読まれるような状況が生まれたというのである。最後に、故エドワード・サイードにポリアコフが触れた一節を掲げておくが、この殺裁のなか、むしろここからポリアコフとサイードとの、ポリアコフとジュネとの、ポリアコフとセリーヌとの対話を作り上げていくのはきっとわれわれ自身の課題なのだろう。

イスラエルは民主主義国だが、その敵どもは何万人もの無実の者を殺した独裁者たちであるということ、この点を勘案する者はフランスには誰一人いないのではないか。PLOのことはさておくとしても、イラクにおけるクルド人の大量虐殺（何千人もがガスで窒息させられた）、シリアのハマでの殺戮、そしてレバノンの現状を見てほしい。西洋に住むアラブ人の偉大な知識人たち――在フランスのモハメッド・アルクンや在アメリカ合衆国のエドワード・サイード――が、これらの犯罪に抗議したことがあっただろうか。

（*ED*, 159）

＊　本論は、二〇〇五年十一月十二日、当時国立民族博物館の教授であったパレスチナ研究家、臼杵陽氏主宰の共同研究会での筆者の発表をもとに、それに加筆、修正を施したものである。その日は、『反ユダヤ主義の歴史』の共訳者のひとり、菅野賢治と筆者が同研究会に招かれたのだが、筆者が二十数年前銀座の教文館でヘブライ語を学んだ頃に較べると、イスラエル研究、パレスチナ研究が質量共に飛躍的に進展したことを実感させられた、きわめて有意義な集いであった。臼杵先生、大塚和夫先生、市川裕先生だけではない、当日、筆者に貴重な時間を託され、筆者の拙い話をお聞きいただき、さらには的確なご質問、ご指摘を多々頂戴した研究会の皆様に心よりお礼を申し上げます。

# スピノザとユダヤ的生存のトポロジー*

（二〇〇二年）

## 序　事件としてのスピノザ

一六五六年七月二十七日（ユダヤ暦五四一六年のアプの月の六日）、アムステルダムのポルトガル人共同体に属する二十四歳のユダヤ人に対して破門の宣告が下された。『スピノザ　異端の系譜』（邦訳人文書院）の著者、イルミヤフ・ヨヴェル（一九三五―）によると、その宣告文には次のように記されていた。

――汝らに告ぐ、マーマド（市評議会）は、すでに以前からバルーフ・スピノザの好ましからざる思想と行いの数々を知り、彼を悪の道から引き戻すためにいろいろ手を尽くし、約束もしてきたが、その努力は何一つ実を結ぶには至らなかった。それどころか、彼が現に実践し、かつ教えた、唾棄すべき異端の数々と彼のなしたる恐るべき行為に関する知らせが日毎に増え、またそうした事実を裏付ける信頼すべき証言も寄せられ、そのひとつひとつがすべて右に述べたエスピノザの面前で証明され確認されたがゆえに、またかかる事実に間違いなしとの確信に基づき、そのいっさいをハハム（ラビ）各位の臨席の下に検証したるを以て、評議会はその見解に従い、右に述べたエスピノザを破門（ヘレム）に処し、イスラエルの民より追放することを決定した。かくてエスピノザは、実際以下のごとき破門を宣せられる。

「天使たちの審判に従い、聖人たちの言葉に従い、我々はバルーフ・デ・エスピノザを破門し、追放し、弾劾し、呪うものなり。（…）律法に記されたあらゆる呪いをもって、昼も呪われてあれ、夜も呪われてあれ、また寝る時も呪われてあれ、起きる時も呪われてあれ、家を出る時も呪われてあれ、家に入る時も呪われてあれ、主は彼を許し給わざらんことを。主の怒りと主の憤りがこの男に対して燃え上がらんことを。（…）然るに汝らは、主なる汝らの神に従う者たちよ、皆もろともに今日を生きよ」。

我々は命じる。何人も彼と話を交わすことのないように。口頭によるものであれ、文書によるものであれ、彼と話を交わすことのないように、何人も彼に好意を示すことのないように、また彼とひとつ屋根の下に泊まることのないように、四エレ（一エレないしエルは九六センチ）以上、彼に近づくことのないように、彼が作成し、彼が書いたものは一枚たりとも読むことのないように、と。

——まだまだ不明の点の多い破門ではあるが、すでに別の場所で紹介したように、一九四八年のイスラエル独立直後から、イスラエル初代首相ダヴィッド・ベン＝グリオンを旗頭として、一九五六年の破門三百年を機に、スピノザの復権を図ろうとの運動が展開されることになる。テル＝アヴィヴを発行地とする日刊紙『ダヴァル』の一九五五年七月十七日号には、彼の次のようなメッセージが掲載されていた。

＊以下、メンデルスゾーンについては Moses Mendelssohn, *Gesammelte Werke*, Friedrich Frommann Verlag、マイモンについては Salomon Maimon, *Gesammelte Werke*, Geork Olms, Hildesheim、ローゼンツヴァイクについては Franz Rosenzweig, *Der Mensch und sein Werk: Gesammelte Schriften*, Martinus Nijhoff の巻数と頁数を、引用箇所に添記する。

「スピノザの遺産を外国語から解き放つことに、われわれは本物の大いなる喜びを感じている。破門は、時間的にも空間的にも制限された特殊で一過的な情況の産物だった。スピノザ、この祝福されし者は不滅であって、永遠なる民族の末裔である。この最も独創的な思想家の著作をわれらがヘブライ語に翻訳し、この三世紀のあいだにユダヤ民族が有した哲学者のなかでも最も深遠な哲学者の全集を新たに出版することはわれわれに課せられた任務であろう」。

ベン゠グリオンは、ネゲブ山で採掘された花崗岩に「汝の民族」との銘を刻ませ、スピノザの墓碑としてハーグに送るとともに、ハイファでのスピノザ研究所設立にも尽力している。ただ、「スピノザの友を自称するベン゠グリオンのスピノザ崇拝は、「ユダヤ人たちはいつか機会があれば再び彼らの国を建てるであろう」という『神学政治論』第三章の言葉への、文脈を抜きにした共感に根ざしたものにすぎなかったし、スピノザ復権のキャンペーンそれ自体、アイヒマン裁判の演出と同じく、新生国家の思想的基礎づけという多分に政治的な意味合いを有していたと推察される（もしベン゠グリオンが『神学政治論』を精読していたなら、彼は「自然は民族を創らずただ個々の人間を創るのみである」という同書第一一章の言葉を目にしないわけにはいかなかっただろう）。しかし、このことは逆に、スピノザという存在が狭義の哲学を超えて、ユダヤ的生存の全幅に係わるものであることを暗示しているのではなかろうか。

二つのことを付け加えておくと、第一に、ベン゠グリオンはスピノザの復権を画策する一方で、近代シオニズムの提唱者のひとりの遺灰の一部をイスラエルに移送させてもいる。後で取り上げるが、『ローマとエルサレム』（一八六二年）の著者モーゼス・ヘスの遺灰を、である。第二に、かのテオドーア・ヘルツルは一八九八年にヘスの『ローマとエルサレム』を読み始め、その日記に「スピノザ主義的‐ユダヤ的‐民族主義的な部分は素晴らしい」と記しているのだが、実はヘスは「スピノザの弟子」を自称する思想家だったのである。

スピノザの復権という提案に対しては、賛否が真っ二つに分かれた。たとえばカール・ヤスパースは破門の撤回には賛成したが、ベン＝グリオンたちの運動には反対の態度を取った。後の考察とも密接に係わるので、その『スピノザ』の一節を引用しておこう。「ヘルマン・コーエンはスピノザに対する破門を無条件に正しいとみなした。（…）なぜなら、スピノザは「キリスト教世界以前のユダヤ教本来の告発者」であるからだ。彼は「生得的な宗教を非難した。彼自身の宗教を非難した」。（…）コーエンはユダヤ人のスピノザ憎悪の新しい原型となった。哲学に功労のあったF・ローゼンツヴァイクはそれを和らげたとはいえ、スピノザについてのコーエンの判断に同意したことは驚くべきことである。／正統信仰に拘束されない大部分のユダヤ人はこれとはまったく異なり、このユダヤ人を誇りと考える。破門後三百年を経てイスラエルから「汝の民族」という銘のついた花崗岩がハーグに送られたことは知っている。スピノザはびっくりするだろう。決して彼は彼の民族の立場では思考しなかった。スピノザのような高潔なひとは、いかなる民族や国家もそれ自体ではわがものとみなすことはできない」。

『エルサレムのアイヒマン』を書いて四面楚歌の状態にあったハナ・アーレントに宛てて、このヤスパースが書き送った次のような言葉は、スピノザの破門破棄とアイヒマン裁判との、先述したようなつながりを奇しくも証示している。一九六三年十月二十五日の書簡の一部である。「今イスラエルでスピノザに対してそうされているように、あなた〔アーレント〕の死後、ユダヤ人たちがイスラエルにあなたの記念碑を建て、彼らがあなたを自分たちの民族の一員とみなす時が来るだろう。もっとも、その時にもコーエンやローゼンツヴァイクのようなユダヤ人はなおもあなたを排斥するだろうが」。

もちろん、破門の破棄それ自体に反対する者たちも黙ってはいなかった。その際発表された論考のひとつに、ヤーコプ・ゴルディン(一八九七—一九四七)の遺稿「スピノザの事例」(« Le cas Spinoza »)がある。ロシアに生まれ、コーエンとも関係の深かったベルリンのユダヤ教学高等学院(後述)で学んだ後パリに亡命したユダヤ思想研究家で、パリではラビ学院の講師として活躍したのだったが、レオン・ポリアコフの序文を冠して『エヴィダンス』誌一九五五年九—十月号で蘇生した「スピノザの事例」には、「破門という行為によって象徴として固定されたスピノザの事例は、なおも現在的なものであり続けている。一六五六年七月二十七日は、メシア的歴史の息吹がそこを通り過ぎていくような記念すべき日付である」と記されている。

なぜだろうか。それは、ヘルマン・コーエンの言うごとく、スピノザがユダヤ民族に対して「人間の理解を絶した裏切り」を犯したからである。では、「裏切り」(trahison)とは何なのか。スピノザといわゆるコレギアント派の人々との交際についてはよく知られているが、ゴルディンは、この複合的集団の構成員たるソッツィーニ派ならびにメンノ派の旧約解釈——その源泉をゴルディンはマルキオンのグノーシス的教義に求めている——に依拠して、福音的な愛の普遍主義とは正反対のものへとユダヤ教を変貌させた点に、スピノザの「裏切り」を看取している。『レヴィ記』一九・一八は隣人愛を説いているが、そこにいう「隣人」とは、民族性や宗教性に即した「近き者」の意味に解されねばならない。同様に、『レヴィ記』一九・三三にいう寄留者への愛も、社会的、宗教的両面でユダヤ人と化した寄留者への愛にすぎず、したがって、ユダヤ教の説く愛は、「敵」すなわち「ユダヤ民族ならざるもの」への憎悪と表裏一体で、この憎悪を煽りさえする、というのである。

ひとことで言うなら、ユダヤ教の教えを特殊救済説に還元したこと、それがスピノザの裏切りとみなされているのだが、ゴルディンによると、スピノザのユダヤ教観(とみなされたもの)は不幸にも、偉大な神学者や哲学者たちがやがて露呈することになる偏見の源と化したのだった。曰く、「スピノザに依拠しながら、イギリスの理神論者トマス・モーガンは、ユダヤ教の神は一部の者だけを庇護する神にすぎず、ユダヤ民族は倒錯的で、ひどい無知で、神とはどうしようもなく無縁であると断定している。ティンダルやボーリングブルックも同様の発言をしている。スピノザに依拠しながら、カントも「ユダヤ教の神は精神的・道徳的存在ではない」と語るに至った。カントにはフィヒテとヘーゲルが続いた。毒を注がれたこの源泉はシュライアーマッハーやプロテスタント神学の聖書批判によっても援用されたが、後者に至っては、今もなお、追放されたひとりのユダヤ人の主張をたどたどしく繰り返している」。

『道徳と宗教の二源泉』（一九三二年）でのベルクソンもまたこの毒を飲んだと云われているが、ゴルディンの論考の題名をそのまま借用しながら、そこにこう記した人物がいる。「われわれは、スピノザの裏切りが存在するという、今は亡き畏友ヤーコプ・ゴルディンの意見に全面的に賛成する。思想の歴史のなかで、スピノザはユダヤ教の真理を新約の啓示に従属させたのだから」、と。この人物の名はエマニュエル・レヴィナス、彼もまたスピノザの復権に強固に反対した論者のひとりだったのだ。事実、レヴィナスの主著『全体性と無限』（一九六一年）では、「〔本書の〕主張はスピノザ主義の主張の対蹠点に位置している」と明言されている。レヴィナスのスピノザ解釈については、別の論考（「コナトゥスと倫理」『スピノザーナ』第二号、二〇〇〇年十二月）を参照していただくとして、大きく言ってレヴィナスは、第一にスピノザはタルムードを知らない、第二にスピノザは自己保存のコナトゥスを倫理の基礎に据えている、という二点でスピノザを厳しく批判している（第二の論点については、アドルノ／ホルクハイマーの『啓蒙の弁証法』やポール・リクールのいう「実存せんとする努力の倫理」をも参照されたい）。

一九七七年九月六日から九日まで、エルサレムで開催されたスピノザ没後三百年記念のシンポジウムでの発表[1]（レヴィナスはそこでリチャード・マッケーンの「スピノザの背景」を受けて発表を行っているが、『困難な自由』ではこの応答それ自体が「スピノザの背景」と題されている）でも、一九七九年暮れの第二〇回フランス語圏ユダヤ知識人会議でも、彼はこの批判を繰り返している。「ユダヤ教の最初の啓示は、ほかならぬコナトゥスの異論の余地なき権利を問いただすことではないでしょうか（…）。この部屋には何人もの優れたスピノザ研究者がいらっしゃる。コナトゥスを問いただすことが彼らの眼にどれほど許しがたいことと映るかは分かっているつもりです。自然に反した問い、自然の自然性に反した問いなのですから！ですが、存在に分析的に、動物的に内属した存在へのこの固執、正当な根拠を欠いたこの自然な要請、生命空間のこの要請、それが正義なのでしょうか」。

誰が会場にいたのかは知る由もないが、実に興味深いことに、同大会では、前出のヨヴェルが「スピノザ――宗教と国家」と題された発表を行っているのだ。しかも、レヴィナスよりも二十歳年下のヨヴェルが『神学政治論』のなかに見出したのは、「スピノザの裏切り」などではまったくなく、むしろ逆に「ユダヤ的生存の新たな形式」だったのである。こうも言っている。「スピノザにおける内在性の思想は、宗派に拘泥せざるものたらんとする真正な宗教の、迷信や排他的特殊主義への堕落ならびに、政治的なものへの宗教的なものの介入を促すすべてのものに対する根本的な解毒剤なのです」、と。

ヨヴェルの発表に続く討論の口火を切って、エリザベート・ド・フォントネは問いかけている。「私の質問は、「スピノザの事例」（«le cas spinoza»）に関してあなたが仰ったことの延長線上に位置する質問なのですが、今日、アウシュヴィッツとイスラエル国の再建の後で、『神学政治論』は何を表しているのでしょうか。この種の聖典解釈がなされたという事実から、ユダヤ人たちに何が生じたのでしょうか」。アウシュヴィッツの後、というド・フォントネの表現は、ユダヤ知識人会議第五回大会（一九六三年）でのロベール・ミズライの発言を思い起こさせる。「私の確信するところ、この大破局の後では、ナチズムの後では、スピノザの哲学は同じものではありえなかったでしょう」――、ジャンケレヴィッチやレヴィナスを前にしてミズライはこう発言したのだが、ミズライに賛同しつつ、ジャンケレヴィッチは言っている。

「ミズライは力を込めて次のように言っている。スピノザが大量虐殺の同時代人であったなら、スピノザ主義は存在しなかっただろう。スピノザがアウシュヴィッツの生き残りであったなら、彼は「私は人間の諸行動を笑わず、嘆かず、呪うこともせずにただ理解することにひたすら努めた」〔『国家論』第一章第四節〕とは言えなかっただろう」。

果たしてそうなのだろうか。悲しみと哀惜によって支配せんとする者たちがいる限り、そうであってはならないのではないか、との思いを禁じえない。と同時に、友人のレイモン・アロンを前にして、「僕はスピノザ主義者だ。抵抗し、闘い、死に立ち向かわなければならない」と、レジスタンスへの参加を宣言した数理哲学者ジャン・カヴァイエスのことが、現代科学の成果を活用して「第三種の認識」を新たに構築しようとしたシモーヌ・ヴェーユのことが、さらには、「スピノザの思想によって、ナチズム、ファシズム、あらゆる種類の専制主義は闘わずして敗北することになろう」という、ヴェーユの師アランの言葉が思い起こされる。ともあれ、スピノザがいかにアクチュエルな存在としてユダヤ思想史のなかに、いや、ユダヤ的生存のさまざまな様態のうちに刻印されているかは少なくともすでに明らかであろう。

ユダヤ思想史、と言ったが、ご存じのように、一九六〇年代末から現在に至るまで、フランスの思想界でも、ラクロワ、ドゥルーズ、フーコー、ピエール・マシュレ、エチエンヌ・バリバール、ジャン゠リュック・ナンシーらによって、スピノザは不断に解釈され続けている。さながら、「哲学を始めるならまずスピノザ主義者でなければならない」(『哲学史講義』)とのヘーゲルの言葉が確証され続けているかのようだが、加えて、スピノザに向けられた関心のこの法外な拡がりについても、オリヴィエ・ブロック編の『十八世紀のスピノザ』『二十世紀のスピノザ』がすでに存在している。しかし、スピノザから発する数限りない力線がすでに解明され尽くしたかというと、決してそうではない。たとえば『エチカ』の羅仏対訳が一九九九年に新たに出版されていることひとつを取っても、スピノザの「未来性」は明白であろう。そこで筆者もまた、非力も顧みず、スピノザが創り出したある「力の場」を以下に粗描することにしたい。

## 1 門法のプリズム

あなたは誰か――掟の門はいつもそう問いかける。ローゼンタール門と呼ばれる門もまたそうだったのだろうか。門前にその田舎の少年が立ったのは一七四三年九月、もうバール・ミツヴァの儀式(成人の儀式)を済ませているのだから、十四歳とはいえ、少年と呼んではいけないのかもしれない。門の脇にはユダヤ人宿泊所があり、門にはプロシア人の門衛とともにユダヤ人の門衛が立っている。あなたは誰か、とユダヤ人の門衛が尋ねる。デッサウのモーセです。何をしにきたのか。勉強するためです。誰が面倒を見てくれるのか。ラビ・フランケルさんです。当時、門の通過に際してユダヤ人に課せられていた身体税は支払われたのだろうか。それとも免除されたのだろうか。ともあれ、男は門のなかに入っていく。彼は後に、メンデルの息子モーセ、モーゼス・メンデルスゾーン(一七二九―八六)と名乗ることになる。一七六四年、「形而上学的諸学における明証性」についての論文で、イマヌエル・カントを押さえてベルリン・アカデミー懸賞論文の一等賞を受賞したことで著名だが、『真夏の夜の夢』の作曲家フェリックス・メンデルスゾーンの祖父にあたる。

それから二十数年後、もうひとりの男が同じ門の前に立った。ケーニヒスベルクを発ってから七週間、衣服も変えず藁にくるまって夜を越したというから、乞食同然の姿であっただろう。十二歳にしてラビになった人物なのだが、その見すぼらしい姿のせいだろうか、彼はユダヤ人宿泊所にひとまず通される。病人と一群の浮浪者たちがいる。話し相手を探すが見当たらない。待つことしばらく、着衣からラビと分かる男が入ってくる。

「ラビに係わるいくつかの事柄について、私は彼と話した。実に気さくな人物だったので、私は自分がポーランドで暮らしていたことを物語るとともに、ベルリンで医学を学ぶつもりだと打ち明けた。私はまた、マイモニデスの『迷える者の手引き』に関する自分の註解を彼に見せた。少し私に関心を抱いたようだったが、すぐにいなくなってしまった。夜になってやっと、ユダヤ人共同体の名士たちが姿を現した。ひとりずつ順番に呼んでは、申請書を提出するよう求めた。私の番になったので、正直に私は、ベルリンに住んで医学を勉強したいと説明した。名士たちは即座に私の要求を斥けて、立ち去る前に何か食べ物を買うように、と小銭を渡してくれた」(I, 269)。

ベルリン滞在の望みを断たれた男は地面にひれ伏して嗚咽した。一夜を宿泊所で明かした男は、門を背に引き返すほかなかった。ポズナムで家庭教師の職を見つけ、報酬を得た男は、再び門の前に立つ。ただし今度は乗り合い馬車に乗って。門は男を迎え入れる。ベルリンの住人になってまもなく、男は有り金をはたいて、クリスチャン・ヴォルフの『形而上学もしくは、神と世界と人間の理論』を買い求め、貪り読むが、そこで展開された「充足理由律による神の実在のア・プリオリな証明」だけは承服できなかった。男は反論をヘブライ語でしたため、当時すでに名声を博していたもうひとりの男、モーゼス・メンデルスゾーンにそれを送付する。かくして、ザロモン・マイモン(一七五四―一八〇〇)ことシュロモ・ベン・ヨシュアはメンデルスゾーンと知り合うことになる。

あなたは誰か――今度は見えない門が誰何する。「「あなたは誰か」――私は多年にわたって、この問いに対する唯一の適切な答えは「ユダヤ人である」(Ein Jude)だと考えていたことを打ち明けざるをえない。この答えだけが迫害という現実を考慮に入れたものだからだ。「ユダヤ人よ、近う寄れ」(Tritt nähe Jude)という命令に対して賢者ナータンが行った言明(実際には言語的表現となってはいないが)――「私は人間です」(Ich bin ein Mensch)という言明については、私はそれをグロテスクで危険な現実回避以外のものではないと考えていた」(『暗い時代の人々』)。

レッシング賞受賞に際して、ハナ・アーレントが行った記念講演の一部であるが、実を言うと、メンデルスゾーンは、レッシングの戯曲『賢者ナータン』(一七七九年)の主人公ナータンのモデルと目される人物だった。戯曲『ユダヤ人』(一七四九年)に登場する「善きユダヤ人」は実在のユダヤ人とかけ離れていると、ミヒャエリスから指摘されたレッシングは、自分と同い年の友人メンデルスゾーンを例に挙げて、「善きユダヤ人」は実在すると応酬している。曰く、「彼はたしか二十歳そこそこだが、何の教育も受けていないのに、言語、数学、哲学、詩文にたいへん造詣が深い。彼の同信者たち(Glaubensgenosse)はとかくこれまで彼のような人物に対して不幸な迫害心を抱いてきたようだが、彼の場合には特にそれを改めて、ちがった成長のさせ方をするならば、今から私は、彼が必ず彼の民族(Nation)の誉となるだろうと思う。彼の誠実さと哲学的精神は、今から私をして、彼を第二のスピノザに比したい気持ちにさせている」。

『ラーヘル・ファルンハーゲン』――皮肉にもメンデルスゾーンの子孫アンネから譲られた資料をもとに書かれた――のなかで、アーレントは、「歴史的真理」を無視して「合理的真理」のみを重視したメンデルスゾーンを痛烈に批判し、思師のヤスパースに向かっては、「先生とちがって、私はメンデルスゾーンを単なる日和見主義者としか思っていません。スピノザはラーヘルのなかに存在しないのと同様にメンデルスゾーンのなかにも存在しません」と言い切っているのだが、では、そのアーレントにとって「第二のスピノザ」は誰だったかというと、それはハインリヒ・ハイネにほかならなかった。

スタール夫人のドイツ論（一八一三年）で流布されたイメージを払拭するために、ハイネがパリで書き上げた『ドイツの宗教と哲学の歴史に寄せて』（一八三四年）をひもとくと、アーレントの判断を裏書するようなスピノザ礼賛の言葉が見つかる。「スピノザを読んでいると、実に生き生きと安らっている偉大な自然を見たときのような感情にとらえられる。それは、天を衝く高い思想の樹であり、その花咲く梢は波うつように動き、一方、揺るぎない樹幹は永遠の大地に根を張っている。スピノザの著作には、あたかも未来の空気が吹き付けてくるかのような思いがするのだ」。

この書物には、レッシングによって「第二のスピノザ」と呼ばれたメンデルスゾーンを捲き込んだ「汎神論論争」のことが皮肉たっぷりに描かれている。「レッシングが死んで、レッシングはスピノザ主義者だと［ヤコービによって］告発されたとき、メンデルスゾーンはせっぱつまった苛立たしさでレッシングを弁護した［彼はスピノザ主義者ではないと主張した］。そのときの立腹のあまり遂に死んでしまった」、と。この論争については後述するとして、ハイネのいわゆる「コスモポリタニズム」に触発されたもうひとりの思想家にここで言及しておこう。

前出のモーゼス・ヘス（一八一四—七五）である。ナツァレナートゥーム（ナザレ主義）とヘレーネントゥーム（ギリシャ主義）というハイネの区分を、セム人種とアーリア人種というルナンたちの区分とともに受け容れていた人物で、一方ではマルクスやエンゲルスを共産主義へと導き、他方では、先述したように、亡命の地パリで『ローマとエルサレム』（一八六二年）を書き上げたことで著名だが、このシオニズムの書にも実はスピノザの名が刻まれていた。「スピノザはユダヤ教を一個の民族性として考え続けた。彼の考えでは、ユダヤの王国の復活はひとえにユダヤ民族の意志に懸かっていた（『神学政治論』第三章の末尾）。――合理主義者メンデルスゾーンでさえ、コスモポリタニズム的なユダヤ教を知ってはいなかった」。

ヘスとは正反対の反シオニストの代表としては、やはりヘルマン・コーエン（一八四二―一九一八）を挙げなければならないだろうが、彼の論考「スピノザにおける国家と宗教、ユダヤ教とキリスト教」では、執拗なスピノザ批判が展開されるとともに、メンデルスゾーンに関しては、スピノザ的なユダヤ教観を流布した点では非難されるべきだが、「汎神論論争」では正しい態度をとった、と記されている。コーエンのスピノザ批判に対しては、ある少壮の学者から反論が提起された。反論を提起した者の名はレオ・シュトラウス（一八九九―一九七三）、メンデルスゾーン全集（一九一九年）の監修者のひとりである。「スピノザの遺言」のなかでこう言っている。

「スピノザに関する判断については、ヨーロッパならびにユダヤ教は複数の段階を経てきたが、それを以下のように図式化することができる。糾弾（アムステルダムのユダヤ人共同体によって宣告された破門）には、救済（メンデルスゾーン）が続き、救済には神聖化（ハイネ、ヘス）が続き、最後に中立（ジョエル、フロイデンタール）がそれに続いた。（…）もちろん、それぞれの時期には、その時期にそぐわない考え方をしたひとたちがいる。思い出してほしいのだが、ヘルマン・コーエンは一九一〇年に、大胆にも、スピノザは「イスラエルの共同体から理の当然として排除される」ほかないと断言したではないか」。

このシュトラウスとともにメンデルスゾーン全集の編纂に携わったユリウス・グットマン――浩瀚な『ユダヤ哲学』（拙訳、みすず書房）の著者――が、ことスピノザの評価についてはコーエンの見解を踏襲していたことを考えると、さながら掟の門が「中心紋」(mise en abîme) を描いているかのような印象を抱かされるが、この「中心紋」は、ローゼンツヴァイクの『救済の星』の末尾に記された「門」(最終章の題名)によって、そしてまた、カフカの『審判』に挿入された「掟の門の寓話」を論じるベンヤミンの Tractatus によってさらに複雑なものになっていく。では、内と外を分けると同時に繋ぐこの中間地帯の迷宮に踏み入ることとしよう。

## 2 暁の「徳の騎士」

『哲学的対話』『感覚について』『ポウプ、形而上学者！』(レッシングとの共著) といったメンデルスゾーンの著作が出版されたのは一七五五年、ヴォルフが他界した翌年のことで、ヴォルフが他界した五四年には、レッシングの戯曲『ユダヤ人』に対するミヒャエリスの先述の論評が発表されてもいる。この論評に接したメンデルスゾーンは、アロン・エメリッヒ・グンペルツに宛ててこう書き送っている。

「抑圧を蒙っているわが民族 (Nation) に対する何という侮辱でしょう！ 何と凄まじい憎悪でしょう！ キリスト教徒の庶民は以前からわれわれを自然の屑、人間社会の病弊とみなしてきました。(…) 人々はわれわれを踏みつけ続け、自由で幸福な市民 (Bürger) に囲まれた肩身の狭い暮らしだけをつねにわれわれに残し、それればかりか、われわれを万人の嘲弄と憎悪に晒しているのです。迫害された魂の唯一の慰め、見捨てられた者の唯一の避難所たる徳 (Tugend) までもわれわれから奪い取らないでほしいものです」(XI, 10)。

「徳」という語彙は文中、「人間性」(Menschlichkeit)、「人倫」(Sittlichkeit)、「善への自然な愛」

(natürliche Liebe zum Guten) など、さまざまに言い換えられているが、書簡の最後の部分では、より詳細に、「憐れみ」(Mitleid) と「寛大さ」(Mildigkeit) と書かれている。「正義」(Gerechtigkeit) を危うく妨げかねないほどの「憐れみ」と、「濫費」と映りかねないほどの「寛大さ」、と。

かつてエルンスト・カッシーラーは、十八世紀という時代の基本的感情を端的に表した言葉として、「人間に固有な研究対象は人間である」というアレキサンダー・ポウプの言葉を挙げたことがある(『十八世紀の精神』、邦訳紀伊國屋書店)。スピノザの師のひとりラビ・マナセ＝ベン＝イスラエルの『ユダヤ人の救済』(*Vindiciae Judaerorum*) の独訳に寄せた序文のなかで、メンデルスゾーン自身、「十八世紀に入ってからの哲学は人間のうちで人間だけを探究する」と書いているのだが、その彼は、人間についての知識の甚だしい遅れを慨嘆することで書き起こされたルソーの『人間不平等起源論』の独訳者でもあった。訳稿が完成されたのは一七五六年のことで、訳稿と註解がレッシングに送付された。「自然状態」なるものについての批判を鏤めた註解で、「隣れみ」、「社交性」(Geseligkeit)、「完成可能性」(perfectibilité, Vollkommenheit) が鍵語となっている。

ルソーが「自然人」に残した「隣れみ」を「愛」(Liebe) と言い換えたうえで、メンデルスゾーンは「愛」を「社交性への愛」として、「社交性への愛」を「完全性」への人間の性向として捉え、「天からの尊い賜物」たるこの性向をさらに「構想力の法則」(Gesetz der Einbildungskraft) と解している。ということはつまり、「社交性」こそが「自然状態」であるのだ。たしかに、「社交性」の「誤った使用」が人間社会の堕落をもたらすこともあるが、「社交性」それ自体が悪であるわけでは決してない。ホッブズのいう「戦争状態」はむしろ「社交性」という「自然状態」の欠如にすぎない。「自然権」とは、以上のようなものである限りでの「自然状態」＝「社交性」なのだが、それはまた、われわれ人間の「本質的性質」から帰結する「正義の法」(Gesetz der Gerechtigkeit) でもあって、「大地の諸民族すべて」(alle Völker der Erde) がひとつになるとき、この法は不変の法と化す。

『人間不平等起源論』で指摘された「構想力」と「正義」との連関は、メンデルスゾーンにあって美と善、美学と倫理学が不可分であったことをすでに示唆していると言ってよい。本論ではメンデルスゾーンの美学それ自体をめぐる考察は控えるが、「ドイツのソクラテス」ことメンデルスゾーンは、「美しきものと善きものとの類縁性」と題された論考の冒頭でも、ソクラテスにおける「正義」の観念に言及している。

「ソクラテスは普遍的正義 (allgemeine Gerechtigkeit) の何たるかを探究していた。(…) ひとつの国家 (Staat) の普遍的正義とは、その成員のすべてが社会の完全性と一致するような体制であるということを、ソクラテスは見出した。人間の完全性は、各人固有の力と諸能力の完全性に、そしてまた、彼らが全体と一致していることに起因している。われわれ自身に向けられたすべての義務を、ソクラテスは「汝自身に対して正しくあれ」という掟に還元したのだった」(II, 182)。

以上の点についてまず指摘しておきたいのは、「社交性」を「自然状態」とみなす点でも、ホッブズに対する批判という点でも、メンデルスゾーンがシャフツベリーを、特にその『人物、習俗、意見及び時代の諸特徴』(一七一一年)を参照しているのではないか、ということである。「すべてはよい」とするポウプの学説(システム)と「オプティミズム」ないし「最善性の選択」の学説(ライプニッツの学説)との正確な比較をせよ、というベルリン・アカデミーの出題に応じて書かれたポウプ論でも、ライプニッツの学説と比較すべきはむしろシャフツベリーの学説である、との指摘が見られる。その際、ライプニッツの『弁神論』と比較されるべき著書として挙げられたのが、『道徳家たち、別名哲学的ラプソディー』(一七〇九年)と題された、シャフツベリーの対話篇だったのだが、この点もまた、メンデルスゾーンが『哲学的対話』という対話形式の論考をもってみずからの処女作としたことと無関係ではあるまい。因みに、シャフツベリーの『感覚について』は往復書簡という形式を取っており、「感覚についての書簡への補遺」(一七六一年)には「ラプソディー」という題名が付されている。

『哲学的対話』の第一対話は、「ではライプニッツが予定調和を発見したのではないのですね」というフィロポンの言葉で始まる。第三対話では「最善性の教え」が、第四対話では「不可識別者同一の原理」が対話の主題となっているが、一方ではピエール・ベールの『歴史批評辞典』におけるロラリウスとスピノザの項目を、他方では「ベールが怠ったことすべてを行った人物」、ヴォルフの学説を勘案しながら展開されるこの対話篇で、予定調和説の先駆者とみなされたのが、ほかでもないスピノザだったのである(もっとも、予定調和説をめぐるヴォルフとの論争のなかで、ハレのランゲがすでにこの説を唱えていたとも言われている)。

フィロポンの話相手ネオフィルによると、「キリスト教徒ならざる」スピノザは、デカルトの哲学とライプニッツの哲学とのあいだで口を開けた「途方もない深淵」に陥るという「不幸な籤」に当たった人物で、人間的知性の改善のために捧げられた犠牲であった。しかし、後年ヤコービに宛てて、メンデルスゾーンが「私はスピノザ主義の虚偽を確信している」と書き送っていることを考えるなら、これは単なるスピノザ礼賛では決してありえない。そもそも、ネオフィルが「偉大な哲学者」と呼ぶところのヴォルフにしてからが、『自然神学』(一七三六—三七年)の第二巻第四章「異教、マニ教、スピノザ主義、エピクロス主義」でスピノザを痛烈に批判しており、しかも、『暁の時』(一七八五年)でのメンデルスゾーン自身、ヴォルフによるこの反論を踏襲しているのだ。

ネオフィルによると、数多の反スピノザ主義者のなかでも、ひとりヴォルフのみが、スピノザ主義の最も強い部位を明らかにしたうえで、その最も弱い部位を暴くことができた。というよりもむしろ、最も強い部位を最も弱い部位として示すことができたのだが、「有限な完全性の無限集合から無限な完全性を合成できる」とのスピノザの考えこそ、この両価的な部位にほかならない。「神とは、絶対的に無限なる実有、言い換えれば、各々が永遠・無限の本質を表現する無限に多くの属性から成っている実体である」という、『エチカ』第一部の定義六が問題になっていると言ってよいだろうが、『暁の時』第一三〜一四講ではさらに詳しくこの点が検討されている。

メンデルスゾーンは、汎神論者スピノザの思想を「一は全」(Eins ist Alles)「全は一」(Alles ist Eins)と要約し、それを二つの方位から解体していく。まず、全が一であるためには、唯一の実体の属性とみなされた「無限の延長」と「無限の思惟」が一者と化すのでなければならない。しかし、「無限の延長」と「無限の思惟」それ自体を形づくるのは有限なものの無限集合であって、この無限集合はまさに「多の集合」(Aggregata von Viele)を成すものでしかない。

ここに至ってメンデルスゾーンは、延がり(Ausbereitung)、集合(Menge)、外延量(extensive Grösse)による無限と、力能(Kraft)、内包量(intensive Grösse)による無限とをスピノザは混同しているとの論点を呈示する。なるほど、たとえば引力のような力能は個々の物体に内属する性質ではないから、内包量による無限の合成は、有限な外延量による無限の合成が孕まざるをえない(多の)不連続性を克服するかに見える。その意味では、外延的無限は内包的無限に依存している。しかるに、メンデルスゾーンによると、力能による統一は抽象的統一にすぎない。具体的事態に即して見れば、力能といえども、個々の対象のなかでいわば別様に反復されるのであって、だから、力能による無限の合成も多を形成するにとどまる。

逆に、一が全であるためには、唯一の実体ないし神は、すべての「本質」(Wesen)と「現実態」

(Realität) をそのうちに包蔵していなければならない。しかし、メンデルスゾーンが言うには、「本質」の表象と「現実態」の措定とは互いに異質なことがらであって、後者はというと、「本質」の内在性に対する「外在化・疎外」(Entäusserung) 伴なっている。したがって、すべての有限な存在者の「本質」が唯一の実体ないし神に含まれているとしても、「神即自然」(スピノザ) ではなく、「神と自然」「神と世界」と言わねばならない。つまり、「一と全」と。ただし、「と」というこの連結辞の挿入は、メンデルスゾーンにとっては、神の「現存在」(Dasein) の証明を妨げるものではなかった。神という「無限な本質」を表象できるということ、神が「思惟可能」であるということそれ自体が、神の「現存在」のア・プリオリな証明になっているのだ。

スピノザ的な「神即自然」をこのように斥けつつも、メンデルスゾーンは、「浄化された汎神論」(der geläuterte Pantheismus)、「浄化されたスピノザ主義」なるものが存在する、と言う。そして、わが友レッシングが支持していたのもこの「浄化された汎神論」「浄化されたスピノザ主義」である、と。では、「浄化されたスピノザ主義」とはいかなるものなのか。この点について、メンデルスゾーンは、論敵ヤコービに宛てて実に興味深い見解を書き送っている。

「私は、浄化されたスピノザ主義なるものが存在していて、それが、行いをめぐって宗教と倫理学の説くすべてのこととうまく調和するのを知っていた。(…) 浄化されたスピノザ主義は主要な点ではユダヤ教と見事に一致しており、その思弁的教説を別にするなら、スピノザは正統派のユダヤ人であり続けることができたかもしれない。ただし、別の著作のなかで、スピノザが真正なユダヤ教を疑い、そうすることで、掟 (Gesetz) から身を引き剝がしてしまうなどということがなかったとして、であるが。明らかに、スピノザの教説はキリスト教正統派の教説よりもはるかにユダヤ教に近い」(III-II, 188)。

文中に「別の著作」とあるのが『神学政治論』であるのはまず間違いないだろう。しかしながら、筆者の知る限り、メンデルスゾーンが『神学政治論』の名を挙げてそれに言及した箇所はどこにも見当たらない。それと名ざしすることとなき批判が展開されていたわけだが、では、メンデルスゾーンのいう「真正なユダヤ教」とはいかなるものだったのか。また、「真正なユダヤ教」が説く「掟」と『神学政治論』での主張との隔たりはいかなるものだったのか。その点を次に検討してみよう。

## 3　掟と居住

マナセ＝ベン＝イスラエルの前掲書『ユダヤ人の救済』の独訳が出版されたのは一七八二年、その表紙には、「ドームの『ユダヤ人の市民的改善に寄せて』の補遺として」(Als ein Anhang zu des Hr. Kriegsraths Dohm Abhandlung: *Ueber die bürgerlische Verbesserung der Juden*) とある。ドームの当該論考の出版は一七八一年。その六年後、フランスはメッツの学問・芸術アカデミーは「フランスのなかでユダヤ人たちをもっと幸福でもっと有用な者にする手段は存在するか」(Est-il des moyens de rendre les Juifs plus heureux et plus utiles en France ?) という課題で論文を募っている。同年に出版されたミラボー伯爵――彼は後に『人間と市民の諸権利についての宣言』の執筆に加わる――の『モーゼス・メンデルスゾーンについて。ユダヤ人たちの政治的改革について』のなかにも、「アジア出身であるからとか、髭や割礼や至高者を称える独特の仕方で他の人々と区別されるからとか、そのような理由で、この勤勉な人々が国家にとって有用でないと確信するのは難しい」と記されている。

「有用性」、「有用な市民」(citoyen utile) といった観念が、ユダヤ人（の市民権）をめぐる当時の論議の鍵を握るものであったことはすでに明らかであろうが、「有用性」という観念は一方では「生産性」、他方では前出の「完成可能性」の観念と結びついていた。ミラボーによると、「この民族は他の民族と同様、より善き者、より幸福な者になる能力を授けられている」のだが、この「完成可能性」のうちに、ユダヤ人の政治的改革の可能性が存していた。ユダヤ人に対する偏見を一掃し、彼らを農業や手工業など「生産的な」労働に従事させ、人間と市民の権利を与えるなら、ユダヤ人もまた現在の「堕落した状態」から抜け出して、国家と人類にとって有用な存在となるだろう。

ティエリーやミラボーにとって、そして『人間学』のカントにとっても、こうした改善を妨げるとともに、ユダヤ人を「不正の輩」たらしめているのは、ユダヤ人の「商業の精神」(esprit du commerce)、「利子の精神」(esprit de l'intérêt) にほかならなかった。この点についてミラボーは言っている。「商人は他の人々との関係においてつねに儲けたり損をしたりしなければならない。知らず知らずのうちに、商人は他の人々を敵もしくは競争相手とみなすことに慣れてしまう。商人の魂は狭隘化し、彼の感性は鈍磨し、さもしい利害やとびきりの贅沢がそれに取って代わる」。

これまでほとんど指摘されていないことだが、『ユダヤ人の救済』独訳への前出の序文は、実を言うと、メンデルスゾーンが「有用性」と「商業」の観念に言及した数少ない論考だった。その議論の要点を以下に摘出してみよう。——ユダヤ人は何も生産 (hervorbringen) しないと云われる。ユダヤ人は、ある場所から別の場所へと生産物や原料を運ぶ「仲介者」(Zwischenhandler)、単なる「消費者」(Verzehrer) にすぎない、と。しかし、手工業によって作り出される有形のものだけを生産物とみなし、そのような生産物を生産する者だけを国家にとって有用な者とみなすなら、国民の大部分が単なる消費者になってしまうだろうし、教師や兵士も無用の存在とみなされてしまう。それに仲介者は、製造者にとっても消費者にとっても不可欠な存在ではないか。仲介者が存在しなければ、製造も消費もありえないし、その意味では、国の安寧のために貢献する兵士と同様、仲介者も製造者より以上に「生産」しているのだ。

メンデルスゾーンにとっては、仲介者の機能は、競争をつうじて商品の価格を制御し、売買の権利における「無制約な自由と平等」を確立することに存していた。自由競争の原理と流通の正義が謳歌されているわけだが、おもしろいことにメンデルスゾーンは、そうした競争の実現された町としてアムステルダムを例に挙げているのだ。スピノザの『神学政治論』第二〇章での、アムステルダムをめぐる次のような描写を思い起こさずにはおれないが、この点については、メンデルスゾーンは『神学政治論』に従ったのだろうか。曰く、「隆盛を誇るこの素晴らしい町では、いかなる民族的出自、いかなる宗教的宗派に属しているかとはまったく無関係に、すべての人々がこのうえもない協和のなかで生きている！　投資する場合には、市民たちは、取引の相手が富者か貧者か、信用できる相手か詐欺師の噂をとる相手かを気にかけるだけである」。

こうして、仲介者としてのユダヤ人も国家にとって有用な存在であることが示されたわけだが、結論を述べるにあたって、メンデルスゾーンは微妙な区別を設けて、「身分の卑しいユダヤ商人も単なる消費者ではまったくなく、国家にとって有用な定住民（市民とは言うまい）であり、真の生産者なのである」（VIII, 16）と記している。「市民」と訳した原語はBürger、「定住者」と訳した原語はEinwohnerであって、カントのいう「(国家) 市民」（Staatsbürger）と「寄留民」（Schutzgenosse）に対応しているとも考えられるが、メンデルスゾーンの『エルサレム』（一七八三年）の末尾にも、次のような切迫した叫びが刻まれていた。「われわれのことを同胞（Bürger）とみなすことができないとしても、せめて、共にある人間（Mitmenschen）、共に居住する者（Miteinwohner）とみなしてほしい」、と。

コーエンに親しい「共にある人間」という観念が先取りされていることも眼を惹くが、それよりも何よりも、「(国家)市民」ならざる「共に居住する者」という観念は、外国人居住者や難民やホームレスの存在をどう考えるかという、今現在われわれが直面している難題と決して無関係ではないし、エドワード・サイードが counter-habilitation(対抗‐居住)と名づけた、抵抗としての居住のあり方にもつながっていくはずだ。その点をまず確認したうえで、では、しぶしぶ「保護ユダヤ人」(Schutzjuden)となったメンデルスゾーンにとって、「定住者」とはいかなる存在だったのかを考えてみよう。

『ユダヤ人の救済』独訳への序文で、メンデルスゾーンは、市民に係わるものと教会に係わるものとの「境界線」(Grenzlinie)は、どれほど洞察力に富んだ眼をもってしてもほとんど識別不能である」と言っている。ところが、いや、だからこそ、国家と宗教とのこの「境界」(Grenze)を画定すること、まさにそれが『エルサレム』の、特にその第一部の課題となったのであって、ここにも政教分離という『神学政治論』の主張のこだまを聴取することができるのだが、この点について推測を付け加えておくなら、「われわれはつねに分類し、仕切ろうと努めている」(VIII, 196)という言葉が明かしているように、混交のなかからほとんど識別不能な境界線を見出してそれを画定し、それによって、抗争と衝突をいったん解消したうえで相互の影響を語ろうとすること、そこにメンデルスゾーンにとって本質的な挙措があるのではないだろうか。

それでは、国家と宗教の境界はどこにあるのか。双方ともに「共同的最善状態」(gemeinsames Beste)を目標としながらも、一方の国家は、人間同士の関係において人間を捉えてその「行動」(Handlung)と係わり、他方の宗教は、神との関係において人間を捉えてその「志操・心情」(Gesinnung)と係わる。対象のこのような相違はまた、両者が用いる手段の相違でもあった。国家は「法」(Gesetz)を、宗教は「戒律」（Gebot）を課す。前者は「統治」（Regierung）、後者は「教導」（Erziehung）と呼ばれる。国家は法の侵害に対して強制力、物理的威力（Gewalt）を行使し、違反者たちを追放することができるが、宗教の「力」はあくまで「愛」（Liebe）と「慈善」（Wohlthun）であって、人間を最後まで見捨てることがない。ただし、国家はもとより、教会（モスクとシナゴーグを含む）もまた、内的感覚たる人間の「志操・心情」に直接的に介入することはできない。そこにモンテスキューの影響を看取する論者もいるが、メンデルスゾーンは、各々の民族の文化程度に応じて、その民族に最もふさわしい政体が存在すると考える論者のひとりだった。

このような構図のなかで、ユダヤ教はいかなる位置を占めるのだろうか。『エルサレム』でのメンデルスゾーンは、ユダヤ教は「啓示宗教」ではなく「啓示された立法」（geoffenbarte Gesetzgebung）である、との定義を提出している。しかし、これは奇妙な定義ではないだろうか。この定義では、「啓示」という宗教的合意を有した言葉と、前段で述べたように、宗教ではなく国家と結びついた「法」という言葉が連結されているのだから。「啓示された立法」は「神的立法」（göttliche Gezetzgebung）とも換言されているが、その際メンデルスゾーンは、「法」、「戒律」、「命令」（Befehl）、「生活規則」（Lebensregeln）、「神意の教え」（Unterricht vom Willen Gottes）のすべてを含んだものとして、この「神的立法」を捉えている（本論では、このような意味での Gesetz には掟という訳語を充てた）。つまり、「啓示された立法」は、政治的法と宗教的戒律、社会生活と神との関係が分裂する以前の状態を指し示しているのだ。では、そのような意味でのユダヤ教は、彼自身が要請する政教分離の原則にとっていかなる位置を占めるのだろうか。

メンデルスゾーンは言う。「真のユダヤ教の概念によると、地に住まうすべての者たちが至福へと導かれねばならず、そのための手段も人類全体に拡がっている」（VIII, 161）、と。ソクラテスについて先に語られていたのと同様に、今度はユダヤ教が普遍救済と結びつけられているかに見えるが、その一方でメンデルスゾーンはユダヤ教と「人間の普遍的宗教」(allgemeine Menschenreligion) を峻別してもいる。ここにいう「人間の普遍的宗教」とは、それなくしては人間が徳を有することも幸福になることもできないような「永遠の救済の真理」のことなのだが、ユダヤ教と「人間の普遍的宗教」とをまず分離したうえで、メンデルスゾーンは両者の絆を改めて肯定する。

「モーセからわれわれが授かったこの神聖な書物は (…) 法律書 (Gesetzbuch) であるが、周知のように、それはまた理性的真理と宗教的教えの無尽蔵の財宝 (Schatz) をも含んでいて、この財宝と法は一体化していると言ってよいほど密接に結びついている」(VIII, 165–66)。

筆者の考えでは、メンデルスゾーンがこのように二重の操作を強いられた背景には、何よりも言語の問題があった。事実、あまり注目されていないことだが、『エルサレム』は象形文字とアルファベット(表音文字)、筆記と発語に関する一個の理論を内蔵していたのだ。「人間の普遍的宗教」もしくは「永遠の救済の真理」が可能であるためには、それは、時空的に限定された特定の人々にのみ理解可能な文字で伝達されてはならない。では、先述の「無尽蔵の財宝」とは文字ならざるものなのか。決してそうではない。それは「あらゆる時、あらゆる場所で判読可能、理解可能であるような文字 (Schrift) によって魂のなかに言き込まれている (schreiben)」(VIII, 191) のだ。

魂は「何も書かれていない板」(タブラ・ラサ) ではない。そこにはすでに何かが刻印されている。ここでメンデルスゾーンは、「図式」なるものを「モノグラム」に譬え、それを「魂の暗闇に隠された技芸」と呼んだカントからさほど遠からざる場所に立っていると言えるだろうし、デリダが「グラマトロジー」(grammatologie) と「原－筆記」(archi-écriture) とも呼ぶものを想起してもよいだろう。いや、むしろ、この意想外な絆を強調するべきだろう。われわれのうちにはいかなる文字が刻まれているのか。それはどのように判読されるのか。文字が刻まれる際に、何がさながら表皮のように削り取られたのか。

しかし、デリダを引き合いに出すのであれば、まさに彼がジョイス論『ユリシーズ グラモフォン』（邦訳法政大学出版局）で示したように、はたしてメンデルスゾーンのように「バベル以前」を想定できるのか、との問いを提起することができるだろうが、ともあれ、「バベル以前」「永遠の真理」の普遍性と斉一性を素朴に前提としたうえで、メンデルスゾーンは「バベル位後」「歴史的真理」を次のような仕方で描出していく。

「歴史的真理についての情報。それも特に民族（Nation）の父祖たち（Stammväter）の生活のあり方や、彼らが有していた真の神についての知識や、神を前にした彼らの振る舞いや、さらには、彼らの過ちとそのために彼らに父なる神から下された懲罰や、神が彼らと結んだ契約や、神が彼らとのあいだで何度も結ばれた約束――、これらのことについての情報がやがて、父祖の子孫たちを、神に捧げられた民族たらしめることになる」（VIII, 192）。

ユダヤ民族は「共通の記憶」ないし「情報」を「絆」（Nationalverbindung）としてひとつの「物語」として成立する。それと同時に、（「人間の普遍的宗教」の痕跡を刻まれた）「啓示された立法」としてのユダヤ教――「モーセの体制」――も成立するのだが、そこでは、先述したように、国家と宗教は分離不能な関係にあった。「この根源的体制にあっては、国家と宗教は単に一体化されているのではなく、端的にひとつのものだった。結合されたのではなく、同じひとつのものだったのだ。社会に対する人間の関係と、神に対する人間の関係とはひとつの点で遭遇するのであって、両者が齟齬を来すことはない」（VIII, 193）。

いかに「人間の普遍的宗教」の痕跡を刻まれているとはいえ、この段階でのユダヤ教はあるひとつの民族の「法」＝「戒律」であって、その意味では、『神学政治論』でのスピノザのように、それを「国法」（lex Republicae）と呼んでも決して誤りではあるまい。にもかかわらず、『エルサレム』には、この点に関してのスピノザへの言及は見られない。メンデルスゾーンがここで描いているユダヤ教といわば位相を同じくしながらも、それとは異質で、メンデルスゾーンには受け入れられない主張が『神学政治論』に含まれていたのではないか、と筆者は思う。どのような主張であろうか。

まず、スピノザは国法たるユダヤ教を、「物質的報酬」（praemium）に結びつけるとともに、そこでの神統政治を、「外界との交渉なしに自分たちだけで暮らし、自分たちの限界内に閉じ籠った（in suo limites claudere）人々」だけに役立つものとみなしている。このような「囲い」を破って普遍的な愛と正義の道徳法を説いた者として、スピノザはキリストの名を挙げている。新約と呼ばれるテクスト群についても批判的読解を要請するスピノザである、ここにキリスト教への接近だけを看取するのは論外であろうし、また、旧約と呼ばれるテクスト群からも普遍的道徳法を語ったいくつかの聖句が引かれていることも忘れてはなるまい。ただ、ユダヤ教からキリスト教への移行をスピノザのような仕方で捉えることは、メンデルスゾーンには決して容認できないことだった。

「神との契約はもはやインクで書かれるべきでも、石板に書かれるべきでもなく、神との霊をもって心に書き込まれる（scribi）べきである」とは、『神学政治論』第一八章の言葉であるが、「もはや石版に」という表現が旧約を、「霊」という語彙が新約を示唆しているのは明白であろう。これに対してメンデルスゾーンは、『エルサレム』からの先の引用文からも推察されるように、（スピノザにとっては新約の）普遍的道徳法を「人間の普遍的宗教」とみなすとともに、スピノザとは逆に、まさにその長子としてユダヤ教を捉えようとしたと言ってよい。その際、メンデルスゾーンが直面したもうひとつの問題は、「社交性」

をめぐる先の議論ともつながるが、スピノザのように神の法に先立つ自然状態を認めることができるかどうかだった。

スピノザのいう「自己保存のコナトゥス」についていては、本論の末尾で改めて論じることとするが、「自己保存のコナトゥス」の貫徹ゆえに、各人が互いに敵であるような自然状態を想定することは、メンデルスゾーンには到底容認できない操作だった。先述したように、メンデルスゾーンにとっての自然状態は逆説的にも「社交性への愛」にほかならず、『エルサレム』ではそれが「自然的正義」と呼ばれている。一方、人間各人に刻印された「普遍的宗教性」はというと、それは「譲渡不能」で、「契約」に絶対的に先行している。メンデルスゾーンにあっては、これが国法としてのユダヤ教、言い換えるなら、神統政治のいわば両輪のごときものだったのだ。しかし、かかる解釈ははたしてスピノザへの反論となりえているのだろうか。

この点については後述するとして、少なくとも、古代ヘブライ国家の神統政治はその純粋さを長きにわたって維持できなかったとの主張については、メンデルスゾーンはスピノザと意見を同じくしていた。他の諸民族と同様、ヘブライ人たちは可視的な王を求めてしまったのである。国家の瓦解とともに、「モーセの体制は侵食され、利害の統一は破棄され、国家と宗教はもはや同じひとつのものではなく、義務と義務との衝突ももはや不可能な事態ではなくなった」(VIII, 197)。ところがメンデルスゾーンは、スピノザとは逆に、ヘブライ国家の瓦解を、国法としてのユダヤ教からの解放とはみなさなかった。

それどころか逆に、ユダヤ教の「儀礼法」(Zeremonialgesetz) を遵守し続けるよう、メンデルスゾーンはユダヤ人たちに訴えた。「移り住んだ土地の慣習 (Sitte) と憲法 (Verfassung) に従いなさい。しかし、父祖の宗教を断固として守りなさい」(VIII, 198)、と。

それにしても、なぜ父祖の宗教を捨ててはならないのだろうか。第一に、たとえキリスト教に改宗したとしても、キリスト教それ自体がユダヤ教から生まれたのだから、父祖の宗教とそのくびきから逃れたことにはならない。第二に、改宗を促す動機のひとつとして、「信仰の統一」なる理念があり、それはロックに依拠して他の宗教に対する「寛容」(Tolerenz) を説くのだが、それならユダヤ教徒にとどまってもよいはずで、それを許容しないとするなら、ここにいう「寛容」は「贋の寛容」でしかない(次節で取り上げるマイモンは、ある人物がキリスト教ではなく、それ以外の宗教に改宗したとすればどうなるのか、と問うている)。

だが、いずれの理由も消極的な理由でしかない。そこで持ち出されたのが、「掟のなかに生まれなかった者は掟に繫がれる必要はない。けれども、掟のなかに生まれた者は掟に従って生き、掟に従って死ななければならない」という、タルムードは『サンヘドリン』の一節だった。この同語反復が何の拘束力ももたないかのように、メンデルスゾーン自身の子供たちを筆頭に、数多のユダヤ人がメンデルスゾーンの死後改宗し、それと併行して改革派ユダヤ教の運動も拡大していった。皮肉なことに、メンデルスゾーンがユダヤ教の教典の一部を独訳したことも、この傾向を助長したと言わざるをえない。

「私は神の至聖所に達した。私は神の数々の体系から成る体系を全面的に見通し、その大きさと目的と限界を定めることができたなどと言える者が果たしているだろうか」――、掟からの解放の不可能性を、メンデルスゾーンはこのように反語的な言葉で語っている。掟の限界を知らない限り、言い換えるなら、「至聖所」という掟の中心を知らない限り、掟の外に出ることはできない。その限りでは、掟の外に出たつもりの者も掟の内部にいるかもしれない。逆に言うと、掟の内部にあって、それを遵守している者も、掟の内部にいるとは言い切れないのだが、「父祖の宗教だから遵守せよ」という保守的で、かつ無力なメンデルスゾーンの論理、少なくともそれが、内と外、ひいては境界線のこの位相論的逆説をどこかで微かに示唆していること、それを忘れてはなるまい。

## 4 哲学的風狂と微分

素行の悪さと思想の危険性ゆえに、ベルリンの賢者メンデルスゾーンから勘当され、みずからの離婚問題についてはラビによって破門され、ユダヤ人墓地の敷地に葬られることさえなかった「乞食哲学者」ザロモン・マイモン。カント自身の書簡やフィヒテの言葉が明かしているように、彼はカントの批判哲学の最も手ごわい批判者のひとりでもあったのだが、自伝『わが生涯』のなかで、ポーランドｰリトアニアで学んだカバラの理論から自分はスピノザに導かれた、と打ち明けている。のみならず、おそらくはヨハン・ゲオルク・ヴァハターの『ユダヤ教におけるスピノザ主義』（アムステルダム、一六九六年）を踏まえてであろうが、「カバラは拡大されたスピノザ主義である」とさえ言っている。

カバラ（ヘブライ語で伝承の意で、ユダヤ神秘主義のひとつ）については、マイモンはイサック・ルーリアの体系よりもモーセ・ベン・ヤコブ・コルドヴェロ（一五二二—七〇）の体系のほうを高く評価していたのだが、コルドヴェロはゲルショム・ショーレムによって、ユダヤ神秘主義の理論家のなかでも「最も思慮深い」と評価された人物で、ショーレムによると、コルドヴェロは「「神は現実のすべてであるが、現実のすべてが神とは限らない」という卓抜な定式でもって、スピノザやマルブランシュより百年前に、世界と神との関係を把握しようとした」と云われている。

マイモンとは逆に、メンデルスゾーンは「カバラ的狂信」にスピノザ主義の源泉を求めようとする「妄言」を斥けているのだが、「メンデルスゾーンがどれほど努力しようとも、スピノザの哲学は正しいという私の意見を変えさせるには至らなかった」（I, 470）というマイモンの回想が明示しているように、先に示唆したマイモンとメンデルスゾーンとの思想的確執の中心に位置していたのもやはりスピノザだったのである。フィヒテをして「カントの哲学全体を根底から覆した」と言わしめたマイモンの『超越論的哲学探究』――実はカント自身マイモンによる「修正」を批判哲学の「否定」と感じ取っていたのだが――について、マイモンの『わが生涯』はこう言っている。

「私はそこで、カントを大いに上回る仕方で「権利問題」（quid juris）という重要な問題を展開し、それを通じてヒュームの懐疑主義にその力のすべてを残そうとした。他方では、この問題の完璧な解決は必然的にライプニッツとスピノザの独断論に導くことになる」（I, 558）。

事実、『探究』の冒頭では、「「事実問題」（quid facti）での懐疑に関してはヒュームによる反駁を乗り越えることはできない」（II, 9）との疑義がカント哲学に対して提起されているのだが（同様の問いはカント宛ての書簡にも記されている）、因果性をめぐるヒュームの論議が同書のさまざまな箇所で援用されているのに加えて、『哲学辞典もしくは哲学における重要案件のアルファベット順の解明』（以下『辞典』と略記）にも、「懐疑論者のわが友ヒューム」という表現が見つかる。もう一方のライプニッツについても、その名は『探究』第二章冒頭の註に登場する。哲学に微分法を導入するにあたっての一種の弁明を記した註で、そこには、「偉大なライプニッツはそのモナドロジーの体系によって微分計算に導かれた」（II, 28）と書かれている。

それに対して、スピノザが『探究』の試みにどのような仕方で作用したのかは必ずしも明らかではない。それどころか、「ライプニッツとスピノザの独断論」という、カントを思わせる先の言い方それ自体、むしろマイモンがスピノザとは距離を取っていることを示唆しているのではないだろうか。
「スピノザ主義」という表現は『探究』に二度登場する。ひとつは、「理念」(Idee)としての「無限の悟性」(unendliches Verstand)なるものを導入する必要が語られる箇所。いまひとつは、「神－世界－人間の霊魂」の「三位一体」(Dreieinigkeit)が唱えられる箇所。ところが、前者には「ひとりならずの読者がここにスピノザ主義を認めるだろう。この種の誤解を解いておくなら……」(II, 365)云々とあり、後者にも、「この三位一体は、唯物論者たちと観念論者たち、ライプニッツ主義者たちとスピノザ主義者たち、さらには理神論者たちと無神論者たちが合流するような点〔虚焦点〕である」(II, 208)と記されているにすぎない。

この点に関してはむしろ、「私はアリストテレス主義者でありスピノザ主義者でありライプニッツ主義者でありカント主義者であり、最後には懐疑論者であった。いつも私は、その学説〔体系〕が正しいと考えられる間だけその学説に与してきた」(I, 574)というマイモンの述懐をそのまま受け入れるべきではないだろうか。事実、マイモンはみずからの思想を「非体系」(Nichtsystem)と形容するとともに、その手法を「哲学の領域における漂泊」(Streiferein im Gebiete der Philosophie)と呼んでいたのだから。ひとまずこの点を確認したうえで、さらに『探究』の試みを辿ってみよう。

いかなる新たな学説も創出することなく、単にライプニッツ＝ヴォルフ学派の学説を改善しようとした哲学者として、マイモンはメンデルスゾーンを捉えていた。ところが、その一方でマイモンはこうも考えていた。すなわち、悟性と感性を互いにまったく異質な能力とみなすカントの学説では、「いかにして悟性は己が力能(諸規則)に含まれていないものを己が力能に従わせるのか」との問いを解決することはできないが、感性を悟性の劣った段階とみなすライプニッツ＝ヴォルフの説を援用するとこの問いはすぐさま解決される、と。誤解を恐れずに言えば、マイモンの思想を「悟性の一元論」と定義することができるかもしれない。そこでは、直観もしくは感性は「悟性」の変容であって、その受容性も「悟性」という能作が零度に漸近していく過程を表しているにすぎず、翻って言うなら、「悟性」が思考対象を質料的にも「産出」(hervorbringen)、のだ。

マイモンにあっては「超越論的自我」が「造物主」のごときものへと格上げされると言われる所以であろうが、ここで是非とも注意しなければならないのは、たった今述べたような思考対象の質料的産出が、「微分」(Differentiale)という無限小の差異――外延的ならざる「内包的差異」――による個体的対象の生成を意味していたということだろう。「微分」という差異が個体化するものとして機能しているのだ。後年の著述ではニュートン的なフラクション法への言及も見られるが、『探究』では、$dx/dy$ というライプニッツ的記号法が援用され、「象徴的無限小」という言葉が用いられている。

「悟性は現実を流動的なもの(fliessend)として以外の仕方では捉えない」(II, 33)とあるが、$dx=0$, $dy=0$ でありながらもその比は0ではないという事態は、ある対象が別の対象へと推移するその境界に手まれた逆説のひとつを示しているのであって、この境界こそが対象Aを対象Aたらしめるのであれば、「微分」がある対象の「本体《ヌーメノン》」であることになろう。

多くの論者たちによって「外在的事物の消去」と呼ばれる事態がここで生じる。「外在的事物」が想定されるのは、人間的悟性が制限された有限な悟性であるからだが、マイモンはこの点に関して「無限の悟性」――「悟性理念」(Verstandesidee)――なるものを想定してそれを「無理数」に譬えている。「無限の悟性」とはひとくちで言うなら、「神」という限界概念のことなのだが、「三位一体」という語彙が示唆しているように、それは単に人間にとって超越的な審級を表しているのではなかった。『探究』に記された次のような言葉を見られたい。

「叡智界として、言い換えるなら、悟性によって思考されるすべての可能的関係をつうじて産出されうるすべての可能な対象の総体としてのみ、世界を解し、これらの可能的関係すべてを思考しうるような仕方で世界と係わる悟性（思考の能力）として、霊魂を解し、真にこれらの関係すべてを思考する悟性として、神を解する場合には、これら三者は同じひとつのものでしかない。しかし、われわれの直観能力によって直観され、われわれの思考能力によって思考された（ただし無限進行を介してでしかないが）感性界として、世界を解し、現実の直観によって規定される限りでの思考の能力として、霊魂を解し、かかる思考によって可能性の全体と実際に結びつけられた無限の悟性として、神を解する場合には、これら三者は互いに異質なものと化す」（II, 207）。

太陽光線が四角い反映と円形の反映を作っているとして、これら二つの反映は互いに別の実体なのか、それとも同じひとつの実体の相異なる表出なのか——、カントの友人マルクス・ヘルツに宛てて、マイモンはこのような比喩でスピノザ主義の何たるかを説明している。なるほど、『探究』でのマイモンは、先述したように、自分がスピノザ主義者とみなされることを回避しようと努めていたのだが、引用文の前半にいう「悟性－世界－神」の「三位一体」のうちに、「実体－属性－様態」というスピノザ的三幅対の応用を見ないわけにはいくまい。マイモンのいわゆる「超越論的内在主義」は、彼自身繰り返し述べているように、「微分」「無理数」といった観念に反映された、無限、ひいては境界についての新たな理論をまって初めて可能になったのであり、そこにこそ、スピノザの思想の虚偽を、「有限からの無限の合成」と「無限に有限の産出」に求めたメンデルスゾーンのスピノザ理解と、マイモンのそれとを隔てる深い溝が穿たれていたのである。

## 5 異端者の小径

純理論的な著作であるにもかかわらず、マイモンの『探究』には、ユダヤ的生存に関する彼の考えが記されてもいた。第一の言及は献辞の末尾に、第二の言及は序文の題辞として選ばれたルクレティウスの『物の本性について』のなかに、第二の言及は「注意と説明」の末尾に見られる。まず、当時のポーランド国王に宛てた献辞から見ていこう。

「高貴なポーランド人がわが民族（Nation）に対して好意的な意見をもつことに、本書がわずかなりとも貢献しますなら幸いでございます。ポーランド人の保護のもとに生きるユダヤ人たちのことでございますが、ユダヤ人たちが、彼らを受け入れている国家にとって、これまで有用な存在でなかったのは、彼らの能力の欠如によるのでも、彼らの善意の欠如によるのでもないということ、そうではなく、ただ彼らの力が正しい方向に向けられてこなかったからだということ、この点をポーランド人に納得していただければ、と思うのです。同時に、わが民族を彼らの真の美点に目覚めさせ、啓蒙と誠実さを通じて、彼らを寄留させてくれている民族の注目により値する存在となるよう――国王陛下の御統治のもと彼らが享受している恩恵にふさわしい存在となるよう――努力する勇気と熱意を、彼らに吹き込むことができれば、私は二重に幸福でございます」。

次に序文の題辞を見ると、そこには、te sequor, o, G...ae gentis decus とある。「おお、ギリシャの民の名誉〔なるエピクロス〕よ、私はあなたの跡を追おうとする者である」と訳される箇所で、G...ae は当然Graecae の略なのだが、『探究』の仏訳者によると、マイモンは G...ae を Germaniae と読ませるために、このように中断符を入れたというのである。最後に、「注意と説明」の末尾にはこう書かれている。「われらがタルムード博士たち（疑いなく、彼らはしばしばプラトンのような人物に匹敵する思想を表明している）は言っている。「叡智の学院にある者は現世の生活のなかにも来るべき世界の生活のなかにも休息を見出すことはない」、と。タルムード博士たちの方法によると、これは、「彼らは次第に力を増しつつ進み、シオンにおいて全能の神とまみえるだろう」という詩篇作者の言葉（八四・八）にもとづいている」（II, 440）。

マイモンには「ラビ哲学の検証」（Probe rabbinischer Philosophie）という一七八九年の論考があって、そこで彼は、ダアート（知識）とビナー（叡智）というヘブライ語の語彙をめぐるラビ・エレアゼルの言葉にかのマイモニデスが加えた註解を取り上げて、この註解を、「経験的」と「超越論的」というカントの措辞によってさらに解明しようと試みている。『神学政治論』第一五章でのマイモニデス批判を見ても、また、そこに記された「ラビたちは完全に狂っている」（Rabini plane delirant）という言葉を取っても、宗教を哲学によって解明せんとするこのマイモンの姿勢は、まさに反スピノザ的な姿勢ではなかろうか。たしかにそうである。ただ、『エチカ』第二部で、「思惟する実体」と「延長せる実体」とが同一の実体であることを説くにあたって、スピノザが、マイモニデスの『迷える者の手引き』で提起された「神―神の知性―神によって認識されたもの」の同一性を念頭に置いていたことは明らかであり、マイモンのいう「三位一体」も、スピノザとマイモニデスのこの接点と無縁ではなかったと考えられる。

その一方で忘れてはならないのは、みずからラビでありながらも、また、先に見たようにラビの思想の哲学的意義を大いに称えつつも、マイモンがベルリンでの生活を、宗教的迷信や偏見や祭儀的戒律の枷からの解放とみなし、ラビたちによる支配の硬直化を鋭く指弾していたことである。そのため、マイモンと正統派のラビたちとの関係は決して友好なものではなかった。たとえば、リトアニアに残してきた妻との離婚調停をユダヤ人共同体の裁判所に申し立てた際にも、マイモンはラビたちの勧告を素直に受け入れようとはしなかった。首長ラビは怒りにふるえながら宣告する。主の名においてお前は「異端者」として呪われるだろう、と。スピノザのことがマイモンの脳裏を過ったかもしれないが、ただマイモンにとっては、破門はユダヤ教の戒律を公然と破るか、それを遵守することで得られる利益のほうを選ぶかという主体的選択の問題でしかもはやなく、それゆえ、破門された者に何ら不幸をもたらさないのだった。

とはいえ、マイモンは単に「掟」の外に出たのではない。どんなに細い線でも、一本の線を引くと線の二つの縁（bord）ができるが、メンデルスゾーンのいう「掟の内」が一方の縁――「内的限界」の内側を指すとすれば、マイモンはまさに「微分」の哲学者にふさわしく、もう一方の縁――「外的限界」――に立っていると言えるだろう。最後にひとつ付け加えておくと、先に見たように、メンデルスゾーンが一方ではユダヤ教を国法とみなしながらも、それをあくまで普遍的正義と連結しえた理由として、ラヴァーターとの論争で語られた「異民族のなかの義人」（tugenhafte Männer von anderen Nationen）を挙げることができる。

言うなれば、「外的限界」の外にあるかに見えるものが「内的限界」の内に嵌入して「近傍接続」を遂げているわけだが、この考えをメンデルスゾーンは、マイモニデスの『列王記』論第八章から引き出している。マイモニデスによると、アダムが授かったのは、偶像崇拝、瀆神、殺人、姦淫、窃盗の禁止と正義の実行という六つの戒律だった。それに加えて、動物を虐待してはならない（生きた動物の肉を食べてはならない）という七番目の戒律を授かったのがノアであったところから、これら七つの戒律は「ノアの裔の七つの戒律」と呼ばれるのだが、これを遵守する異教従はユダヤ教の大司祭と同等の存在として遇されねばならないのだ。

「ノアの裔の七つの戒律」はキリスト教における「布教の精神」に対応するもので、ジョン・セルデンやフーゴー・グロティウスはそこに「自然権」の源泉を見出している。後にヘルマン・コーエンやレヴィナスによって、それはユダヤ教の「普遍救済主義」の証左として援用されることになる。そのコーエンが「ノアの裔」の意義を認めなかったただひとりの人物として名指しした者、それがスピノザだった。しかし、これは言い過ぎかもしれない。なぜなら、スピノザ自身は『神学政治論』第五章で、マイモニデスの『列王記』論を引用して「ノアの裔」の観念に一定の理解を示したうえで、ユダヤ教の戒律ではなく「自然の光明」によって「ノアの裔」と同様の生活を送る者はなぜ「異民族のなかの義人」とみなされないのか、と問うているからだ。ユダヤ的インターナショナリズムに疑義が呈されているのだが、この論点は実をいうと、共産主義的インターナショナリズムの構想とも決して無縁ではなかったのだ。

## 6　社会主義的シオニズムの夢

モーゼス・ヘス(一八一二―七五)は、前出の『ローマとエルサレム』の著者としてよりもむしろ、マルクスやエンゲルスを共産主義に導いた人物として著名であるかもしれない。ヘスのそのような相貌については廣松渉や良知力によってすでに縦横に論じられているし、一方、廣松・良知編『ヘーゲル左派論叢』には『ローマとエルサレム』の抄訳が収められてもいるのだが、しかし、ヘスにおける共産主義とシオニズムとの接合のかたちがすでに解明され尽くしたかというと、決してそうではない。この接合の鍵を握るのがほかならぬスピノザであったということも。

ある論者はマルクスとスピノザの関係について次のように言っている。「スピノザ『神学・政治論』からの抜書・研究は、マルクスにおける一貫した主題設定を如実に示すものである。それだけではない。ベルリーン大学、さらにはアカデミズム全体からの最終的な訣別と、四二年以降の革命的ジャーナリストとしての進出に際して決定的役割をはたしたのが、ほかでもないこの『神学・政治論』研究であった、といいたい。その影響は、マルクスの処女評論文「プロイセンの最新の検閲訓令にたいする見解」(一八四二年一―二月)から『ライン新聞』最後の論文「モーゼル通信員の弁護」(四三年一月)にいたるまで貫流している。この意味ではスピノザの主要著作は、マルクスの新しい出発に当たっての思想上のスプリング・ボードとなったといっても過言ではない」(鷲田小彌太『スピノザの方へ』三一書房)。

ヘスとヘスより三歳年下のマルクスが出会ったのは一八四一年のことで、ちょうどマルクスが『神学政治論』の膨大な抜書きを行った時期にあたる。マルクスがスピノザに関心を向けるにあたってヘスがどのような役割を果たしたのかは分からないが、二人が出会った年、ヘスは『ヨーロッパの三頭政治』という重要な書物を出版しており、そこにも実は、スピノザとユタヤ的精神との絆をめぐる言葉が記されていた。

「生と死をめぐるスピノザの教え、それはユダヤ的精神の最後の現れなのだが、それは不死をめぐる虚弱で個人主義的な観念とは何の関係ももたない。この観念は、生をその精神的側面ないし肉体的側面に還元することで生を破壊し、「各人にはその分を」という利己主義を、宗教と道徳の至上の原理たらしめている。いかなる民族もユダヤ民族ほど利己主義と縁遠い民族は存在しない。ユダヤ人たちにおいては、集団的責任の原理がその十全な価値を維持してきた。「各人にはその分を」というブルジョア的道徳がスピノザによって大罪のように糾弾されている。スピノザは、他のすべてのユダヤ教聖人たちと同様、個人を共同体と対立させて、それを孤立させたりはしない。――スピノザによるなら、永遠はわれわれの死後に訪れるのではなく、神と同じく、すでにそこにある。今、ここにあるのだ」。

いくつもの点できわめて重要な一節である。第一に、ヘスは共産主義者からユダヤ教思想家に、ひいてはシオニストに転向したのでは決してないということだ。ヘスはケルンで砂糖精製工場の経営に携わる裕福なユダヤ人家庭に生まれたが、「彼自身打ち明けているように、トーラーとタルムードの学習が彼の教育の基礎を成しており、彼の初期論考は、メシア的理念を顕著な仕方で刻印され、ユダヤ教の伝統から借用された数々の比喩で満ち溢れていた」(『ヨーロッパの三頭政治』の仏訳に付されたミシェル・エスパーニュの解説)。事実、引用文中に「集団的責任」とあるのは、「イスラエルはイスラエル全体に責任を負う」というタルムードの根本的主張を踏まえたものと思われる。そこで第二の論点だが、ヘスにあっては、あたかもスピノザの破門などなかったかのように、タルムードとスピノザが早期から共存していたことになる。「公刊された最初のヘスの著作『スピノザの弟子による人類の聖史』は一八三七年に出版されたが、同書は、ドイツ社会主義運動の未来の立役者のひとりが出版した最初の著作だった。(…) 近代の予告者としてのスピノザに認められた重要性は、独学者ヘスの教育のなかでスピノザが果たした役割に対応している。スピノザはベルリンの若きヘーゲル主義者たちにとっては「近代の萌芽」であり、ユダヤ的理念の表現であったが、そのスピノザはヘスがたえず準拠し続けた人物で、ヘスはスピノザのうちに、シェリングの自然哲学とヘーゲル的精神哲学との独特な統一を看取していた」(エスパーニュ前掲論文)。

ヘスの精神のなかでタルムードのユダヤ教とスピノザが共存していたことを確認したうえで、第三の論点として問うべきは、なぜヘスは、『エチカ』でのスピノザが「自己保存のコナトゥス」を倫理の基礎に置いたことを語らずに、スピノザの教えを反‐利己主義と直結しえたのだろうか。また、なぜヘスは、『神学政治論』でのスピノザが国法を「各人にはその分を」という言葉で説明していることをまったく考慮していないのだろうか。先にも予告したように、本論の最後でこの問題と取り組むつもりだが、最後に第四の論点を挙げておくなら、ヘスの『ヨーロッパの三頭政治』のわずか三年後に発表された『ユダヤ人問題に寄せて』（一八四四年）のなかで、なぜマルクスは、ヘスとはまったく逆にユダヤ的精神を利己主義の最たるものとして非難しえたのだろうか。本論ではこの点を主題的に取り上げることはしないが、逆説的にも、ヘスは一八四五年の貨幣論ではマルクスのユダヤ人論を彷彿させる措辞で貨幣を論じているのだ（エリザベート・ド・フォントネ『マルクスにおけるユダヤの諸形姿』一九七三年、参照）。もちろん、「全的人間」といった規定はヘスにとってはユダヤ的精神の本質とは無縁なものだったのだが。

一八四八年の革命後、ヘスはスイスを経てパリに亡命する。労働運動への関心を失うことはなかったが、この頃から、ユダヤ民族の問題へと彼の関心が傾斜していった経緯については次のような説明がなされている。

「フランスとドイツで繰り広げられたその人生の全体を通じて、ヘスはユダヤ民族の苦しみにまったく無関心になることはできなかった。（…）しかしながら、彼はかなり早い時期に、苦しみのうちに埋没したヨーロッパのプロレタリアートの大義は、重要性においても緊急性においても、ユダヤ人の大義に勝るとの決断をした。その約二十年後に、モルタラ事件が彼を深く動揺させた。ユダヤ人のある幼児が強制的にキリスト教の洗礼を受けさせられ、誘拐され、しかも両親に戻されることがなかったのだが、この事件はヘスの平静を奪った。そこで彼は一九六一年から六二年にかけて『ローマとエルサレム』を執筆することになる。曰く「二十年にわたる離別の後で、私は自分の民族のもとに戻ってきたのだ」」（『ローマとエルサレム』の仏訳に付されたシモン・シュヴァルツフックスによる序文）。

ヘス自身が別離と回帰という表現を用いているとはいえ、先述したように、彼の思想的行程は共産主義からユダヤ教思想へと直線的に展開されたのでは決してなかった。スピノザによるユダヤ精神の規定を、フランス革命以降の「精神の解放」の原動力とみなす姿勢はむしろヘスを貫く常数だったとさえ言えるかもしれない。その点を検証するために、『ローマとエルサレム』でスピノザに触れた箇所を列挙してみよう。「メシアの治世、それはわれわれの時代である。この時代はスピノザとともに芽生え、フランス革命とともに歴史のなかに登場した」という根本的な時代認識を掲げつつ、ヘスは、反‐利己主義という点では、『ヨーロッパの三頭政治』と同じ見解を繰り返している。

「ユダヤ民族ほど利己主義と疎遠な民族はいない。スピノザの『デカルトの哲学原理』のなかでは、「各人にはその分を」は最も重い罪として糾弾されている。ユダヤ教のすべての聖人たちと同様、スピノザは個人を共同体と対立させて、個人を孤立させることはなかった」。

まず確認しておきたいのは、「自然は民族を創らなかった」という先に引用したスピノザの言葉を知らなかったかのように、ヘスがここで「スピノザはなおもユダヤ人を民族として考えていた」と記していることである。民族としてのユダヤ人の解体を逆に浮き彫りにする指摘であるが、フランス革命期に国民公会でクレルモン＝トネール伯爵が行った発言を思い起こしてもよいだろう。曰く、「民族（nation）としてのユダヤ人にはすべてを拒まねばならないが、個人としてのユダヤ人にはすべてを認めねばならない。ユダヤ人たちは国家のなかで政治体（corps politique）を成してはならないし、団体を成してもならない。彼らは個人の資格で市民であらねばならない」。

あるいはスピノザの意に反するかもしれないヘスの理解は、一方では、「ユダヤの王国の再生はユダヤ民族の意志にのみ掛かっている」という『神学政治論』第三章を踏まえた主張に、いま一方では、ユダヤ民族を「道徳的自由」という人類の使命に大きく貢献する民族とみなす見地につながっていくのだが、ユダヤ民族の貢献の独自性は、肉体と精神など数々の二元論を乗り越えて統一性を実現するところに存していた。

「道徳的自由は人類の使命である。私にとっては、人類のこの至上の目的は神を認識するというもうひとつの目的と合致するのだが、スピノザ以降、ユダヤ教はこの目的をすべての民族に知らしめることになる」。

「物質〔肉体〕と精神との近代の二元論は、キリスト教がユダヤ教から離脱したとき、生命の統一性を破ってしまったが、スピノザはキリスト教的二元論を知的次元で決定的に乗り越えた。道徳的生活、より正確には聖性の道は、モーセや預言者においてと同様スピノザにおいても、一切の実在の唯一で完璧な存在としての神の観念から派生する。(…)スピノザはギリシャ思想とユダヤ思想との敵対の決定的な超克の条件を呈示した。キリスト教はギリシャ思想とユダヤ思想との最初の和解の試みだったけれども、スピノザ以降、歴史は、諸民族の生のなかで両者の決定的和解を可能にするような芽を生育することをその目標としていた」。

実体はひとつであるというスピノザの思想から抽出された生の、存在の普遍的統一性は、ありとあらゆる不毛な対立をいわば「止揚」するものだが、それは「ユダヤ民族」という特殊な集団の統一性によってのみ可能になる。先に指摘した反‐利己主義的道徳の実現に加えて、「特殊的普遍」とも言うべきこの二重の統一性が、ヘスにおける社会主義的シオニズムの核を形づくっていたのだ。亡命先のパリで、ヘスは、シオニズム運動には消極的だった「全イスラエル同盟」(一八六〇年発足)に働きかけて、自分の主張を受け入れさせようとした。ここでその宣言に耳を傾けてみよう。

「われらがユダヤ人の博愛主義者たちは、エルサレムでもその他の場所でも、施しや善行の制度によって、同胞たちの現世的不幸を癒そうとするとき、克服し難い困難にぶつかった。〔この困難を克服するためには〕民族共通の土地を獲得しなければならない。労働を庇護し、その発展を可能にするような合法的情況を作り出さねばならない。農業と産業と流通を伴ったユダヤ人社会を創設しなければならない。モーセの原理に即して、言い換えるなら、社会主義の原則に即して。それらはオリエントでユダヤ教が再興するための基礎である」。

共通の土地がユダヤ民族の統一性を可能にし、この統一性が諸民族の、ひいては世界全体の統一性を可能にするというヘスの構想は、「オリエント」という語彙が用いられているとはいえ、かつてヘスが「ヨーロッパ的均衡体系」と呼んだものを下敷きにしていると言ってよい。「「ヨーロッパ的均衡体系」はなおもわれわれの政治のなかで主要な役割を演じている。しかし、ヨーロッパというものが、有機的にその諸部分が接合されているような健全な身体であるなら、多様な勢力のあいだの悪意ある監視は問題にならないだろう。(…)ヨーロッパが分断された身体ではなく、一個の有機的身体として捉えられるような日が来るなら、われわれの外交は、高度な政治の名に真に値するものによって取って代わられるだろう」(『ヨーロッパの三頭政治』)。

もちろんヘスは、当時のヨーロッパが病んだ身体、分断された身体の不均衡を余儀なくされているからこそ、均衡への道を模索しているのであって、その点ではヘスは、エスパーニュが示唆していたように、シェリング的な「混沌から体系へ」の動きを参照していたのではないかと推察される(ハイデガーの『シェリング講義』作品社を参照)。しかし、そうではあるがやはり、ヘスはあまりにも安易に二律背反的対立を解消してしまっているのではないかとの疑問を抱かざるをえないし、しかもその際、ユダヤ民族の統一なるものが生と存在全体の統一へといわば不当に投影されているように思える。マルクスにおいて「兄弟性」なる観念が世界規模のプロレタリアートへと投影されたのと同様に。ただ、ローゼンツヴァイクの『救済の星』が後期シェリングに着想を得た書物であり、ベンヤミンのいう「静止状態の弁証法」が「止揚」の可能性と不可能性に係わる事態であり、「体系は二律背反的である」という言葉がアドルノの『否定弁証法』の言葉であることを考えても、ヘスの国際主義＝民族主義の陥穽が巨大な問題系をわれわれに投げかけるものであること、この点は疑いない。次に、反スピノザ、反シオニズムの立場に立つある思想家が唱える国際主義の様態を検証してみよう。

## 7　永遠平和と戦争の道

一八七一年はドイツ統一の年であり、奇しくもこの年あたりから「反セム主義」（Antisemitismus）という言葉が流布し始めるのだが、この年はドイツ・新カント派のマニフェストともいうべき著書『カントの経験理論』出版の年でもあった。著者はヘルマン・コーエン。ラビの息子として幼少期より聖書、タルムードを学ぶが、十九世紀半ばに興った「カントへ戻れ」という運動に共鳴し、新カント派のマールブルク学派の創始者となる。

コーエンの哲学思想についてはひとことだけ述べておくと（詳細は拙著『レヴィナスの思想』弘文堂を参照されたい）、彼は、一方では「全体性」「総体」といった範疇を維持しながら、他方では「物自体」を数学的極限のごとき「限界概念」「課題」たらしめ、そのような意味での「物自体」を「人格」と連結している。数学的極限と言ったが、コーエンは微分の哲学者という意味ではマイモンの後継者でもあった。

マールブルク大学で教鞭を取るかたわら、コーエンは、一八八九年の「ユダヤ教の倫理的教説の問題

――ラザルス『ユダヤ教の倫理』に対する批判」を皮切りに数多くのユダヤ教論考を著すようになる。これらの論考はブルーノ・シュトラウスによって『ユダヤ教論集』全三巻としてまとめられ、一九二四年にベルリンで出版されるに至るが、この論集にはローゼンツヴァイクが序文を寄せている。

コーエンはまた、二十世紀初頭からはベルリンのあるユダヤ機関と係わり始める。本論の冒頭で言及したユダヤ教学高等学院（Hochschule für Wissenschaft des Judentums）である。同学院は一八六九年に、アブラハム・ガイガー（一八一〇―七四）、イスラエル・レヴィ（一八四一―一九一七）、ダーフィト・カッセル（一八一八―九三）、ヘイマン・シュタインタール（一八二三―九九）の四人によって設立され、三年後の一八七二年から授業が開始されたのだったが、これら四人の人物は、学院の名称にも表れているように、メンデルスゾーンを旗頭としたユダヤ啓蒙運動（ハスカラー）に続く「ユダヤ教学」確立に貢献した者たちだった。

四人のうち、シュタインタールはフンボルトの言語哲学の継承者として著名な学者で、彼は義弟のラザルスとともに、比較言語学の視点から「民族心理学」を創始した。「民族心理学」の理論は、たとえばユダヤ人に関してはその「民族霊魂」（Volksseele）なるものを想定するのだが、そうした得体の知れない代物を何の根拠もなしに想定することに強く異を唱えた哲学者、それがコーエンだったのである。「理性の範囲内の宗教」というカント的な立場に立つコーエンは、シュタインタールに象徴される高等学院の傾向を単に批判しただけではなく、みずからその教壇に立って、一方では純粋哲学の講義を、他方では宗教哲学の講義をそこで行うようになる。

聴講生のなかには、ローゼンツヴァイクのみならず、ユダヤ神秘主義の研究家として著名なゲルショム・ショーレム（一八九七―一九八二）なども含まれていたはずである。もっとも、ショーレムはコーエンの主知主義的傾向にも、その反シオニズムの姿勢にも、第一次世界大戦時のその戦争肯定論にも激しく反撥したのだったが。自伝的著作『ベルリンからエルサレムへ』（邦訳法政大学出版局）にはこうある。ブーバーとジンメルに言及したすぐ後の箇所である。

「しかし私は、偉大な哲学者であると同時に偉大な人間にしてユダヤ人でもある人物を、ベルリンで聴講したことがある。（…）それは当時起草中の『ユダヤ教を源泉とした理性の宗教』の主題群にもとづく講演で、大勢の聴講者を呼び寄せていた。その哲学者とは新カント派のマールブルク学派の頭目、ヘルマン・コーエンである。彼の考えに同調するかどうかはともかく、彼は畏敬を呼び起こす人物だった。異常なほど小柄で（…）、元々額しか演壇の上には出ないのだが、時々たとえば「予言主義」とか、特に彼が嫌っていた「汎神論」とかについて強調するときだけは、巨大な頭が演壇の上に現れて情熱が迸り、これはなかなか忘れ難い光景だった」。

「シオニズムに反対する人物のなかで、この運動について最も深遠な言葉を語ったのがこのコーエンである。一九一四年に彼は、シオニズムに対する態度があまりにも寛大すぎるといってローゼンツヴァイクを非難し、（ローゼンツヴァイクの書き記しているところでは）声を押し殺して、内緒話をするかのように「あいつら〔シオニストたち〕は幸せになりたがっているんだ」という言葉を彼の耳に囁いた」（モーリス・ブランショは『無限の対話』所収の「ユダヤ的存在」のなかで、コーエンのこの呟きを引用している）。

ベンヤミンとの交際を綴った『わが友ベンヤミン』（邦訳晶文社）のなかでも、ショーレムはベンヤミンと自分がいかにコーエンの哲学に――特にその「経験」概念について――不満を抱いていたかを語っているが、コーエンに対するショーレムの反撥は単に理論的な領域に限られるものではなかった。こんな証言があるのだ。「戦争〔第一次世界大戦〕はユダヤ人を新たな共同体としてのシオニズムへと導き、彼らに民族主義の神秘的価値を教えた。しかしブーバーは、交戦中の民族をもうひとつ世界に付加することではなく、諸民族を共に平和裡に結びつける力として役立つことをシオニズムに提案した（…）。ブーバーがぞんざいにも、反シオニストであったヘルマン・コーエンと同じ戦争肯定の立場を採ったのは意味深長である」（ビアール『カバラと反歴史』晶文社）。

『永遠平和のために』の哲学者を信奉するコーエン。彼は実際、遺稿となった『ユダヤ教を源泉とした理性の宗教』（以下『理性の宗教』と略記）の最終章を「平和」（Der Friede）と名づけているのだが、なぜその彼は第一次世界大戦に際して戦争肯定の立場を採ったのだろうか。この振る舞いは単に情況論的な判断ではなく、コーエンのユダヤ教理解と密接に結びついていた。次にこの連関を辿ってみよう。ユダヤ教を厳密には宗教とさえ言えない国法とみなすカントの誤解の淵源をもっぱらスピノザに求める一方で、コーエンはユダヤ一神教のメシアニズムの本義をこう捉えていた。

「国家の滅亡にもかかわらず、民族（Volk）の統一的な持続を維持するというイスラエルの政治的二重性は、神から授けられたメシアニズムの象徴であり、それが一神教の真の徴しである。国家はないが、ひとつの民族が存在する。とはいえ、この民族はそれ固有の民族性のために存在するというよりもむしろ、人類の単なる象徴として存在する。唯一の思考を象徴する唯一の民族たるこの民族に属する個人は、唯一の人類という統一に向けて努力しなければならない」（『理性の宗教』295）。

ユダヤ人にとっては、その「民族性」（Nationalität）はあくまで「宗教普及のための手段」でしかない。もっとも、ここに「宗教普及」とあるのは「宣教」のことではなく、「隣人」（レーア）概念ならびに、先に述べたような「ノアの裔」たちの拡大を意味しており、しかも、ここにいう拡大は「共にある人間」（Mitmensch）への愛や、他の諸宗教への「寛容」（Toleranz）を通じて遂行されるのだ。(2) ここに至ってコーエンは言う。「ドイツの本質とドイツの歴史を真に理解するのであれば、ドイツ性もまた、ドイツのユダヤ人たちに対して〔唯一の人類の統一の象徴であるという〕真のユダヤ性を要請しているという点に、いささかも疑いを挟めないだろう」(『ユダヤ教論考』)、と。

なぜだろうか。コーエンによると、ドイツ性は普遍的人類への志向をユダヤ性と共有しているからだ。言い換えるなら、「ノアの裔」の理念を拡大しようとするユダヤ人たちの努力と、ドイツを中心としたカント的「国家連合」の試み──「ドイツは国家連合の中心にならねばならない」(同前)──とは表裏一体であり、それゆえコーエンにとっては、第一次大戦におけるドイツの侵攻は、ジンメルがそれをドイツ性の内発的展開とみなしたのと同様に、人類統一という壮大な企図の一環をなす動きだったのである。

スピノザのユダヤ教観に対する根本的批判が『理性の宗教』に含まれていたこと、それは先に述べた通りだが、加えて同書では、スピノザ的「汎神論」が神‐人間の「相関関係」(Korrelation)を認めないこと、そしてまた、スピノザが「憐れみ」(Mitleid)という情緒を廃棄していることへの批判が繰り返されている。コーエンは、スピノザが自己保存のコナトゥスを徳の基礎においたことの意味をまったく理解できなかったのだ。それだけではない、コーエンの説く「平和と戦争の道」は、部分とは何か、全体とは何か、部分と全体、部分と部分との連関ないし接合にはどのような型がありうるのかといった問いを、ひとことで言うなら「体系とは何か」という問いを提起してもいる。そして、コーエンに続く世代の独仏の哲学者たちはみな、それぞれの仕方でこの問いと取り組んだのだった。

たとえばショーレムが『ゾーハル』(十三世紀に成立したユダヤ神秘主義の古典)の「非体系的性格」を強調したのも、ベンヤミンやアドルノがマラルメ的「星座」(Konstellation)の観念を提起したのも、さらには、「交戦する解釈」(一九八九年)でコーエンのユダヤ教論考を甦生させたデリダの「脱構築」の挙措も、

「体系とは何か」という問いに対する応答の試みなのだが、最後に、ベンヤミンとその周辺を探ることで、この問題を考えてみたい。実体－属性－様態（個物）というスピノザ的三幅対の謎も、そしてまた、自己保存のコナトゥスの問題も、それと深く係わっていると思われるからである。

## 8　ベンヤミンと救済の星

またしても門が近づいてくる。——「ここで書物は終わる。なぜなら、ここで到来するもの、それはすでにして書物の彼方であり、もはや書物ならざるものへと入っていくところの門（Tor）であるからだ。（…）書物の中断。この中断は同時に始まりでもあれば中間（Mitte）でもある。（…）書物を超えて、また、まさに書物の彼方でも哲学しなければならない。誰もが一度は哲学しなければならない。みずからの条件、みずからの人生を起点として、誰もが一度は自分の周囲を見渡さねばならない。とはいえ、このまなざしはそれ自体が目的ではない。書物は達成された目標でも、一過的な目的でもない。自足したり、あるいはまた、他の数々の書物によって支えられる代わりに、書物はみずから責任を負い、自分を正当化しなければならない。この責任は日々の生活（Alltag des Lebens）のなかで担われる」（ローゼンツヴァイク「新しい思考」）。

「想起はユダヤ人を解放した。だからといって、ユダヤ人にとって、未来が均質で空虚な時間になったわけではやはりなかった。というのも、未来のどの瞬間もが、メシアがそこを潜り抜けてやってくる可能性のある、小さな門（Pforte）だったのだ」（ベンヤミン「歴史の概念について」）。メシアの小門を語った者は、書物ならざるものの門を語った者と同様、この異常な日常の困難な生き方に言及していた。「謎めいたものの謎めいた面を悲壮に、あるいは熱狂的に強調したとしても、何ら先に進むことはできない。むしろわれわれは、秘密を日常的なもののなかに再認する程度に応じてのみ、その秘密を見抜くことになる。その際われわれが援用するのは、日常的なものを見抜き難いものとして、見抜き難いものを日常的なものとして認識するような弁証法的光学である」（「シュルレアリスム」）、と。

ベンヤミンの近傍というと、前出のショーレムやアドルノを思い起こすだろうが、ここでは主に、ベンヤミンとローゼンツヴァイクという並列を取り上げてみたい。かくも多くのベンヤミン論が発表されているにもかかわらず、両名の思想的連関を論じたものとしては、ステファヌ・モーゼス（一九三一―二〇〇七）の「ヴァルター・ベンヤミンとフランツ・ローゼンツヴァイクにおける言語と神秘」（『ヌーヴォー・カイエ』一九八三年春、七二号）と「ヴァルター・ベンヤミンとフランツ・ローゼンツヴァイク」（アルノー・ミュンスター編『フランツ・ローゼンツヴァイクの思想』PUF、一九九四年）があるにすぎない。その原因のひとつは何と言っても、ローゼンツヴァイクの思想がいまだごく少数の読者にしか知られていないという内外の現状が挙げられるだろう。

ベンヤミンはローゼンツヴァイクより六歳年下で、ローゼンツヴァイクの『救済の星』――バルカン半島の戦場で書き留められた――が出版された一九二一年には「ゲーテの『親和力』」「暴力批判論」「翻訳者の使命」などを執筆しているが、ショーレムに宛てた一九二一年七月九日のベンヤミンの書簡には、『救済の星』を私に送ってくれるよう切にお願いする」と記されている。彼らの『往復書簡』を読み進んでいくと、同年の十一月にはベンヤミンが『救済の星』を読み終えていることが分かる。それだけではない。一九二二年十二月六日の書簡には、「ローゼンツヴァイクに会いに行くべきだろうか」とあり、十二月三十日の書簡では、訪問の報告がなされている。病者であるにもかかわらず知的な明晰さを失っていないといった意味のことが書かれているが、実は、ローゼンツヴァイクは一九二一年に進行性麻痺に罹り、一九二二年末には文字がまったく書けなくなっていたのだ。

一九一八年にローゼンツヴァイクによって設立された「ユダヤ自由研究の家」で、ショーレムはローゼンツヴァイクらの講義を聴講しており、その後も何度かローゼンツヴァイク宅を訪問して、「ドイツのユダヤ文化を内部から改革しようとする」ローゼンツヴァイクの姿勢をめぐって激しい議論を交わしたこともあるようで、特に「ローゼンツヴァイクが願ってやまなかったユダヤ－ドイツの綜合」――コーエン的綜合――にはまったく賛成できない、とショーレムは述懐しているが、そこに彼はこんな情景を付け加えてもいる。

「〔一九二七年八月に〕私は二度出向いていって、死の病にあるこのひとに私の仕事について話したが、彼はただ一本の指でもって、専用に作った針を動かしながらアルファベットの表をなぞることしかできず、奥さんがその針の動きを文章にしてくれるのだった。それは忘れ難い、心も張り裂けんばかりの時間だった」（ショーレム前掲書）。

あれほど『救済の星』を読みたがっていたベンヤミン、「『救済の星』の熱心な読者」とショーレムが呼ぶベンヤミンであるが、ローゼンツヴァイクの死後ほどなく、『フランクフルト新聞』が、ローゼンツヴァイクの思想についてベンヤミンに何か書くよう依頼したときには、ベンヤミンはこの依頼を拒んでいる。「ひとつには、彼自身ショーレムに宛てて書いているように、どうやら、当時「そうした仕事が自分の関心からかなり遠いものになっていた」からだった。しかし、それだけではない。おそらくベンヤミンには、自分が十全に知っているわけではない著作に立ち向かう勇気がなかったのだろう。一九二九年にベンヤミンは『救済の星』を要約して、「ヘルマン・コーエンの『理性の宗教』のなかへのヘーゲル的弁証法の勝ち誇った侵入」と書いているが、この無味乾燥な言葉は、ローゼンツヴァイクの著作についてベンヤミンが何らかの正確な知識を有していたと結論することを禁じている。一九三一年にもなお、ベンヤミンはフランツ・ローゼンツヴァイクとの関係において自分を「アム・ホレツ」〔俗人、無知の者〕と規定している」(モーゼス「ヴァルター・ベンヤミンとフランツ・ローゼンツヴァイク」)。

しかし、これではベンヤミンがどのように『救済の星』を解釈したのかは分からない。ベンヤミンの著述を実際に調べてみるとどうだろうか。筆者が調べた範囲では、ベンヤミンはいくつかの論考でローゼンツヴァイクに言及している。

「カール・ロスマン〔カフカ『アメリカ』の主人公の名〕が、透明で、純粋で、まさに性格をもたないのは、ローゼンツヴァイクが『救済の星』で、中国では内的人間は「まさに性格をもたない」と言うのと同じ意味においてである。「孔子が(…)古典的に体現しているような賢者の観念は、性格の、考えられるすべての特殊性を拭い去ってしまう。彼は真の性格のない、すなわち普通人である。(…)この中国人を際立たせているのは、性格とはまったく別のものであって、それは感情の根源的な純粋さなのだ」(『救済の星』第一部第三巻)」(「フランツ・カフカ」)。

「忘却されているのは決して個人的なものではない。この認識をもってわれわれは、カフカの世界のもつもうひとつ奥の敷居の前に立つことになる。(…)忘却とは、カフカの物語の無尽蔵な中間世界が、陽の目を見ようとひしめきながら溢れ出てくる容器なのである。「そこ〔中国〕では、世界の充溢こそが唯一現実的なものとみなされる。ここで場と存在を得るためには、一切の精神が、物の形をとって、個別化したものとなっていなければならない。(…)それがまだ何らかの役割を演じている限り、精神的なものは精霊になる。聖霊はまったく個的な個体となる。それぞれが名づけられ、崇拝者の名前ときわめて個別的に結びつけられる。(…) 何のためらいもなく、世界の充溢は精霊の充溢によってさらに過剰に満たされる」。ところで、ここで話題になっているのはもちろんカフカではなく、中国のことである。このようにフランツ・ローゼンツヴァイクは、『救済の星』のなかで中国の祖先崇拝を記述している」(同前)。

「歴史哲学は排除された。しかしながら、歴史哲学の展望が悲劇論の不可欠な部分であることが明らかになれば、同時代の状況に対する洞察を備えた研究によって悲劇論が初めて可能であることが分かるだろう。新しい思想家、特にフランツ・ローゼンツヴァイクやゲオルク・ルカーチなどが、ニーチェの若き日の作品から取り出したアルキメデスの支点も、実はこのような洞察である」(『ドイツ哀悼劇の根源』)。

「悲劇的英雄の未成年性は、ギリシャ悲劇の主人公たちを、それ以降の他のタイプと区別する特徴であるが、フランツ・ローゼンツヴァイクの「メタ倫理的人間」の分析は、この未青年性をひとつの礎石とした」(同前)。

「ローゼンツヴァイクのいくつかの主張を、この〔ショーペンハウアーの〕非歴史的な形而上学に囚われた曖昧な評価と対比してみれば、この思想家の数々の発見によって、哲学的演劇史がいかに進化したかが分かるだろう。「近代悲劇の登場人物はみな互いに異なっている。ちょうど人々の個性が異なるように。(…)古典古代の悲劇はそうではなかった。そこではプロットがちがうだけで、主人公はいつも同じ悲劇的主人公である」」(同前)。

中国論や演劇論に言及が限定されているのが分かるだろうが、『救済の星』の全体的構成を考慮に入れるなら、これらの引用がすべて、全三部から成る『救済の星』の第一部「諸元素もしくは永続的な前‐世界」の第三巻「人間とその自己もしくはメタ倫理」からの引用であることが判明する。

## 『救済の星』の構成

第一部　諸元素もしくは永続的な前 - 世界
序　全体を認識することの可能性について
第一巻　神とその存在もしくは形而上学（Metaphysik）
第二巻　世界とその意味もしくは超論理学（Metalogik）
第三巻　人間とその自己（Selbst）もしくは超倫理（Metaethik）
　移行

第二部　道もしくは不断に刷新される世界
序　奇跡を経験する可能性について
第一巻　創造もしくは諸事物の永続的基礎
第二巻　啓示もしくは霊魂のたえず刷新される誕生
第三巻　救済もしくは王国の永遠の未来
　敷居

第三部　形象もしくは永遠の超世界
序　祈りによって王国を手に入れることの可能性について
第一巻　炎もしくは永遠の生

アジア——悲劇的ならざる人間
インド
中国
始原の観念論
悲劇の英雄
ギルガメッシュ
アッティカ悲劇
プシュケー
根本的な美的諸概念
内容
孤独な人間

『救済の星』の構成がほぼ画定した一九一八年九月頃、ローゼンツヴァイクはそのプランをルドルフ・エレンブルクに書き送るとともに、そこに次のような言葉を添えている。「一方ではそれが言語哲学を欠き——ハーマンとヘルダーによるカント批判を参照!——、他方ではそれが芸術哲学を欠いているのは、ドイツ観念論が陥っている徴候である」。したがって、たとえば演劇論は『救済の星』の単に付随的な部分では決してないのだが、それにしても、ベンヤミンによる『救済の星』読解はあまりにも偏ったものではないだろうか。

ただし、これはベンヤミンに限ったことではないように思われる。スーザン・バック゠モースの『否定弁証法の起源』に準拠しながら、マーティン・ジェイは、「アドルノが『救済の星』から間接的な影響を受けたということはたしかにありうることである」(『アドルノ』)と言っている。また、レヴィナスは『全体性と無限』の序文で、「ローゼンツヴァイクの『救済の星』のなかでわれわれに強い感銘を与えるもの、それは全体性の観念に対する異議提起である。ローゼンツヴァイクのこの書物は枚挙に暇がないほど本書の至る所に浸透している」と明言している。しかも、レヴィナスは何本ものローゼンツヴァイク論を書いている。にもかかわらず、アドルノやレヴィナスが『救済の星』をどう読み、どの箇所を重視してどの部分からインスピレーションを得たのかは、今でも決して明らかではないのだ。

このような事態も、ベンヤミンによるローゼンツヴァイク読解のあり方を追求しようとの企図をいわば瑣末な課題にしてきた原因のひとつであろうが、先ほどとは逆のアプローチを採るとどうなるだろうか。つまり、『救済の星』の側からありうべき接点を探ってみるのである。『救済の星』を通読することの極度の困難——後述するように、それは必ずしも読者の能力にのみ起因する事態ではない——が、この方法の実行を妨げていることはたしかだが、以前筆者は、そうすることで、レヴィナス自身は言及することなきレヴィナスとの接点をいくつか見出すことができた。少なくとも自分ではそう思っている。たとえば次のような箇所である。

「死はそれがそうであるかに見えるもの、虚無(Nichts)ではまったくなく、それは容赦ない何か(Etwas)であり、排除できない何かである」(II, 5)。

「神が人間の愛を覚醒させるためには、無限の神は人間にかくも近い有限者と化し、顔と顔(von Angesicht zu Angesicht)を突き合せねばならないだろう」(II, 43)。

「各人が各人を認知し、言葉もなく——顔と顔を合わせて称え合うような普遍的共同体に参入する可能性」(II, 351)。

「愛は愛する者の肖像(Bildnis)を描くことを好まない。肖像は生きた顔(Anlitz)をそれが死んだ顔として凝固するに至るまで固定するであろうから」(II, 183)。

「固有名(Eigenname)のなかには、事物性の凝固した壁に開いた亀裂がある。固有名を所有するものはもはや事物ではありえないし、誰のものでもよいようなことがらでもない。それが類(Gattung)のなかに全面的に解消されることはありえないのだ」(II, 208)。

もうひとつアドルノに関して例を挙げておくと、「弁証法とは首尾一貫した非同一性の意識である」という『否定弁証法』の定義の先触れとも言えるような叙述が、『救済の星』に見出されるのである。「思考と存在のこの非同一性が、思考でも存在でもない第三者たる意志が機械仕掛ケノ神のごとき出現によって仲裁されることはない。思考のうちに、思考と存在との統一の根拠を探るに際しては、まず、思考における非同一性を発見しなければならないだろう。(…)だから、思考と存在の同一性は内的な非同一性を前提としている」(II, 13-4)。

そこで、「むしろ先入見を携えて踏み込む」ということになるのかもしれないが、『救済の星』の頁をめくっていると、次のような箇所と出くわす。曰く、「新たな権利・法(Recht)を基礎づけることが一切の暴力(Gewalt)の意味である。暴力の破壊的な振る舞いに幻惑されて、しばしばそう考えられているのとはちがって、暴力は権利・法の否定ではない。まったく逆に、暴力とは権利・法の基礎づけなのである」。ベンヤミンの「暴力批判論」は一九二一年に書かれていて、それゆえ、『救済の星』の出版との時間的前後関係が問題となるだろうが、ベンヤミンのいう「権利・法措定的暴力」(die rechtsetzende Gewalt)との連関をここに見ないことのほうがむしろ困難ではないだろうか。

第二に、アドルノの好む比喩に「力の場」「星座」があり、特に「星座」については、それをアドルノはベンヤミンから借用したと云われているが、何と『救済の星』には「天上の神々の配置（Gestirn）とその力の場（Kraftfeld）」という表現が見つかるのである。この点について、『救済の解釈学――ベンヤミン、ショーレム、レヴィナス』（邦訳法政大学出版局）の著者スーザン・ハンデルマンは、「「星座」としての真理というベンヤミンの観念はもしかすると、真理を言い表すためにローゼンツヴァイクが用いた天文学的隠喩――救済の「星」であるような星座――から影響を受けたものかもしれない」と指摘している。アドルノの名が出たところで、もうひとつ付け足しておくと、ローゼンツヴァイクは「一切の経験の根源にあるのは「と」（und）という小さな語である」と言っているが、これなどアドルノのいう「併置」（Paratax）を連想させる言葉であろう。

第三に、このような経験の哲学を「絶対的経験論」と命名しながら、ローゼンツヴァイクは、「ここでは物語の方法（Methode der Erzählens）が用いられる。未完に終わった天才的な著書『世代』（*Weltalter*）への序文で、シェリングは物語のように展開される哲学を予告している」と記している。シェリングの言及には後で触れるとして、このような一節を、ベンヤミンの一九三六年のエセーと結びつけることはできないだろうか。「物語作者（Erzähler）は現在、必ずしも生き生きと活動する存在ではない。（…）まともに何かを物語ることのできるひとに出会うことはますます稀れになってきている。この現象の原因のひとつははっきりしている。経験の相場が下落してしまったのだ」（「物語作者」）。

第四は時間の捉え方である。前出の「静止状態の弁証法」について、ベンヤミンは言っている。「過去がその光を現在に投射するのでも、また現在が過去にその光を投げかけるのでもない。そうではなく、形象（Bild）のなかでこそ、かってあったもの（das Gewesene）はこの今（Jetzt）と閃光のごとく一瞬に出会い、ひとつの星座を作り上げる。言い換えれば、形象は静止のうちの弁証法である」(『方法としてのユートピア』)、と。前出の「歴史の概念について」のなかでも、「歴史という構造物の場を形成するのは、均質で空虚な時間ではなく、現在時(Jetztzeit)によって満たされた時間である」と記されている。

ここにいう「現在時」が、そこを通ってメシアが出現するところの「門」であるのは言うまでもないだろうが、「今日」(Heute)、「永遠の瞬間」(der ewige Augenblick)、「止マレル今」(nunc stans)、「時」(Stunde)などという語彙を用いて、ローゼンツヴァイクもまた時間のこのようなあり方を示そうとしていたように思われる。「未来を早めること、永遠を最も近きもの、今日たらしめること。瞬間におけるこうした未来の予期は、永遠が今日へと変容されることでなければならない。(…)われわれが探し求める新たなもの、それは消えゆく瞬間ではなく、「不動の」瞬間であって、この停止せる「今」は、瞬間とはちがって「時」と呼ばれる」(II, 321–22)。

しかも、ゲルトルート・オッペンハイムに宛てた一九一七年二月五日の書簡を見ると、ここにいう「今」が、「明日へのタラップにすぎないような今日」に対する、「永遠への跳躍台たるいまひとつの今日」「メシア的今日」と呼ばれ、それが有理数に対する無理数に比されているのだ(I, 345)。

第五に、ベンヤミンは「アウラ」について、「どれほど近くであれ、ある遠さが一回的に現れるもの」(「複製技術時代の芸術作品」)と言っている。逆に『否定弁証法』では、「何と極度に遠いと思われていたものがすぐそばにあったのだ」と言われているが、近さと遠さとのかかるトポロジカルな反転は、『救済の星』でも、「最も近きものと最も遠きもの」という見出しのもとに描かれている。「最も近きものの近さを感得する代わりに、今や直接的に経験されるのは最も遠きものの遠さである」(II, 301)、と。

第六に、前出の「と」という「根源語」にも係わることだが、『ドイツ哀悼劇の根源』冒頭の「認識批判序論」で、「トラクタート」というスピノザの『神学政治論』を意識した観念に考察を加えながら、ベンヤミンは「モザイク」（寄木細工）に言及している。すなわち、「モザイクをどのように勝手気ままなやり方で細分しようとも、その威厳が失われることはない。モザイクも省察も、個々のもの、ひとつひとつの違ったものが寄り集まって出来ている。（…）理念はというと、極端なものがその周囲に集まったときに初めて生まれたと言える。理念はファウストの母たちである」。

同じ「モザイク」という語彙を『救済の星』のうちにも見出すことができる。「われわれは全体を細分した。今や、各々の断片はそれ自体でひとつの全体を成している。われわれが自分の知識のこのモザイクのなかに沈潜していくとき、われわれは、母たちの国を冒険しながら、われわれはなおも「沈潜せよ」という最初の命令の下僕であり続けている。上昇ならびに、それによってモザイクが新たな全体へと高められることは後でしか生じない」（II, 28）。

ここで、ローゼンツヴァイクが「システム」――「新たな結合法」――についてどのように考えていたかを紹介しておくと、ルドルフ・エーレンブルクに宛てた一九一七年十二月一日の書簡で、ローゼンツヴァイクは、名著『ゲシュタルトクライス』（邦訳みすず書房）の著者ヴィクトール・フォン・ヴァイツゼッカー（一八八六―一九五七）などに触れながら、次のように書いている。「システムは建築術ではない。数々の石材が建物を合成し、それらが建物のために存在するのではないのだ。そうではなく、システムは次のことを意味している。すなわち、各々の個別的なものは、他のすべての個別的なものと関係したいという衝動と意志を有しており、また、全体は意識的な視界を超えたところにあって、意識的な視界は諸個別性のカオスしか見ることがない。それに対して、ヘーゲル的システムにおいては、個別的なその位置も全体のなかに繋ぎ止められるのである」。

最後に第七点だが、先述のステファヌ・モーゼスは、「ベンヤミンにとってコミュニケーションの機能が言語の堕落の本質的徴候であるのに対して、ローゼンツヴァイクにとってはこの機能と啓示としての言語の性格とは同一のものだった」と、相違を指摘しつつも、また、執筆年の点で直接的な影響関係は否定しつつも、ローゼンツヴァイクが「前‐世界の黙した言語」などという言い方で強調する「沈黙」の重要性を、「若さの形而上学」(一九一三―一四)でのベンヤミンの「沈黙」論と比較している。『救済の星』とベンヤミンの営為のあいだで、数々の大問題に関して濃密なやりとりがあったかもしれないとの推察は、以上の指摘だけでも十分に成立するだろう。

またしても「門」だが、「と」という隙間のシステム＝モザイクを、ベンヤミンはパリという都市に見出していたように思われる。「パリにその性格を与えているのは門である。門に境界門と凱旋門の二つがあるのは重要だ。かつては町が終わる場所を示していた境界線が町のなかにまで持ち込まれたという不思議。(…)境界という現象がそれ本来の姿で経験される場所は、都市をおいてほかにはない。境界は(別世界への)敷居のように街路の上を走っている。これらの門――パサージュの入り口――は敷居だ」(「セントラル・パーク」)。――「門」に加えて「敷居」(Schwelle)という語も『救済の星』に記されていたことを想起されたいが、ひとつ付け加えておくと、ベンヤミンの反ハイデガー的な姿勢とは裏腹に、ゲオルク・トラークルの「冬の夕べ」――「痛みは敷居を石と化したり」――をめぐる解釈が証示しているように、ハイデガーもまた「敷居」(Schwelle)の哲学者だった。

## 9　コナトゥスの戦場

ベンヤミンの友人ショーレムは、『パサージュ論』の試みがベンヤミンのパレスチナ行きの妨げになっているのを苦々しく思っていた。逆に、その完成を待ちわびていた人物のひとりにアドルノがいる。事実、アドルノの『否定弁証法』には、ベンヤミンの『パサージュ論』第一稿をめぐる指摘が鏤められているのだが、ホルクハイマーとの共著『啓蒙の弁証法』と『否定弁証法』を連結するプロブレマチックとして、スピノザ的な「自己保存の原理」を挙げることができる（この点を逸早く指摘したのは今村仁司である）。アドルノにとって、「自己保存の原理」はまず、「自律」というカント的「啓蒙」の原理であった。しかし、この原理はそれに即して「世界を調整し、対象を単なる感覚の素材から隷従の素材へとしつらえる以外にはいかなる機能も知らない」、そうした「計算的思考」を生み出すことにもなる。それどころか、『否定弁証法』では、「自己保存の原理」は数々の殺戮と大量虐殺を引き起こした「罪科にまみれた原理」とみなされている。

「自己保存の原理」は血塗られた反倫理的原理であるという主張を、レヴィナスはアドルノと共有していたと言ってよい。しかし、では、なぜスピノザは、愛他主義的な教えを十分に承知しつつも、「自己保存のコナトゥス」を徳の基礎とみなしたのだろうか。すでに別の場所で示したように（「コナトゥスと倫理」前掲論文）、レヴィナスは、糧を貪り食うこととしての「享受」を下敷きにして、「自己保存のコナトゥス」を利己主義的暴力へと歪曲しているように思われる。歪曲と言ったが、事実、「自然における一切を自己の利益のための手段とみなすようになった」人間の倒錯を戒めたのは、ほかならぬスピノザだったのだから。

それに、「自己保存のコナトゥス」と言う際の「自己」とは、スピノザの体系のなかではいかなるものだろうか。「自己」と呼ばれるある一定の存在者がすでに存在しているわけではあるまい。自己が「個物」であるとするなら、それは『エチカ』第一部定理二五系に云うように、「個物は神の属性の変容、あるいは、神の属性をある一定の仕方で表出するところの様態にほかならない」。「第三種の認識」とも「神への知的愛」とも呼ばれているものは、われわれ個物が、無限な実体の自己表出の一環として自分自身を把握するべく不断に努めることを意味しているが、逆に言うなら、われわれが、この表出の「ある一定の仕方」を正確に把握することはありえない。しかし、それが分からない限り、「あらゆる事物は、自己の及ぶ限り（quantum in se est）、みずからの存在のうちにとどまろうと努力する」（『エチカ』第三部定理六）と言われる際の、「自己の及ぶ限り」を確定することはできない。

自己なるものの限界が分からない限り、コナトゥスは、自己同一性と臆見的に措定されたものに対して非同一的なものを産出し続ける。アドルノの認識とは逆に、何とそれは「否定弁証法」の原理たりうるのだ。自己の限界はどこにあるのかという不断の探究と動揺。「人間をして正当に自己を重んじうる極点まで（au plus haut point）自己を重んぜしめるところの真の高邁（générosité）」とは、『情念論』でのデカルトの言葉であるが、「自己保存のコナトゥス」はまさにこのような「高邁」の定義と重なることになるだろう。デカルト的な「高邁」の定義を引き継ぎつつ、スピノザは「剛毅」（animositas）と「高邁」（generositas）のいわば表裏一体の関係について、こう言っている。「私は精神の強さを剛毅と高邁に分ける。剛毅とはひとがひたすら理性の命ずるところに従って、自己の存在を保持しようと努めることだと理解される。高邁というのは、私の理解するところでは、各人がただ理性に従って、隣人たちを支援し、互いに友情で結ばれようと努力する欲望のことだ」(『エチカ』第三部定理五九)、と。

この定理を見て、自己保存のコナトゥスを「剛毅」に限定してはならない。なぜなら、自己の限界の探究は自己ならざるものの限界の探究でもあり、「剛毅」は「高邁」であるからだ。その意味では、コナトゥスは「自己と他者が出会う実在的な場」(柴田寿子『スピノザの政治哲学——デモクラシーのもうひとつの可能性』未來社)なのだが、この場は、単に「支援」と「友情」の場であるのみならず、ヨヴェルの言うように、「憎悪」や「嫌悪」や「不満」といった情念が渦巻く場でもあろう。自己と自己ならざるものを分離しては繫ぎ、繫いでは分離しながら、それぞれの持分を定め、定めては変更すること。「分配的正義」の不可能性ゆえに、不断になされるこの分離＝接合の試み。「共通なもの」の形成と破壊、その絶えざる探究。ハイデガーによると、かのヘラクレイトスはこのような操作に「ポレモス」(戦争)という名を与えた。そして、われわれはみな、それぞれの仕方でこの戦場を生きているのだ。

ローゼンツヴァイク自身はコーエンに倣ってスピノザを斥け、「シェリングの後期哲学」に準拠したとはいえ、彼が提起した「システム」の観念はこの戦場を思わせないだろうか。

それだけではない。ここにベンヤミンの不思議な一節がある。「このイメージ空間(Bildraum)では、政治的唯物論と肉体を有した被造物とが、内面的人間とか魂とか個人とかその他これらに属する、普通ならわれわれが非難したくなるものを、弁証法的な公正さ(Gerechtigkeit)に即してばらばらに引き裂いたうえで、共有すること(miteinander teilen)になる」(「シュルレアリスム」)。解釈の難しい箇所ではあろうが、ベンヤミンのいう「イメージ空間」なるものが「ポレモス」と無縁ではないこと、この点は少なくとも明らかだろう(デリダの『法の力』をも参照)。

超越－内在の二元論を分割《パルタージュ》＝共有の戦場のなかで解体すること。スピノザの『エチカ』や『書簡集』を見ていくと、彼が、昨今「表面の科学」で接着界面と呼ばれているものならびにこの界面での固体から液体、固体、液体から気体への「相転移」に強い関心を向けていたことが分かる。その意味では、「揚棄」を不可能にするような界面のフラクタルへのまなざしを、スピノザのうちに読み取ることも決して不可能ではないように思われる。

しかし、それだけではない。なぜなら、個物ないし個体について、スピノザは、一方では「個体はまたきわめて複雑な複合体である」（『エチカ』第二部定理一三要請一）と言い、他方では「自然全体も一個の個体である」と言っているからだ。この点については堀江剛のすぐれた論考「スピノザの「個物」概念」（『哲学』日本哲学会編、第五二号、二〇〇一年四月）を参照されたいが、多数の個物──それもまた複合体である──から、スピノザが「協同」とも「ある一定の比率での運動の伝達」とも呼ぶものによってひとつの個物が合成されるのであれば、自己保存のコナトゥスもつねに複合的なコナトゥスの束と組み合わせであり、その協同は非線型的で複雑な法則に支配されていることになるだろう。

われわれは戦場にいるだけではない。われわれ自身が免疫システムのごとき戦場なのである。だからこそ、ユダヤ的生存のトポロジーがいかなるものであれ、われわれはそれとの端的な同一化を禁じられているのだ。だから、掟の門は再び問いを発することになるだろう。あなたは誰か、と。そして今、ユダヤ的生存のトポロジーが世界を軋ませるなか、途方にくれた探究がまたぞろ再開されるのかもしれない。破門をめぐって。そしてまた、「自然は民族を創らず、ただ個々の人間を創るのみであり、個々の人間は言語、法律ならびに風習の相違によって初めて民族に区別される」という言葉をめぐって──。

＊　本論の一部は、拙論「暁の翳りのなかで」（『現代思想』一九九五年十一月号）、「白い曠野――レヴィナスとスピノザ」（『現代思想』一九九六年十一月臨時増刊号）、「コナトゥスと倫理――レヴィナスのスピノザ解釈」（『スピノザーナ』第二号、二〇〇一年十二月）と重複している。

**註**

（1）　このシンポジウムでの発表を希望していた哲学者のひとりにハンス・ヨナスがいる。彼の参加が拒絶された経緯ならびにヨナスとスピノザの連関については、拙論「ハンス・ヨナスの生命哲学と心身問題」（『京都ユダヤ思想』第六号に掲載予定）を参照していただきたい。

（2）　この点については、拙論「現代ユダヤ教倫理学をめぐるひとつの系譜学的対位法」（『CISMOR ユダヤ学会議』第四号、同志社大学一神教学際研究センター、二〇一〇年、三二―四二頁）を併せ読んでいただければ幸いである。

# あとがき

呼びかける者もきっと何かに、誰かに応えているのだろうが、様々な呼びかけに応じて話をしたり書いたりしたものを初めて集めてみた。「本にしませんかと言われたことないの？」と家人に皮肉られたことがあるが、本当に初めての試みである。お声をかけていただかなければ、取り上げることのなかった、いや、その存在を知ることさえなかった方々や作品について拙い思考を紡ぐことができた。お一人お一人の名を挙げることは、まさに切りがないので控えるが、心より御礼を申し上げたい。題名は不遜にもニーチェの『ツァラトゥストラはかく語りき』の一節から頂戴した。普仏戦争に看護兵として従軍したニーチェは、兵士たちが文字通り破片になっていく光景を目にした。そして、「私は人間たちの断片の間を歩んでいる」とツァラトゥストラに語らせた。のみならず、そこに未来の哲学の序曲を聴き取ったのだ。断片はそれからも、今も淡雪のように降り続けている。散らばり続けている。溶けてしまったものもある。それらをまた仮綴じする日がいつか来るのだろうか。固有名を挙げることを控えたにもかかわらず、あるひとのことを思い起こさずにはおれない。写真家、鬼海弘雄さんの伴侶、典子さんである。弘雄さんの写真だけではない、ラボルド精神クリニックが典子さんとの出会いの機縁となった。精神クリニックの閉鎖病棟で長く仕事をなさった典子さんには一度ご無理を申し上げて市井の方々に向けて話をしていただいたことがある。数多の子供を想像のなかで生んだ女性、元の旦那さんに毎晩病棟から電話をかけ続ける女性。物悲しくもあり戦慄的でもあるお話にはしかしフモールが漲っていた。「他人とのいい思い出をいっぱい作ってくださいね」と典子さんは話を結んだ。哲学者であればきっと「他人とは誰か」「思い出とは何か」「いいとはどういうことか」と問うのだろうが、そのまま握りしめていたい大切な言葉となった。それに促されて、「私」の断片たちも気恥ずかしげにこうして仮に集まってくれたのかもしれない。

二〇一五年一月二十一日

合田正人

# 初出一覧

「灯浮標――H君の個展に寄せて」書き下ろし、二〇〇七年（掲載作品は原博史・画）

## 第一部　非在の海図を継ぎ接ぐ

「もの言わぬまなざしの世界戦争――横浜美術館「奈良美智展 I DON'T MIND, IF YOU FORGET ME.」に寄せて」『みすず』二〇〇一年十月

「歓びの荒野の淵にて――宮崎進展「よろこびの歌を唄いたい」に寄せて」『宮崎進展――よろこびの歌を唄いたい』横浜美術館、二〇〇二年（「歓びの荒野の淵にて――宮崎進もしくは喪の存在論的探究」）

「PERSONA――鬼海弘雄と福田定良」『図書新聞』二六五七号、二〇〇三年十二月十三日

「曾域／ロクス・ソルス――未知の荒川／ギンズに」『現代思想　総特集・荒川修作＋マドリン・ギンズ』青土社、一九九六年八月

「アラカワとの対話――『建築する身体』の余白に」『春秋』二〇〇五年六月

「現代「音楽哲学」の展開をめぐって――ジャンケレヴィッチとその後」、日本フォーレ協会発行『フォーレ手帖』第一九号、二〇〇八年十月二十六日

## 第二部　岸辺の漂流

「幸福な場所――ベルクソンと「祖国」」『現代思想　総特集・ベルクソン』青土社、一九九四年九月（「幸福な場所――コモン・センス論に向けて」）

「廃墟の造形――ベルクソン／レヴィナス／ベンヤミン」『文芸研究』一〇四号、明治大学文学部、二〇〇八年三月

「同じものの錬金術――コモン・センス論に向けて」『現代思想　特集・ユダヤ人』青土社、一九九四年七月
「翻訳と裏切り――フランスのハイデガー」『文化継承学論集』四号、明治大学、二〇〇八年三月
「ブランショの幼年――「文学空間」とは何か」『思想』岩波書店、二〇〇七年七月（「ブランショの幼年――Infans de Blanchot」）

## 第三部　華やぐ干瀬

「パトチカと戦争の存在論――テクネー・前線・犠牲」『思想』岩波書店、二〇〇七年十二月
「非同一性の非同一性――途上の「アドルノとデリダ」」『現代思想　特集・ジャック・デリダ』青土社、二〇〇四年十二月
「鏡のなかの迷宮――ドゥルーズの方法序説」『現代思想　緊急特集・ジル・ドゥルーズ』青土社、一九九六年一月
「超越論的経験論とは何か――ドゥルーズのヒューム論がひらく地平」『情況』情況出版、二〇〇四年十二月
「オイディプスたちの墓に」『建築文化　特集・ドゥルーズの思想と建築・都市』彰国社、一九九六年十二月

## 第四部　暗礁から暗礁へ

「ゲシュタルト概念の転成と「制度論的心理療法」――トスケル、ウリ、ガタリ」、多賀茂・三脇康生編『医療環境を変える――「制度を使った精神療法」の実践と思想』（第二部第3節「制度とゲシュタルト――トスケイエス、ウリ、ガタリ」）京都大学学術出版会、二〇〇八年
「アンリ・マルディネにおける美と狂気の現象学」『法政哲学』第三号、法政哲学会、二〇〇七年六月
「神谷美恵子の「フーコー」」、神谷美恵子『こころの旅（神谷美恵子コレクション）』付録、みすず書房、二〇〇五年
「スピナロンガ――ジャン＝ダニエル・ポレ『秩序』をめぐって」『シマ／島――漂流する映画たち』カタログ、山形国際ドキュメンタリー映画祭発行、二〇〇九年

## 第五部　大渦旋に呑み込まれて

「「種の論理」の生成と変容、その現代的意義」、日本哲学史フォーラム編『日本の哲学　第8号　特集・明治の哲学』昭和堂、二〇〇七年
「種と場所／種の場所――西田幾多郎と田辺元」『西田幾多郎全集』第一四巻月報、岩波書店、二〇〇四年
「「存在の革命」をめぐって――埴谷雄高とレヴィナス」『文芸研究』九五号、明治大学文学部、二〇〇五年二月
「岬と雑人――倉橋由美子、再び」『文芸研究』一〇二号、明治大学文学部、二〇〇七年三月
「文学的想像力と政治――サルトルと石原慎太郎」、明治大学文学部『21世紀と文学部』、二〇〇六年
「翻訳の魔」『彷書月刊』彷徨舎、二八二号、二〇〇九年

## 第六部　まだ見ぬ島々の系譜

「十九世紀フランス哲学――「人間の科学」の光と翳」『明治大学人文科学研究所紀要』第六二冊、二〇〇八年三月
「レオン・ポリアコフ歴史学の射程と方法、その問題点」『文芸研究』一〇〇号、明治大学文学部、二〇〇六年九月
「スピノザとユダヤ的生存のトポロジー」、平成十一、十二、十三年度科学研究補助金報告書『「ユダヤ性」の発見――大革命から今日にいたるフランス文学・思想のなかのユダヤ』所収、二〇〇二年三月

フラグメンテ

2015年 3月 16日　初版第 1 刷発行

著　者　合田正人
発行所　一般財団法人　法政大学出版局
〒102-0071 東京都千代田区富士見 2-17-1
電話 03(5214)5540 振替 00160-6-95814
組版: HUP　印刷: 三和印刷　製本: 誠製本

Printed in Japan

ISBN978-4-588-13019-9

[著者]

合田正人（ごうだ・まさと）

1957年香川県生まれ．一橋大学社会学部卒業，東京都立大学大学院博士課程中退，同大学人文学部助教授を経て，明治大学文学部教授．主な著書：『レヴィナス』『レヴィナスを読む』（ちくま学芸文庫），『ジャンケレヴィッチ』（みすず書房），『吉本隆明と柄谷行人』『田辺元とハイデガー』（PHP新書），『心と身体に響く，アランの幸福論』（宝島社），『幸福の文法』『思想史の名脇役たち』（河出書房新社）ほか．主な訳書：レヴィナス『全体性と無限』（国文社），同『存在の彼方へ』（講談社学術文庫），デリダ『ユリシーズ グラモフォン』，セバー『限界の試練』（法政大学出版局），グットマン『ユダヤ哲学』，ブーバー『ひとつの土地にふたつの民』（みすず書房），ベルクソン『創造的進化』（ちくま学芸文庫），マルタン『ドゥルーズ』（河出文庫）ほか多数．

## ◎ 叢書・ウニベルシタスより／合田正人訳　（表示価格は税別）

398　諸国民の時に
E. レヴィナス／合田正人訳　3500円

415　われわれのあいだで
E. レヴィナス／合田正人・谷口博史訳　4000円

449　神・死・時間
E. レヴィナス／合田正人訳　4000円

475　ハイデガーとヘブライの遺産　思考されざる債務
M. ザラデル／合田正人訳　3800円

512　聖句の彼方　タルムード——読解と講演
E. レヴィナス／合田正人訳　3800円

575　歴史の不測　付論・自由と命令／超越と高さ
E. レヴィナス／合田正人・谷口博史訳　3500円

711　他性と超越
E. レヴィナス／合田正人・松丸和弘訳　2500円

723　ユリシーズ グラモフォン　ジョイスに寄せるふたこと
J. デリダ／合田正人・中真生訳　2200円

765　歴史の天使　ローゼンツヴァイク，ベンヤミン，ショーレム
S. モーゼス／合田正人訳　3400円

779　貨幣の哲学
E. レヴィナス／合田正人・三浦直希訳　2500円

## ◎ 叢書・ウニベルシタスより／合田正人訳

（表示価格は税別）

812　救済の解釈学　ベンヤミン，ショーレム，レヴィナス
S. A. ハンデルマン／合田正人・田中亜美訳　7500円

860　レヴィナスと政治哲学　人間の尺度
J.-F. レイ／合田正人・荒金直人訳　3800円

883　ユダヤ女 ハンナ・アーレント　経験・政治・歴史
M. レイボヴィッチ／合田正人訳　5800円

905　困難な自由　［増補版・定本全訳］
E. レヴィナス／合田正人監訳，三浦直希訳　4700円

953　限りある思考
J.-L. ナンシー／合田正人訳　5000円

960　言説、形象（ディスクール、フィギュール）
J.-F. リオタール／合田正人監修・三浦直希訳　7000円

978　ベルクソン書簡集 I　1865–1913
H. ベルクソン／合田正人監修・ボアグリオ治子訳　5500円

996　限界の試練　デリダ，アンリ，レヴィナスと現象学
F.-D. セバー／合田正人訳　4700円

1000　エクリチュールと差異〈新訳〉
J. デリダ／合田正人・谷口博史訳　5600円

◎『ベルクソン講義録』(全４巻)　　（表示価格は税別）

Ⅰ　心理学講義／形而上学講義
合田正人・谷口博史訳　7600円

Ⅱ　美学講義／道徳学・心理学・形而上学講義
合田正人・谷口博史訳　7800円

Ⅲ　近代哲学史講義／霊魂論講義
合田正人・江川隆男訳　5500円

Ⅳ　ギリシャ哲学講義
合田正人・高橋聡一郎訳　6000円

＊荒川修作・作品図版

63 頁　*The Forming of Untitled*, 1962
Graphite on canvas, 183.0×244.0cm

64 頁　*Untitled (Webster's Dictionary A and B)*, 1965–66
Oil and pencil on canvas, 167.5×244.0cm

66 頁　*Sleep Fragment 1*, 1959
Cement, wood chips and cotton, 228.0×97.7×20.4cm

77 頁　*Localization and Transference*, 1963–88
Oil, etc. on canvas, 244.0×173.0cm

81 頁　*Neutralization of Subjectivity*, 1963–88
Oil, etc. on canvas, 244.0×173.0cm (2 panels, each)

95 頁　*Portrait No.1*, 1961–62
Oil, acrylic, pencil on canvas, 183.0×122.0cm

97 頁　*Non-gravitational Being*, 1983–84
Acrylic on canvas, 172.2×254.0 cm

97 頁　*The Gazing Other*, 1984–85
Oil and acrylic on canvas, 254.0×173.0 cm (2 panels, each)

99 頁　*Construction of the Memory of Meaning*, 1963–88
Oil, etc. on canvas, 244.0×173.0 cm